国家社科基金丛书
GUOJIA SHEKE JIJIN CONGSHU

当代中国公民道德状况跟踪调查研究

A Follow-up Study on the Moral Status of
Contemporary Chinese Citizens

吴潜涛　等著

人民出版社

第一章　当代中国公民道德状况跟踪调查研究概览

　　人无德不立,国无德不兴。习近平总书记在党的十九大报告中强调指出:"人民有信仰,国家有力量,民族有希望。要提高人民思想觉悟、道德水准、文明素养,提高全社会文明程度。"①中国特色社会主义进入新时代,加强思想道德建设,提高当代公民的思想道德素质,形成向上向善的社会风气,对于坚定文化自信,推动社会主义文化繁荣兴盛,实现中华民族伟大复兴中国梦,具有十分重要的意义。为了遵循社会主义道德建设的规律,适应我国公民道德建设的实际,有针对性地加强新时代中国特色社会主义道德建设,本书着眼于公民道德建设的理论与实践需要,以本课题组 10 年间(2006—2016 年)关于公民道德状况的两次社会调研数据为支撑,跟踪调研当前公民道德客观现状及 10 年发展情况,系统梳理存在的突出问题及其成因,分析探求提升对策,力求为持续推进公民道德建设、切实提高公民道德水平贡献理论智慧与实践方案。

第一节　当代中国公民道德状况跟踪调查研究的意义、方法与创新

一、当代中国公民道德状况跟踪调查研究的意义

　　公民道德状况是思想政治教育学、伦理学、法学等众多学科关注的学术问

---

　　① 习近平:《决胜全面建成小康社会　夺取新时代中国特色社会主义伟大胜利——在中国共产党第十九次全国代表大会上的报告》,人民出版社 2017 年版,第 42 页。

题,更是全面深化改革背景下加强中国特色社会主义道德建设亟须破解的重要实践问题。对公民道德状况进行跟踪调查研究,从理论和实践两个方面对其进行深入研究和探索,具有重要的理论意义和实践价值。

（一）理论意义

其一,追踪实证调研,正确把握改革开放以来公民道德的发展轨迹及其现实状况,为社会主义道德体系的丰富发展提供实证支持。党的十六大提出"要建立与社会主义市场经济相适应、与社会主义法律规范相协调、与中华民族传统美德相承接的社会主义思想道德体系"[①]以来,经过社会各界的共同努力,特别是伦理学界广大学者的深入研究,具有中国特色的社会主义思想道德体系已基本形成,为社会主义思想道德建设提供了理论支撑。社会主义思想道德体系是与时俱进的,它在保持自身相对稳定性的同时,必然要适应经济社会的发展变化和公民思想道德状况的新实际而不断完善发展,以保持其生生不息的生命力。本研究通过跟踪调查公民道德状况,为社会主义思想道德体系的完善发展提供实证支持。

其二,从社会公德、职业道德、家庭美德和个人品德这四个方面入手,用动态、发展的眼光,考察和研究我国公民道德的总体状况和不同领域凸显问题的治理,为我国公民道德实证调查提供了一种新范式。公民的价值取向、道德行为的选择,是在具体社会道德生活领域中实现的,具体的社会道德生活是公民展示自身道德觉悟的"平台"或"载体"。因此,考量公民道德状况,必须以公民在具体社会道德生活中的表现为依据。党的十七大提出要加强"个人品德建设",并第一次把它同社会公德建设、职业道德建设、家庭美德建设联系在一起,作为社会主义道德建设的四大着力点。从社会公德、职业道德、家庭美德和个人品德这四大道德生活领域来聚焦公民道德状况及其突出问题,既为人们认识我国公民道德问题提供了一个新维度,也为我国公民道德实证调查提供了一种新范式。

其三,深化道德建设领域基本理论问题的研究,增强社会道德建设理论的学理性,为社会主义道德建设提供科学的理论支持。公民道德状况调查研究不同于一般的实证调查,而是以实证调查为依据的理论研究。因此,它既要从认识上把调查中了解到的客观道德现象升华到理论的高度,又要用科学的理论阐释社会道德生活中的疑惑和问题;既要深化研究公民道德建设实践中一些亟待破解

---

① 江泽民:《全面建设小康社会,开创中国特色社会主义事业新局面——在中国共产党第十六次全国代表大会上的报告》,《人民日报》2002年11月18日。

目　　录

的重大理论问题,又要进一步明晰公民道德建设理论中的一些基本概念和基本问题。可以说,公民道德状况调查研究既是关于公民道德状况的实证研究,也是关于公民道德建设的开拓性理论研究,对于社会主义道德建设具有方向引导和理论支撑的重要价值。

（二）实践意义

其一,把握教育规律,探索治理对策,从教育和治理的"双重"维度,开辟出一条穿越转型期道德迷雾的路径。在我国社会转型期,道德领域所产生的诚信缺失、公德失范等突出问题,冲击着道德底线、拷问着道德良心,同时损害了人民群众的切身利益。如果不能很好地解决道德领域的突出问题,就会影响社会风气、社会秩序和社会稳定,损害民族形象和国家形象。公民道德状况调查研究坚持理论与实际相统一、教育与治理相结合,着力探索破解突出道德问题的有效路径,为我们在公民道德建设实践中开展突出道德问题专项教育与治理提供基本的工作思路和对策举措。

其二,用事实说话,从整体上正确把握道德实然,有利于增强公民道德自信,在实践中自觉践行社会主义道德要求。实现"两个一百年"的奋斗目标和中华民族的伟大复兴,需要道德力量的支持,需要培育公民的道德自信。社会转型期一些领域出现的道德失范现象,往往使人们产生错觉,误把"局部"当"全部",误把"部分"当"整体",误把"支流"当"主流"。当代中国公民道德状况跟踪调查依靠科学的调研方法,依据第一手可信的数据,从社会道德生活的基本领域入手,勾勒出公民道德的客观状况,全景廓清当代中国公民道德的主流走势,能够科学有效地增强公民道德自信,激励公民在道德生活实践中敬畏社会主义道德的力量,自觉践行社会主义道德要求。

二、当代中国公民道德状况跟踪调查研究的主要方法和技术路线

（一）研究方法

其一,实证调研法。通过广泛深入的社会调研,了解当前我国公民道德的基本状况、发展态势及其突出问题。

其二,科学分析法。运用马克思主义理论的基本立场、观点和方法,对我国社会生活四大领域,即社会公德领域、职业道德领域、家庭美德领域和个人品德领域中凸显的道德问题,如诚信缺失、道德冷漠、公德缺失、耻感淡薄等问题进行

全面、系统、深入的探究和分析。

其三,价值反思法。运用马克思主义的世界观、价值观、道德观对我国社会生活中凸显的道德问题进行价值反思与评估。

其四,综合研究法。综合运用哲学、伦理学、社会学、教育学、心理学、思想政治教育学以及分析统计学等多种学科知识和研究方法,深入分析当前我国社会生活中凸显的道德问题产生的深层原因、发展规律及解决途径。

其五,比较研究法。参照国外关涉公民道德问题的研究经验,吸纳借鉴世界各国可资借鉴的相关研究成果,运用比较研究的方法研究当代中国公民的道德状况及其凸显问题。

其六,静态与动态结合研究法。对当前我国公民道德状况及其凸显问题的治理研究既要注重静态剖析,也要进行动态考察,尤其要重视从时空变化中探究其发展轨迹和变化规律,为形成科学合理的公民道德教育及美德培育路径、方法提供科学依据。

其七,实践创新法。重视公民道德发展和社会道德建设的实践环节,通过实践方式和运行机制的创新,推进提升公民道德素质的教育活动和加强社会道德建设的实践活动。

(二)技术路线

遵循"确定选题—研究设计—实证调查—搜集资料—整理资料—归纳分析—撰写报告—实践转化"的技术路线,在研究过程中构建实证平台、理论平台和应用平台三大研究平台,着力从理论分析、现实比较、体系构建、对策建议等方面展开系统而深入的研究,以期研究结论具有较高的理论价值和实用价值。在研究结构上,力求做到条分缕析而又丝丝相扣;在研究内容上,尽量吸收新的科研成果,力图收罗宏富。

表1-1 本研究构建的三大研究平台

实证平台	理论平台	应用平台
当代中国公民社会公德、职业道德、家庭美德和个人品德状况跟踪调查 ● 历史实证调查 ● 现实实证调查	公民社会公德、职业道德、家庭美德和个人品德基础理论研究 ● 理论层面 ● 制度层面 ● 机制层面	公民社会公德、家庭美德、职业道德及个人品德培育的实践路径 社会公德、家庭美德、职业道德及个人品德领域突出问题治理的对策举措

三、当代中国公民道德状况跟踪调查研究的难点

我国在社会转型时期如何解决好社会道德生活领域的突出问题、构建良好的社会道德秩序,是调查研究拟解决的关键性问题。紧扣这一关键环节,本研究将遇到而又必须予以解决的重点难点问题如下:

其一,实证调研的信度、广度和深度。进行大规模公民道德状况的实证调查,是本研究的基础工程、生命工程。但是,随着互联网技术的突飞猛进和"无断点"互联网时代的到来,以纸质问卷发放、面对面访谈等为主的传统实证调研方法面临着信度、广度和深度的多重考验。有效利用和充分发挥网络信息技术优势,创新公民道德状况实证调研的方法,是本研究首先必须解决好的重点难点问题。

其二,跟踪实证调研的比较分析。客观地评价、正确地看待我国公民道德的现状,既要着眼于眼前实际,也要在比较中分析其历史发展。只有通过追踪实证调查和比较分析,才能正确地认识公民道德现状的主流,才能科学地揭示当代中国社会道德领域突出问题的形成原因和走势。实证调研的比较分析,是一个难度很大的理论问题和实践问题。它既需要对以往的实证调研进行全面系统的梳理,也需要抓住根本性的问题进行追踪调研分析;既需要比较不同时期公民道德认知的变化,也需要比较不同时期公民道德行为的嬗变。

其三,治理道德领域突出问题的有效对策。研究道德领域突出问题,绝不是为了研究而研究,而是为了解决道德领域的突出问题。当今中国道德领域存在的问题非常复杂,它或者表现为公共权力缺乏制约,或者表现为国民道德文明素质亟待提高,或者表现为监督机制不健全等,但都是我们在发展过程中遇到的新问题,没有现成的答案。面对这些新问题,许多以往的举措往往会显得苍白无力,需要我们从实际出发,遵循道德形成发展的规律,在专项教育和治理方面有所突破和创新。

四、当代中国公民道德状况跟踪调查研究的创新

科学研究的创新总是同问题意识、问题着力点必然联系在一起的。针对调查研究的重点难点问题,本研究尝试在如下几个方面有所突破:

其一,研究视角的创新。当前研究公民道德的成果不少,但多是从静态角度

进行研究。本研究从跟踪调研的动态角度研究公民道德问题,以 10 年来公民道德的发展变化为经,以社会公德、职业道德、家庭美德、个人品德等领域的公民道德客观状况为纬,对当代中国公民道德状况进行分领域、分阶段、分阶层的跟踪实证调查和动态分析,把握当前我国公民道德的实然状况和发展态势,探究不同道德生活领域凸显的道德问题的深层原因、形成规律、解决路径及其相互关系。

其二,跟踪调研内容的创新。用动态、发展的眼光考察公民道德的总体状况和不同领域凸显的问题,是本研究的重要创新点。本研究探讨问题全面,从历史与现实、国际与国内、理论与实践等多层面对公民道德相关问题展开讨论,力求提供一个完整的理论框架和实践平台。本研究跟踪调研当前公民道德现状及10 年发展情况,全面总结公民道德总体进步的社会基础、发展特点、基本经验和建设规律,系统梳理公民道德存在的突出问题及形成原因,在此基础上提出持续推进公民道德建设、切实提升社会道德水平的路径,使得本研究具有理论的整体性与系统性。

其三,公民道德建设思路的创新。探索公民道德建设的有效路径和举措,提出专项教育和治理举措相互支持、合力攀援的新时代公民道德建设思路,是本研究的重点任务,也是本研究的一大亮点。本研究针对具体领域凸显的公民道德问题,坚持教育和治理的统一,把自我教育提高与发挥职能部门管理作用结合起来,把加强道德教育与依法依规结合起来,把阶段性教育治理与建立长效机制结合起来,承接中华优秀传统文化,借鉴其他民族优秀成果,以期在社会转型期公民道德领域突出问题专项教育和治理方面,实现理论和实践的双重突破。

其四,跟踪调研方法的创新。紧密结合我国公民道德实际,突出实证研究,研究成果具有实践的可操作性。一是研究过程理论与实践紧密结合。本研究并非单纯的学理泛论,更不是纯粹的理论推断。本研究在进行分析比较、逻辑推论的同时,将依据社会调查掌握的第一手资料,把脉中国公民道德实际,对我国公民道德现状及其 10 年发展变化情况进行实证分析。二是在调研方法上,一方面继续采用纸质问卷发放、面对面访谈等传统方法,另一方面运用网络问卷、网络投票、网络讨论、网络观察等新方式,把传统调研方法与网络信息技术优势结合起来,在应对互联网技术的挑战中实现道德调查方法的创新。三是选取典型案例进行重点调查、分析，开展个案研究，并通过案例研究，把公民道德建设和突出问题治理的方案、对策和建议贯彻落实于具体层面，从而将理论分析落到实处。

第二节　当代中国公民道德状况跟踪调查的问卷设置与实施

10 年来，特别是党的十八大以来，我国在经济建设、政治建设、文化建设、社会建设和生态文明建设等方面取得了长足发展，公民道德总体上呈现出向上向善的良好态势。但是，随着我国由农业社会向工业社会转变、从乡村社会向城镇社会转变、从封闭半封闭社会向开放社会转变、从同质单一型社会向异质多样型社会转变、从礼俗社会向法理社会转变，公民道德领域暴露的问题也日渐增多。如何认识当前公民道德现状及其发展变化情况？对这个问题的求证，不只是一个认识问题，也是一个关系到公民道德建设的实践问题，更是公民道德建设能否取得成效的前提。"在人类社会发展的每一个历史阶段，道德状况的好坏都是人类最关心的问题之一，但要判断人类社会道德状况的好坏，人类不仅需要对其自身的道德生活经验进行定性描述，更重要的是需要对其进行定量分析。"[①] 实践证明，只有摆脱单纯的经验方法和感性认知，在科学理论的指导下作扎实细致的社会调查，经过严密的理论分析和经得起推敲的抽象提炼，才能得出关于我国公民道德现状及其 10 年发展变化情况的有说服力的结论，而这正是本书的研究逻辑。

一、问卷调研与受访者的人口社会学特征

"社会调查是一种采用自填式问卷或结构式访问的办法，系统地、直接地从一个取自总体的样板那里收集量化资料，并通过对这些资料的统计分析来认识社会现象及其规律的社会研究方式。"[②] 为客观反映当前的公民道德状况及其10

---

① 向玉乔：《道德建设重在准确把握道德状况——关于建构中国道德状况测评指标体系的设想》，《伦理学研究》2015 年第 1 期。

② 风笑天：《现代社会调查方法》(第三版)，华中科技大学出版社 2005 年版，第 4 页。

年来的发展变化情况,清华大学马克思主义学院吴潜涛教授主持的 2013 年国家社科基金重点项目"当代中国公民道德状况跟踪调查和突出问题治理对策研究"课题组,以自填式问卷为主要方式,对公民道德现状开展了广泛的社会调研。本次调研,以课题组 10 年前研制的公民道德状况调查问卷为蓝本,编制了 2016 年《全国公民道德状况调查问卷》,组织人员在 10 个大中城市开展问卷调查,并依据调查掌握的第一手资料进行数据处理和分析,把脉中国公民道德现状,跟踪其 10 年来的发展变化历程,以求总结经验、发现问题、探寻原因、寻找解决问题的路径。

（一）公民道德跟踪调查缘起

2005 年 12 月—2006 年 6 月,为准确掌握当时的公民道德现状,时任中国人民大学伦理学与道德建设研究中心主任吴潜涛教授牵头编制了 2006 年《全国公民道德状况调查问卷》[①],并组织力量在北京市、哈尔滨市（黑龙江省）、大连市（辽宁省）、南昌市（江西省）、兰州市（甘肃省）、郑州市（河南省）、重庆市、昆明市（云南省）、上海市、海口市（海南省）等 10 个大中城市,对 7000 余名不同性别、年龄、民族、受教育程度、婚姻状况、政治面貌、宗教信仰、就业状况、职业和收入水平的受访对象开展了一次较大规模的问卷调研,系统考察了公众对改革开放以来公民道德总体状况以及对社会主义道德核心和基本原则的认知状况、社会公德状况、职业道德状况、家庭道德状况、网络道德状况、青少年道德状况、公民对共产党员道德水平的认知状况等。

10 年过后,公民道德到底处于什么水平? 与 10 年前相比,是提高了还是下降了? 出现了哪些新特点? 又存在哪些亟待治理的突出问题? 因为采取的研究设计和方法的差别,不同学者得出了不尽相同的结论。那么,实际情况如何? 这是本研究力图解决的一个问题。基于以上考虑,在 10 年前调研问卷的基础上,课题组设计了 2016 年《全国公民道德状况调查问卷》,采用问卷调查的方式对当代中国公民道德状况进行跟踪调查,用动态、发展的眼光,考察当前公民道德的总体状况,了解 10 年来公民道德的变化情况、发展规律及未来走势,以期为提升我国公民道德建设水平提供数据支撑和理论借鉴。

---

① 调查基准年份说明:因前期调查为 2005 年 12 月启动,2006 年调查结束,2006 年为主要调查时间,故本书所有章节的 10 年比较为 2006 年和 2016 年。

1.测评指标的设定和完善

建立科学有效的测评指标体系是公民道德状况跟踪调研的前提和基础。基于此,我们将有关公民道德状况的总体评价分解为一系列具体的、可操作性强和有说服力的统计指标,通过社会调查等方式获取每一指标的真实数据,继而借助一定的理论模型对所有数据进行深入系统的理论分析,最后形成关于我国公民道德状况的总体判断。木调研测评指标体系的建构主要遵循如下原则:一是连贯一致性原则。将道德认知、道德情感、道德意志和道德行为结合起来,以确保测评内容的连贯一致性。二是广泛代表性原则。参与测评的主体具有广泛代表性,能够代表当今中国社会绝大多数人对公民道德现状及其 10 年发展变化情况的意见和立场。为了体现公民道德状况测评指标体系的层次性,课题组建构了一个金字塔形的指标体系,居于顶部的是宏观指标,居于中部的是中观指标,居于底部的是微观指标,如图 1—1 所示。

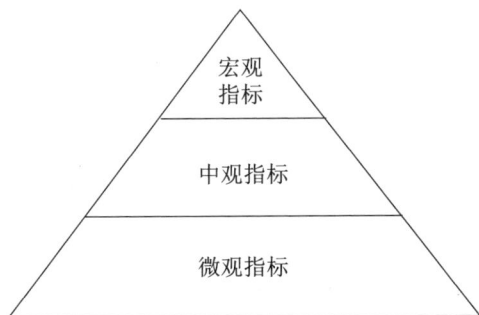

图 1—1　中国公民道德现状及其 10 年发展情况测评指标体系架构图

上图勾画的"金字塔"以一种非常直观的方式反映了当代中国公民道德现状及其 10 年发展情况测评指标体系的总体构成,这是一个由宏观指标、中观指标和微观指标构成的有机统一体,三个层级的指标体系环环相扣、相互贯通,它们之间是相辅相成的辩证关系。为了更好地获得关于中国公民道德现状及其 10 年发展变化情况的总体评价,我们在综合运用这三级指标体系的平台上来开展相关测评工作。

2.问卷编制与调研的实施

(1)问卷设计说明

本次调研主要采用问卷调研的形式,2016 年《全国公民道德状况调查问卷》以 2006 年中国人民大学伦理学与道德建设研究中心编制的《全国公民道德状况调查问卷》为蓝本，根据课题组设计的三级指标体系，在广泛访谈和多次论证的基础上进行设计。同时，为体现跟踪调查的特色，本次调研地点与 2006 年保持一致，问卷调查内容和题量基本保持不变。问卷整体共由 53 道题目组成，分"前言""基本情况"和问卷主体三个部分。"前言"部分主要是简单介绍问卷调查目的及注意事项，"基本情况"部分包括 10 项个体基本信息，问卷主体内容由选择题构成。除"前言"外，问卷各部分的具体设计如下：

"基本情况"部分。在问卷调查中，个人基本情况的调查是一项基础工作。调查主题不同，问卷中个人基本情况的设置也存在差异，需要具体考虑和分析个人基本情况与调查主题的关联性。在本次调查的问卷中，我们需要考虑的是哪些个体因素与公民道德水平存在关联。基于此，我们建立研究假设：当代中国公民道德状况及其 10 年发展变化情况的评价因公民个人的性别、年龄、民族、受教育程度、婚姻状况、政治面貌、宗教信仰、就业状况、职业和收入水平的不同而有所不同。这些个体因素与公民的道德水平之间究竟存在什么关系？哪些因素对其影响较大？上述这些问题成为本研究所关注的对象。为此，课题组在设计问卷时，对"基本情况"部分作了如下安排：调研问卷的"基本情况"部分呈现了 10 个问题，以了解受访者的性别、年龄、民族、受教育程度、婚姻状况、政治面貌、宗教信仰、就业状况、职业和月平均收入水平。"基本情况"的第 10 题"您的月平均收入情况"，10 年前的问卷设置了 500 元及以下、501—1000 元、1001—1500 元、1501—2000 元、2001—3000 元、3000 元以上（不含 3000 元，下同）六个档次。10 年来，特别是党的十八大以来，在世界经济深度调整、国内经济发展步入新常态的背景下，我国坚持稳中求进的工作总基调，引领经济发展新常态，推动供给侧结构性改革，经济建设取得辉煌成就。随着一系列改革措施、优惠政策与保障制度的贯彻落实，人民的生活水平显著提高，人均收入逐年增长。国家统计局数据显示，2016 年，全国居民人均可支配收入 23821 元，比 2012 年增加 7311 元，年均实际增长 7.4%。因此，根据居民的实际收入水平，本次调研问卷将受访者的月平均收入档次进行了上调，分为 1000 元及以下、1001—3000 元、3001—5000 元、5001—10000 元和 10000 元以上（不含 10000 元，下同）五个档次。

问卷主体部分。该部分共设计了 43 个问题，包括七方面的内容。一是对目前社会总体道德状况的考察，包括受访者的感受、认知、态度与评价，以及对为人民服务道德核心、集体主义道德原则、爱国主义、社会主义核心价值观等的认知和态度，题项为B1—B11。二是对社会公德状况的考察（包括环境道德和网络道德），题项为C1—C12、C25、C26。三是对职业道德状况的考察，题项为C13、C14、C15。四是对家庭道德状况的考察，题项为C16—C22。五是对个人品德状况的考察，题项为C23、C24。六是对特定人群（共产党员和大学生）道德状况的考察，题项为D1、D2、D4。七是对公民道德建设状况的考察，题项为D3、D5、D6。需要指出的是，各个问题之间考察的道德内容有交叉和重叠，因为道德问题本身就是一个整体，以上各部分之间是相互支撑、相互关联的，为了研究的方便设计成几个部分，但在具体分析某一个问题时，问卷各个问题的考察结果可以互相印证。

（2）问卷的效度和信度分析

在调研问卷的设计阶段，课题组既尽可能多地吸收学界的研究成果，同时也就问卷编制的维度划分、影响因子等问题广泛向伦理学界、社会学界与统计学界的专家请教，严格依照研究规范进行了较大规模的前期预调研，从而保证了问卷的信度、效度符合研究的需要。

2016年5月，委托河北省首批新型智库建设单位——河北省道德文化与社会发展研究中心（河北经贸大学）对本次调研进行了预调查，在预调查地点河北省石家庄市桥西区，根据随机取样原则，选取了汇华广场管理层及商户、河北经贸大学师生和退休人员、桥西区政府工作人员、桥西区消防大队武警战士、石刻园环卫工人、育文派出所公安干警、上起澜湾小区建筑工人、红旗高教市场个体工商户、西三教社区居民、东五里村村民等调研对象，共发放调研问卷230份，收回问卷227份，其中有效问卷227份。进行调查数据汇总和统计分析后，发现效度良好。四周后，研究者对这些调研对象进行了重测。本次重测共发放问卷230份，收回问卷221份，其中有效问卷221份。问卷的重测信度较好，前测和后测两次测量结果的稳定性较强。

（3）正式问卷调研的实施

预调研结束后，课题组对部分题目进行了调整和修改，并于2016年7—9月进行了正式问卷调研。为体现跟踪调研的特点，本次调研选取的10个调研点与10年前的调研地点一致，分别是北京市、哈尔滨市（黑龙江省）、大连市（辽宁省）、南昌市（江西省）、兰州市（甘肃省）、郑州市（河南省）、重庆市、昆明市（云南省）、上海市、海口市（海南省）。调研点覆盖东北、华北、华东、华中、西南、西北六大区域，兼顾沿海地区、内陆地区以及边远地区、中心地区，符合我国地理分布、城乡分布和人口分布特点，具有较好的代表性。本次问卷调查共发放问卷7000份，回收6791份，其中有效问卷6677份①，有效率98.32%。样本的分布地区如表1-2所示。

表1-2　各城市的样本量②

调研城市	频数（人）	占比（%）
北京市	623	9.3
哈尔滨市（黑龙江省）	684	10.2
大连市（辽宁省）	697	10.4
南昌市（江西省）	690	10.3
兰州市（甘肃省）	632	9.5
郑州市（河南省）	646	9.7
重庆市	658	9.9
昆明市（云南省）	658	9.9
上海市	689	10.3
海口市（海南省）	700	10.5
有效样本量	6677	100.0

　　本次问卷调研采用街访的形式。街访是由访问员在街头随机进行访问的一种调研形式，具有易操作、易控制、时间短、易确认被访者特征等优点。街访调查地点的选取充分考虑当地的人口分布和流动情况。在街访中，受访对象的选取遵循两两不相识原则，即在有可能相互认识的一群人中只选取一人作为调查对象。在整个调查过程中，对问卷的填写过程进行了相对严格的监控和要求，要求由调查员一对一接待、询问受访对象，原则上由受访者填答，调查员在旁边做好解释和咨询工作。同时，要求调查员在受访者填答结束后及时浏览、检查问卷的填答情况，及时发现存在的问题，尽量避免因为漏题等引起的无效样本。在整个调查过程中，有意识地对各类人群分布做了配额样本，以保证调查样本的真实

---

①　由于回收的部分问卷存在未填写项，所以针对某些具体问题的有效样本量会小于6677。

②　因使用的统计软件不同，全书2006年的统计数据小数点后保留两位数字，2016年的统计数据小数点后保留一位数字。

性、全面性和代表性。

本次问卷调查样本大、范围广,调查问题也较为全面,但仍存在诸多不足。与其他问卷调查面临的问题一样,此次调查也无法完全避免受访者的主观干扰,如隐去实情、按照公认的正确答案选择等。尽管这样,本次调查还是获得了第一手资料,较客观地反映了目前我国城乡公民道德状况及其 10 年发展变化情况。

(4)调研数据的处理与录入

问卷回收后,我们对问卷进行了整理和数据录入处理。首先是问卷填写情况的鉴别工作。尽管前期作了较完善的问卷说明和人员安排,我们仍难以保证每一份问卷的真实性和准确性。鉴于此,我们组织了清华大学马克思主义学院思想政治教育专业的博士生对调研问卷的填写情况进行了认真、详细的审核与甄别。凡是乱填、空白、严重缺答和严重雷同的问卷,一律作废。之后委托北京市的数据录入公司对有效问卷进行编码并录入数据。我们将问卷的编码设置为五位数,第一、二位为区域代码,10 个调研点——北京市、哈尔滨市、大连市、南昌市、兰州市、郑州市、重庆市、昆明市、上海市、海口市分别设置为 01—10,后三位数从 001 开始编码,如北京市的问卷编码是从 01001 开始。最后,我们把这些问卷全部录入 Excel 软件,并在录入完成后,随机抽查了 2000 份数据的录入准确率,结果较为理想。随后,我们在 SPSS 文件中导入 Excel 文件,以便依据研究需要进行各种统计分析。同时,我们还结合 10 年前的调研数据进行了对比分析。

3. 受访者人口学特征

整体来讲,本次公民道德状况跟踪调查的样本数量分配以及性别、年龄、民族、受教育程度、婚姻状况、政治面貌、宗教信仰、就业状况、职业和月平均收入水平等各方面比例较为合理,样本选取较为科学,具有较强的代表性。具体而言,调查对象的人口学特征如下[①]:

受访者性别分布。"性别统计是分析、研究社会经济发展变化的一种统计方法,它是从性别角度,描述、分析、研究、判断社会经济发展中的一些现象和问题。"[②]作为先天的客观存在,性别本身并无好坏、优劣之分,但是由于生理特征、

---

① 本章所有百分比数据均为去除未填写项后的有效百分比。
② 国务院妇女儿童工作委员会办公室:《建立和完善中国特色性别统计工作制度对策研究报告》。

心理特征、后天社会分工、家庭生活角色等因素的影响,不同性别的受访者对同一问题的看法与评价存在差异。因此,性别因素是影响公民道德状况及评价的一个基础性因素。如图 1-2 所示,本次调研的受访者中,女性占 53.9%,略多于男性所占比例（46.1%）,男女性别比例分布符合调研要求。

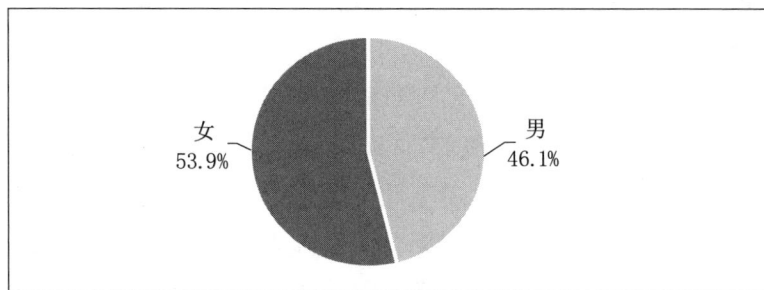

图 1-2 受访者性别分布（2016）

受访者年龄分布。个体公德素养的发展变化是一个复杂、长期的过程。这一发展过程每达到一定的时间或程度,就会发生质变,表现出发展的阶段性。可以说,在不同的年龄阶段,公民的公德认知、公德情感、公德意志、公德信仰、公德行为选择及行为习惯等都有着重要区别,呈现出各自的年龄特点。由此,年龄因素也成为影响公民道德及评价的重要因素。本次调研受访群体的年龄分布如图 1-3 所示,20—29 岁的受访者占比最多,为 39.3%;30—39 岁的受访者占 22.1%;各有超过一成的受访者年龄在 20 岁以下（12.7%;不包括 20 岁,下同）和 40—49 岁（14.1%）;50 岁及以上受访者合计占比为 11.9%。受访者的年龄分布较为合理。

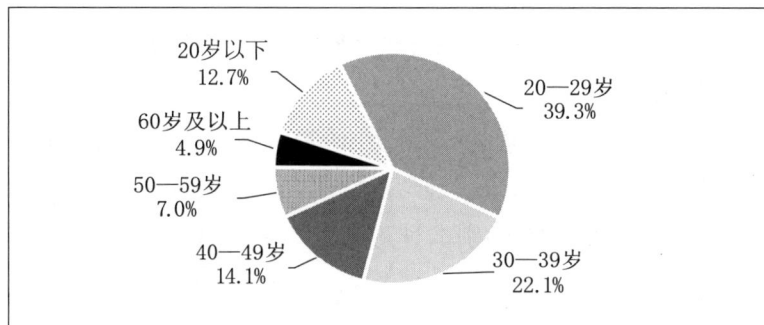

图 1-3 受访者年龄分布（2016）

受访者民族分布。如图 1—4 所示,受访者民族为汉族的占 91.4%,少数民族受访者占 8.6%。

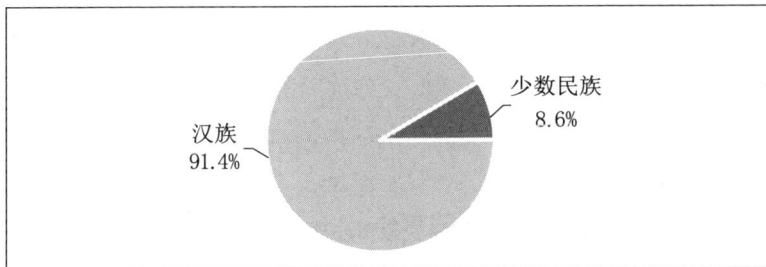

图 1—4 受访者民族分布(2016)

受访者政治面貌分布。如图 1—5 所示,受访者政治面貌为普通群众的比例最高,为 41.6%;政治面貌为共青团员、共产党员、民主党派和无党派人士的受访者分别占 33.8%、23.0% 和 1.6%。

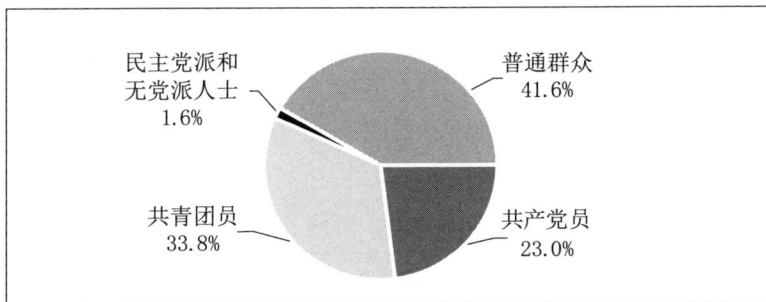

图 1—5 受访者政治面貌分布(2016)

受访者受教育程度分布。知识与道德之间有着密切的关系。知识给人们提供的是一种方法论的指导,它告诉人们什么是善、什么是恶,什么应该做、什么不应该做。可以说,"知识对于提升个人的道德境界、构成良性的社会制度、形成共同的道德价值规范和标准起着举足轻重的作用"[①]。这是本次调研把受访者的受教育程度作为一个考察因素的重要原因。如图 1—6 所示,受访者的学历为高中(含中专,下同)及以下的合计占 34.7%;学历为大学(包括大学专科和大学本科,下同)的受访者所占比例超过半数,为 57.6%;硕士研究生及以上学历者占 7.7%。

---

① 何杨勇:《知识与道德关系的探讨》,《浙江学刊》2008 年第 3 期。

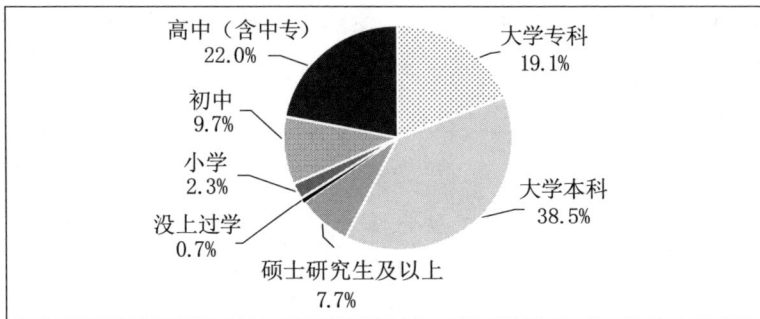

图1-6 受访者受教育程度分布（2016）

受访者宗教信仰分布。如图1-7所示，81.7%的受访者没有宗教信仰，占比最多；信仰佛教、基督教或天主教、道教和伊斯兰教的受访者分别占10.5%、2.9%、1.5%和1.4%。

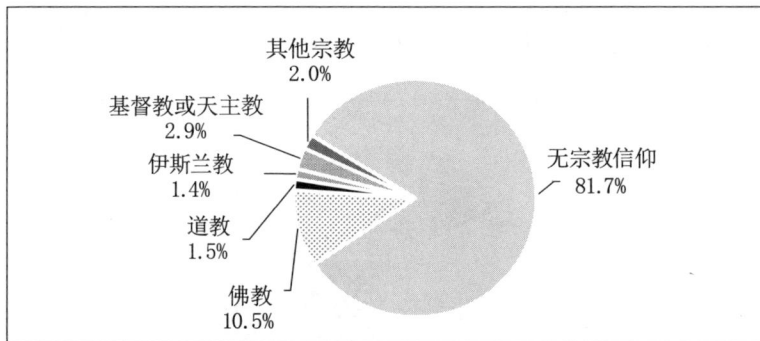

图1-7 受访者宗教信仰分布（2016）

受访者婚姻状况分布。如图1-8所示，未婚受访者和已婚受访者占比分别为47.1%和48.5%，各占将近一半；婚姻状况为"离异"和"丧偶"的受访者分别占2.7%和1.7%。

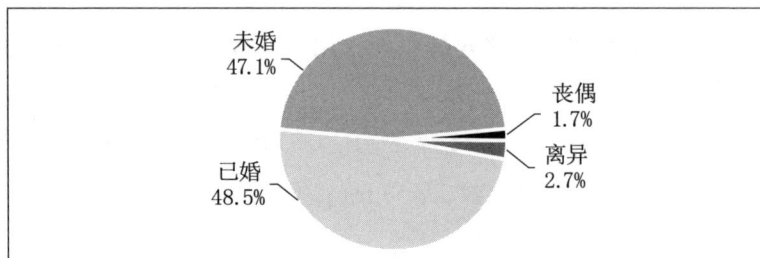

图1-8 受访者婚姻状况分布（2016）

受访者就业状况分布。如图 1-9 所示,在职的受访者占比最多(53.0%),其次为学生(26.7%);就业状况为"离退休"和"无业、失业"的受访者分别仅占 7.3% 和 4.8%;选择"其他"的受访者占 8.2%。

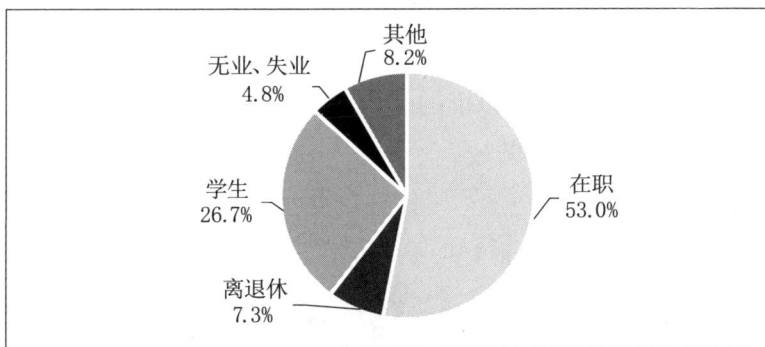

图 1-9　受访者就业状况分布(2016)

受访者职业分布。职业体现了专业分工,它是成年人的主要活动方式。不同的职业生活形成不同的社会关系,因而对社会道德整体水平的评价也必然存在不同的视角。如图 1-10 所示,除"其他"选项外,受访者占比最多的五种职业分别是企业员工(19.6%)、机关事业单位办事人员和有关人员(8.1%)、科教文卫专业技术人员(6.9%)、企业管理人员(6.1%)、机关事业单位领导干部(5.2%),军人(2.2%)和农业劳动者(2.2%)所占比例最少。

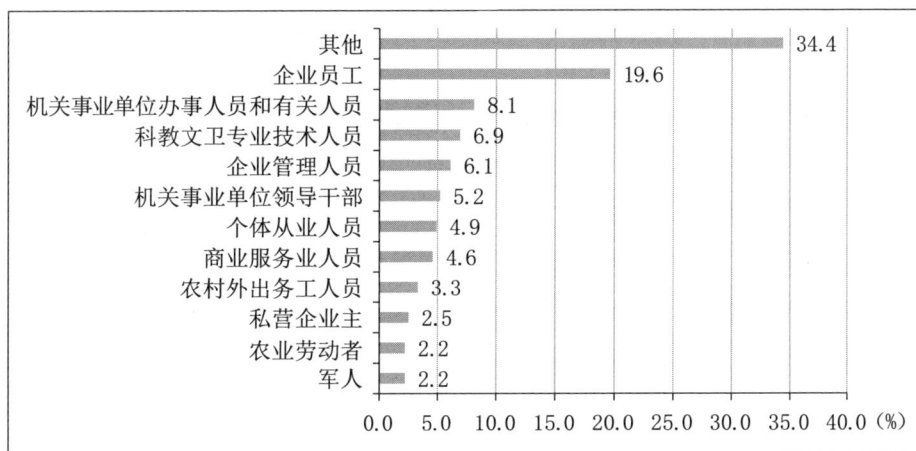

图 1-10　受访者职业分布(2016)

受访者月平均收入分布。"道德终究是要依附于现实的经济关系和人们经济活动的形式,人们不可能脱离他们实际的经济环境和经济生活来形成某种道德观念和行为方式,而是必须使自己的行为适合于他们所处的经济环境。"[①] 社会经济发展和个体的经济地位、经济收入是影响公民道德认知的重要因素。如图 1-11 所示,本次调研中,月平均收入在 3001—5000 元的受访者占比最多,为 31.8%;月平均收入在 3000 元以下的受访者合计占 53.5%;月平均收入在 5001 元及以上的受访者合计占 14.7%。

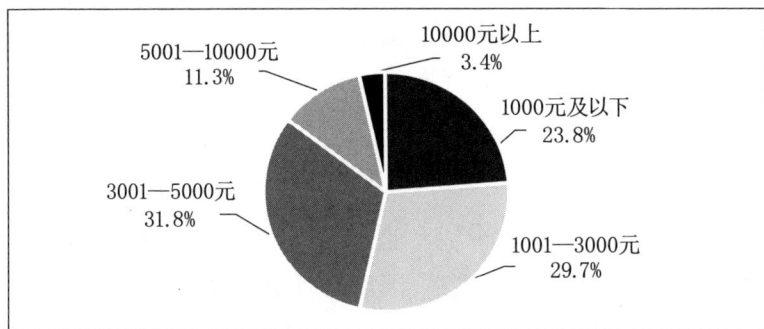

图 1-11　受访者月平均收入分布(2016)

第三节　当代中国公民道德总体状况
跟踪调查结果与比较分析

公民道德的总体状况很难通过某一指标来加以量化,因为它涉及多方面的问题。基于这一考虑,为了宏观探知公众对当前公民道德状况所持的态度,相对把握全社会的整体道德状况和变化情况,我们在问卷中特意设计了一组题目,主要涉及两方面内容:一是"对当前我国道德风尚的整体印象",这是从静态方面考察当前公民道德的实然状况;二是"道德总体水平和 10 年前相比有何变化",这是从动态方面考察公民道德的发展变化状况。

[①]　林兴发:《物质利益与道德建设》,《集美大学学报(哲学社会科学版)》2000 年第 3 期。

一、对当前我国道德风尚整体印象的数据描述

如图 1-12 所示,对当前我国道德风尚,42.8% 的受访者表示整体印象"比较满意",占比最多;表示"满意"或"非常满意"的受访者合计占 23.5%;表示"不满意"或"很不满意"的受访者合计占 30.4%;还有 3.3% 的受访者表示"说不清"。可以看出,回答"非常满意""满意""比较满意"三者合计为66.3%。通过调研,我们可以得出这样的结论:多数受访者对当前我国道德风尚较为满意,但因受访群体的性别、年龄、职业等因素的影响,呈现出一定的认识差异性。

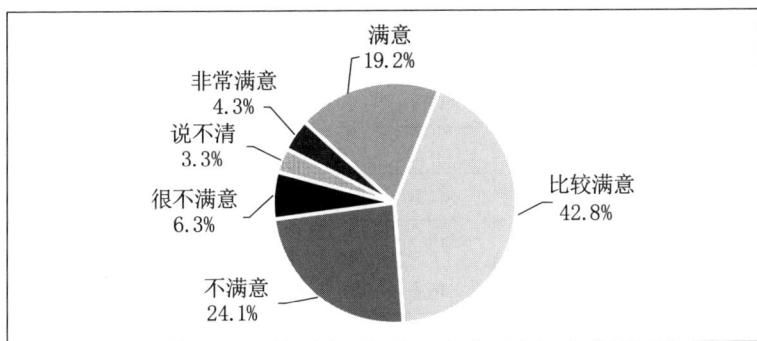

图 1-12　受访者对当前我国道德风尚的整体印象(2016)

（一）不同性别受访群体的差异化表现

如表 1-3 所示,男性对当前我国道德风尚"非常满意"的占 5.4%,"满意"的占 18.8%,"比较满意"的占 40.2%,"不满意"的占 24.1%,"很不满意"的占8.0%,"说不清"的占 3.5%;女性对当前我国道德风尚"非常满意"的占 3.4%,"满意"的占 19.4%,"比较满意"的占 44.9%,"不满意"的占 24.3%,"很不满意"的占 4.8%,"说不清"的占 3.2%。对当前我国道德风尚,女性的认可度略高于男性(高出 3.3%)。

表 1-3　不同性别受访者对当前我国道德风尚的整体印象(2016)

性别	非常满意（%）	满意（%）	比较满意（%）	不满意（%）	很不满意（%）	说不清（%）	有效样本量（人）
男	5.4	18.8	40.2	24.1	8.0	3.5	3058
女	3.4	19.4	44.9	24.3	4.8	3.2	3575

（二）不同年龄受访群体的差异化表现

不同年龄段的人因生活阅历不同，对当前我国道德风尚的整体印象必然会存在一定差异，这一点通过调查得到了验证。如表1—4所示，20岁以下受访者对当前我国道德风尚持正面印象（"非常满意""满意"和"比较满意"之和）的占69.0%，20—29岁的占64.7%，30—39岁的占63.6%，40—49岁的占66.5%，50—59岁的占73.0%，60岁及以上的占71.9%。从整体看，较其他年龄阶段，50岁及以上的中老年人对当前我国道德风尚持更高比例的正面印象。

表1—4 不同年龄受访者对当前我国道德风尚的整体印象（2016）

年龄	非常满意（%）	满意（%）	比较满意（%）	不满意（%）	很不满意（%）	说不清（%）	有效样本量（人）
20岁以下	7.3	18.6	43.1	23.3	4.0	3.6	844
20—29岁	4.0	17.2	43.5	25.7	5.8	3.8	2618
30—39岁	2.8	19.5	41.3	24.8	8.6	3.0	1470
40—49岁	3.3	22.2	41.0	22.9	7.0	3.5	937
50—59岁	7.6	22.2	43.2	18.6	6.5	1.9	463
60岁及以上	4.6	20.7	46.6	20.4	4.3	3.3	328

（三）不同政治面貌受访群体的差异化表现

如表1—5所示，共产党员对当前我国道德风尚整体印象"比较满意"的占45.2%，"满意"的占19.5%；共青团员对当前我国道德风尚整体印象"比较满意"的占46.2%，"满意"的占16.8%；民主党派和无党派人士对当前我国道德风尚整体印象"比较满意"的占43.0%，"满意"的占18.7%；普通群众对当前我国道德风尚整体印象"比较满意"的占38.5%，"满意"的占20.8%。可以看出，在不同政治面貌受访者中，共产党员和共青团员较之其他群体，对当前我国道德风尚持更高比例的正面印象。

表1—5 不同政治面貌受访者对当前我国道德风尚的整体印象（2016）

政治面貌	非常满意（%）	满意（%）	比较满意（%）	不满意（%）	很不满意（%）	说不清（%）	有效样本量（人）
共产党员	4.8	19.5	45.2	23.4	5.1	2.0	1536
共青团员	4.6	16.8	46.2	24.8	4.8	2.8	2256

续表

政治面貌	非常满意（%）	满意（%）	比较满意（%）	不满意（%）	很不满意（%）	说不清（%）	有效样本量（人）
民主党派和无党派人士	4.7	18.7	43.0	25.2	6.5	1.9	107
普通群众	3.8	20.8	38.5	23.9	8.2	4.8	2774

（四）不同受教育程度受访群体的差异化表现

如表 1-6 所示，没上过学的受访者对当前我国道德风尚的整体满意率为 56.6%，小学学历受访者的满意率为 77.3%，初中学历受访者的满意率为 72.7%，高中学历受访者的满意率为 67.5%，大学专科学历受访者的满意率为 65.3%，大学本科学历受访者的满意率为 64.4%，硕士研究生及以上学历受访者的满意率为 63.7%。通过分析调查数据可以明显看出，学历水平与道德认知有明显的负相关倾向，即对当前道德水平的整体满意率随学历的升高而降低。

表 1-6 不同受教育程度受访者对当前我国道德风尚的整体印象（2016）

受教育程度	非常满意（%）	满意（%）	比较满意（%）	不满意（%）	很不满意（%）	说不清（%）	有效样本量（人）
没上过学	10.9	28.3	17.4	17.4	15.2	10.8	46
小学	13.0	31.2	33.1	11.0	3.2	8.5	154
初中	6.0	29.3	37.4	15.8	6.7	4.8	645
高中	5.7	20.0	41.8	21.8	6.9	3.8	1462
大学专科	4.8	19.6	40.9	23.8	8.6	2.2	1268
大学本科	2.7	16.0	45.7	28.0	4.9	2.6	2568
硕士研究生及以上	2.1	14.6	47.0	27.5	5.5	3.3	513

（五）不同婚姻状况受访群体的差异化表现

如表 1-7 所示，未婚受访群体对当前我国道德风尚的整体印象"比较满意"的占 44.2%，"满意"的占 16.6%，"非常满意"的占 4.4%；已婚受访群体对当前我国道德风尚的整体印象"比较满意"的占 41.8%，"满意"的占 21.4%，"非常满意"的占 4.2%；离异受访群体对当前我国道德风尚的整体印象"比较满意"的占 36.0%，"满意"的占 23.0%，"非常满意"的占 3.4%；丧偶受访群体对当前我国道德风尚的整体印象"比较满意"的占 45.5%，"满意"的占 18.2%，"非常满意"的占 9.1%。

表1−7　不同婚姻状况受访者对当前我国道德风尚的整体印象（2016）

婚姻状况	非常满意（%）	满意（%）	比较满意（%）	不满意（%）	很不满意（%）	说不清（%）	有效样本量（人）
未婚	4.4	16.6	44.2	25.3	5.8	3.7	3129
已婚	4.2	21.4	41.8	23.3	6.5	2.8	3223
离异	3.4	23.0	36.0	22.5	10.1	5.1	178
丧偶	9.1	18.2	45.5	14.5	7.3	5.5	110

（六）不同就业状况受访群体的差异化表现

如表1−8所示，对当前我国道德风尚持正面印象的比例，在职群体为 65.6%，离退休群体为 74.3%，学生群体为 66.1%，无业、失业群体为 61.6%，其他群体为 65.9%。可以看出，离退休群体对当前我国道德风尚的满意率最高，无业、失业群体最低。

表1−8　不同就业状况受访者对当前我国道德风尚的整体印象（2016）

就业状况	非常满意（%）	满意（%）	比较满意（%）	不满意（%）	很不满意（%）	说不清（%）	有效样本量（人）
在职	4.5	20.4	40.7	24.4	7.0	3.0	3526
离退休	5.1	19.5	49.7	18.9	4.5	2.3	487
学生	3.3	14.9	47.9	26.5	4.2	3.2	1775
无业、失业	3.4	17.1	41.1	26.2	8.7	3.5	321
其他	6.4	25.7	33.8	18.1	8.6	7.4	548

（七）不同职业受访群体的差异化表现

如表1−9所示，不同职业受访群体对当前我国公民道德风尚持正面印象的占比从高到低依次为：机关事业单位领导干部为 76.7%，军人为 73.9%，机关事业单位办事人员和有关人员为 70.9%,农村外出务工人员为 70.0%,个体从业人员为 68.9%,科教文卫专业技术人员为 67.8%,农业劳动者为 67.0%,企业管理人员为 64.4%,私营企业主为 63.4%,企业员工为 63.1%,商业服务业人员为 61.1%。可以看出,机关事业单位领导干部、军人、机关事业单位办事人员和有关人员三类受访者对当前我国道德风尚持正面印象的比例位居前三。这不仅反映了上述三个群体对当前我国道德状况的整体满意率,更体现了他们对当代中国道德发展趋势的自信,是中国特色社会主义道路自信、理论自信、制度自信、文化自信在道德领域的反映。

表 1—9　不同职业受访者对当前我国道德风尚的整体印象（2016）

职业	非常满意（%）	满意（%）	比较满意（%）	不满意（%）	很不满意（%）	说不清（%）	有效样本量（人）
机关事业单位领导干部	10.3	23.6	42.8	16.2	6.2	0.9	339
机关事业单位办事人员和有关人员	5.1	20.2	45.6	22.4	4.7	2.0	531
科教文卫专业技术人员	4.5	15.4	47.9	26.3	3.8	2.1	449
企业管理人员	1.5	17.5	45.4	27.2	6.2	2.2	401
企业员工	3.3	19.7	40.1	27.4	6.4	3.1	1283
商业服务业人员	2.0	19.9	39.2	27.2	8.3	3.4	301
私营企业主	3.0	25.0	35.4	19.5	11.6	5.5	164
个体从业人员	3.4	23.1	42.4	18.1	8.4	4.6	321
农业劳动者	2.8	29.7	34.5	17.2	8.3	7.5	145
农村外出务工人员	2.8	31.5	35.7	15.5	7.5	7.0	213
军人	23.2	20.4	30.3	19.0	5.6	1.5	142
其他	3.9	16.3	45.0	24.8	6.2	3.8	2245

（八）不同收入水平受访群体的差异化表现

如表 1—10 所示,不同收入水平受访者对当前我国道德风尚持正面印象的占比情况为:月平均收入 1000 元及以下的为 66.4%,月平均收入 1001—3000 元的为 68.6%,月平均收入 3001—5000 元的为 67.2%,月平均收入 5001—10000 元的为 63.2%,月平均收入 10000 元以上的为 53.2%。可以看出,不同收入人群对当前我国整体道德状况的评价表现出一定的差异性；尤为引人注意的是,高收入群体对当前我国道德风尚的整体评价不高。

表 1—10　不同收入水平受访者对当前我国道德风尚的整体印象（2016）

月平均收入	非常满意（%）	满意（%）	比较满意（%）	不满意（%）	很不满意（%）	说不清（%）	有效样本量（人）
1000 元及以下	4.9	14.6	46.9	24.9	5.7	3.0	1503
1001—3000 元	5.3	24.8	38.5	21.4	6.2	3.8	1881
3001—5000 元	3.7	19.4	44.1	23.4	6.8	2.6	2011
5001—10000 元	2.8	16.1	44.3	28.4	5.7	2.7	716
10000 元以上	6.1	14.6	32.5	25.9	14.2	6.7	212

二、公民道德 10 年发展变化状况对比描述

科学考察我国公民道德整体状况,不仅要从静态角度考察当前公民道德状况的具体样貌,更要运用发展的思维和历史的眼光,考察公民道德的发展变化情况。考察公民道德水平的变化状况,总需要有一个参数,也就是说,变化是相对的。为体现跟踪调研的特色,我们将上次开展公民道德调研的时间（2006 年）作为本次调研对比的基准时间。为此,我们在问卷中设计了"您认为当前我国的总体道德水平和 10 年前相比如何"这一题目,以考察公民对我国总体道德水平 10 年来变化情况的评价,并通过社会公德、职业道德、家庭美德、个人品德等具体领域的跟踪调查数据来考察 10 年来公民道德发展变化的具体状况。

（一）公民对我国总体道德水平 10 年来变化情况的评价的数据描述

如图 1—13 所示,认为目前我国总体道德水平和 10 年前相比"降了一点"和"降了很多"的受访者占 24.1%, 10 年前这一数据为 34.31%；认为道德水平"没有变化"的占 6.9%, 10 年前这一数据为 3.85%。相比较而言,认为我国总体道德水平有所提高的人数居多。其中,认为"提高了一点"和"提高了很多"之和为 58.4%, 10 年前这一数据为 54.90%；有 23.1% 的公民认为"提高了很多",比 10 年前（18.57%）增长了约 4.5 个百分点。此外,不同性别、年龄、受教育程度、婚姻状况、政治面貌、就业状况、职业、收入水平的受访者对 10 年来我国公民道德的变化在认识方面存在一定的差异。

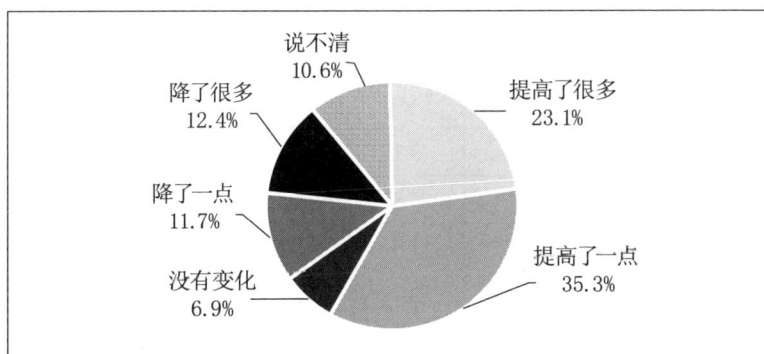

图1—13　受访者对"当前我国的总体道德水平和10年前相比如何"的看法（2016）

1. 不同性别受访群体的差异化表现

如表1—11所示，男性认为当前我国总体道德水平和10年前相比"提高了很多"的占23.6%，"提高了一点"的占34.1%，两者合计占57.7%；女性认为当前我国的总体道德水平和10年前相比"提高了很多"的占22.7%，"提高了一点"的占36.0%，两者合计占58.7%。女性群体对我国总体道德水平变化情况持正面看法的比例略高于男性群体。

表1—11　不同性别受访者对"当前我国的总体道德水平和10年前相比如何"的看法（2016）

性别	提高了很多（％）	提高了一点（％）	没有变化（％）	降了一点（％）	降了很多（％）	说不清（％）	有效样本量（人）
男性	23.6	34.1	7.4	11.4	14.4	9.1	3058
女性	22.7	36.0	6.3	11.9	10.7	12.4	3575

2. 不同年龄受访群体的差异化表现

如表1—12所示，在20岁以下到60岁及以上这六个年龄段中，认为我国总体道德水平与10年前相比提高了的受访者在各自群体中的占比分别是65.9%、58.9%、54.7%、55.3%、58.3%、58.5%；其中20岁以下的受访年龄组最高，30—39岁的受访年龄组最低。认为道德水平下降的受访者在各自群体中的占比分别是14.9%、22.6%、29.8%、26.7%、25.0%、24.7%；其中20岁以下的受访年龄组最低，30—39岁的受访年龄组最高。

表 1—12　不同年龄受访者对"当前我国的总体道德水平和 10 年前相比如何"的看法（2016）

年龄	提高了很多（%）	提高了一点（%）	没有变化（%）	降了一点（%）	降了很多（%）	说不清（%）	有效样本量（人）
20 岁以下	30.7	35.2	3.9	9.1	5.8	15.3	844
20—29 岁	24.3	34.6	5.8	11.7	10.9	12.7	2618
30—39 岁	21.1	33.6	7.3	13.5	16.3	8.2	1470
40—49 岁	18.4	36.9	9.1	12.0	14.7	8.9	937
50—59 岁	20.3	38.0	10.4	11.0	14.0	6.3	463
60 岁及以上	20.1	38.4	8.2	9.8	14.9	8.6	328

3. 不同政治面貌受访群体的差异化表现

如表 1—13 所示，在共产党员、共青团员、民主党派和无党派人士、普通群众等不同政治面貌受访者中，认为我国总体道德水平同 10 年前相比提高了的受访者在各自群体中的占比分别是 57.5%、63.5%、44.0%、54.9%，共产党员、共青团员明显高于其他群体；认为道德水平"降了很多"的受访者在各自群体中的占比分别是 13.4%、8.7%、18.7%、14.6%，共青团员的比例较低。

**表 1—13　不同政治面貌受访者对"当前我国的总体道德水平和
10 年前相比如何"的看法（2016）**

政治面貌	提高了很多（%）	提高了一点（%）	没有变化（%）	降了一点（%）	降了很多（%）	说不清（%）	有效样本量（人）
共产党员	23.4	34.1	7.4	13.8	13.4	7.9	1536
共青团员	28.5	35.0	4.4	10.5	8.7	12.9	2256
民主党派和无党派人士	15.0	29.0	15.0	15.9	18.7	6.4	107
普通群众	18.8	36.1	8.1	11.4	14.6	11.0	2774

4. 不同受教育程度受访群体的差异化表现

如表 1—14 所示，在没上过学到硕士研究生及以上七类不同受教育程度的受访者中，认为我国总体道德水平与 10 年前相比提高了的受访者在各自群体中的占比分别是 47.8%、68.9%、60.5%、58.8%、58.6%、58.6%、48.8%，除没上过学的受访者外，大体上依学历提升呈逐步降低的趋势。可以明显看出，受教育程度与道德认知有明显的负相关倾向,即认为我国总体道德水平下降的比例随学历的提高而增加。对此问题持"说不清"态度的,没上过学的人占比高达17.5%,位居第一;其次为硕士研究生及以上学历者,比例为12.3%。这表明高学历和低学历人群均表现出一定的道德评判困惑。

表 1-14　不同受教育程度受访者对"当前我国的总体道德水平和
10 年前相比如何"的看法(2016)

受教育程度	提高了很多(%)	提高了一点(%)	没有变化(%)	降了一点(%)	降了很多(%)	说不清(%)	有效样本量(人)
没上过学	23.9	23.9	13.0	4.3	17.4	17.5	46
小学	27.3	41.6	9.1	1.3	9.7	11.0	154
初中	24.8	35.7	8.1	9.5	10.9	11.0	645
高中	23.6	35.2	6.5	11.7	10.5	12.5	1462
大学专科	22.6	36.0	6.7	10.3	15.5	8.8	1268
大学本科	23.6	35.0	6.3	13.0	11.8	10.2	2568
硕士研究生及以上	16.8	32.0	8.0	15.3	15.6	12.3	513

5. 不同婚姻状况受访群体的差异化表现

如表 1-15 所示,婚姻状况为未婚、已婚、离异、丧偶的受访者认为我国总体道德水平与 10 年前相比提高了的比例分别是 60.3%、57.7%、41.6%、46.3%,认为我国总体道德水平与 10 年前相比下降的比例分别是 21.6%、25.8%、33.7%、28.2%,反映出不同生活经历和婚姻状况对道德认知的不同影响。

表 1-15　不同婚姻状况受访者对"当前我国的总体道德水平和
10 年前相比如何"的看法(2016)

婚姻状况	提高了很多(%)	提高了一点(%)	没有变化(%)	降了一点(%)	降了很多(%)	说不清(%)	有效样本量(人)
未婚	26.4	33.9	4.6	11.5	10.1	13.5	3129
已婚	20.5	37.2	8.6	11.7	14.1	7.9	3223
离异	14.6	27.0	11.2	15.7	18.0	13.5	178
丧偶	21.8	24.5	10.9	12.7	15.5	14.6	110

6. 不同就业状况受访群体的差异化表现

如表 1-16 所示,不同就业状况受访者认为我国总体道德水平与 10 年前相比提高了的比例分别是 57.3%、57.7%、61.2%、49.6%。其中,学生群体最高,无业、失业群体最低,说明学生群体对 10 年来公民道德的发展变化表现出较高的信心,而无业、失业群体的信心却略显不足。与之相应,认为我国总体道德水平下降的比例分别是 26.3%、24.8%、19.7%、31.7%。其中,无业、失业群体最高,学生群体最低。

表 1-16 不同就业状况受访者对"当前我国的总体道德水平和 10 年前相比如何"的看法(2016)

就业状况	提高了很多(%)	提高了一点(%)	没有变化(%)	降了一点(%)	降了很多(%)	说不清(%)	有效样本量(人)
在职	22.6	34.7	7.5	12.4	13.9	8.9	3526
离退休	19.3	38.4	10.3	12.1	12.7	7.2	487
学生	27.3	33.9	4.2	11.4	8.3	14.9	1775
无业、失业	15.6	34.0	9.0	11.5	20.2	9.7	321
其他	20.8	40.5	6.9	8.2	10.6	13.0	548

7. 不同职业受访群体的差异化表现

如表 1-17 所示,不同职业受访者认为我国总体道德水平与 10 年前相比提高了的比例分别是 64.6%、59.1%、56.3%、57.4%、53.2%、58.1%、63.4%、57.3%、68.3%、57.7%、66.2%、59.0%。其中,农业劳动者最高,军人次之,企业员工最低。

表 1-17 不同职业受访者对"当前我国的总体道德水平和 10 年前相比如何"的看法(2016)

职业	提高了很多(%)	提高了一点(%)	没有变化(%)	降了一点(%)	降了很多(%)	说不清(%)	有效样本量(人)
机关事业单位领导干部	30.1	34.5	7.7	11.8	12.4	3.5	339
机关事业单位办事人员和有关人员	22.2	36.9	7.9	15.3	12.1	5.7	531
科教文卫专业技术人员	19.8	36.5	7.3	13.4	13.8	9.1	449
企业管理人员	17.5	39.9	8.2	11.7	14.5	8.2	401

职业	提高了很多（%）	提高了一点（%）	没有变化（%）	降了一点（%）	降了很多（%）	说不清（%）	有效样本量（人）
企业员工	21.1	32.1	8.0	13.6	14.0	11.2	1283
商业服务业人员	18.9	39.2	7.3	12.3	12.3	10.0	301
私营企业主	24.4	39.0	7.3	5.5	17.7	6.1	164
个体从业人员	21.5	35.8	6.5	10.9	13.7	11.5	321
农业劳动者	21.4	46.9	3.4	4.1	12.4	11.7	145
农村外出务工人员	19.7	38.0	9.4	7.5	11.3	14.1	213
军人	44.4	21.8	4.9	12.0	9.9	7.0	142
其他	24.6	34.4	5.7	11.0	11.1	13.3	2245

8.不同收入水平受访群体的差异化表现

如表1-18所示,在月平均收入1000元及以下到10000元以上五个收入层次的受访者中,认为我国总体道德水平与10年前相比提高了的比例分别是61.9%、59.9%、55.6%、56.3%、50.5%,认为道德水平下降的比例分别是20.4%、23.4%、27.2%、25.4%、31.1%。可以看出,收入水平与对这一问题的认知呈负相关关系。从绝对值上来看,高收入人群更倾向于认为我国总体道德水平在下降。相反,月平均收入在1000元及以下的人群多数为农民、城市农民工和城市中的失业下岗人员,他们对10年来我国总体道德水平的变化情况持更高比例的正面看法。

表1-18　不同收入水平受访者对"当前我国的总体道德水平和
10年前相比如何"的看法(2016)

月平均收入	提高了很多（%）	提高了一点（%）	没有变化（%）	降了一点（%）	降了很多（%）	说不清（%）	有效样本量（人）
1000元及以下	26.6	35.3	3.7	9.8	10.6	14.0	1503
1001—3000元	25.3	34.6	6.8	11.5	11.9	9.9	1881
3001—5000元	20.2	35.4	8.3	12.9	14.3	8.9	2011
5001—10000元	17.2	39.1	9.2	11.9	13.5	9.1	716
10000元以上	16.5	34.0	11.3	14.6	16.5	7.1	212

（二）10年来具体领域公民道德状况的数据描述

在与2006年公民道德状况跟踪调查的比较中，我们通过对特定领域、特定人群的数据观测，聚焦特点鲜明、变化显著且能够体现当代公民道德状况变迁的数据表现，力求窥一斑而知全豹。

1. 公民对社会主义道德原则和核心的认知状况

通过表1—19可以明显看出，相较于10年前，受访者对"先考虑集体利益，再考虑个人利益"的认同度增幅为5.41%；与此同时，受访者对"先考虑个人利益，再考虑集体利益"的认同度降幅为4.38%。从跟踪调查的数据对比可以明显看出，受访者对社会主义道德原则的认知度、认同度呈现不断向好的趋势。值得说明的是，党员干部和大学生群体对社会主义道德系列重大问题高度认同，认同比例均位于受访人群前列。

表1—19　受访者"当个人利益与集体利益发生冲突时的做法"

调研年份	先考虑集体利益，再考虑个人利益（%）	无条件服从集体利益（%）	先考虑个人利益，再考虑集体利益（%）	只考虑个人利益（%）	说不清（%）
2006	44.99	14.63	22.08	2.41	15.80
2016	50.4	10.8	17.7	2.3	18.8

2. 公民在特定领域道德状况的发展态势

为使跟踪调查更具方向性，我们在设计问卷时按照公民道德建设的四大特定领域即社会公德、职业道德、家庭美德和个人品德进行分类聚焦考察。此外，还特别设置观测点来了解、把握公民诚信道德的变迁状况。

一是社会公德层面。按照《公民道德建设实施纲要》对社会公德涵盖范围的界定，结合新时代社会发展的新情况，着重从"人与人""人与社会""人与自然""人与网络"四个方面考察公民社会公德状况。从调查整体结果来看，公民社会公德状况呈现向上向善的发展态势。如"人与人"关系领域公德状况跟踪调查聚焦考察10年来公众在公共生活中为人处世态度的变迁状况。如表1—20所示，10年间受访者对"各人自扫门前雪，休管他人瓦上霜"这种为人处世态度持赞同看法的减少了5.19%。与此同时，有所增加的持"中立"态度的人群也值得我们关注。

表 1—20 受访者对"各人自扫门前雪,休管他人瓦上霜"的看法

调研年份	非常同意（%）	比较同意（%）	中立（%）	比较反对（%）	非常反对（%）	说不清（%）
2006	4.29	9.70	23.50	38.16	20.68	3.68
2016	1.9	6.9	34.4	38.1	14.7	4.0

再如,"人与网络"关系领域公德状况跟踪调查聚焦考察公众的网络道德发展状况。如表 1—21 所示,对于"在网络生活中可以随心所欲"的说法,持"反对"意见的受访者占比增加了 12.76%,持"赞同"或"比较赞同"意见的受访者占比下降了 18.76%。可以看出,10 年来,在网络迅速发展的同时,网民的网络素养持续向好,表现为更加理性、更具责任感。

表 1—21 受访者对"网络生活中可以随心所欲"的看法

调研年份	赞同（%）	比较赞同（%）	反对（%）	说不清（%）
2006	8.43	21.13	56.54	13.91
2016	2.0	8.8	69.3	19.9

二是职业道德层面。在公民职业道德状况跟踪调查的 10 年纵向比较中,尤为引人注意的是人民群众对政府部门工作作风认可度的变化。如表 1—22 所示,以"您去政府部门办事遇到最多的现象"为观测点,持满意看法的受访者比例从 10 年前的 40.00% 升至 47.2%,表示不满意的比例由 10 年前的 55.56% 降至 46.7%。调查显示,人民群众对政府部门工作作风总体满意度呈现出质的提升。同时,还需要特别注意的是,持"门难进,脸难看,事难办"意见的受访者比例有小幅攀升,说明该问题仍是政府部门工作作风进一步整改攻坚的着力点。

表 1—22 受访者"去政府部门办事遇到最多的现象"

调研年份	办事公道,很满意（%）	办事基本公道,基本满意（%）	门难进,脸难看,事难办（%）	以权谋私,不给好处不办事（%）	其他（%）
2006	5.84	34.16	34.36	21.20	4.44
2016	6.3	40.9	36.2	10.5	6.1

三是家庭美德层面。结合 2006 年公民家庭道德状况调查数据,可以看出公民对传统家庭道德的一贯持守,如对"孝"观念的态度、对"尊老爱幼""夫妻和睦"等家庭规范的认同度等均保持了稳中有升的态势。值得注意的是,在突出的家庭道德问题上,则呈现出整体向好但兼具一些新特点的变化趋势,这集中体现在"邻里关系""婚前性行为""婚外恋"等几个主要观测点上。如表 1-23 所示,相较 10 年前,受访者在"邻里关系"上选择"邻里团结,互相帮助"的比例呈现大幅下降趋势,而选择"互不认识"或"互不往来"的比例明显上升。

表 1-23　受访者对邻里关系的感受

调研年份	邻里团结,互相帮助(%)	相互认识,基本和气(%)	认识但互不往来(%)	互不认识(%)	关系紧张,有时争吵(%)
2006	52.89	40.65	5.62	0.00	0.84
2016	40.6	40.4	11.3	6.6	1.1

如表 1-24 所示,相较于 10 年前,受访者对于婚前性行为持宽容、开放态度的比例有小幅上升。与此同时,认为婚前性行为属个人隐私的倾向明显,对于婚前性行为爱情基础的强调和道德批判有所弱化。

表 1-24　受访者对婚前性行为的态度

调研年份	只要真心相爱,不应指责(%)	属于个人隐私,不应评论(%)	这是一种不道德的行为,坚决反对(%)	不道德,自己不做,但可以理解(%)	只要两人同意,没有爱情也行(%)	说不清(%)
2006	32.68	28.83	15.26	12.77	3.43	7.03
2016	29.0	33.2	13.8	13.2	5.1	5.7

如表 1-25 所示,相较于 10 年前,受访者对婚外恋持坚决反对态度的比例增幅达 10.35%,呈现出显著向好趋势。同时,对于婚外恋表示理解、宽容的占比均有所下降。

表1-25　受访者对婚外恋的态度

调研年份	是一种不道德的行为，坚决反对（%）	可以理解，但不会做（%）	是满足情感的需要，应该认同（%）	属于个人隐私，不应该受到谴责（%）	说不清（%）
2006	46.75	26.35	4.39	15.07	7.44
2016	57.1	19.3	3.2	12.3	8.0

　　四是个人品德层面。相较于10年前，公民在品德认知、道德评价、品德修养、道德行动等诸多个人品德状况观测点上走势向好。如表1-26所示，在回答"当今中国公民道德生活中最需要的德性是什么？（至多选三项）"这一问题时，相较于10年前，选择"爱心""诚心""孝心"的受访者占比全面上浮，虽然选择"公心"的受访者占比受新增的"责任心"选项的影响有一定的下降，但选择"责任心"的受访者占比高仍然表征着公民在道德认知上的向好趋势。

　　在道德评价上，相较于10年前，人们态度更加鲜明、更加理性。如表1-27所示，在回答"您认为把失物还给失主应该得到报酬吗"这一问题时，持"应该"与"不应该"的绝对化态度的受访者比例均有所下降，而持"看情况而定"模糊态度的受访者比例却大幅下降。

表1-26　受访者认为现代社会最需要的公民品德

调研年份	公心（%）	爱心（%）	诚心（%）	孝心（%）	善心（%）	责任心（%）	其他（%）
2006	48.71	47.93	50.37	26.16	38.47	—	3.71
2016	31.4	52.0	52.8	40.7	—	64.0	2.7

表1-27　受访者对"把失物还给失主应否得到报酬"的看法

调研年份	应该（%）	不应该（%）	看情况而定（%）	别人索要，我不反对，但本人一定不要（%）	说不清（%）
2006	11.57	47.16	36.10	—	5.18
2016	6.7	40.9	16.6	31.6	4.2

此外,值得关注的是,如表 1—28 所示,在回答"您认为如下哪个环节对一个人道德品质形成影响最大"这一问题时,相较于 10 年前,选择"家庭"的受访者比例呈显著上升趋势,增幅近 20 个百分点。

表 1—28　受访者认为对道德品质形成影响最大的环节

调研年份	家庭（%）	社会（%）	学校（%）	单位（%）	其他（%）	说不清（%）
2006	20.59	56.64	10.01	5.15	6.24	1.37
2016	40.1	37.7	15.9	3.3	3.0	—

五是公民诚信道德方面。整体上看,公民在社会公德、职业道德、家庭美德和个人品德诸方面均呈现出向上向善的良好态势。与此同时,在公民诚信道德领域,通过对"诚信吃亏论"和"周围人诚信度"等主要观测点的考察,发现公民诚信道德与 10 年前相比呈现出较为显著的向好趋势。如表 1—29 所示,公民在对待"诚信吃亏论"的态度上发生了重大变化,对此持反对意见的受访者比例较 10 年前增加了 15.91%,对此持赞同意见的受访者比例较 10 年前减少了36.49%。

表 1—29　受访者对"诚实守信的人往往吃亏"的看法

调研年份	同意（%）	不同意（%）	说不清（%）
2006	57.29	32.79	9.92
2016	20.8	48.7	30.5

另如表 1—30 所示,公民对周围人的诚信度的总体认知状况也发生了较大转向,社会信任程度明显高于 10 年前。从调查数据来看,认为"绝大多数人讲诚信"的受访者比例较 10 年前增加了 14.29%,认为"诚实守信的人有,但不多"的受访者比例较 10 年前下降了 14.5%。

表 1—30　受访者对周围人的诚信度的看法

调研年份	绝大多数人讲诚信（%）	诚实守信的人有,但不多（%）	现在根本无诚信可言（%）	说不清（%）
2006	34.51	55.90	3.73	5.86
2016	48.8	41.4	4.2	5.6

三、当代中国公民道德总体状况比较分析

从以上调查数据看,党的十八大以来,我国公民总体道德状况呈现出不断改善的趋势,但公民对我国整体道德状况的满意度与新时代中国特色社会主义道德建设的要求还存在一定的差距。普通群众对我国总体道德状况的满意度明显低于党员、团员群体,受教育程度高的人群明显低于受教育程度较低的人群,月平均收入在万元以上的较高收入群体明显低于其他收入水平较低的群体,这表明新时代我国社会的整体道德水平还需进一步改善,持续而有效地提升广大人民群众的道德满意度这一社会主义道德建设任务依然任重而道远。

(一)新时代我国道德总体状况呈现向上向善的良好态势

1. 新时代公民对我国道德总体状况的满意度总体提升

党的十八大以来,中国特色社会主义建设取得了举世瞩目的成绩。中华民族全面建成小康社会的任务如期完成,国内生产总值超过 100 万亿元,稳居世界第二,对世界经济增长贡献率超过 30%。改革开放 40 多年的时间,8 亿多人脱贫,占同期全球减贫人口总数的 70% 以上。随着 2020 年脱贫攻坚任务的全面完成,意味着中国又有 1 亿左右贫困人口实现脱贫,提前 10 年实现联合国 2030 年可持续发展议程的减贫目标。中国特色社会主义进入新时代,我国社会的主要矛盾已由人民日益增长的物质文化需要同落后的社会生产之间的矛盾转变为人民日益增长的美好生活需要和不平衡不充分的发展之间的矛盾,中国人民正在实现中华民族伟大复兴的征程上阔步前行。新时代社会整体风尚得到了明显改善,人民群众满意度、幸福感显著提升,人民的精神和道德风貌正在发生可喜的变化。

道德风尚,也称道德风气,是指一定历史时期社会普遍倡导和流行的道德价值理念、评价标准、行为模式与心理倾向的总和。社会主义社会倡导全心全意为人民服务,倡导人们克服和抛弃私有制和一切剥削阶级的旧道德、旧风尚,树立社会主义的新道德、新风尚。提高全社会的整体道德水平,树立风清气正的优良道德风尚,是新时代社会主义道德建设的重要任务。人民群众对社会总体道德风尚的认可及满意程度,可以从一个侧面反映出一个国家或民族道德环境的改善程度。人民群众对社会整体道德风尚的满意状况,也是判断社会道德建设水平的一个重要参照标准。调查数据显示,与 10 年前相比,公民对社会整体道德

风尚的满意度明显提升,人们的道德风貌明显改善,所谓"社会道德滑坡"的倾向已经明显得到扭转,风清气正的社会道德风尚、社会主义新型人际关系正在形成。调查数据显示,我国公民对当前社会道德风尚的整体印象良好,58.4%的受访民众认为当前我国的总体道德水平和 10 年前相比提高了,比 2006 年提高了 3.5 个百分点。与此同时,我们也应该看到,有 24.1% 的受访者认为当前我国的总体道德水平和 10 年前相比下降了(2006 年这一数据为 34.31%),表明公民对当前我国道德风尚的整体印象因性别、年龄、受教育程度、婚姻状况、政治面貌、就业状况、职业、收入水平以及生活阅历的不同而存在较大差异。其中,共产党员、共青团员及青年学生群体对 10 年来我国总体道德水平变迁持较为积极的态度。

总体来说,10 年来我国公民道德状况呈现出向上向善的良好态势,这既体现在公民对我国总体道德水平的判断上,也体现在不同领域、不同群体、不同对象的专项调研数据上。如在社会主义道德价值取向方面,公民对集体主义的态度 10 年来发生明显转变。以受访者对"先考虑集体利益,再考虑个人利益"的认同度为例,2016 年较 2006 年增长 5.41 个百分点。再如,在社会公德领域,以受访者对"在网络生活中可以随心所欲"的态度为例,2016 年对此持认同态度的受访者占比较 2006 年下降近 19 个百分点。又如,在公民诚信道德领域,以"如何评价周围人的诚信度"为例,2016 年选择"绝大多数人讲诚信"的受访者较 2006 年增加了 14.29 个百分点。

2. 新时代公民对我国道德总体状况满意度提升的原因分析

10 年来,我们党始终把公民道德建设放在党和国家全局工作的重要地位,从"社会主义荣辱观"到"社会主义核心价值体系"再到"社会主义核心价值观",从评选"首届全国道德模范"到提出"中国志愿服务元年",再到开展"道德领域突出问题专项教育和治理活动",公民道德建设不断加强。特别是党的十八大以来,以习近平同志为核心的党中央顺应实践要求和人民愿望,从坚持和发展新时代中国特色社会主义全局出发,把道德建设摆在与经济社会发展协调、同向、同步的重要位置,加强理论自觉、突出顶层设计、注重实践创新,发表了一系列重要论述,推出了一系列重大战略举措,出台了一系列重大方针政策,开展了一系列重大教育活动,扎实推进公民道德建设。

(1)在重大决策方面。2006 年 3 月 4 日,时任中共中央总书记胡锦涛同志在中国人民政治协商会议第十届委员会第四次会议的民盟、民进联组会上提出以"八荣八耻"为主要内容的"社会主义荣辱观"。2006 年 10 月,党的十六届六中全会通过的《中共中央关于构建社会主义和谐社会若干重大问题的决定》,第一次明确提出了"建设社会主义核心价值体系",要求"倡导爱国、敬业、诚信、友善等道德规范,开展社会公德、职业道德、家庭美德教育"。2007 年 10 月,党的十七大进一步指出了"社会主义核心价值体系是社会主义意识形态的本质体现",之后又强调党和政府"始终要高度重视和切实加强社会主义道德建设,大力弘扬社会公德、职业道德、家庭美德",建设社会主义核心价值体系。2011 年10 月,党的十七届六中全会强调,社会主义核心价值体系是"兴国之魂"。2012年 11 月,党的十八大首次提出"社会主义核心价值观",并要求推进公民道德建设工程,深入开展道德领域突出问题专项教育和治理,深化群众性精神文明创建活动,广泛开展志愿服务,推动学雷锋活动、学习宣传道德模范常态化。2012年 12 月 4 日,中共中央政治局召开会议,审议通过中央政治局关于改进工作作风、密切联系群众的八项规定。2013 年 11 月,十八届三中全会通过的《中共中央关于全面深化改革若干重大问题的决定》提出:必须坚持社会主义先进文化前进方向,坚持中国特色社会主义文化发展道路,培育和践行社会主义核心价值观,巩固马克思主义在意识形态领域的指导地位,巩固全党全国各族人民团结奋斗的共同思想基础。2014 年 10 月,十八届四中全会审议通过的《中共中央关于全面推进依法治国若干重大问题的决定》提出:既重视发挥法律的规范作用,又重视发挥道德的教化作用,以法治体现道德理念、强化法律对道德建设的促进作用,以道德滋养法治精神、强化道德对法治的支撑作用,实现法律和道德相辅相成、法治和德治相得益彰。2016 年 3 月,十二届全国人大四次会议表决通过《中华人民共和国国民经济和社会发展第十三个五年规划纲要(2016—2020 年)》,提出全面建成小康社会不仅仅是"国内生产总值和城乡居民人均收入比 2010 年翻一番",同时要使"国民素质和社会文明程度显著提高"。2017 年 10 月,习近平总书记在党的十九大报告中指出,要"加强思想道德建设","深入实施公民道德建设工程,推进社会公德、职业道德、家庭美德、个人品德建设,激励人们向上向善、孝老爱亲,忠于祖国、忠于人民"等。2019年 11 月,十九届四中全会通过《中共中央关于坚持和完善中国特色社会主义制度 推进国家治理体系和治理能力现代化若干重大问题的决定》提出:坚持以社会主义核心价值观引领文化建设制度。实施公民道德建设工程,推进新时代文明实践中心建设。坚持依法治国和以德治国相结合,完善弘扬社会主义核心价值观的法律政策体系,把社会主义核心价值观要求融入法治建设和社会治理,体现到国民教育、精神文明创建、文化产品创作生产全过程。2020年10月,十九届五中全会通过的《中共中央关于制定国民经济和社会发展第十四个五年规划和二〇三五年远景目标的建议》提出:坚持马克思主义在意识形态领域的指导地位,坚定文化自信,坚持以社会主义核心价值观引领文化建设,加强社会主义精神文明建设,围绕举旗帜、聚民心、育新人、兴文化、展形象的使命任务,促进满足人民文化需求和增强人民精神力量相统一,推进社会主义文化强国建设。

（2）在重要文件方面。10年来,中共中央、国务院先后颁布实施了如下文件:《中共中央关于构建社会主义和谐社会若干重大问题的决定》(2006年10月)、《关于深入开展群众性和谐创建活动的实施方案》(2007年4月)、《中央文明办帮扶生活困难道德模范实施办法(暂行)》(2007年11月)、《全国文明城市测评体系》(2008年4月)、《全国未成年人思想道德建设工作测评体系(试行)》(2008年8月)、《中央精神文明建设指导委员会关于深入开展志愿服务活动的意见》(2008年10月)、《关于进一步净化社会文化环境 促进未成年人健康成长的若干意见》(2009年1月)、《关于加强和改进中等职业学校学生思想道德教育的意见》(2009年6月)、《关于印发〈文明交通行动计划实施方案〉的通知》(2010年1月)、《关于充分发挥物业服务企业作用,推进社区志愿服务活动的通知》(2011年9月)、《关于培育和践行社会主义核心价值观的意见》(2013年12月)、《关于领导干部带头在公共场所禁烟有关事项的通知》(2013年12月)、《关于推进志愿服务制度化的意见》(2014年2月)、《关于厉行节约反对食品浪费的意见》(2014年3月)、《教育部关于培育和践行社会主义核心价值观 进一步加强中小学德育工作的意见》(2014年4月)、《中央文明委关于推进诚信建设制度化的意见》(2014年7月)、《关于推进行业协会商会诚信自律建设工作的意见》(2014年10月)、《中共中央关于全面推进依法治国若干重大问题的决定》(2014年10月)、《关于进一步加强和改进新形势下高校宣传思想工作的意见》(2015年1月)、《关于进一步加强旅游行业文明旅游工作的指导意见》(2015年3月)、《培育和践行社会主义核心价值观行动方案》(2015年4月)、《游客不文明行为记录管理暂行办法》(2015年4月)、《教育部、中央文明办关于深入开展文明校园创建活动的实施意见》(2015年9月)、《关于全面加强和改进学校美育工作的意见》(2015年9月)、《中国共产党廉洁自律准则》和《中国共产党纪律处分条例》(2015年10月)、《关于在人民法院工作中培育和践行社会主义核心价值观的若干意见》(2015年10月)、《关于加强互联网领域侵权假冒行为治理的意见》(2015年11月)、《关于建立完善守信联合激励和失信联合惩戒制度　加快推进社会诚信建设的指导意见》(2016年5月)、《中华人民共和国网络安全法》(2016年11月)、《关于进一步把社会主义核心价值观融入法治建设的指导意见》(2016年12月)、《关于公共文化设施开展学雷锋志愿服务的实施意见》(2016年12月)、《关于实施中华优秀传统文化传承发展工程的意见》(2017年1月)、《关于促进移动互联网健康有序发展的意见》(2017年1月)、《关于加强和改进新形势下高校思想政治工作的意见》(2017年2月)、《中长期青年发展规划(2016—2025年)》(2017年4月)、《关于深化群众性精神文明创建活动的指导意见》(2017年4月)、《中华人民共和国志愿服务条例》(2017年8月)、《互联网群组信息服务管理规定》(2017年9月)、《关于建设新时代文明实践中心试点工作的指导意见》(2018年7月)、《新时代公民道德建设实施纲要》(2019年10月)、《新时代爱国主义教育实施纲要》(2019年11月)、《关于在打赢疫情防控阻击战中有针对性地开展精神文明教育的通知》(2020年2月)、《关于开展诚信缺失突出问题专项治理行动的工作方案》(2020年8月)、《关于新时代加强和改进思想政治工作的意见》(2021年7月)等。

（3）在教育活动方面。10年来,中共中央宣传部、中央文明办、中央电视台等部门先后组织评选出一系列先进模范典型,创设形成了一大批有示范性和引领性的教育活动。2007年以来,中共中央宣传部、中央文明办等六部门先后举办七届全国道德模范评选表彰活动。2008年以来,中央文明办陆续组织开展"我推荐、我评议身边好人"系列专题活动。2008年11月,中共中央宣传部、中央文明办等七部门开展"百家食品企业践行道德承诺"活动。2009年6月,中共中央宣传部、中央组织部、中央统战部、中央文献研究室、中央党史研究室等11个部门开展"100位为新中国成立作出突出贡献的英雄模范人物和100位新中国成立以来感动中国人物"评选活动。2010年,以成功举办上海世博会、广州亚运会,喜迎国庆61周年为契机,中央文明办等部门组织开展"做文明有礼的中国人"文明礼仪宣传实践活动。 2012年,中央文明办等部门于元旦春节期间在全国城乡基层组织开展"红红火火过大年"主题志愿服务活动,并于同年3月在全国部署开展"关爱自然、义务植树"志愿服务行动,同年4月启动以关爱他人、关爱社会、关爱自然为主要内容的"三关爱"志愿服务活动。2012年5月,中央文明委对于开展道德领域突出问题专项教育和治理活动作出部署。自2014年起,全国妇联等部门持续组织开展寻找"最美家庭"活动。2014年3月,共青团中央部署在广大青少年中开展社会主义核心价值观宣传教育和实践活动。2014年5月,光明日报社、中国人民大学、中国伦理学会共同主办的"核心价值观百场讲坛"开讲。2014年7月,中共中央宣传部、中央文明办、中国文联等部门在全国开展社会主义核心价值观主题文艺活动。2014年12月,中央文明办、民政部、共青团中央联合组织开展国际志愿者日主题宣传与实践活动。2015年,中央电视台在持续打造"感动中国"精品栏目的同时,于五一劳动节起陆续推出"大国工匠"系列节目。2016年,由国家发展改革委主管的中国发展网发起的"工匠中国年度人物"评选活动启动。2018年,在改革开放40周年之际,中共中央、国务院评选表彰了100名改革开放杰出贡献人员等。2019年,在新中国成立70周年之际,中共中央开展"共和国勋章"和国家荣誉称号评选颁授。2019年,中共中央宣传部等组织开展"最美奋斗者"学习宣传活动,评选表彰新中国成立以来涌现的英雄模范人物。2020年,全国精神文明建设表彰大会在京举行。2021年,在中国共产党成立100周年之际,中共中央开展"七一勋章"评选颁授和全国"两优一先"评选表彰,中共中央宣传部、中央文明办等六部门开展第八届全国道德模范评选表彰活动。

上述重大决策、重要文件、教育活动的推出和实施产生了重要影响,发挥了重大作用,使得当代中国公民道德发展的深度和广度得到了前所未有的拓展,社会公德、职业道德、家庭美德、个人品德等领域的公民道德状况发生了可喜变化,共产党员、大学生等关键少数和重点群体的公民道德建设取得重大突破,有力推进了公民道德整体水平向善向好。

（二）新时代公民对我国道德总体状况满意度的比较分析

10年来,特别是党的十八大以来,我国公民道德建设取得了显著成效,新时代公民对我国道德总体状况的满意度呈现出总体提升态势。与此同时,我们也要采取辩证的态度,看到喜中之忧、好中之不足,及时发现问题、有效分析问题,并结合新时代的社会条件,科学寻求解决问题的有效方法。

1. 50 岁及以上中老年人和 20 岁以下青年人对我国公民道德总体状况的满意度高于其他群体

不同年龄阶段的人群，因生活阅历、经验以及个体感受的不同，对自身所处社会道德状况的满意度也必然存在一定程度的差异。在此次调查过程中，我们发现了一个值得关注和研究的现象，即 20 岁以下的青年人、50 岁及以上临近退休或已经退休的中老年受访人群对当前我国社会道德风尚的满意度普遍高于其他年龄段的受访人群。例如，不同年龄阶段受访者对当前我国社会道德风尚持正面态度的占比由高到低依次为：50—59 岁为 73.0%，60 岁及以上为 71.9%，20 岁以下为 69.0%，40—49 岁为 66.5%，20—29 岁为 64.7%，30—39 岁为 63.6%。不同年龄阶段受访者对"当前我国社会道德水平比 10 年前提高了"持认同态度的比例由高到低依次为：20 岁以下为 65.9%，20—29 岁为 58.9%，60 岁及以上为 58.5%，50—59 岁为 58.3%，40—49 岁为 55.3%，30—39 岁为 54.7%。

具体领域的调研数据在某种程度上也能反映出这一现实问题。如在社会公德领域，以对"假如您看到小偷在公交车上行窃，您会如何处理"的回答为例，50 岁及以上和 20 岁以下的受访者中选择"上前阻止"的比例高于其他年龄段的受访者；又如，以对"当有人倒在您面前，您会怎么做"的回答为例，50 岁及以上和 20 岁以下的受访者中选择"主动给予帮助、救助"的比例高于其他年龄段的受访者；再如，在职业道德领域，50 岁及以上和 20 岁以下的受访者中选择"以奉献社会为从业目的"的比例高于其他年龄段的受访者。

20 岁以下的受访人群多数为青年学生。从数据上看，他们对我国社会道德风尚总体状况的满意度最高。这得益于党的十八大以来，党中央高度重视学校思想道德教育工作，不断加强顶层设计，统筹协调推进，各类学校认真贯彻落实中央精神，把思想道德教育列入办学治校的重要环节，使得正处于接受学校教育阶段的 20 岁以下青年群体的道德认知和感受能力得到了较大提升。但是，由于他们中的绝大多数还没有完全步入社会，认知经验更多来自家庭和学校，生活经验和社会阅历还不够丰富，因此，这一数据既可以看作是 20 岁以下的受访群体对社会道德风尚的直观感受，也可以视为是他们对我国社会道德风尚的心理预期，表明了新时代青年人的美好道德愿景。

50 岁及以上临近或已经退休的中老年人，对我国社会道德风尚整体状况的满意度最高。这一人群中的大多数人生阅历丰富，亲身经历了新中国成立以来中国社会经历的社会动荡、社会变革,特别是改革开放以来中国社会的巨大变迁,亲眼目睹了新中国成立以来几代中国人的精神面貌和社会道德状况的变化,因而他们最能够对中国社会道德风尚的变化作出准确的判断,最能够深切体会到经济社会发展对人们精神世界产生的巨大推动力。因此,他们更倾向于对我国社会道德状况作出积极的判断。

调查数据显示,对我国社会道德风尚整体状况满意度最低的是30—39岁的群体。这一群体的大多数为"80后",该年龄段人群为改革开放初期出生的一代人,他们的人生经历几乎与我国改革开放的发展历程重合,因而缺乏对我国改革开放前后社会道德状况的直观对比。加之这一群体离开家庭、学校,步入社会的时间不久,工作、生活阅历不够丰富,工作和生存压力较大,因而容易受互联网或社会负面因素的影响。

2.受访者满意度与受访者受教育程度及收入水平呈显著负相关

从调研数据中,课题组发现了两个明显的悖论性道德认知结果。

首先,受教育程度高的受访人群对我国社会总体道德风尚的满意率明显低于受教育程度低的受访人群。也就是说,公民的受教育程度与其对我国整体道德风尚满意度呈现出明显的负相关倾向,即受教育程度越高,对我国整体道德风尚的满意度越低。例如,不同受教育程度的受访人群对当前我国社会道德风尚持正向态度的比例由高到低依次为:小学学历受访者为77.3%,初中学历受访者为72.7%,高中学历受访者为67.5%,大学学历受访者为64.7%,硕士研究生及以上学历受访者为63.7%;认为我国社会整体道德水平与10年前相比提高了的受访者占比由高到低依次是:小学学历受访者为68.9%,初中学历受访者为60.5%,高中学历受访者为58.8%,大学学历受访者为58.6%,硕士研究生及以上学历受访者为48.8%,说明公民对我国社会道德发展状况的满意度基本呈现出的也是一种随学历层次提升而逐渐降低的趋势。具体领域的调研结果也呈现出相同的趋势。如2016年调研新增的观测点——"公民对爱国主义的认知状况"的调研数据显示,受教育程度较高的群体(大学本科以上)对"当今中国爱国与爱社会主义、爱中国共产党是一致的"的认同度低于低学历人群(大学专科以下);再如,在家庭美德领域,受教育程度较高的群体(大学本科以上)对"顺从长者意愿"的认同度低于低学历人群(大学专科以下)。

这一状况表明:受教育程度不同的人群,对社会道德状况的感觉体验和理性认知存在一定差异。现实生活中,人们的道德认知或者道德体验一般源于两类道德现象:一类是直接道德现象,即人们在社会公共生活领域很容易感受或体验到的道德现象;另一类是间接道德现象,即行为主体唯有具备一定程度的道德认知、道德判断、道德评价等理性道德思维能力,才能感受或体会到的社会道德现象。相比较而言,受教育程度较低的人群更多感受或体验到的往往是直观、感性的社会道德现象。也就是说,他们的道德认知多数是通过直观、感性的道德现象形成的。他们一般通过社会物质生活水平的提高、社会生活环境的改善以及社会文明礼貌程度的提升等直接生活体验判断我国社会整体道德风尚或社会整体道德水平提升状况。与之相对应,受教育程度较高的人群可能更多关注的是直观的繁荣、祥和社会现象背后更深层次的社会精神或社会心理方面的问题。相对于受教育程度较低的人群而言,他们的社会忧患意识更强,关于我国社会整体道德状况的认知或判断表现得相对消极。因此,关注我国民众的深层次精神需求,不断满足人民日益增长的美好生活需要,也是新时代社会主义道德建设的重要任务。

其次,月平均收入超万元的受访群体对我国整体道德风尚的满意率显著低于其他收入群体。一个人的收入水平既体现了一个人可自由支配财富的多少,也可以从一个侧面反映一个人拥有社会资源的多少以及社会地位的高低,而所有这些都是影响个体社会心理形成的重要因素。因此,不同收入水平的人群对当前我国整体道德风尚状况以及社会道德发展状况的满意程度必然会存在差异性。值得我们特别关注的是,收入水平高的受访人群对我国整体道德风尚的满意率明显低于收入水平低的受访人群。也就是说,公民的收入水平与其对我国整体道德风尚的满意度呈现出明显的负相关倾向,即收入越高,对我国社会道德整体状况的满意度越低。调查数据显示,对当前我国道德风尚持满意态度的比例,月平均收入 1000 元及以下的受访人群为 66.4%,月平均收入 1001—3000 元的受访人群为 68.6%,月平均收入 3001—5000 元的受访人群为 67.2%,月平均收入 5001—10000 元的受访人群为 63.2%,月平均收入 10000 元以上的受访人群为 53.2%。月平均收入 1000 元及以下到 10000 元以上五个层次的受访者,认为社会总体道德水平比 10 年前提高了的比例分别是 61.9%、59.9%、55.6%、56.3%、50.5%;相反,认为道德水平下降的比例分别是 20.4%、23.4%、27.2%、25.4%、31.1%。同时,具体道德领域的调查数据也能说明这一问题。如,在家庭美德领域,高收入群体(月平均收入10000元以上者)认为婚外恋"是一种不道德的行为,坚决反对"的比例明显低于其他收入群体;又如,在公民社会主义道德价值取向领域,以对集体主义的态度为例,高收入群体(月平均收入10000元以上者)认为应"先考虑集体利益,再考虑个体利益"的比例明显低于其他收入群体。

这些调研数据表明,高收入受访群体对当前我国社会整体道德风尚和社会整体道德发展状况的满意度和评价明显低于低收入受访群体。这种情况值得我们深思。从一定意义上说,高收入群体应是我国改革开放和社会主义市场经济建设的主要或直接受益者,但这一群体对我国社会整体道德发展水平的态度相对消极。究其原因,是因为这一群体既是改革开放以来我国经济以及社会发展的主要受益者,也是受市场经济自发性、利己性等负面因素冲击最大的群体。在市场经济条件下,由于竞争日益加剧,道德冷漠、诚信缺失以及职场上的不良竞争等现象在高收入人群中时有发生,加大了高收入受访人群的负面社会心理产生概率。相反,月平均收入在1000元及以下的人群多为农民、城市农民工和城市中的失业下岗人员,他们对10年来我国社会道德的整体发展水平持积极态度的比例最高。对此可以作如下解释:从个体层面看,虽然这类群体未能充分享受改革开放带来的红利,但他们还是能够亲身体验到改革开放给整个社会道德风貌带来的可喜变化。上述数据也反映出我国低收入人群对个人生活境遇持相对平和心态,表明他们对我国社会道德发展远景充满信心,人与人之间相互关爱的人际关系依然是我国社会的主流道德价值观念。从社会层面看,党的十八大以来,以习近平同志为核心的党中央持续加强民生建设,高度关注低收入群体的生活和工作状况,提出要"把扶贫开发工作纳入四个全面战略布局,作为实现第一个百年奋斗目标的重点工作,摆在更加突出的位置"①。通过实施精准扶贫、精准脱贫战略,注重政府保障与社会帮扶相结合、"造血"帮扶与"输血"救助相结合、物质帮扶与精神关爱相结合,做到了扶真贫、真扶贫、真脱贫,切实提高扶贫成果可持续性,让低收入群体有了更多的获得感。这也相应地反映在道德领域,让这一群体对社会未来的道德发展有了更大自信。

以上对当代中国公民道德总体状况的数据描述和比较分析,大体呈现出10年来公民道德走过了怎样的发展之路。值得关切的是,在2016年的公民道德状

---

① 《中共中央国务院关于打赢脱贫攻坚战的决定》,人民出版社2015年版,第2页。

况调查中,通过对特定领域、特定人群更具针对性的分类聚焦透视,我们观察到在公民道德状况总体呈现向好趋势的同时,在社会主义道德价值取向、社会公德、职业道德、家庭美德、个人品德以及诚信道德等领域,也出现了一些值得考察、研究和进一步应对的新问题。

例如,在公民社会主义道德价值取向普遍符合主流价值的基本态势下,也要清醒地认识到,仍有少数人群(26.9%)对"当今中国爱国与爱社会主义、爱中国共产党是一致的"存有"不认同"或"不清楚"的认知误区和偏差。因此,重点做好存在"说不清""不清楚"认识的中间地带人群的教育引导工作,持续加强对极少数错误认知人群的教育纠偏,是新时代公民社会主义道德建设的着力点。在社会公德领域特别是人与生态关系领域,公民普遍能够认识到生态文明建设的重要性和紧迫性,但在对垃圾分类等社会热点进行跟踪调查时,发现公民对垃圾分类普遍具有一定的道德意愿,但就"您在日常生活中是否会对垃圾进行分类"这一问题,选择"偶尔"的受访者占比却近六成。可见,公民对待垃圾分类等低碳生活方式还存在较为严重的道德意愿和行为习惯不一致的问题。在职业道德层面,2016年的跟踪调查在保留公民从业态度这一观测点的同时,新增了对公民从业目的的考察。10年间,公民的从业态度呈现出越来越积极的走向,但公民的从业目的则呈现出较强的现实性与功利倾向。以"谋生养家"作为从业目的的受访者占比近七成,而"奉献社会"等能够体现一定理想性的从业目的选择比例则较少。此外,在公民职业道德状况的10年纵向比较中,值得注意的是人民群众对政府部门工作作风认可度的变化。以"您去政府部门办事遇到最多的现象"为观测点,人民群众对政府部门工作作风的总体满意度呈现出质的提升,但持"门难进,脸难看,事难办"印象的受访者比例有小幅攀升(由34.36%增至36.2%),说明这一问题仍是进一步整改攻坚的着力点。在家庭美德领域,呈现出整体向好但兼具一些新特点的变化趋势,这集中体现在邻里关系、婚前性行为等几个主要观测点上。在对邻里关系的认识上,相较10年前,受访者选择"邻里团结,互相帮助"的比例出现较大下降(由52.89%降至40.6%),而选择"互不认识"或"互不往来"的比例明显上升。与此同时,受访者认为婚前性行为属个人隐私的比例有较小幅上升(由28.83%升至33.2%),对于婚前性行为爱情基础的强调和道德批判有所弱化。

另外,对特定人群的跟踪调查结果显示,大学生诚信道德状况引人深思。虽然大学生对"诚信吃亏论"整体上持否定意见,但仍有近五成的学生认为在实际生活中"能够始终坚持诚实守信的人不多"。在对与大学生息息相关的"学风诚信"问题进行观测时,能够明显看出大学生对身边同学考试作弊、论文抄袭等行为存在着矛盾心理。43.3%的受访者表示"理解,但自己从不作弊或者抄袭",16.3%的人选择"理解,自己有时偶尔为之",33.3%的人选择"内心很鄙视",持理解态度的大学生占比远高于持鲜明反对态度的。可见,在具体的道德情境和利益选择面前,多数大学生在诚信道德行为上仍有较大提升空间。需要特别指出的是,专业背景对学生在社会主义道德价值取向、社会公德以及诚信道德等方面的认知与践行上有显著影响。文科学生对"爱国与爱社会主义、爱中国共产党是一致的"说法的赞同程度、对见义勇为的崇尚与践行程度明显高于理工科学生;在诚信道德的认知与践行上,文科学生对考试作弊和论文抄袭的反对程度显著高于理工科学生。这种道德认知的学科差异,是新时代推进大学生道德教育的一个重要参照。

第四节　新时代加强公民道德建设的战略思考

加强新时代公民道德建设,是推进中国特色社会主义事业、实现中华民族伟大复兴的一项基础性任务、战略性工程。2001年,中共中央印发《公民道德建设实施纲要》。经过近20年的不断努力,公民道德建设取得了显著进步,人民思想觉悟、道德水准、文明素养日益提高。党的十八大以来,以习近平同志为核心的党中央高度重视精神文明建设和公民道德建设,立根塑魂、正本清源,作出一系列重要部署,推动思想道德建设取得显著成效,我国公民的整体道德水平呈现积极健康向上的良好发展态势。当前,中国特色社会主义进入新时代,社会主要矛盾已经转化为人民日益增长的美好生活需要和不平衡不充分的发展之间的矛盾,人民对美好生活,包括对美好道德生活有了新期待。公民道德建设应主动适应新形势,展现新气象,应对新情况,回应新问题,化解新矛盾。可以说,当前公民道德建设进入了新阶段,呈现出崭新的内涵与更高的价值追求,必须从战略上思考新时代公民道德建设问题。习近平总书记在党的十九大报告中指出:"必须推进马克思主义中国化时代化大众化,建设具有强大凝聚力和引领力的社会主义意识形态,使全体人民在理想信念、价值理念、道德观念上紧紧团结在一起。"① 这一论断创造性地解决了中国特色社会主义进入新时代,建设什么样的公民道德、如何建设公民道德的重大课题,为当前公民道德建设指明了前进方向,提供了基本遵循。新时代加强公民道德建设,必须以习近平新时代中国特色社会主义思想为指导,着眼于构筑中国精神、中国价值、中国力量,在全民族牢固树立中国特色社会主义共同理想,在全社会大力弘扬"富强民主文明和谐、自由平等公正法治、爱国敬业诚信友善"的社会主义核心价值观,全面推进社会公德、职业道德、家庭美德、个人品德建设,持续强化教育引导、实践养成与制度保障,不断提升公民道德素质,促进人的全面发展,培养和造就担当民族复兴大任的时代新人。

一、始终坚持公民道德建设的正确政治方向

新时代始终坚持公民道德建设的正确政治方向,必须坚定马克思主义的信仰信念,保持在道德追求上的政治定力。习近平总书记指出:"一个国家,一个民族,要同心同德迈向前进,必须有共同的理想信念作支撑。"② 信仰信念指引人生方向,引领道德追求,新时代加强公民道德建设必须把理想信念作为指路明灯。2016 年 11 月 29 日,习近平总书记在纪念朱德同志诞辰 130 周年座谈会上的讲话中指出:"不忘初心,方得始终。对马克思主义的信仰,对社会主义和共产主义的信念,是共产党人的政治灵魂,是共产党人经受住各种考验的精神支柱。只有理想信念坚定的人,才能始终不渝、百折不挠,不论风吹雨打,不怕千难万险,坚定不移为实现既定目标而奋斗。"③ 从根本上讲,在新时代用信仰信念指引公民道德建设就是要坚持马克思主义的指导。马克思主义揭示了人类社会发展规律,指明了社会主义必然胜利、共产主义一定实现的社会发展趋势,其中所包含的基本理论方法,均是具有普遍真理性的科学理论,是我们进行现代化建设的指导思想和行动指南。所以,习近平总书记在纪念中国共产党成立 95 周年大会上的讲话中指出:"马克思主义是我们立党立国的根本指导思想。背离或放

---

① 习近平:《决胜全面建成小康社会　夺取新时代中国特色社会主义伟大胜利——在中国共产党第十九次全国代表大会上的报告》,人民出版社 2017 年版,第 41 页。

② 《习近平谈治国理政》第二卷,外文出版社 2017 年版,第 323 页。

③ 习近平:《在纪念朱德同志诞辰 130 周年座谈会上的讲话》,人民出版社 2016 年版,第 6—7 页。

弃马克思主义,我们党就会失去灵魂、迷失方向。"①马克思主义为我们提供了正确认识世界和改造世界的强大思想武器,在长期的革命斗争和社会主义建设与改革开放实践中,我们党依靠马克思主义的正确指导,取得了中国革命、建设、改革和发展的历史性成就。马克思主义在党和国家生活中的指导地位,决定了它是新时代公民道德建设的指导思想、基本遵循、力量源泉和奋斗方向。新时代公民道德建设是全方位的,"需要融入到中国特色社会主义事业'五位一体'总体布局、'四个全面'战略布局中,融汇到党和国家事业的方方面面,推进到社会变革的深层次"②,但是始终不变的是坚持马克思主义的指导不动摇。在公民道德建设中坚持马克思主义,就是要用马克思主义理论,特别是马克思主义关于公民道德建设的立场、观点、方法来正确认识当代中国的公民道德现状,看清本质、明确方向,并据此制定出正确的道德建设路线、方针、政策和具体的制度、措施等。新时代坚持马克思主义对公民道德建设的指导地位,其着力点是用习近平新时代中国特色社会主义思想武装全党、教育人民,在全社会广泛开展理想信念教育,深化社会主义和共产主义宣传教育,促进全体人民在理想信念、价值理念、道德观念上紧密团结在一起,筑牢新时代公民道德建设的信仰信念根基。

新时代始终坚持公民道德建设的正确政治方向,必须坚定马克思主义道德观、社会主义道德观的指导,保持公民道德建设的社会主义方向。社会主义道德观是社会主义生产资料公有制这一经济基础在道德领域的反映,是代表广大人民根本利益和长远利益的先进道德体系。作为新时代道德领域的主导道德体系,社会主义道德由诸如为人民服务、集体主义、"五爱"以及社会公德、职业道德、家庭美德、个人品德等道德核心、道德原则、道德要求与道德规范构成。新时代加强公民道德建设,必须把社会主义道德作为主要内容,"持续深化社会主义思想道德建设,弘扬中华传统美德,弘扬时代新风,用社会主义核心价值观凝魂聚力,更好构筑中国精神、中国价值、中国力量,为中国特色社会主义事业提供源源不断的精神动力和道德滋养"③。在社会主义市场经济条件下,我们应以马克

---

① 《习近平谈治国理政》第二卷,外文出版社 2017 年版,第 33 页。

② 马永庆:《新时代道德建设的逻辑理路》,《山东师范大学学报(人文社会科学版)》2018 年第 3 期。

③ 《习近平对全国道德模范表彰活动作出重要批示强调:更好构筑中国精神中国价值中国力量 为中国特色社会主义事业提供精神动力和道德滋养》,《人民日报》2015 年 10 月 14 日。

思主义道德观、社会主义道德观为指导，主动适应新时代要求，不断丰富和完善社会主义道德的内涵。为人民服务是社会主义道德的核心，它为一切社会活动确立了出发点和归宿。集体主义作为社会主义道德的基本原则，并没有排斥和取消人们对合理利益的追求，反而为人们追求合理利益提供了实现途径，从而协调了人们的利益关系，促进了社会善治的实现。此外，我们应大力弘扬社会公德、职业道德、家庭美德，推动各个领域的公民道德建设，促进公民道德素养的提升。

新时代始终坚持公民道德建设的正确政治方向，必须坚定党对公民道德建设的全面领导。习近平总书记在党的十九大报告中指出："党政军民学，东西南北中，党是领导的一切的。"在我国，中国共产党是执政党，是我国社会主义事业的领导核心。同样，在公民道德建设中，中国共产党也处于领导地位。只有坚持党的领导，才能确保公民道德建设的正确方向，有效整合各种社会资源，团结和凝聚社会各方面的力量，形成新时代公民道德建设的合力。在新时代公民道德建设中巩固和加强党的领导，必须增强"四个意识"、坚定"四个自信"、做到"两个维护"，形成全党全社会合力推进公民道德建设的大格局。各级党委和政府要担负起公民道德建设的领导责任，将公民道德建设摆上重要议事日程，纳入全局工作谋划推进，有机融入经济社会发展各方面。纪检监察、组织、统战、政法、网信、经济、外交、教育、科技、卫生、交通、民政、文化旅游、民族宗教、农业农村、资源环境等党政部门，要紧密结合工作职能，积极履行道德建设的责任。工会、共青团、妇联等群团组织，各民主党派和工商联，要积极发挥自身优势，共同推动公民道德建设。党风引领民风，党风正则民风淳。广大党员特别是党员干部的道德操守直接影响着全社会道德风尚，新时代坚持党对公民道德建设的全面领导，尤其要发挥他们的表率作用。毛泽东同志在《整顿党的作风》中指出："只要我们党的作风完全正派了，全国人民就会跟我们学。党外有这种不良风气的人，只要他们是善良的，就会跟我们学，改正他们的错误，这样就会影响全民族。"[1] 邓小平同志指出："为了促进社会风气的进步，首先必须搞好党风，特别是要求党的各级领导同志以身作则。党是整个社会的表率，党的各级领导同志又是全党的表率。"[2]

---

[1] 《毛泽东选集》第三卷，人民出版社 1991 年版，第 812 页。
[2] 《邓小平文选》第二卷，人民出版社 1994 年版，第 177 页。

2016 年 12 月 12 日,习近平总书记在会见第一届全国文明家庭代表时进一步强调:"各级领导干部要保持高尚道德情操和健康生活情趣,……要为全社会做表率。"[1] 2018 年 3 月 10 日,习近平总书记在参加十三届全国人大一次会议重庆代表团审议时,对加强党员领导干部道德建设提出了"明大德、守公德、严私德"的具体要求。"明大德,就是要铸牢理想信念、锤炼坚强党性,在大是大非面前旗帜鲜明,在风浪考验面前无所畏惧,在各种诱惑面前立场坚定,这是领导干部首先要修好的'大德'。守公德,就是要强化宗旨意识,全心全意为人民服务,恪守立党为公、执政为民理念,自觉践行人民对美好生活的向往就是我们的奋斗目标的承诺,做到心底无私天地宽。严私德,就是要严格约束自己的操守和行为。所有党员、干部都要戒贪止欲、克己奉公,切实把人民赋予的权力用来造福于人民。要把家风建设摆在重要位置,廉洁修身,廉洁齐家,防止'枕边风'成为贪腐的导火索,防止子女打着自己的旗号非法牟利,防止身边人把自己'拉下水'。"[2]党的十八大以来,以习近平同志为核心的党中央以巨大的政治勇气和强烈的责任担当,对新时代党的建设这一伟大工程作出了全面部署,进一步回答了"建设什么样的党、怎样建设党"这一重大历史课题,提出了新时代党的建设的总要求,即"全面推进党的政治建设、思想建设、组织建设、作风建设、纪律建设,把制度建设贯穿其中,深入推进反腐败斗争"。同时,中共中央先后印发了《中国共产党廉洁自律准则》《中国共产党纪律处分条例》等一系列党内制度法规,接连实施了"八项规定"、群众路线教育实践活动和"三严三实"专题教育、"两学一做"学习教育、"不忘初心、牢记使命"主题教育等重大举措,取得了卓著效果,改进了党风政风,振奋、凝聚了党心民心,实现了以优良的党风凝聚党心民心、带动民风社风,推动了全党全社会优良风气的养成。

二、始终坚持社会主义核心价值观的价值指引

核心价值观是一定社会形态社会性质的集中体现,关乎社会制度、社会运行和社会发展的原则与方向。我国是一个有着 14 亿多人口、56 个民族的大国,确立反映全国各族人民共同认同的价值观"最大公约数",使全体人民同心同

---

① 《习近平谈治国理政》第二卷,外文出版社 2017 年版,第 356 页。

② 《习近平李克强栗战书赵乐际分别参加全国人大会议一些代表团审议》,《人民日报》2018 年 3 月 11 日。

德、团结奋进,关乎国家前途命运,关乎人民幸福安康。党的十八大首次在社会主义核心价值体系的基础上提出社会主义核心价值观:"倡导富强、民主、文明、和谐,倡导自由、平等、公正、法治,倡导爱国、敬业、诚信、友善,积极培育和践行社会主义核心价值观"。习近平总书记在党的十九大报告中进一步强调:"社会主义核心价值观是当代中国精神的集中体现,凝结着全体人民共同的价值追求。"①社会主义核心价值观是对中华优秀传统文化和人类文明优秀成果的继承发展,体现了中华民族优秀文化、中国革命文化和社会主义先进文化的根本精髓,回答了我们要建设什么样的国家、建设什么样的社会、培育什么样的公民等重大问题,为新时代公民道德建设提供了精神指引和智慧支撑。古人说:"大学之道,在明明德,在亲民,在止于至善。"核心价值观,其实就是一种德,既是个人的德,也是一种大德,就是国家的德、社会的德。因此,新时代加强公民道德建设必须始终坚持社会主义核心价值观的价值指引,以社会主义核心价值观为引领,将国家、社会、个人层面的价值要求贯穿到道德建设各方面,以主流价值建构道德规范、强化道德认同、指引道德实践,引导人们明大德、守公德、严私德。因此,党和政府高度重视培育和践行社会主义核心价值观这一体现了社会价值共识的最大公约数,"不断促进全国人民勠力同心,以社会主义核心价值观引领道德建设,在潜移默化中加强社会公德、职业道德、家庭美德、个人品德建设,激发人们形成善良的道德意愿、道德情感,培育正确的道德判断和道德责任,提高道德实践能力尤其是自觉践行能力。"②

价值多元的社会现实呼唤用社会主义核心价值观引领公民道德建设实践。从社会发展变迁的角度看,一个社会的公民道德水平与价值观的变迁关系密切。进入 21 世纪,我国公民道德建设经历了一个逐渐深化的过程,也取得了一系列成就。然而,这一时期也是社会经济、政治、文化产生深刻变革的时期,"道德建设面临新的挑战,最为显著的就是社会主流价值观的缺失、价值体系的混乱与多元化"③。在特定历史背景下,原本应在历史上依次出现的农业文明、工业文明和

---

① 习近平:《决胜全面建成小康社会 夺取新时代中国特色社会主义伟大胜利——在中国共产党第十九次全国代表大会上的报告》,人民出版社 2017 年版,第 42 页。

② 江勇:《以社会主义核心价值观引领道德建设》,《光明日报》2017 年 4 月 21 日。

③ 张露:《社会主义核心价值体系引领公民道德建设的思考》,《当代世界与社会主义》2013 年第 2 期。

后工业文明，成为共时性的存在。与此相适应，以权治为核心的农业文明价值观念、以技术理性为核心的工业文明价值观念、以解构自我为核心的后工业文明价值观念在当代中国同时出现。如果任由这些价值观泛滥，将造成公众价值观念的混乱。价值观念的混乱，会使得中国民众难以抉择、无所适从，从而导致社会道德的沦丧和社会行为的失据。一方面，以为人民服务为核心的社会主义价值观念，以及利他、仁爱、忠孝、勤俭、谦虚等传统价值观念不再为人们所认同；另一方面，各种不明是非、不知荣辱、不辨善恶、不分美丑的社会现象公开登台，见利忘义、损公肥私行为时有发生，不讲信用、欺骗欺诈成为社会公害，以权谋私、腐化堕落现象严重存在。这些现象背后所隐藏的深层问题就是由价值冲突所导致的价值共识危机。显而易见，面对如此严重的社会问题，仅仅用价值规范的修补、大众舆论的约束或思想政治的教化，是难以从根本上解决问题的。因为这种行为失范问题表明整个社会的基本价值观受到了根本性冲击。因此，当代中国不可避免地要经历一次深刻的价值重建过程。价值重建不仅仅是一个观念问题，而且是一个社会现实问题。能否走出当前价值冲突的困境，实现价值观念的重建，关系到中国特色社会主义的成败和中华民族伟大复兴的实现。价值重建要求我们提出并建立起一种更加科学，更具包容性、引领性的主导价值观，从而实现对多元价值负面影响的矫正与治理。社会主义核心价值观正是在应对价值危机、实现价值重建过程中提出的一种具有强大凝聚力和引领作用的价值观，其目的就是通过价值整合，重建人们的主导价值观念，不断提升社会整体的价值共识水平，以引领公民道德建设实践。

社会主义核心价值观集中表达了马克思主义道德原则，具有定向导航、凝心聚力、评价判断等功能，是公民道德建设的根本导向。首先，社会主义核心价值观在理想层面积极引领新时代公民道德建设。根植于中国历史文化和社会现实的公民道德建设有其政治经济特殊性和优势，它与西方模式相区别的一个显著标志就是有社会主义核心价值观的价值引领。"社会主义核心价值观是在全社会得到广泛认同的精神旗帜，是铸就民族奋发向上的精神支撑，是凝聚中华民族的重要思想，又是符合时代潮流，促进各族人民团结和睦、共同奋斗的精神纽带。"[1] 它既是中华民族优秀传统价值理念的凝结与升华，也是对现实生活的价

---

① 季正聚：《全面把握社会主义核心价值观的特点》，《思想政治工作研究》2012 年第 12 期。

值期许,并在理想层面勾画了公民道德建设的美好蓝图,具有时代发展的前瞻性和价值取向的崇高性,在理想层面起到了引领公民道德建设的积极作用。其次,社会主义核心价值观在现实层面为新时代公民道德建设凝聚思想共识与行动合力。与深刻而全面的社会转型相伴随,当前各种文化思想相互交流,各种价值观念相互交织,中国民众的价值世界正在经历着前所未有的震荡。传统的、现代的、后现代的、本土的、外来的、计划的、市场的等各种价值观相互碰撞、激荡,混杂交织在一起。在这种情况下,人们必然面临着多种价值选择。可以说,"今天我们引领社会思潮、凝聚社会共识的任务比以往更加艰巨"①,而社会主义核心价值观则是公共领域凝聚社会共识的最大公约数。最后,社会主义核心价值观在实践层面整体推进社会公德建设。"在文明先进的社会主义社会里,是非、善恶、义利、荣辱、美丑、正邪等价值标准不容混淆,坚持什么,反对什么,倡导什么,都必须旗帜鲜明。"②社会主义核心价值观的提出恰好契合了这一要求,它从国家、社会与个人三个层面,为每一个公民的道德评判、道德选择与道德践行提供了明确要求。因此,应坚持以社会主义核心价值观为引领,将国家、社会、个人层面的价值要求贯穿到公民道德建设各方面,增进认知认同、树立鲜明导向、强化示范带动,引导人们把社会主义核心价值观作为明德修身、立德树人的根本遵循,坚持贯穿结合融入、落细落小落实,将社会主义核心价值观转化为社会公德、职业道德、家庭美德和个人品德,"按照社会主义核心价值观的基本要求,健全各行各业规章制度,完善市民公约、乡规民约、学生守则等行为准则,使社会主义核心价值观成为人们日常工作生活的基本遵循"③。要把社会主义核心价值观的要求融入各种精神文明创建活动中,吸引群众广泛参与,推动人们在为家庭谋幸福、为他人送温暖、为社会作贡献的过程中提高精神境界、培育文明风尚。利用各种时机和场合,形成有利于培育和弘扬社会主义核心价值观的生活情景和社会氛围,以主流价值建构道德规范、强化道德认同、指引道德实践,引导人们明大德、守公德、严私德。

---

①　人民日报评论员:《用核心价值观引领思潮凝聚共识——三论如何培育和践行社会主义核心价值观》,《人民日报》2014 年 1 月 19 日。

②　孔润年:《伦理学视野中的社会主义核心价值体系建设》,《道德与文明》2012 年第 2 期。

③　《习近平谈治国理政》第一卷,外文出版社 2018 年版,第 165 页。

三、始终坚持公民道德建设在继承传统中创新发展

1844 年 1 月,恩格斯在其撰写的《英国状况——评托马斯·卡莱尔的〈过去和现在〉》一文中指出:"我们根本没有想到要怀疑或轻视'历史的启示';历史就是我们的一切,我们比其他任何一个先前的哲学学派,甚至比黑格尔,都更重视历史"。[①] 忘记过去就意味着背叛。习近平总书记指出:"历史和现实都表明,一个抛弃了或者背叛了自己历史文化的民族,不仅不可能发展起来,而且很可能上演一场历史悲剧。"[②] 新时代公民道德建设是在继承传统的基础上开展的,其创新发展更离不开对传统的扬弃。2001 年 9 月 20 日,中共中央、国务院印发的《公民道德建设实施纲要》中明确提出,"要继承中华民族几千年形成的传统美德,发扬我们党领导人民在长期革命斗争与建设实践中形成的优良传统道德,积极借鉴世界各国道德建设的成功经验和先进文明成果"。罗国杰先生提出:"在大力弘扬我国古代优良道德传统的同时,还应该大力弘扬中国共产党人、人民军队、一切先进分子和人民群众在中国新民主主义革命和社会主义革命与建设中所形成的优良革命道德传统。"陈先达认为,"在道德领域中我们有两种传统,既有在长期历史发展中形成的古代道德传统,又有中国人民在近现代的民主革命、社会主义革命和社会主义建设中逐步形成的革命传统。"[③] 这对于我们全面理解、科学把握中华民族道德传统,推进新时代公民道德建设在继承传统中创新发展具有重要的启示意义。新时代加强公民道德建设,应自觉传承中华传统美德,发扬我们党领导人民在长期实践中形成的革命道德传统,积极推动其创造性转化与创新性发展,切实提升新时代公民道德建设的时代性、实效性。

中华传统美德是中华文化的精髓,也是公民道德建设的源泉。新时代加强公民道德建设,必须继承、弘扬、提升中华传统美德。习近平总书记高度重视中华传统美德对新时代道德建设的濡化作用,要求以中华传统美德滋润道德,实现以文化人和以文育人。他指出:"中华传统美德是中华文化精髓,蕴含着丰富的思想道德资源。"[④] 中国人历来崇尚气节、崇尚严谨、崇尚务实,讲良知、守信用,

---

① 《马克思恩格斯全集》第 3 卷,人民出版社 2002 年版,第 520 页。
② 《习近平谈治国理政》第二卷,外文出版社 2017 年版,第 339 页。
③ 陈先达:《革命的道德和道德的革命——读〈中国革命道德〉》,《光明日报》2000 年 4 月 11 日。
④ 《习近平谈治国理政》第一卷,外文出版社 2018 年版,第 164 页。

严和实是中华传统美德的基本内容。"天下兴亡,匹夫有责"的担当意识,"舍生取义"的牺牲精神,"扶危济困"的道德意识,"国而忘家,公而忘私"的价值理念,"与人为善""己所不欲,勿施于人"的处世之道,"和为贵""和而不同"的东方智慧等,这些独特的思想理念与道德规范,经过千百年传承,已浸润于每个中国人心中,构成中国人独特的精神世界与文化基因,是传承民族品性、倡导社会新风、培育和践行社会主义核心价值观的重要内容,也为新时代公民道德建设提供了有益启示。2016年12月12日,习近平总书记在会见第一届全国文明家庭代表时强调:"要积极传播中华民族传统美德,传递尊老爱幼、男女平等、夫妻和睦、勤俭持家、邻里团结的观念,倡导忠诚、责任、亲情、学习、公益的理念,推动人们在为家庭谋幸福、为他人送温暖、为社会作贡献的过程中提高精神境界、培育文明风尚。"[1] 不忘本来才能开辟未来,善于继承才能更好创新。积极传播中华传统美德,必须做好中华传统美德的创造性转化和创新性发展。习近平总书记指出:"对历史文化特别是先人传承下来的价值理念和道德规范,要坚持古为今用、推陈出新,有鉴别地加以对待,有扬弃地予以继承,努力用中华民族创造的一切精神财富来以文化人、以文育人。"[2] 我们要以敬畏之心对待中华传统美德,充分认识其历史和时代价值,充分发掘文化经典、历史遗存、文物古迹承载的丰厚道德资源,深入阐发中华优秀传统文化蕴含的讲仁爱、重民本、守诚信、崇正义、尚和合、求大同等思想理念,深入挖掘自强不息、敬业乐群、扶正扬善、扶危济困、见义勇为、孝老爱亲等传统美德,按照新时代的新期待、新要求,赋予其新的时代内涵和表达形式,以时代精神激活中华传统美德的生命力,使之与现代文化、现实生活相融相通,引导人民树立和坚持正确的历史观、民族观、国家观、文化观,不断增强中华民族的归属感、认同感、尊严感、荣誉感。

新时代加强公民道德建设,还必须将革命道德传统发扬光大。革命是中国近代历史发展的主线。2013年7月11日,习近平总书记在河北西柏坡纪念馆考察调研时强调:历史是最好的教科书。对我们共产党人来说,中国革命历史是最好的营养剂。多重温这些伟大历史,心中就会增加很多正能量。[3] 孕育和成长于战斗岁月中的革命道德传统,是中国道路、中国理论和中国制度发展的深

---

[1] 《习近平谈治国理政》第二卷,外文出版社2017年版,第355页。

[2] 《习近平谈治国理政》第一卷,外文出版社2018年版,第164页。

[3] 《党面临的"赶考"远未结束——习近平总书记再访西柏坡侧记》,《人民日报》2013年7月14日。

厚道德土壤,是中国社会发展中不可或缺的优秀精神基因。中国革命道德传统是指中国共产党人、一切先进分子和人民群众,在中国革命和建设中所形成的优良道德传统,形成的革命气概、精神品质与道德情操。党的十八大以来,习近平总书记高度重视发扬革命道德传统,他在视察原兰州军区时强调:西北地区红色资源丰富,是延安精神的发源地,要发扬红色资源优势,深入进行党史军史和优良传统教育,把红色基因一代代传下去。① 此后,他遍访西柏坡、井冈山、沂蒙山、古田、延安、遵义等革命圣地。党的十九大后,他又带领中央新一届领导集体瞻仰一大会址与南湖红船,其中的"革命主线"清晰可见。在长期革命和建设实践中形成的无私奉献、顽强拼搏、艰苦奋斗、不畏牺牲、勤俭节约等道德规范,红船精神、井冈山精神、长征精神、延安精神、西柏坡精神等具有恒久价值的鲜明精神坐标,"所表现出的精忠报国赤诚奉献的爱国情怀;不畏强敌敢打必胜的坚定信心;排山倒海决战决胜的英雄气概;视死如归勇于斗争的牺牲精神;忠贞不渝威武不屈的革命气节;处变不惊沉着果敢的心理定力;军令如山军纪如铁的纪律观念等"②,既有科学的思想理论内核,又是对中华民族优良道德传统的继承和发展,是革命前辈留给我们的宝贵精神财富,为我们在新的历史条件下坚定信念、鼓舞斗志、做好工作奠定了坚实基础,也成为新时代公民道德建设的强大道德力量。当前,在新的历史条件下,中国革命道德传统依旧是激励中国人民矢志不渝、开拓进取的强大精神支柱。我们要深入挖掘与弘扬中国革命道德传统的意义和价值,以高尚的道德力量凝心聚力,不断把中国特色社会主义事业推向前进,实现中华民族伟大复兴的中国梦。

四、始终坚持人民群众在公民道德建设中的主体地位

新时代公民道德水平的整体向上向好有赖于每一个社会成员道德水平的提升,而提升社会整体道德水平的有效途径和关键环节正是发挥每一个道德主体的积极性,增强其道德践履的主体性。可以说,充分调动各方面参与公民道德建设的积极性,最终是依靠发挥人民群众参与的主体性完成与实现的。所谓主体性,是指"人作为社会实践活动的主体的质的规定性,是人在与客体相互作用中

---

① 《如何让红色基因代代相传》,《人民周刊》2016 年第 17 期。
② 潘宏:《论革命文化的时代价值》,《光明日报》2018 年 10 月 9 日。

不断得到发展的自觉能动性和创造的特性"①。人类认识世界、改造世界的实践活动与人的主体性的确证与凸显是同一个过程，"正是在人类生产实践和生活实践中，人的意识逐渐被唤醒，意志逐渐被唤起，主体逐渐生成"②。作为人类的一项特殊实践活动，道德活动的实践过程也是人类主体性逐渐凸显的过程。人的道德主体性是人的主体性在道德领域的具体化，是人作为道德主体"在对象性活动中表现出来的创造性和实践主导性。也可以说是道德主体在正确把握社会客观规律及正确认识道德客体基础上，规定道德规范，抉择行为方式的热情、积极性、自觉性和创造力"③。道德是人自我肯定、自我实现和自我发展的一种特殊方式，主体性之于道德具有重要作用。人的主体性是道德的内在依据，离开了人的主体性，道德就不是真正的道德，"忽视或无视个体生活的权利、人性的尊严与道德选择的自由，只能使个体在道德的重负下，遵从道德，伪饰道德，表现为言行不一，口是心非，而不是个体对德性的内在追求"④。因此，真正的道德是确证并凸显人的主体性的道德。新时代加强公民道德建设，必须凸显并发展人们的道德主体性，使人们有足够的道德勇气和道德责任感去解决道德问题，创造美好道德生活。

在新时代公民道德建设中凸显并发展人们的道德主体性，必须坚持人民主体地位。人民是物质财富、精神财富的创造者，是推动历史进步的动力，也是公民道德建设的主体和依靠力量。毛泽东曾经指出："人民，只有人民，才是创造世界历史的动力。"⑤党的十八大将"坚持人民主体地位"作为新的历史条件下夺取中国特色社会主义新胜利必须牢牢把握的"八项基本要求"的首要要求。习近平总书记在党的十九大报告中指出："人民是历史的创造者，是决定党和国家前途命运的根本力量。"⑥基于人民群众的重要地位，在公民道德建设的过程

---

① 王坤庆：《人性、主体性与主体教育》，《华中师范大学学报（哲学社会科学版）》1997 年第 4 期。

② 王珏：《组织道德：现代性文明的道德哲学悖论及其转向》，中国社会科学出版社 2008 年版，第130 页。

③ 汪向东：《论道德主体及其主体性》，《理论导刊》1999 年第 10 期。

④ 冯建军：《人的道德主体性与主体道德教育》，《南京师范大学学报（社会科学版）》2002 年第2 期。

⑤ 《毛泽东选集》第三卷，人民出版社 1991 年版，第 1031 页。

⑥ 习近平：《决胜全面建成小康社会　夺取新时代中国特色社会主义伟大胜利——在中国共产党第十九次全国代表大会上的报告》，人民出版社 2017 年版，第 21 页。

中凸显人的主体性首先就是要确立人民群众在公民道德建设中的主体地位。让人民群众做公民道德建设的主人，把人民群众看作公民道德建设的发起者、推动者和承担者，从人民群众中吸取智慧与力量，发挥人民群众的主人翁精神，尊重人民群众的首创精神，充分调动他们自我教育、自我提升的积极性与主动性。人民群众是公民道德建设的直接参与者，也是公民道德建设的直接受益者。新时代人民群众对美好生活的需要更加广泛、要求更高，既需要更高层次的物质文化生活，也需要道德生活的不断提升与完善。因此，新时代加强公民道德建设，必须坚持和贯彻以人民为中心的发展思想，把人民群众拥护不拥护、赞成不赞成、高兴不高兴、答应不答应作为衡量一切工作得失的根本标准，通过更加平衡、更为充分的公民道德建设，使人民群众在参与中思想感情得到熏陶、精神生活得到充实、道德境界得到升华，从而不断满足人民群众对新时代美好道德生活的新期待、新需求。

坐而论道不如起而行之。道德化于心、显于行，贵在认同、重在践履。道德的意义和价值不仅仅是道德原则与规范的总和，更是个体追求道德完善的自觉行为。只有将公民道德规范内化为个体的价值追求，外化为道德行为，道德才具有价值。因此，新时代公民道德建设尊重人民群众的主体地位，还必须切实发挥人民群众的积极性和行动力，把正确的道德认知、积极的道德实践紧密结合起来，积极推动道德实践养成。在全面提升公民道德认知、陶冶道德情操、磨炼道德意志的基础上，以群众性实践活动和文化活动等多种形式为载体，引导人人参与、人人体验，积极推进公民道德规范体系向实践体系的转化。积极弘扬时代新风，紧密结合社会发展实际，广泛开展文明出行、文明交通、文明旅游、文明就餐、文明观赛等活动，引导人们自觉遵守社会交往、公共场所中的文明规范。深化群众性创建活动，将社会公德、职业道德、家庭美德、个人品德建设贯穿创建全过程，推动文明城市、文明村镇、文明单位、文明家庭、文明校园等群众性精神文明创建活动纵深发展，以扎实成效增强人民群众的获得感和幸福感。广泛开展学雷锋活动和志愿服务，进一步推动志愿服务制度化、常态化发展，引导人们把学雷锋和志愿服务作为生活方式、生活习惯。积极开展移风易俗，倡导科学文明的生活方式，挖掘创新乡土文化、乡贤文化，培育文明乡风、淳朴民风。积极践行绿色生产生活方式，拒绝奢华和浪费，引导人们做生态环境的保护者、建设者。

五、始终坚持公民道德建设的法律支持与政策保障

人类社会是一个由不同领域、不同层次、不同形式制度构成的复杂系统。在现实社会中,制度是人们社会关系和行为方式的规范体系,"制度是为人类设计的,构造着政治、经济和社会相互关系的一系列约束,是人类设计出来的形塑人们互动行为的一系列约束"①,同时也是社会活动能够有序进行的基本保证。因此,说人们是社会的存在,是在社会中求生存、求发展,其实就是在"制度之网"当中求生存、求发展。"制度对人的思想行为具有影响和形塑作用,每个人都处在特定的制度范围内,他们的观念受到制度的过滤,他们的行为受到制度的形塑"②。各种制度相互制约、相互作用,共同引导、规范、协调、整合人们的社会行为,促进着社会善治的实现。因此,习近平总书记指出:"改革开放以来,我们党开始以全新的角度思考国家治理体系问题,强调领导制度、组织制度问题更带有根本性、全局性、稳定性和长期性。今天,摆在我们面前的一项重大历史任务,就是推动中国特色社会主义制度更加成熟更加定型,为党和国家事业发展、为人民幸福安康、为社会和谐稳定、为国家长治久安提供一整套更完备、更稳定、更管用的制度体系。"③就新时代公民道德建设而言,制度,特别是法律法规与行政规章是重要保障,发挥着不可或缺的作用。古今中外道德发展的经验也表明,德性始于教化、成于规范,借助制度力量来推进公民道德发展是现代文明社会的共识。更加注重以刚性制度规约道德实践,以法治承载道德理念、鲜明道德导向、弘扬美德义行,以法治的力量引导人们向上向善,是新时代公民道德建设的一个鲜明特色。

制度对新时代公民道德建设的规约、支持与保障,具体体现在如下几方面:首先,用制度规约、支持与保障社会主义道德主导地位的巩固。制度本身就是最低的道德要求,社会主义性质的主流道德原则、规范常以制度形式转化为人们的具体义务、具体要求,从而对公众行为实行约束。由于制度具有明确性、肯定性、普遍性等特点,人们通过制度可清楚地知道社会提倡什么,反对和禁止什么,从

① ［美］道格拉斯·C.诺斯著:《制度、制度变迁与经济绩效》,刘守英译,生活·读书·新知三联书店 1994 年版,第 64 页。

② 庄德水:《利益冲突视角下的腐败与反腐败》,《广东行政学院学报》2009 年第 6 期。

③ 《习近平谈治国理政》第一卷,外文出版社 2018 年版,第 104—105 页。

而使少数不自觉接受社会主流道德的人,在制度约束下逐步养成良好的道德习惯,从而保障了为人民服务的道德精神、集体主义的道德原则、社会公德、职业道德、家庭美德等社会主义道德在社会中处于主导地位。其次,用制度规约、支持与保障道德责任的明确落实。一般来说,善恶观念、道德原则是笼统、抽象的,而道德活动是具体、实在的。笼统、抽象的道德"应当"必须转化为能够付诸行动的具体的"是",这样才具有实践意义。因此,必须将道德责任具体化,把道德精神、道德原则、道德规范化为具体的制度要求,使得道德获得制度性资源的有力支持。最后,用制度规约、支持与保障对失德行为的严厉制裁。任何制度规定都是以"非这样不可"的强制执行力作为后盾。它规定人们该做什么、该怎么做的同时,也明确了人们不该做什么、不该怎么做。如果违反了相关规定,法律就会对其予以严厉制裁。通过这些制裁,失德者将付出应有的代价,从而保障人们对道德规范的共同遵守和社会公平正义的实现。

"和谐的社会秩序,必须依靠规范约束人们的行为来形成。规范的种类很多,如法律、章程、守则、公约等,其中最主要的是法律规范、行政组织规范和道德规范。法律规范和行政组织规范都是以某种强制力为后盾的,都体现为制度。"①因此,始终坚持公民道德建设的制度保障,就是要发挥好法律规范和行政组织规范的作用。一是强化法律规范的刚性规约、支持与保障。"法治是治国理政的基本方式,依法治国是社会主义民主政治的基本要求,建设法治中国是国家治理体系现代化的逻辑必然。"②强化法律规范对公民道德建设的刚性规约、支持与保障,应把道德导向贯穿于新时代法治建设全过程,立法、执法、司法、守法各环节都要体现社会主义道德的要求。及时把实践中受到广泛认同、较为成熟、可操作性强的道德要求转化为法律规范;坚持严格执法,以法治的力量维护道德、凝聚人心;坚持公正司法,发挥司法裁判定分止争、惩恶扬善的功能,让人们从中感受到公平正义;推进全民守法普法,引导人们增强法治意识、坚守道德底线。二是强化行政组织规范的刚性规约、支持与保障。相较于法律,行政组织规范具有灵活性。相较于道德手段,它具有及时性。行政组织规范规约、支持与保障公民道德建设的核心是提供合德的公共政策。公共政策的制定总是以一定的

---

① 景枫:《以"善行河北"推进社会管理创新》,《河北日报》2013年9月4日。

② 李建华:《积极培育和践行社会主义核心价值观,推进国家治理体系现代化》,《光明日报》2014年2月10日。

伦理精神为基础的,道德要为其提供道义性的支持。公共政策只有普遍反映公众内在的道德意愿才能充分发挥作用。简言之,公共政策只有获得伦理的合德性之后,才能得到大多数社会成员的价值认同与行动支持。因此,政府在制定公共政策时不仅要考虑其科学性、可操作性,更要体现社会所需的伦理精神与道德要求,实现道德与制度安排的对应、衔接与贯通。三是发挥社会规范的引导约束作用。行业规章、乡规民约等非正式制度对新时代公民道德建设同样起着重要的规约、支持和保障作用。应按照社会主义核心价值观的基本要求,健全各行各业规章制度,修订完善市民公约、乡规民约、学生守则等行为准则,突出体现自身特点的道德规范,更好发挥规范、调节、评价人们言行举止的作用,同时发挥好各类群众性组织的自我教育、自我管理、自我服务功能,推动落实各项社会规范,共建共享与新时代相匹配的社会文明。

六、始终坚持道德教育与道德治理并举

道德规范最终能否被社会接受,从根本上说在于它能否正确反映人与人、人与社会、人与自然等之间道德关系的本质,是否符合社会发展的必然性。但是,一种道德究竟能够在何种范围和程度上为人们所接受,首要取决于道德教育的实施。因此,新时代推进公民道德建设应在改进中加强公民道德教育,努力构建学校、家庭、社会三位一体的公民道德教育体系。公民道德教育是学校教育、家庭教育、社会教育的和谐统一,只有坚持整体性、系统性原则,形成以学校教育为核心、以家庭教育为基础、以社会教育为保障,三者紧密结合、相互支持的公民道德教育体系,把立德树人贯穿于学校教育全过程,用良好家教家风涵育道德品行,以正确舆论营造良好社会环境,才能更好地达到教育效果。加强公民道德教育,必须树立战略意识,遵循公民道德建设规律,坚持先进性要求与广泛性要求紧密结合,把社会公德、职业道德、家庭美德、个人品德作为公民道德教育的着力点。大力提倡以尊老爱幼、男女平等、夫妻和睦、勤俭持家、邻里团结为主要内容的家庭美德教育,促进家庭成员之间、邻里之间的和谐。大力提倡以爱岗敬业、诚实守信、办事公道、服务群众、奉献社会为主要内容的职业道德教育,促进上下级之间、同事之间、服务者与被服务者之间的和谐。大力提倡以文明礼貌、助人为乐、爱护公物、保护环境、遵纪守法为主要内容的社会公德教育,促进公共生活领域的和谐发展。大力提倡以爱国奉献、明礼遵规、勤劳善良、宽厚正直、自强自

律为主要内容的个人品德教育,鼓励人们在日常生活中养成好品行。

榜样的力量是无穷的。加强道德教育和积极倡导社会主义核心价值观,必须切实发挥榜样的示范引领作用。2015年2月28日,习近平总书记在会见第四届全国文明城市、文明村镇、文明单位和未成年人思想道德建设工作先进代表时强调:"要充分发挥榜样的作用,领导干部、公众人物、先进模范都要为全社会做好表率、起好示范作用,引导和推动全体人民树立文明观念、争当文明公民、展示文明形象。"①道德模范是道德实践的榜样,是群众看得见、摸得着的榜样,是身边可以学、能够学的标杆。伟大时代呼唤伟大精神,崇高事业需要榜样引领。新时代加强公民道德建设,应把发挥先进模范的引领作用作为重要内容。精心选树时代楷模、道德模范等先进典型,持续推出各行各业先进人物、"最美人物"、"身边好人",让不同行业、不同群体都能学有榜样、行有示范。深入开展宣传学习活动,综合运用宣讲报告、事迹报道、专题节目、文艺作品、公益广告等形式,广泛宣传模范人物的先进事迹和突出贡献,鲜明时代价值取向,彰显社会道德高度。尊崇褒扬、关心关爱先进人物和英雄模范,建立健全关爱关怀机制,在政治上、工作上、生活上给他们实实在在的帮助与支持,维护先进人物和英雄模范的荣誉和形象,形成"好人有好报"的价值导向。积极倡导向先进典型学习,把道德模范的榜样力量转化为亿万群众的道德实践,在全社会形成崇德向善、见贤思齐、德行天下的浓厚氛围。

新时代公民道德建设既要靠教育倡导,也要靠有效治理。在国际国内形势深刻变化、我国经济社会深刻变革的大背景下,由于市场经济规则、政策法规、社会治理还不够健全,受不良思想文化的侵蚀和网络有害信息的影响,当前道德领域依然存在不少问题。一些地方、一些领域不同程度地存在道德失范现象,拜金主义、享乐主义、极端个人主义仍然比较突出;一些社会成员道德观念模糊甚至缺失,是非、善恶、美丑不分,唯利是图、见利忘义,损人利己、损公肥私,造假欺诈、不讲信用的现象久治不绝,突破公序良俗底线、妨害人民幸福生活、伤害国家尊严和民族感情的事件时有发生。这些问题必须引起全党全社会高度重视,切实加大整治力度,树立新风正气,祛除歪风邪气。习近平总书记在十八届中央政治局第二十次集体学习时指出:"我们既要注重总体谋划,又要注重牵住'牛鼻

---

① 《习近平谈治国理政》第二卷,外文出版社2017年版,第324页。

子'。在任何工作中,我们既要讲两点论,又要讲重点论,没有主次,不加区别,眉毛胡子一把抓,是做不好工作的。"[①]公民道德建设也必须坚持唯物辩证法,既坚持积极倡导,更要抓好公民道德建设领域的突出问题治理。以重大问题为导向,以重点内容、重点群体和重点领域突出道德问题的专项治理为突破口,把提倡与反对、引导与约束结合起来,综合施策、标本兼治,运用经济、法律、行政和社会管理、舆论监督等各种手段,有力惩治失德败德、突破道德底线的行为。加强对道德领域热点问题的引导,以事说理、以案明德,着力增强人们的法治意识、公共意识、规则意识、责任意识;发挥舆论监督作用,对违反社会道德、背离公序良俗的言行和现象及时进行批评、驳斥,激浊扬清、弘扬正气,带动社会道德水平的整体提升。

---

① 习近平:《在十八届中央政治局第二十次集体学习时的讲话》,《人民日报》2015 年 1 月 25 日。

第二章　新时代公民社会主义道德价值取向调查与比较分析

公民的社会主义道德价值取向关系到公民道德建设的发展方向。党的十四届六中全会通过的《中共中央关于加强社会主义精神文明建设若干重要问题的决议》明确指出："社会主义道德建设要以为人民服务为核心,以集体主义为原则。"党的十五大报告又指出,要"深入持久地开展以为人民服务为核心、集体主义为原则的社会主义道德教育"。这就是说,我国现阶段社会主义道德的核心是为人民服务,基本原则是集体主义。党的十八大以来,弘扬爱国主义成为公民社会主义道德价值取向的重要组成部分。为了更准确、客观地了解新时代我国公民对社会主义道德价值取向的看法,本书立足实证调研,以2016年《全国公民道德状况调查问卷》与2006年《全国公民道德状况调查问卷》中有关为人民服务、集体主义、爱国主义的调研数据为基础,对当前我国公民社会主义道德价值取向的认知状况以及10年来的变化趋势进行考察、追踪与比较,并在此基础上进行原因剖析与对策思考。

2016年《全国公民道德状况调查问卷》与2006年《全国公民道德状况调查问卷》在基本架构和主要观测点上基本保持一致,在2006年调查问卷的基础上结合时代特点进行局部调整和修订,新增"爱国主义"作为观测指标,调查新时代公民社会主义道德价值取向,为提高公民社会主义道德水平提供相关依据。

第一节 公民社会主义道德价值取向
跟踪调查数据描述

公民社会主义道德价值取向相关调查数据能够反映公民道德状况的基本样貌。分析受访者对为人民服务、集体主义、爱国主义等价值取向的认知状况以及不同类别受访者在相关问题上的差异化表现,有助于为新时代加强社会主义道德价值引领提供基本方向。

一、公民对"为人民服务"认知状况的数据描述

（一）对"为人民服务"认知状况的总体调查数据

如表 2-1 所示,在 2016 年的调查中,对于"哪些人应该坚持为人民服务"这个问题,超过半数受访者认为"所有公民都应该坚持为人民服务",占比最多,为 51.1%;认为所有公职人员、领导干部、普通共产党员应该坚持为人民服务的比例分别为 25.3%、11.4% 和 4.7%;另有 7.5% 的受访者表示"说不清"。

2006 年此项调查结果显示,也有超过半数受访者认为"所有公民都应该坚持为人民服务",占比最多（50.20%）;认为所有公职人员、领导干部、普通共产党员应该坚持为人民服务的比例分别为 22.93%、18.19% 和 6.51%;另有 3.48% 的受访者表示"说不清"。

表 2-1　受访者对"哪些人应该坚持为人民服务"的总体认知情况

调研年份	所有公民（%）	所有公职人员（%）	普通共产党员（%）	领导干部（%）	说不清（%）
2006	49.55	22.64	6.42	17.96	3.44
2016	51.1	25.3	4.7	11.4	7.5

两次调查数据总体变化不大。调查数据显示,认为"所有公民都应该坚持为人民服务"的受访者所占比例最高,并且 2016 年这一比例较 2006 年有所提升。另外,从数据的对比中我们还发现,认为公职人员应该坚持为人民服务的受访者比例从 2006 年的 22.93% 上升为 2016 年的 25.3%,但是认为共产党员和

领导干部应该坚持为人民服务的受访者比例有所下降，尤其是认为领导干部应该坚持为人民服务的比例下降幅度最大；针对该问题回答"说不清"的受访者比例由 3.48% 上升到 7.5%。排除受访者主观因素，能够发现仍然有不少群众对"为人民服务"这一道德核心认识不足。

（二）对"为人民服务"认知状况的差异化表现

1. 年龄与认同"为人民服务"的差异化表现

如表 2—2、表 2—3 所示，2016 年的调查结果显示，受访者对"所有公民都应该坚持为人民服务"的认可度随着年龄的升高而降低：20 岁以下为 61.7%，20—29 岁为 52.9%，30—39 岁为 48.6%，40—49 岁为 47.9%，50—59 岁为 42.5%，60 岁及以上为 38.7%。而对所有公职人员、领导干部、普通共产党员应该坚持为人民服务的认可度大致随着年龄的增加而升高。尤其是在"领导干部应该坚持为人民服务"这一选项上，这一趋势表现得尤为突出。20 岁以下的受访者对这一选项的认可度只有 8.6%；60 岁及以上受访者的认可度为 17.7%；其他年龄段受访者的认可度分别为：20—29 岁为 9.2%，30—39 岁为 12.4%，40—49 岁为 13.4%，50—59 岁为 16.8%。

2006 年的调查数据显示，年龄越小的受访者认可"所有公民都应该坚持为人民服务"的比例越大。20 岁以下的受访者对这一说法的认可度为 65.22%，60 岁及以上人群的认可度只有 39.55%，其他年龄段的人群对这一问题的认可度也大致呈现年龄越大对此问题的认可度越小的趋势：20—29 岁为 57.74%，30—39 岁为 49.36%，40—49 岁为 40.77%，50—59 岁为 41.85%。与此同时，认为"领导干部应该坚持为人民服务"的，年长者的比例明显高于年轻人，并且呈现出年龄越大对此问题的认可度越高的趋势：20 岁以下为 8.15%，20—29 岁为 12.25%，30—39 岁为 18.84%，40—49 岁为 25.86%，50—59 岁为 23.19%，60 岁及以上为 27.68%。

表 2—2　不同年龄受访者认同"所有公民都应该坚持为人民服务"的情况

调研年份	20 岁以下（%）	20—29 岁（%）	30—39 岁（%）	40—49 岁（%）	50—59 岁（%）	60 岁及以上（%）
2006	65.22	57.74	49.36	40.77	41.85	39.55
2016	61.7	52.9	48.6	47.9	42.5	38.7

表2—3 不同年龄受访者认同"领导干部应该坚持为人民服务"的情况

调研年份	20岁以下（%）	20—29岁（%）	30—39岁（%）	40—49岁（%）	50—59岁（%）	60岁及以上（%）
2006	8.15	12.25	18.84	25.86	23.19	27.68
2016	8.6	9.2	12.4	13.4	16.8	17.7

对比两次调查结果可见，对于"所有公民都应该坚持为人民服务"这一说法，2016年40—49岁受访者的认可度（47.9%）相较2006年同年龄段受访者的认可度（40.77%）有显著上升。此外，2016年受访者对"领导干部应该坚持为人民服务"这一说法的认可度受年龄因素的影响不如2006年显著。不过综合分析两次调查结果可以发现，对所有公民或者领导干部应该坚持为人民服务的认可度和年龄因素的相关程度很高，并且两次调查结果差异不大，基本呈现如下趋势：年龄越小，对"所有公民应该坚持为人民服务"的认可度越高；年龄越大，对"领导干部应该坚持为人民服务"的认可度越高。

2. 受教育程度与认同"为人民服务"的差异化表现

如表2—4、表2—5所示，2016年的调查结果显示，具有高中以上学历的受访者认同"所有公民都应该坚持为人民服务"的比例仍然显著高于高中以下学历者，对此认同度最高的是大学本科学历的受访者，占54.8%；认同度最低的是小学学历的受访者，占33.8%；其他学历的受访者对该说法的认可比例分别是：没上过学的为39.1%，初中的为40.9%，高中的为51.1%，大学专科的为51.4%，硕士研究生及以上的为49.3%。此外，对于"谁应该坚持为人民服务"问题持"说不清"态度的受访者比例有所增加，分别是：没上过学的为19.6%，小学的为12.3%，初中的为9.8%，高中的为7.5%，大学专科的为6.6%，大学本科的为7.1%，硕士研究生及以上的为5.7%。

2006年的调查结果表明，具有高中以上学历的受访者认同"所有公民都应该坚持为人民服务"的比例显著高于高中以下学历者。比例最高的是具有高中学历的人群，占52.61%；比例最低的是未上过学者，占31.37%。此外，随着学历的提升，受访者对"谁应该坚持为人民服务"持"说不清"态度的比例逐步降低，分别是：没上过学的为15.69%，小学的为6.67%，初中的为4.64%，高中的为3.18%，大学的为2.66%，硕士研究生及以上的为1.94%。

表 2-4　不同受教育程度受访者认同"所有公民都应该坚持为人民服务"的情况 ①

调研年份	没上过学（%）	小学（%）	初中（%）	高中（%）	大学专科（%）	大学 / 大学本科（%）	硕士研究生及以上（%）
2006	31.37	39.00	45.00	52.61	—	51.00	47.67
2016	39.1	33.8	40.9	51.1	51.4	54.8	49.3

表 2-5　不同受教育程度受访者认同"说不清谁应该坚持为人民服务"的情况

调研年份	没上过学（%）	小学（%）	初中（%）	高中（%）	大学专科（%）	大学 / 大学本科（%）	硕士研究生及以上（%）
2006	15.69	6.67	4.64	3.18	—	2.66	1.94
2016	19.6	12.3	9.8	7.5	6.6	7.1	5.7

对比两次调查结果可见，与 2006 年相比，2016 年大学及以上学历的受访者对"所有公民都应该坚持为人民服务"的认可度有所提升。此外，没上过学的受访者认可该说法的比例也比 2006 年有显著提高，提升了 7.73%。与此同时，不容忽视的是，2016 年小学、初中和高中学历的受访者对"所有公民都应该坚持为人民服务"的认可度比 2006 年有所降低；与此同时，2016 年对"谁应该坚持为人民服务"持"说不清"态度的受访者比例在不同年龄段均有明显增加。以上数据对比说明，对"为人民服务"持模糊态度的受访者 10 年后不减反增。

3. 职业与认同"为人民服务"的差异化表现

如表 2-6 所示，2016 年的调查结果显示，军人和机关事业单位领导干部认为"所有公民都应该坚持为人民服务"的比例分别是 66.9% 和 58.7%，占比最高；农村外出务工人员占比最低，为 37.6%。认为"普通共产党员应该坚持为人民服务"的，机关事业单位办事人员和有关人员占比最高，达到了 8.1%；军人次之，为 7.7%；个体从业人员占比最低，为 2.8%。认为"领导干部应该坚持为人民服务"的，农村外出务工人员、个体从业人员、商业服务业人员和农业劳动者所占比重相对较大，分别为 22.5%、17.1%、15.3% 和 15.2%。认为"说不清哪些人应该坚持为人民服务"的，农业劳动者占比最高，为 11.0%；机关事业单位领导干部占比最低，为 2.0%。

---

① 2016 年调查问卷设置了"大学专科"和"大学本科"两个大学学历选项，2006 年调查问卷仅设置了"大学"一个大学学历选项，故 2006 年"大学专科"数据阙如。

表2-6　不同职业受访者对于"哪些人应该坚持为人民服务"的态度（2016）

职业	所有公民（%）	所有公职人员（%）	普通共产党员（%）	领导干部（%）	说不清（%）	未选择（%）	有效样本量（人）
机关事业单位领导干部	58.7	24.5	3.8	9.4	2.0	0.0	339
机关事业单位办事人员和有关人员	51.6	26.0	8.1	8.9	5.3	0.2	531
科教文卫专业技术人员	50.1	24.9	7.1	11.1	6.5	0.2	449
企业管理人员	40.6	33.9	7.0	13.2	5.0	0.2	401
企业员工	49.5	27.3	3.4	12.8	6.8	0.2	1283
商业服务业人员	45.2	28.2	3.7	15.3	7.6	0.0	301
私营企业主	50.0	26.2	4.9	11.6	7.3	0.0	164
个体从业人员	47.4	26.8	2.8	17.1	5.3	0.6	321
农业劳动者	43.4	22.1	7.6	15.2	11.0	0.7	145
农村外出务工人员	37.6	22.5	7.5	22.5	9.9	0.0	213
军人	66.9	13.4	7.7	7.0	4.9	0.0	142
其他	54.3	23.6	3.7	8.8	9.4	0.1	2245

2006年的调查结果显示，农业劳动者对于"哪些人应该坚持为人民服务"这个问题的回答明显不同于其他群体。一方面，农业劳动者认为"所有公民都应该坚持为人民服务"的比例（34.75%）明显低于其他职业人群，比农村外出务工人员的认同比例（52.66%）低17.91%，比对此说法认可度最高的军人受访者（63.41%）低28.66%。另一方面，农业劳动者认同"领导干部应该坚持为人民服务"的比例（39.01%）明显高于其他人群，比农村外出务工人员的比例（22.71%）高出16.30个百分点，比对此说法认可度最低的军人的比例（8.54%）高出30.47个百分点。

对比两次调查结果可见，2006年，农业劳动者认为"所有公民都应该坚持为人民服务"的比例最低；2016年，在这一选项上占比最低的是农村外出务工人员，为37.6%，比农业劳动者低了5.8%，与占比最高的军人相比低了29.3%。此外，认为"领导干部应该坚持为人民服务"的农村外出务工人员的比例（22.5%）明显高于其他人群，比对该说法认可度最低的军人的比例（7%）高出15.5个百分点，比农业劳动者的比例（15.2%）高出7.3个百分点。

二、公民对集体主义认知状况的数据描述

（一）对集体主义认知状况的总体调查数据

如表2-7所示，2016年的调查结果显示，在个人利益与集体利益发生冲突时，超过一半的受访者选择"先考虑集体利益，再考虑个人利益"（50.4%），选择"先考虑个人利益，再考虑集体利益"的占17.7%，选择"无条件服从集体利益"的占10.8%，选择"只考虑个人利益"的占2.3%，还有18.8%的人表示"说不清"。

2006年此项调查结果显示，选择"先考虑集体利益，再考虑个人利益"的受访者占44.99%，明显高于其他选项。如果再加上选择"无条件服从集体利益"的14.63%，那么总体上认为"集体利益应该优先于个人利益"的受访者比例达到了59.62%。

表2-7　受访者"当个人利益与集体利益发生冲突时的做法"

调研年份	先考虑集体利益，再考虑个人利益（%）	无条件服从集体利益（%）	先考虑个人利益，再考虑集体利益（%）	只考虑个人利益（%）	说不清（%）
2006	44.99	14.63	22.08	2.41	15.89
2016	50.4	10.8	17.7	2.3	18.8

对比两次调查结果可见，"先考虑集体利益，再考虑个人利益"在两次调查中均为受访者认同度最高的选项；而选择"无条件服从集体利益"这一选项的受访者比例有所降低，从2006年的14.63%降至2016年的10.8%；与此同时，选择"先考虑个人利益，再考虑集体利益"选项的受访者比例也从2006年的22.08%降至2016年的17.7%。此外，"只考虑个人利益"的占比10年间几乎未变，但选择"说不清"的人占比有所上升，2016年达到18.8%。

（二）对集体主义认知状况的差异化表现

总体而言，在集体利益与个人利益的关系问题上，受访者普遍具有集体利益优先的选择倾向，选择"先考虑集体利益，再考虑个人利益"的比例明显高于选择其他选项的比例。但是由于性别、年龄、学历、职业、婚姻状况等因素的影响，受访者对这一问题的回答表现出较大的差异性。

1. 性别与对集体主义认知的差异化表现

如表2—8所示,2016年的调查数据显示,大多数受访者对于集体主义都有正确认知。相较而言,当个人利益与集体利益发生冲突时,女性选择以集体利益为重的比例略高于男性。男性选择"先考虑集体利益,再考虑个人利益"的比例为48.5%,如果再加上选择"无条件服从集体利益"的11.4%,那么总体上认为集体利益应该优先于个人利益的比例达到59.9%。女性选择"先考虑集体利益,再考虑个人利益"的比例为51.8%,选择"无条件服从集体利益"的比例为10.2%,总体上认为集体利益应该优先于个人利益的比例达到62.0%。此外,调查结果显示,仍有一部分受访者更多关注个人利益:有19.5%的男性选择"先考虑个人利益,再考虑集体利益",有2.5%的男性选择"只考虑个人利益",也就是说,将个人利益放于集体利益之前的男性占22.0%;有16.1%的女性选择"先考虑个人利益,再考虑集体利益",有2.0%的女性选择"只考虑个人利益",也就是说,有18.1%的女性首先关注个人利益。

表2—8　不同性别受访者认同集体主义的情况(2016)

性别	先考虑集体利益,再考虑个人利益(%)	无条件服从集体利益(%)	先考虑个人利益,再考虑集体利益(%)	只考虑个人利益(%)	说不清(%)	未选择(%)	有效样本量(人)
男性	48.5	11.4	19.5	2.5	17.8	0.3	3058
女性	51.8	10.2	16.1	2.0	19.6	0.3	3575

性别因素是2016年调查在该问题上新设置的。从调查数据来看,女性对待集体利益表现出更积极的价值取向,男性对集体利益的态度和女性差别不大。可见,不同性别受访者对集体利益的认知水平大致相当。

2. 年龄与对集体主义认知的差异化表现

如表2—9所示,2016年的调查数据显示,青年群体对于集体主义的认知表现出最积极的价值取向,各年龄段受访者选择最多项均为"先考虑集体利益,再考虑个人利益",具体为:20岁以下为58.8%,20—29岁为55.0%,30—39岁为47.1%,40—49岁为42.8%,50—59岁为41.0%,60岁及以上为39.0%。在各年龄段中,选择"先考虑集体利益,再考虑个人利益"占比最高的是20岁以下受访者,且选择该选项的占比随年龄的增长递减。与此相反的是,随着年龄的增长,选择"先考虑个人利益,再考虑集体利益"的比例先升后降,具体为:20 岁以下为 14.9%,20—29 岁为 17.0%,30—39 岁为 19.5%,40—49 岁为 20.6%,50—59 岁为 17.3%,60 岁及以上为 14.0%。同时,随着年龄增长,受访者对"无条件服从集体利益"的认可度也随之增加:20 岁以下为 7.2%,20—29 岁为 7.1%、30—39 岁为 10.4%、40—49 岁为 14.2%、50—59 岁为 19.0%,60 岁及以上为 29.6%。

表 2—9　不同年龄受访者认同集体主义的情况(2016)

年龄	先考虑集体利益,再考虑个人利益（%）	无条件服从集体利益（%）	先考虑个人利益,再考虑集体利益（%）	只考虑个人利益（%）	说不清（%）	未选择（%）	有效样本量（人）
20 岁以下	58.8	7.2	14.9	2.5	16.2	0.4	844
20—29 岁	55.0	7.1	17.0	1.9	18.9	0.1	2618
30—39 岁	47.1	10.4	19.5	2.7	20.2	0.2	1470
40—49 岁	42.8	14.2	20.6	2.0	20.0	0.4	937
50—59 岁	41.0	19.0	17.3	3.5	18.8	0.4	463
60 岁及以上	39.0	29.6	14.0	2.1	13.7	1.5	328

2006 年的调查数据显示,20 岁以下的受访者在个人利益与集体利益的关系上表现出明显的集体主义价值取向,他们选择"先考虑集体利益,再考虑个人利益"的比例最高(58.15%),而 40—49 岁人群选择"先考虑集体利益,再考虑个人利益"的比例最低(37.48%)。除了这两个群体以外,选择"先考虑集体利益,再考虑个人利益"的比例由高到低分别是:60 岁及以上人群(50.99%),20—29 岁人群(49.0%),30—39 岁人群(43.56%),50—59 岁人群(38.82%)。

表 2—10　不同年龄受访者认同"无条件服从集体利益"的情况

调研年份	20 岁以下（%）	20—29 岁（%）	30—39 岁（%）	40—49 岁（%）	50—59 岁（%）	60 岁及以上（%）
2006	58.15	49.40	43.56	37.48	38.82	50.99
2016	58.8	55.0	47.1	42.8	41.0	39.0

对比两次调查结果可见,各年龄段受访者所选比例最高项均为"先考虑集体利益,再考虑个人利益"。在如何看待"先考虑集体利益,再考虑个人利益"这

个问题上,我们发现除了 20 岁以下人群的认知情况没有太大的变化,20—59 岁人群中有越来越多的人认同"先考虑集体利益,再考虑个人利益"。但与此同时,我们发现 60 岁及以上人群对于该问题持肯定态度的比例相对减少。这部分人群的选择偏好实际上反映的是 10 年前 50—59 岁人群对该问题的选择偏好。这些数据揭示了:随着社会发展和教育的普及,除少部分特定年代出生的人群外,几乎各个年龄段的人群在个人利益和集体利益发生冲突时的选择都具有集体主义倾向。

3. 政治面貌与对集体主义认知的差异化表现

如表 2—11、表 2—12 所示,2016 年的调查数据显示,共产党员和共青团员受访者对集体主义表现出更高的认同度,尤其是共青团员,其选择"先考虑集体利益,再考虑个人利益"的比例最高,为 60.4%;其次是共产党员,比例为 53.6%。而民主党派和无党派人士以及普通群众受访者在这一问题的选择上差别不大,比例分别为 41.1% 和 40.6%。这表明共产党员和共青团员能够以先进的道德标准要求自己,他们在道德选择上不仅能作出正确的判断,而且能在实际生活中践行。同时,共产党员选择"无条件服从集体利益"的比例也最高(16.2%),其次是民主党派和无党派人士(15.9%)、普通群众(11.8%),共青团员选择此选项的比例最低(5.7%)。

2006 年的调查数据显示,共产党员受访者选择"先考虑集体利益,再考虑个人利益"的比例最高,为 52.82%;其次为共青团员,为 50.31%;而普通群众选择此项的只有 38.15%。此外,共产党员受访者选择"无条件服从集体利益"的比例也最高(19.90%),远高于共青团员(10.84%)、民主党派和无党派人士(7.27%)。同时,在如何对待集体利益问题上,共产党员受访者中有 14.63% 的人表示"先考虑个人利益,再考虑集体利益",有 1.61% 的人选择"只考虑个人利益",还有 11.05% 的人表示"说不清"。在共青团员受访者中,也有较高比例的人对"集体利益优先"持否定态度。

表 2—11　不同政治面貌受访者认同"先考虑集体利益,再考虑个人利益"的情况

调研年份	共产党员（%）	共青团员（%）	民主党派和无党派人士（%）	普通群众（%）
2006	52.82	50.31	43.00	38.15
2016	53.6	60.4	41.1	40.6

表 2-12　不同政治面貌受访者认同"无条件服从集体利益"的情况

调研年份	共产党员（%）	共青团员（%）	民主党派和无党派人士（%）	普通群众（%）
2006	19.90	10.84	7.27	12.00
2016	16.2	5.7	15.9	11.8

对比两次调查数据可见，共产党员和共青团员受访者对集体利益和个人利益的关系具有更加清晰和正确的认识，共青团员受访者选择"先考虑集体利益，再考虑个人利益"的比例有所上升，幅度超过了 10 个百分点。与此同时，民主党派和无党派人士受访者选择"无条件服从集体利益"的比例相较于 2006 年有明显的上升，幅度超过了 8 个百分点。

4. 受教育程度与对集体主义认知的差异化表现

如表 2-13 所示，2016 年的调查数据显示，具有硕士研究生及以上学历的人群选择"先考虑集体利益，再考虑个人利益"的比例最高，为 55.8%；选择"只考虑个人利益"的比例最低，仅为 1.4%。大学本科学历的人群在此问题上也表现出比较积极的态度，他们选择"先考虑集体利益，再考虑个人利益"的比例为 54.7%，选择"只考虑个人利益"的比例只有 1.6%。相比较而言，没上过学的人群选择"只考虑个人利益"的比例最高，为 8.7%；选择"先考虑集体利益，再考虑个人利益"的比例最低，为 41.3%。

表 2-13　不同受教育程度受访者认同集体主义的情况（2016）

受教育程度	先考虑集体利益，再考虑个人利益（%）	无条件服从集体利益（%）	先考虑个人利益，再考虑集体利益（%）	只考虑个人利益（%）	说不清（%）	未选择（%）	有效样本量（人）
没上过学	41.3	17.4	17.4	8.7	15.2	0.0	46
小学	42.2	11.7	13.6	7.8	23.4	1.3	154
初中	43.4	14.4	17.5	4.0	20.5	0.2	645
高中	45.1	14.4	19.2	2.3	18.7	0.3	1462
大学专科	50.0	11.9	16.5	2.2	19.2	0.2	1268
大学本科	54.7	8.1	17.5	1.6	17.9	0.2	2568
硕士研究生及以上	55.8	5.5	18.3	1.4	19.1	0.0	513

2006 年的调查数据显示,大学学历群体选择"先考虑集体利益,再考虑个人利益"的比例最高,为 51.31%;选择"只考虑个人利益"的比例最低,仅为1.03%。硕士研究生及以上学历的人群在此问题上也表现出积极的态度,其选择"先考虑集体利益,再考虑个人利益"的比例为 51.32%,选择"只考虑个人利益"的比例(1.55%)仅高于大学学历群体(1.03%)。相比较而言,没上过学的人群选择"只考虑个人利益"的比例高达 9.62%,选择"先考虑集体利益,再考虑个人利益"的只有 30.77%。具体情况如表 2—14、表 2—15 所示。

表 2—14　不同受教育程度受访者认同"先考虑集体利益,再考虑个人利益"的情况

调研年份	没上过学（%）	小学（%）	初中（%）	高中（%）	大学专科（%）	大学/大学本科（%）	硕士研究生及以上（%）
2006	30.77	40.00	38.00	41.00	—	51.31	51.32
2016	41.3	42.2	43.4	45.1	50.0	54.7	55.8

表 2—15　不同受教育程度受访者认同"只考虑个人利益"的情况

调研年份	没上过学（%）	小学（%）	初中（%）	高中（%）	大学专科（%）	大学/大学本科（%）	硕士研究生及以上（%）
2006	9.62	4.00	4.00	2.00	—	1.03	1.55
2016	8.7	7.8	4.0	2.3	2.2	1.6	1.4

对比两次调查数据可知,受访者选择"先考虑集体利益,再考虑个人利益"的比例随着学历的提高呈现递增的趋势。相较于 2006 年,2016 年不同学历受访者对"先考虑集体利益,再考虑个人利益"的认同度都有明显上升;相反,受访者选择"只考虑个人利益"的比例随着学历的提高呈现递降的趋势,除了小学学历的受访者选择"只考虑个人利益"的比例比 2006 年上升了 3.8%,其他学历的受访者对该选项的认同度和 2006 年差别不大。

5. 婚姻状况与对集体主义认知的差异化表现

2016 年的调查比 2006 年的调查增加了婚姻状况因素。如表 2—16 所示,调查结果显示,在不同婚姻状况受访者中,未婚人群选择"先考虑集体利益,再考虑个人利益"的比例最高,为 56.7%;其选择"只考虑个人利益"(1.9%)和"无条件服从集体利益"(6.5%)的比例最低。相较未婚人群而言,离异和丧偶人群的选择则呈现截然不同的特点：离异人群选择"只考虑个人利益"的比例最高（9.0%）；丧偶人群选择"先考虑集体利益，再考虑个人利益"的比例最低（33.6%），选择"无条件服从集体利益"的比例最高（25.5%）。

表2-16　不同婚姻状况受访者认同集体主义的情况（2016）

婚姻状况	先考虑集体利益，再考虑个人利益（%）	无条件服从集体利益（%）	先考虑个人利益，再考虑集体利益（%）	只考虑个人利益（%）	说不清（%）	未选择（%）	有效样本量（人）
未婚	56.7	6.5	17.0	1.9	17.7	0.1	3129
已婚	45.4	14.5	17.9	2.1	19.8	0.3	3223
离异	36.5	10.7	25.8	9.0	18.0	0.0	178
丧偶	33.6	25.5	13.6	4.5	21.8	0.9	110

6. 就业状况与对集体主义认知的差异化表现

如表2-17所示，2016年的调查数据显示，学生群体在如何对待集体利益的问题上表现出旗帜鲜明的积极态度，其选择"先考虑集体利益，再考虑个人利益"的比例最高（60.5%），选择"只考虑个人利益"的比例最低（1.7%）。与之相反的是无业、失业人群，其选择"只考虑个人利益"的比例最高（4.0%）。

表2-17　不同就业状况受访者认同集体主义的情况（2016）

就业状况	先考虑集体利益，再考虑个人利益（%）	无条件服从集体利益（%）	先考虑个人利益，再考虑集体利益（%）	只考虑个人利益（%）	说不清（%）	未选择（%）	有效样本量（人）
在职	48.9	11.7	18.1	2.1	19.0	0.2	3526
离退休	39.6	25.3	17.0	3.5	14.0	0.6	487
学生	60.5	3.9	17.1	1.7	16.6	0.2	1775
无业、失业	42.4	10.9	20.2	4.0	22.4	0.0	321
其他	39.8	14.2	15.5	3.5	26.8	0.2	548

2006年的调查结果也大致相同，学生群体选择"先考虑集体利益，再考虑个人利益"的比例最高（55.94%），选择"无条件服从集体利益"的比例最低（6.81%）。与学生群体构成鲜明对比的是无业、失业人群，他们选择"只考虑个

人利益"的比例最高(4.95%),选择"先考虑集体利益,再考虑个人利益"的比例最低(33.71%)。

调查发现,不同就业状况受访者对于集体利益和个人利益关系的判断在两次调查中的差别不大,呈现出大体一致的趋势,但在个别指标数据上有所差别。具体情况如表2—18、表2—19所示。

表2—18　不同就业状况受访者认同"无条件服从集体利益"的情况

调研年份	在职(%)	离退休(%)	学生(%)	无业、失业(%)
2006	26.00	21.00	6.81	12.00
2016	22.7	25.3	3.9	10.9

表2—19　不同就业状况受访者认同"只考虑个人利益"的情况

调研年份	在职(%)	离退休(%)	学生(%)	无业、失业(%)
2006	1.00	2.00	0.93	4.95
2016	2.1	3.5	1.7	4.0

对比两次调查结果可见,学生群体在如何对待集体利益的问题上表现出最积极的态度,选择"无条件服从集体利益"和"只考虑个人利益"的比例均最低,而选择"先考虑集体利益,再考虑个人利益"的比例均最高。与学生群体形成鲜明对比的是无业、失业人群,他们为了谋求生计,而以更加现实的态度对待生活中有关集体和个人利益的价值选择问题。但总体而言,即使是无业、失业人员,追求极端个人利益者的比例还是非常小的,集体利益优先的价值观仍然占优势地位。对于"先考虑集体利益,再考虑个人利益"这一选项,离退休人群的选择比例由2006年的46.00%下降到2016年的39.6%;而其他几个人群选择这一选项的比例都呈现了一定提升,尤其是学生群体,由55.94%上升到60.5%。

受访者选择"无条件服从集体利益"的比例,除了离退休人群由原来的21.00%上升到25.3%,其他人群都有一定程度的下降。选择"只考虑个人利益"的比例,不同人群都有一定程度的增加,其中无业、失业人群选择"只考虑个人利益"的比例最高,说明个人主义之风有所抬头。

7. 收入水平与对集体主义认知的差异化表现

如表 2—20 所示，2016 年的调查数据显示，相比高收入群体，低收入群体在对集体利益的选择问题上有更为正面的判断。月平均收入在 1000 元及以下的人群选择"先考虑集体利益，再考虑个人利益"的比例最高，达 59.5%；月平均收入在 10000 元以上的人群选择"先考虑集体利益，再考虑个人利益"的比例最低，为 43.4%。但月平均收入和对集体主义的认同并非完全呈线性相关。

表 2—20　不同收入水平受访者认同集体主义的情况（2016）

月平均收入	先考虑集体利益，再考虑个人利益（%）	无条件服从集体利益（%）	先考虑个人利益，再考虑集体利益（%）	只考虑个人利益（%）	说不清（%）	未选择（%）	有效样本量（人）
1000 元及以下	59.5	5.5	16.2	2.6	16.1	0.1	1503
1001—3000 元	49.2	10.4	17.5	2.4	20.3	0.3	1881
3001—5000 元	44.6	15.4	18.1	2.2	19.5	0.2	2011
5001—10000 元	48.6	12.7	18.9	1.8	17.7	0.3	716
10000 元以上	43.4	10.4	22.6	1.9	21.7	0.0	212

如表 2—21 所示，2006 年的调查结果显示，月平均收入在 3001 元以上的人群选择"只考虑个人利益"的比例最高（4.65%），其次是 500 元及以下月平均收入者（4.49%）。对于"先考虑集体利益，再考虑个人利益"这个选项，500 元及以下月平均收入者选择比例最低（36.94%），其次是 3001 元以上月平均收入者（41.86%）。但收入水平与该选择之间并非呈线性相关。

表 2—21　不同收入水平受访者认同集体主义的情况（2006）

月平均收入	先考虑集体利益，再考虑个人利益（%）	只考虑个人利益（%）
500 元及以下	36.94	4.49
501—1000 元	44.71	2.66
1001—1500 元	48.93	1.33
1501—2000 元	45.83	1.29
2001—3000 元	45.50	0.77
3000 元以上	41.86	4.65

对比两次调查结果可以发现,尽管对于集体利益在先还是个人利益在先,不同收入群体的选择存在或多或少的差异,但从两次调查中都可以发现,不管是低收入人群还是高收入人群,其对于个人利益的选择都较为理性,不会片面地选择个人利益,而是能够客观、全面地在集体利益和个人利益之间进行权衡,具有较强的集体主义意识。

三、公民对爱国主义认知状况的数据描述

(一)对爱国主义认知状况的总体调查数据

爱国主义反映了个人对祖国依存关系的情感要求、道德规范、政治原则和法律准则,弘扬爱国主义精神仍是新时代的重要任务。为此,2016 年《全国公民道德状况调查问卷》在 2006 年问卷基础上新增"爱国主义"这一观测点,设计了这样两个问题:"您对'国家兴亡,匹夫有责'的看法"以及"'当今中国爱国与爱社会主义、爱中国共产党是一致的',您对这种提法的态度"。

首先,"您对'国家兴亡,匹夫有责'的看法"。该问题主要考察了解公民的爱国主义情感以及对国家的归属感与责任感。对此问题的有效回答情况如图 2—1 所示。

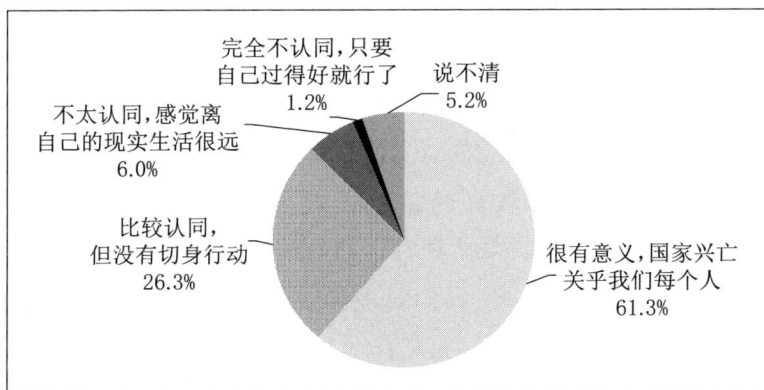

图 2—1　受访者对"国家兴亡,匹夫有责"的总体认同情况(2016)

可以看出,认为"国家兴亡,匹夫有责""很有意义,国家兴亡关乎我们每个人"的受访者占比最多,达到了 61.3%,加上对该问题"比较认同"的 26.3%,总体达到了 87.6%,说明受访者对"国家兴亡,匹夫有责"的认同度较高,是社会的主流认识。当然,还有 6.0% 的受访者对该说法"不太认同,感觉离自己的现

实生活很远",有 5.2% 的受访者表示"说不清",另有 1.2% 的受访者"完全不认同",认为"只要自己过得好就行了"。

其次,"'当今中国爱国与爱社会主义、爱中国共产党是一致的',您对这种提法的态度"。该问题主要考察公民对爱国主义的认识。对此问题的有效回答情况如图 2—2 所示。

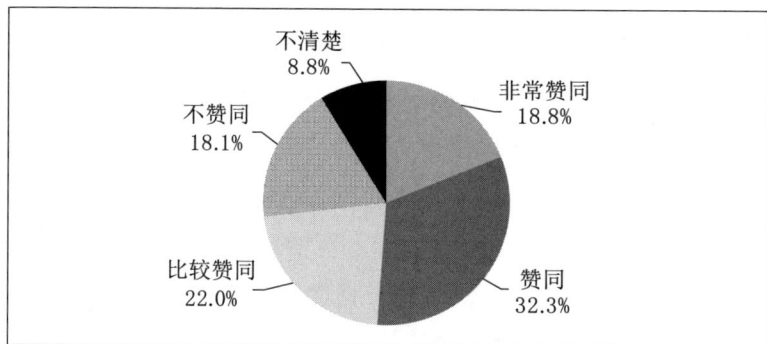

图 2—2 受访者对"当今中国爱国与爱社会主义、爱中国共产党是一致的"的总体认同情况(2016)

可以看出,对"当今中国爱国与爱社会主义、爱中国共产党是一致的"表示"赞同"的受访者所占比例最高,达到了 32.3%;表示"非常赞同"和"比较赞同"的比例分别达到了 18.8% 和 22.0%。可以看出,对该问题持赞同态度的受访者占到了 73.1%。此外,调查显示,18.1% 的人不赞同"当今中国爱国与爱社会主义、爱中国共产党是一致的",还有 8.8% 的人对该问题表示"说不清"。

(二)对爱国主义认知状况的差异化表现

总体来讲,受访者对爱国主义具有较高的认同度,但由于年龄、政治面貌、学历、职业、收入等方面的差异,人们对爱国主义的内涵有不同的理解。下面围绕"问题 1:您对'国家兴亡,匹夫有责'的看法"和"问题 2:'当今中国爱国与爱社会主义、爱中国共产党是一致的',您对这种提法的态度"分别作出分析。

1."问题 1:您对'国家兴亡,匹夫有责'的看法"的相关因素差异性分析

(1)年龄与对"国家兴亡,匹夫有责"认同度的差异化表现

总的来说,各个年龄段均有超过半数的受访者赞同和比较赞同"国家兴亡,匹夫有责"这一说法。具体情况如表 2—22 所示。

表 2—22 不同年龄受访者对"国家兴亡,匹夫有责"的认同情况(2016)

年龄	很有意义,国家兴亡关乎我们每个人(%)	比较认同,但没有切身行动(%)	不太认同,感觉离自己的现实生活很远(%)	完全不认同,只要自己过得好就行了(%)	说不清(%)	未选择(%)	有效样本量(人)
20 岁以下	58.2	30.8	4.9	1.1	4.7	0.4	844
20—29 岁	60.9	28.0	5.0	1.0	5.0	0.1	2618
30—39 岁	57.7	27.5	7.2	1.6	5.9	0.1	1470
40—49 岁	63.4	23.7	6.8	1.2	4.5	0.4	937
50—59 岁	65.4	17.5	9.5	1.5	5.4	0.6	463
60 岁及以上	74.7	12.8	4.6	0.9	6.4	0.6	328

可以看出,在 60 岁及以上的受访者中,认为"'国家兴亡,匹夫有责'很有意义,国家兴亡关乎我们每个人"的占比最大,达到了 74.7%,加上"比较认同"的人数,合计占比达到了 87.5%。50—59 岁受访者完全赞同这一说法的比例为 65.4%,仅次于 60 岁及以上的人群。20 岁以下的群体认同这一说法的比例为 58.2%,相对较低。另外,30—39 岁的受访者认同这一说法的比例最低,为 57.7%。相对应的,对问题 1"不太认同,感觉离自己的现实生活很远"占比最低的是 60 岁及以上的群体,为 4.6%;该年龄段"完全不认同"这一说法的比例为 0.9%,占比同样最低。20 岁以下受访者对该说法"不太认同"和"完全不认同"的比例分别为 4.9% 和 1.1%,20—29 岁受访者"不太认同"和"完全不认同"这一说法的比例分别为 5.0% 和 1.0%,占比均较低。30—39 岁受访者"不太认同"和"完全不认同"这一说法的比例分别达到了 7.2% 和 1.6%,占比相对较高。50—59 岁受访者"不太认同"这一说法的比例达到了 9.5%,占比最高;"完全不认同"这一说法的比例达到了 1.5%,相对较高。40—49 岁受访者对该说法"不太认同"的比例达到了 6.8%,也相对较高。

(2)政治面貌与对"国家兴亡,匹夫有责"认同度的差异化表现

从政治面貌来看,共产党员和共青团员受访者在"国家兴亡,匹夫有责"这一问题上态度更为积极。具体情况如表 2—23 所示。

表 2-23　不同政治面貌受访者对"国家兴亡，匹夫有责"的认同情况（2016）

政治面貌	很有意义，国家兴亡关乎我们每个人（%）	比较认同，但没有切身行动（%）	不太认同，感觉离自己的现实生活很远（%）	完全不认同，只要自己过得好就行了（%）	说不清（%）	未填写（%）	有效样本量（人）
共产党员	73.6	18.7	3.8	0.8	2.9	0.2	1536
共青团员	62.3	29.3	4.0	1.0	3.3	0.1	2256
民主党派和无党派人士	41.1	32.7	13.1	8.4	4.7	0.0	107
普通群众	54.2	27.6	8.6	1.3	7.9	0.5	2774

可以看出，共产党员受访者对"国家兴亡，匹夫有责"的认同度高于其他群体，认为"很有意义"的达到了 73.6%，"比较认同"的占到了 18.7%，二者相加，认同比例超过了 90.0%。62.3% 的共青团员受访者在该问题上持"完全认同"的态度，仅次于共产党员群体；而持"比较认同，但没有切身行动"态度的占比为 29.3%，高于共产党员群体。民主党派和无党派人士受访者认同"国家兴亡，匹夫有责"的比例相对较低，其中认为"很有意义"的仅占 41.1%，而"不太认同"和"完全不认同"的比例分别占到了 13.1% 和 8.4%，占比均最高。对该问题持"说不清"态度占比最高的是普通群众，为 7.9%。

（3）受教育程度与对"国家兴亡，匹夫有责"认同度的差异化表现

从受教育程度来看，总体来讲呈现出受教育程度越高，对"国家兴亡，匹夫有责"的认同比例就越高的趋势；相反，受教育程度较低，认同"国家兴亡，匹夫有责"的比例也较低。具体情况如表 2-24 所示。

表 2-24　不同受教育程度受访者对"国家兴亡，匹夫有责"的认同情况（2016）

受教育程度	很有意义，国家兴亡关乎我们每个人（%）	比较认同，但没有切身行动（%）	不太认同，感觉离自己的现实生活很远（%）	完全不认同，只要自己过得好就行了（%）	说不清（%）	未填写（%）	有效样本量（人）
没上过学	47.8	17.4	15.2	10.9	8.7	0.0	46
小学	53.9	26.0	7.1	0.6	12.3	0.0	154
初中	57.2	22.9	9.5	1.7	8.7	0.0	645

续表

受教育程度	很有意义，国家兴亡关乎我们每个人（%）	比较认同，但没有切身行动（%）	不太认同，感觉离自己的现实生活很远（%）	完全不认同，只要自己过得好就行了（%）	说不清（%）	未填写（%）	有效样本量（人）
高中	56.4	28.3	7.1	1.2	6.6	0.3	1462
大学专科	64.2	23.5	5.4	1.1	5.4	0.3	1268
大学本科	63.8	27.4	4.6	0.9	3.2	0.1	2568
硕士研究生及以上	62.2	26.7	6.0	1.8	3.1	0.2	513

可以看出，大学专科以上学历受访者认为"国家兴亡，匹夫有责"很有意义的比重均超过了60.0%，其中大学专科人群占比最高，达到了64.2%；大学本科人群次之，达到了63.8%。而没上过学的人群对该说法的认同比例最低，为47.8%；小学学历的人群认同该说法的比例为53.9%，仅高于没上过学的人群。对该说法"不太认同"占比最高的是没上过学的人群，为15.2%；初中学历人群"不太认同"该说法的占比为9.5%；小学学历人群为7.1%；占比最低的是大学本科学历受访者，为4.6%。

（4）就业状况与对"国家兴亡，匹夫有责"认同度的差异化表现

从就业状况来看，受访者对"国家兴亡，匹夫有责"的认同度呈现出较强的差异性，在职、离退休、学生群体和无业、失业人群对该问题的认识不同，无业、失业人群对该问题呈现出消极的态度。

表2—25　不同就业状况受访者对"国家兴亡，匹夫有责"的认同情况（2016）

就业状况	很有意义，国家兴亡关乎我们每个人（%）	比较认同，但没有切身行动（%）	不太认同，感觉离自己的现实生活很远（%）	完全不认同，只要自己过得好就行了（%）	说不清（%）	未选择（%）	有效样本量（人）
在职	62.8	24.9	6.2	1.0	5.0	0.2	3526
离退休	71.5	16.4	5.7	1.4	4.7	0.2	487
学生	60.4	31.5	4.1	0.7	3.3	0.1	1775
无业、失业	47.0	31.2	10.3	3.4	8.1	0.0	321

表 2-25 显示,认为"国家兴亡,匹夫有责"很有意义占比最大的是离退休群体,达到了 71.5%；其次是在职群体和学生群体,分别为 62.8% 和 60.4%,占比较高。对"国家兴亡,匹夫有责"不太认同的受访者,占比最低的是学生,为 4.1%；占比最高的是无业、失业人群,达到了 10.3%。

（5）收入水平与对"国家兴亡,匹夫有责"认同度的差异化表现

不同收入水平的受访者对"国家兴亡,匹夫有责"的认同度差异较大,总体上呈现出低收入群体对问题 1 的态度远远比高收入群体积极的现象。

表 2-26　不同收入水平受访者对"国家兴亡,匹夫有责"的认同情况（2016）

月平均收入	很有意义,国家兴亡关乎我们每个人（%）	比较认同,但没有切身行动（%）	不太认同,感觉离自己的现实生活很远（%）	完全不认同,只要自己过得好就行了（%）	说不清（%）	未选择（%）	有效样本量（人）
1000 元及以下	62.7	27.9	5.1	0.7	3.5	0.1	1503
1001—3000 元	61.0	26.2	6.5	1.0	5.1	0.3	1881
3001—5000 元	60.2	25.4	6.6	1.3	6.3	0.2	2011
5001—10000 元	64.5	22.6	5.7	1.7	5.3	0.1	716
10000 元以上	55.7	24.5	8.0	4.2	7.5	0.0	212

由表 2-26 可知,月平均收入 5001—10000 元群体认为"国家兴亡,匹夫有责"很有意义的占比最高,达到了 64.5%；紧随其后的是月平均收入 1000 元及以下的群体,他们认为"国家兴亡,匹夫有责"很有意义的占比为 62.7%,比例较高；对该说法认同比例最低的是月平均收入 10000 元以上群体,他们认为"国家兴亡,匹夫有责"很有意义的比例仅为 55.7%。另外,不太认同"国家兴亡,匹夫有责"占比最高的是月平均收入 10000 元以上群体；月平均收入 3001—5000 元群体不太认同该说法的占 6.6%,比例较高；占比最低的是月平均收入 1000 元及以下的群体。

2."问题 2：您对'当今中国爱国与爱社会主义、爱中国共产党是一致的'的看法"的相关因素差异性分析

（1）年龄与对"当今中国爱国与爱社会主义、爱中国共产党是一致的"认同度的差异化表现

对"当今中国爱国与爱社会主义、爱中国共产党是一致的"这一说法,总体

呈现出年龄越高，赞同度越高的趋势。具体情况如表2-27所示。

表2-27　不同年龄受访者对"当今中国爱国与爱社会主义、
爱中国共产党是一致的"的认同情况（2016）

年龄	非常赞同（%）	赞同（%）	比较赞同（%）	不赞同（%）	不清楚（%）	未选择（%）	有效样本量（人）
20岁以下	17.8	31.2	23.1	18.6	8.9	0.5	844
20—29岁	16.2	31.1	22.0	21.8	8.7	0.2	2618
30—39岁	16.5	30.4	21.8	20.0	10.8	0.5	1470
40—49岁	20.8	34.5	23.2	13.4	7.8	0.3	937
50—59岁	28.5	36.9	21.0	6.3	6.9	0.4	463
60岁及以上	32.0	37.8	15.5	6.7	5.8	2.1	328

可以看出，50岁及以上群体对"当今中国爱国与爱社会主义、爱中国共产党是一致的"表现出最积极的价值取向；20—29岁群体对该问题持"非常赞同"态度的比例相对较低，仅为16.2%；30—39岁群体紧随其后，为16.5%；接着是20岁以下的群体，为17.8%。另外，调查显示，持"比较赞同"态度占比较大的年龄段是20岁以下（23.1%）和40—49岁（23.2%），持"不赞同"态度占比较大的年龄段是20—29岁（21.8%）和30—39岁（20.0%），而对该问题持"不赞同"态度占比较低的年龄段是50—59岁（6.3%）和60岁及以上（6.7%）。同样，对该问题的认识持"不清楚"态度的人也主要分布在年轻群体中，20岁以下、20—29岁和30—39岁年龄段占比分别达到了8.9%、8.7%和10.8%，比重相对较高。

（2）政治面貌与对"当今中国爱国与爱社会主义、爱中国共产党是一致的"认同度的差异化表现

从政治面貌来看，共产党员和共青团员受访者对该问题的认同度较高。由表2-28可见，对"当今中国爱国与爱社会主义、爱中国共产党是一致的"持"非常赞同"态度比例最高的是共产党员，达到了28.5%；共青团员为16.9%；民主党派和无党派人士为16.8%；普通群众占比最低，仅为14.9%。对此持"赞同"态度的共产党员比例同样是最高的，达到37.8%；占比最低的则是民主党派和无党派人士，仅为22.4%。对该选项表示"不赞同"的，占比最高的是民主党派和无党派人士，为25.2%；共青团员次之，为21.5%。此外，对该问题持"不清楚"

态度占比最高的也是民主党派和无党派人士,为 13.1%;普通群众持"不清楚"态度的比例达到了 12.1%。

表 2-28　不同政治面貌受访者对"当今中国爱国与爱社会主义、爱中国共产党是一致的"的认同情况（2016）

政治面貌	非常赞同（%）	赞同（%）	比较赞同（%）	不赞同（%）	不清楚（%）	未选择（%）	有效样本量（人）
共产党员	28.5	37.8	17.9	11.3	4.0	0.5	1536
共青团员	16.9	29.9	23.6	21.5	7.8	0.3	2256
民主党派和无党派人士	16.8	22.4	22.4	25.2	13.1	0.0	107
普通群众	14.9	31.3	22.6	18.6	12.1	0.6	2774

（3）受教育程度与对"当今中国爱国与爱社会主义、爱中国共产党是一致的"认同度的差异化表现

数据显示,受教育程度与对"当今中国爱国与爱社会主义、爱中国共产党是一致的"的认同度呈现出一定的正相关性,但是也出现了一些特殊现象,尤其是受教育程度较高的群体对该问题的认同情况值得反思。

表 2-29　不同受教育程度受访者对"当今中国爱国与爱社会主义、爱中国共产党是一致的"的认同情况（2016）

受教育程度	非常赞同（%）	赞同（%）	比较赞同（%）	不赞同（%）	不清楚（%）	未选择（%）	有效样本量（人）
没上过学	19.6	23.9	19.6	21.7	15.2	0.0	46
小学	26.0	33.8	11.0	13.0	14.3	1.9	154
初中	18.1	38.3	19.1	10.2	13.6	0.6	645
高中	19.4	33.3	22.2	14.4	10.3	0.4	1462
大学专科	20.0	32.3	21.6	15.7	9.9	0.6	1268
大学本科	17.4	30.3	23.1	22.6	6.2	0.3	2568
硕士研究生及以上	18.3	30.4	22.2	22.4	6.6	0.0	513

由表 2-29 可见,受访者对"当今中国爱国与爱社会主义、爱中国共产党是一致的"这一说法表示基本肯定的比例较高,但主要集中在"赞同"选项上,选

择"非常赞同"的比例较低,出现了高学历人群比例低于低学历人群的现象。数据显示,"赞同"该观点比例最高的是初中学历人群,达到了38.3%,而本科学历和硕士研究生及以上学历人群对该问题持"赞同"态度的占比分别为30.3%和30.4%,仅高于没上过学人群的23.9%。还有部分高学历人群选择"比较赞同",该选择两个高学历人群比例相对较高,分别为23.1%和22.2%。选择"非常赞同"比例最高的是小学文化程度的人群,为26%,而高学历人群选择该项者占比较低。大学本科学历受访者不认同该观点的比例最高,达到了22.6%;另外,硕士研究生及以上学历群体不赞同该观点的也占到了22.4%,仅次于大学本科学历受访者。

（4）就业状况与对"当今中国爱国与爱社会主义、爱中国共产党是一致的"认同度的差异化表现

从就业状况来看,离退休人群对"当今中国爱国与爱社会主义、爱中国共产党是一致的"认同度最高,而无业、失业人群对该观点态度较为消极。

表2-30　不同就业状况受访者对"当今中国爱国与爱社会主义、
爱中国共产党是一致的"的认同情况（2016）

就业状况	非常赞同（%）	赞同（%）	比较赞同（%）	不赞同（%）	不清楚（%）	未选择（%）	有效样本量（人）
在职	19.1	32.9	21.4	17.4	9.0	0.3	3526
离退休	31.0	36.6	19.7	6.4	5.3	1.0	487
学生	15.7	29.7	24.8	22.8	6.6	0.4	1775
无业、失业	12.5	28.7	19.9	23.4	15.6	0.0	321
其他	19.2	34.1	17.7	14.2	14.1	0.7	548

由表2-30可见,离退休人员对"当今中国爱国与爱社会主义、爱中国共产党是一致的"持积极态度,"非常赞同"的比例达到了31.0%,"赞同"的比例达到了36.6%,两者占比均为最高;"比较赞同"的比例达到了19.7%,相对也较高;"不赞同"的比例仅为6.4%,占比最低。学生群体的选择占比最高的是"比较赞同",达到了24.8%。绝大部分在职人员对"当今中国爱国与爱社会主义、爱中国共产党是一致的"持积极态度,当然"不赞同"的比例也相对较高,达到了17.4%。无业、失业人员对此"非常赞同"的比例最低,仅为12.5%;"赞同"的比

例也最低,为 28.7%;"不赞同"的比例最高,达到了 23.4%;持"不清楚"态度的占比达到了 14.1%。

（5）收入水平与对"当今中国爱国与爱社会主义、爱中国共产党是一致的"认同度的差异化表现

数据显示,收入水平与对"当今中国爱国与爱社会主义、爱中国共产党是一致的"持赞同态度基本呈正相关,即基本呈现出对该说法的认同度随收入水平提高而上升的趋势。

表 2—31　不同收入水平受访者对"当今中国爱国与爱社会主义、
爱中国共产党是一致的"的认同情况（2016）

月平均收入	非常赞同（%）	赞同（%）	比较赞同（%）	不赞同（%）	不清楚（%）	未选择（%）	有效样本量（人）
1000 元及以下	16.9	29.3	22.9	23.0	7.5	0.4	1503
1001—3000 元	18.2	34.1	21.1	15.9	10.3	0.4	1881
3001—5000 元	19.9	33.4	22.7	15.5	8.1	0.3	2011
5001—10000 元	21.5	32.4	20.5	17.0	8.2	0.3	716
10000 元以上	19.3	26.9	15.1	26.9	11.8	0.0	212

由表 2—31 可见,对"当今中国爱国与爱社会主义、爱中国共产党是一致的"持"非常赞同"态度占比最高的是月平均收入 5001—10000 元群体,达到了 21.5%;占比最低的是月平均收入 1000 元及以下的群体,仅有 16.9%;月平均收入 10000 元以上群体对此持"非常赞同"态度的比例达 19.3%,占比相对较高。

第二节　公民社会主义道德价值取向
现状及原因分析

以上调查数据表明,新时代公民社会主义道德总体上呈现出良好的状态,多数公民对社会主义道德价值取向和内容要求具有较为正确而深刻的认识,并且持有主流社会主义道德价值取向。同时,部分重点人群在社会主义道德问题的认识上也呈现出持续向好的态势。这些成就的取得与我们不断加强公民道德建

设、提高社会主义道德培育的针对性密不可分。与此同时也应看到,新时代公民社会主义道德建设领域仍存在一些不容忽视的问题,部分群体对社会主义道德的部分内容还存在认知误区。本章对相关调研数据进行原因分析,为进一步提出具有针对性的对策提供科学依据。

一、公民社会主义道德价值取向的主流

（一）整体来看,社会主义道德价值取向在公民道德认知中占据主流地位

数据显示,认为"所有公民都应该坚持为人民服务"的受访者比重过半数,达到了51.1%。该数据说明新时代公民对为人民服务的认识较为深刻,能够把握到为人民服务不仅仅是政治要求,而且是具有群众性、广泛性的道德要求。在集体主义要求方面,即便是处于深刻的社会变迁进程中,多数公民在是否坚持集体主义问题上所持的价值取向仍然是正确的,在面对集体利益与个人利益、奉献与索取、自我利益和他人利益等一系列矛盾时,仍然倾向于优先考虑集体利益。此外,在对爱国主义的认识方面,"国家兴亡,匹夫有责"成为绝大部分公民的基本共识。受访者认为"国家兴亡,匹夫有责""很有意义"的比例最高（61.3%）,"比较认同"居于次席（26.3%）,说明"国家兴亡,匹夫有责"这一表征公民在国家发展建设中应积极承担主体责任的理念是当前社会的主流认识。对"爱国与爱社会主义、爱中国共产党是一致的"这一看法,有超过七成的受访者持赞同态度。从这一调查结果可以看出,大部分受访者能够将爱国具体化,将其置于中国历史发展的长河中,能够看到党与国家在历史发展中的有机关联,同时能够看到国家的发展与党的领导以及中国特色社会主义制度是紧密相连的。正如习近平总书记所指出的,坚持爱国和爱党、爱社会主义相统一,是当代中国爱国主义的本质体现。

新时代,以为人民服务、集体主义和爱国主义为主要价值取向的社会主义道德能够得到多数公民的认同,成为社会的主流,究其原因,最根本的是自新时代以来,在党的领导下,国家经济持续发展,综合国力不断提升,国际影响显著增强,人民生活水平不断改善,社会主义事业蓬勃发展,公民在工作与生活的各个方面对党和国家的信任感增强,公民的道路、理论、制度、文化自信更加坚定,极大促进了社会主义道德建设,为增强公民对社会主义道德的认同提供了重要支

撑。此外,社会主义道德主流认识的形成也离不开中华优秀传统文化的积淀和弘扬以及当代国家实力的支撑。中华优秀传统文化所提倡的"己欲立而立人,己欲达而达人""天下兴亡,匹夫有责"等贵仁重义、谦和好礼、精忠爱国的传统价值理念也有效引导和影响着新时代公民社会主义道德价值取向的树立。从公民道德建设的角度来看,党的十八大以来,党和国家倡导公民培育和践行社会主义核心价值观取得了较好的成果。为人民服务、集体主义和爱国主义同社会主义核心价值观中诸多价值理念一脉相承、密切相关,在全社会积极培育和践行社会主义核心价值观,使公民加深了对为人民服务、集体主义和爱国主义的认同。

（二）重点人群的社会主义道德价值取向基本符合主流价值

数据显示,青年、高学历知识分子、共产党员和军人及机关事业单位人员等重点人群的社会主义道德价值取向基本符合主流价值。具体来讲,青年群体对"所有公民都应该坚持为人民服务"持广泛认同的态度,这与10年来特别是党的十八大以来社会主义道德建设体系的不断完善息息相关。研究还发现,青年群体在集体利益与个人利益冲突情境下"先考虑集体利益,再考虑个人利益"的比例较高,说明青年群体对于集体主义价值理念的认同度较高。应当说,这与我们对长期以来注重青年思想政治教育特别是高校德育主渠道作用的发挥密不可分。

此外,受教育程度大致与正确认识为人民服务、集体主义、爱国主义的价值和内涵呈正相关趋势。受教育程度越高,越认同"所有公民都应该坚持为人民服务",越赞同在集体利益与个人利益冲突时应"先考虑集体利益",越认同"国家兴亡,匹夫有责";受教育程度越低,越认为"领导干部应该坚持为人民服务",在集体利益与个人利益冲突时认同应"先考虑个人利益"的比例越高,认同"国家兴亡,匹夫有责"的比例越低。其中,大学专科及以上学历受访者认同"所有公民都应该坚持为人民服务"、应当"先考虑集体利益,再考虑个人利益"和"国家兴亡,匹夫有责"的比重均超过了50%。而随着受教育程度降低,对上述三种价值理念的认同度在整体上均呈下降态势,没上过学的受访者对这三种价值理念完全不认同的占比最大。可见,教育在公民道德建设中发挥着重要作用,能够帮助公民更好地树立社会主义道德价值取向。

从政治面貌角度看,共产党员和共青团员对集体主义和爱国主义价值的认同度和对其内涵的理解程度要明显高于其他政治面貌群体。在面对集体利益与个人利益冲突的情境时,认同"先考虑集体利益"的共产党员和共青团员占比分别为53.6%和60.4%,远高于民主党派和无党派人士的41.1%、普通群众的40.6%。同样,共产党员和共青团员非常认同"国家兴亡,匹夫有责"的比例分别高达73.6%和62.3%,民主党派和无党派人士、普通群众非常认同的比例则分别为41.1%和54.2%。"非常赞同"和"赞同""当今中国爱国与爱社会主义、爱中国共产党是一致的"的共产党员和共青团员比例也是各政治面貌群体中最高的。认同并践行社会主义道德是共产党员和共青团员应当遵守的基本要求。调查结果也说明,我国10年来在教育引导广大党员、团员树立社会主义道德方面取得了较好的成效。

从职业角度看,军人与机关事业单位领导干部对"为人民服务"的认识水平较高。上述两个职业群体认为"所有公民都应该坚持为人民服务"的比重分别达到了66.9%和58.7%,所占比重最大,反映出这两个职业群体有较为坚定的岗位服务意识。

应当认识到,军人与一个国家的国防息息相关,他们承担着保家卫国的神圣使命。调查显示,军人对"为人民服务"的价值理念在理论与实践层面都起到了示范作用。站在新时代的历史方位下,习近平总书记重视军人队伍建设,提出"让军人成为全社会尊崇的职业",成立"退役军人事务部",军队思想政治与业务能力建设成效显著。机关事业单位领导干部对"为人民服务"的认同程度仅次于军人,起到了一定的模范作用。近年来,党和国家推行政治体制改革,打造服务型政府,实行严格的领导干部问责制度,为增强人民公仆为人民服务意识提供了制度保障。

（三）公民社会主义道德状况整体上呈现出好中向优的结构性优化趋势

数据显示,2016年认为"所有公民都应该坚持为人民服务"的受访者比重达到了51.1%,同2006年的调查数据相比有小幅提升,而认为只有"领导干部应该坚持为人民服务"的比例有较为明显的下降（由18.19%下降到11.4%）。可见,人们对于为人民服务的认识更加深刻,利他价值理念进一步确立。在集体主义价值观方面,对比两次调查结果可见,"先考虑集体利益,再考虑个人利益"在两次调查中均为认同度最高的做法,但相比于2006年,2016年认同这一做法的受访者比例有较大幅度的提高；与此同时，认同"先考虑个人利益，再考虑集体利益"的比例也从 2006 年的 22.08% 降低至 2016 年的 17.7%。对比数据说明，集体主义价值观念在公民中得到进一步强化，个人主义观念略有弱化。此外，还应该看到，选择"无条件服从集体利益"这一选项的受访者比例有所降低，从 2006 年的 14.63% 降低至 2016 年的 10.8%。以"无条件服从集体利益"观念为代表的这种集体主义是在生产力低下和物质财富非常贫乏的社会条件下被广泛强调的，但如今的社会日新月异，生产力水平不断提高，物质财富水平也发生了翻天覆地的变化，如果仍旧按照过去那种集体主义来指导社会转型时期人们的价值认知，会带来新的问题。这种片面强调集体利益而忽视个人利益的集体主义，并不是真正的集体主义，而是马克思所批判过的冒充的或者虚假的集体主义。如果一味地强调个人对集体利益的发展具有不可推卸的义务，却忽视了集体对个人利益的实现也具备必然的责任，这种集体主义价值单向论会造成集体责任与义务的不对等，引发更多的集体利益和个人利益的冲突。选择该项的比例出现较大幅度下降，正说明了人们对于集体利益和个人利益关系的认识更加理性，对于集体主义内涵的认识也更加深刻。

以上数据显示，我国公民社会主义道德状况整体上呈现出好中向优的趋势。这也说明近年来随着国家建设不断推进，"四个自信"在公民中进一步树立，公民道德建设实效性进一步凸显，社会主义道德价值观念得到更大范围的认同。

事实上，好中向优、结构性优化趋势不仅体现在整体层面，而且体现在部分群体上。例如，前后 10 年数据纵向比较显示，高学历受访者对"所有公民都应该坚持为人民的服务"的认同比例呈上升趋势。这同接受更加系统规范、更高层次的教育存在着密切关系。所以，当代中国提升人们的道德认知水平的重要基础是提高教育的发展水平，努力培养德智体美劳全面发展的人才。

二、公民社会主义道德价值取向领域的问题及原因分析

尽管从整体上看，社会主义道德价值取向在公民道德认知中占据主流地位，重点人群在为人民服务、集体主义、爱国主义等价值取向上符合主流价值导向，近年来我国公民社会主义道德状况呈现出好中向优的变化趋势，但同时仍存在一些不可回避的问题。部分公民在调查中表现出对于社会主义道德价值内容理

解不深入、价值取向不正确的问题,都需要在新时代公民道德建设中加以重视和解决。

(一)公民在社会主义道德价值观念方面的困惑有所增加

尽管公民道德状况呈现出好中向优、结构性优化的趋势,但数据也反映出公民对于社会主义道德价值观念的困惑有所增加,对社会主义道德价值观念内涵的理解有待提高。表示对"哪些人应该坚持为人民服务"这一问题"说不清"的受访者的比例,2006 年为 3.48%,2016 年则增加到 7.5%。面对在集体利益和个人利益发生冲突的情景下如何抉择的问题,表示"说不清"的受访者的比例,2006 年为 15.89%,2016 年则增加到 18.8%。随着社会变革加剧,利益诉求和价值观念更加多元,传统文化和现代文化的并存、本土文化和外来文化的交流交融交锋日趋频繁,多元文化社会的出现不可避免,这对人们的认知、情感、行为等产生了广泛的影响。同时,社会上也出现了一些与主流道德价值观念不符的现象,道德观念与道德行为之间存在一定的矛盾,这些都造成人们对一些道德观念产生了困惑。值得我们关注的是,如果公民在认知层面就存在"选择困难"和"价值困惑",那么在实际生活中,这部分人群选择集体利益优先于个人利益的概率就更微乎其微了。

(二)社会主义道德价值取向仍存在一定程度的分化现象

以年龄、学历、政治面貌等为划分标准,研究不同类型群体对社会主义道德价值观念的认识和看法,可以看到,不同的群体对同一问题的认识和价值倾向存在着一定的差异。比如基于年龄差异的跟踪调查数据基本能够反映出"年龄越轻,越认为所有公民都应该坚持为人民服务"和"年龄越大,越认为领导干部应该坚持为人民服务"的基本倾向。年龄较大的受访者受成长环境的影响,将"领导干部应该坚持为人民服务"作为政治要求予以接受,因而对此认同比例较高;而认同"公职人员和共产党员应该坚持为人民服务"的人群总体呈现出年龄越大占比越高的趋势,这同样与生活阅历、工作经验等原因有关;认同"领导干部应该坚持为人民服务"的人群同样呈现出年龄越大占比越高的规律,主要是由于早期"为人民服务"的要求更多的是针对领导干部提出,其政治性突出,因此年龄较大的受访者认识较深,而年龄较小的受访者对"为人民服务"的认知更侧重于群众广泛性要求。此外,价值取向和认知差异也体现在学历方面。受教育程度偏低的受访者缺乏系统的知识学习与理论认知,对"为人民服务"的理论与实践缺乏相关的认识或者认识片面,因此也就出现了对这一问题持"说不清"态度的比例较高等问题。

尽管这些现象的出现与不同群体所处时代环境和生活阅历有关,群体的客观差异性必然存在,但从加强公民道德建设、提高公民道德水平、树立公民的社会主义道德的角度来说,都有必要加强公民道德教育和价值引导的系统性、针对性。更为重要的是分析造成道德价值观念差异背后更深层次的经济社会原因,寻找解决之道。

（三）对爱国与爱社会主义、爱中国共产党的一致性的认识需要进一步强化

公民对于爱国与爱社会主义、爱中国共产党的一致性的认识偏差问题值得关注。从调查结果来看,割裂爱国与爱社会主义、爱中国共产党三者内在一致性的受访者所占比重不容小觑。其中,在三者一致性问题上,有18.1%的人持"不赞同"态度,有8.8%的人持"不清楚"态度,这两者比重较大,值得警惕与反思。有近20%的受访者对该问题持否定态度,反映出还有部分群体没有深刻把握爱国主义的时代内涵,没有将国家放在历史发展中认识,因此也没有把爱国主义作为一个历史范畴。

从不同政治面貌的受访者来看,共产党员对爱国主义的内涵及其特质态度比较鲜明;对民主党派和无党派人士、普通群众,则需要进一步加强爱国主义理论教育。调查结果显示,认同"爱国与爱社会主义、爱中国共产党是一致的"占比最高的是共产党员群体,而民主党派和无党派人士对该问题持"赞同"态度的比例在各类人群中最低（22.4%）,而持"不赞同"态度的比例却高达25.2%。这说明,共产党员队伍建设取得了一定成效,这一群体能够积极践行社会主义核心价值观,能够正确认识爱国主义理论与实践。民主党派和无党派人士、普通群众对爱国主义认识不够,爱国主义教育的针对性、有效性需要进一步完善与增强。

此外,数据显示,年长者对爱国主义的内涵及其时代特质理解较为深刻,而青年一代的理解亟待加强。对"爱国与爱社会主义、爱中国共产党是一致的"的价值取向认同度最高的是50岁及以上的群体,而对该价值取向"不赞同"或者表示"说不清"的受访者主要分布在青年群体中。可以看出,年龄较大的群体见证了国家从站起来、富起来逐步走向强起来的伟大发展历程,能够深刻感受国家

发展对个人发展的重大意义,因此该群体对该说法的认同度最高;30—39 岁年龄段的人群对该说法的态度可能与其承受的生活压力较重有关;由于社会转型、企业改制等原因,50—59 岁年龄段的人群失业现象较多,在一定程度上影响了他们对国家的认同;年轻一代对爱国与爱社会主义、爱中国共产党的内在一致性的认同度不及年龄较大的群体,说明了当代青年人由于社会阅历较浅,对党和国家在革命、建设与改革时期的发展历程缺乏深刻理解,不少人对爱国主义的内涵缺乏深入的体悟和认识,因此不能深刻把握爱国主义的内涵和特质。这也从一个侧面反映出对青年一代的爱国主义教育仍需加强。

从受教育程度来看,不赞同"爱国与爱社会主义、爱中国共产党是一致的"的本科学历受访者比重达到了 22.6%,硕士研究生及以上群体不赞同该观点的比重达到了 22.4%。可见,高学历群体对爱国主义的认识尤其值得关注。不少高学历人群并不认同"爱国与爱社会主义、爱中国共产党是一致的",反映了该人群不能正确地认识党和国家的密切关系。高学历人群作为国家建设的中坚力量,倘若不能正确对待爱国与爱社会主义、爱中国共产党的内在一致性,将不利于国家的发展。因此,加强对高学历人群的思想政治教育尤其是爱国主义教育,十分必要和紧迫。

第三节　新时代加强社会主义道德价值引领的若干思考

通过前后 10 年的对比数据可以看到,人们对社会主义道德的认识水平总体上有所提升,共产党员、青少年等重点人群的社会主义道德价值取向整体而言符合主流价值,说明 10 年来社会主义道德建设取得了较好的成果。同时也要清醒地认识到,人们在社会主义道德价值取向方面也存在不少困惑,不同群体对社会主义道德价值取向认识不一、差异性明显,这都说明在新时代的历史方位下,既要看到社会主义道德价值取向良好的发展态势,又要看到社会主义道德建设存在的问题。要围绕为人民服务、集体主义和爱国主义三个方面,不断夯实和增强公民的社会主义道德。

一、培育"为人民服务"的道德意识，坚持先进性与广泛性的统一

《公民道德建设实施纲要》提出，为人民服务既是对共产党员和领导干部的要求，又是对广大人民群众的要求，是先进性要求与广泛性要求的有机统一。因此，在培育"为人民服务"道德意识的过程中，要坚持广泛性与先进性的统一，尤其要聚焦共产党员及公职人员和广大青年群体。

（一）共产党员和公职人员应始终坚持人民主体地位

习近平总书记在党的十九大报告中明确指出："人民是历史的创造者，是决定党和国家前途命运的根本力量。必须坚持人民主体地位，坚持立党为公、执政为民，践行全心全意为人民服务的根本宗旨，把党的群众路线贯彻到治国理政全部活动之中，把人民对美好生活的向往作为奋斗目标，依靠人民创造历史伟业。"[①]首先，共产党员和公职人员要严格要求自己，强化从政道德，抵制贪腐，主动接受人民群众监督，真正做到权为民所用、情为民所系、利为民所谋；其次，共产党员和公职人员应该尊重群众、相信群众、依靠群众，认真听取人民群众的意见和建议，虚心接受人民群众的批评；最后，共产党员和公职人员要维护人民群众的利益，为人民群众做实事。在党的发展历史中涌现出一批批像焦裕禄、孔繁森那样的为人民服务的优秀共产党员，新时代的共产党员和公职人员应该学习他们的伟大精神，始终关心人民群众的利益、倾听人民群众的呼声、关心人民群众的疾苦，无私奉献、踏实肯干，为人民群众多干实事。

（二）广大青年应树立为人民服务的人生观

调查显示，10年间，年龄因素与对"哪些人应该坚持为人民服务"的认识具有正向相关性，青年群体对于"所有公民都应该坚持为人民服务"的认同度较高，但相较2006年，2016年这一群体对此的认同比例有所下降。另外，2016年的调查发现，10.2%的青年对该问题持"说不清"的态度，这也反映了青年一代对党的优良传统存在困惑与认识不清的问题。随着经济全球化的发展、多元文化的相互交融，青年群体容易被西方错误思潮影响，从而形成错误的人生观，

---

① 习近平：《决胜全面建成小康社会　夺取新时代中国特色社会主义伟大胜利——在中国共产党第十九次全国代表大会上的报告》，人民出版社2017年版，第21页。

具体表现为人生目的迷惘和功利化。青年兴则国家兴。广大青年应树立为人民服务的人生观,做合格的社会主义建设者和接班人。首先,广大青年应该坚定理想信念,立鸿鹄之志,将个人梦与中国梦有机结合,坚持个人事业同国家事业同向同行,为人民服务;其次,广大青年应该从小事做起,从身边事做起,尊重他人、服务他人,养成助人为乐的优良品质;最后,注重在实践中培育为人民服务的人生观,积极参加"学雷锋"活动、志愿献血活动、扶贫助困活动等,在实践中提高为人民服务的意识,从而树立为人民服务的人生观,成为国家的栋梁之材。

(三)公民应立足岗位努力做好本职工作

调查显示,10年间,对"所有公民都应该坚持为人民服务"持"说不清"态度的受访者比例由3.48%上升到7.8%,反映出不少公民对"为人民服务"这一社会主义道德核心价值取向的困惑。普通公民为人民服务主要体现在应该以"遵纪守法、诚实劳动"为底线,在自己的本职岗位上"干一行,爱一行",兢兢业业,通过自己的劳动服务人民、奉献社会。同时,公民在工作中应正确处理个人和集体的关系,当个人利益与集体利益发生冲突时应该坚持集体利益至上,发扬集体主义精神。此外,在日常生活中,要团结邻里,孝老敬亲,尊重他人劳动成果,努力营造"我为人人,人人为我"的氛围,以此践行"为人民服务"。

二、坚持集体主义价值导向,聚焦公民集体责任感的养成

责任是个体作为社会成员所应该也必须承担的使命,但在现实生活中,并不是所有人都能清醒、自觉地意识到自身所肩负的责任。2016年的调查表明,当集体利益与个人利益发生冲突时,合计有61.2%的受访者倾向于优先考虑集体利益,这说明我国公民对于集体责任感的认识普遍较清醒和自觉,优先考虑集体利益的选择占据主流。与此同时,调查发现仍有一部分人对集体利益具有模糊不清甚至不正确的认识。因此,如何在社会转型、利益结构多元化、价值观多元化的时代背景下,更有针对性地提出新时代增强广大公民集体主义意识的有效策略,让集体主义真正成为有效调节国家利益、集体利益和个人利益三者关系的重要原则,成为当前亟须解决的重要课题。

(一)增强人民群众对集体主义内涵的理解

对比两次调查结果可见,受访者对"无条件服从集体利益"的认可度有所降

低,从 2006 年的 14.63% 降至 2016 年的 10.8%,而选择"说不清"的受访者比例有所上升,2016 年达到 18.8%。这说明人们对集体主义价值取向的认识不足,没有较好地理解集体主义的内涵。首先,集体主义强调,集体利益同个人利益基本上是一致的,国家利益、社会利益体现着个人的最根本、最长远的利益,是整个社会所有成员的利益的有机统一。同时,每个社会成员的正当利益又是国家利益、社会利益和集体利益不可分割的部分。因此,在现实生活中,集体利益和个人利益是息息相关、相辅相成的。其次,集体主义强调,在个人利益和集体利益产生矛盾的情况下,个人应该以大局为重,坚持个人利益服从集体利益。譬如在国家遭受侵略、人民生命财产遭到严重威胁时,就要求符合服兵役条件的人们参军,参与前线作战,甚至为了国家和集体的利益牺牲自己的生命。新时代是和平年代,但仍然要强调强军铸魂,强调每个社会成员对国家利益、集体利益的高度自觉和清醒认识。第三,分清个人利益是否正当。集体主义不仅不会妨碍个人的正当利益,而且还会为个人提供获得全面发展的平台,保证个人的才能与价值得到最好的发挥。在新时代的背景下,个体要把握历史方位,正确理解个人与国家、个人与社会的关系,以国家和集体利益为重,把个人理想汇聚到实现中国梦的伟大历史进程中去。

(二)增强集体对个人的人文关怀并重视个人的正当利益

按照马克思主义经典作家的理论,"虚幻"的集体强调整体利益高于个人利益,就是要求被支配的阶级、阶层牺牲自己的利益维护统治阶级的利益,这样的共同体利益是不值得人们去维护的。在新时代倡导集体主义,必须使社会个体生活在"真实"而非"虚幻"的共同体中。在"真实"的共同体中,集体促进个体正当利益的实现,维护个人的尊严、价值和才能,让集体真正成为培养社会个体的健全人格、鲜明个性、创造力和活力的平台。为此,集体需要真真切切地提高对个人需求的满足程度。集体中的每个个体不是抽象、孤立的个体,而是和集体相联结的具体的个人。如果集体在满足个体的需要的同时,展现出集体巨大的魅力和优越性,让个体真切感受到自己只有依靠集体才能获得全面发展的可能,那么集体的凝聚力就会增强,个体对集体的认同感也会更深。

新时代人的自由全面发展不但需要集体提供物质条件,同时还绝不能缺少集体给个人的人文关怀。正如列宁指出的:"没有'人的感情',就从来没有也不可能有人对于真理的追求。"① 因此,新时代的集体更应注重人文关怀、情感亲和力等文化软实力的积淀,让个体感受到集体对个体的高度尊重与关注,相应地对集体产生归属感与责任感,从而积淀起接受和自觉遵从集体主义价值观的思想基础。

（三）在新的历史条件下不断为集体主义注入新内涵

随着当今中国社会的转型,社会出现经济格局多元化、利益分配多元化以及随之带来的价值观念多元化,若社会成员仍只是根据自身的利益偏好进行价值选择,从局部、眼前利益出发来考虑问题、对待眼前纷繁复杂的各种社会矛盾,那么就很难实现个人利益和集体利益的辩证统一,不能促进集体利益和个人利益双重收益最大化。因此,我们在倡导集体主义的社会价值导向的同时,必须根据新时代的特点和社会发展要求,不断为其注入新的内涵,让集体主义保持生机和活力。首先,要厘清集体主义的关系对象的外延。个人利益不仅是指个体利益,还指向局部利益、眼前利益和地方利益;相应的,集体利益则指向整体利益与全局利益、长远利益和中央利益。在新时代,建设富强民主文明和谐美丽的社会主义现代化强国需要整个社会着眼于全局和长远利益,不走改旗易帜的"邪路"、不走封闭僵化的"老路",使全局利益和长远利益成为社会成员的共同目标和实践议程。其次,要强调先进性与广泛性的统一。罗国杰教授指出:"集体主义原则一方面要求共产党员和先进分子率先垂范,发扬无私奉献、一心为公的精神;另一方面也要求人民群众做到先公后私、先人后己,或至少做到公私兼顾、不损公肥私,并且不断地追求更高的道德境界。"因为道德是崇高的,也是现实的,人们只有先践履广泛性道德要求,才有可能进一步践履先进性道德要求。最后,要强调集体主义教育的层次性。我国社会主义初级阶段的基本国情,决定了当下社会个体思想道德水平不平衡,客观上存在先进、中庸与落后的分化。因此,集体主义教育应从实际出发,科学把握集体主义的思想内涵,采取先进性与广泛性结合的办法,使得集体主义立足于广泛的群众基础之上。

三、高扬爱国主义旗帜，注入新时代的鲜活力量

习近平总书记指出:"在中华民族几千年绵延发展的历史长河中,爱国主义

---

① 《列宁全集》第 25 卷,人民出版社 2017 年版,第 117 页。

始终是激昂的主旋律,始终是激励我国各族人民自强不息的强大力量。"① 在历史上,爱国主义已然成为中华民族团结奋进的伟大动力。调查显示,大部分群众有着深厚的爱国主义情感,并且能够深刻把握国家与个人的关系。但是,对爱国主义的内涵,对爱国、爱社会主义和爱中国共产党的内在一致性以及新时代弘扬爱国主义的要求等问题,不少人的认识还存在着一些误区。爱国主义是一个历史范畴,在新的历史条件下,为弘扬爱国主义精神,要将爱国主义置于"新时代"这一伟大历史进程中,努力做到全面理解爱国主义的内涵,正确认识爱国主义的鲜明时代特征,同时要强化爱国主义教育,这样才能全面把握爱国主义的时代意义。

（一）全面理解爱国主义的内涵

调查显示,6.0% 的受访者对"国家兴亡,匹夫有责"这一说法不太认同并觉得离自己很远,5.2% 的受访者表示"说不清",还有 1.2% 的受访者完全不认同。虽然这只代表了少数群体,但是仍反映出部分群众对爱国主义存在认识误区。正确的认识是实践的先导,只有在正确认识事物的前提下,才能够按照事物的发展规律予以践行。过去,爱国主义通常与最基础的"情感"因素结合使用,这是源自"爱国"一词本身具有浓厚的感情内涵,因此爱国主义被直观地认为是有关爱国的情感系统。随着时代的发展,爱国主义理应顺应时代的潮流,凸显时代内涵。首先,国家作为具体形态的存在,是由自然风光、人文积淀等因素组成的,祖国的大好河山最易激发人的情感投射,祖国的灿烂文化最能引发人的情感认同。因此,爱国主义首先表现为对国家的情感认同。其次,应该认识到爱国主义是道德规范和政治准则的有机统一。爱国主义作为道德准则,主要表现在个人应该树立对国家和民族强烈的自豪感和责任感,正确处理个人利益与集体利益的关系,主动维护好集体利益,关心国家命运和发展前途,做到"国家兴亡,匹夫有责"。爱国主义作为政治准则,实际上是对"情感系统"中政治情感的升华。国家作为有机实体并不是抽象的存在,而是历史的、具体的存在。爱国主义作为政治准则,要求人们对国家政权、社会制度有充分的认识与肯定。最后,应该认识到,爱国主义是民族精神的核心,是我国从落后挨打向独立自主跨越的动力,也是中华儿女团结一心、互帮互助的引力。因此,全面理解爱国主义的内涵,就是要把握爱国主义作为情感系统、行为准则和民族精神的有机统一。

---

① 《习近平谈治国理政》第一卷,外文出版社 2018 年版,第 58 页。

（二）正确认识爱国主义的鲜明时代特征

从调查结果来看,割裂爱国与爱社会主义、爱中国共产党三者内在一致性的倾向不容小觑。对于三者的一致性,有 18.1% 的受访者持"不赞同"态度,有 8.8% 的受访者持"不清楚"态度。有近 20% 的受访者对此持否定态度,这值得我们深思与警惕。

国家不是抽象的,而是现实的、具体的。当代中国是中国共产党执政、坚持走中国特色社会主义道路的最大发展中国家,因此中国语境下的爱国是与爱中国共产党和爱社会主义相结合的,三者具有内在一致性,这也是爱国主义鲜明的时代特征。首先,爱国和爱社会主义在根本上是一致的。习近平总书记指出:"弘扬爱国主义精神,必须坚持爱国主义和社会主义相统一。我国爱国主义始终围绕着实现民族富强、人民幸福而发展,最终汇流于中国特色社会主义。"[1] 爱国主义是中国特色社会主义的爱国主义,社会主义是爱国主义的根本保障。我国在社会制度方面进行了长期的探索,历史证明社会主义制度最符合中国的国情。在中国特色社会主义道路上,我国实现了从站起来到富起来,并开启了强起来的伟大征程。因此,从理论与实践来讲,爱国主义始终与爱社会主义紧密相连。另外,爱国与爱中国共产党具有内在一致性。近代中国饱受屈辱和磨难,成为半殖民地半封建社会。是中国共产党带领中国人民实现了民族独立和人民解放,完成了自 1840 年鸦片战争以来近代中国面临的两大时代课题,确立了社会主义制度,进行改革开放,带领广大人民跨入新时代、走向幸福生活。同时,共产党员是爱国主义精神的践行者。无论是在革命战争年代还是在和平建设时期,广大共产党员忠实维护国家和人民利益,是践行爱国主义的典范。因此,爱国和爱中国共产党具有内在一致性。最后,爱国主义是在人类命运共同体视域下的爱国主义。习近平总书记指出:"当今世界,各国相互依存、休戚与共。我们要继承和弘扬联合国宪章的宗旨和原则,构建以合作共赢为核心的新型国际关系,打造人类命运共同体。"[2] 时代发展的洪流证明了爱国主义必须凸显国际视野。在坚持继承和弘扬中华优秀传统文化的基础上,要有谋求和平发展、合作共赢的国际视野,在世界舞台上展现中华民族热爱和平、开放包容等精神特质,彰显爱国主义

---

[1]　习近平:《在十八届中央政治局第二十九次集体学习时的讲话》,《人民日报》2015 年 12 月 31 日。

[2]　《习近平谈治国理政》第二卷,外文出版社 2017 年版,第 522 页。

精神的时代魅力,促进无产阶级爱国主义与国际主义的有机结合。

（三）大力加强爱国主义教育

培养人们对国家的认同感和责任感,必须进行有效的爱国主义教育。爱国主义教育作为一项教育实践活动,它的具体内涵和对于"爱国"的看法是息息相关的。典型观点认为,爱国主义教育是"情感—观念—行为"的教育。我们的调查发现,个别群体不能很好地认识与理解爱国主义的内涵与特征,因此应该大力加强爱国主义教育。在加强爱国主义教育时,重点要注意以下两方面:第一,形成爱国主义教育合力。进行爱国主义教育,要形成社会教育、学校教育和家庭教育的合力。社会教育应该重视爱国主义教育规范条例的形成,推动举办重要爱国主义节日、庆典活动等,营造良好的社会育人环境,如加强爱国主义教育基地建设等。学校教育则应该注重爱国主义知识的普及与宣传,将爱国主义教育渗透到各门课程教学中,从而形成优良的学校教育环境。家庭教育则要重视青少年的启蒙教育,引导孩子形成对国家的意识,如可以通过观赏祖国大好河山等培养爱国主义情怀,同时也要求家长们弘扬爱国主义精神,寓爱国主义教育于工作、文化休闲活动中,起到榜样示范作用。第二,重点关注青少年等重要群体。调查发现,青年一代特别是在校学生对爱国主义的认识存在不足,尤其是对国家、中国共产党和社会主义的内在一致性缺乏正确理解,因此青年学生应该是爱国主义教育的重要对象。一方面,要引导青年群体学习爱国主义知识,通过先进人物和案例引导他们树立爱国主义精神;另一方面,要引导他们合理利用互联网、新媒体等平台,倡导理性健康地弘扬爱国主义精神。与此同时,低收入群体是爱国主义教育应该重点关注的对象,他们较易受社会多元价值观念的影响,产生一些错误的观念或行为。因此,应该重点关注和帮扶困难群体,增加他们的收入渠道,保障他们的基本生活。此外,社会相关部门也应该积极培育部分高收入群体、民主党派和无党派人士的爱国主义精神,在信任、尊重、团结的基础上搭建实践平台,使之能够深入实地观察了解国情、感知中国发展,以增强"四个自信",提升国家认同感。

第三章　新时代公民社会公德状况
调查与比较分析

　　社会公德是全体公民在公共领域中应该遵循的最简单、最普遍的行为准则，是维持社会交往和公共生活正常、有序、健康进行的最基础条件。当前，我国已步入"陌生人社会"，熟人社会的道德规范逐渐式微，社会公德在维护公共领域利益、公共生活秩序和保持社会稳定方面的作用更加突出。如何认识当前我国公民社会公德的现状及发展变化情况？社会公德领域存在哪些突出问题以及如何有效解决这些问题？上述问题不只是认识问题，更是关系到公德建设的实践问题。本章将从个人与他人、个人与社会、个人与自然、个人与网络四大领域，聚焦社会公德状况及其突出问题。

第一节　公民社会公德状况跟踪
调查数据描述

　　"在人类社会发展的每一个历史阶段，道德状况的好坏都是人类最关心的问题之一，但要判断人类社会道德状况的好坏，人类不仅需要对其自身的道德生活经验进行定性描述，更重要的是需要对其进行定量分析。"[1] 只有摆脱单纯的经验方法和感性认知，在科学理论的指导下作扎实细致的社会调查，经过严密的理论分析，才能得出关于我国社会公德现状及发展变化情况的有说服力的结论。

---

[1]　向玉乔:《道德建设重在准确把握道德状况——关于建构中国道德状况测评指标体系的设想》，《伦理学研究》2015 年第 1 期。

为了具体考察社会公德在人与人、人与社会、人与自然、人与网络等公共领域的具体表现和变化发展情况，从而把握社会公德的整体状况，我们对上述四个领域进行了跟踪调研。

一、个人与他人关系领域公德状况跟踪调查数据描述

人际关系是人们在进行广泛物质交往和精神交往过程中产生和发展起来的人与人之间的一种关系，是社会公德的重要调控领域。为真实掌握当前人与人关系领域的社会公德状况和发展变化情况，我们在问卷中设计了以下两个题目：一是受访者对"各人自扫门前雪，休管他人瓦上霜"这种为人处世原则的看法，考察自我与他人之间的处事原则；二是"当有人倒在您面前，您会怎么做"，考察在道德冲突情境下人与人的道德关系。调研发现，自2006年以来，受访者对"己所不欲，勿施于人"为人处世原则的认同度逐步提升，对"各人自扫门前雪，休管他人瓦上霜"的认同度持续下降。

（一）对"各人自扫门前雪，休管他人瓦上霜"看法的数据描述

"各人自扫门前雪，休管他人瓦上霜"，这是一种只注重个人效益，忽视社会整体效益的行为方式。任何人都不是孤岛，人与人之间的联系和依存性往往比我们想象的更为紧密，道德冷漠和明哲保身对每一个人都是不利的。对于"各人自扫门前雪，休管他人瓦上霜"这种为人处世原则，无论出于什么理由，我们都不能赞同，更不能在公共生活中践行。那么，公众对"各人自扫门前雪，休管他人瓦上霜"这种为人处世原则到底持有什么样的看法？2006年以来，这种看法是否产生了变化？如表3-1所示，2016年，52.8%的受访者表示"比较反对"和"非常反对"这种为人处世原则，2006年这一数据共计为58.84%；2016年持"中立"态度的受访者占34.4%，2006年这一数据为23.50%；2016年表示"比较同意"和"非常同意"的受访者共计占8.8%，2006年这一数据为13.99%；2016年还有4.0%的受访者表示"说不清"。综合两次调研结果可以看出，2006年以来，对"各人自扫门前雪，休管他人瓦上霜"这种为人处世原则持赞同意见的受访者减少了5.19%。这是一个可喜的变化。

表3-1 受访者对"各人自扫门前雪,休管他人瓦上霜"的看法

调研年份	非常反对（%）	比较反对（%）	中立（%）	比较同意（%）	非常同意（%）	说不清（%）
2006	20.68	38.16	23.50	9.70	4.29	3.68
2016	14.7	38.1	34.4	6.9	1.9	4.0

1. 不同性别受访者的差异化表现

如表3-2所示,2016年,对"各人自扫门前雪,休管他人瓦上霜"这种为人处世原则,男性选择"非常反对"和"比较反对"的比例为51.7%;女性选择"非常反对"和"比较反对"的比例为53.5%,略高于男性。

表3-2 不同性别受访者对"各人自扫门前雪,休管他人瓦上霜"的看法

性别	调研年份	非常反对（%）	比较反对（%）	中立（%）	比较同意（%）	非常同意（%）	说不清（%）	未选择（%）	有效样本量（人）
男	2016	15.6	36.1	32.8	7.6	2.9	4.5	0.5	3058
	2006	21.13	37.65	23.42	9.77	4.19	3.84	—	3100
女	2016	14.0	39.5	35.4	6.3	1.0	3.4	0.4	3575
	2006	20.22	38.70	23.61	9.60	4.37	3.50		2770

2. 不同年龄受访者的差异化表现

如表3-3所示,2016年,对"各人自扫门前雪,休管他人瓦上霜"这种为人处世原则,从20岁以下到60岁及以上六个年龄组的受访者选择"非常反对"和"比较反对"的共计占比分别为53.5%、49.4%、50.3%、56.6%、58.3%、67.7%。从总体上看,"非常反对"和"比较反对"这种为人处世原则的受访者比例与年龄呈正相关关系,60岁及以上年龄组的受访者持此种态度的比例最高。与其他年龄组相比,20岁以下、20—29岁、30—39岁三个中青年群体对"各人自扫门前雪,休管他人瓦上霜"持否定态度的比例较低。而2006年的调研数据显示,20岁以下和20—29岁两个年龄组的受访人群"非常反对"和"比较反对"这种为人处世原则的比例比其他年龄组的人群高。2006年以来,青年群体对这种消极为人处世原则持批判态度的比例有所下降,这或许与一些道德冷漠事件被各种媒体片面放大,给这一群体造成负面影响有关,值得我们警惕。

表3-3　不同年龄受访者对"各人自扫门前雪,休管他人瓦上霜"的看法

年龄	调研年份	非常反对（%）	比较反对（%）	中立（%）	比较同意（%）	非常同意（%）	说不清（%）	未选择（%）	有效样本量（人）
20岁以下	2016	16.1	37.4	34.8	6.0	1.7	3.2	0.7	844
	2006	25.97	38.67	17.68	8.29	3.31	6.08	—	181
20—29岁	2016	13.6	35.8	38.2	6.2	1.7	4.4	0.2	2618
	2006	21.69	41.04	24.71	7.29	2.25	3.02	—	2222
30—39岁	2016	13.2	37.1	36.3	6.4	2.8	3.9	0.3	1470
	2006	19.40	37.89	25.13	9.57	4.75	3.26	—	1536
40—49岁	2016	16.0	40.6	29.7	8.3	1.0	4.2	0.3	937
	2006	19.20	32.10	24.20	11.40	7.30	5.80	—	1000
50—59岁	2016	14.7	43.6	24.2	10.6	2.2	3.7	1.1	463
	2006	19.18	38.18	17.81	15.75	5.82	3.25	—	584
60岁及以上	2016	22.0	45.7	20.1	6.7	1.2	3.0	1.2	328
	2006	23.80	37.96	19.26	11.33	4.53	3.12	—	353

3. 不同政治面貌受访者的差异化表现

如表3-4所示,2016年,对"各人自扫门前雪,休管他人瓦上霜"这种为人处世原则,共产党员选择"非常反对"和"比较反对"的比例为61.6%,紧跟其后的是共青团员,为54.1%,明显高于其他组别;持"比较同意"和"非常同意"态度的共产党员比例为6.5%,共青团员为6.7%,低于其他组别受访人群。这说明共产党员、共青团员在此问题上表现出了较高的道德水准。

表3-4　不同政治面貌受访者对"各人自扫门前雪,休管他人瓦上霜"的看法

政治面貌	调研年份	非常反对（%）	比较反对（%）	中立（%）	比较同意（%）	非常同意（%）	说不清（%）	未选择（%）	有效样本量（人）
共产党员	2016	18.8	42.8	29.0	5.3	1.2	2.3	0.5	1536
	2006	22.28	42.34	21.69	7.18	3.18	3.33	—	1351
共青团员	2016	14.6	39.5	36.2	5.1	1.6	2.8	0.2	2256
	2006	23.32	39.86	23.94	7.90	2.18	2.80	—	1608

政治面貌	调研年份	非常反对（%）	比较反对（%）	中立（%）	比较同意（%）	非常同意（%）	说不清（%）	未选择（%）	有效样本量（人）
民主党派和无党派人士	2016	11.2	26.2	33.6	20.6	4.7	3.7	0.0	107
	2006	23.64	25.45	27.27	18.18	3.64	1.82	—	55
普通群众	2016	12.6	34.5	35.5	8.7	2.3	5.8	0.6	2774
	2006	18.15	35.71	23.93	11.78	6.00	4.43	—	2666

4. 不同受教育程度受访者的差异化表现

从表3—5可以看出，2016年，对"各人自扫门前雪，休管他人瓦上霜"这种为人处世原则，学历由低到高的六组受访者选择"非常反对"和"比较反对"的比例分别为26.0%、42.2%、51.7%、52.8%、53.6%、51.7%。受过大学以上教育的受访人群表示"非常反对"和"比较反对"这种为人处世原则的比例比其他组别高，这说明受教育程度高的人有着较高的公共事业参与热情和社会责任感。

表3—5　不同受教育程度受访者对"各人自扫门前雪，休管他人瓦上霜"的看法

受教育程度	调研年份	非常反对（%）	比较反对（%）	中立（%）	比较同意（%）	非常同意（%）	说不清（%）	未选择（%）	有效样本量（人）
没上过学	2016	13.0	13.0	32.6	15.2	10.9	10.9	4.3	46
	2006	19.61	27.45	15.69	15.69	11.76	9.80	—	51
小学	2016	13.6	28.6	41.6	7.8	2.6	5.2	0.6	154
	2006	16.22	35.52	16.22	15.06	10.42	6.56	—	259
初中	2016	15.0	36.7	28.1	9.1	3.3	7.1	0.6	645
	2006	19.07	32.87	21.20	12.31	7.87	6.67	—	1080
高中	2016	15.2	37.6	33.2	7.5	2.0	4.1	0.5	1462
	2006	21.89	35.54	24.17	10.21	4.34	3.86	—	1891
大学①	2016	14.9	38.7	34.9	6	1.5	3.6	0.3	3836
	2006	21.04	42.82	24.80	7.59	1.77	1.98	—	2319

---

① 2016年调查问卷设置了"大学专科"和"大学本科"两个大学学历选项，2006年调查问卷仅设置了"大学"一个大学学历选项。为便于对比，本章根据原始数据计算得出了2016年"大学"学历数据。

续表

受教育程度	调研年份	非常反对（%）	比较反对（%）	中立（%）	比较同意（%）	非常同意（%）	说不清（%）	未选择（%）	有效样本量（人）
硕士研究生及以上	2016	11.9	39.8	37.6	7.6	1.6	1.4	0.2	513
	2006	19.84	42.41	25.68	8.17	3.11	0.78	—	257

5. 不同婚姻状况受访者的差异化表现

从表3—6可以看出，2016年，对"各人自扫门前雪，休管他人瓦上霜"这种为人处世原则，未婚受访者选择"非常反对"和"比较反对"的比例为50.7%，已婚受访者选择"非常反对"和"比较反对"的比例为54.9%，离异受访者选择"非常反对"和"比较反对"的比例为39.4%，丧偶受访者选择"非常反对"和"比较反对"的比例为55.5%。

表3—6 不同婚姻状况受访者对"各人自扫门前雪，休管他人瓦上霜"的看法

婚姻状况	调研年份	非常反对（%）	比较反对（%）	中立（%）	比较同意（%）	非常同意（%）	说不清（%）	未选择（%）	有效样本量（人）
未婚	2016	13.9	36.8	37.7	6.1	1.6	3.5	0.3	3129
	2006	22.14	41.31	24.66	6.62	2.33	2.94	—	2145
已婚	2016	15.6	39.3	31.6	7.1	1.8	4.0	0.5	3223
	2006	19.98	36.41	22.98	11.18	5.45	3.99	—	3559
离异	2016	10.7	28.7	30.9	15.2	5.1	9.0	0.6	178
	2006	17.44	32.56	22.09	17.44	5.81	4.65	—	86
丧偶	2016	17.3	38.2	22.7	9.1	3.6	7.3	1.8	110
	2006	18.87	35.85	18.87	15.09	3.77	7.55	—	53

6. 不同就业状况受访者的差异化表现

从表3—7可以看出，2016年，对"各人自扫门前雪，休管他人瓦上霜"这种为人处世原则，在职受访者选择"非常反对"和"反对"的比例为52.6%，离退休受访者选择"非常反对"和"比较反对"的比例为65.7%，学生受访者选择"非常反对"和"比较反对"的比例为52.6%，无业、失业受访者选择"非常反对"和"比较反对"的比例为45.9%。由此可见，离退休受访者反对这种为人处世原则的比例最高。

表3-7 不同就业状况受访者对"各人自扫门前雪,休管他人瓦上霜"的看法

就业状况	调研年份	非常反对(%)	比较反对(%)	中立(%)	比较同意(%)	非常同意(%)	说不清(%)	未选择(%)	有效样本量(人)
在职	2016	14.9	37.7	34.4	6.7	1.9	4.0	0.4	3526
	2006	20.74	38.00	23.99	9.56	4.18	3.52	—	3776
离退休	2016	21.6	44.1	20.7	8.2	2.3	2.7	0.4	487
	2006	24.74	37.42	17.26	13.10	4.99	2.49	—	481
学生	2016	13.6	39.0	37.9	5.5	1.2	2.4	0.3	1775
	2006	21.51	43.95	24.73	7.12	1.34	1.34	—	744
无业、失业	2016	12.0	33.9	33.3	9.8	2.8	7.7	0.5	869
	2006	18.16	33.98	21.68	11.33	8.79	6.05	—	512

7. 不同职业受访者的差异化表现

如表3-8所示,2016年,对"各人自扫门前雪,休管他人瓦上霜"这种为人处世原则,除选填"其他"的受访者外,选择"非常反对"和"比较反对"的受访者占比分别为62.5%、53.4%、59.5%、56.2%、51.8%、47.8%、43.3%、54.5%、41.4%、45.6%、63.4%。其中,军人群体比例最高(63.4%),其次为机关事业单位领导干部(62.5%)、科教文卫专业技术人员(59.5%)。2006年,选择"非常反对"和"比较反对"比例最高的三个群体为军人(74.07%)、科教文卫专业技术人员(65.11%)和企业管理人员(64.63%)。可以看出,10年来,机关事业单位领导干部对这一问题的认识有了很大提升,这与我们持续加强对党员领导干部的教育密不可分。

表3-8 不同职业受访者对"各人自扫门前雪,休管他人瓦上霜"的看法

职业	调研时间	非常反对(%)	比较反对(%)	中立(%)	比较同意(%)	非常同意(%)	说不清(%)	未选择(%)	有效样本量(人)
机关事业单位领导干部	2016	20.6	41.9	29.5	4.4	0.9	2.1	0.6	339
	2006	22.01	35.45	26.87	8.96	3.36	3.36	—	268
机关事业单位办事人员和有关人员	2016	13.9	39.5	35.0	5.8	1.7	3.4	0.6	531
	2006	20.67	36.78	27.36	7.90	4.26	3.04	—	329
科教文卫专业技术人员	2016	18.3	41.2	29.2	7.3	1.6	2.2	0.2	449
	2006	18.60	46.51	21.71	8.79	2.33	2.07	—	387

职业	调研时间	非常反对（%）	比较反对（%）	中立（%）	比较同意（%）	非常同意（%）	说不清（%）	未选择（%）	有效样本量（人）
企业管理人员	2016	17.0	39.2	31.7	6.5	1.7	3.5	0.5	401
	2006	24.39	40.24	24.63	6.59	2.20	1.95	—	410
企业员工	2016	13.7	38.1	34.0	7.6	1.8	4.6	0.2	1283
	2006	19.62	36.33	25.32	10.89	3.92	3.92	—	790
商业服务业人员	2016	12.3	35.5	39.2	6.0	3.0	3.7	0.3	301
	2006	21.71	37.71	24.57	7.81	3.81	4.38	—	525
私营企业主	2016	12.8	30.5	32.3	14.6	3.7	5.5	0.6	164
	2006	17.96	36.89	26.21	11.17	4.85	2.91	—	206
个体从业人员	2016	13.7	40.8	29.6	7.2	2.8	5.3	0.6	321
	2006	17.60	32.19	26.82	13.09	6.22	4.08	—	466
农业劳动者	2016	5.5	35.9	37.2	10.3	2.1	7.6	1.4	145
	2006	18.84	36.59	12.68	14.13	7.25	10.51	—	276
农村外出务工人员	2016	11.3	34.3	30.5	8.5	3.8	11.3	0.5	213
	2006	20.98	35.61	23.41	8.29	7.80	3.90	—	205
军人	2016	26.8	36.6	22.5	3.5	4.9	5.6	0.0	142
	2006	35.80	38.27	16.05	4.94	2.47	2.47	—	81
其他	2016	14.3	36.5	37.9	6.6	1.3	3.2	0.2	2245
	2006	21.74	40.00	25.22	7.83	2.61	2.61	—	115

8. 不同收入水平受访者的差异化表现

如表3—9所示，2016年，对"各人自扫门前雪，休管他人瓦上霜"这种为人处世原则，月平均收入1000元及以下的受访者选择"非常反对"和"比较反对"的比例为52.6%，月平均收入1001—3000元的受访者选择"非常反对"和"比较反对"的比例为49.7%，月平均收入3001—5000元的受访者选择"非常反对"和"比较反对"的比例为54.5%，月平均收入5001—10000元的受访者选择"非常反对"和"比较反对"的比例为58.4%，月平均收入10000元以上的受访者选择"非常反对"和"比较反对"的比例为43.4%。受访者月平均收入与对该问题的正确态度的关系呈马鞍形，低收入群体和高收入群体选择"非常反对"和"比较反对"的比例低于中等收入群体,与 2006 年的趋势相同。

表 3—9　不同收入水平受访者对"各人自扫门前雪,休管他人瓦上霜"的看法(2016)

月平均收入	非常反对（%）	比较反对（%）	中立（%）	比较同意（%）	非常同意（%）	说不清（%）	未选择（%）	有效样本量（人）
1000 元及以下	14.1	38.5	37.1	5.5	1.2	3.2	0.4	1503
1001—3000 元	13.9	35.8	34.7	7.4	2.6	5.2	0.4	1881
3001—5000 元	15.8	38.7	32.2	7.3	1.9	3.7	0.3	2011
5001—10000 元	16.5	41.9	29.9	6.7	0.6	4.2	0.3	716
10000 元以上	11.8	31.6	39.2	10.4	4.7	1.9	0.5	212

表 3—10　不同收入水平受访者对"各人自扫门前雪,休管他人瓦上霜"的看法(2006)

月平均收入	非常反对（%）	比较反对（%）	中立（%）	比较同意（%）	非常同意（%）	说不清（%）	有效样本量（人）
500 元及以下	21.25	32.23	18.06	12.63	8.74	7.08	847
501—1000 元	20.52	36.44	24.72	10.15	4.37	3.81	1784
1001—1500 元	22.58	40.32	22.98	8.06	2.55	3.49	744
1501—2000 元	21.82	40.03	22.25	10.12	3.47	2.31	692
2001—3000 元	20.73	44.88	22.31	8.14	2.36	1.57	381
3000 元以上	16.91	39.65	31.20	6.71	3.21	2.33	343

（二）"当有人倒在您面前,您会怎么做"行为方式选择的数据描述

处理人与人关系的实质是对有道德价值的行为方式的选择。在通常情况下,是在道德与不道德、有价值与无价值、善与恶之间进行选择。对于这种选择,社会公德给人们提供了明确的选择标准。但是,在现实的社会交往和公共生活中,人们进行行为选择时,往往会遇到矛盾冲突和难以选择却必须选择的情况,同时存在几种处理方式。这种令人困惑的选择,我们称之为道德冲突处境下的行为选择或两难选择。这种两难选择的一个典型情景就是当有人倒在你面前时,你是扶还是不扶? 这是特殊状况下对人与人关系领域社会公德的拷问。尊老爱幼是中华民族的传统美德,对于社会交往和公共社会中需要救助的人出手相帮,问题本身并不复杂,答案的选择和是非的判断也十分清楚,但在现实生活

中,情况却十分复杂。为考察公众在道德冲突处境下的行为选择,在2016年的调查问卷中,我们新设计了"当有人倒在您面前,您会怎么做"这一问题。如图3—1所示,当有人倒在面前时,近半数(47.9%)受访者表示会"主动给予帮助、救助",倾向于选择更具有道德性的行为方式;也有39.9%的受访者出于理性选择或者有所顾忌,表示"当有人救助时会帮一把";选择"与己无关,装作没看见"和"围观、看热闹"的受访者分别占3.6%和1.7%。

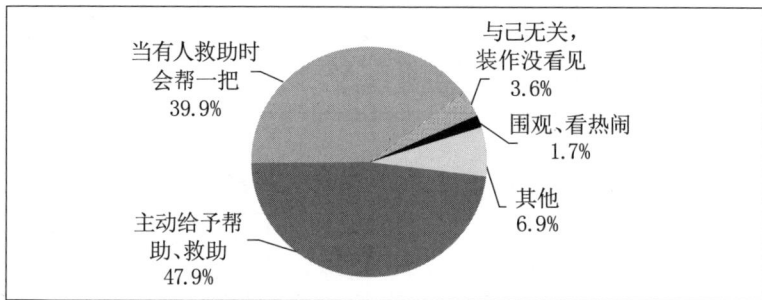

图3—1 受访者对"当有人倒在您面前,您会怎么做"的回答(2016)

1. 不同性别受访者的差异化表现

如表3—11所示,男性选择"主动给予帮助、救助"和"当有人救助时会帮一把"的共计86.4%,选择"与己无关,装作没看见"的为4.4%,选择"围观、看热闹"为的2.2%。女性选择"主动给予帮助、救助"和"当有人救助时会帮一把"的共计88.4%,选择"与己无关,装作没看见"的为2.8%,选择"围观、看热闹"的为1.3%。由此可见,不同性别受访者的选择差别不大。

表3—11 不同性别受访者对"当有人倒在您面前,您会怎么做"的回答(2016)

性别	主动给予帮助、救助(%)	当有人救助时会帮一把(%)	与己无关,装作没看见(%)	围观、看热闹(%)	说不清(%)	有效样本量(人)
男	48.7	37.7	4.4	2.2	7.0	3058
女	47.0	41.4	2.8	1.3	7.4	3575

2. 不同年龄受访者的差异化表现

如表3—12所示,从20岁以下到60岁及以上六个年龄段的受访者,选择"主动给予帮助、救助"和"当有人救助时会帮一把"的分别为89.9%、88.0%、

84.3%、88.4%、86.2%、90.2%，60 岁及以上和 20 岁以下的受访者占比最高，分别为 90.2% 和 89.9%。选择"与己无关,装作没看见"和"围观、看热闹"的在各个年龄段所占比例都极小。

表 3—12　不同年龄受访者对"当有人倒在您面前,您会怎么做"的回答（2016）

年龄	主动给予帮助、救助（%）	当有人救助时会帮一把（%）	与己无关,装作没看见（%）	围观、看热闹（%）	说不清（%）	有效样本量（人）
20 岁以下	50.9	39.0	3.2	1.4	5.5	844
20—29 岁	48.7	39.3	3.3	1.7	6.9	2618
30—39 岁	43.9	40.4	4.4	2.1	9.1	1470
40—49 岁	47.1	41.3	3.7	1.5	6.4	937
50—59 岁	47.5	38.7	3.0	1.9	8.8	463
60 岁及以上	51.2	39.0	3.0	0.9	5.8	328

3. 不同政治面貌受访者的差异化表现

如表 3—13 所示,共产党员选择"主动给予帮助、救助"和"当有人救助时会帮一把"的比例共计 92.0%,共青团员为 90.2%,民主党派和无党派人士为 60.7%,普通群众为 83.7%。其中,共产党员和共青团员占比最高。选择"与己无关,装作没看见"和"围观、看热闹"的,共产党员为 2.9%,共青团员为 4.0%,民主党派和无党派人士为 25.2%,普通群众为 6.9%。其中,共产党员和共青团员占比明显低于其他群体。这体现了共产党员和共青团员这两个群体具有较高的公德水平和道德行为选择能力。

表 3—13　不同政治面貌受访者对"当有人倒在您面前,您会怎么做"的回答（2016）

政治面貌	主动给予帮助、救助（%）	当有人救助时会帮一把（%）	与己无关,装作没看见（%）	围观、看热闹（%）	说不清（%）	其他（%）	有效样本量（人）
共产党员	59.4	32.6	1.8	1.1	4.8	0.2	1536
共青团员	49.7	40.5	2.7	1.3	5.6	0.2	2256
民主党派和无党派人士	35.5	25.2	15.9	9.3	14.0	0.0	107
普通群众	40.2	43.5	4.8	2.1	8.8	0.6	2774

4.不同受教育程度受访者的差异化表现

如表3-14所示,在不同受教育程度受访者中,当有人倒在面前时,选择"主动给予帮助、救助"和"当有人救助时会帮一把"的,没上过学的占比为54.3%,小学受教育程度的占比为79.9%,初中受教育程度的占比为86.0%,高中受教育程度的占比为87.4%,大学受教育程度的占比为88.4%,硕士研究生及以上受教育程度的占比为87.1%。受教育程度基本与对这一问题的肯定回答成正比,没上过学的受访者占比最低。究其原因,可能是这一群体受教育程度较低,对这一问题的道德认知不足,但应该也与这一群体较低的经济承受能力有关。

表3-14 不同受教育程度受访者对"当有人倒在您面前,您会怎么做"的回答(2016)

受教育程度	主动给予帮助、救助(%)	当有人救助时会帮一把(%)	与己无关,装作没看见(%)	围观、看热闹(%)	说不清(%)	有效样本量(人)
没上过学	32.6	21.7	17.4	8.7	19.6	46
小学	43.5	36.4	9.1	3.2	7.7	154
初中	43.4	42.6	5.1	2.9	5.9	645
高中	45.4	42.0	3.8	1.3	7.5	1462
大学	49.1	39.3	2.9	1.4	7.2	3836
硕士研究生及以上	52.0	35.1	2.9	2.9	7.0	513

5.不同婚姻状况受访者的差异化表现

如表3-15所示,未婚受访群体选择"主动给予帮助、救助"和"当有人救助时会帮一把"的占比为89.4%,选择"与己无关,装作没看见"和"围观、看热闹"的占比为4.1%;已婚受访群体选择"主动给予帮助、救助"和"当有人救助时会帮一把"的占比为87.3%,选择"与己无关,装作没看见"和"围观、看热闹"的占比为5.3%;离异受访群体选择"主动给予帮助、救助"和"当有人救助时会帮一把"的占比为68.5%,选择"与己无关,装作没看见"和"围观、看热闹"的占比为20.8%;丧偶受访群体选择"主动给予帮助、救助"和"当有人救护时会帮一把"的占比为72.8%,选择"与己无关,装作没看见"和"围观、看热闹"的占比为13.7%。

表3-15 不同婚姻状况受访者对"当有人倒在您面前,您会怎么做"的回答(2016)

婚姻状况	主动给予帮助、救助(%)	当有人救助时会帮一把(%)	与己无关,装作没看见(%)	围观、看热闹(%)	说不清(%)	有效样本量(人)
未婚	50.3	39.1	2.6	1.5	6.5	3129
已婚	46.6	40.7	3.8	1.5	7.4	3223
离异	27.5	41.0	13.5	7.3	10.7	178
丧偶	47.3	25.5	7.3	6.4	13.6	110

6. 不同就业状况受访者的差异化表现

如表3-16所示,当有人倒在面前时,在职受访群体选择"主动给予帮助、救助"和"当有人救助时会帮一把"的占比为88.0%,离退休受访群体的占比为86.3%,学生受访群体的占比为90.4%,无业、失业受访群体的占比为80.7%。学生受访群体的占比最高,这与他们在学校接受较为系统且成功的道德教育有很大关系;无业、失业群体占比最低,应该与其较低的风险承受能力有关。

表3-16 不同就业状况受访者对"当有人倒在您面前,您会怎么做"的回答(2016)

就业状况	主动给予帮助、救助(%)	当有人救助时会帮一把(%)	与己无关,装作没看见(%)	围观、看热闹(%)	说不清(%)	有效样本量(人)
在职	48.4	39.6	2.8	1.4	7.9	3526
离退休	48.3	38.0	4.7	1.4	7.6	487
学生	51.1	39.3	2.6	1.7	5.3	1775
无业、失业	39.9	40.8	8.1	4.7	6.5	321

7. 不同职业受访者的差异化表现

如表3-17所示,除选择"其他"职业的受访者外,当有人倒在面前时,受访的11个职业群体选择"主动给予帮助、救助"和"当有人救助时会帮一把"的占比分别为90.6%、85.0%、90.2%、89.5%、87.5%、86.3%、87.3%、87.0%、

79.9%、82.6%、85.5%，占比最高的四个群体是机关事业单位领导干部、军人、机关事业单位办事人员和有关人员、科教文卫专业技术人员，分别为90.6%、90.2%、89.5%和87.5%。

表3-17　不同职业受访者对"当有人倒在您面前，您会怎么做"的回答（2016）

职业	主动给予帮助、救助（%）	当有人救助时会帮一把（%）	与己无关，装作没看见（%）	围观、看热闹（%）	说不清（%）	有效样本量（人）
机关事业单位领导干部	59.0	31.6	4.1	0.3	5.0	339
机关事业单位办事人员和有关人员	53.3	36.2	3.0	2.1	5.5	531
科教文卫专业技术人员	49.9	37.6	4.0	1.6	6.9	449
企业管理人员	51.4	34.9	3.2	2.5	8.0	401
企业员工	41.9	45.4	2.8	1.6	8.3	1283
商业服务业人员	42.5	44.5	2.0	2.0	9.0	301
私营企业主	48.8	31.1	6.7	3.0	10.4	164
个体从业人员	40.2	42.4	5.9	1.6	9.9	321
农业劳动者	37.9	47.6	6.9	0.7	6.9	145
农村外出务工人员	41.3	43.7	5.6	3.3	6.1	213
军人	77.5	12.7	4.9	1.4	3.5	142
其他	48.2	40.1	3.2	1.7	6.8	2245

8. 不同收入水平受访者的差异化表现

如表3-18所示，由低到高不同收入水平受访群体选择"主动给予帮助、救助"和"当有人救助时会帮一把"的占比分别为89.9%、87.4%、86.7%、86.4%、76.9%。月平均收入10000元以上的受访者选择"主动给予帮助、救助"和"当有人救助时会帮一把"的只有76.9%，低于平均值近10个百分点，为不同收入水平受访群体的最低值；而这一群体选择"与己无关，装作没看见"和"围观、看热闹"的占比高达12.8%。由此可见，收入水平与"扶不扶"这一道德行为选择呈负相关性，这一现象值得深思。

表 3—18　不同收入水平受访者对"当有人倒在您面前,您会怎么做"的回答(2016)

月平均收入	主动给予帮助、救助(%)	当有人救助时会帮一把(%)	与己无关,装作没看见(%)	围观、看热闹(%)	说不清(%)	有效样本量(人)
1000 元及以下	50.2	39.7	3.0	1.5	5.6	1503
1001—3000 元	46.4	41.0	3.5	1.9	7.2	1881
3001—5000 元	46.3	40.4	4.1	1.5	7.7	2011
5001—10000 元	49.4	37.0	3.4	1.5	8.7	716
10000 元以上	46.2	30.7	5.7	7.1	10.4	212

二、个人与社会关系领域公德状况跟踪调查数据描述

个人与社会关系领域是社会公德发挥作用极其重要的一个领域。从个人与社会关系层面考察社会公德,主要涉及处理个人与团体(民族、阶层、阶级、国家、社会等)关系、个人与公共物品关系的公德规范与要求,如团结利群、爱国守法、遵守契约、爱护公物、保护公共设施等。我们在问卷中设计了"把失物还给失主应否得到报酬""假如您看到小偷在公交车上行窃,您会如何处理"等题目,以从不同角度考察个人与社会关系领域的公德状况及 2006 年以来的发展变化情况。

(一)对"把失物还给失主应否得到报酬"看法的数据描述

长期以来,"夜不闭户,路不拾遗"是人们对理想社会道德前景的美好期待;拾金不昧,将拾到的财物交还失主或者有关部门,也一直被视作公民应尽的义务和基本的道德规范。然而,在社会主义市场经济的大环境下,人们对效益价值的追求是空前的。因此,把失物归还失主应否得到报酬就有很大的讨论空间。在法律上,有关规定赞成把失物还给失主可以取得必要的费用和报酬,《民法通则》和《物权法草案》中都有相应条款。由此看来,讨论的重点并不在于应否拾金不昧,而在于拾金不昧之后是否应索取报酬。或者说,此问题的焦点在于:有偿的拾金不昧和无偿的拾金不昧,哪一个更合乎美德、哪一个更值得法律肯定、哪一个更能鼓励这种行为的延续?专家学者们比较一致地倾向于有偿的拾金不昧,他们从各个角度论证有偿的拾金不昧更有利于社会风气的好转,更有利于

鼓励社会成员拾金不昧。然而,从两次调查的结果看,人们普遍的看法与法律规定、专家观点存在较大的差距,赞成有偿拾金不昧者寥寥。如表 3—19 所示,2016 年,对于"把失物还给失主应否得到报酬"这一问题,72.5% 的受访者认为"不应该",占有绝对优势,2006 年这一数据为 47.16;表示需要"看情况而定"的受访者占 16.6%,2006 年这一数据为 36.10;仅有 6.7% 的受访者认为"应该"索取报酬,2006 年这一数据为 11.57%。数据表明,拾金不昧的优良传统依然得到多数人的认同,传统道德话语的优势更加明显。应当说,在生活实践中,仍需继续提倡人们追求高尚的品德,以较高层次的道德来约束自己,而不是依据处于较低层次的法律来决定自己的行为。

表 3—19　受访者对"把失物还给失主应否得到报酬"的看法

调研年份	应该（%）	看情况而定（%）	不应该（%）	说不清（%）
2006	11.57	36.10	47.16	5.18
2016	6.7	16.6	72.5	4.2

1. 不同性别受访者的差异化表现

如表 3—20 所示,2016 年,7.7% 的男性认为把失物还给失主应该得到报酬,2006 年这一数据为 13.07%,下降 5.37%;5.8% 的女性认为把失物还给失主是应该得到报酬的,2006 年这一数据为 9.84%,下降 4.04%。可见,无论男性还是女性受访者,赞成"把失物还给失主应该得到报酬"的都是少数。

表 3—20　不同性别受访者对"把失物还给失主应否得到报酬"的看法

性别	调研年份	应该（%）	不应该（%）	看情况而定（%）	说不清（%）	未选择（%）	有效样本量（人）
男	2016	7.7	71.40	15.6	4.9	0.4	3058
	2006	13.07	44.72	37.04	5.16	——	3137
女	2016	5.8	72.70	17.3	3.7	0.4	3575
	2006	9.84	49.96	35.02	5.17	——	2804

2. 不同年龄受访者的差异化表现

如表 3—21 所示,2016 年和 2006 年的调研数据均显示,不同年龄受访者在这个问题上的回答差异性显著。特别是 60 岁及以上的受访者对"把失物还给失主应得到报酬"持反对态度的比例很高。他们强调,"失物有偿归还"的做法与拾金不昧的传统美德相违背,对传统美德的传承不利。这可能与长久以来人们所接受的都是提倡和鼓励拾获财物无偿归还失主的道德教育直接相关。许多受访者明确表达了对"失物有偿归还"的做法和相关的法律条文的否定。他们认为,有偿拾金不昧的法律条文将会不利于弘扬美德,也不利于下一代的成长,即使因为获得物质补偿而拾金不昧的比例提升,也是在将高尚的道德庸俗化。

表 3—21　不同年龄受访者对"把失物还给失主应否得到报酬"的看法

年龄	调研年份	应该（%）	不应该（%）	看情况而定（%）	说不清（%）	未选择（%）	有效样本量（人）
20 岁以下	2016	7.1	70.00	17.9	4.5	0.5	844
	2006	9.24	50.00	32.61	8.15	—	184
20—29 岁	2016	6.7	71.00	18.5	3.7	0.2	2618
	2006	9.80	46.53	39.02	4.65	—	2235
30—39 岁	2016	5.8	73.40	15.6	4.8	0.5	1470
	2006	10.93	44.63	39.00	5.43	—	1564
40—49 岁	2016	5.9	73.40	15.8	4.4	0.5	937
	2006	16.67	44.48	33.53	5.33	—	1014
50—59 岁	2016	7.6	74.70	11.4	5.8	0.4	463
	2006	13.28	48.91	31.09	6.72	—	595
60 岁及以上	2016	10.1	75.00	10.7	3.4	0.9	328
	2006	9.27	65.45	22.47	2.81	—	356

3. 不同政治面貌受访者的差异化表现

如表 3—22 所示,对于"把失物还给失主应否得到报酬"这一问题,77.2% 的共产党员、72.4% 的共青团员、64.4% 的民主党派和无党派人士、69.5% 的普通群众选择"不应该",共产党员和共青团员群体这一选择的占比明显高于其他群体。这说明,共产党员和共青团员群体能够以先进的道德标准要求自己,能够在"义"与"利"、"大善"与"小善"之间作出正确的选择,他们不仅是高尚社会公德的宣传者,更是积极的践行者。同时,对比两次调研数据可以发现,相较于 2006 年,各个调研群体对"把失物还给失主应否得到报酬"这一问题的正确认知都有了大幅的提升,选择"应该"的分别占比 6.0%、6.2%、8.4% 和 7.4%,较 2006 年分别降低了 4.38%、3.41%、7.96% 和 5.88%。

表 3—22　不同政治面貌受访者对"把失物还给失主应否得到报酬"的看法

政治面貌	调研年份	应该（%）	不应该（%）	看情况而定（%）	说不清（%）	未选择（%）	有效样本量（人）
共产党员	2016	6.0	77.2	13.3	3.1	0.4	1536
	2006	10.38	52.92	33.19	3.51	—	1368
共青团员	2016	6.2	72.4	18.4	2.9	0.1	2256
	2006	9.61	46.06	39.53	4.80	—	1624
民主党派和无党派人士	2016	8.4	64.4	20.6	4.7	1.9	107
	2006	16.36	40.00	40.00	3.64	—	55
普通群众	2016	7.4	69.5	16.5	6.0	0.6	2774
	2006	13.28	45.23	35.55	5.94	—	2695

4. 不同受教育程度受访者的差异化表现

如表 3—23 所示,2016 年,从受教育程度角度看,认为"把失物还给失主应该得到报酬"的比例,没上过学和小学受教育程度的人群最高,分别为 19.6% 和 18.2%;大学和高中受教育程度的人群最低,分别是 5.0% 和 7.2%。认为"把失物还给失主不应该得到报酬"的比例,大学和高中受教育程度的人群最高,分别是 74.3% 和 70.6%;最低的是没上过学和小学受教育程度的人群,分别占 56.5%、57.8%。这与 2006 年的调研结果基本一致,也可以看出受教育程度和人们对"把失物还给失主应否得到报酬"的态度有着紧密关系。

表 3—23　不同受教育程度受访者对"把失物还给失主应否得到报酬"的看法

受教育程度	调研年份	应该（%）	不应该（%）	看情况而定（%）	说不清（%）	未选择（%）	有效样本量（人）
没上过学	2016	19.6	56.5	17.4	4.3	2.2	46
	2006	19.23	46.15	30.77	3.85	—	52
小学	2016	18.2	57.8	16.2	7.1	0.6	154
	2006	15.30	48.88	28.36	7.46	—	268

受教育程度	调研年份	应该（%）	不应该（%）	看情况而定（%）	说不清（%）	未选择（%）	有效样本量（人）
初中	2016	9.8	70.1	14.0	5.7	0.5	645
	2006	10.45	51.23	30.88	7.45	—	1101
高中	2016	7.2	70.6	16.4	5.5	0.4	1462
	2006	12.17	47.23	34.80	5.80	—	1914
大学	2016	5.0	74.3	16.7	3.6	0.4	3836
	2006	11.13	44.63	40.51	3.73	—	2335
硕士研究生及以上	2016	9.4	69.4	18.3	2.9	0.0	513
	2006	10.47	49.61	38.76	1.16	—	258

5. 不同婚姻状况受访者的差异化表现

如表3-24所示，2016年，对"把失物还给失主应否得到报酬"这一问题，未婚群体选择"不应该"的占比71.1%，选择"应该"的占比6.9%；已婚群体选择"不应该"的占比74.0%，选择"应该"的占比6.4%；离异群体选择"不应该"的占比62.4%，选择"应该"的占比6.2%；丧偶群体选择"不应该"的占比68.2%，选择"应该"的占比10.0%。

表3-24　不同婚姻状况受访者对"把失物还给失主应 否得到报酬"的看法

婚姻状况	调研年份	应该（%）	不应该（%）	看情况而定（%）	说不清（%）	未选择（%）	有效样本量（人）
未婚	2016	6.9	71.1	18.1	3.6	0.3	3129
	2006	9.94	46.46	38.97	4.62	—	2163
已婚	2016	6.4	74.0	14.6	4.6	0.4	3223
	2006	12.50	47.59	34.62	5.29	—	3608
离异	2016	6.2	62.4	21.9	9.0	0.6	178
	2006	11.63	40.70	38.37	9.30	—	86
丧偶	2016	10.0	68.2	15.5	5.5	0.9	110
	2006	11.32	62.26	24.53	1.89	—	53

6. 不同就业状况受访群体的差异化表现

如表 3-25 所示,2016 年,对"把失物还给失主应否得到报酬"这一问题,选择"不应该"的占比由高到低分别为离退休受访群体(75.8%),在职受访群体(74.2%),学生受访群体(70.9%),无业、失业受访群体(64.2%)。其中,离退休受访群体占比最高。在 2006 年的调研中,离退休受访群体同样是选择"不应该"比例最高的群体。

表 3-25 不同就业状况受访者对"把失物还给失主应否得到报酬"的看法

就业状况	调研年份	应该(%)	不应该(%)	看情况而定(%)	说不清(%)	未选择(%)	有效样本量(人)
在职	2016	5.2	74.2	16.1	4.1	0.4	3526
	2006	11.47	46.43	37.08	5.03	—	3819
离退休	2016	9.4	75.8	10.7	3.7	0.4	487
	2006	11.80	60.04	25.05	3.11	—	483
学生	2016	6.8	70.9	19.0	2.9	0.3	1775
	2006	10.03	48.40	38.37	3.21	—	748
无业、失业	2016	11.8	64.2	15.9	8.1	0.0	321
	2006	14.67	43.43	35.24	6.67	—	525
其他	2016	10.2	65.1	16.8	7.7	0.2	548
	2006	10.51	39.94	38.44	11.11	—	333

7. 不同职业受访者的差异化表现

如表 3-26 所示,2016 年,从职业角度看,除去选择"其他"职业的受访者,在 11 个受访职业群体中,认为"把失物还给失主不应该得到报酬"的占比最高的是军人群体,为 78.8%;2006 年调研时,同样是军人群体占比最高,为 63.41%。农业劳动者占比最低,为 60.7%;2006 年调研时,占比最低的是个体从业人员,为 41.86%。认为"把失物还给失主应该得到报酬"的比例,科教文卫专业技术人员最低,占 4.0%;2006 年调研时,占比最低的是军人,为 4.88%。农业劳动者最高,占 20.0%;2006 年调研时,占比最高的是私营企业主,为 17.79%。

表3—26 不同职业受访者对"把失物还给失主应否得到报酬"的看法

职业	调研年份	应该（%）	不应该（%）	看情况而定（%）	说不清（%）	未选择（%）	有效样本量（人）
机关事业单位领导干部	2016	8.0	77.6	10.3	3.5	0.6	339
	2006	14.02	46.86	33.58	5.54	—	271
机关事业单位办事人员和有关人员	2016	6.2	75.4	15.4	2.6	0.4	531
	2006	11.75	42.17	40.96	5.12	—	332
科教文卫专业技术人员	2016	4.0	77.6	14.9	3.3	0.2	449
	2006	8.40	47.33	41.22	3.05	—	393
企业管理人员	2016	6.5	74.6	14.0	4.5	0.5	401
	2006	10.27	48.17	37.65	3.91	—	409
企业员工	2016	4.4	71.6	18.9	4.7	0.4	1283
	2006	13.39	43.93	38.17	4.51	—	799
商业服务业人员	2016	6.3	70.8	18.3	4.7	0.0	301
	2006	11.49	46.52	37.48	4.52	—	531
私营企业主	2016	8.5	71.3	12.2	7.3	0.6	164
	2006	17.79	42.79	32.21	7.21	—	208
个体从业人员	2016	8.7	72.0	12.8	5.6	0.9	321
	2006	10.99	41.86	41.23	5.92	—	473
农业劳动者	2016	20.0	60.7	14.5	4.1	0.7	145
	2006	8.83	53.00	26.50	11.66	—	283
农村外出务工人员	2016	7.5	68.1	17.8	5.6	0.9	213
	2006	8.70	50.72	33.33	7.25	—	207
军人	2016	9.2	78.8	9.2	2.8	0.0	142
	2006	4.88	63.41	26.83	4.88	—	82
其他	2016	6.9	70.5	18.1	4.2	0.2	2245
	2006	11.67	41.67	38.33	8.33	—	120

8. 不同收入水平受访者的差异化表现

如表3—27所示，2016年，月平均收入1000元及以下的受访群体对"把失物还给失主应否得到报酬"这一问题选择"不应该"的占68.8%，选择"应该"

的占 9%；月平均收入 1001—3000 元的受访群体选择"不应该"的占 71.3%，选择"应该"的占 7.7%；月平均收入 3001—5000 元的受访群体选择"不应该"的占 74.1%，选择"应该"的占 4.6%；月平均收入 5001—10000 元的受访群体选择"不应该"的占 76.1%，选择"应该"的占 5.3%；月平均收入 10000 元以上的受访群体选择"不应该"的占 72.2%，选择"应该"的占 7.1%。对比 2006 年的调研数据（见表 3—28）可以看出，选择"看情况而定"的受访者比例大幅减少，选择"不应该"的受访者比例大幅增加。这说明，公众对"把失物还给失主应否得到报酬"这一问题的认识更加清晰，更愿意选择具有较高道德价值的行为。

表 3—27　不同收入水平受访者对"把失物还给失主应否得到报酬"的看法（2016）

月平均收入	应该（%）	不应该（%）	看情况而定（%）	说不清（%）	未选择（%）	有效样本量（人）
1000 元及以下	9.0	68.8	18.0	3.7	0.3	1503
1001—3000 元	7.7	71.3	16.3	4.4	0.4	1881
3001—5000 元	4.6	74.1	16.7	4.2	0.4	2011
5001—10000 元	5.3	76.1	13.3	5.0	0.3	716
10000 元以上	7.1	72.2	13.2	7.5	0.0	212

表 3—28　不同收入水平受访者对"把失物还给失主应否得到报酬"的看法（2006）

月平均收入	应该（%）	不应该（%）	看情况而定（%）	说不清（%）	有效样本量（人）
500 元及以下	12.53	50.23	29.77	7.47	870
501—1000 元	11.53	46.18	36.86	5.43	1804
1001—1500 元	9.47	46.53	39.73	4.27	750
1501—2000 元	11.62	46.20	37.88	4.30	697
2001—3000 元	13.62	45.76	37.02	3.60	389
3000 元以上	14.49	44.06	36.52	4.93	345

（二）对"假如您看到小偷在公交车上行窃，您会如何处理"的数据描述

"见义勇为往往体现在某些个体或群体在他人遭受强权匪盗、黑恶势力侵袭时，挺身而出，捍卫正义，以维护受害者的利益不受侵犯的行为，是个体利他精神

的特殊表现形式。"① 由于见义勇为行为发生的特殊性,其与一般的社会公德行为存在较大差异。一般的社会公德强调的是"基本的""起码的"道德规范,是社会道德体系的最低层次,而见义勇为是带有英雄色彩的"英雄道德",属于较高层次的公德要求。在现实社会中,民众如何看待见义勇为行为? 为了解这一情况,我们在问卷中设计了"假如您看到小偷在公交车上行窃,您会如何处理"这一问题。如表3-29所示,2016年,当看到小偷在公交车上行窃时,44.4%的受访者表示会"设法提醒被偷者",占比最高;各有近两成受访者表示会"设法报警"(16.6%)和"先看看周围的人怎么做,再作决定"(16.5%);选择"上前阻止"的受访者比例不足10.0%;仅有合计9.9%的受访者会采取放任的态度,包括"无阻止之力,只好听之任之"和"装作没看见,尽快躲开"。在2006年的调研中,选择"设法报警"的占42.39%,比例最高;其次是"先看看周围的人怎么做,再作决定",占19.05%;选择"上前阻止"的占15.71%;选择"无阻止之力,只好听之任之"的占11.02%;选择"装作没看见,尽快躲开"的占5.04%。通过跟踪调查可见,假如看到小偷在公交车上行窃,选择"设法报警""设法提醒被偷者"的受访者最多;多数受访者认为"上前阻止"的行为很崇高,但不能保证自己做到,说明公众见义勇为的行为更趋理性;也有部分公众存在从众心理,这也说明,事发时若有组织者出来组织大家阻止违法犯罪行为,能够得到相当一部分人的积极响应。

表3-29　受访者"看到小偷在公交车上行窃"时的处理方式

调研年份	装作没看见,尽快躲开(%)	无阻止之力,只好听之任之(%)	先看看周围的人怎样做,再作决定(%)	上前阻止(%)	设法提醒被偷者(%)	设法报警(%)	其他(%)
2006	5.04	11.02	19.05	15.71	—	42.39	6.79
2016	2.9	7.0	16.5	8.8	44.4	16.6	3.8

1. 不同性别受访者的差异化表现

如表3-30所示,两次调研都显示不同性别受访者对于该问题的处理方式有所区别。在"设法提醒被偷者"和"设法报警"的选择上,男女受访者的占比

---

① 黄钊:《论评选表彰全国道德模范的深远意义》,《思想政治教育研究》2009年第3期。

均较高。而在"上前阻止"这一选项上,男性受访者的比例在2016年为14.5%,高出女性(3.9%)10.6个百分点;2006年为20.83%,高出女性(10.04%)10.79个百分点。在其他三项的选择上,女性比例均高于男性。这些数据说明,男性受访者比女性受访者更能勇于采取见义勇为的行为。

表3—30 不同性别受访者"看到小偷在公交车上行窃"时的处理方式

性别	调研年份	装作没看见,尽快躲开(%)	无阻止之力,只好听之任之(%)	先看看周围的人怎么做,再作决定(%)	上前阻止(%)	设法提醒被偷者(%)	设法报警(%)	说不清(%)	有效样本量(人)
男	2016	2.8	6.2	15.0	14.5	39.7	18.1	3.7	3058
	2006	4.09	9.56	17.02	20.83	—	42.39	6.11	3126
女	2016	2.9	7.5	17.8	3.9	48.1	16.0	3.8	3575
	2006	6.07	12.64	21.29	10.04	—	42.43	7.54	2800

2. 不同年龄受访者的差异化表现

如表3—31所示,2016年,总体而言,随着年龄的增加,当看到小偷在公交车上行窃时,选择"装作没看见,尽快躲开"和"无阻止之力,只好听之任之"两项的受访者比例也在增加,20岁以下的受访者作此选择的比例最低,为8.0%,60岁及以上的受访人群比例最高,为12.2%。2006年对应的数据分别为9.78%和32.11%。选择"上前阻止"的比例,20岁以下的受访者和50—59岁的受访者最高,分别为9.7%和12.3%,说明身强力壮和选择"上前阻止"之间没有必然的联系。

表3—31 不同年龄受访者"看到小偷在公交车上行窃"时的处理方式

年龄	调研年份	装作没看见,尽快躲开(%)	无阻止之力,只好听之任之(%)	先看看周围的人怎么做,再作决定(%)	上前阻止(%)	设法提醒被偷者(%)	设法报警(%)	说不清(%)	有效样本量(人)
20岁以下	2016	2.3	5.7	16.6	9.7	48.5	13.4	3.9	844
	2006	2.17	7.61	21.74	20.11	—	44.02	4.35	184
20—29岁	2016	2.9	6.2	18.4	7.5	48.8	12.9	3.4	2618
	2006	3.10	8.67	23.08	15.99	—	40.73	8.44	2227

续表

年龄	调研年份	装作没看见，尽快躲开（%）	无阻止之力，只好听之任之（%）	先看看周围的人怎么做，再作决定（%）	上前阻止（%）	设法提醒被偷者（%）	设法报警（%）	说不清（%）	有效样本量（人）
30—39 岁	2016	2.9	8.6	17.3	9.5	40.9	15.6	5.1	1470
	2006	5.70	9.29	17.42	14.16	—	46.89	6.53	1561
40—49 岁	2016	2.8	7.5	14.1	7.9	37.9	24.7	5.2	937
	2006	7.60	11.55	17.18	15.70	—	42.65	5.33	1013
50—59 岁	2016	2.4	7.3	11.7	12.3	38.0	24.2	4.1	463
	2006	6.91	15.18	13.83	15.85	—	42.33	5.90	593
60 岁及以上	2016	4.6	7.6	10.7	9.1	38.4	25.3	4.3	328
	2006	5.35	26.76	13.52	18.31	—	31.55	4.51	355

3. 不同政治面貌受访者的差异化表现

如表 3-32 所示，2016 年，从政治面貌角度看，当看到小偷在公交车上行窃时，选择"上前阻止"的比例，共产党员（12.0%）高于共青团员（7.4%）、民主党派和无党派人士（11.2%）、普通群众（7.9%）；选择"设法提醒被偷者"和"设法报警"的比例，共产党员（64.8%）也高于共青团员（64.7%）、民主党派和无党派人士（53.1%）、普通群众（55.4%）；选择"装作没看见，尽快躲开"和"无阻止之力，只好听之任之"两项的比例，共产党员（7.1%）明显低于共青团员（8.3%）、民主党派和无党派人士（11.2%）、普通群众（12.6%）。在 2006 年的调研中，共产党员也有良好的数据表现。两次调研结果充分说明，共产党员对见义勇为具有较高的觉悟和较强的社会责任感、正义感。

表 3-32　不同政治面貌受访者"看到小偷在公交车上行窃"时的处理方式

政治面貌	调研年份	装作没看见，尽快躲开（%）	无阻止之力，只好听之任之（%）	先看看周围的人怎么做，再作决定（%）	上前阻止（%）	设法提醒被偷者（%）	设法报警（%）	说不清（%）	未选择（%）	有效样本量（人）
共产党员	2016	1.6	5.5	13.0	12.0	43.4	21.4	2.7	0.4	1536
	2006	2.42	9.17	13.21	20.84	—	48.20	6.16	—	1363
共青团员	2016	2.5	5.8	16.8	7.4	53.1	11.6	2.7	0.1	2256
	2006	1.98	9.95	23.55	15.27	—	41.47	7.79	—	1618

续表

政治面貌	调研年份	装作没看见,尽快躲开(%)	无阻止之力,只好听之任之(%)	先看看周围的人怎么做,再作决定(%)	上前阻止(%)	设法提醒被偷者(%)	设法报警(%)	说不清(%)	未选择(%)	有效样本量(人)
民主党派和无党派人士	2016	1.9	9.3	19.7	11.2	31.8	21.3	3.7	1.0	107
	2006	7.41	7.41	22.22	14.81	—	40.74	7.41	—	54
普通群众	2016	3.7	8.9	18.0	7.9	37.6	17.8	5.6	0.5	2774
	2006	7.54	13.12	19.44	13.64	—	39.95	6.32	—	2691

4. 不同受教育程度受访者的差异化表现

如表3—33所示,假如看到小偷在公交车上行窃,受访者选择消极行为的比例基本上与受教育程度成反比。2016年,选择"装作没看见,尽快躲开"和"无阻止之力,只好听之任之"两项的比例,从没有上过学到硕士研究生及以上受访群体分别为21.8%、22.7%、13.8%、11.0%、8.3%、8.4%,2006年的数据分别为50.00%、27.07%、23.75%、14.74%、11.65%、14.39%。两次调研数据都表明,二者基本呈线性相关,即随着受教育程度的提高,选择这两项的比例明显降低。但从积极的行为看,选择"上前阻止"却得不出类似的结论,从没有上过学到硕士研究生及以上受访群体的数据分别为13.0%、9.1%、10.9%、9.9%、8.2%、6.8%,硕士研究生及以上受访人群比例最低,其次是大学受教育程度群体。选择"设法提醒被偷者"和"设法报警"的比例,从没有上过学到硕士研究生及以上受访群体分别为36.9%、48.1%、53.9%、58.0%、63.4%、64.2%,2006年的数据为11.54%、31.20%、39.13%、42.81%、45.31%、44.75%。两次调研数据都表明,二者基本呈线性相关,即随着受教育程度的提高,选择该项的比例也显著升高。通过对两次调研的跟踪分析可以看出,受教育程度与人们对此问题的认识和处理方式有着很大的相关性。受教育程度越高,人们对社会正义和见义勇为事件中公民应尽的义务越有更正确的认识,也越能避免消极的行为。但是,却不能得出受教育程度越高,一定会产生越多积极行为的结论,有时受教育程度越高,选择积极行为的比例反而越低。但在理性行为的选择上,似乎又能得出受教育程度越高,越偏向于选择更加理性和冷静的行为的结论。

表 3-33　不同受教育程度受访者对"看到小偷在公交车上行窃"时的处理方式

受教育程度	调研年份	装作没看见，尽快躲开（％）	无阻止之力，只好听之任之（％）	先看看周围的人怎么做，再作决定（％）	上前阻止（％）	设法提醒被偷者（％）	设法报警（％）	说不清（％）	有效样本量（人）
没上过学	2016	10.9	10.9	17.4	13.0	23.9	13.0	10.9	46
	2006	17.31	32.69	17.31	13.46	—	11.54	7.69	52
小学	2016	10.4	12.3	17.5	9.1	23.4	24.7	2.5	154
	2006	12.03	15.04	19.55	16.54	—	31.20	5.64	266
初中	2016	4.0	9.8	16.4	10.9	35.5	18.4	5.0	645
	2006	10.19	13.56	17.02	15.83	—	39.13	4.28	1099
高中	2016	3.7	7.3	15.9	9.9	42.7	15.3	5.2	1462
	2006	4.29	10.45	18.82	16.47	—	42.81	7.16	1913
大学	2016	2.1	6.2	16.3	8.2	46.9	16.5	3.9	3836
	2006	2.28	9.37	19.99	15.26	—	45.31	7.78	2326
硕士研究生及以上	2016	1.4	7.0	18.7	6.8	47.6	16.6	1.9	513
	2006	3.50	10.89	21.01	12.84	—	44.75	7.00	257

5. 不同就业状况受访者的差异化表现

如表 3-34 所示，2016 年，除了选择"其他"的受访者，当看到小偷在公交车上行窃时，选择"上前阻止"这种积极行为的，离退休群体占比最高（9.9％），学生群体最低（6.3％）。这与 2006 年的调研结果一致。在消极行为方面，选择"装作没看见，尽快躲开"和"无阻止之力，只好听之任之"两项的比例，无业、失业群体最高（14.7％），学生群体最低（7.6％）；2006 年，该比例最高和最低的分别为离退休群体和在职群体。在理性行为方面，选择"设法提醒被偷者"和"设法报警"的比例，学生群体最高（66.3％），无业、失业群体最低（52.4％）；2006年，该比例最高和最低的分别为在职群体和无业、失业群体。

表 3-34　不同就业状况受访者对"看到小偷在公交车上行窃"时的处理方式

就业状况	调研年份	装作没看见，尽快躲开（％）	无阻止之力，只好听之任之（％）	先看看周围的人怎么做，再作决定（％）	上前阻止（％）	设法提醒被偷者（％）	设法报警（％）	说不清（％）	有效样本量（人）
在职	2016	2.5	6.7	16.5	9.4	42.3	18.5	4.1	3526
	2006	5.09	8.64	18.27	16.07	—	45.05	6.88	3809

就业状况	调研年份	装作没看见，尽快躲开（%）	无阻止之力，只好听之任之（%）	先看看周围的人怎么做，再作决定（%）	上前阻止（%）	设法提醒被偷者（%）	设法报警（%）	说不清（%）	有效样本量（人）
离退休	2016	3.9	8.8	11.9	9.9	38.0	24.0	3.5	487
	2006	6.00	25.05	12.22	16.15	—	36.65	3.93	483
学生	2016	2.0	5.6	17.2	6.3	54.0	12.3	2.7	1775
	2006	2.54	11.25	26.77	14.59	—	37.35	7.50	747
无业、失业	2016	4.7	10.0	19.3	9.0	39.3	13.1	4.7	321
	2006	7.63	14.89	19.85	15.84	—	35.88	5.92	524
其他	2016	5.8	9.9	15.9	11.5	34.7	15.9	6.4	548
	2006	4.26	11.25	17.63	13.98	—	42.86	10.03	329

6. 不同职业受访者的差异化表现

如表 3—35 所示，对看到小偷在公交车上行窃的处理方式，受访者的选择有比较明显的职业区分度。2016 年，选择"装作没看见，尽快躲开"和"无阻止之力，只好听之任之"两项的比例，军人最低，占 4.2%（2006 年为 1.25%），表明军人这个群体的凛凛正气；农业劳动者最高，占 17.1%（2006 年为 32.50%）；其他职业群体差异不大。选择"上前阻止"的比例，军人最高，占 43.0%（2006 年为 56.25%），最低的是私营企业主，占 4.3%（2006 年为科教文卫专业技术人员，为 9.74%）。选择"设法报警"的比例，最低的是农业劳动者，占 16.6%（2006 年为 35.36%）。

表 3—35　不同职业受访者"看到小偷在公交车上行窃"时的处理方式

职业	调研年份	装作没看见，尽快躲开（%）	无阻止之力，只好听之任之（%）	先看看周围的人怎么做，再作决定（%）	上前阻止（%）	设法提醒被偷者（%）	设法报警（%）	说不清（%）	有效样本量（人）
机关事业单位领导干部	2016	4.7	7.7	14.5	13.9	36.3	19.8	3.2	339
	2006	3.69	7.75	15.87	18.82	—	48.71	5.17	271
机关事业单位办事人员和有关人员	2016	2.8	7.7	18.1	10.0	39.2	17.7	4.6	531
	2006	2.72	10.57	15.41	16.31	—	45.92	9.06	331

续表

职业	调研年份	装作没看见,尽快躲开（%）	无阻止之力,只好听之任之（%）	先看看周围的人怎么做,再作决定（%）	上前阻止（%）	设法提醒被偷者（%）	设法报警（%）	说不清（%）	有效样本量（人）
科教文卫专业技术人员	2016	3.3	7.3	15.8	7.3	43.0	18.0	5.2	449
	2006	2.05	11.79	19.49	9.74	—	50.26	6.67	390
企业管理人员	2016	3.0	6.5	13.7	13.5	39.9	18.5	5.0	401
	2006	2.20	7.09	14.67	18.58	—	48.66	8.80	409
企业员工	2016	2.7	6.0	18.2	7.6	45.4	16.4	3.7	1283
	2006	4.52	9.67	21.11	13.44	—	43.34	7.91	796
商业服务业人员	2016	2.3	9.0	13.6	5.6	44.9	19.3	5.3	301
	2006	5.44	7.50	19.32	14.26	—	46.90	6.57	533
私营企业主	2016	4.3	6.7	21.3	4.3	36.6	20.7	6.1	164
	2006	5.80	6.28	16.91	19.81	—	41.55	9.66	207
个体从业人员	2016	2.8	7.8	16.5	7.2	38.9	19.6	7.1	321
	2006	4.86	7.82	23.47	12.90	—	44.19	6.77	473
农业劳动者	2016	4.8	12.3	16.6	14.5	27.6	16.6	7.6	145
	2006	21.07	11.43	12.86	15.71	—	35.36	3.57	280
农村外出务工人员	2016	4.2	8.9	15.5	8.5	37.1	17.8	8.0	213
	2006	4.88	9.27	20.00	15.61	—	46.34	3.90	205
军人	2016	2.8	1.4	3.5	43.0	34.5	12.0	2.8	142
	2006	0.00	1.25	2.50	56.25	—	35.00	5.00	80
其他	2016	2.4	6.7	16.9	6.5	49.7	14.9	2.8	2245
	2006	2.50	7.50	21.67	18.33	—	40.00	10.00	120

7. 不同收入水平受访者的差异化表现

如表3—36所示,2016年,选择"装作没看见,尽快躲开"和"无阻止之力,

只好听之任之"这两项消极行为的比例,最高的为月平均收入 1001—3000 元
和 3001—5000 元群体(均为 10.6%),最低的为月平均收入 5001—10000 元群体
(8.2%)。选择"上前阻止"这种积极行为的,比例最高的为月平均收入 5001—
10000 元群体(13.0%),最低的为月平均收入 1001—3000 元群体(7.6%)。选择
"设法提醒被偷者"和"设法报警"这两种理性行为的比例,依据受访者月平均
收入由低到高,分别为 62.4%、59.6%、59.5%、60.8%、59.9%,呈平均分布。这
与 2006 年的调研结果(见表 3—37)一致。这说明各收入阶层的选择差别不大,
均表现出较强的理性。

表3—36　不同收入水平受访者"看到小偷在公交车上行窃"时的处理方式(2016)

月平均收入	装作没看见,尽快躲开(%)	无阻止之力,只好听之任之(%)	先看看周围的人怎么做,再作决定(%)	上前阻止(%)	设法提醒被偷者(%)	设法报警(%)	说不清(%)	有效样本量(人)
1000 元及以下	3.2	6.1	16.9	8.4	50.9	11.5	2.9	1503
1001—3000 元	3.1	7.5	18.3	7.6	42.5	17.1	3.8	1881
3001—5000 元	2.9	7.7	15.4	9.3	40.3	19.2	5.2	2011
5001—10000 元	1.8	6.4	13.8	13.0	41.2	19.6	4.2	716
10000 元以上	2.8	6.1	14.6	9.0	42.0	17.9	7.5	212

表3—37　不同收入水平受访者"看到小偷在公交车上行窃"时的处理方式(2006)

月平均收入	装作没看见,尽快躲开(%)	无阻止之力,只好听之任之(%)	先看看周围的人怎么做,再作决定(%)	上前阻止(%)	设法提醒被偷者(%)	设法报警(%)	说不清(%)	有效样本量(人)
500 元及以下	14.34	10.75	16.65	15.61	—	38.27	4.39	865
501—1000 元	3.78	11.46	20.58	15.02	—	42.60	6.56	1798
1001—1500 元	2.67	10.83	16.04	18.18	—	44.92	7.35	748
1501—2000 元	3.02	9.34	16.67	17.53	—	46.41	7.04	696
2001—3000 元	3.62	8.01	16.28	14.21	—	49.87	8.01	387
3000 元以上	3.48	7.25	16.81	17.10	—	46.38	8.99	345

三、个人与自然关系领域公德状况跟踪调查数据描述

建设生态文明,努力建设美丽中国,是关系人民福祉、关乎民族未来的国之大计,是中华民族永续发展的根本要求。随着现代社会的发展,物质文明迅速提高,人们的物质生活条件得到巨大改善。同时,生态环境也受到巨大的冲击,环境污染日趋严重,人们生活于其中的自然环境每况愈下。造成这一切的原因极其复杂,但环保理念和环保公德的欠缺无疑是其中一个重要因素。"社会公德的缺乏对可持续发展有着严重的影响,因为如果人们缺乏公共意识,缺乏代际平等观念,就不会爱惜公共自然资源;人们缺乏公共意识,缺乏生态观念,就会加速加重自然资源的损耗,从而导致严重的环境问题。"[1]苏联环境伦理学者佩德里茨金说过:"道德地对待自然界的规范一旦变成人的内在需要,它就会在解决环境问题中起到重要作用。"[2]随着人类赖以生存的自然环境遭到愈来愈严重的破坏和环境危机的日益加剧,人们愈来愈清楚地意识到,解决环境污染和生态失衡问题,还需要诉诸伦理道德。处理个人与自然的关系是社会公德的重要任务,爱护生态环境是社会公德的重要规范与要求。受认识所限,2006 年的调研未涉及公民环境道德问题。为了解当前公众的环境道德处于什么水平,本次调查新设计了"您愿意过低碳、绿色生活吗"和"您在日常生活中通常会对垃圾进行细致分类吗"两个题目。

（一）对"您愿意过低碳、绿色生活吗"的数据描述

如图 3—2 所示,92.8% 的受访者表示"愿意"和"非常愿意"过低碳、绿色生活,表示"不愿意"的受访者仅占 3.4%,还有 3.8% 的受访者表示"说不清"。可以看出,公众对环境道德的重要性有着清醒的认识,能够认识到我们面临的种种环境危机本质上是生态意识的危机,或说是道德观、价值观的危机。因此,要想全面、彻底地破解环境难题,不仅需要发挥技术、经济、法律、政治的作用,更需要重新审视个人与自然之间的关系,重新审视人类原有的思维方式、发展模式、意识形态、道德观、价值观,把道德关怀扩展到人之外的自然存在物,用道德调节个人与自然的关系,从环境道德的角度反思环境问题并寻求出路。

---

① 亓凤香:《公德缺失与建构分析——基于社会治理的视角》,《理论学刊》2017 年第 3 期。
② 鲁洁:《试述德育的自然性功能》,《教育研究与实验》1994 年第 2 期。

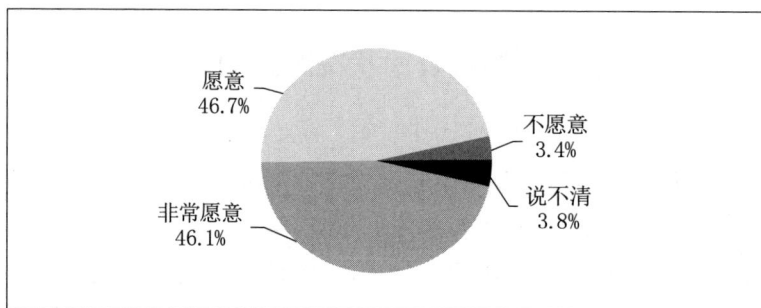

图3-2 受访者过低碳、绿色生活的意愿（2016）

为了解公众低碳、绿色生活意愿在各个特征因素下的差异,我们对低碳、绿色生活意愿与各个影响因素进行了交叉分析,发现不同性别、年龄、政治面貌、受教育程度、婚姻状况、就业状况、职业和月平均收入水平的受访者,过低碳、绿色生活的意愿均存在差异。

1. 不同性别受访者的差异化表现

如表3-38所示,对于是否愿意过低碳、绿色生活,男性受访者选择"非常愿意"的为44.1%,选择"愿意"的为46.6%,二者合计为90.7%;仅3.8%的男性受访者选择"不愿意"。女性受访者选择"非常愿意"和"愿意"的为93.9%,略高于男性受访者。

表3-38 不同性别受访者过低碳、绿色生活的意愿（2016）

性别	非常愿意（%）	愿意（%）	不愿意（%）	说不清（%）	有效样本量（人）
男	44.1	46.6	3.8	5.4	3058
女	47.5	46.4	3.1	3.0	3575

2. 不同年龄受访者的差异化表现

如表3-39所示,从20岁以下到60岁及以上六个年龄组选择"非常愿意"和"愿意"过低碳、绿色生活的比例,分别为92.8%、93.3%、90.8%、92.5%、90.9%和94.2%,60岁及以上受访者占比最高,各年龄组均超过90%,说明过低碳、绿色生活已经成为各个年龄阶段公众的共识。

表3-39　不同年龄受访者过低碳、绿色生活的意愿（2016）

年龄	非常愿意（%）	愿意（%）	不愿意（%）	说不清（%）	有效样本量（人）
20岁以下	46.0	46.8	3.2	4.1	844
20—29岁	44.0	49.3	3.4	3.3	2618
30—39岁	43.9	46.9	4.2	4.9	1470
40—49岁	48.5	44.0	3.0	4.6	937
50—59岁	54.2	36.7	3.5	5.6	463
60岁及以上	51.5	42.7	1.5	4.2	328

3. 不同政治面貌受访者的差异化表现

如表3-40所示，选择"非常愿意"和"愿意"过低碳、绿色生活的比例，共产党员（95.9%）和共青团员（94.6%）远高于民主党派和无党派人士（74.8%）、普通群众（89.4%）两个受访群体。选择"不愿意"的比例，共产党员（1.9%）和共青团员（2.6%）远远低于民主党派和无党派人士（16.8%）、普通群众（4.4%）两个受访群体。这充分说明，共产党员和共青团员两个群体对生态环境及环境道德的重要性有着较高认识，对习近平总书记强调的"生态环境保护是功在当代、利在千秋的事业"有着正确认知，能够清醒地认识到保护生态环境、治理环境污染的紧迫性和艰巨性，清醒地认识到加强生态文明建设和环境道德教育的极端重要性和现实必要性。

表3-40　不同政治面貌受访者过低碳、绿色生活的意愿（2016）

政治面貌	非常愿意（%）	愿意（%）	不愿意（%）	说不清（%）	未选择（%）	有效样本量（人）
共产党员	55.7	40.2	1.9	1.7	0.5	1536
共青团员	45.4	49.2	2.6	2.6	0.1	2256
民主党派和无党派人士	29.9	44.9	16.8	7.5	0.9	107
普通群众	41.6	47.8	4.4	5.8	0.5	2774

4. 不同受教育程度受访者的差异化表现

如表3-41所示，在从没上过学到硕士研究生及以上六个不同受教育程度受访群体中，选择"非常愿意"和"愿意"的比例分别为69.6%、81.2%、86.8%、92.4%、94.2%和92.8%，大学受教育程度群体比例最高（94.2%），硕士研究生及以上群体次之,没上过学群体最低(69.6%),远远低于平均值(86.7%);选择"不愿意"过低碳、绿色生活的受访群体中,没上过学群体的比例最高(8.7%)。分析其原因,应该与他们接受的教育有限、缺乏对生态环境和环境道德必要的知识储备有关,对这部分人的环境道德教育亟待加强。

表3-41 不同受教育程度受访者过低碳、绿色生活的意愿(2016)

受教育程度	非常愿意 (%)	愿意 (%)	不愿意 (%)	说不清 (%)	有效样本量 (人)
没上过学	26.1	43.5	8.7	21.8	46
小学	39.0	42.2	7.1	11.6	154
初中	44.0	42.8	6.0	7.1	645
高中	44.9	47.5	3.4	4.1	1462
大学	47.2	47.0	2.6	3.3	3836
硕士研究生及以上	46.2	46.6	4.7	2.5	513

5. 不同婚姻状况受访者的差异化表现

如表3-42所示,未婚群体选择"非常愿意"和"愿意"过低碳、绿色生活的比例为93.8%,选择"不愿意"的为2.7%;已婚群体选择"非常愿意"和"愿意"过低碳、绿色生活的比例为92.4%,选择"不愿意"的为3.5%;离异群体选择"非常愿意"和"愿意"过低碳、绿色生活的比例为79.2%,选择"不愿意"的占9.6%;丧偶群体选择"非常愿意"和"愿意"过低碳、绿色生活的比例为81.8%,选择"不愿意"的占9.1%。

表3-42 不同婚姻状况受访者过低碳、绿色生活的意愿(2016)

婚姻状况	非常愿意 (%)	愿意 (%)	不愿意 (%)	说不清 (%)	有效样本量 (人)
未婚	45.7	48.1	2.7	3.5	3129
已婚	47.1	45.3	3.5	4.1	3223
离异	34.8	44.4	9.6	11.3	178
丧偶	40.0	41.8	9.1	9.1	110

6. 不同就业状况受访者的差异化表现

如表3-43所示,选择"非常愿意"和"愿意"过低碳、绿色生活的不同就业状况受访群体比例由高到低分别为：学生群体（95.0%）、离退休群体（93.2%）、在职群体（92.9%）和无业、失业群体（83.8%），无业、失业群体作出这一选择的比例最低，且远低于各群体的平均水平。与之相对，采取消极做法，选择"不愿意"过低碳、绿色生活的受访群体比例最高的是无业、失业群体（8.7%）。

表3—43　不同就业状况受访者过低碳、绿色生活的意愿（2016）

就业状况	非常愿意（%）	愿意（%）	不愿意（%）	说不清（%）	有效样本量（人）
在职	46.6	46.3	3.1	3.9	3526
离退休	53.2	40.0	3.3	3.5	487
学生	45.1	49.9	2.3	2.8	1775
无业、失业	38.6	45.2	8.7	7.5	321
其他	42.9	43.4	5.8	7.9	548

7. 不同职业受访者的差异化表现

如表3—44所示，选择"非常愿意"和"愿意"过低碳、绿色生活的不同职业受访群体，比例最高的为科教文卫专业技术人员（94.6%），其次为企业员工（94.1%）和机关事业单位领导干部（93.8%），农业劳动者（80.0%）和农村外出务工人员（85.5%）比例最低。在"不愿意"过低碳、绿色生活的受访群体中，农业劳动者的比例（9.0%）又远远高于其他群体。通过调研数据可以看出，受经济水平和认识水平的影响，农民（包括农业劳动者和农村外出务工人员）群体的环境道德意识仍然较为淡漠，农村生态文明建设亟须道德上的引导与维护。

表3—44　不同职业受访者过低碳、绿色生活的意愿（2016）

职业	非常愿意（%）	愿意（%）	不愿意（%）	说不清（%）	有效样本量（人）
机关事业单位领导干部	57.8	36.0	2.7	3.5	339
机关事业单位办事人员和有关人员	50.8	42.2	3.2	3.8	531
科教文卫专业技术人员	54.1	40.5	3.6	1.8	449
企业管理人员	44.6	47.9	4.0	3.4	401
企业员工	45.1	49.0	2.4	3.5	1283
商业服务业人员	39.5	51.2	4.7	4.6	301
私营企业主	42.7	43.3	6.1	7.9	164

职业	非常愿意（%）	愿意（%）	不愿意（%）	说不清（%）	有效样本量（人）
个体从业人员	44.2	43.9	3.4	8.4	321
农业劳动者	20.7	59.3	9.0	11.0	145
农村外出务工人员	35.7	49.8	5.6	9.0	213
军人	54.2	38.0	2.1	5.6	142
其他	45.9	47.8	3.1	3.2	2245

8. 不同收入水平受访者的差异化表现

如表3—45所示，月平均收入由低到高受访群体选择"非常愿意"和"愿意"过低碳、绿色生活的比例分别为93.9%、91.7%、92.4%、92.1%、88.7%，选择"不愿意"过低碳、绿色生活的比例分别为3.0%、3.6%、3.4%、3.6%和5.7%。可以看出，收入水平与选择低碳、绿色生活方式的意愿呈负相关。收入水平越高反而更不倾向于选择低碳、绿色的生活方式。这可能是因为高收入群体的消费水平高，消耗的生活资料也多，更倾向于攀比性、炫耀性、浪费性、一次性等非环保消费。同时，虽然高收入群体对环境质量有更高要求，也意识到低碳、绿色生活方式对于保护环境的重要性，"但是他们更关心自己生活质量是否受到环境影响，如果没有或者很少，他们依然倾向于选择富足与便利的物质生活，他们希望能够通过'搭便车'，而不会以身作则地为改善公共环境而努力"[1]。

表3—45　不同收入水平受访者过低碳、绿色生活的意愿（2016）

月平均收入	非常愿意（%）	愿意（%）	不愿意（%）	说不清（%）	有效样本量（人）
1000 元及以下	43.9	50.0	3.0	3.0	1503
1001—3000 元	47.0	44.7	3.6	4.7	1881
3001—5000 元	44.5	47.9	3.4	4.1	2011
5001—10000 元	50.3	41.8	3.6	4.4	716
10000 元以上	40.6	48.1	5.7	5.7	212

---

[1]　孙中伟、黄时进：《城市居民的低碳行为及态度——以上海市黄浦区为例》，《人口与发展》2015年第3期。

（二）对"您在日常生活中通常会对垃圾进行细致分类吗"的数据描述

"非常愿意"和"愿意"过低碳、绿色生活体现的仅仅是一种道德认知，能否转化为环境道德行为还需要很多环节，需要公众付出更多的努力。为考察公众的环境道德行为能力，我们设计了"您在日常生活中通常会对垃圾进行细致分类吗"这一题目。习近平总书记在 2016 年中央财经领导小组第十四次会议上指出，普遍推行垃圾分类制度，关系 13 亿多人生活环境改善，关系垃圾能不能减量化、资源化、无害化处理。[1] 面对日益增长的垃圾产量和环境状况恶化的局面，垃圾分类是对垃圾进行有效处置的一种科学方法，可以最大限度地实现垃圾资源利用，改善生存环境质量。但是，实际情况是垃圾分类在我国的实践并不理想，"我国从 2000 年开始在北京、上海、广州、南京、深圳、杭州、厦门、桂林 8 个城市开展垃圾分类收集试点，14 年的试点地区实践取得的实效不甚理想"[2]。如图 3-3 所示，60.1% 的受访者表示"偶尔"会对垃圾进行细致分类，占比最多；表示"经常"和"从不"进行垃圾分类的受访者分别占 21.6% 和 18.3%。通过调研可以看出，公众具有较高的环境道德认知，但存在知行不一的问题，生态行为还不稳定，还没有形成良好的绿色生活行为习惯。"居民垃圾分类意愿和行为存在差异，分类意愿的比例高于分类行为，较高的分类意愿并不必然导致较高的分类行为。"[3]

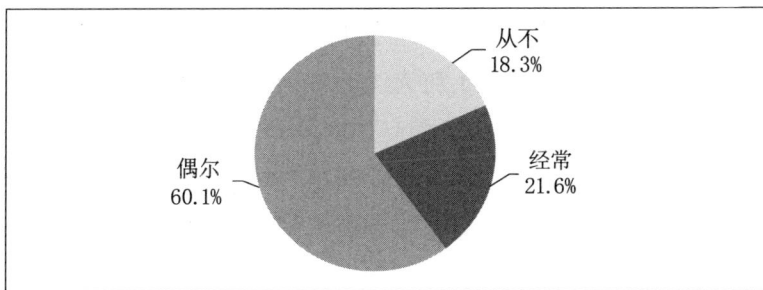

图 3-3　受访者践行垃圾分类的情况（2016）

---

[1] 《习近平主持召开中央财经领导小组第十四次会议强调　从解决好人民群众普遍关心的突出问题入手推进全面小康社会建设》，《人民日报》2016 年 12 月 22 日。

[2] 《我国 8 城市试点垃圾分类 14 年效果不明显》，人民网，2014 年 6 月 11 日。

[3] 陈绍军、李如春、马永斌：《意愿与行为的悖离：城市居民生活垃圾分类机制研究》，《中国人口·资源与环境》2015 年第 9 期。

1. 不同性别受访者的差异化表现

如表 3—46 所示，在回答"在日常生活中是否对垃圾进行细致分类"时，男性群体选择"偶尔"的占 58.1%，选择"经常"的占 23.4%，选择"从不"的占 18.5%；女性群体选择"偶尔"的占 61.3%，选择"经常"的占 19.7%，选择"从不"的占 19.1%。可以看出，无论是男性群体还是女性群体，均未形成稳定的垃圾分类生活方式。垃圾分类是一项家庭行为，受传统"男主外、女主内"的家庭分工思想的影响，女性参与家务更多。但是，相对于男性而言，女性参与垃圾分类的意愿更低，由此带来的负面影响也更大。

表 3—46　不同性别受访者践行垃圾分类的情况（2016）

性别	经常（%）	偶尔（%）	从不（%）	有效样本量（人）
男	23.4	58.1	18.5	3058
女	19.7	61.3	19.1	3575

2. 不同年龄受访者的差异化表现

如表 3—47 所示，对于"在日常生活中是否对垃圾进行细致分类"这一问题，从 20 岁以下到 60 岁及以上六个年龄组选择"经常"的比例分别为 18.6%、17.3%、21.4%、23.3%、35.2% 和 39.3%，其中 60 岁及以上受访者比例最高，20—29 岁受访者比例最低。选择"偶尔"的比例分别为 62.9%、64.0%、59.1%、59.0%、46.0%、42.4%，其中 20—29 岁受访者比例最高，60 岁及以上受访者比例最低。选择"从不"的比例分别为 17.9%、18.5%、19.0%、17.1%、18.1%、16.8%，其中 30—39 岁受访者比例最高，60 岁及以上受访者比例最低。可以看出，年龄越大，接受环保知识的主动性越强，越能付出一定的努力参与垃圾分类，尤其是老年人，其空闲时间多、节俭意识强，更愿意践行垃圾分类。

表 3—47　不同年龄受访者践行垃圾分类的情况（2016）

年龄	经常（%）	偶尔（%）	从不（%）	未选择（%）	有效样本量（人）
20 岁以下	18.6	62.9	17.9	0.6	844
20—29 岁	17.3	64.0	18.5	0.2	2618
30—39 岁	21.4	59.1	19.0	0.5	1470
40—49 岁	23.3	59.0	17.1	0.6	937

年龄	经常（%）	偶尔（%）	从不（%）	未选择（%）	有效样本量（人）
50—59 岁	35.2	46.0	18.1	0.6	463
60 岁及以上	39.3	42.4	16.8	1.5	328

3. 不同政治面貌受访者的差异化表现

如表 3−48 所示，对于"在日常生活中是否对垃圾进行细致分类"这一问题，27.1%的共产党员、18.5%的共青团员、27.0%的民主党派和无党派人士、20.7%的普通群众选择"经常"，共产党员占比最高；选择"偶尔"的比例分别为 57.3%、64.3%、51.4%、57.7%；选择"从不"的比例分别为 15.2%、16.9%、20.7%、20.9%，共产党员占比最低。综合积极行为和消极行为两方面的数据可以看出，共产党员表现出较高的环境道德素养。这与党的十八大以来，中国共产党面对可持续发展的时代潮流，面对人民群众对环境保护的期待和诉求，把生态文明建设作为增强党的执政能力、巩固党的执政基础的一项战略任务，持之以恒加以推进，不断加强对党员，特别是党员领导干部的环境道德教育密不可分。

表 3−48　不同政治面貌受访者践行垃圾分类的情况（2016）

政治面貌	经常（%）	偶尔（%）	从不（%）	未选择（%）	有效样本量（人）
共产党员	27.1	57.3	15.2	0.3	1536
共青团员	18.5	64.3	16.9	0.3	2256
民主党派和无党派人士	27.0	51.4	20.7	0.9	107
普通群众	20.7	57.7	20.9	0.7	2774

4. 不同受教育程度受访者的差异化表现

如表 3−49 所示，对于"在日常生活中是否对垃圾进行细致分类"这一问题，没上过学、小学、初中、高中、大学、硕士研究生及以上受教育程度受访者选择"经常"的比例分别为 17.4%、26.6%、24.2%、21.8%、21.1%、20.3%，没上过学的受访者的比例最低。选择"偶尔"的比例分别为 41.3%、46.1%、58.6%、59.8%、60.4%、62.4%，没上过学的受访者的比例最低。选择"从不"的比例分别为 39.1%、26.0%、16.7%、17.9%、18.1%、17.2%，没上过学的受访者的比例最高。分析上述数据可以看出，受教育程度越高，环保知识较多、环保意识更强，更可能选择垃圾分类。没上过学的受访者选择积极的垃圾处理方式的比例在所有群体中最低,更倾向于采用消极的垃圾处理方式。

表 3—49　不同受教育程度受访者践行垃圾分类的情况(2016)

受教育程度	经常(%)	偶尔(%)	从不(%)	未选择(%)	有效样本量(人)
没上过学	17.4	41.3	39.1	2.2	46
小学	26.6	46.1	26.0	1.3	154
初中	24.2	58.6	16.7	0.5	645
高中	21.8	59.8	17.9	0.5	1462
大学	21.1	60.4	18.1	0.4	3836
硕士研究生及以上	20.3	62.4	17.2	0.2	513

5. 不同婚姻状况受访者的差异化表现

如表 3-50 所示,对于"在日常生活中是否对垃圾进行细致分类"这一问题,未婚受访群体选择"偶尔"的占 63.3%,选择"经常"的占 17.9%,选择"从不"的占 18.4%;已婚受访群体选择"偶尔"的占 57.8%,选择"经常"的占 24.6%,选择"从不"的占 17.1%;离异受访群体选择"偶尔"的占 52.2%,选择"经常"的占 19.1%,选择"从不"的占 28.7%;丧偶受访群体选择"偶尔"的占 31.8%,选择"经常"的占 36.4%,选择"从不"的占 30.0%。

表 3—50　不同婚姻状况受访者践行垃圾分类的情况(2016)

婚姻状况	经常(%)	偶尔(%)	从不(%)	未选择(%)	有效样本量(人)
未婚	17.9	63.3	18.4	0.3	3129
已婚	24.6	57.8	17.1	0.6	3223
离异	19.1	52.2	28.7	0.0	178
丧偶	36.4	31.8	30.0	1.8	110

6. 不同就业状况受访者的差异化表现

如表 3-51 所示,在垃圾积极处理方式方面,有 21.9% 的在职受访者、38.4% 的离退休受访者、16.5% 的学生受访者、15.9% 的无业和失业受访者选择

"经常"进行垃圾分类,其中离退休受访者的比例最高;有59.9%的在职受访者、44.4%的离退休受访者、64.6%的学生受访者、58.3%的无业和失业受访者选择"偶尔"进行垃圾分类,学生受访者的比例最高。在垃圾消极处理方式方面,有17.8%的在职受访者、16.4%的离退休受访者、18.6%的学生受访者、25.5%的无业和失业受访者表示"从不"对垃圾进行细致分类。

表 3-51　不同就业状况受访者践行垃圾分类的情况（2016）

就业状况	经常（%）	偶尔（%）	从不（%）	未选择（%）	有效样本量（人）
在职	21.9	59.9	17.8	0.4	3526
离退休	38.4	44.4	16.4	0.8	487
学生	16.5	64.6	18.6	0.3	1775
无业、失业	15.9	58.3	25.5	0.3	321
其他	23.9	58.0	17.2	0.9	548

7. 不同职业受访者的差异化表现

如表 3-52 所示,对于"在日常生活中是否对垃圾进行细致分类"这一问题,选择"经常"比例最高的三个受访职业群体分别是军人（43.7%）、机关事业单位领导干部（31.6%）、企业管理人员（30.7%），比例最低的三个职业群体分别为农业劳动者（13.8%）、企业员工（18.9%）和农村外出务工人员（20.2%）。选择"从不"比例最高的三个职业群体分别是农村外出务工人员（21.6%）、农业劳动者（20.0%）和商业服务业人员（19.6%）。可以看出,与其他职业群体相比,农业劳动者和农村外出务工人员较少会选择积极的垃圾处理方式,值得引起注意。

表 3-52　不同职业受访者践行垃圾分类的情况（2016）

职业	经常（%）	偶尔（%）	从不（%）	未选择（%）	有效样本量（人）
机关事业单位领导干部	31.6	55.2	13.3	0.0	339
机关事业单位办事人员和有关人员	20.3	59.7	19.5	0.6	531
科教文卫专业技术人员	29.2	54.1	16.5	0.2	449
企业管理人员	30.7	51.6	17.5	0.2	401
企业员工	18.9	61.3	19.3	0.4	1283

职业	经常（%）	偶尔（%）	从不（%）	未选择（%）	有效样本量（人）
商业服务业人员	20.6	59.5	19.6	0.3	301
私营企业主	23.2	57.3	18.3	1.2	164
个体从业人员	20.4	60.2	18.1	1.2	321
农业劳动者	13.8	63.4	20.0	2.8	145
农村外出务工人员	20.2	57.7	21.6	0.5	213
军人	43.7	47.2	9.2	0.0	142
其他	18.4	62.8	18.6	0.3	2245

8. 不同收入水平受访者的差异化表现

如表3—53所示，对于"在日常生活中是否对垃圾进行细致分类"这一问题，月平均收入1000元及以下受访者选择"偶尔"的占64.3%，选择"经常"的占17.4%，选择"从不"的占18.0%；月平均收入1001—3000元受访者的数据分别为60.8%、20.2%和18.6%；月平均收入3001—5000元受访者的数据分别为58.8%、23.2%和17.6%；月平均收入5001—10000元受访者的数据分别为50.4%、30.0%和19.3%；月平均收入10000元以上受访者的数据分别为55.2%、24.1%、19.8%。

表3—53　不同收入水平受访者践行垃圾分类的情况（2016）

月平均收入	经常（%）	偶尔（%）	从不（%）	未选择（%）	有效样本量（人）
1000元及以下	17.4	64.3	18.0	0.3	1503
1001—3000元	20.2	60.8	18.6	0.5	1881
3001—5000元	23.2	58.8	17.6	0.5	2011
5001—10000元	30.0	50.4	19.3	0.3	716
10000元以上	24.1	55.2	19.8	0.9	212

四、个人与网络关系领域公德状况跟踪调查数据描述

中国互联网络信息中心（CNNIC）2021年8月27日发布的第48次《中国互联网络发展状况统计报告》显示，截至2021年6月，我国网民规模达10.11亿，

互联网普及率达 71.6%；我国手机网民规模达 10.07 亿，网民使用手机上网的比例为 99.6%。这一统计再次表明，网络已经成为公共领域社会交往和公共生活的重要活动空间。对于网民乃至整个社会来说，网络化生存环境、网络化生产方式、网络化生活方式正逐渐成为社会现实。为了反映当前个人与网络空间领域的社会公德状况及其发展变化情况，本调查专门设计了有关网络公德的两个题目："您认为当前网络道德生活中最突出的问题是""有人认为在网络生活中可以随心所欲，您对这种观点的看法"。其中，第一个题目为本次调查新设，考察网络道德生活现状和存在的问题；第二个题目考察网民对网上个人行为的责任担当。对这两个问题的回答，在一定程度上能够反映出个人与网络关系领域社会公德的现状及发展变化情况。

（一）关于"当前网络道德生活中最突出的问题"的数据描述

随着互联网络的兴起与快速发展，网络正在全方位地渗入社会生产与日常生活中，人们的价值标准、行为方式、思维方式和生活方式也随之发生重大的改变。与此同时，网络所带来的负面影响日益显现，并引发了一系列的网络道德失范问题。网络道德失范问题不仅给网络自身的建设与发展带来阻碍，同时也给社会的经济发展、和谐稳定带来不利因素与干扰。如图 3—4 所示，对于"当前网络道德生活中最突出的问题"，26.4% 的受访者认为是"网络诈骗"，占比最多；认为"网络语言、内容低俗化"（26.0%）、"网络谣言"（20.6%）是最突出问题的受访者占比同样超过 20.0%；还有 18.9% 的受访者选择了"网络语言暴力"。网络诈骗、网络语言和内容低俗化、网络谣言以及网络语言暴力成为当前网络道德生活中存在的突出问题。

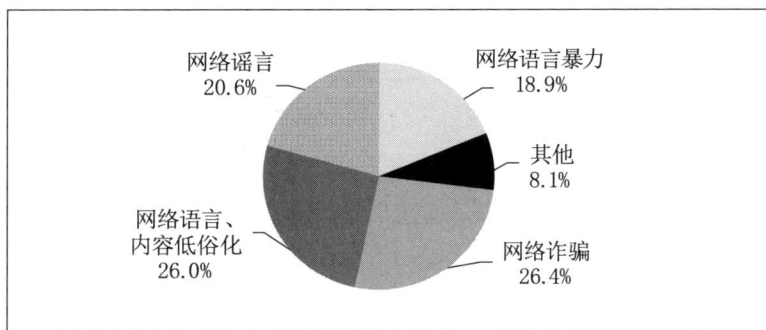

图 3—4　受访者对"当前网络道德生活中最突出问题"的总体看法（2016）

（二）对"在网络生活中可以随心所欲"态度的数据描述

"互联网技术的飞速发展，为公民行使言论自由权利开辟了一条空前便捷的途径，催生了与现实空间并存的网络空间这一领域，其独特的表达载体、全新的表达空间甚至富有特色的表达形式，造就了网络言论空间。"[①]可以说，网络这个虚拟世界为网民获取信息、发表观点提供了新的空间。怎样看待网络上的自由与规范？本题目就是调查网民在这个问题上的基本认识，其目的是考察网民对网络上个人行为的担当。如表3—54所示，2016年，对于"在网络生活中可以随心所欲"这一观点，69.3%的受访者明确表示"反对"。这说明大多数人认识到，人们在网络生活中并不能随心所欲，而是要受到法律、道德等各种规范的约束。表示"赞同"和"比较赞同"的受访者占10.8%，这说明当前我国加强网络道德建设的必要性。此外，还有19.9%的受访者表示"说不清"。与2006年相比，表示"反对"的增长了12.76%，表示"赞同"和"比较赞同"的下降了18.76%。综合两次调研结果可以看出，现在网民更加认识到在网络上不能任性。在私人话题领域，言论自由不得损害他人权利，与他人可以讨论甚至争论，但不能谩骂、诽谤、侮辱、恶意中伤他人，更不能侵犯他人隐私权、名誉权。在公共领域，虽然可以对政府提出意见、建议和批评，但不能造谣和故意歪曲事实误导公众。

表3—54　受访者对"在网络生活中可以随心所欲"的看法

观点	调研年份	频数（人）	占比（%）
赞同	2016	135	2.0
	2006	341	8.43
比较赞同	2016	583	8.8
	2006	855	21.13
反对	2016	4597	69.3
	2006	2288	56.54
说不清	2016	1323	19.9
	2006	563	13.91
有效样本量（人）	2016	6638	100.0
	2006	4047	100.00

---

① 朱恒顺：《网络言论需要自由却不可"任性"》，《中国青年报》2015年7月1日。

1. 不同性别受访者的差异化表现

如表 3−55 所示,对于"在网络生活中可以随心所欲"这一观点,男性受访者选择"反对"的,2016 年占 67.6%,2006 年为 55.46%;选择"赞同"和"比较赞同"的,2016 年共计 12.6%,2006 年为 30.31%。女性受访者选择"反对"的,2016 年占 70.1%,2006 年为 57.91%;选择"赞同"和"比较赞同"的,2016 年共计 9.0%,2006 年为 28.72%。可以看出,无论男性还是女性受访者,对"在网络生活中可以随心所欲"持批评态度的比例都大幅提升,反映出这几年的网络道德教育取得了明显成效。

表 3−55　不同性别受访者对"在网络生活中可以随心所欲"的看法

性别	调研年份	赞同 (%)	比较赞同 (%)	反对 (%)	说不清 (%)	有效样本量 (人)
男	2016	2.5	10.1	67.6	19.9	3058
	2006	8.61	21.70	55.46	14.23	2171
女	2016	1.6	7.4	70.1	20.9	3575
	2006	8.24	20.48	57.91	13.37	1870

2. 不同年龄受访者的差异化表现

如表 3−56 所示,2016 年,对于"在网络生活中可以随心所欲"这一观点,从 20 岁以下到 60 岁及以上六个年龄组受访者,选择"赞同"和"比较赞同"的合计分别为 11.4%、9.8%、12.2%、11.4%、10.6%、9.1%。其中,30—39 岁受访者持肯定态度的比例最高,2006 年持肯定态度比例最高的为 20—29 岁的受访者(32.98%);60 岁及以上的受访者持肯定态度的的比例最低,2006 年持肯定态度比例最低的同样为 60 岁及以上的受访者(18.34%)。选择"反对"的比例,20 岁以下的受访者最高(72.9%),20—29 岁的受访者次之(71.0%),30—39 岁的受访者最低(63.3%)。

表 3−56　不同年龄受访者对"在网络生活中可以随心所欲"的看法

年龄	调研年份	赞同 (%)	比较赞同 (%)	反对 (%)	说不清 (%)	有效样本量 (人)
20 岁以下	2016	1.9	9.5	72.9	15.7	844
	2006	10.65	15.38	58.58	15.38	169

年龄	调研年份	赞同（%）	比较赞同（%）	反对（%）	说不清（%）	有效样本量（人）
20—29岁	2016	1.9	7.9	71.0	19.2	2618
	2006	8.88	24.10	54.87	12.15	1983
30—39岁	2016	2.1	10.1	63.3	24.4	1470
	2006	7.73	20.85	57.78	13.63	983
40—49岁	2016	1.6	9.8	68.3	20.2	937
	2006	9.67	15.61	57.06	17.66	538
50—59岁	2016	3.7	6.9	67.8	21.6	463
	2006	6.42	16.60	60.38	16.60	265
60岁及以上	2016	1.8	7.3	68.6	22.2	328
	2006	1.83	16.51	60.55	21.10	109

3.不同政治面貌受访者的差异化表现

如表3−57所示，2016年，从政治面貌角度看，对于"在网络生活中可以随心所欲"这一观点，共产党员选择"反对"的占77.4%，共青团员选择"反对"的占75.3%，远远高于民主党派和无党派人士（69.2%）和普通群众（58.9%）。这与2006年的调研结果相一致。由此可见，共产党员和共青团员较之其他组别具有更强的网络法治观念和道德素养。这与近年来我们切实完善网络法治体系，加强对各群体的网络道德建设密不可分。特别是2017年8月1日，中共中央宣传部、中共中央组织部、中央网信办联合印发《关于规范党员干部网络行为的意见》，要求"党员干部不准参与以下网络传播行为：发表违背党的基本路线，否定四项基本原则，歪曲党的政策，或者其他有严重政治问题的文章、演说、宣言、声明等"。这一通知对党员的网络言行提出了明确要求。应该看到，虽然说党员特别是党员领导干部和普通公民一样，有权利在网络空间发表评论、转载文章，但这种转载不能任性，必须坚定政治立场，弘扬网络正能量。

表 3－57　不同政治面貌受访者对"在网络生活中可以随心所欲"的看法

政治面貌	调研年份	赞同（%）	比较赞同（%）	反对（%）	说不清（%）	未选择（%）	有效样本量（人）
共产党员	2016	2.0	7.4	77.4	13.0	0.3	1536
	2006	7.17	18.09	62.06	12.68	—	962
共青团员	2016	1.7	7.4	75.3	15.1	0.4	2256
	2006	8.00	23.51	56.00	12.49	—	1425
民主党派和无党派人士	2016	2.8	14.0	69.2	13.1	0.9	107
	2006	7.69	30.77	53.85	7.69	—	39
普通群众	2016	2.3	10.3	58.9	27.7	0.8	2774
	2006	9.82	21.12	53.22	15.84	—	1477

4. 不同受教育程度受访者的差异化表现

如表 3－58 所示，2016 年，从受教育程度角度看，对于"在网络生活中可以随心所欲"这一观点，硕士研究生及以上受访者明确表示"反对"的比例最高（84.8%），没上过学的受访者表示"反对"的比例最低（45.7%），远远低于平均值。这种规律性与 2006 年的调研相一致。综合两次调研可以明显看出，受教育程度与网络道德认知有着明显的正相关性，受教育程度较高的人对网络上的自由与责任、自由与规范、自由与纪律的了解更为深刻，也更愿意采取理性的网络生活方式。

表 3－58　不同受教育程度受访者对"在网络生活中可以随心所欲"的看法

受教育程度	调研时间	赞同（%）	比较赞同（%）	反对（%）	说不清（%）	有效样本量（人）
没上过学	2016	6.5	10.9	45.7	37.0	46
	2006	27.27	27.27	36.36	9.09	11
小学	2016	5.8	16.9	46.8	30.5	154
	2006	13.33	21.67	43.33	21.67	60
初中	2016	2.5	12.4	53.6	31.5	645
	2006	8.89	16.89	52.00	22.22	450
高中	2016	2.8	9.6	62.7	24.9	1462
	2006	10.50	22.23	51.95	15.31	1228

续表

受教育程度	调研时间	赞同（%）	比较赞同（%）	反对（%）	说不清（%）	有效样本量（人）
大学	2016	7.7	1.6	72.8	17.8	3636
	2006	6.77	21.68	59.74	11.82	2039
硕士研究生及以上	2016	1.0	6.4	84.8	7.8	513
	2006	9.35	19.51	64.63	6.50	246

5. 不同婚姻状况受访者的差异化表现

如表3-59所示，2016年，对于"在网络生活中可以随心所欲"这一观点，未婚受访者选择"反对"的占73.0%，选择"赞同"的占1.8%，选择"比较赞同"的占7.6%；已婚受访者选择"反对"的占65.8%，选择"赞同"的占2.0%，选择"比较赞同"的占9.2%；离异受访者选择"反对"的占60.7%，选择"赞同"的占3.4%，选择"比较赞同"的占15.2%；丧偶受访者选择"反对"的占58.2%，选择"赞同"的占6.4%，选择"比较赞同"的占12.7%。2006年，未婚和已婚受访者选择"反对"的比例也高于离异和丧偶受访者。

表3-59 不同婚姻状况受访者对"在网络生活中可以随心所欲"的看法

婚姻状况	调研时间	赞同（%）	比较赞同（%）	反对（%）	说不清（%）	有效样本量（人）
未婚	2016	1.8	7.6	73.0	17.6	3129
	2006	9.30	24.34	54.52	11.84	1968
已婚	2016	2.0	9.2	65.8	23.1	3223
	2006	7.53	17.67	59.24	15.56	1992
离异	2016	3.4	15.2	60.7	20.8	178
	2006	9.26	29.63	44.44	16.67	54
丧偶	2016	6.4	12.7	58.2	22.7	110
	2006	7.69	23.08	38.46	30.77	13

6. 不同就业状况受访者的差异化表现

如表3-60所示，2016年，从就业状况角度看，对于"在网络生活中可以随心所欲"这一观点,选择"反对"比例最高的受访群体为学生(80.9%),离退休群体(71.0%)和在职群体(66.5%)次之,无业和失业群体的比例最低,只有56.1%,远低于其他群体。2006年的调研也显示,无业和失业群体在同一问题上的比例最低,说明该群体的网络道德教育亟待加强。

表3—60　不同就业状况受访者对"在网络生活中可以随心所欲"的看法

就业状况	调研时间	赞同（%）	比较赞同（%）	反对（%）	说不清（%）	有效样本量（人）
在职	2016	2.2	9.2	66.5	22.2	3526
	2006	9.00	21.03	56.24	13.73	2710
离退休	2016	2.7	8.2	71.0	18.0	487
	2006	4.29	13.57	65.71	16.43	140
学生	2016	1.3	6.3	80.9	11.5	1775
	2006	6.16	23.67	60.47	9.71	731
无业、失业	2016	2.5	12.8	56.1	28.6	321
	2006	10.93	25.10	42.92	21.05	247
其他	2016	2.6	12.0	50.5	34.8	548
	2006	8.46	13.93	56.72	20.90	201

7. 不同职业受访者的差异化表现

如表3—61所示,2016年,从职业角度看,对于"在网络生活中可以随心所欲"这一观点,受访者的态度表现出明显的职业差异性。选择"反对"比例最高的三个群体为科教文卫专业技术人员(75.7%)、军人(70.4%)和机关事业单位领导干部(70.2%),2006年分别为科教文卫专业技术人员(64.38)、机关事业单位办事人员和有关人员(63.87%)和机关事业单位领导干部(58.93%);比例最低的三个群体为农业劳动者(42.1%)、农村外出务工人员(46.9%)和私营企业主(51.2%),远远低于各职业分组的平均水平,2006年分别为农业劳动者(46.97%)、农村外出务工人员(50.53%)和企业员工(51.60%)。综合两次调研结果可以看出,农业劳动者、农村外出务工人员、企业员工、私营企业主等职业群体对待网络自由的态度须引起我们格外注意。

表 3-61 不同职业受访者对"在网络生活中可以随心所欲"的看法

职业	调研时间	赞同(%)	比较赞同(%)	反对(%)	说不清(%)	有效样本量(人)
机关事业单位领导干部	2016	4.4	10.3	70.2	15.0	339
	2006	8.04	20.09	58.93	12.95	224
机关事业单位办事人员和有关人员	2016	3.2	9.8	67.8	19.2	531
	2006	4.38	18.61	63.87	13.14	274
科教文卫专业技术人员	2016	2.2	7.8	75.7	14.2	449
	2006	5.63	17.81	64.38	12.19	320
企业管理人员	2016	1.0	10.7	65.6	22.7	401
	2006	8.81	22.49	54.10	14.59	329
企业员工	2016	1.9	9.0	66.9	22.2	1283
	2006	11.18	24.92	51.60	12.30	626
商业服务业人员	2016	1.7	12.3	62.8	23.3	301
	2006	9.54	22.34	55.31	12.81	367
私营企业主	2016	3.0	15.9	51.2	29.9	164
	2006	14.18	16.31	55.32	14.18	141
个体从业人员	2016	0.9	5.6	57.9	35.5	321
	2006	9.18	21.09	56.80	12.93	294
农业劳动者	2016	2.1	17.2	42.1	38.6	145
	2006	7.58	16.67	46.97	28.79	66
农村外出务工人员	2016	4.2	13.6	46.9	35.2	213
	2006	13.68	9.47	50.53	26.32	95
军人	2016	2.8	8.5	70.4	18.3	142
	2006	10.94	15.63	56.25	17.19	64
其他	2016	1.5	6.4	76.2	16.0	2245
	2006	8.75	21.25	50.00	20.00	80

8. 不同收入水平受访者的差异化表现

如表 3-62 所示,2016 年,从收入水平角度看,对于"在网络生活中可以随心所欲"这一观点,月平均收入 1000 元及以下的受访者选择"反对"的占

77.6%,选择"赞同"和"比较赞同"的共计占8.4%;月平均收入1001—3000元的受访者选择"反对"占60.9%,选择"赞同"和"比较赞同"的共计占13.2%;月平均收入3001—5000元的受访者选择"反对"的占67.3%,选择"赞同"和"比较赞同"的共计占10.9%;月平均收入5001—10000元的受访者选择"反对"的占71.9%,选择"赞同"和"比较赞同"的共计占9.5%;月平均收入10000元以上的受访者选择"反对"的占65.6%,选择"赞同"和"比较赞同"的共计占15.1%。选择"反对"比例最高的群体为月平均收入1000元及以下的受访者,比例最低的为月平均收入1001—3000元的受访者。如表3—63所示,2006年,不同收入水平受访者选择"反对"的比例也高于其他选项。

表3—62 不同收入水平受访者对"在网络生活中可以随心所欲"的看法(2016)

月平均收入	赞同（％）	比较赞同（％）	反对（％）	说不清（％）	有效样本量（人）
1000元及以下	1.5	6.9	77.6	14.0	1503
1001—3000元	2.5	10.7	60.9	26.0	1881
3001—5000元	1.9	9.0	67.3	21.8	2011
5001—10000元	1.8	7.7	71.9	18.6	716
10000元以上	5.2	9.9	65.6	19.4	212

表3—63 不同收入水平受访者对"在网络生活中可以随心所欲"的看法(2006)

月平均收入	赞同（％）	比较赞同（％）	反对（％）	说不清（％）	有效样本量（人）
500元及以下	10.24	16.57	54.22	18.98	332
501—1000元	10.36	21.52	52.59	15.54	1120
1001—1500元	7.25	21.92	54.89	15.94	552
1501—2000元	6.90	18.66	63.62	10.82	536
2001—3000元	4.98	19.94	62.62	12.46	321
3000元以上	10.39	25.65	53.25	10.71	308

第二节　公民社会公德现状及原因分析

科学分析新时代社会公德整体状况及党的十八大以来社会公德的发展变化情况,除了具备正确的理论方法,更需要科学理论指导下的实证研究。基于此,本书采用问卷调研与跟踪对比的方式,从宏观上把脉新时代社会公德现状,跟踪党的十八大以来社会公德的发展变化历程;从微观上分别对个人与他人、个人与社会、个人与自然和个人与网络四大关系领域的公德现状及发展情况进行描述性分析。在数据对比和理论分析的基础上,本书认为,整体向善向上是党的十八大以来社会公德发展变化的主流。肯定我国现阶段社会公德的主流是道德合范和道德进步,但也不能否认公德失范和公德滑坡现象的存在。应当看到,公德失范、公德退步或公德滑坡现象虽然不是当下我国社会公德的本质和主流,却是不容忽视的。

一、社会公德整体态势向上向好

通过上述分析,必然会得出这样的结论:我国公德状况的主流是向善向上的。事实证明,2006年以来我国社会公德的发展进步,在总体上是与我国经济社会的发展进步同向同行的,社会公德的主流是积极、进步、向善的。

（一）公德调节领域发展状况

从公德调节领域看,2006年以来个人与他人、个人与社会等传统公共领域的公德状况继续向好,个人与自然、个人与网络等新兴公共领域的公德状况也显著改善,公德调节领域的深度和广度持续拓展。

1.个人与他人关系领域的公德状况良好

我们设计了对于"己所不欲,勿施于人"这种为人处世原则的看法,考察传统人我关系观念在今天的认同程度;设计了对"各人自扫门前雪,休管他人瓦上霜"这种为人处世原则的看法,考察自我与他人之间的处世原则;设计了"当有人倒在您面前,您会怎么做"这一问题,考察在特殊道德情境下人与人的道德关系。调研发现,2006年以来,受访者对"己所不欲,勿施于人"这种为人处世原则始终保持较高的认同程度,有着比较谦和、礼让的为人处世原则。从整体上看,对于"己所不欲,勿施于人"的为人处世原则,2016 年,64.8% 的受访者表示"同意"和"非常同意"。对比来看,2006 年表示"同意"和"非常同意"的受访者共计 60.99%,10 年后这一数据增长 3.81%,说明这项传统的人我关系原则依然为大多数人所认同和接受,并且其认同度持续提升。对于"各人自扫门前雪,休管他人瓦上霜"为人处世原则的看法,2016 年合计 52.8% 的受访者表示"比较反对"和"非常反对",2006 年这一数据为 58.84%。综合两次调研可以看出,2006 年以来,对"各人自扫门前雪,休管他人瓦上霜"这项为人处世原则持赞同意见的受访者减少了 5.19%,这是一个可喜的变化。

2. 个人与社会关系领域的公德状况良好并继续向好

个人与社会关系涉及个人与集体的关系、个人与公共物品的关系、规则意识、角色意识等重要问题。2016 年的调研显示,大部分受访者的公私观念合理,当个人利益与集体利益发生冲突时,多数人仍然倾向于优先考虑集体利益,一部分人的公私价值观取向朝着公私兼顾的方向发展。在现实生活中,更多的人在个体利益与集体利益、奉献与索取、自我利益与他人利益之间寻求平衡。进一步分析,当个人利益与集体利益发生冲突时,超过半数(50.4%)的受访者表示会"先考虑集体利益,再考虑个人利益",占比最多,比 2006 年(44.99%)提升 5.41%。这表明,与 2006 年相比,大部分受访者仍然倾向于优先考虑集体利益,总体价值取向是可取的。对于"把失物还给失主应否得到报酬"这一问题,72.5% 的受访者认为"不应该",占有绝对优势;表示需要"看情况而定"的受访者占 16.6%,而 2006 年的调研数据为 36.10%;仅有 6.7% 的受访者认为"应该"索取报酬,而 2006 年的调研数据为 11.57%;此外,还有 4.2% 的受访者表示"说不清"。数据表明,我国拾金不昧的优良传统依然得到大多数人的认同,传统道德话语的优势更加明显。对于"如果您手里有一张百元假钞,您会如何处理"这一问题,42.5% 的受访者表示"交银行处理"(比 2006 年上升 7.88%),占比最多。

3. 个人与自然关系领域的公德状况持续改善

处理个人与自然的关系是社会公德的重要任务,爱护生态环境是社会公德的重要规范要求。2016 年的调研显示,92.8% 的受访者表示"愿意"和"非常愿意"过低碳、绿色生活。可以看出,公众对环境道德的重要性有着清醒的认识,能够认识到我们面临的种种环境危机本质上是生态意识的危机,或说是道德观、价值观的危机,愿意把道德关怀扩展到人之外的自然存在物,用道德调节个人与自然的关系,从伦理的角度反思环境问题并寻求出路。"非常愿意"和"愿意"过低碳、绿色生活体现的仅仅是一种道德认知,能否转化为环境道德行为还需要很多环节,需要公众付出努力。为考察公众的环境道德行为能力,我们设计了"您在日常生活中通常会对垃圾进行细致分类吗"这一题目。调研显示,60.1%的受访者表示"偶尔"会对垃圾进行细致分类,占比最多;表示"经常"和"从不"进行垃圾分类的受访者分别占21.6%和18.3%。通过调研可以看出,公众具有较高的环境道德认知,但存在知行不一的问题,生态行为还不稳定、不经常,还没有形成良好的生态行为习惯。

4. 个人与网络关系领域的公德状况成为新的关注点

社会公德建设是做人的工作,人在哪里,工作就在哪里。随着科技的进步和公众生活方式、学习方式的转变,从宏观上说,社会公德建设已经从人与人、个人与社会、个人与自然三大关系领域扩展到人与人、个人与社会、个人与自然和个人与网络四大关系领域,公德建设的"四德"并进。公德由作为调节人与人之间、个人与社会之间、个人与自然之间关系的行为规范,扩展到因对网络文明的重视而建立起的调节个人与网络之间关系的道德要求。2006年以来,公众遵守网络道德的意识持续增强。2016年,对于"在网络生活中可以随心所欲"这一观点,69.3%的受访者明确表示"反对",表示"赞同"和"比较赞同"的受访者占10.8%。与2006年相比,表示"反对"的受访者增长了12.76%,表示"赞同"和"比较赞同"的下降了18.76%。另一方面,与2006年相比,现在的网民更加认识到在网络上不能任性。对于"网吧里,在您之前使用过这台电脑的人走时没有退出信箱,您的做法"这一问题,选择"随手关掉"的居首位,占82.02%。这说明,多数网民十分尊重他人的网络隐私。

（二）个体公德素养发展状况

从个体公德素养看,公众对一般要求的公德规范能做到知情意行统一,对具有较高要求的特殊公德具有良好的认知和情感,行为方式趋于理性。

1. 具有良好的社会公德认知

社会公德首先作为一种公德认知而存在。这种意义上的公德体现着人们认识和理解社会公德的广度和深度。调研显示,公众对于社会公德的重要意义、核心原则、基本规范、主要要求等有着较为全面的认知。比如,对于社会主义核心价值观,39.5%的受访者表示"大体知道内容",占比最多;合计40.1%的受访者表示"十分熟悉"和"熟悉";表示"听说过"的受访者占12.1%;仅有8.2%的受访者表示"说不清"。可喜的是,受访者对于新兴公共领域社会公德的认知水平也有大幅度的提升。比如,92.8%的受访者表示"愿意"和"非常愿意"过低碳、绿色生活;对于"在网络生活中可以随心所欲"这一观点,69.3%的受访者明确表示"反对",与2006年相比,表示"反对"的增长了12.76%,增长显著。

2.具有良好的社会公德情感

社会公德绝不仅是理智和利益的冰冷组合。不深入剖析人们的公德情感体验,就无法准确理解人的公德行为表现。公德情感体现了人们对待公德规范的情感态度,是我们从事社会公共活动的基础。它在无形中搭建了人与人之间交流的桥梁,作为一种无声的情感传递方式、一种无声的隐性力量伴随着我们。2006年以来,公众的道德感、义务感、信任感、关爱感、耻辱感等都有积极变化。比如,对于"某银行女职员与持刀抢劫银行的歹徒英勇搏斗而受伤"这一行为,55.8%的受访者表示"很钦佩,但我不能肯定自己能做到";表示"很崇高,我也会这样做"的受访者占17.3%;表示"很高尚,但我不愿意这样做"的受访者占10.4%。三者合计,共计有83.5%的受访者认为这种行为很崇高。

3.对具有较高要求之特殊公德的践行更加理性

比如,见义勇为是带有英雄色彩的"英雄道德",需要有较高的道德觉悟。为了解在现实社会中公民对见义勇为的态度和践行情况如何,我们在问卷中设计了"假如您看到小偷在公交车上行窃,您会如何处理"这一问题。调查显示,44.4%的受访者表示会"设法提醒被偷者",占比最多;各有近两成受访者表示会"设法报警"(16.6%)和"先看看周围的人怎么做,再作决定"(16.5%);选择"上前阻止"的受访者比例不足10.0%。在2006年的调研中,选择"设法报警"的占42.39%,比例最高;其次是"先看看周围的人怎么做,再作决定",占19.05%;选择"上前阻止"的占15.71%。通过跟踪调查可以看出,假如看到小偷在公交车上行窃,选择"设法提醒被偷者""设法报警"的受访者最多;多数受访者认为"上前阻止"的行为很崇高,但不能保证自己做到,说明公众见义勇为的行为更趋理性。

(三)群体公德水平发展状况

从群体道德看,各群体对公德问题的认同趋同,道德分歧缩小。各群体公德素养继续向上向好：共产党员和共青团员群体的公德意识突出；青年群体特别是学生群体的公德素养提升明显；知识精英和高收入群体的公德意识总体水平较高，表现出更多的理性因素；弱势群体经济贫困但精神不贫困，尤其表现出对传统文化的坚守。

1. 不同群体对社会公德的认识和评价分歧缩小

在前面的分析中我们已经看到，无论是 2016 年还是 2006 年的调查数据都表明，不同职业、不同收入、不同受教育程度、不同职业等人群对公民道德状况的认识和评价都存在二元分化，且分化态势显著。但同 2006 年相比，2016 年的差异幅度大幅缩窄了。从这项对比数据及数据之间的相互佐证关系来看，2006 年以来我国公民道德建设不仅使社会公德的整体水平大幅提升，更在弥合不同群体之间的公德认识和评价分歧上取得了重大突破。

2. 共产党员和共青团员群体的公德意识突出

共产党员和共青团员群体能够以先进的公德标准来要求自己，他们不仅是高尚公德的宣传者，更是高尚公德的积极践行者，表现出较高的公德水平和道德行为选择能力。调研显示，对于"当有人倒在您面前，您会怎么做"这一问题，共产党员选择"主动给予帮助、救助"和"当有人救助时会帮一把"的共计为92.0%，共青团员为90.2%，民主党派和无党派人士为60.7%，普通群众为83.7%，共产党员和共青团员占比最高。对于"把失物还给失主应否得到报酬"这一问题，77.2% 的共产党员、72.4% 的共青团员、64.4% 的民主党派和无党派人士、69.5% 的普通群众选择"不应该"，共产党员和共青团员群体明显高于其他群体。对于是否愿意过低碳、绿色生活，选择"非常愿意"和"愿意"的比例，共产党员为95.9%，共青团员为94.6%，比例最高。对于"在网络生活中可以随心所欲"这一观点，共产党员选择"反对"的占77.4%，共青团员选择"反对"的占75.3%，远远高于民主党派和无党派人士（69.2%）和普通群众（58.9%）。

3. 青年群体特别是学生群体的公德素养提升明显

得益于 2006 年以来学校道德教育的扎实有效推进，青年和学生群体对人与他人、个人与社会、个人与自然、个人与网络等公共生活诸领域社会公德的知情意行都有了大幅提升。对于传统美德，在所有受访群体中，79.2% 的受访学生群体对"己所不欲，勿施于人"这一为人处世原则表示"同意"和"非常同意"，学生群体的接受程度最高，同 2006 年的结论一致。青年群体公德素养的提升尤其体现在青年志愿服务上,"中国青年志愿服务,从 20 世纪 90 年代中期蓬勃兴起,经历了大型活动服务、文明倡导服务、扶贫助残服务等领域的拓展,带动社会各界志愿服务的热潮"①。

4. 知识精英和高收入群体的公德认知水平较高,行为选择表现出更多的理性因素

调研发现,在从没上过学到硕士研究生及以上六个学历层次的受访者中,对于"己所不欲,勿施于人"这种为人处世原则,选择"同意"和"非常同意"的合计占比分别为 47.8%、39.0%、44.3%、55.7%、70.7%、81.6%,受过大学和硕士研究生及以上教育的人群选择"同意"和"非常同意"的比例最高,大大高出平均值,这说明受教育程度高的人群对优秀传统文化的理解、领会和认同大大高出受教育程度较低人群。对于"各人自扫门前雪,休管他人瓦上霜"这种为人处世原则的看法,在六个学历层次的受访者中,选择"非常反对"和"比较反对"的占比分别为 26.0%、42.2%、51.7%、52.8%、53.6%、51.7%,受过大学及以上教育的受访人群表示"非常反对"和"比较反对"的比例比其他组的高。对于"在网络生活中可以随心所欲"这一观点,硕士研究生及以上受访者明确表示"反对"的比例最高(84.8%)。受教育程度较高的人对网络上的自由与责任、自由与规范、自由与纪律的了解较为深刻,也更愿意采取理性的网络生活方式。

5. 弱势群体经济贫困但精神不贫困,尤其表现出对传统文化的坚守

调研发现,不同职业受访群体认为道德水平比 2006 年提高了的比例("提高了很多"与"提高了一点"之和)分别是 64.6%(机关事业单位领导干部)、59.1%(机关事业单位办事人员和有关人员)、56.3%(科教文卫专业技术人员)、57.4%(企业管理人员)、53.2%(企业员工)、58.1%(商业服务业人员)、63.4%(私营企业主)、57.3%(个体从业人员)、68.3%(农业劳动者)、57.7%(农村外出务工人员)、66.2%(军人)、59.0%(其他),农业劳动者群体最高(68.3%)。农民群体仍然生活在传统差序格局之中,他们也更多的是与亲戚朋友们在一起,再加上中央最近几年对"三农"政策的落实得力,使得农民切身感受到了党的温暖和关怀,因而他们认为道德水平提升的比例明显高于其他群体。2016 年,在不同

---

① 谭建光:《中国社会建设与青年志愿服务创新——党的十八大后青年志愿服务发展分析》,《中国青年研究》2013 年第 2 期。

收入水平受访者对"己所不欲,勿施于人"为人处世原则的看法的调查中,月平均收入 1000 元及以下的受访者选择"同意"与"非常同意"的之和为 75.1%,1001—3000 元的为 55.2%,3001—5000 元的为 63.0%,5001—10000 元的为 66.8%,10000 元以上的为 69.4%,认同度最高的是月平均收入 1000 元及以下的群体。而 2006 年的调研结果为月平均收入 500 元及以下的群体认同度最低,占 53.11%。与 10 年前相比,低收入群体对"己所不欲,勿施于人"为人处世原则的认同度有大幅度的提升,这与党的十八大以来,党中央坚持共享发展理念,让中低收入群体有了更多的获得感密切相关。

二、公德领域突出问题集中表现为不友善

"改革开放以来,我国社会的道德水平虽然总体上有所提高,但公共生活领域仍然存在明显的公德缺失,这一问题随着现代公共生活的增加而日益凸显,对各方面产生了显著的不良影响。"[①] 可以说,就当前道德问题最突出的领域而言,不能笼统地讲道德缺失,准确地讲,我国当今最为缺乏的应该是公德理念。我们的调研也证实了这一判断。对"您认为当前我国的总体道德水平和 10 前相比如何"这一问题的回答,58.4% 受访者认为"提高了很多"和"提高了一点"。进一步追问:"您认为存在道德问题最严重的领域是"时,53.6% 的受访者认为是社会公德领域,2006 年的调研数据为 66.32%。可以看出,虽然 2006 年以来我国的道德建设取得了重大成绩,社会公德总体状况也有了重要进步,但是,与职业道德领域、家庭美德领域、个人品德领域相比,社会公德领域仍然是存在问题最严重、最突出的领域,这已经在公众中获得了比较一致的看法。人们对社会公德问题的普遍关注,既表明公众公共意识的明显增强,又透射出公德失范带来的困惑。

当前,社会公德缺失集中体现为不友善。所谓友善,"就是友好、友谊,就是要与人为善、善解人意、善与人处、广交朋友,在人和人的交往中,要关心、爱护、照顾他人,要严以责己、宽以待人,要有爱人之心,力求成人之美"[②]。"团结友善"在 2001 年被《公民道德建设实施纲要》列入公民道德的基本规范;2005 年 2 月,

---

①　亓凤香:《公德缺失与建构分析——基于社会治理的视角》,《理论学刊》2017 年第 3 期。

②　罗国杰:《为何要提倡二十字规范》,《北京日报》2002 年 1 月 14 日。

胡锦涛在省部级主要领导干部提高构建社会主义和谐社会能力专题研讨班上，把"诚信友爱"作为"和谐社会"的基本特征之一提出来；党的十八大之后，"友善"被提升为社会主义核心价值观基本理念。友善是一种规定着人们友好地对待自我、他人、社会、自然的情感认同和行为习惯，对于改善个人与自我、个人与他人、个人与社会、个人与自然等主体之间的关系，发挥着非常重要的作用，是评价社会公德水平高低的重要标志和风向标。总体上看，随着社会主义精神文明建设的广泛开展和社会主义核心价值观的深入人心，目前公众的友善观念处于较高水平，有助于增强对友善的思想共识，扩大对友善氛围的营造。同时，我们的调研也显示当前公众的友善观念仍然存在不少问题，不友善现象仍大量存在，并成为社会公德存在的最突出问题。这种缺失体现在人与他人，个人与社会（包括个人与集体、社会、国家等），个人与自然，个人与网络等社会交往和公共生活的各个领域。

（一）个人与他人关系中的不友善

社会公德缺失在人与他人关系领域集中体现为人际关系失谐。经过40多年的改革开放，我国的社会主义现代化建设取得了举世公认的巨大成就，社会生产力整体水平跃上了新的台阶，综合国力迅速增强，人民生活水平得到了前所未有的提高，人际关系也不断趋于和谐。但是，在我国由传统的二元社会结构向多元社会结构转化、由计划经济体制向市场经济体制转化的进程中，许多人际关系失谐问题开始暴露出来。人际关系的不和谐最终将导致人际关系的恶化，无论是对个人还是对社会的正常发展，都将带来严重的不良后果。对于个人来说，不和谐的人际关系将导致人际冲突的经常化，使人们精神生活空虚、安全感缺乏，从而使个人的正常、健康发展受阻。对于社会来说，不和谐的人际关系不利于诸如经济秩序、政治秩序、法律秩序和伦理秩序等各种社会秩序的维护，甚至影响社会的稳定。

从我国人际关系现状看，人际关系中的不友善主要表现在以下几个方面：一是人际关系货币化。人际关系货币化是在市场经济条件下出现的一种重视物质交往而轻视精神交往的倾向。人际关系货币化在社会上最明显的表现就是腐败现象。有关资料显示，2016年，全国纪检监察机关共接受信访举报253.8万件次，处置问题线索73.4万件，谈话函询14.1万件次，立案41.3万件，处分41.5万人（其中党纪处分34.7万人）。处分省部级干部76人，厅局级干部2700余人，县处级干部 1.8 万人,乡科级干部 6.1 万人,一般干部 7.6 万人,农村、企业等其他人员 25.6 万人。[①] 这些腐败行为严重损害了党的光辉形象,同时也毒化了人际关系和社会风气。二是人际关系利己化。在人与人的交往过程中,一些人固守"人不为己,天诛地灭"的信念,一味强调个性自由,不考虑他人感受,引发没完没了的争斗,人与人之间相互猜疑、钩心斗角、尔虞我诈。三是人际关系冷漠化。根据樊浩教授所作的调查,人们认为我国社会公德中存在的最突出的问题就是人际关系冷漠(选择此项的人占比 61.5%)。[②] 一方面,人际交往中缺少应有的信任、理解、尊重、关心;另一方面,一部分人抛弃自己所应担负的社会责任和义务,以冷漠的态度为人处世。四是人际关系失信化。处于社会转型期的当代中国,人际交往中存在着诚信缺失现象。我们的调研显示,高达 52.8%(2006年为 50.37%)的受访者认为现代人缺乏诚心,这说明在社会公德领域中,人与人之间缺乏起码的相互信任,人际诚信缺失严重。比如,当前社会中"碰瓷"的新闻不绝于耳,人际诚信似乎成了"奢侈品"。特别是在求助场域,人际诚信更是存在问题。调研中,对于"当有人倒在您面前,您会怎么做"这一问题,39.9%的受访者表示"当有人救护时会帮一把"。为"帮人一把"设置了"当有人救护时"的前提条件,体现了施救者害怕承担责任和对被救助人缺乏信任。

(二)个人与社会关系中的不友善

社会公德调节个人与集体、社会、国家等人与社会之间的关系,需要公民形成一种公共意识。所谓公共意识,"是公民在参与公共领域生活时所具有的一种责任意识,主要包括高度的职责感与义务感、自动述职或自觉监督的意识、自觉评判行为结果并对不当行为承担责任的意识"[③]。受市场化的冲击,相当一部分人公共意识淡薄,只想索取不愿奉献,权利主张有余,责任担当不足,这是当前推进社会公德建设必须着力突破的道德困境。

当前,个人与社会关系中的不友善主要表现在如下方面:一是公共规则意识淡漠。公共秩序范围很广,包括社会秩序、生产秩序、工作秩序、学习秩序、生活秩序等。为了维护公共秩序,除了有赖于一定的政治、法律规范,自觉遵守社

---

① 《中央纪委通报 2016 年全国纪检监察机关纪律审查情况》,新华网,2017 年 1 月 5 日。
② 樊浩等著:《中国伦理道德报告》,中国社会科学出版社 2012 年版,第 384 页。
③ 胡燕蕾:《我国城市公民公共责任意识培育机制的建构——基于中国若干城市问卷调查的研究》,《东岳论丛》2013 年第 2 期。

会公德也是非常重要的。当前,人们对公共规则的敬畏意识和遵守习惯还远未形成。在公共领域,漠视公共规则、违反公共生活规则的现象层出不穷。二是公共财产意识淡漠。受拜金主义影响,一些社会成员把私人财产看得无比珍贵,没有认识到珍惜和爱护社会公共财物是每个社会成员应该承担的社会责任和义务,保护公共财产意识淡薄。在这种错误思想的诱惑下,现实生活中各种浪费公共资源、破坏公共设施的情况比比皆是,凡是公共资源就有人想要挤占,凡是公共财物就有人敢于破坏。三是公共安全意识淡薄。"危害公共安全的失范行为主要指行为主体采取了对他人或公共生活整体构成危害的某种行为。"[1]无视自身和他人安全、乱闯红灯的现象时有发生;醉酒驾车、疲劳驾驶等交通违规行为提高了交通事故的发生率。四是公共文明意识淡漠。所谓公共文明意识,"就是指每个公民为维护自身、公共场所,乃至整个城市和国家的文明形象而应当具备的社会责任意识和公德规范意识"[2]。当前,部分社会成员公共文明意识淡漠,导致霸座等不文明现象时有发生。五是助人为乐意识淡漠。"倡导助人为乐的社会公德,树立良好的道德风尚,创造一个互助友爱的和谐的社会生活环境,是每个社会成员的共同期待,也是每个公民应尽的责任和义务。我们国家一贯倡导助人为乐的社会公德,并取得了显著成效。"[3]但是,在调研中我们发现,对于"各人自扫门前雪,休管他人瓦上霜"这种为人处世原则,选择"中立"的受访者占34.4%,选择"比较同意"和"非常同意"的受访者合计占8.8%。可以看出,相当一部分人的助人为乐意识并不强。面对需要帮助的弱势群体,一部分人表现为见死不救、冷漠无情,这些情况需要关注。

（三）个人与自然关系中的不友善

生态环境的优劣,直接决定着个人的健康与幸福,更涉及广大人民的福祉,以及社会的可持续发展。"保护环境"是处理个人与自然关系的基本公德规范,它要求我们既要保护生态环境,也要保护身边的公共环境。当前,在利益主体多元化、生态价值被忽视的情况下,出现了一些个人与自然的不友善现象。

个人与自然关系中的不友善主要表现为漠视公共利益,污染公共环境。一

---

①　黄建跃:《社会公德建设的路径选择研究》,《伦理学研究》2015 年第 6 期。

②　孔润年:《树立公共文明意识维护公共文明形象》,《"迎奥运、讲文明、树新风"——公共文明论坛文集》2007 年第 47 期。

③　景枫:《做乐于助人的河北人》,《河北日报》2012 年 3 月 28 日。

方面,部分人的环保素养不高,对环境保护知识了解甚少。例如,不知道世界环境日的具体时间,无法识别废弃物回收再利用标志,对于电子垃圾处理的常识知之甚少等。另一方面,部分人的日常环保行为或习惯还亟待养成。例如,对公共场所的垃圾视而不见,购物时以个人习惯和个人便利为由索要并浪费大量塑料袋。"任凭宠物在公共场所随地便溺,在汽车站牌、广告招贴画、建筑物上乱涂乱画,随地吐痰,乱扔杂物,将嚼过的口香糖随地黏附,乱扔垃圾等日常生活中不讲究环境卫生的现象在我们生活中随处可见,甚至在街边偏僻的角落还会有人随地小便。"[①]我们的调研也显示,对于"您在日常生活中通常会对垃圾进行细致分类吗"这一问题,60.1%的受访者表示"偶尔"会进行细致的垃圾分类,占比最多。表示"经常"和"从不"进行分类的受访者分别占21.6%和18.3%。可以看出,公众还没有形成良好的绿色生活行为习惯。这些现象都说明,当前一些人缺乏对自然的敬畏之心、爱护之心,爱护环境、保护生态的公德意识亟待加强。《中国伦理道德报告》显示,尽管近些年我国公民的环保意识已经有所增强,但是还存在着较为明显的言行不一的现象。"调查发现,有80.8%的人认为乱扔垃圾是极不文明的行为,然而,在面对'平时是否乱扔垃圾'这一问题时,只有40.5%的人回答'从来不这么做',45.3%的人表示'找不到垃圾箱时会这么做'。对'如果去某地办事,穿过一片草坪可省几分钟时间',表示'时间再紧也不穿过草坪'的人只占37.0%,表示'会跟着别人穿过草坪'的人占15.9%。"[②]

(四)个人与网络关系中的不友善

随着社会的不断发展,人们在公共领域中的交往越来越频繁,交往内容和交往形式也日益多样化。随着互联网的发展,网络给人们的生产、生活带来了巨大改变,提供了无限方便,成为社会交往和公共生活的重要领域。因此,在公共领域,除注重文明礼貌、助人为乐、平等待人、诚实守信等公德规范外,我们还需要加强对网络空间的道德约束。但是,当前网络公德建设和公众对网络公德的遵守状况都不尽如人意。"由于现代社会科技等领域的发展出现了传统伦理学视野以外的具有全新意义的活动领域和利益关系,而如何来调整和规范这些活动与关系,传统伦理学理论和道德规范是一种空白,正是这种空白会引起人们道德

---

① 雷娅岚:《浅析当代社会公德的缺失与构建》,浙江文明网,2010年11月29日。
② 樊浩等著:《中国伦理道德报告》,中国社会科学出版社2012年版,第695页。

上的困境。"①调研发现,对于网络道德生活中最突出的问题,26.4%的受访者认为是"网络诈骗",占比最多;认为"网络语言、内容低俗化"(26.0%)、"网络谣言"(20.6%)是最突出问题的受访者占比同样超过20.0%;还有18.9%的受访者选择了"网络语言暴力"。基于此,本节以网络诈骗,网络语言、内容低俗化,网络谣言和网络语言暴力为重点,分析当前网络道德生活中的个人与网络关系中的不友善。

个人与网络关系中的不友善首先表现为网络语言暴力。从性质上,网络语言暴力是一种非正常的言语交际行为,它是对一般的言语交际规制的"极端违规"。从手段上看,网络语言暴力主要通过带有强烈攻击性意愿的语言和压迫性的语言霸权控制两种手段,造成对攻击对象的伤害。从程度上看,要够得上"暴力",触及道德底线,致使他人在精神和心理上受到伤害,甚至涉及法律层面,侵犯公民的基本权益。从表现形式上看,网络语言暴力与现实中的语言暴力不同,它在网络介质之中产生了许多新的变体,一些在现实中无法生成的形式在网络上开始大行其道。调研显示,18.9%的受访者认为网络道德生活中最突出的问题是"网络语言暴力"。具体而言,从性别差异性分析来看,男性受访者占比为17.9%,女性受访者占比为19.7%;从年龄差异性分析来看,20岁以下受访者占比为22.7%,20—29岁受访者占比为25.6%,30—39岁受访者占比为15.4%,40—49岁受访者占比为11.3%,50—59岁受访者占比为7.1%,60岁及以上占比为8.2%;从政治面貌差异性分析来看,共产党员占比为16.6%,共青团员占比为26.3%,民主党派和无党派人士占比为10.3%,普通群众占比为14.3%;从受教育程度差异性分析来看,没上过学的受访者占比为10.9%,小学水平的受访者占比为10.4%,初中水平的受访者占比为9.1%,高中水平的受访者占比为14.8%,大学专科水平的受访者占比为16.2%,大学本科水平的受访者占比为24.6%,硕士研究生及以上水平的受访者占比为23.6%;从婚姻状况差异性分析来看,已婚受访者占比为25.7%,离异受访者占比为12.8%,丧偶受访者占比为14.0%,未婚受访者占比为9.1%;从就业状况差异性分析来看,在职受访者占比为17.1%,离退休受访者占比为7.2%,学生受访者占比为27.8%,无业、失业受

---

① 国家社科基金重大项目课题组:《当代中国公民道德发展》(下册),江苏人民出版社2015年版,第1012页。

访者占比为 14.6%,其他受访者占比为 13.7%;从职业状况差异性分析来看,机关事业单位领导干部占比为 14.2%,机关事业单位办事人员和有关人员占比为 17.9%,科教文卫专业技术人员占比为 16.5%,企业管理人员占比为 13.5%,企业员工占比为 17.6%,商业服务业人员占比为 13.0%,私营企业主占比为 15.9%,个体从业人员占比为 12.5%,农业劳动者占比为 11.0%,农村外出务工人员占比为 7.0%,军人占比为 17.6%,其他占比为 24.9%;从收入水平差异性分析来看,月平均收入 1000 元及以下的受访者占比为 25.6%,月平均收入 1001—3000 元的受访者占比为 17.8%,月平均收入 3001—5000 元的受访者占比为 14.5%,月平均收入 5001—10000 元的受访者占比为 15.4%,月平均收入 10000 元以上的受访者占比为 20.3%。

个人与网络关系中的不友善还表现为网络谣言传播。互联网的兴起为我们的工作、学习带来了极大便利,但是对网络的不恰当使用又造成了网络谣言的产生,不仅危害到个体的工作、生活,也对生活秩序带来消极影响。调研显示,对于网络道德生活中最突出的问题,20.6% 的受访者选择了"网络谣言"。具体而言,从性别差异性分析来看,男性受访者占比为 20.8%,女性受访者占比为 20.2%;从年龄差异性分析来看,20 岁以下受访者占比为 22.3%,20—29 岁受访者占比为 18.5%,30—39 岁受访者占比为 20.2%,40—49 岁受访者占比为 22.0%,50—59 岁受访者占比为 23.1%,60 岁及以上受访者占比为 25.0%;从政治面貌差异性分析来看,共产党员占比为 22.5%,共青团员占比为 19.4%,民主党派和无党派人士占比为 26.2%,普通群众占比为 20.1%;从受教育程度差异性分析来看,没上过学的受访者占比为 8.7%,小学水平的受访者占比为 16.2%,初中水平的受访者占比为 19.5%,高中水平的受访者占比为 21.4%,大学专科水平的受访者占比为 21.1%,大学本科水平的受访者占比为 20.4%,硕士研究生及以上水平的受访者占比为 20.1%;从婚姻状况差异性分析来看,已婚受访者占比为 19.8%,离异受访者占比为 21.3%,丧偶受访者占比为 17.4%,未婚受访者占比为 20.0%;从就业状况差异性分析来看,在职受访者占比为 20.1%,离退休受访者占比为 27.9%,学生受访者占比为 20.3%,无业、失业受访者占比为 15.9%,其他受访者占比为 20.1%;从职业状况差异性分析来看,机关事业单位领导干部占比为 24.2%,机关事业单位办事人员和有关人员占比为 22.0%,科教文卫专业技术人员占比为 19.6%,企业管理人员占比为 25.4%,企业员工占比为 21.3%,

商业服务业人员占比为 20.6%,私营企业主占比为 14.0%,个体从业人员占比为 16.8%,农业劳动者占比为 20.0%,农村外出务工人员占比为 15.0%,军人占比为 21.8%,其他占比为 19.6%;从收入水平差异性分析来看,月平均收入 1000 元及以下的受访者占比为 19.5%,月平均收入 1001—3000 元的受访者占比为 19.6%,月平均收入 3001—5000 元的受访者占比为 21.7%,月平均收入 5001—10000 元的受访者占比为 21.4%,月平均收入 10000 元以上的受访者占比为 20.8%。

个人与网络关系中的不友善造成了网络低俗文化的蔓延。"文化是人类在处理人和世界关系中所采取的精神活动与实践活动的方式及其所创造出来的物质和精神成果的总和,是活动方式与活动成果的辩证统一。"[①]毋庸置疑,文化有高雅、庸俗、低俗、媚俗之分。所谓低俗文化,是指"对低俗的内容以非批判性的立场加以表现,是不具有艺术性和科学性的文化",其本质是"对人性真、善、美等积极面的否定,对假、丑、恶等消极面的肯定"[②]。网络低俗文化是以互联网为载体,表现为网络语言和内容低俗化的一种文化形态。调研显示,对于网络道德生活中最突出的问题,26.0% 的受访者选择了"网络语言、内容低俗化"。具体而言,从性别差异性分析来看,男性受访者占比为 26.8%,女性受访者占比为 25.1%;从年龄差异性分析来看,20 岁以下受访者占比为 25.0%,20—29 岁受访者占比为 27.3%,30—39 岁受访者占比为 26.3%,40—49 岁受访者占比为 27.5%,50—59 岁受访者占比为 19.7%,60 岁及以上受访者占比为 19.8%;从政治面貌差异性分析来看,共产党员占比为 29.6%,共青团员占比为 26.2%,民主党派和无党派人士占比为 29.0%,普通群众占比为 23.5%;从受教育程度差异性分析来看,没上过学的受访者占比为 17.4%,小学水平的受访者占比为 16.2%,初中水平的受访者占比为 19.2%,高中水平的受访者占比为 25.4%,大学专科水平的受访者占比为 26.7%,大学本科水平的受访者占比为 27.2%,硕士研究生及以上水平的受访者占比为 31.2%;从婚姻状况差异性分析来看,已婚受访者占比为 26.4%,离异受访者占比为 25.6%,丧偶受访者占比为 23.0%,未婚受访者占比为 27.3%;从就业状况差异性分析来看,在职受访者占比为 27.3%,离退休受访者占比为 19.3%,学生受访者占比为 26.7%,无业、失业受访者占比

---

① 张岱年、程宜山:《中国文化精神》,北京大学出版社 2015 年版,第 2 页。
② 陈占彪、段晓辉:《何谓低俗和低俗文化》,《上海文化》2015 年第 10 期。

为 20.6%,其他受访者占比为 23.4%;从职业状况差异性分析来看,机关事业单位领导干部占比为 30.1%,机关事业单位办事人员和有关人员占比为 29.9%,科教文卫专业技术人员占比为 31.0%,企业管理人员占比为 28.4%,企业员工占比为 23.9%,商业服务业人员占比为 26.2%,私营企业主占比为 21.3%,个体从业人员占比为 23.1%,农业劳动者占比为 17.2%,农村外出务工人员占比为 20.2%,军人占比为 33.8%,其他占比为 25.6%;从收入水平差异性分析来看,月平均收入 1000 元及以下的受访者占比为 26.4%,月平均收入 1001—3000 元的受访者占比为 24.3%,月平均收入 3001—5000 元的受访者占比为 26.8%,月平均收入 5001—10000 元的受访者占比为 27.7%,月平均收入 10000 元以上的受访者占比为 25.9%。

网络诈骗行为是个人与网络关系中不友善的极端表现。网络诈骗行为隐蔽却具有很大的破坏力。"在真实世界中,我们会记得关窗、锁门,加上各种防盗措施。上网时,我们却很少主动防御,因为网络中的危险不像凌晨两点的治安糟糕地区那样明显"。[①] 网络诈骗是指以非法占有为目的,借助网络信息系统,采取虚构事实或者隐瞒真相的方法,使受害人陷于错误认识并"自愿"处分财产,从而骗取数额较大的公私财物的行为。2018 年 1 月,中国互联网络信息中心(CNNIC)发布的第 41 次《中国互联网络发展状况统计报告》显示,39.1% 的网民遭遇过网络诈骗。

调研显示,对于网络道德生活中最突出的问题,26.4% 的受访者选择了"网络诈骗",占比最高。具体而言,从性别差异性分析来看,男性受访者占比为 25.8%,女性受访者占比为 26.6%;从年龄差异性分析来看,20 岁以下受访者占比为 19.4%,20—29 岁受访者占比为 21.5%,30—39 岁受访者占比为 29.0%,40—49 岁受访者占比为 31.2%,50—59 岁受访者占比为 39.7%,60 岁及以上受访者占比为 36.3%;从政治面貌差异性分析来看,共产党员占比为 25.5%,共青团员占比为 20.2%,民主党派和无党派人士占比为 23.4%,普通群众占比为 31.7%;从受教育程度差异性分析来看,没上过学的受访者占比为 32.6%,小学水平的受访者占比为 34.4%,初中水平的受访者占比为 39.5%,高中水平的受访

---

① 〔美〕米沙·格兰尼:《网络黑帮:追踪诈骗犯、黑客与网络骗子》,周大昕译,中信出版社 2013 年版,第 2 页。

者占比为 27.7%,大学专科水平的受访者占比为 28.3%,大学本科水平的受访者占比为 21.7%,硕士研究生及以上水平的受访者占比为 20.1%;从婚姻状况差异性分析来看,已婚受访者占比为 20.1%,离异受访者占比为 32.0%,丧偶受访者占比为 28.1%,未婚受访者占比为 28.2%;从就业状况差异性分析来看,在职受访者占比为 28.1%,离退休受访者占比为 37.0%,学生受访者占比为 17.3%,无业、失业受访者占比为 34.3%,其他受访者占比为 29.0%;从职业状况差异性分析来看,机关事业单位领导干部占比为 24.8%,机关事业单位办事人员和有关人员占比为 24.1%,科教文卫专业技术人员占比为 26.7%,企业管理人员占比为 29.4%,企业员工占比为 28.8%,商业服务业人员占比为 31.9%,私营企业主占比为 33.5%,个体从业人员占比为 36.8%,农业劳动者占比为 28.3%,农村外出务工人员占比为 44.1%,军人占比为 19.7%,其他占比为 21.2%;从收入水平差异性分析来看,月平均收入 1000 元及以下的受访者占比为 20.0%,月平均收入 1001—3001 元的受访者占比为 28.0%,月平均收入 3001—5000 元的受访者占比为 29.6%,月平均收入 5001—10000 元的受访者占比为 28.4%,月平均收入 10000 元以上的受访者占比为 26.4%。

三、社会公德突出问题根源探究

当前的公德缺失问题,绝不是孤立存在的社会伤病,它的发生、发展都呈现出社会道德系统内部一个子系统的特征,它是中国现代化进程中社会道德总体问题之树上的一个枝条。我们以清晰的思维和负责任的态度去审视这些问题,必须具有空间思维,即将其置于经济建设、政治生活、社会发展、文化进步和生态文明的总体背景之下。否则,我们的苦苦思索便会偏离方向,看不清问题的实质,找不到问题的根源。调查显示,相当一部分人对现阶段的公德水平表示不满。究其原因,受访者认为最主要的三个因素分别是社会环境的影响(31.4%)、经济生活变动的冲击(15.9%)、道德教育的乏力(14.9%)。其他原因还包括多元价值观念的影响和不重视个人修养等。可以说,现阶段我国社会公德领域之所以出现上述令人忧虑的突出问题,既有经济、政治、社会、文化等方面的原因,也与社会公德自身存在的困境、难题以及公德教育乏力有关。

（一）社会因素：熟人社会向陌生人社会转型造成公德“真空”

当前,我国正处于从传统社会向现代社会的转型时期。这一转型的重要表现就是随着经济规模扩大、人员流动性增强、公共服务的社会化程度提高,中国由熟人社会进入了陌生人社会。从熟人社会转型到陌生人社会,体现了社会的进步,却也出现了社会公德"真空",进而引发公共领域各种公德失范的乱象。

"中国人传统德性观念是一个只有私德而没有公德的结构状态,这在分工不细化、社会不流动、社会个体归属单一的传统社会当中并不会导致严重的社会后果。即使到了大力发展工业化市场的 1949 年以后,国家通过人民公社和单位制这两种特殊的制度安排以及全新的社会主义道德观念教育两种手段来塑造人们的集体意识,并使其保持在一个能够维持社会整合和秩序的水平上。"[①] 但是,改革开放之后,中国加速进入陌生人社会。在熟人社会,个人一旦失信或做出某种劣行,其臭名和恶行很快就会为圈内人所知,其代价不可谓不大。然而,随着熟人社会向陌生人社会转型的不断推进,陌生人之间偶然产生的交往越来越频繁。在这种情形下,以私德为特征的传统道德虽未彻底失效,却不得不因面临的困境而走向日渐衰微的境地。

这种衰微可以从两方面来讨论。从适用地域范围看,传统私德产生并适应于农耕社会,与农民固守土地、传统的家族观念以及狭小的人际交往范围密切相关。现代社会已经极大地改变了人们的交往范围,人们已经从狭小的生活天地中走了出来。市场经济的发展使人与人之间的经济联系日益密切,随着交通、通信及网络技术的发展,不同国家、不同地区的人们非常方便地联系起来。人们交往活动的扩展、生活空间的扩大,使得局限于农业社会狭小地域范围的传统私德失去了在社会交往空间的规范作用。在公共领域中,人们需要的是能够处理来自不同地域个体之间关系的道德规范,而这点传统私德显然做不到。从调整对象看,传统私德所试图调整的对象,即通常所说的"五伦":君臣、父子、夫妇、兄弟、朋友。在这五种人际关系中,父子、兄弟是基于血缘基础的关系,而夫妇、君臣和朋友则是基于社会基础的非血缘关系。血缘关系和非血缘关系应该适用不同的伦理规范。但是在传统社会中,人们把非血缘人际关系拟血缘化,用同样的私德标准对这五种关系进行调节。这种以调整血缘关系为主体的私德规范在现代社会陷入了前所未有的困境。在社会交往和公共生活中,人们与陌生人的交

---

① 国家社科基金重大项目课题组:《当代中国公民道德发展》(下册),江苏人民出版社 2015 年版,第 1008 页。

往日益频繁,而陌生人是血缘关系之外的群体。由于传统私德是用来处理血缘和拟血缘人际关系的,"五伦"之外的关系没有伦理规范可供遵守,一旦涉及个人与陌生人之间的关系时,传统私德就失去了原有的作用。

令人遗憾的是,随着以私德为特征的传统道德的衰微,陌生人社会里的公德体系并没有建立起来。在现代生活中,"人们当面遭遇陌生人时,大多是纯仪式性的客套与寒暄,表现出礼貌的疏远"①。也正如霍夫曼所指出的那样,"世俗的不经意范式,往往成为与陌生人相遇时当面承诺的最基本类型"②。在社会转型的过程中,"面对如此巨大的转变,许多人的道德准备还远不充分,一切都想尝试,可底线却不确定"③。人们逐渐意识到,实现熟人社会向陌生人社会的转变,需要一种区别于传统熟人社会的道德,即强调陌生人伦理的社会公德。可以说,"随着熟人道德关系为主向生人道德关系为主的发展,原有的伦理道德理念和准则已不完全适应新的形势需要。我们的当务之急是顺应这一转变,将已有的道德理念和实践发展到新的阶段"④。但是,这种公德体系距离完全确立和完善还有很长的路要走。这样,就出现了公德和私德都无法发生作用的道德"真空"地带,最终只能陷入无所适从的境地而不得不采取一种明哲保身的态度。"一方面对陌生人处处提防,认为这是让自己利益免受伤害的必要方式,另一方面抱怨人性冷漠、道德滑坡;一方面指责他人麻木不仁、见死不救,另一方面又提醒亲人朋友遇事别出手、少出头。"⑤

(二)经济因素:市场经济与经济生活变迁的冲击

经济基础决定上层建筑,社会公德属于上层建筑,是由经济基础决定的。因此,关于社会公德缺失问题,首先应该从经济方面去找寻原因。调查发现,有 15.9% 的受访者认为现在的社会公德问题是由经济生活变动所致,2006 年这一数据为 26.52%。当然,也必须清醒地认识到,对于社会公德缺失现象的出现不能归因于社会主义市场经济的发展,毕竟生产力的发展是社会道德进步

---

① 〔英〕安东尼·吉登斯:《现代性的后果》,田禾译,黄平校,译林出版社 2000 年版,第 70 页。

② 李新春、张书军主编:《家族企业:组织、行为与中国经济》,上海三联书店、上海人民出版社2005 年版,第 71 页。

③ 杜飞进、温红彦、陈原、张贺:《奋进十年,中国品格》,《人民日报》2012 年 7 月 25 日。

④ 郑永廷、邓泽球:《当代中国社会道德关系的新发展》,《高校思想政治教育的理论与实践》,人民出版社 2012 年版,第 14 页。

⑤ 白天亮:《从熟人社会到陌生人社会,该如何重构社会信任》,《人民日报》2011 年 9 月 22 日。

的一个重要因素,但是可以从社会主义市场经济体制的不健全、不完善方面找原因。

1. 社会物质财富不丰富,社会公德提升的经济基础薄弱

"生产力是社会发展的根本动力,同样道德进步的根本动力也取决于社会生产力的发展。一般来说,随着社会生产力的不断发展,人们的总体道德水平也将不断提高,这是历史发展的必然趋势。"[1]因此,把社会公德建立在发达生产力的基础之上,是基于当代中国社会公德实际情况提出的现实性课题。经过长期的艰苦努力,特别是40多年的改革开放,我国生产力水平确实有了很大的提高,但也要看到,生产力不发达的情况总体上还没有改变。"我国的基本国情是地域大、人口多、资源相对匮乏、生产力尚不发达、地区发展不平衡,相对落后的社会生产力导致在生产和交换的经济关系中,道德领域的缺失和诸多不和谐。"[2]在生产力没有高度发展的现实条件下,人们必然会对"物"产生高度的依赖,使人们对物质利益的追求凸显,从而导致一部分人从"精神万能"滑到"金钱万能"的极端,对财物的追求超过了对情感的追求,使得拜金主义、功利主义、利己主义泛滥,进而危及社会的稳定和发展。

2. 收入差异扩大引发社会公德问题

马克思指出:"人们为之奋斗的一切,都同他们的利益有关。"[3]人们通常所说的利益首先是指物质利益,物质利益支配着人们的社会活动,是全部社会生活的基础。社会公德的实质是公众在公共领域运用道德规范对于各种社会关系的调整。其中,物质利益关系是基础。因此,加强社会公德建设,需要协调好人们之间的物质利益关系,实现公众的利益关切。当今世界,判断一国利益分配公平与否的标尺是基尼系数,基尼系数越接近0,收入分配越公平。反之,收入分配越不公平。令人遗憾的是,在经济快速发展的同时,"一个时期以来,我国出现了收入差距拉大的趋势。特别是在2013年初,国家统计局公布的2003—2012年基尼系数,无一例外都超过国际公认的0.4的警戒线,更加剧了社会上的'公平焦虑'"[4]。收入差距扩大,使贫困者产生焦虑、不满和怨气。当这些情绪转化

---

① 吴潜涛:《中国化马克思主义伦理思想研究》,中国人民大学出版社2015年版,第466页。

② 乔杰:《当代中国的道德状况及其反思》,《学理论》2014年第29期。

③ 《马克思恩格斯全集》第1卷,人民出版社1995年版,第187页。

④ 王晓易:《2012年中国GDP增速7.8%》,《人民日报》2013年1月19日。

为社会仇恨时,人们就会突破道德底线,进而引发一系列社会道德问题,并最终成为社会不稳定的因素之一。

3. 个体经济状况的影响

以上是从社会角度分析影响公德状况的经济因素。从个人角度来说,经济收入、经济地位、公共生活中的经济投入等都是影响社会公德水平的重要个体经济因素。管子说:"仓廪实而知礼节,衣食足而知荣辱。"一个人的经济收入、家庭状况,即拥有的物质财富多少能够影响他的经济地位、社会地位、心理感受,进而影响他在公共领域中的言行举止、行为选择、个人心态和为人处世方式。一个人对自己的经济收入满意,就会有适度的稳定感、满足感、幸福感和自信心,就会保持良好的心态和自我评价,在人际交往中往往会采取文明礼貌、互惠互利的做法,不但不会斤斤计较,而且还会乐善好施、帮助他人。如此,人与人之间的经济摩擦和利益纠纷就会减少,人与人、个人与社会的关系就会和谐。反之,如果个人收入偏少、手头拮据,在公共生活中,就会常常因为微小的经济利益而发生纠纷,甚至激烈冲突,产生一些败德现象。

(三)制度因素:法律法规等制度性保障亟待加强

道德作用的发挥离不开制度的支持与保障。当前,个人与他人、个人与社会、个人与自然、个人与网络等公共生活领域中出现的公德缺失问题,与制度保障的不健全、不完善有着很大的关系,特别是制度与道德缺乏有效整合,制度对公德建设未起到应有的保障作用。社会公德发挥作用主要依靠社会舆论、内心信念、文化熏陶、习俗感染的力量,其力量和作用是软性的,具有自律性特征。当人们的公德修养没有达到自觉的情况下,公德的力量还必须依靠制度进行强有力的支撑。然而,从目前的情况来看,"遵守社会公德行为不能得到有效的保障和支持,出现英雄流血又流泪的现象"[1]。调查也显示,有7.32%的人认为当前制度乏力,这种乏力在很大程度是因为道德与制度缺乏有效的整合,一些制度不具有充分的"合德性",难以对社会公德予以有效的支持与保障。

1. 制度建设所体现的公德精神还不够

一方面,部分制度没有体现基本的伦理精神。邓小平曾经指出:"制度好可以使坏人无法任意横行,制度不好可以使好人无法充分做好事,甚至会走向反

---

[1]　张建英、罗承选:《当前中国社会公德:问题与重建》,《江苏师范大学学报》2015年第4期。

面。即使像毛泽东同志这样伟大的人物，也受到一些不好的制度的严重影响，以至对党对国家对他个人都造成了很大的不幸。"①何为"好的制度"？那就是符合以人为本、自由平等、公平正义、遵守法制、维护尊严、德福一致等基本道德精神的制度。但是，公共领域某些制度的具体设计并没有体现这些道德精神，甚至其中的一些具体规定还对这些道德精神造成了伤害。比如，户籍制度对自由平等的伤害，一些歧视性制度对农民工、残障人士等弱势群体尊严的伤害，等等。此外，一些具体的社会公德要求并没有整合为制度安排的具体内容。众所周知，斑马线被称为"生命的守护线"。然而，在现实生活中，"人让车"出现的几率远远大于"车让人"，这不仅增加了交通事故发生的概率，还有悖斑马线存在的意义。《中华人民共和国道路交通安全法》第47条规定："机动车行经人行横道时，应当减速行驶；遇行人正在通过人行横道，应当停车让行。机动车行经没有交通信号的道路时，遇行人横过道路，应当避让。""车让人"首次被写进法律，这是一个可喜的现象。

2. 社会公德与制度构建在功能上的整合还不够

对于经常见诸报端的老人假摔碰瓷等事件，必须发挥社会公德的评价功能。根据社会主义人道原则和助人为乐的公德规范，人们对行为双方作出善或恶、正或邪的价值评价，使行为双方通过舆论的赞许或谴责，自觉对照检查自己的行为，或为自己符合公德要求的行为而体验到一种道德崇高感和尊严感，进而将其发扬光大；或为自己违反公德要求的行为感到羞耻、愧疚，进而能够及时改正，去恶从善，从而达到褒善贬恶、扬善抑恶的目的。同时，面对老人假摔碰瓷事件，发挥制度的规范约束功能更加重要。这是因为，社会公德评价功能的实现依靠的是社会舆论、内心信念、风俗习惯，其本质是一种内化、柔性的方式，没有国家的强制力予以保障；而制度具有强制性，这种强制性在制度制定、制度实施与制度监督的各个环节中都会明显地体现出来。制度的强制性可以对不符合伦理要求的行为产生一种威慑，使人不敢实施这样的行为。令人遗憾的是，对于老人假摔碰瓷事件，并没有恰当的制度对假摔老人予以制裁，更谈不上对主动扶人行为的表彰鼓励了。可以说，在相当多的情况下，制度的硬性功能与伦理的软性功能并没有实现充分的相互补充与相互配合。

---

① 《邓小平文选》第二卷，人民出版社1994年版，第333页。

3. 社会公德与制度实施之间的共同作用还不够

社会公德与制度实施之间的共同作用在两个方面没有整合。其一,实施主体没有整合。当前,社会公德建设的实施主体主要是各级宣传部和文明办,而制度的实施主体是政府、公安部门、法院,甚至是军队、监狱等强力部门。在具体的实施中,二者很难实现整合。以宣传部和文明办牵头负责的道德领域突出问题专项教育和治理为例,该活动固然是社会主义精神文明工作尤其是道德建设的重要内容,但是,如果单纯依靠宣传部与文明办的力量,将其变成宣传部门的"独角戏",那么就很难对道德领域存在的突出问题予以制度制约,也无法采用除道德宣教外的其他制度性举措。其二,实施手段没有实现整合。在社会交往和公共生活的具体实践中,制度约束与公德约束结合得并不好,或者单纯采用制度手段,或者单纯使用道德手段。

(四)文化因素:多元文化与价值观念的叠加影响

文化主要包括一定的行为规范、思维方式、传统习俗、历史风貌以及价值观念等,它是社会氛围的一种综合表现,对社会良性运行与协调发展具有重要引领作用。人类社会的所有活动都不可避免地与文化体系有所关联。当代中国的人文时空背景十分复杂,在文化形态上,"具有悠久历史积淀的传统文化与现代工业文明成果的现代文化二元并存;占主导地位的社会主义文化与中国传统文化、西方资本主义文化等多种成分并存"[①]。一方面,传统文化为当代中国社会公德建设积累的资源极其有限。造成我国公德建设落后的一个重要因素即传统道德文化的限制。"从历史文化角度分析和评价,我国社会公德资源是先天不足的。"[②] 也就是说,传统文化的家庭本位,造成了对社会公德建设的忽视;传统文化的爱有差等,导致了博爱思想的匮乏;传统文化的内敛隐忍,造成了国人明哲保身的道德冷漠。同时,西方文化的渗透也给社会公德建设带来负面影响。"西方功利主义、物质主义、享乐主义、自由主义思潮随着文化全球化不断蔓延,日益严重地影响到了我国民众的道德意识,我国以集体主义为核心的传统道德遭到了西方以个人主义、利己主义为核心的道德规范的严峻挑战。功利主义、享乐主义、极端利己主义的价值观念在社会上大行其道,集体主义精神、奉献意识、公德

---

① 王永进、邹泽夫:《我国当前社会转型的主要特征》,《社会科学家》2004年第6期。
② 王小卫:《分析和评价当前我国社会道德状况的维度研究》,《理论观察》2008年第4期。

意识全面弱化。"①

1. 西方拜金主义潮流影响社会公德水平

所谓拜金主义,就是盲目崇拜金钱,把金钱价值看作最高价值,一切价值都要服从于金钱价值的思想观念和行为。②拜金主义自货币产生之后就出现了;到了资本主义社会,货币成为社会财富的一般代表,在货币力量面前,任何力量都得甘拜下风,拜金主义达到了疯狂程度。恩格斯在《英国工人阶级状况》一书中深刻揭露了资产阶级对金钱的崇拜。他说:"在资产阶级看来,世界上没有一样东西不是为了金钱而存在的,连他们本身也不例外,因为他们活着就是为了赚钱,除了快快发财,他们不知道有别的幸福,除了金钱的损失,也不知道还有别的痛苦。"③尽管马克思和恩格斯都曾经给予拜金主义以深刻批判,我国的社会主义道德建设也一再强调要抵制拜金主义人生观、价值观,然而随着改革开放力度的加大、社会主义市场经济的发展,拜金主义思潮在我国呈现出逐步滋长和蔓延的趋势,已渗透到经济、政治、文化等社会生活的各个领域。"贪赃枉法、行贿受贿、敲诈勒索、权钱交易、挥霍人民财富等腐败现象是拜金主义思想泛滥在政治生活中的表现;昧着良心赚钱是拜金主义思想泛滥在经济生活中的表现;盲目追求高消费是拜金主义思想泛滥在日常生活中的表现。"④同样,拜金主义把获得金钱作为人生的最高理想和最大乐趣,这也给社会公德带来了极大的消极影响。在拜金主义的影响下,部分社会成员认为,人生的意义只在于物质方面的追求,至于信仰、道德、感情等精神层次的东西都是虚幻的;金钱主宰一切,可以不讲道德原则。这必然会与社会公德产生摩擦,制造出更多的社会公德问题。

2. 西方享乐主义追求影响社会公德水平

"享乐主义以人的自然本性为出发点,认为人的一生就是为了追求吃喝玩乐,以满足自己感官欲望,如果不能尽情满足自己对欲望的追求,生活就失去了意义。"⑤所谓"人生在世,吃喝二字",就是这种人生理论的反映。从人生观的角度看,享乐主义夸大人的自然属性,强调满足人的感官享受,把人生追求定位于

---

① 王小卫:《分析和评价当前我国社会道德状况的维度研究》,《理论观察》2008 年第 4 期。

② 史少博:《论市场经济条件下的拜金主义》,《兰州学刊》2010 年第 11 期。

③ 《马克思恩格斯文集》第 1 卷,人民出版社 2009 年版,第 476 页。

④ 刘长贵、姜迎春:《简论拜金主义的表现、危害及其抵制》,《中共南京市委党校南京市行政学院学报》2005 年第 6 期。

⑤ 罗国杰主编:《马克思主义价值观研究》,人民出版社 2013 年版,第 256 页。

满足人的生理本能,其主要特征是个人欲望的贪得无厌和行为的自由放纵。享乐主义的本质是"剥削阶级的人生理论,反映了具有社会物质生活资料支配权的剥削阶级恣情纵欲,追求腐朽、糜烂的生活方式的必然状态"[①]。随着中国大门向世界打开,西方社会的享乐主义思潮涌入中国,给社会公德水平和公众公德素养带来了很大的消极影响。对于个体而言,一是助长了享乐思想。个别社会成员过分看重自身享受,贪图安逸和奢靡,缺乏吃苦耐劳精神和远大的理想,不思进取,理想信念淡薄。二是腐蚀了价值观念。部分人受享乐主义思想诱惑,在工作、学习、生活等方面带有强烈的功利至上思想,注重物质利益的获得,价值观庸俗化,不关心他人、集体和国家,缺乏社会责任感。三是扭曲了消费观。享乐主义思想诱导人盲目形成炫耀消费、超前消费和攀比消费等消费习惯,导致消费领域出现败德现象,对社会风气带来一些消极影响。

3. 西方利己主义心态影响社会公德水平

同拜金主义与享乐主义相比,利己主义不再是个人的生活态度或者零零散散的观点汇集,而是形成了完备的理论体系,对社会公德的影响更大。"利己主义这种道德原则强调个人至上、个人本位,把一己私利的至上性,把一己私利的得失,视为道德上善恶与否的唯一标准。"[②]它的传入就像一颗毒瘤一样,影响着公众的价值取向和行为选择,影响着社会公德的发展。一是导致人与人的关系陷入困境。利己主义使人们在社会交往时往往从自身利益出发,总是强调"我的需要""我的幸福"。每个人都从自己的利益出发,一切都以自我为中心,因利益而合必将因利益而散。当"友情"不能满足一方的利益需求时,出于自我利益的保护与满足,必然会使"友情"破裂。二是导致个人与社会的关系陷入困境。在社会交往和公共生活中,处理个人与社会的关系时要坚持集体主义原则,评价人们行为善恶的根本价值尺度只能是集体利益。但是,利己主义却认为个人利益才是判断人们行为善恶的根本标准,并且认为集体主义会导致普遍化的个人利益受损,尤其为了集体利益作出牺牲更是损害了个人利益,从而对公众产生错误的引导。这也可以用来解释为什么有些人在别人遇到紧急情况或者困难时,首先会保护自己的权益不受侵害。例如,在公交车上发现有小偷正在偷窃时,有

---

① 罗国杰主编:《中国伦理学百科全书》(伦理学原理卷),吉林人民出版社1993年版,第463页。
② 罗国杰主编:《伦理学》,人民出版社1999年版,第171页。

的人选择重新将自己的钱包放好，却不制止小偷的行为或提醒被偷者。三是导致个人与自然的关系陷入困境。利己主义表现在个人与自然的关系上，就是只考虑人类的利益而无视其他生命形态的存在，从而造成对生态环境的大肆破坏，导致个人与自然的关系陷入困境。四是导致个人与网络的关系陷入困境。一些网民为了一己私利，通过互联网窃取他人邮件、机密情报、破坏他人数据，使用他人的信息及资源或攫取他人隐私；或者利用网络散布谣言等虚假信息或进行恶意诽谤；等等。上述种种行为违反了网络社会公德的要求，"妨碍了网络社会中大部分或一部分网络行为者的正常的社会生活轨迹和秩序，而且也对整个网络社会生活造成了较大的影响，并且在一定程度上影响了网络社会正向变迁过程的形成"[①]。

（五）社会公德的发展难题及教育困境

现阶段，我国的社会公德之所以出现诸多问题，上述社会、经济、制度、文化等方面的原因都是外因。内因决定外因，外因通过内因发生作用。因此，探讨当代中国社会公德在人与人、个人与社会、个人与自然、个人与网络等公共领域缺失的原因，不仅需要分析外部因素，更需要深入社会公德内部，剖析社会公德自身的建设难题与困境。

1. 社会公德的特殊性增加了社会公德领域的道德风险

与职业道德、家庭道德相比，社会公德有其特殊性，这些特殊性在某种程度上增加了社会公德领域道德风险的产生。

其一，社会公德的超功利性增加了公德突出问题出现的风险。社会公德的适用对象是社会公共生活，其中的道德义务有着不固定的特点。从表面看，社会公共生活与履行社会公德的主体之间的利益关系并不直接，这就使得人们遵守公德的自觉性难以养成。履行公德的行为不像履行职业道德那样能带来经济效益，也不像履行家庭美德那样可以拥有一个和睦温暖的家庭。这对于缺乏道德自律的人来说，他就有可能在职业道德或家庭道德上更富有热情和自觉意识。

其二，社会公德的弱监督性增加了公德突出问题出现的风险。社会公德行为是一种高度的自律行为，没有外力强迫，是行为者求义求善的自愿行为。对于个人是否履行社会公德，社会对他的道德监督作用并不明显和具体。一个人履

---

① 谢新洲：《网络传播理论与实践》，北京大学出版社2004年版，第57页。

行了社会公德,并不能立即受到表扬和鼓励;一个人不履行社会公德,甚至违反社会公德,也往往不会立即就会受到谴责。所以,很多人并不把遵守社会公德看作一个人的品德修养。社会公德中舆论监督的弱化则淡化了人们的公德观念,"介入公共生活中的公民如火车上的旅客、电影院的观众、赴某地的游客等,大多以非正式群体成员的身份出现,其匿名度较高,彼此的结合是临时的、松散的,相互间不存在明确的约定。个人行为的自由度明显偏高,发生不道德行为的机会较多"①。在这一方面,私德行为却大不相同。私德的行为对象与私德的行为主体有着直接的密切关系,其中的道德义务也比较固定、明确,且在人们头脑中形成了较深的观念,舆论对违反私德行为的反应也更为敏锐和强烈。因此,人们履行私德的自觉程度更高,而对履行社会公德缺乏应有的热情和积极性。

其三,社会公德的从众性增加了公德突出问题出现的风险。社会公德是面向社会、面向公众、面向陌生人的,它受环境的影响很大。社会心理学所说的"从众性",是指群体的行为对个体有暗示、引导、鼓励的作用,个体很容易受群体行为的影响。在社会公德中,"众"就是个体所置身其中的人群。如果此"众"有较好的公德素养,那么个体就有可能履行公德,表现出良好的道德行为;如果此"众"没有良好的公德素养,那么个体就容易作出违反公德的行为。就目前而言,我国的社会公德建设还很不完善,人们在这方面的自律意识也十分薄弱。所以,公共领域从众心理和行为的消极性要大于积极性。另外,在社会交往和公共生活中,由于与个体相对应的人群往往是临时性的群体,其固定性差、约束力弱,人们之间的感情因素也极为有限。因此,对于重亲情、重血缘关系的中国人来说,即使认同"大义",也未必能产生公德行为,从而增加了公德突出问题出现的风险。

2. 社会公德发展的历史惯性增加了公德突出问题出现的风险

一般来讲,道德的发展轨迹和经济的发展轨迹是同向的,但绝非简单同步。旧的道德观念将长久地影响人们,而新的道德观念转换成人们的内心信念和行为规范,往往需要一个比较长的时间。就社会公德而言,人类经济社会发展与社会公德进步,也从来都不是同步的,即存在着超前于经济社会发展的先进公德因素,也常常会出现社会公德落后于经济社会发展的情况。一方面,社会公德具有

---

① 乔荣生、陈曦:《社会公德:个人行为与公共生活和谐的基石》,《道德与文明》2012年第2期。

超前性,它提出现实发展的目的和达到道德理想的途径,给人以精神激励,使人为实现理想而奋斗。另一方面,社会公德具有历史惯性或者滞后性,它常常以过时的一些形式保留下来,具有极大的保守性。在处理个人与他人、个人与社会、个人与自然等公共领域的关系时,社会公德的历史惯性或者滞后性表现为常常不能及时提出新的公德理念,对社会行为的解说乏力,对精神世界的导引滞后,从而使社会经历一番"道德的阵痛"。

仅就社会公德而言,由于我国工业化、现代化进程走的是跨越式发展道路,而社会公德却有其明显的历史惯性,这就产生了公德观念的发展跟不上工业化、现代化进程发展的矛盾,即工业化、现代化对公德提出的客观要求与原有道德观念不适应。"随着中国社会的深刻变化,人口大规模流动加速,整个社会正在由注重亲情关系和地缘关系的'熟人社会'向注重契约、合同、法律、法规的陌生人社会转型……与社会巨大的变化相比较,道德规范的变化却远远滞后。"[1]工业化、现代化的发展,改变了人们的生产生活方式、利益实现方式,带来了社会公共领域的迅速扩张和对公共道德的急剧需求。可是,作为上层建筑的社会公德却与公共领域的快速发育不同步,还没有完全生长出现代公德意识,从而造成社会公德缺失现象。从某种意义上讲,当今全社会强烈呼唤社会公德,与其说是因为社会道德生活出现了问题,不如说是因为人们公德意识的普遍觉醒,这本身也是一个关键性的进步。

3. 社会公德教育效力不足增加了公德突出问题出现的风险

调研显示,有14.9%(2006年的调研为13.02%)的受访者认为由于"道德教育不力"导致社会出现严重公德问题,排在"社会环境的影响"和"经济生活变动冲击"之后。具体而言,当前社会公德教育过于偏重教育目标的政治性和社会性,导致教育内容的泛化、政治化和理想化,形成了教育方式的灌输化、知识化、外在化和非生活化,最终导致公德教育的工具化、边缘化和消极化,使得公德教育在日益复杂的社会环境和教育对象面前越发显得力不从心。公德教育不仅在教什么的方面,更在为什么教、怎么教的方面出现了许多问题,这是当前公德教育效果不佳、社会公德缺失的重要原因。

其一,传统社会公德教育目标忽视对个体需要的满足。在当前的社会公德

---

① 李贽:《道德滑坡阻碍经济社会健康发展》,《中央社会主义学院学报》2013年第1期。

教育中,教育内容主要是为国家和社会利益服务的,以政治和社会需要为主,很少顾及个体的实际生活需要和感受。公德教育内容的神圣化和道德评价的崇高化是其主要体现。所谓教育内容的神圣化可以理解为只有超越性而没有层次性。其在强调道德教育内容先进性的原则下,往往拔高了公德教育的标准,一定程度上出现了脱离个体生活实际的倾向。学者劳逊对我国现代道德教育的曲折历程作了详细描述:先是泛政治化——道德教育等于政治教育,然后是过度的理想化——道德教育等于理想教育,再是观念的绝对化——道德教育等于集体主义教育,最后是道德教育功能的萎缩——道德教育等于得分。① 在这一历程中,唯独没有以个体道德需要为着重点的道德教育,社会公德教育亦是如此。以政治和社会为本位的传统公德教育的缺陷是很明显的,它用统一的公德教育标准要求受教育者,在标准化的模式下对个体公德进行评价,忽视了个体差异性,忽视了个体的道德需要和道德本性。

其二,传统社会公德教育内容的泛化。我国公德教育包含的内容繁多,在实践中很容易导致公德教育内容的泛化。公德教育内容的泛化最突出、最严重的后果是用思想政治教育取代公德教育,使公德教育变成了意识形态教育的附属品,陷入"道德教育无德"的尴尬境地。"长期以来,我们并没有把现代化过程中的社会公德建设提高到如此高度来看待。在我们的道德建设中,总认为国民的政治道德是最重要的,把具有鲜明意识形态色彩的社会主义道德教育放到首要地位。"② 当然,我们并不反对党和国家所进行的思想政治教育,因为任何一个国家都要进行意识形态教育以维护政权运行的合法性地位,而我们也不能单独划定一个圈子来限定公德教育,因为社会公德与个体其他方面的素质是综合在一起的,我们无法也不可能抛开其他方面的素质而单独发展个体的道德。但公德教育作为一个人的社会化和德性养成的重要推动力量,是单纯的思想政治教育所不能替代的,并完全可以与思想政治教育同向同行。

其三,传统公德教育方法削弱了教育对象的参与热情。当前的公德教育在教育形式与方法上也存在着问题,严重脱离了教育对象的现实生活,久而久之就会削弱公众的参与热情与积极性。一方面,教育方法单一刻板。传统公德教育

---

① 劳逊:《世界道德教育演进视野里的中国学校道德教育》,《当代青年研究》1996年第5期。
② 肖群忠:《日本现代化过程中的社会公德建设及其对当代中国的启示》,《道德与文明》2008年第4期。

单纯注重公德认知的灌输,而忽视了其他教育方法。作为显性教育的灌输教育,其本身的重要作用当然不可忽视。但是,在强调灌输教育的地位和作用时,我们不能忘记其他教育方法的功用。与此同时,就灌输教育的实施而言,由于太注重公德认知的"灌",而轻视公德认知的"输",不可避免地出现诸如不问条件、不管对象、不讲实效性的强硬灌输现象。我们必须认识到,强硬灌输并非唯一的方式,还应有其他灌输方式,如温和式灌输、分散式灌输、间接式灌输等。另一方面,教育方法缺乏民主性。在传统公德教育中,我们经常采用的是"我讲你听、我说你做、我令你止"的强制式非对等教育方法,施教者与教育对象是一种完全对立的关系,承认的只是施教者的主导地位和作用,而否定了教育对象的作用,这就严重违背了公德教育规律。同时,传统公德教育方法轻视实践。传统公德教育方法是理性方法,只注重公德知识的说教和传授,总以为这些带有价值取向的知识只要经过施教者孜孜不倦的讲解,就能使教育对象获得相应的公德素养。殊不知,"道德是一种精神,但它不是一般的精神,而是一种特殊的精神,它的特殊性就在于实践性"[①]。传统公德教育的观念化、知识化,消解了公德教育的实践性,导致教育对象言行不一致,甚至有言无行。教育对象皆有背诵公德知识之功,而乏公德行动操作之力,对许多公德道理他们不是不知,而是不为。

第三节　新时代加强公民社会公德　　　　建设的若干思考

加强社会公德建设,不能空对空,必须有现实的抓手。培育和践行社会主义友善价值理念,既可以引导人们遵守友善道德,又能促进全社会以友善价值理念为引领处理好主体之间的关系,这使得社会公德建设更加具体化。因此,推进社会公德建设,必须以友善价值理念为切入点,把培育和弘扬社会主义友善价值理念作为社会公德建设的基础工程,坚持社会主义核心价值观引领,落实友善价值理念基本要求;着眼于个体和社会两个主体,推进友善价值理念的具体实践;推进公共领域成熟与发展,夯实社会公德建设的社会基础。

---

① 张琼等:《道德接受论》,中国社会科学出版社 1995 年版,第 74 页。

一、坚持社会主义核心价值观引领，落实友善价值理念基本要求

党的十八大对社会主义核心价值观进行了系统阐述，将其定义为国家层面的富强、民主、文明、和谐，社会层面的自由、平等、公正、法治和公民层面的爱国、敬业、诚信、友善。"社会主义核心价值观是在全社会得到广泛认同的精神旗帜，是铸就民族奋发向上的精神支撑，是凝聚中华民族的重要思想，又是符合时代潮流，促进各族人民团结和睦、共同奋斗的精神纽带。"①新时代加强社会公德建设必须坚持社会主义核心价值观的价值引领。社会主义核心价值观把"友善"纳入核心价值理念，从战略高度对社会公德的各领域关系予以指引，明确其基本要求与实践规范。通过基本要求与实践规范的落实，推进个人与他人、个人与社会、个人与自然、个人与网络之间友善关系的发展。

（一）落实友善价值理念对人与人关系的基本要求

人类社会的发展历史告诉我们，社会是由人组成的，人际关系是构成社会的基本要素，人类活动所涉及的一切关系最终都体现为人与人之间的关系，人际关系的和谐是社会和谐的重要基础。自古以来，人际关系的和谐就是不同国家、不同地区人们所追求的共同目标。在构建社会主义和谐社会的进程中，人际关系的和谐也是我们不懈追求的奋斗目标。在公共生活领域，根据人与人之间的熟悉程度，可以将人与人的关系分为熟人关系、半熟人关系及陌生人关系。社会主义友善价值理念对于不同性质、不同领域的人际关系有着不同的公德要求与具体规范，推动着这些领域人与人之间友善关系的实现。

1. 落实社会主义友善价值理念在熟人关系层面的基本要求

费孝通在《乡土中国》一书中对熟人社会进行了深刻阐述："这是一个'熟悉'的社会，没有陌生人的社会。""熟悉是从时间里、多方面、经常的接触中所发生的亲密的感觉。"②对于大多数社会成员而言，仅有家人关系是不够的，还需要与家人之外的同学、老师、朋友、同事等熟人群体开展交往，这是他们获得生存技能、实现个体发展的重要条件。实际上，这些熟人是我们生活中的主要交往对象。对于熟人而言，人际交往关系的稳固性通常依靠后天努力来营造，社会成员

---

① 季正聚：《全面把握社会主义核心价值观的特点》，《思想政治工作研究》2012 年第 12 期。
② 费孝通：《乡土中国》，生活・读书・新知三联书店 2013 年版，第 6 页。

经过反复的交往并在此基础上产生情感投入,从而不断增强熟人间关系的稳定性。然而,与基于血缘的家人关系相比,熟人关系似乎更为脆弱,对于友善的要求也更高。家人间偶尔发生的不友善行为,受制于天然的血缘关系,其交往关系依然能够存在。但熟人之间一旦发生不友善行为,破坏性更为强烈。熟人间单向度的帮助是不可能长久的,一般而言,熟人间容易形成互助的状态。因此,社会主义友善价值理念对熟人关系层面的核心要求是互助。通过互助的联系,人们之间的关系由契约信任上升为不需要外在约束的心理信任,这对于促进熟人间人际关系的友善具有重要作用。

2. 落实社会主义友善价值理念在半熟人关系层面的基本要求

在我国社会转型过程中,熟人之间依靠学缘、业缘、地缘、趣缘等滋生的情感成分维系彼此之间的友善,这种情况至今在广大农村、小城市、小县城、乡镇普遍存在。但随着社会的进一步发展,熟人社会日渐进化成半熟人社会甚至陌生人社会,一些地区就处于熟人社会和陌生人社会的混合状态,即半熟人社会状态。半熟人关系在当前社会中广泛存在,"点头之交""泛泛之交"的朋友、同事、邻居、同学等群体都属于半熟人关系。在这种关系中,人们有联系但频度不高,有交往但程度不深,呈现理性化的人际交往。由于当前社会在整体上处于由熟人社会向陌生人社会过渡的状态,人与人之间原有的依靠血缘、学缘、业缘、地缘、趣缘等因素调节的友善体系逐渐失去作用平台,而陌生人社会的友善规则体系尚未深入人心,人与人之间的友善关系在利益的挑战下常常失去依托[1],亟待社会主义友善价值理念予以引领。社会主义友善价值理念对半熟人关系层面的核心要求是诚信。诚实守信是中华民族千百年来形成的传统美德,是人们世世代代都应该自觉遵守的最基本的交往原则,也是半熟人关系实现友善的前提基础。彼此诚信有助于提升半熟人彼此联系的频度和深度,切实增进人际关系的友善。

3. 落实社会主义友善价值理念在陌生人关系层面的基本要求

"现代社会是个陌生人组成的社会。"[2] 在高度匿名性、流动性的社会中,公共领域范围不断扩大,为了更好地生存与发展,人们生活的各层面都无法避免和陌生人打交道。因此,与陌生人建立交往关系也十分必要。面对陌生人,交往

---

① 倔传振:《半熟人社会与人际信任——兼论社会信任结构变迁的路径选择》,《甘肃理论学刊》2007年第3期。

② 费孝通:《乡土中国》,生活·读书·新知三联书店2013年版,第7页。

双方对彼此情况一无所知,但为了确保交往关系的建立与发展,彼此需以友善相待。倘若失去陌生人之间的友善,那么社会就无法运转,人们的基本生活也得不到保障。陌生人具有现实距离近、心理距离远的特点,正如英国著名社会学家齐格蒙特·鲍曼所说的:"陌生人最显著的特点就是他们既不是邻居也不是异类""在社会(空间)上很远,然而在物理(空间)上很近。在物理范围内的异类,在社会范围之外的邻居"①。可以说,陌生人之间没有情感基础,仅依靠社会规则与道德规范进行约束,其友善程度往往反映了个体遵守社会规则的程度及其社会公德水平。如果陌生人之间的友善程度高,那么整个社会的友善程度也会比较高。社会主义友善价值理念对陌生人关系层面的核心要求是尊重,彼此尊重是陌生人友善关系建立的标志。落实彼此尊重的要求,需要树立规则意识,维系陌生人之间的互不伤害、平等待人这一底线。在底线基础上,通过激励、教育等机制,培育人们团结友爱的优秀品质。

(二)落实友善价值理念对个人与社会关系的基本要求

从个人与社会关系层面考察社会主义友善价值理念,在于考察处理人与集体(阶层、阶级、民族、社会、国家等)关系、人与公共物品关系的友善规范与要求。落实友善价值理念对个人与社会关系的基本要求是集体主义,集体主义是调整个人与社会关系的根本指导原则,它集中反映了我国社会经济关系的根本要求,反映了社会主义道德的本质,为个人与社会关系的发展指明了基本方向。因此,发挥社会主义友善价值理念对个人与社会关系的促进作用,实现个人与社会关系的友善,必须坚持集体主义原则。在个人利益与集体利益统一的基础上,个人利益要服从集体利益,集体要关照个人利益,进而实现个人与社会关系的友善。

1. 通过个人利益服从集体利益来实现个人与社会关系的友善

早在战争年代,毛泽东就明确指出:"自私自利,消极怠工,贪污腐化,风头主义等等,是最可鄙的;而大公无私,积极努力,克己奉公,埋头苦干的精神,才是可尊敬的。"② 集体主义是社会主义社会调节个人利益与集体利益的根本原则,是处理个人与社会关系的基本准则。它从无产阶级的根本利益出发,强调无产阶级的集体利益高于个人利益,要求个人利益服从集体利益。个人利益服从

---

① [英]齐格蒙特·鲍曼:《后现代伦理学》,张成岗译,江苏人民出版社2003年版,第181页。
② 《毛泽东选集》第二卷,人民出版社1991年版,第522页。

集体利益，要坚决反对脱离实际、急功近利，只从本地区、本部门利益出发，为了眼前局部利益而牺牲长远全局利益的小团体主义或本位主义，坚决反对片面强调个人兴趣、爱好至上，片面强调个人利益、个人中心的个人主义。个人利益服从集体利益，更要在个人利益与集体利益发生矛盾冲突的情况下，坚持个人利益服从集体利益、眼前利益服从长远利益、局部利益服从全局利益。在必要的情况下，要为集体利益作出自我牺牲。这一"牺牲"是个体对集体最大的友善。依靠这种友善才能解决"小我"与"大我"的问题，集体才能向着全体成员的整体目标、共同目标前进。

2. 通过集体保障个人利益来实现个人与社会关系的友善

随着社会主义市场经济的不断发展，个人主义沉渣泛起，诱发了很多不讲道德的现象，严重影响了个人与社会关系的友善。这就迫切要求我们寻求适应市场经济要求的能够处理个人与社会关系的道德体系，以促进个人与社会关系的友善发展，而在这一道德体系中，集体主义仍将继续成为调节个人与社会关系的基本原则。集体主义之所以在市场经济条件下仍然必须和能够弘扬，是因为集体主义原则并没有排斥和取消人们对合理利益的追求，反而为人们合理利益的追求提供了实现途径，从而协调了人们的利益关系，促进了个人与社会关系的友善。集体主义原则限制个人私欲的膨胀，协调个人与他人的矛盾，从根本上更加符合人的社会性。因为从集体主义出发，事实上也就是从集体成员各方需要的满足出发，它并不是只强调对他人需要的满足，而忽视个人本身需要的满足。集体主义本身强调的是共同需要的满足，同时又考虑到各自不同的需要，依靠集体和社会的力量去达到个体需要的实现。诚如马克思所说："只有在集体中，个人才能获得全面发展其才能的手段，也就是说，只有在集体中才可能有个人自由。"在马克思看来，集体问题的重点是其为个人的自由发展提供了怎样的条件，他是着眼于不同集体条件下个人的发展来理解集体的。基于此，只有坚持集体主义才能保障个人利益的实现，这是集体对集体成员施予友善的体现。也唯如此，才能使个人与社会关系的友善得以实现。

（三）落实友善价值理念对个人与自然关系的基本要求

如何处理个人与自然之间的关系，越来越受到当代中国人的重视。习近平总书记在党的十九大报告中论述新时代坚持和发展中国特色社会主义基本方略时指出："坚持人与自然和谐共生……必须树立和践行绿水青山就是金山银山的理念。"①习近平总书记多次强调："人类发展活动必须尊重自然、顺应自然、保护自然，否则就会遭到大自然的报复。"②他也辩证地指出："我们既要绿水青山，也要金山银山。宁要绿水青山，不要金山银山，而且绿水青山就是金山银山。"③"金山银山"与"绿水青山"的辩证关系恰恰体现了人与自然的共生关系。社会主义友善价值理念为处理个人与自然关系提供了答案：个人与自然之间要相互友善，既要实现人对自然的友善，也要实现自然对人的友善。

1. 落实个人对自然的友善

建立个人与自然之间的友善关系，最为重要的是人类要友好地对待自然。党的十八大以来，生态文明建设成为"五位一体"总体布局中的一个重要领域，绿色理念成为指导今后若干年我国经济社会发展的重要发展理念，建立个人与自然之间的友善关系是与生态文明建设和绿色发展理念相一致的。习近平总书记指出："要像保护眼睛一样保护生态环境，像对待生命一样对待生态环境，把不损害生态环境作为发展的底线。"④保护好自然，秉持绿色发展理念，看似会牺牲暂时的、眼前的经济利益，实则对人类长远的永续发展、造福子孙后代具有十分重要的意义。

其一，确立绿色价值取向。"绿水青山就是金山银山"强调经济增长和环境保护同等重要，物质财富和优美环境同时需要；"既要绿水青山，又要金山银山"强调在社会主义建设的宏观整体中，经济增长和环境保护要"两手抓、两手都要硬"；"宁要绿水青山，不要金山银山"说明良好的环境是经济长远发展和社会持久进步的自然物质基础，相对于后者，前者更加关系到人民的长远利益。习近平总书记这三个精辟论断为我们确立了绿色价值取向。当前的经济发展要为今后人民长远利益的实现创造条件、奠定基础。我国改革开放 40 多年经济建设的辉煌成就，不仅为我们奠定了建设生态文明的强大物质基础，更使我们的社会发展跨越了以物质财富最大化增加为第一目的的发展阶段。在今后的发展历程中，当经济发展与环境保护发生矛盾时，后者优于前者；当物质财富的

---

① 习近平：《决胜全面建成小康社会　夺取新时代中国特色社会主义伟大胜利——在中国共产党第十九次全国代表大会上的报告》，人民出版社 2017 年版，第 23 页。

② 《习近平在中共中央政治局第四十一次集体学习时强调　推动形成绿色发展方式和生活方式　为人民群众创造良好生产生活环境》，《人民日报》2017 年 5 月 28 日。

③ 《习近平总书记系列重要讲话读本》(2016 年版)，学习出版社、人民出版社 2016 年版，第 230 页。

④ 同上书，第 233 页。

增长速度和个人与自然的整体和谐不能同频共振时,个人与自然的整体和谐的实现目标优于物质财富增长速度的最大化目标。

其二,形成绿色思维方式。思维方式包括认知的思维方式、行为选择的思维方式和行为决策的思维方式。绿色思维方式是理性的思维方式,包括认知的理性思维、行为选择的理性思维和行为决策的理性思维。因此,绿色思维方式在认知、行为选择和行为决策三个维度对我们分别提出了具体要求。首先是绿色的理性认知,在建设生态文明中要找准问题,在问题是什么、为什么、怎么办三个方面都要求有精准的认知,这是正确解决问题的前提。其次,在实践的具体案例中权衡环境保护与经济增长的利弊得失,破除传统工业化道路中盲目追求物质总量增长的非理性思维,不断发现和解决建设生态文明中遇到的新情况、新问题,促进生态文明与经济增长的双轨良性发展。最后,建设生态文明是一个整体,要实现经济基础和上层建筑领域的整体共建。上层建筑领域对建设生态文明发挥最大作用的就是法治。因此,要正确认识中国特色社会主义法治与建设生态文明的内在联系,以法治思维促进生态文明,以法治手段推进生态文明,以法治方式规范生态文明。

其三,培养生态消费方式。建设美丽中国不仅是政府的问题,更是中国最广大人民群众的问题。习近平总书记要求:"像保护眼睛一样保护生态环境,像对待生命一样对待生态环境。"① 这是对全体中国人民提出的要求,要求全体中国人民珍惜和保护生态环境,而做到这一点就必须形成生态消费方式。消费活动是人类社会发展的永恒现象,只要人类存在,消费活动就不会停止。因此,人类必须从消费角度探寻有利于人类永续发展的生活方式、消费方式,以此解决人类所面临的严重生态危机。《国际清洁生产宣言》指出:"我们认识到实现可持续发展是一种集体责任。保护全球环境的行动必须包括采用改善的可持续生产与消费实践。"② 在这种背景之下,生态消费便应运而生。具体来讲,生态消费的要求如下:一是文明消费。文明消费包括文明的消费理念和文明的消费行为。文明的消费理念指的是消费是为了满足人的需要,而不是为了炫富、满足人类不健康的虚荣。人类的现实需要是随着人类社会的发展而不断变化的,人民对绿水

---

① 《习近平谈治国理政》第二卷,外文出版社 2017 年版,第 209 页。
② 《环境》编辑部:《通往清洁生产之路》,《环境》2006 年第 11 期。

青山的需求、对高级生态产品的需求,是为了满足人民群众对美好生态生活的需求,这就需要摒弃传统工业社会不健康的炫耀的消费理念,把消费立足于满足人民对使用价值的需求,而非为了无限的价值增值欲望服务。文明的消费行为是指严格区分消费和浪费,消费不是为了浪费,文明的消费反对浪费。二是绿色消费。绿色消费的内涵相当广泛,几乎涉及人类的一切消费领域,核心要求是在产品或服务使用中及产品或服务失效后尽量减少对环境的压力,降低对生态的负面影响。绿色消费首先要求消费者选择绿色产品,进行生态消费。这意味着消费者不仅要关注产品的使用价值,还要关注产品的生态价值,从而选择一种对生态负责任的消费方式。三是适度消费。"从环境道德角度去看问题,过度消费更具有以下三个不道德性:侵占别人平等享受自然财富的权利;加速能量消耗,使众多自然资源超前接近可持续利用的临界值;直接侵占和掠夺子孙后代未来生存发展的权利,对人类作为类存在带来了威胁。因此,适度消费就变成了当前的消费领域中一项最突出的环境道德要求。"[1] 在消费过程中进行适度消费,要考虑到环境承载力,采用与社会发展阶段相适应的消费方式,而不是采用铺张浪费、一次性消费等消费方式。四是责任消费。"我们每一个人在充分享受个人消费权利的同时,必须考虑到我们在消费过程应该为他人或社会承担的责任。"[2] 应当树立有消费就有责任的原则。五是精神消费。"精神消费是指在消费中突出人的精神心理方面的需要,这与高消费所一味追求的物质方面的需要有了明显的区别。精神消费不是通过消费量的无限增长来谋求幸福,而是注重通过提高精神生活水平来获得幸福感。"[3] 这种精神消费,从"量"的层面来考虑,体现为商品或者服务种类、数量的差异化、多元化;从"质"的层面来考虑,能充分展现消费者的主观要求与爱好,具有尽可能多的消费自由选择权。精神消费以提高和完善公众的生活质量为目标,强调使消费者精神愉悦的消费方式,要求公众不是为了消费而消费,而是为了精神愉悦而消费。它使消费者开始向往自然、回归自然,改善自己的生活品位和情趣。

---

[1]　邝福光:《环境伦理学教程》,中国环境科学出版社 2005 年版,第 139 页。

[2]　徐进杰:《生态消费:建设资源节约型社会的战略选择》,《农业现代化研究》2008 年第 2 期。

[3]　史兆光、梅雅卓:《青年消费群体的特殊消费价值观解析》,《大连海事大学学报》(社会科学版)2009 年第 4 期。

2.落实自然对人的友善

辩证唯物主义告诉我们，个人与自然是相辅相成、对立统一的关系，需要全面而非片面地看待这一问题。人需要爱护自然，但同时不能因为爱护自然而放弃认识和改造自然的行为。人们在合理、有序地认识和改造自然的过程中所获得的发展成果，正是自然对人类施予友善的体现。而这种友善不是自然通过神的力量来实现的，而是人们通过对自然的合理开发利用来创造的。比如，通过经济结构的调整，利用优美的自然环境开发旅游事业，在保护环境的同时，也为经济发展提供了新的增长点，带来了"金山银山"。习近平总书记就深刻指出："推动形成绿色发展方式和生活方式，是发展观的一场深刻革命。"[①] 这为自然给人类带来"金山银山"指明了正确方向。

其一，不断满足人民对美好生态环境的需要。党的十九大报告指出："人与自然是生命共同体，人类必须尊重自然、顺应自然、保护自然。"[②] 人民日益增长的美好生活需要和不平衡不充分的发展之间的矛盾已经成为中国社会的主要矛盾。平衡、充分的发展不仅包括经济的发展，而且包括生态环境的改善。生态环境也需要发展，也需要提高，生态环境的改善也是人民美好生活需要得到满足的重要方面。而造成人民对美好生态环境的需要得不到满足的主要原因在于环境污染，根本原因在于经济增长模式需要转换，即工业文明需要转型为生态文明。在我国，人民是国家的主人，资源是人民的资源，生态是人民的生态，环境是人民的环境。"既然人民需要节约资源，建立资源节约型、环境友好型社会，中国的经济发展就应当满足人民的需要，用循环经济逐步代替传统工业社会单向度的经济运行模式，为人民群众提供更多的生态公共产品，提高生活质量和幸福指数，让老百姓在分享发展红利的同时，更充分地享受绿色福利，使生态文明建设成果更好地惠及全体人民、造福子孙后代。"[③]

其二，不断满足人民对更多优质生态产品的需要。2018 年 5 月 18 日，习近平

---

① 《习近平在中共中央政治局第四十一次集体学习时强调 推动形成绿色发展方式和生活方式 为人民群众创造良好生产生活环境》，《人民日报》2017 年 5 月 28 日。

② 习近平：《决胜全面建成小康社会 夺取新时代中国特色社会主义伟大胜利——在中国共产党第十九次全国代表大会上的报告》，人民出版社 2017 年版，第 50 页。

③ 《适应新常态 落实总要求（深入学习贯彻习近平同志系列重要讲话精神）》，《人民日报》2014 年 10 月 24 日。

总书记在全国生态环境保护大会上的讲话中强调："我们要积极回应人民群众所想、所盼、所急,大力推进生态文明建设,提供更多优质生态产品,不断满足人民群众日益增长的优美生态环境需要。"[①] 人民不仅需要整体的、优质的、质量不断提升的生态环境,更需要具体的生态产品来满足日常需要。具体表现为进入新时代以来,随着人民生活水平的提高,人们对洁净水、新鲜空气和安全食品的要求也越来越高。生态问题是一个公共问题,生态产品是公共产品,生产公共产品是现代政府的责任和义务。生态问题还是个综合问题,不断满足人民对优质的生态产品的需求并非某个或几个部门就能够做到,必须在经济建设、政治建设、文化建设、社会建设和生态文明建设"五位一体"的整体格局中寻求解决路径。要以解决新时代中国社会主要矛盾为直接目标,以从工业文明向生态文明整体转型为基本战略,推动供给侧结构性改革,形成新时代优质生态产品供给的整体物质生产力量,在为人民群众打造更加丰富的物质产品中添加愈加优质的生态产品,满足人民需求,服务人民。

其三,不断满足人民对绿色发展方式和生活方式的需要。习近平总书记指出:"必须把生态文明建设摆在全局工作的突出地位,坚持节约资源和保护环境的基本国策,坚持节约优先、保护优先、自然恢复为主的方针,形成节约资源和保护环境的空间格局、产业结构、生产方式、生活方式,努力实现经济社会发展和生态环境保护协同共进,为人民群众创造良好生产生活环境。"[②] 一方面,逐步实现发展方式的绿色化是满足新时代人民群众需求、解决新时代中国社会主要矛盾的重要路径。另一方面,生活方式绿色化是实现绿色发展的关键,在某种意义上就是绿色发展自身。社会主义生产目的与资本主义生产目的有着本质不同,后者是为了实现资本的无限增值,而前者是为了满足人民群众的现实需要。基于这个根本差别,中国特色社会主义生产的目的是满足人民生活需求。人民对生态环境和生态产品需求的日渐增长表明了生活方式绿色化的重要性。生活方式绿色化的关键在于生活的优劣不再以单纯的物质财富占有量为主要衡量标准,而是顺应自然规律和人类自身的规律,在个人与自然和谐中实现人自身的

---

① 《习近平在全国生态环境保护大会上强调　坚决打好污染防治攻坚战　推动生态文明建设迈上新台阶》,《人民日报》2018 年 5 月 20 日。

② 《习近平在中共中央政治局第四十一次集体学习时强调　推动形成绿色发展方式和生活方式　为人民群众创造良好生产生活环境》,《人民日报》2017 年 5 月 28 日。

价值,扩大人的自由。近代工业生产方式及国家组织的建立,确实使人类摆脱了农耕文明时代的人身依附关系,实现了一定程度的人格独立。但是,工业化在一定程度上容易使人沦为物欲的奴隶。唯有生活方式绿色化能够使人从对物欲的追求进化为在个人与自然和谐中实现人自身价值的追求,奠定绿色发展的价值基础。

（四）落实友善价值理念对个人与网络关系的基本要求

2016 年 4 月 19 日,习近平总书记在全国网络安全和信息化工作座谈会上指出:"培育积极健康、向上向善的网络文化,用社会主义核心价值观和人类优秀文明成果滋养人心、滋养社会,做到正能量充沛、主旋律高昂。"① 学习贯彻总书记的重要讲话精神,为广大网民特别是青少年营造一个风清气正的网络空间,必须落实友善价值理念对个人与网络关系的基本要求,坚持道德教育和道德治理相结合,形成多层次的网络道德规范体系,构建多主体的网络道德治理机制,开展多领域的网络道德教育实践,扎实推进新时代公民网络道德建设。

1. 形成多层次的网络道德规范体系

任何一个进入网络社会的人,都是网络使用者,包括每一位网络用户、网络管理者、网络服务者等。网络使用者通过因特网,处于人与自我、人与他人、人与社会的种种复杂关系之中,这些关系所包含和显现出来的共同要求是网络道德的基础和主要内容。一是对个体网络用户的道德规范。个体网络用户应遵循的基本道德规范是:以全民、兼容、互惠、自由为原则,进行网络活动。"全民原则"指一切网络行为必须服务于网络社会的整体利益。它要求当个体网络用户以道德行为主体参与网络活动时,不得损害整个网络社会的整体利益,个人利益服从整体利益。"兼容原则"是指网络主体间的行为方式应符合某种一致的、相互认同的规范和标准,个人的网络行为应该被他人及整个网络社会所接受。"互惠原则"是指任何一个网络成员和网络用户必须认识到,人既是网络信息和网络服务的使用者,也是网络信息的生产者和提供者,当我们享有网络社会交往的一切权利时,也应承担网络社会赋予我们的责任。"自由原则"是指在网络道德规范的范围内,网络主体有根据自由意愿选择自己的生活方

---

① 《习近平主持召开网络安全和信息化工作座谈会强调 在践行新发展理念上先行一步 让互联网更好造福国家和人民》,《人民日报》2016 年 4 月 20 日。

式和行为方式的自由,有充分表达自己意见和观念的自由。"自由"并非意味着行为主体可以随心所欲、为所欲为。没有绝对的自由,只有处于网络道德规范和标准下的自由,才是真正的自由。二是对网络服务者的道德规范。网络服务者应做到诚实守信,公平竞争。"诚实守信"是指网络服务者在为网络使用者提供接入服务时要信守自己的承诺,遵守职业道德,为使用者提供完善的服务。"公平竞争"是指网络服务者在相互竞争时要采用公平、公正的原则进行竞争,不得为谋取私利采用不正当手段。三是对网络管理者的道德规范,即平等、公正、民主地对待网络用户。"平等原则"是指网络管理者在处理与网络用户的关系时,要把自己放在与网络用户平等的位置上。"公正原则"是指网络管理者要公正对待每一位网络用户,不得徇私舞弊,不得为一己私利而损害网络用户的权益。"民主原则"是指网络管理者在处理与网络用户的关系或是作出决定时,应充分考虑大多数网络用户的意愿与建议,及时准确获得信息,以便作出科学化、民主化的决策。

2. 构建多主体的网络道德治理机制

如果没有一套强有力的管理措施予以配合,没有把人的因素放在首要地位加以考虑的话,再精良的技术也无法防范别人从系统上最薄弱的环节——人来进行突破。网络的特点决定了网络道德问题的治理是一项长期而艰辛的工程,我国必须充分运用治理的思维,发挥多主体的治理作用,共同解决网络道德问题。2014 年 2 月 27 日,习近平总书记在中央网络安全和信息化领导小组第一次会议上的讲话中指出:"完善互联网信息内容管理、关键信息基础设施保护等法律法规,依法治理网络空间,维护公民合法权益。""创新改进网上宣传,运用网络传播规律,弘扬主旋律,激发正能量,大力培育和践行社会主义核心价值观,把握好网上舆论引导的时、度、效,使网络空间清朗起来。"[①]结合这一时代背景,基于治理的多主体性和治理手段的多样性,网络道德问题的治理,必须发挥多主体治理的作用,采用多样化的治理手段,发挥政府、企业、社会等多元力量,共同合力解决网络道德问题,将网络纳入规范化的管理轨道,通过网络的传播力量褒扬真善美,声讨假丑恶,以此促进整个社会走向和谐。一是充分发挥政府的

---

① 《习近平主持召开中央网络安全和信息化领导小组第一次会议强调　总体布局统筹各方创新发展　努力把我国建设成为网络强国》,《人民日报》2014 年 2 月 28 日。

治理主体作用。针对网络道德问题,政府有职责充分利用自身的权力对各种不良环境进行净化,采用先进的网络技术对整个网络环境进行监管和治理,特别是出台相关的政策和法规对各网络主体的行为进行规范和约束。"道德和法律是一种相互补充、相互依存的关系,法律是最底层的道德,是最低的道德底线,法律具备道德所没有的强制力,网络秩序的建立不能单凭道德的约束力,需要法律法规的强制力来保障实施"。[①] 因此,制定和完善相关的网络法律法规能有效地应对公众网络道德问题。2016 年 4 月 19 日,习近平总书记在网络安全和信息化工作座谈会上强调:"我们要本着对社会负责、对人民负责的态度,依法加强网络空间治理。"[②] 二是完善网络企业的治理手段。网络企业在网络迅速发展的过程中起着巨大的推动作用,在网络道德问题的产生方面也负有不可推卸的责任。因此,开展对公众网络道德问题的治理,尤其需要企业的主动参与,自觉提高自身的社会责任意识,积极创新技术,有效防止网络虚拟性、隐蔽性和开放性带来的种种弊端,为网络环境创建一片蓝天。三是加强社会层面的网络道德治理。要发挥网络社会组织的作用,落实习近平总书记关于"加快网络社会组织建设"的重要指示精神,进一步加强网络社会组织建设,激发网络社会组织活力,将与网信事业相关的各个领域、各个类型、各个地方的网络社会组织团结起来,调动它们的积极性、主动性、创造性,引导各级各类网络社会组织在网络强国建设的宏伟征程中贡献力量。

3. 推动个体和行业的网络道德实践

一切个人品德、家庭美德、职业道德、社会公德,如果不落实到行动中,就都等于无德,网络道德也不例外。开展网络道德教育,其目的在于实践,在于推动个体和行业的网络道德实践。一是推动个体的网络道德实践。网络的普及及其特性要求人们提高自身的道德素养,加强个体道德实践,做到文明用网、诚信用网、规范用网、健康用网和安全用网。二是推动行业的网络道德实践。网络环境下的各大媒体、平台,不应该是利益的追逐者,而应该成为社会正确舆论的引领者。因此,互联网行业应该有一定的自律精神,全面提升自身的责任感、使命感,明确行业任务,保守行业底线。推动行业的网络道德实践主要包括:遵纪守法,

---

① 赵兴宏:《网络伦理学概要》,东北大学出版社 2008 年版,第 163—165 页。

② 《习近平主持召开网络安全和信息化工作座谈会强调 在践行新发展理念上先行一步 让互联网更好造福国家和人民》,《人民日报》2016 年 4 月 20 日。

服务人民；抵制低俗，净化网络；强化监管，防范攻击；规范运作，平等竞争；开发软件，自主创新；加强合作，接受监督；等等。

二、着眼个体和社会两个主体，推进友善价值理念的具体实践

社会主义友善价值理念的培育路径可从个体、社会两个维度进行思考，其中，个体维度是基础，社会维度是对个体培育的发展和拓展。我们可以通过对个体与社会培育路径的设计，推动社会主义友善价值理念落地见效，进而推动社会公德建设。

（一）培育友善价值理念、推动社会公德建设的个体维度

个人是社会主义友善价值理念的基本承载者，加强个体友善修养是培育社会主义友善价值理念的逻辑起点。社会主义条件下，在个人与他人、个人与集体、个人与自然之间的友善关系中，最基础、最核心的是人际友善关系，其他友善关系是在人际友善关系的基础上衍化拓展形成的。个体友善观培育的动态过程是一种螺旋上升的过程，可通过如下途径逐步实现。

1. **强学而求，获取公德认知**

荀子认为"强学而求"是改化人性、培养美德的根本途径和方法。他说："今人之性，固无礼义，故强学而求有之也；性不知礼义，故思虑而求知之也。"[①]所谓"强学而求"，是指通过不懈的努力学习从而获得关于礼义的知识。人们良好公德品质形成的过程也是一个"强学而求"的过程。"强学而求"，包括向书本学习，学习基本公德原则与规范；向群众学习，学习公德楷模和身边平凡人物的先进事迹；向实践学习，积极在社会交往和公共生活实践中获取并提高自己的公德认知，完善自我。

2. **内省慎独，加强公德修养**

"内省"，即内心反省，强调公德心理对个人公德行为的检讨作用，主张通过对内心的反省来端正公德行为。"内省"的修养方法是中国传统道德修养的重要部分。"吾日三省吾身""见贤而思齐焉，见不贤而内自省"，就是关于"内省"的思想。公德修养的"内省"方法，是一种自我锻炼，就是用正确的公德原则和规范，不断清洗、克服错误的公德观念。"慎独"是我国古代思想家提出的一种达到了很

---

① 《荀子》，中华书局出版社 2007 年版，第 273 页。

高思想修养水平的精神境界。何谓"慎独"?《礼记·中庸》中说:"道也者,不可须臾离也,可离非道也。是故君子戒慎乎其所不睹,恐惧乎其所不闻。莫见乎隐,莫见乎微,故君子慎其独也。"其意思是说,一个人要做到在别人看不到的时候也能十分警惕。不要以为是隐蔽的、微小的过失,就可以去做。在市场经济大潮中,在各种金钱利益的诱惑下,我们每个人应该对自身进行内省、慎独,坚持高标准,用平等、民主、友爱、和谐等公德观念塑造自己美好的心灵,持之以恒,在提高公德认识的基础上形成良好的社会交往和公共生活行为习惯。

3. 知行合一,规范公德行为

公德修养既要从认识上弄清道理,更要在行为上身体力行,一定要注意言行一致、躬行践履。孔子曾说,"君子耻其言而过其行""听其言而观其行",他认为只说不做、言行脱节,是公德虚伪的表现,是羞耻的事情,主张评判一个人的公德好坏不在于他的言辞,而主要看他的公德实践。王守仁认为,"知是行的丰意,行是知的功夫。知是行之始,行是知之成"。朱熹认为,"行"不是好高骛远,而应当从平凡的事情做起,在日常行为上下功夫,强调"致知"和"力行"并重,提出"知行常相须,如目无足不行,足无目不见"。可以说,实践是公德认识的来源,是其发展的动力,更是社会人际交往公德准则转化为人们公德品质的必要途径。因此,在加强公德知识学习的同时,我们必须积极参与公德实践活动,把公德认识融于公德实践当中。一方面,把社会公德的原则、规范运用于个人与他人、个人与社会、个人与自然、个人与网络等公共生活的各个领域,在实践中检验、深化对公德原则的认识;另一方面,积极参与诸如"文明社区""文明村镇""文明行业"的精神文明创建活动,以及社会各界开展的"送温暖工程"、志愿者活动、"希望工程"等公益活动。要把公德意识转化为生动实践,在全社会形成崇德向善、见贤思齐、德行天下的浓厚氛围。

4. 积善不息,养成良好习惯

习惯是通过自觉地重复、模仿,或经过意志努力反复练习才形成的。实践证明,养成一个良好的公德习惯并非一日之功,需要经历一个长期不懈的积累过程,需要持之以恒地坚持和发展,才能见到成效。所谓"积土成山,风雨兴焉;积水成渊,蛟龙生焉;积善成德,而神明自得,圣心备焉。故不积跬步,无以至千里;不积小流,无以成江海"(《荀子·劝学》)。我们要看到"善不积,不足以成名;恶不积,不足以灭身"(《周易·系辞下》)。只有积善不息,才能养成良好的社会公德习惯。可以说,个体良好公德行为习惯的养成是一个不断积累和深化的过程,这就要求我们从提高公德认识、确立公德信念着手,从一件件平常、普通、实在的小事做起,持之以恒积累"善行""善德",不断实现内化与外化的统一。

（二）培育友善价值理念、推动社会公德建设的社会维度

个体友善价值理念的培育不仅需要个体的自觉道德修养,更需要社会有意识地去引导,去建设。应注重宣传教育、示范引领、实践养成相统一,注重政策保障、制度规范、法律约束相衔接,善于运用群众喜闻乐见的方式,搭建群众便于参与的平台,开辟群众乐于参与的渠道,使社会主义友善价值理念融入人们的生产生活和精神世界,指引新时代社会公德的建设与发展。

1. 着眼于社会公德建设,把社会主义友善价值理念融入国民教育全过程

习近平总书记指出,培育和践行社会主义核心价值观,"要从娃娃抓起、从学校抓起,做到进教材、进课堂、进头脑"[①]。把社会主义友善价值理念融入国民教育全过程,应坚持育人为本、德育为先,围绕立德树人的根本任务,把社会主义友善价值理念贯穿于基础教育、高等教育、职业技术教育、成人教育各领域,落实到教育教学和管理服务各环节,覆盖所有学校和受教育者,形成课堂教学、社会实践、校园文化多位一体的育人平台。把握青少年身心特点和成长规律,构建大中小学有效衔接的基于友善价值理念培育的德育课程体系和教材体系,创新中小学德育课和高校思想政治理论课教育教学,推动社会主义友善价值理念进教材、进课堂、进学生头脑。注重发挥社会实践的养成作用,完善基于友善价值理念培育实践教育教学体系,开发实践课程和活动课程,加强实践育人基地建设,打造青少年社会实践活动基地、高职实训基地、大学生校外实践教育基地等,组织青少年参加力所能及的生产劳动和爱心公益活动、形式多样的志愿服务和勤工俭学活动。注重发挥校园文化的熏陶作用,以社会主义友善价值理念为引领,加强学校报刊、广播电视、网络建设,完善校园文化活动设施,重视校园人文环境培育,发展体现社会主义特点、时代特征、学校特色的校园文化。建设师德高尚、业务精湛的高素质教师队伍,加强专任教师、辅导员、班主任在培育社会主义友善价值理念的示范引导作用,引导广大教师自觉增强教书育人的荣誉感和责任感,学为人师、行为世范,引导学生做社会主义友善价值理念和社会公德意识的

---

① 《习近平谈治国理政》第一卷,外文出版社 2018 年版,第 164—165 页。

培育者、弘扬者、践行者。

2. 着眼于社会公德建设,把社会主义友善价值理念落实到国家治理各领域

发挥社会主义友善价值理念的国家治理功能,把社会主义友善价值理念融入经济治理,注重经济行为和价值导向的有机统一、经济效益和社会效益的有机统一;开展各项生产经营活动要遵循社会主义友善价值理念的要求,做到讲社会责任、讲社会效益、讲守法经营、讲公平竞争、讲诚信守约,实现市场经济和道德建设良性互动;建立完善相应的政策评估和纠偏机制,防止出现具体政策措施与社会主义友善价值理念相背离的现象。把社会主义友善价值理念融入法治建设,将其贯彻到依法治国、依法执政、依法行政实践中,落实到立法、执法、司法、普法和依法治理各个方面,用法律的权威增强人们培育和践行社会主义友善价值理念的自觉性;注重把社会主义友善价值理念相关要求上升为具体法律规定,形成有利于培育和践行社会主义友善价值理念的良好法治环境。把社会主义友善价值理念融入社会治理,形成科学有效的诉求表达机制、利益协调机制、矛盾调处机制、权益保障机制,在日常治理中鲜明彰显社会主流价值,创新社会治理,褒奖善行义举,实现治理效能与道德提升相互促进,形成培育社会主义友善价值理念、推动社会公德建设的正向效应。

3. 着眼于社会公德建设,把社会主义友善价值理念嵌入文化建设各层次

任何一个国家,在发展政治、经济、社会、生态文明的同时,都会面临如何推动文化建设的命题。在党的十九大报告中,习近平总书记指出:"文化是一个国家、一个民族的灵魂。文化兴国运兴,文化强民族强。没有高度的文化自信,没有文化的繁荣兴盛,就没有中华民族伟大复兴。要坚持中国特色社会主义文化发展道路,激发全民族文化创新创造活力,建设社会主义文化强国。"[①] 文化建设之于培育社会主义友善价值理念、推动社会公德建设具有重要意义。一是把社会主义友善价值理念嵌入中华优秀传统文化中。习近平总书记高度重视中华优秀传统文化的濡化作用,要求以传统文化滋润道德。他指出:"我们民族有一脉相承的精神追求、精神特质、精神脉络"[②];"中华传统美德是中华文化精髓,蕴含

---

① 习近平:《决胜全面建成小康社会 夺取新时代中国特色社会主义伟大胜利——在中国共产党第十九次全国代表大会上的报告》,人民出版社 2017 年版,第 40—41 页。

② 《习近平谈治国理政》第一卷,外文出版社 2018 年版,第 181 页。

着丰富的思想道德资源"①。应发挥中华优秀传统文化怡情养志、涵育文明的重要作用,梳理和萃取中华文化中关于友善的思想精华,作出通俗易懂的当代表达,让其在新的时代条件下不断发扬光大。二是把社会主义友善价值理念嵌入中国革命文化中。"革命文化是中国共产党和中国人民在长期的革命斗争实践中形成的,是凝聚着共产党人和革命群众独特思想和精神风貌的文化。"② 井冈山精神、长征精神、延安精神、西柏坡精神等革命文化蕴含着丰富的社会主义友善价值理念,在新的历史条件下依旧是培育友善价值理念、推动社会公德建设的强大精神支柱与重要思想资源。三是把社会主义友善价值理念嵌入社会主义先进文化中。社会主义先进文化蕴含着社会主义友善价值理念的基本要求,具有科学性、包容性、开放性、群众性、理想性等一系列优势,是培育友善价值理念、推动社会公德建设的重要路径。③

4. 着眼于社会公德建设,把社会主义友善价值理念践行于社会生活各方面

坚持社会主义友善价值理念的引领,广泛开展道德实践活动,形成修身律己、崇德向善、礼让宽容的道德风尚。大力宣传体现社会主义友善价值理念的先进典型,评选表彰道德模范,形成学习先进、争当先进的浓厚风气。深化公民道德宣传日活动,组织有关社会主义友善价值理念的道德论坛、道德讲堂、道德修身等活动。深化学雷锋志愿服务活动,以城乡社区为重点,以相互关爱、服务社会为主题,围绕扶贫济困、应急救援、大型活动、环境保护等方面组织开展各类形式的志愿服务活动,体现对空巢老人、留守妇女儿童、困难职工、残疾人等群体的友善。深化群众性精神文明创建活动,在"文明城市""文明村镇""文明单位""文明家庭"等创建活动中突出社会主义友善价值理念。发挥重要节庆日传播社会主义友善价值理念的独特优势,因势利导地开展各类教育活动。建立完善以市民公约、村规民约、行为规范、学生守则等为主要内容的规章制度,为培育社会主义友善价值理念作出明确规定。运用公益广告传播社会主义友善价值理念,加强公益广告的选题规划和内容创意,形成公益广告传播社会主义友善价值理念的强大声势。新闻媒体要发挥传播社会主义友善价值理念的主渠道作用,

---

① 《习近平谈治国理政》第一卷,外文出版社 2018 年版,第 164 页。

② 白纯:《革命文化是文化自信的重要资源》,《中国社会科学报》2017 年 2 月 9 日。

③ 《中共中央办公厅印发〈关于培育和践行社会主义核心价值观的意见〉》,《人民日报》2013 年 12 月 24 日。

多联系群众身边的事例,多运用大众化语言,在生动活泼的宣传报道中引导人们培育和践行社会主义友善价值理念,推动社会公德建设的社会维度。

三、推进公共领域成熟与发展,夯实社会公德建设的社会基础

何谓公共领域?"公共领域在于生活领域的公共性或公开性。公共领域是向所有人敞开的生活领域,是公开的社会领域。"[1] 人们多把社会公德解读为维持公共领域基本秩序与公共利益所必需的道德准则与行为规范。在这个意义上说,社会公德与公共领域密切相关。公共领域越是发达健全,社会公德就越成熟规范;公共领域发育不良,也就很难形成良好的社会公德。因此,如何促进公共领域的成熟和发展,是当代中国社会公德建设的题中应有之义。

(一)经济建设与公共领域的成熟和发展

按照唯物主义的基本观点,一定社会的公德状况虽有相对独立性,但归根到底是由社会的经济状况决定的。"我们驳斥一切想把任何道德教条当做永恒的、终极的、从此不变的道德规律强加给我们的企图,这种企图的借口是,道德的世界也有凌驾于历史和民族差别之上的不变的原则。相反地,我们断定,一切已往的道德论归根到底都是当时的社会经济状况的产物。"[2] 恩格斯的这一论述深刻揭示了道德的本质所在。经济是社会公德建设的基础,没有经济的发展和人民物质生活水平的提高,所谓社会公德的整体提升必然流于空谈。党的十八大以来,我国的经济建设取得重大成就,为公共领域的成熟和发展奠定了物质基础,提供了有利条件,扩宽了实践平台。

1. 推进社会主义市场经济"更加成熟、更加定型",以拓展社会公共领域

市场经济打破了传统社会人与人的依赖关系,也打破了计划经济时代个人对单位和国家的依赖关系,彻底变革了人们的生活方式,延伸了人际交往范围,拓展了社会公共领域。从这一点而言,市场经济为社会公德的培育、发展和完善提供了平台、拓宽了空间。社会公德作为社会公共生活中应共同遵守的最基本的行为准则,其本质是协调个人与他人、个人与社会、个人与环境的关系,其赖以生存的基础就是公共领域的形成与发展。公共领域的发展程度决定了社会公

---

[1] 龚群:《论公共领域与公德》,《中国人民大学学报》2008 年第 1 期。
[2] 《马克思恩格斯全集》第 20 卷,人民出版社 1971 年版,第 103 页。

德的发展水平。传统社会公德不发达的根本原因就是公共领域不发达。适应自给自足的自然经济的需要,自周代以来,我国逐渐建立起以血缘为基础的宗法制度和超稳定的社会结构。在宗法制社会里,血缘关系是社会型结构的基础,家庭(族)是社会组织的唯一方式,极大地限制了公共生活空间的发育成形,造成了私德极其发达而公德极其薄弱。市场经济作为一种完全与自然经济相异质的经济组织模式,变革了资源配置模式,也改变了人们需求满足的方式,彻底改变了传统社会结构,因而也彻底重建了社会伦理秩序模式。在市场经济下,家庭的功能受到市场的挤压而不断弱化,私人生活的范围不断缩小,而公共生活则上升为生活的主要内容。正如汉娜·阿伦特所比喻的那样:"共同生活在世界上,这根本上意味着,事物的世界处于共同拥有这个世界的人之间,就如同一张桌子的四周围坐着许多人一样;世界像每一个中间事物一样,都同时将人联系起来和分离开来。"① 市场正如汉娜·阿伦特比喻的"圆桌",将彼此陌生的人通过利益纽带结合在一起,这种模式对社会公德的积极效应是主要的,其主要表现是:"它有助于转变人们的思想观念,如树立开放、竞争、效益、平等、时间等新观念;有助于培养锻炼人才,使人们的积极性、创造性得到充分发挥,从而促进人们整体文明素质的提高;还会强化人们现代化文明的生活方式等等。"②

2. 推进新型经济形态"喷涌发展",以创新公德提升的实践平台

新型经济形态主要指分享经济。分享经济是指利用互联网等现代信息技术整合、分享海量的分散化闲置资源,满足多样化需求的经济活动总和。近年来,我国的分享经济从无到有,从"小荷初露"到"喷涌发展",实现了爆炸式增长。分享经济的发展需要大众动态性的参与体验,因此,人们的社会公德和文明程度就成为决定其能否更健康持续发展的客观因素。同时,分享经济也为社会公德提升提供了新的实践平台。"我们可以搭陌生人的车,可以请陌生人住到家里,可以去陌生人家里吃饭……我们开始相信形形色色的陌生人,邀请他们进入自己的生活。从这个角度而言,共享经济不仅是在构建一种新的商业模式,而且还在根本性地重新构建人与人之间的道德关系。"③ 一方面,分享经济为公共领域处理人与物的关系提供了新的实践平台。在分享经济中,由于人们一般情况下

---

① 汪晖、陈燕谷:《文化与公共性》,生活·读书·新知三联书店1998年版,第97页。
② 唐志全:《社会主义市场经济与社会公德教育》,《江西社会科学》1994年第9期。
③ 马想斌:《不守公德,哪来共享经济》,《光明日报》2016年8月23日。

所购买的是产品的使用权,当使用过程结束或者体验完毕就需要"物归原主",所以其产品在一定程度上就具有了公共财产的属性。如此一来,人们在使用过程中就要遵守"爱护公物"的社会公德,这样才能保证"完璧归赵",使其能够得以循环和持续。另一方面,分享经济为公共领域中处理人与人的关系提供了新的实践平台。分享经济借助信息技术赋予人们以社交化的方式进行交流、分享和创造价值的能力。从人与人的关系来讲,由于分享经济广泛的大众参与性,在使用产品或服务的过程中必然会发生人与人之间的交往以及内在和外在的各种联系。比如,一个家庭在把自己的闲置汽车、房子租给别人的同时,也把自己的生活方式与别人分享。其实分享经济的本质是与他人分享生活,这是一种与不同文化背景的人进行文化交流的生活。在这种分享中,需要人们具备"文明礼貌""助人为乐""遵纪守法"的社会公德。① 同时,分享经济为公共领域中处理个人与自然的关系提供了新的实践平台。分享经济是一种基于现代社会节约消费的环保自觉形成的再消费经济,对于长期以来被社会鼓励的高速消费、奢侈消费文化是一种根本性的矫正。② 可以说,与传统经济相比,分享经济是一种更符合生态环境保护的绿色经济,"分享经济的核心就是使资源利用效率最大化,是绿色发展的最佳体现"③。它的蓬勃发展,将会逐渐遏制目前"生产更多,消费更多"的恶性发展趋势。因此,从某种意义上讲,分享经济的快速发展为公共领域处理个人与自然的关系提供了新的实践平台。

3. 加快新型城镇化建设,以厚植公德建设的社会土壤

城镇化是一个人口结构、经济结构、社会结构经历重大变迁和人们生产方式、生活方式、交往方式及思想认识、价值观念经历深刻变化的过程,讨论社会公德问题,不能离开城镇化这一背景。党的十八大以来,以习近平同志为核心的党中央从中国经济社会发展的现实出发,坚持全面深入推进以人为核心的新型城镇化建设,极大加快了我国城镇化的步伐。城镇化的加速发展不仅推动了整个社会物质面貌的变化,更促进了人的精神面貌的变化,特别是社会公德观念的增长。可以说,"当前,我国正处在城镇化加速发展的关键时期,这一过程为社会

---

① 刘晓霞、程立涛:《公德建设给力分享经济发展》,《人民论坛》2017年第24期。
② 张孝德、牟维勇:《分享经济:一场人类生活方式的革命》,《人民论坛·学术前沿》2015年第12期。
③ 国家信息中心信息化研究部、中国互联网协会分享经济工作委员会:《中国分享经济发展报告2016》,国家信息中心官网,2016年2月29日。

公德建设创造了有利的条件和良好的机遇,我国的社会公德建设正处于蓬勃发展的春天"①。一是居民异质性的增加,驱动社会公德的发展。城市社会有着远高于农村的人口密度,这无疑加大了人们之间相互熟悉的难度。聚集在城市中的人往往来自五湖四海,他们在家庭出身、风俗习惯和个人经历方面有着巨大差异。城市还是一个高度流动的社会,这使得人们之间建立和维护长久关系变得越来越困难。与农村那种人们相互知根知底的状况不同,城市社会里,人们之间由于相互差异而陌生,由于陌生而疏远,由于疏远而显得人情冷漠、互不关心,甚至互不信任、相互敌视。可以说,在城镇化加速发展过程中,如果缺少人人尊奉的伦理道德纽带,将造成社会矛盾加剧、社会问题丛生。可以说,社会公德成了城市不可或缺的社会整合机制之一。二是生活空间的公共化,驱动社会公德的发展。在现代城市里,由于居住的集中化,私人领域越来越被限制在一个狭小的范围内,公共空间则极大扩大。不仅阳光、空气、道路、广场、写字楼、办公场所是公共的,就连私人购买的房子也在一定程度上具有了公共性。然而,在城市陌生的环境中,摆脱了熟人社会中家庭伦理、面子情结束缚的个人,为了实现自身利益的最大化,可能无视他人及社会整体利益,作出侵害他人及社会公共利益的行为。为了保障集中居住的城市居民拥有较高质量的生活环境,也为了促进人际和谐,维护基本的社会秩序,需要一定的社会公德规范对相关利益关系进行调节。三是公共生活的普遍化,驱动社会公德的发展。公共生活是人们在公共领域中围绕公共事务和公共利益进行的社会交往、平等对话、理性表达、政策参与等活动而形成的相互联系、相互影响的共同生活。在城市社会里,为了方便人们工作、学习、生活、购物、娱乐、出行而建造的公共设施、公共场所和社会组织,极大丰富了人们的公共生活。介入公共生活、参与公共活动机会的增多为人们形成公共意识创造了条件。城市公共生活的发展必然要求形成与之相适应的公共利益意识、公共秩序意识、公共准则意识等公共意识,其集中表现就是公共道德意识和社会公德素质。

（二）政治建设与公共领域的成熟和发展

党的十八大报告指出,党的政治建设要"以保证人民当家作主为根本,以增强党和国家活力、调动人民积极性为目标,扩大社会主义民主,加快建设社会主

---

① 庄梅兰:《我国城镇化进程中社会公德建设的机遇分析》,《唐都学刊》2016 年第 3 期。

义法治国家,发展社会主义政治文明"。在实现"两个百年"奋斗目标的进程中,良好社会公德的形成与政治建设息息相关,政治建设是当代中国社会公德总体状况进步的政治保障。

1. 社会主义民主新发展为公德提升提供了民主环境

党的十八大以来,面对国际国内形势发生的深刻变化,面对社会主义和资本主义两种制度、两种道路更加激烈的竞争和较量,习近平总书记提出发展社会主义民主政治的一系列新理念新思想新战略,科学回答了我国民主政治建设的重大理论和实践问题,对于坚持和发展新时代中国特色社会主义具有举旗定向的重要作用。在习近平新时代中国特色社会主义思想的指导下,新时代中国特色社会主义民主政治建设取得了巨大成就,在我国民主政治发展进程中树立起了新的里程碑。一是廓清了在发展道路问题上的各种模糊和错误认识。习近平总书记深刻指出,每个国家的政治制度都是在这个国家历史传承、文化传统、经济社会发展的基础上长期发展、渐进改进、内生性演化的结果,不能想象突然就搬来一座政治制度上的"飞来峰",否则就会水土不服,就会画虎不成反类犬,强调坚持中国特色社会主义道路,最根本的是坚持中国特色社会主义政治发展道路。二是积极稳妥推进政治体制改革。在坚持我国根本政治制度、基本政治制度上立场坚定、旗帜鲜明,同时把健全权力运行制约和监督体系作为政治体制改革的重要内容。坚持用制度管权管事管人,在加强党内监督、民主监督、法律监督、舆论监督的同时,成立国家监察委员会,实现公务人员监督全覆盖。这些举措进一步拓展和维护了人民群众享有的政治权利、民主权利,营造了风清气正的社会氛围。三是不断提升中国特色社会主义政治发展道路的影响力。坚持以我为主、兼容并蓄,在积极吸收借鉴人类政治文明有益成果的同时,鲜明地确立中国民主的模式,为人类政治文明发展贡献了中国智慧、提供了中国方案。① 可以说,上述社会主义民主的新发展为公德提升提供了民主环境。

2. 社会主义法治国家新布局为公德提升提供了法治保障

法律是治国之重器。执政兴国,离不开法治支撑;社会发展,离不开法治护航;百姓福祉,离不开法治保障。党的十八大以来,改革发展稳定、内政外交国

---

① 刘维涛:《坚定不移走中国特色社会主义政治发展道路——访中央统战部常务副部长张裔炯》,《人民日报》2017 年 9 月 6 日。

防、治党治国治军,都由法治做保障、靠法治来推进。2013 年 1 月,习近平总书记在全国政法工作会议作出重要批示,提出建设"法治中国"的新要求。党的十八届四中全会专题研究全面依法治国问题,作出了中国共产党历史上第一个关于加强法治建设的专门决定,新时代中国特色社会主义法治建设进入了一个新阶段。"科学立法、严格执法、公正司法、全民守法深入推进,法治国家、法治政府、法治社会建设相互促进,中国特色社会主义法治体系日益完善,全社会法治观念明显增强。国家监察体制改革试点取得实效,行政体制改革、司法体制改革、权力运行制约和监督体系建设有效实施。"① 可以说,从执政行政到日常生活,从经济活动到社会民生,法律的作用日益凸显,法律的力量越发强大,公众感受到了法治带给社会的稳定与和谐。现代社会是法治社会,在法治社会中,人们的生活时时处处都与法律紧密相连,人人都要受法律的约束。法律的基本价值——秩序、人权、正义等,是社会公德提升的必要条件,是调节人际关系、优化公共生活环境的重要工具。法律对当代中国社会公德提升的保障主要体现在以下几个方面:一是确认和保护公共领域个体的民主权利。我国法律明确规定,人们依法享有管理国家的民主权利和其他各项民主权利。比如,我国宪法规定,"中华人民共和国公民的人身自由不受侵犯。任何公民,非经人民检察院批准或者决定或者人民法院决定,并由公安机关执行,不受逮捕。禁止非法拘禁和以其他方法非法剥夺或者限制公民的人身自由,禁止非法搜查公民的身体""中华人民共和国公民的人格尊严不受侵犯。禁止用任何方法对公民进行侮辱、诽谤和诬告陷害",等等,从而保障了公民公共领域的民主权利。二是法律所维护的正义是社会公德提升的前提。公共领域的核心问题是要协调好人与人之间的利益关系,公平地分配社会权益,使每个人都各得其所、各得其利。当前,公共领域诸多不和谐、不稳定现象,其引发的深层次原因实际上都是权益的失衡。所以,没有社会的公平正义,就没有社会的和谐稳定。只有切实维护和实现社会的公平正义,人们的心情才能舒畅,社会才能和谐。塞尔苏斯说:"法是善良公正之术。"② 可以说,法与正义是不可分的,法是实现正义的手段,法的价值之一在于实现正义。三是法律制裁各种犯罪,维护正常的公共领域秩序。社会主义法律

---

① 习近平:《决胜全面建成小康社会 夺取新时代中国特色社会主义伟大胜利——在中国共产党第十九次全国代表大会上的报告》,人民出版社 2017 年版,第 4 页。

② 何勤华:《西方法学史》,中国政法大学出版社 1996 年版,第 26 页。

对违法犯罪行为依法予以制裁,对于维护人们之间的社会交往具有重要作用。事实证明,面对严重的犯罪行为,单纯依靠良心耻辱的个人自省,依靠思想意识的道德调节,都显得苍白无力。只有依靠法律,才能震慑这样的犯罪,才能压倒邪恶势力,进而减少公共生活中的不正常现象,维护国家权益,维护公众和个人的合法权利,维护公共生活的正常秩序和社会交往活动。四是法律能有效预防和解决公共领域的纠纷。法律以其强制力和威慑力预防和消除各种不安定因素的产生和发展,降低纠纷发生的概率,从而使实际发生的纠纷在总量和冲突烈度上控制在社会可以承受的范围之内。此外,法律还能有效地解决公共领域的各种纠纷。在现实社会生活中,不同的群体有不同的利益追求,这种差异在丰富社会生活内容的同时,也容易造成冲突和混乱。法律为控制这种无序与混乱,不仅提供了一系列的规范来协调、支配和控制人们的行为,还设定了独立的司法机构、仲裁机构,由其运用特定的法律规则解决纠纷,并且其效力是由国家强制力做保障的。

(三)社会建设与公共领域的成熟和发展

社会建设是指社会主体根据社会需要,有目的、有计划、有组织进行的改善民生和推进社会进步的社会行为与过程。"社会建设"的概念早在党的十七大前就提出了,党的十七大报告中对社会建设已有系统论述,党的十八大进一步明确了社会建设的重要地位,将社会建设作为中国特色社会主义建设总体布局的五大方面之一,提出"全面落实经济建设、政治建设、文化建设、社会建设、生态文明建设五位一体总体布局"。党的十八大以来,党中央坚持以民为本、以人为本的执政理念,把民生工作和社会治理作为社会建设的两大根本任务,高度重视、大力推进,社会建设在各个方面都取得了显著的成就。本书主要从社区建设、社会组织建设、社会环境建设等方面探讨社会建设对社会公德整体提升的推进作用。

1. 社区建设成为公德水平整体提升的重要场域

社区是构成社会的基本要素之一,习近平总书记强调:"社区虽小,但连着千家万户,做好社区工作十分重要。"随着经济体制的改革和社会的转型,单位人向社区人回归,社区逐渐成为社会的基层组织,社区的重要性日益凸显出来,成为培养和提高民众社会公德的重要物质依托。社区作为社会公德建设的载体具有优越性:一是社区建设和社会公德建设具有互动性和渗透性。广大群众在参与社区建设时,既为社区建设作贡献,同时也提高了自身的公德素质。同时,社会公德的提高可以增强群众参与社区建设的积极性和整体意识。二是可以促进公德教育和日常生活一体化。社区建设抓住了公德教育的实践环节，是社会公德实践的有效载体，更有可行性和实践性，而且在公德教育的时间、地点和方式上具有更大的灵活性和多样性。三是社会公德建设和社区建设的结合，使社会公德建设容易落到实处。社会公德建设同职业道德和家庭美德建设不同，长期以来，没有具体的载体，建设起来比较困难。职业道德建设会落到具体的企业、具体的行业中，实施和监督也有具体的人群范围。家庭美德也会落到具体的家庭中。而社会公德的人群范围广，且没有具体的人进行监督，所以社会公德建设容易落空。四是可以提高整个城市的社会公德水平。要提高整个城市的公德水平就要从社区抓起，人们的一切活动都是在具体的社区内进行的，社区是人们参与社会活动的基本场所。社区的地域性决定了社会公德建设既不同于大范围的全民式公德教育，也不同于对个体进行的个别教育。社区的公德教育针对特定人群，这个人群具有共同的利益、相同的价值取向，容易形成凝聚力，效果更明显。而每个社区的公德水平提高了，整个城市的公德水平也会提高。五是可以调动群众参与社会公德建设的积极性。社区公德建设可以从群众普遍关心的事情开始抓起，这样可以把公德建设同群众的切身利益联系起来，让公众亲身感受和享受到公德建设的成果，这样可以极大调动公众的参与热情，使社区公德建设的各项内容建立在群众强大的内需力基础上。[1]

2. 社会组织建设成为公德水平整体提升的重要载体

"所谓社会组织，是对非营利组织、非政府组织、民间组织或第三部门等概念的进一步提炼和超越，它是指不以营利为目的、主要开展公益性或互益性活动、独立于党政体系之外的正式组织。"[2] 社会组织具有公益性、非营利性、民间性、志愿性的道德特质，为公民提供了有效的公德实践载体。通过社会组织及其开展的各类服务，公民得以建立广泛的社会联系，并在认识、处理个人与他人、集体、社会及自然关系的过程中，积极调节、约束个人行为，培养信任、合作、责任和公益等公共精神。可以说，社会组织为实现公民从私德品质向社会公德素养的转变培育了土壤，创造了条件。一是通过参与社会组织，公众提升了服务社会、

---

① 刘丽娜：《社区是社会公德建设的重要载体》，《西南民族大学学报》（人文社科版）2004年第9期。

② 周云华：《发挥社会组织协同社会管理作用探讨》，《湖南行政学院学报》2011年第6期。

参与管理的公德意识。社会组织根植社会、贴近群众,掌握着社会各阶层、各群体的需求信息。同时,社会组织又有着一定的组织能力、管理经验和各种资源,从而成为有效承接政府职能的重要主体。"社会组织自身的特性决定了它可以在政府与社会、政府与市场、政府与公民之间发挥中介或桥梁作用。因此,作为承接政府职能转变的重要载体,社会组织的地位和作用将日益凸显。"[1] 社会组织主要为社会成员提供政府不能全部提供而又适宜社会组织承担的管理与服务工作,社会组织成员正是通过积极介入这些管理和服务工作,提升了自己服务社会、参与管理的公德意识。二是通过参与社会组织,公众提升了爱护环境、保护生态的公德意识。应对环境危机、保护生态环境,需要广大公众的积极参与,而社会组织,特别是各类环保组织是公众参与环保事业的基本载体。社会组织参与环境保护可以有效弥补政府的薄弱环节,调动公众参与的积极性,实现环境保护的协同治理。

3. 社会环境建设优化公德水平整体提升的外部氛围

从价值观出发,社会环境可以分为优良环境和恶劣环境两类。前者表示主体所处的社会环境是和谐的、道德的;后者说明社会环境是紊乱的、邪恶的。良好的社会环境有益于社会公德水平的提高,优化社会风气;恶劣的社会环境不利于道德风气的形成,反而还会导致不道德风气的泛滥。社会环境建设对社会公德水平整体提升的作用,可以从物质的社会环境与精神的社会环境两方面来观察。在公共领域,社会物质环境会对公众的公德意识和公德行为选择产生直接或间接的影响。在一个整洁、卫生、温馨的环境中,公众会自觉约束自我行为,使得自我行为与所处的环境相适应。而人们在脏乱差的环境中,会受到环境的影响,对于自我公德行为的控制处于一个较低水平,常常会作出一些违背公德规范的行为。社会精神环境建设是指在社会上形成崇尚先进、团结互助、扶正祛邪、积极向上的道德风尚,培育有理想、有道德、有文化、有纪律的社会主义公民,提高整个社会的思想道德素质,创建具有综合文明特质的生活家园。社会精神环境对公德提升的价值突出表现在为社会营造了一种关爱弱势群体、邻里和睦、崇尚正义的积极向上的家园氛围。社会精神环境的作用是一种隐性作用,其效果在人们的日常行为举止中慢慢得到体现。

---

① 张自谦、毕霞:《浅析社会组织对政府职能转变的影响》,《社团管理研究》2011年第3期。

第四章　新时代公民职业道德状况调查与比较分析

职业活动是社会生活的一个重要领域,是个人生存发展和社会正常运行的依托。自从有社会分工以来,职业对大多数人而言一直是谋生手段。随着社会的发展,越来越多的人将职业活动作为满足个人兴趣、发挥个人才能的机会,作为他们实现理想、奉献社会的平台。职业道德是道德体系的重要组成部分,是普遍性的道德要求在职业生活中的体现,是人们在职业活动中应遵循的带有职业特点的道德规范。《新时代公民道德建设实施纲要》提出,"推动践行以爱岗敬业、诚实守信、办事公道、热情服务、奉献社会为主要内容的职业道德,鼓励人们在工作中做一个好建设者"。习近平总书记在十九大报告中强调"弘扬劳模精神和工匠精神,营造劳动光荣的社会风尚和精益求精的敬业风气"[①],对新时代的职业道德建设提出了更新更高的要求。本次调研主要从三个方面着手调查当下中国公民的职业道德状况:一是从业目的,二是从业态度,三是对政府部门工作作风的满意度。

第一节　公民职业道德状况跟踪调查数据描述

与 2006 年的调查不同,本次调查的三个问题中,第一个问题是关于公民从业目的的调查,该题目是新设的;第二个问题是关于公民从业态度的调查,沿用

---

① 习近平:《决胜全面建成小康社会　夺取新时代中国特色社会主义伟大胜利——在中国共产党第十九次全国代表大会上的报告》,人民出版社 2017 年版,第 31 页。

了原来的题目,但选项数量、各个选项的文字表述都与 2006 年有不同,因此对该项调查不便作前后数据比较;第三个问题是关于政府部门工作作风的调查,与 2006 年调查题目的表述略有不同,即把"机关部门工作作风"改为"政府部门工作作风"。现对本次调查的数据作简要描述。

一、公民从业目的调查数据描述

(一)从业目的总体状况调查数据

如图 4—1 所示,对于从业目的,67.0% 的受访者表示是为了谋生养家,占比最多;表示从业是为了兴趣爱好和奉献社会的受访者分别占 12.8% 和 10.4%;另有 9.8% 的受访者选择的是其他从业目的。

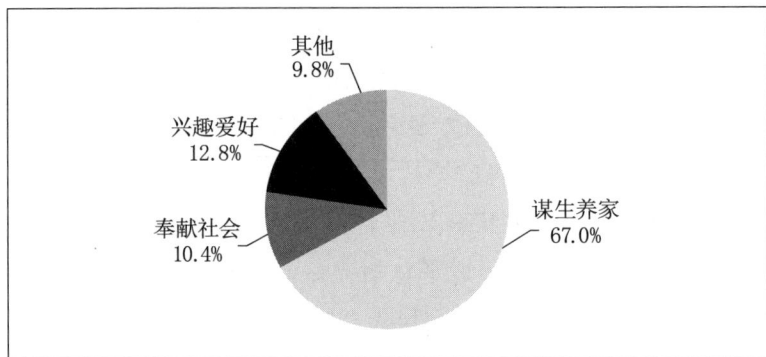

图 4—1　受访者从业目的总体状况(2016)

(二)从业目的影响因素调查数据

通过对调查数据的分析可知,人们的从业目的会受到政治面貌、受教育程度、就业状况、职业、年龄、收入水平、婚姻状况、性别等因素的影响。

1. 性别对从业目的的影响

如表 4—1 所示,选择从业目的为"谋生养家"的男性占 67.3%,女性占 65.7%。可见,男性与女性的家庭责任感都较强,男性在谋生养家方面的责任感略高于女性。选择从业目的为"奉献社会"的男性占 12.5%,女性占 8.4%,说明男性的社会责任感比女性稍强一些。选择从业目的为"兴趣爱好"的男性占 11.5%,女性占 13.8%,说明女性比男性更注重个人兴趣的满足。

表4-1 不同性别受访者的从业目的（2016）

性别	奉献社会（%）	谋生养家（%）	兴趣爱好（%）	其他（%）	未选择（%）	有效样本量（人）
男性	12.5	67.3	11.5	7.9	0.8	3058
女性	8.4	65.7	13.8	11.2	0.9	3575

2. 年龄对从业目的的影响

如表4-2所示,不同年龄段受访者中,选择以"奉献社会"为从业目的的人占比分别是:20岁以下受访者为12.9%,20—29岁受访者为9.3%,30—39岁受访者为7.1%,40—49岁受访者为9.3%,50—59岁受访者为13.2%,60岁及以上受访者为25.0%。这组数据说明,从总的趋势上看,随着年龄的增长,人们的社会责任感更为强烈。值得注意的是,30—39岁受访者选择以"奉献社会"为从业目的的比例最低,这与该年龄段人群逐渐增加的家庭生活压力有密切关系。

不同年龄段受访者中,选择以"谋生养家"为从业目的的人占比分别是:20岁以下受访者为35.3%,20—29岁受访者为66.6%,30—39岁、40—49岁受访者均为76.9%,50—59岁受访者为72.8%,60岁及以上受访者为61.9%。这组数据呈现出一个类似抛物线的走向,说明随着年龄的增长,人们的家庭生活压力在30—49岁达到峰值,之后随着年龄的增长呈现出略有降低的趋势。最明显的变化出现在20岁以下受访者与20—29岁受访者之间,此数据由35.3%骤升至66.6%,此后的数值都在60%以上。说明未成年人与成年人的从业目的有巨大差别:20岁以下的人群"少年不识愁滋味",绝大多数尚处于学生阶段,没有从业,也没有达到法定婚龄,家庭的责任主要由家长来承担,养家的责任、谋生的意识还不强烈;20—29岁的青年群体,多数人开始从事职业活动,也逐步进入婚姻生活,有的开始成为父亲、母亲,现实的压力使得人们的家庭责任感在此阶段迅速提升。

不同年龄段受访者中,选择以"兴趣爱好"为从业目的的人占比分别是:20岁以下受访者为27.7%,20—29岁受访者为13.9%,30—39岁受访者为8.8%,40—49岁受访者为7.8%,50—59岁受访者为6.0%,60岁及以上受访者为4.3%。这组数据非常清晰地表明,随着年龄的增长,兴趣因素在从业目的的选择中的地位在不断弱化。这个下降的趋势,说明随着年龄的增加,人们越来越淡化对个人兴趣的追求,兴趣逐渐让位于对家庭、对社会的责任。

表4-2　不同年龄受访者的从业目的(2016)

年龄	奉献社会（%）	谋生养家（%）	兴趣爱好（%）	其他（%）	未选择（%）	有效样本量（人）
20岁以下	12.9	35.3	27.7	21.8	2.3	844
20—29岁	9.3	66.6	13.9	9.8	0.4	2618
30—39岁	7.1	76.9	8.8	6.6	0.6	1470
40—49岁	9.3	76.9	7.8	5.2	0.7	937
50—59岁	13.2	72.8	6.0	7.3	0.6	463
60岁及以上	25.0	61.9	4.3	7.0	1.8	328

3. 政治面貌对从业目的的影响

如表4-3所示,选择以"奉献社会"为从业目的的不同政治面貌受访者占比为:共产党员为17.9%,共青团员为10.5%,民主党派和无党派人士为9.3%,普通群众为5.9%。可以看出,共产党员受访者选择以"奉献社会"为从业目的的比例明显高于其他受访者。

选择以"谋生养家"为从业目的的不同政治面貌受访者占比为:共产党员为66.7%,共青团员为55.8%,民主党派和无党派人士为66.4%,普通群众为75.1%。这组数据表明,共青团员选择以"谋生养家"为从业目的的比例最低,主要说明他们因为年龄较低,部分人还没有感受到谋生养家的压力;普通群众选择以"谋生养家"为从业目的的比例最高,说明与共产党员、民主党派和无党派人士等群体相比,普通群众考虑家庭物质利益更多一些。

选择以"兴趣爱好"为从业目的的不同政治面貌受访者占比为:共产党员为8.8%,共青团员为19.1%,民主党派和无党派人士为18.7%,普通群众为9.4%。这组数据表明,共青团员选择以"兴趣爱好"为从业目的的比例最高,主要因为年轻人的自我意识比较强烈;民主党派和无党派人士以"兴趣爱好"为从业目的的比例接近共青团员,远高于普通群众、共产党员,主要原因是该群体以知识分子为主,其事业多比较成功,而且事业追求与兴趣基本一致。

表4-3　不同政治面貌受访者的从业目的（2016）

政治面貌	奉献社会（％）	谋生养家（％）	兴趣爱好（％）	其他（％）	未选择（％）	有效样本量（人）
共产党员	17.9	66.7	8.8	6.2	0.4	1536
共青团员	10.5	55.8	19.1	13.7	0.8	2256
民主党派和无党派人士	9.3	66.4	18.7	4.7	0.9	107
普通群众	5.9	75.1	9.4	8.6	1.0	2774

4. 受教育程度对从业目的的影响

如表4-4所示，选择以"奉献社会"为从业目的的不同受教育程度受访者占比分别是：没上过学的受访者为4.3％，小学文化程度的受访者为11.0％，初中文化程度的受访者为10.4％，高中文化程度的受访者为10.7％，大学专科文化程度的受访者为10.3％，大学本科文化程度的受访者为9.9％，硕士研究生及以上文化程度的受访者为11.5％。这组数据表明，没上过学的受访者选择以"奉献社会"为从业目的的比例最低；接受过教育的人虽然学历层次有很大不同，但在这一问题上并没有表现出很明显的差异。

选择以"谋生养家"为从业目的的不同受教育程度受访者占比分别为：没上过学的受访者为65.2％，小学文化程度的受访者为64.9％，初中文化程度的受访者为65.0％，高中文化程度的受访者为62.0％，大学专科文化程度的受访者为73.2％，大学本科文化程度的受访者为67.2％，硕士研究生及以上文化程度的受访者为62.8％。

选择以"兴趣爱好"为从业目的的不同受教育程度受访者占比为：没上过学的受访者为17.4％，小学文化程度的受访者为13.0％，初中文化程度的受访者为10.7％，高中文化程度的受访者为14.0％，大学专科文化程度的受访者为7.4％，大学本科文化程度的受访者为13.5％，硕士研究生及以上文化程度的受访者为20.5％。这组数据表明，学历层次最高的受访者选择以"兴趣爱好"为从业目的的比例最高。

表4-4　不同受教育程度受访者的从业目的（2016）

受教育程度	奉献社会（％）	谋生养家（％）	兴趣爱好（％）	其他（％）	未选择（％）	有效样本量（人）
没上过学	4.3	65.2	17.4	10.9	2.2	46

续表

受教育程度	奉献社会（%）	谋生养家（%）	兴趣爱好（%）	其他（%）	未选择（%）	有效样本量（人）
小学	11.0	64.9	13.0	9.7	1.3	154
初中	10.4	65.0	10.7	12.7	1.2	645
高中	10.7	62.0	14.0	12.3	1.0	1462
大学专科	10.3	73.2	7.4	8.4	0.7	1268
大学本科	9.9	67.2	13.5	8.9	0.6	2568
硕士研究生及以上	11.5	62.8	20.5	5.3	0.0	513

5. 婚姻状况对从业目的的影响

如表4—5所示,不同婚姻状况的受访者中,选择以"奉献社会"为从业目的的人占比分别是:未婚受访者为10.9%,已婚受访者为9.7%,离异受访者为6.7%,丧偶受访者为16.4%。这组数据差距不太大,其中未婚受访者的奉献意识稍高于其他受访人群;离异受访者的奉献意识最低,说明婚姻的挫折一定程度上会引起他们对他人、对社会的冷淡态度。

选择以"谋生养家"为从业目的的不同婚姻状况受访者占比分别为:未婚受访者为56.7%,已婚受访者为76.0%,离异受访者为67.4%,丧偶受访者为62.7%。这组数据表明,选择以"谋生养家"为从业目的的已婚受访者比例最高,其家庭责任感最强;未婚人群选择以"谋生养家"为从业目的的比例最低,说明他们还没有感受到生活的压力。

选择以"兴趣爱好"为从业目的的不同婚姻状况受访者占比分别为:未婚受访者为18.4%,已婚受访者为7.1%,离异受访者为16.3%,丧偶受访者为8.2%。这组数据表明,未婚受访者、离异受访者以"兴趣爱好"为从业目的的比例远高于已婚和丧偶受访者。

表4—5　不同婚姻状况受访者的从业目的（2016）

婚姻状况	奉献社会（%）	谋生养家（%）	兴趣爱好（%）	其他（%）	未选择（%）	有效样本量（人）
未婚	10.9	56.7	18.4	13.0	0.9	3129
已婚	9.7	76.0	7.1	6.5	0.7	3223
离异	6.7	67.4	16.3	9.6	0.0	178
丧偶	16.4	62.7	8.2	12.7	0.0	110

6. 就业状况对从业目的的影响

如表 4−6 所示,不同职业受访者中,选择以"奉献社会"为从业目的的人占比分别是:在职受访者为 9.4%,离退休受访者为 18.5%,学生受访者为 10.8%,无业、失业受访者为 7.5%。这组数据表明,离退休人群选择此项的比例最高,无业、失业人群选择此项的比例最低。

选择以"谋生养家"为从业目的的不同职业受访者占比如下:在职受访者为 75.7%,离退休受访者为 66.3%,学生受访者为 48.9%,无业、失业受访者为 66.7%。这组数据表明,在职受访者为谋生养家而从业的比例最高,说明其家庭生活的责任、压力较大;学生受访者的比例最低,说明他们还没有感受到切实的养家压力。

选择以"兴趣爱好"为从业目的的不同职业受访者占比如下:在职受访者为 8.1%,离退休受访者为 6.6%,学生受访者为 23.5%,无业、失业受访者为 14.0%。这组数据表明,学生受访者选择此项的比例最高,离退休受访者选择此项的比例最低。

表 4−6　不同就业状况受访者的从业目的（ 2016 ）

就业状况	奉献社会（%）	谋生养家（%）	兴趣爱好（%）	其他（%）	未选择（%）	有效样本量（人）
在职	9.4	75.7	8.1	6.4	0.5	3526
离退休	18.5	66.3	6.6	7.2	1.4	487
学生	10.8	48.9	23.5	15.7	1.1	1775
无业、失业	7.5	66.7	14.0	11.5	0.3	321
其他	9.5	64.8	11.5	13.1	1.1	548

7. 职业对从业目的的影响

如表 4−7 所示,不同职业受访者中,选择以"奉献社会"为从业目的的人占比分别是:机关事业单位领导干部为 21.8%,机关事业单位办事人员和有关人员为 11.7%,科教文卫专业技术人员为 16.5%,企业管理人员为 10.7%,企业员工为 5.1%,商业服务业人员为 7.3%,私营企业主为 4.9%,个体从业人员为 5.3%,农业劳动者为 5.5%,农村外出务工人员为 4.7%,军人为 41.5%。

选择以"谋生养家"为从业目的的不同职业受访者占比分别是:机关事业单

位领导干部为60.8%,机关事业单位办事人员和有关人员为73.8%,科教文卫专业技术人员为63.9%,企业管理人员为76.3%,企业员工为82.4%,商业服务业人员为73.4%,私营企业主为76.2%,个体从业人员为76.3%,农业劳动者为75.9%,农村外出务工人员为77.5%,军人为33.1%。

选择以"兴趣爱好"为从业目的的不同职业受访者占比分别是:机关事业单位领导干部为10.9%,机关事业单位办事人员和有关人员为7.2%,科教文卫专业技术人员为13.8%,企业管理人员为8.7%,企业员工为5.8%,商业服务业人员为10.3%,私营企业主为12.8%,个体从业人员为10.0%,农业劳动者为10.3%,农村外出务工人员为8.5%,军人为13.4%。

表4-7 不同职业受访者的从业目的(2016)

职业	奉献社会(%)	谋生养家(%)	兴趣爱好(%)	其他(%)	未选择(%)	有效样本量(人)
机关事业单位领导干部	21.8	60.8	10.9	6.5	0.0	339
机关事业单位办事人员和有关人员	11.7	73.8	7.2	6.8	0.6	531
科教文卫专业技术人员	16.5	63.9	13.8	5.1	0.7	449
企业管理人员	10.7	76.3	8.7	4.0	0.2	401
企业员工	5.1	82.4	5.8	6.3	0.5	1283
商业服务业人员	7.3	73.4	10.3	8.6	0.3	301
私营企业主	4.9	76.2	12.8	4.9	1.2	164
个体从业人员	5.3	76.3	10.0	6.9	1.6	321
农业劳动者	5.5	75.9	10.3	5.5	2.8	145
农村外出务工人员	4.7	77.5	8.5	8.9	0.5	213
军人	41.5	33.1	13.4	12.0	0.0	142
其他	10.2	53.9	19.2	15.9	0.8	2245

8. 收入水平对从业目的的影响

如表4-8所示,不同收入水平受访者中,选择以"奉献社会"为从业目的的人占比分别是:月平均收入1000元及以下的受访者为11.6%,月平均收入1001—3000元的受访者为7.8%,月平均收入3001—5000元的受访者为10.1%,月平均收入5001—10000元的受访者为13.3%,月平均收入10000元以上的受访者为12.7%。月平均收入1001—3000元的受访者选择此项的比例最低,说

明其中多数人已经进入职业生活阶段,但收入偏低,生活压力较大;月平均收入
1000元及以下的受访者选择此项的比例居中,说明他们中的绝大多数人还没有
进入职业生活阶段,以学生为主,奉献社会的热情较高。

选择以"谋生养家"为从业目的的不同收入水平受访者占比分别是:月平
均收入1000元及以下的受访者为51.2%,月平均收入1001—3000元的受访者
为72.2%,月平均收入3001—5000元的受访者为75.4%,月平均收入5001—
10000元的受访者为69.6%,月平均收入10000元以上的受访者为59.9%。月平
均收入最低的人群选择以"谋生养家"为从业目的的比例最低,原因是这一人群
中的大多数还是学生,尚未进入正式的职业生涯。

选择以"兴趣爱好"为从业目的的不同收入水平受访者占比分别是:月平
均收入1000元及以下的受访者为20.1%,月平均收入1001—3000元的受访者
为9.8%,月平均收入3001—5000元的受访者为8.0%,月平均收入5001—10000
元的受访者为11.0%,月平均收入10000元以上的受访者为19.8%。数据显示,
月平均收入最低和月平均收入最高的两类群体,选择以"兴趣爱好"为从业目的
的比例明显高于其他三类群体。

表4-8　不同收入水平受访者的从业目的(2016)

月平均收入	奉献社会 (%)	谋生养家 (%)	兴趣爱好 (%)	其他 (%)	未选择 (%)	有效样本量 (人)
1000元及以下	11.6	51.2	20.1	16.5	0.6	1503
1001—3000元	7.8	72.2	9.8	9.4	0.7	1881
3001—5000元	10.1	75.4	8.0	5.8	0.7	2011
5001—10000元	13.3	69.6	11.0	5.9	0.3	716
10000元以上	12.7	59.9	19.8	7.1	0.5	212

二、公民从业态度调查数据描述

一个人的从业态度能直接反映其职业道德水平。本项调查主要了解从业者
是否抱有积极的、正确的工作态度,了解影响人们工作态度的因素。调查发现,
公民的从业态度总体上是端正的,10年来呈现出越来越积极的走向。

(一)从业态度总体状况调查数据

如图4-2所示,61.3%的受访者表示其从业态度是"尽职尽责,做好分内之

事"，占比最多；以"爱岗敬业，精益求精"作为从业态度的受访者占比33.3%，排在次位，两项合计占比达到94.6%，仅有2.1%的受访者的从业态度是"马马虎虎，敷衍塞责"，说明当前我国从业者的职业态度总体上是积极的。

在2006年的调查中，该题目的选项有四个，第一是"忠于职守，爱岗敬业"，第二是"不管其他事，只做好分内事"，第三是"为了赚钱，不管其他"。因为与2016年的选项内容设计有较大区别，不易作严格的、科学的比较。

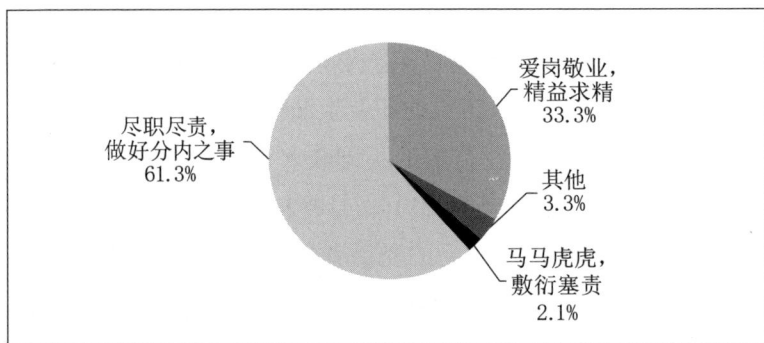

图4—2　受访者从业态度总体状况（2016）

（二）从业态度影响因素调查数据

通过对调查数据的分析可知，人们的从业态度会受到政治面貌、受教育程度、就业状况、职业、年龄、收入水平、婚姻状况、性别等因素的影响。

1.性别对从业态度的影响

如表4—9所示，男性受访者选择"爱岗敬业，精益求精"的比例为35.8%，女性受访者为30.7%；男性受访者选择"尽职尽责，做好分内之事"的比例为58.1%，女性受访者为63.3%；男性受访者选择"马马虎虎，敷衍塞责"的比例为2.3%，女性受访者为1.9%。

总体上看，男性受访者的从业态度略优于女性。男性在职业活动方面更加具有主动性、积极性、进取性；女性在职业活动方面则稍显被动，满足于"做好分内的事情"。这与中国社会"男主外，女主内"的格局有关，男性的成就主要来自职业方面的成功，女性的注意力则更多地投向了家庭。

数据显示，男性受访者选择"爱岗敬业，精益求精"的比例高于女性受访者，男性受访者选择"马马虎虎，敷衍塞责"的比例也高于女性受访者，男性受访者选择"尽职尽责，做好分内之事"的比例则低于女性受访者。这说明男性的职业态度呈现两种"极端",在追求卓越方面会优于女性,在不负责任方面也甚于女性。相比而言,女性的职业态度更加稳定。

表4—9　不同性别受访者的从业态度(2016)

性别	爱岗敬业, 精益求精 (%)	尽职尽责, 做好分内之事 (%)	马马虎虎, 敷衍塞责 (%)	其 他 (%)	未 选择 (%)	有效 样本量 (人)
男性	35.8	58.1	2.3	3.2	0.6	3058
女性	30.7	63.3	1.9	3.3	0.8	3575

2. 年龄对从业态度的影响

如表4—10所示,20岁以下的受访者中,选择"爱岗敬业,精益求精"的比例为33.3%,选择"尽职尽责,做好分内之事"的比例为55.2%,选择"马马虎虎,敷衍塞责"的比例为2.1%。

20—29岁的受访者中,选择"爱岗敬业,精益求精"的比例为36.2%,选择"尽职尽责,做好分内之事"的比例为59.3%,选择"马马虎虎,敷衍塞责"的比例为1.8%。与2006年的调查数据相比,该群体的敬业程度呈现上升趋势。

30—39岁的受访者中,选择"爱岗敬业,精益求精"的比例为31.2%,选择"尽职尽责,做好分内之事"的比例为63.2%,选择"马马虎虎,敷衍塞责"的比例为2.0%。与2006年的调查数据相比,该群体的敬业程度略有下降。

40—49岁的受访者中,选择"爱岗敬业,精益求精"的比例为26.9%,选择"尽职尽责,做好分内之事"的比例为67.3%,选择"马马虎虎,敷衍塞责"的比例为3.0%。与2006年的调查数据相比,相对其他年龄段的人群,这一群体的从业态度显得较消极,他们选择"爱岗敬业,精益求精"的比例最低,选择"马马虎虎,敷衍塞责"的比例最高。

50—59岁的受访者中,选择"爱岗敬业,精益求精"的比例为29.4%,选择"尽职尽责,做好分内之事"的比例为64.6%,选择"马马虎虎,敷衍塞责"的比例为2.8%。该年龄段人群的从业态度表现较为消极,但是较40—49岁年龄段受访者稍佳。

60岁及以上的受访者中,选择"爱岗敬业,精益求精"的比例为37.8%,选择"尽职尽责,做好分内之事"的比例为54.3%,选择"马马虎虎,敷衍塞责"的比例为1.5%。对比其他五个年龄段的数据,60岁及以上的受访者对于职业的忠诚度最高。这与2006年的调查结果相同。

表4—10　不同年龄受访者的从业态度(2016)

年龄	爱岗敬业,精益求精(%)	尽职尽责,做好分内之事(%)	马马虎虎,敷衍塞责(%)	其他(%)	未选择(%)	有效样本量(人)
20岁以下	33.3	55.2	2.1	7.5	1.9	844
20—29岁	36.2	59.3	1.8	2.4	0.3	2618
30—39岁	31.2	63.2	2.0	3.1	0.5	1470
40—49岁	26.9	67.3	3.0	2.0	0.7	937
50—59岁	29.4	64.6	2.8	2.6	0.6	463
60岁及以上	37.8	54.3	1.5	5.2	1.2	328

3.政治面貌对从业态度的影响

如表4—11所示,共产党员受访者选择"爱岗敬业,精益求精"的比例为43.6%,选择"尽职尽责,做好分内之事"的比例为53.6%,选择"马马虎虎,敷衍塞责"的比例为1.1%。

共青团员受访者选择"爱岗敬业,精益求精"的比例为36.6%,选择"尽职尽责,做好分内之事"的比例为58.0%,选择"马马虎虎,敷衍塞责"的比例为1.4%。共青团员受访者的从业态度比较积极,选择"爱岗敬业,精益求精"的比例仅低于共产党员,高于其他政治面貌群体。

民主党派和无党派人士受访者选择"爱岗敬业,精益求精"的比例为31.8%,选择"尽职尽责,做好分内之事"的比例为45.8%,选择"马马虎虎,敷衍塞责"的比例为17.8%。

普通群众受访者选择"爱岗敬业,精益求精"的比例为24.4%,选择"尽职尽责,做好分内之事"的比例为67.8%,选择"马马虎虎,敷衍塞责"的比例为2.7%。

数据显示,共产党员与共青团员受访者的敬业程度高于受访者的平均值,而另外两个群体的敬业程度低于受访者的平均值。

表4-11 不同政治面貌受访者的从业态度（2016）

政治面貌	爱岗敬业，精益求精（％）	尽职尽责，做好分内之事（％）	马马虎虎，敷衍塞责（％）	其他（％）	未选择（％）	有效样本量（人）
共产党员	43.6	53.6	1.1	1.3	0.4	1536
共青团员	36.6	58.0	1.4	3.4	0.7	2256
民主党派和无党派人士	31.8	45.8	17.8	3.7	0.9	107
普通群众	24.4	67.8	2.7	4.3	0.8	2774

4. 受教育程度对从业态度的影响

如表4-12所示，没上过学的受访者选择"爱岗敬业，精益求精"的比例为19.6%，选择"尽职尽责，做好分内之事"的比例为50.0%，选择"马马虎虎，敷衍塞责"的比例为8.7%。

小学文化程度的受访者选择"爱岗敬业，精益求精"的比例为25.3%，选择"尽职尽责，做好分内之事"的比例为62.3%，选择"马马虎虎，敷衍塞责"的比例为3.9%。

初中文化程度的受访者选择"爱岗敬业，精益求精"的比例为28.1%，选择"尽职尽责，做好分内之事"的比例为61.2%，选择"马马虎虎，敷衍塞责"的比例为3.7%。

高中文化程度的受访者选择"爱岗敬业，精益求精"的比例为28.2%，选择"尽职尽责，做好分内之事"的比例为63.3%，选择"马马虎虎，敷衍塞责"的比例为2.6%。

大学专科文化程度的受访者选择"爱岗敬业，精益求精"的比例为30.6%，选择"尽职尽责，做好分内之事"的比例为64.6%，选择"马马虎虎，敷衍塞责"的比例为1.7%。

大学本科文化程度的受访者选择"爱岗敬业，精益求精"的比例为37.5%，选择"尽职尽责，做好分内之事"的比例为58.7%，选择"马马虎虎，敷衍塞责"的比例为1.6%。

硕士研究生及以上文化程度的受访者选择"爱岗敬业，精益求精"的比例为40.4%，选择"尽职尽责，做好分内之事"的比例为56.3%，选择"马马虎虎，敷衍塞责"的比例为1.6%。

调查数据显示,受访者文化程度越高,选择"爱岗敬业,精益求精"的比例越高,选择"马马虎虎,敷衍塞责"的比例越低。调查数据的对比分析非常清晰地表明,受教育程度与敬业程度成正比;受教育程度越高的受访人群,其从业态度越积极。

表4—12 不同受教育程度受访者的从业态度(2016)

受教育程度	爱岗敬业,精益求精(%)	尽职尽责,做好分内之事(%)	马马虎虎,敷衍塞责(%)	其他(%)	未选择(%)	有效样本量(人)
没上过学	19.6	50.0	8.7	19.6	2.2	46
小学	25.3	62.3	3.9	7.1	1.3	154
初中	28.1	61.2	3.7	6.0	0.9	645
高中	28.2	63.3	2.6	4.9	1.0	1462
大学专科	30.6	64.6	1.7	2.5	0.6	1268
大学本科	37.5	58.7	1.6	1.8	0.4	2568
硕士研究生及以上	40.4	56.3	1.6	1.8	0.0	513

5.婚姻状况对从业态度的影响

如表4—13所示,未婚受访者选择"爱岗敬业,精益求精"的比例为36.7%,选择"尽职尽责,做好分内之事"的比例为57.5%,选择"马马虎虎,敷衍塞责"的比例为1.6%。相对其他受访者群体,未婚受访者的从业态度最为积极,说明新时代的年轻人对已经从事的职业或未来将从事的职业充满期待。

已婚受访者选择"爱岗敬业,精益求精"的比例为30.1%,选择"尽职尽责,做好分内之事"的比例为64.8%,选择"马马虎虎,敷衍塞责"的比例为1.8%。由此可见,已婚人群的从业态度不如未婚人群积极。

离异受访者选择"爱岗敬业,精益求精"的比例为21.9%,选择"尽职尽责,做好分内之事"的比例为59.6%,选择"马马虎虎,敷衍塞责"的比例为10.7%,说明这一人群的从业态度最为消极,敬业程度最低。这与2006年的调查结果是一致的,说明正常的婚姻状态是高质量工作的一个重要保证。

丧偶受访者选择"爱岗敬业,精益求精"的比例为39.1%,选择"尽职尽责,做好分内之事"的比例为41.8%,选择"马马虎虎,敷衍塞责"的比例为10.9%。该人群的从业态度呈现两个极端:他们选择"爱岗敬业,精益求精"的比例最高,选择"马马虎虎,敷衍塞责"的比例也最高。

表 4—13 不同婚姻状况受访者的从业态度（2016）

婚姻状况	爱岗敬业，精益求精（%）	尽职尽责，做好分内之事（%）	马马虎虎，敷衍塞责（%）	其他（%）	未选择（%）	有效样本量（人）
未婚	36.7	57.5	1.6	3.5	0.7	3129
已婚	30.1	64.8	1.8	2.6	0.6	3223
离异	21.9	59.6	10.7	7.9	0.0	178
丧偶	39.1	41.8	10.9	8.2	0.0	110

6.就业状况对从业态度的影响

如表 4—14 所示，在职受访者选择"爱岗敬业，精益求精"的比例为 32.3%，选择"尽职尽责，做好分内之事"的比例为 64.6%，选择"马马虎虎，敷衍塞责"的比例为 1.2%。与离退休人员相比，在职人员的从业态度不够积极。

离退休受访者选择"爱岗敬业，精益求精"的比例为 35.3%，选择"尽职尽责，做好分内之事"的比例为 56.9%，选择"马马虎虎，敷衍塞责"的比例为 3.7%。可以看出，在有过职业活动经历的群体中，离退休人员的敬业程度最高。

学生受访者选择"爱岗敬业，精益求精"的比例为 38.3%，选择"尽职尽责，做好分内之事"的比例为 54.6%，选择"马马虎虎，敷衍塞责"的比例为 1.6%。虽然该群体选择"爱岗敬业，精益求精"的比例最高，但由于绝大多数学生没有参与职业活动的经历，此数据只具有参考意义，不能作为其实际职业道德状况的判断依据。

无业、失业受访者选择"爱岗敬业，精益求精"的比例为 19.6%，选择"尽职尽责，做好分内之事"的比例为 64.5%，选择"马马虎虎，敷衍塞责"的比例为 6.9%。

表 4—14 不同就业状况受访者的从业态度（2016）

就业状况	爱岗敬业，精益求精（%）	尽职尽责，做好分内之事（%）	马马虎虎，敷衍塞责（%）	其他（%）	未选择（%）	有效样本量（人）
在职	32.3	64.6	1.2	1.6	0.4	3526
离退休	35.3	56.9	3.7	3.1	1.0	487
学生	38.3	54.6	1.6	4.5	1.0	1775
无业、失业	19.6	64.5	6.9	8.7	0.3	321
其他	27.0	59.5	5.1	7.7	0.7	548

7. 职业对从业态度的影响

如表4—15所示,机关事业单位领导干部受访者选择"爱岗敬业,精益求精"的比例为46.9%,选择"尽职尽责,做好分内之事"的比例为50.1%,选择"马马虎虎,敷衍塞责"的比例为2.1%。

机关事业单位办事人员和有关人员受访者选择"爱岗敬业,精益求精"的比例为29.2%,选择"尽职尽责,做好分内之事"的比例为65.7%,选择"马马虎虎,敷衍塞责"的比例为3.2%。

科教文卫专业技术人员受访者选择"爱岗敬业,精益求精"的比例为36.5%,选择"尽职尽责,做好分内之事"的比例为59.7%,选择"马马虎虎,敷衍塞责"的比例为2.7%。与2006年的调查结果相比,科教文卫专业技术人员受访者的敬业程度略有降低,同时也低于军人、机关事业单位领导干部、企业管理人员和私营企业主受访者。

企业管理人员受访者选择"爱岗敬业,精益求精"的比例为41.9%,选择"尽职尽责,做好分内之事"的比例为54.9%,选择"马马虎虎,敷衍塞责"的比例为2.2%。与2006年的调查结果相比,这一群体的敬业程度保持稳定。

企业员工受访者选择"爱岗敬业,精益求精"的比例为27.8%,选择"尽职尽责,做好分内之事"的比例为69.1%,选择"马马虎虎,敷衍塞责"的比例为1.3%。与2006的调查结果相比,这一群体的敬业程度有所降低。

商业服务业人员受访者选择"爱岗敬业,精益求精"的比例为23.9%,选择"尽职尽责,做好分内之事"的比例为69.1%,选择"马马虎虎,敷衍塞责"的比例为1.7%。

私营企业主受访者选择"爱岗敬业,精益求精"的比例为37.2%,选择"尽职尽责,做好分内之事"的比例为55.5%,选择"马马虎虎,敷衍塞责"的比例为1.8%。与2006年的调查结果相比,这一群体的敬业程度在提升,说明营商环境在改善,私营企业主的整体素质也有所提升,对于企业的发展寄予更高的期待。

个体从业人员受访者选择"爱岗敬业,精益求精"的比例为29.9%,选择"尽职尽责,做好分内之事"的比例为60.7%,选择"马马虎虎,敷衍塞责"的比例为2.5%。与2006年的调查结果相比,这一群体的敬业程度略有上升。

农业劳动者受访者选择"爱岗敬业,精益求精"的比例为21.4%,选择"尽职尽责,做好分内之事"的比例为 64.8%,选择"马马虎虎,敷衍塞责"的比例为 4.1%。

农村外出务工人员受访者选择"爱岗敬业,精益求精"的比例为 19.7%,选择"尽职尽责,做好分内之事"的比例为 70.9%,选择"马马虎虎,敷衍塞责"的比例为 4.2%。

军人受访者选择"爱岗敬业,精益求精"的比例为 52.1%,选择"尽职尽责,做好分内之事"的比例为 43.0%,选择"马马虎虎,敷衍塞责"的比例为 2.8%,说明军人受访者的敬业程度最高。这与 2006 年的调查结果一致。

表 4-15　不同职业受访者的从业态度（2016）

职业	爱岗敬业,精益求精（%）	尽职尽责,做好分内之事（%）	马马虎虎,敷衍塞责（%）	其他（%）	未选择（%）	有效样本量（人）
机关事业单位领导干部	46.9	50.1	2.1	0.9	0.0	339
机关事业单位办事人员和有关人员	29.2	65.7	3.2	1.1	0.8	531
科教文卫专业技术人员	36.5	59.7	2.7	0.9	0.2	449
企业管理人员	41.9	54.9	2.2	0.7	0.2	401
企业员工	27.8	69.1	1.3	1.3	0.4	1283
商业服务业人员	23.9	69.1	1.7	5.0	0.3	301
私营企业主	37.2	55.5	1.8	4.3	1.2	164
个体从业人员	29.9	60.7	2.5	5.6	1.2	321
农业劳动者	21.4	64.8	4.1	6.9	2.8	145
农村外出务工人员	19.7	70.9	4.2	4.7	0.5	213
军人	52.1	43.0	2.8	2.1	0.0	142
其他	34.3	58.0	1.8	5.3	0.6	2245

8. 收入水平对从业态度的影响

如表 4-16 所示,月平均收入 1000 元及以下的受访者选择"爱岗敬业,精益求精"的比例为 36.6%,选择"尽职尽责,做好分内之事"的比例为 55.7%,选择"马马虎虎,敷衍塞责"的比例为 1.3%。

月平均收入 1001—3000 元的受访者选择"爱岗敬业,精益求精"的比例为

28.6%,选择"尽职尽责,做好分内之事"的比例为65.7%,选择"马马虎虎,敷衍塞责"的比例为2.4%。

月平均收入3001—5000元的受访者选择"爱岗敬业,精益求精"的比例为30.9%,选择"尽职尽责,做好分内之事"的比例为64.3%,选择"马马虎虎,敷衍塞责"的比例为2.2%。

月平均收入5001—10000元的受访者选择"爱岗敬业,精益求精"的比例为39.1%,选择"尽职尽责,做好分内之事"的比例为56.7%,选择"马马虎虎,敷衍塞责"的比例为1.7%。综合比较,该群体的敬业程度是最高的。

月平均收入10000元以上的受访者选择"爱岗敬业,精益求精"的比例为42.9%,选择"尽职尽责,做好分内之事"的比例为46.2%,选择"马马虎虎,敷衍塞责"的比例为7.1%。该群体受访者选择"马马虎虎,敷衍塞责"的比例远高于其他收入群体,值得关注和思考。

月平均收入1000元及以下的受访者中大多数人尚在求学阶段,尚未进入职业活动领域。如果不考虑这一群体的数据,其余四个不同收入水平受访者群体中,月平均收入越高,选择"爱岗敬业,精益求精"的比例也越高。

数据显示,月平均收入5000元是个"分水岭"。月平均收入高于5000元的受访者,其敬业程度明显高于月平均收入低于5000元的人群。由此看来,增加低收入人群的收入、提高社会保障水平是必要的。

表4—16　不同收入水平受访者的从业态度（2016）

月平均收入	爱岗敬业,精益求精（％）	尽职尽责,做好分内之事（％）	马马虎虎,敷衍塞责（％）	其他（％）	未选择（％）	有效样本量（人）
1000元及以下	36.6	55.7	1.3	5.9	0.5	1503
1001—3000元	28.6	65.7	2.4	2.8	0.5	1881
3001—5000元	30.9	64.3	2.2	2.0	0.6	2011
5001—10000元	39.1	56.7	1.7	2.2	0.3	716
10000元以上	42.9	46.2	7.1	3.3	0.5	212

三、政府部门工作作风调查数据描述

政府部门的工作作风关系到人民群众的切身利益,关系到党和政府的形象,关系到党群关系、干群关系。本项调查旨在了解被调查者对政府部门工作作风的基本评价。调查中有四个选项，分别是"办事公道，很满意""办事基本公道，基本满意""门难进，脸难看，事难办""以权谋私，不给好处不办事"。将第 1 项和第 2 项数据相加，可以得出该受访群体对于机关公务人员的工作作风表示满意的比例；将第 3 项和第 4 项数据相加，可以得出该受访群体对于机关公务人员的工作作风表示不满意的比例。调查表明，与 2006 年相比，虽然受访者对政府部门工作作风的满意度有显著提升，但依然有较大的改进空间。

（一）政府部门工作作风认可度调查数据

本项调查要求受访者选择对政府部门工作作风的感受，据此分析判断政府部门工作人员的职业道德状况。由图 4—3 可知，关于政府部门工作作风，40.9% 的受访者表示"办事基本公道，基本满意"，占比最多；表示"门难进，脸难看，事难办"的受访者占比 36.2%，排在次位；有 10.5% 的受访者表示"以权谋私，不给好处不办事"，6.3% 的受访者感觉"办事公道，很满意"。综合来看，表示满意的为 47.2%，表示不满意的为 46.7%，两者基本持平，前者略高于后者。

2006 年的调查表明，34.36% 的受访者选择"门难进，脸难看，事难办"，占比最高；34.16% 的受访者选择"办事基本公道，基本满意"，排在第二位；21.2% 的受访者选择"以权谋私，不给好处不办事"，位居第三；5.84% 的受访者选择办事公道，很满意。整体上看，满意率为 40%，不满意率高达 55.56%。对比 2006 年和 2016 年的数据可以发现，受访者对政府部门工作作风的满意度有非常明显的提升。

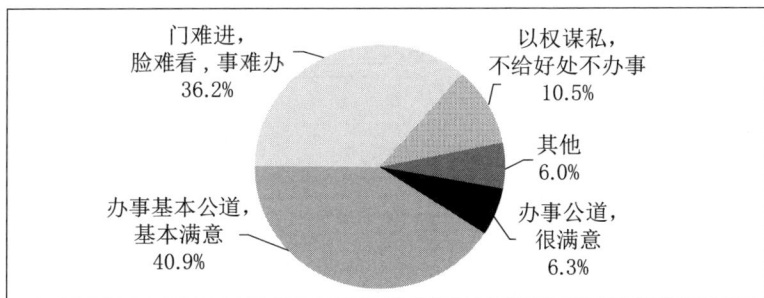

图 4—3　受访者对政府部门工作作风总体认可度（2016）

（二）政府部门工作作风认可度影响因素调查数据

通过对调查数据的分析可知，人们的从业态度会受到政治面貌、受教育程度、就业状况、职业、年龄、收入水平、婚姻状况、性别等因素的影响。

1. 性别对政府部门工作作风评价的影响

如表4－17所示,男性受访者选择"办事公道,很满意"的比例为7.4%,女性受访者选择"办事公道,很满意"的比例为5.1%。

男性受访者选择"办事基本公道,基本满意"的比例为39.3%,女性受访者选择"办事基本公道,基本满意"的比例为41.7%。

男性受访者选择"门难进,脸难看,事难办"的比例为35.7%,女性受访者选择"门难进,脸难看,事难办"的比例为36.3%。

男性受访者选择"以权谋私,不给好处不办事"的比例为11.0%,女性受访者选择"以权谋私,不给好处不办事"的比例为10.0%。

由调查数据可知,男性与女性对政府部门工作作风的评价差异很小,总的来看,男性的满意度略微高于女性。

对比2006年的调查数据可以发现:第一,男性和女性对政府部门工作作风的满意度都有很大提升;第二,男性和女性对政府部门工作作风的评价差异都非常小;第三,与2016年的调查结果相反,2006年女性对政府部门工作作风的满意度略微高于男性。

表4－17　不同性别受访者对政府部门工作作风的评价（2016）

性别	办事公道,很满意（%）	办事基本公道,基本满意（%）	门难进,脸难看,事难办（%）	以权谋私,不给好处不办事（%）	其他（%）	未选择（%）	有效样本量（人）
男	7.4	39.3	35.7	11.0	5.8	0.8	3058
女	5.1	41.7	36.3	10.0	6.1	0.8	3575

2. 年龄对政府部门工作作风评价的影响

如表4－18所示,20岁以下的受访者选择"办事公道,很满意"的比例为8.3%,选择"办事基本公道,基本满意"的比例为36.4%,选择"门难进,脸难看,事难办"的比例为27.0%,选择"以权谋私,不给好处不办事"的比例为11.3%。与2006年相比,该年龄段人群对政府部门工作作风的满意度发生了较大变化。2006年的调查数据显示,该年龄段受访者对机关部门工作作风表示满意的比例为41.53%,不满意的比例为50.82%;本次调查数据显示,该年龄段受访者对机关部门工作作风表示满意的比例为44.7%,不满意的比例为38.3%。这说明青少年对党和政府的信任程度有所提升。

20—29岁的受访者选择"办事公道,很满意"的比例为5.5%,选择"办事基本公道,基本满意"的比例为35.0%,选择"门难进,脸难看,事难办"的比例为43.9%,选择"以权谋私,不给好处不办事"的比例为10.4%。与2006年的调查结果一致,该群体对政府部门工作作风的满意度最低。尽管如此,该年龄段人群对机关部门工作作风的满意度在10年间仍有较大提升,表示满意的比例从2006年的32.40%上升至40.5%。与此同时,表示不满意的比例从2006年的62.83%下降至54.3%。

30—39岁的受访者选择"办事公道,很满意"的比例为6.2%,选择"办事基本公道,基本满意"的比例为41.1%,选择"门难进,脸难看,事难办"的比例为37.3%,选择"以权谋私,不给好处不办事"的比例为10.8%。该群体对政府部门工作作风的满意度略低于不满意度。对比2006年的调查数据,该群体对政府部门工作作风的总体满意度从26.1%上升为47.3%,不满意度从46.91%上升到48.1%。

40—49岁的受访者选择"办事公道,很满意"的比例为5.4%,选择"办事基本公道,基本满意"的比例为49.6%,选择"门难进,脸难看,事难办"的比例为29.1%,选择"以权谋私,不给好处不办事"的比例为10.4%。该群体对政府部门工作作风的满意度高于不满意度。对比2006年的调查数据,该群体对政府部门工作作风的总体满意度从46.78%上升为55.0%,不满意度从49.85%下降为39.5%。

50—59岁的受访者选择"办事公道,很满意"的比例为7.6%,选择"办事基本公道,基本满意"的比例为48.4%,选择"门难进,脸难看,事难办"的比例为26.1%,选择"以权谋私,不给好处不办事"的比例为10.4%。该群体对政府部门工作作风的满意度较40—49岁的受访者略高。对比2006年的调查数据,该群体对政府部门工作作风的总体满意度从46.05%上升为56.0%,不满意度从50.26%下降为36.5%。

60岁及以上的受访者选择"办事公道,很满意"的比例为6.7%,选择"办事基本公道,基本满意"的比例为57.3%,选择"门难进,脸难看,事难办"的比例为22.9%,选择"以权谋私,不给好处不办事"的比例为8.2%。该群体对政府部门工作作风的满意度最高。对比2006年的调查数据,该群体对政府部门工作作风的总体满意度从 42.09% 上升为 64.0%,不满意度从 52.83% 下降为 31.1%。

20 岁以下的受访者选择"其他"或未选择的比例远高于其他群体,说明由于阅历的原因,他们与政府部门直接接触的机会很少,其感受多来自间接经验。

表 4-18　不同年龄受访者对政府部门工作作风的评价(2016)

年龄	办事公道,很满意（%）	办事基本公道,基本满意（%）	门难进,脸难看,事难办（%）	以权谋私,不给好处不办事（%）	其他（%）	未选择（%）	有效样本量（人）
20 岁以下	8.3	36.4	27.0	11.3	14.7	2.4	844
20—29 岁	5.5	35.0	43.9	10.4	4.9	0.4	2618
30—39 岁	6.2	41.1	37.3	10.8	4.1	0.5	1470
40—49 岁	5.4	49.6	29.1	10.4	4.7	0.7	937
50—59 岁	7.6	48.4	26.1	10.4	6.7	0.9	463
60 岁及以上	6.7	57.3	22.9	8.2	3.7	1.2	328

3. 政治面貌对政府部门工作作风评价的影响

如表 4-19 所示,共产党员受访者选择"办事公道,很满意"的比例为 8.4%,选择"办事基本公道,基本满意"的比例为 50.4%,选择"门难进,脸难看,事难办"的比例为 31.0%,选择"以权谋私,不给好处不办事"的比例为 6.6%。对比 2006 年的调查数据,该群体对政府部门工作作风的总体满意度从 49.56% 上升为 58.8%,不满意度从 47.21% 下降为 37.6%。

共青团员受访者选择"办事公道,很满意"的比例为 5.2%,选择"办事基本公道,基本满意"的比例为 35.0%,选择"门难进,脸难看,事难办"的比例为 40.0%,选择"以权谋私,不给好处不办事"的比例为 11.2%。对比 2006 年的调查数据,该群体对政府部门工作作风的总体满意度从 33.09% 上升为 40.02%,不满意度从 61.59% 下降为 51.2%。

民主党派和无党派人士受访者选择"办事公道,很满意"的比例为 8.4%,选择"办事基本公道,基本满意"的比例为 43.9%,选择"门难进,脸难看,事难办"的比例为 27.1%,选择"以权谋私,不给好处不办事"的比例为 11.2%。对比 2006 年的调查数据,该群体对政府部门工作作风的总体满意度从 29.09% 上升为 52.3%,不满意度从 69.09% 下降为 38.3%。

　　普通群众受访者选择"办事公道,很满意"的比例为 5.7%,选择"办事基本公道,基本满意"的比例为 39.6%,选择"门难进,脸难看,事难办"的比例为 35.7%,选择"以权谋私,不给好处不办事"的比例为 11.9%。对比 2006 年的调查数据,该群体对政府部门工作作风的总体满意度从 39.52% 上升为 45.3%,不满意度从 56.01% 下降为 47.6%。

　　由以上数据可以看出,共产党员受访者对政府部门工作作风的满意度最高,而共青团员受访者对政府部门工作作风的满意度最低。共产党员、民主党派和无党派人士受访者选择满意的比例高于选择不满意的比例,而共青团员、普通群众受访者选择满意的比例低于选择不满意的比例。

表 4—19　不同政治面貌受访者对政府部门工作作风的评价(2016)

政治面貌	办事公道,很满意(%)	办事基本公道,基本满意(%)	门难进,脸难看,事难办(%)	以权谋私,不给好处不办事(%)	其他(%)	未选择(%)	有效样本量(人)
共产党员	8.4	50.4	31.0	6.6	3.3	0.3	1536
共青团员	5.2	35.0	40.0	11.2	7.6	1.0	2256
民主党派和无党派人士	8.4	43.9	27.1	11.2	8.4	0.9	107
普通群众	5.7	39.6	35.7	11.9	6.1	0.9	2774

4. 受教育程度对政府部门工作作风评价的影响

　　如表 4—20 所示,没上过学的受访者选择"办事公道,很满意"的比例为 8.7%,选择"办事基本公道,基本满意"的比例为 17.4%,选择"门难进,脸难看,事难办"的比例为 34.8%,选择"以权谋私,不给好处不办事"的比例为 23.9%。该群体的综合满意度最低,他们选择"办事基本公道,基本满意"的比例最低,选择"以权谋私,不给好处不办事"的比例最高。对比 2006 年的调查数据,该群体对政府部门工作作风的总体满意度从 21.57% 上升为 26.1%,不满意度从 58.83% 下降为 58.7%。

　　小学文化程度的受访者选择"办事公道,很满意"的比例为 11.7%,选择"办事基本公道,基本满意"的比例为 37.0%,选择"门难进,脸难看,事难办"的比例为29.9%,选择"以权谋私,不给好处不办事"的比例为11.0%。对比2006年的调查数据,该群体对政府部门工作作风的总体满意度从41.48%上升为48.7%,不满意度从52.59%下降为40.9%。

初中文化程度的受访者选择"办事公道,很满意"的比例为10.5%,选择"办事基本公道,基本满意"的比例为37.1%,选择"门难进,脸难看,事难办"的比例为28.2%,选择"以权谋私,不给好处不办事"的比例为14.9%。对比2006年的调查数据,该群体对政府部门工作作风的总体满意度从44.67%上升为47.6%,不满意度从51.59%下降为43.1%。

高中文化程度的受访者选择"办事公道,很满意"的比例为6.6%,选择"办事基本公道,基本满意"的比例为39.5%,选择"门难进,脸难看,事难办"的比例为32.3%,选择"以权谋私,不给好处不办事"的比例为11.4%。对比2006年的调查数据,该群体对政府部门工作作风的总体满意度从39.08%上升为46.1%,不满意度从56.71%下降为43.7%。

大学专科文化程度的受访者选择"办事公道,很满意"的比例为5.8%,选择"办事基本公道,基本满意"的比例为43.4%,选择"门难进,脸难看,事难办"的比例为35.4%,选择"以权谋私,不给好处不办事"的比例为10.1%。大学本科文化程度的受访者选择"办事公道,很满意"的比例为4.9%,选择"办事基本公道,基本满意"的比例为41.5%,选择"门难进,脸难看,事难办"的比例为39.1%,选择"以权谋私,不给好处不办事"的比例为9.3%。对比2006年的调查数据,受教育程度为大学的受访者群体对政府部门工作作风的总体满意度从39.06%上升为47.8%,不满意度从56.65%下降为46.95%。

硕士研究生及以上文化程度的受访者选择"办事公道,很满意"的比例为5.5%,选择"办事基本公道,基本满意"的比例为40.2%,选择"门难进,脸难看,事难办"的比例为44.2%,选择"以权谋私,不给好处不办事"的比例为7.6%。对比2006年的调查数据,该群体对政府部门工作作风的总体满意度从36.72%上升为45.7%,不满意度从57.82%下降为51.8%。

由以上数据可以看出:大学专科、高中、初中、小学等文化程度受访者选择满意的比例高于选择不满意的比例,而硕士研究生及以上文化程度受访者、大学本科文化程度受访者、没上过学的受访者选择满意的比例低于选择不满意的比例。总体上看,大学本科及以上文化程度受访者对政府部门工作作风的满意度不高,其中硕士研究生及以上文化程度受访者选择"门难进,脸难看,事难办"的比例是最高的。这与 2006 年的调查数据也是一致的,说明该群体的尊严感、优越感、权益意识较强,对政府部门工作作风有较高的要求和期待。

表 4—20　不同受教育程度受访者对政府部门工作作风的评价(2016)

受教育程度	办事公道,很满意(%)	办事基本公道,基本满意(%)	门难进,脸难看,事难办(%)	以权谋私,不给好处不办事(%)	其他(%)	未选择(%)	有效样本量(人)
没上过学	8.7	17.4	34.8	23.9	13.0	2.2	46
小学	11.7	37.0	29.9	11.0	9.1	1.3	154
初中	10.5	37.1	28.2	14.9	8.1	1.2	645
高中	6.6	39.5	32.3	11.4	9.2	1.1	1462
大学专科	5.8	43.4	35.4	10.1	4.6	0.7	1268
大学本科	4.9	41.5	39.1	9.3	4.7	0.5	2568
硕士研究生及以上	5.5	40.2	44.2	7.6	2.5	0.0	513

5. 婚姻状况对政府部门工作作风评价的影响

如表 4—21 所示,未婚受访者选择"办事公道,很满意"的比例为 5.9%,选择"办事基本公道,基本满意"的比例为 35.3%,选择"门难进,脸难看,事难办"的比例为 39.7%,选择"以权谋私,不给好处不办事"的比例为 10.4%。对比 2006 年的调查数据,该群体对政府部门工作作风的总体满意度从 33.6% 上升为 41.2%,不满意度从 61.2% 下降为 50.1%。

已婚受访者选择"办事公道,很满意"的比例为 6.3%,选择"办事基本公道,基本满意"的比例为 45.4%,选择"门难进,脸难看,事难办"的比例为 33.4%,选择"以权谋私,不给好处不办事"的比例为 10.3%。对比 2006 年的调查数据,该群体对政府部门工作作风的总体满意度从 43.75% 上升为 51.7%,不满意度从 52.38% 下降为 43.7%。

离异受访者选择"办事公道,很满意"的比例为 7.9%,选择"办事基本公道,基本满意"的比例为 39.3%,选择"门难进,脸难看,事难办"的比例为 34.8%,选择"以权谋私,不给好处不办事"的比例为 12.4%。对比 2006 年的调查数据,该群体对政府部门工作作风的总体满意度从 41.38% 上升为 47.2%,不满意度从

59.43%下降为47.2%。

　　丧偶受访者选择"办事公道，很满意"的比例为8.2%，选择"办事基本公道，基本满意"的比例为54.5%，选择"门难进，脸难看，事难办"的比例为12.7%，选择"以权谋私，不给好处不办事"的比例为10.9%。对比2006年的调查数据，该群体对政府部门工作作风的总体满意度从35.85%上升为62.7%，不满意度从62.26%下降为23.6%。

　　可以看出，未婚受访者选择满意的比例低于选择不满意的比例，离异受访者选择满意的比例与选择不满意的比例持平，已婚、丧偶受访者选择满意的比例高于选择不满意的比例。

表4-21　不同婚姻状况受访者对政府部门工作作风的评价（2016）

婚姻状况	办事公道，很满意（%）	办事基本公道，基本满意（%）	门难进，脸难看，事难办（%）	以权谋私，不给好处不办事（%）	其他（%）	未选择（%）	有效样本量（人）
未婚	5.9	35.3	39.7	10.4	7.7	1.0	3129
已婚	6.3	45.4	33.4	10.3	4.1	0.6	3223
离异	7.9	39.3	34.8	12.4	5.6	0.0	178
丧偶	8.2	54.5	12.7	10.9	12.7	0.9	110

6.就业状况对政府部门工作作风评价的影响

　　如表4-22所示，在职受访者选择"办事公道，很满意"的比例为6.4%，选择"办事基本公道，基本满意"的比例为42.8%，选择"门难进，脸难看，事难办"的比例为36.9%，选择"以权谋私，不给好处不办事"的比例为9.5%。该群体选择满意的比例略微高于选择不满意的比例。对比2006年的调查数据，该群体对政府部门工作作风的总体满意度从42.74%上升为49.2%，不满意度从53.43%下降为46.4%。

　　离退休受访者选择"办事公道，很满意"的比例为7.4%，选择"办事基本公道，基本满意"的比例为57.5%，选择"门难进，脸难看，事难办"的比例为23.2%，选择"以权谋私，不给好处不办事"的比例为7.6%。数据显示，该群体选择"办事公道，很满意"和"办事基本公道，基本满意"的比例都是最高的，满意度在各职业群体中最高。对比2006年的调查数据，该群体对政府部门工作作风的总体满意度从 44.61% 上升为 64.9%，不满意度从 52.29% 下降为 30.8%。

学生受访者选择"办事公道，很满意"的比例为 5.0%，选择"办事基本公道，基本满意"的比例为 36.6%，选择"门难进，脸难看，事难办"的比例为 37.2%，选择"以权谋私，不给好处不办事"的比例为 10.3%。该群体的调查数据与未婚者较为接近。对比 2006 年的调查数据，该群体对政府部门工作作风的总体满意度从 29.84% 上升为 41.6%，不满意度从 65.05% 下降为 47.5%。

无业、失业受访者选择"办事公道，很满意"的比例为 6.2%，选择"办事基本公道，基本满意"的比例为 34.9%，选择"门难进，脸难看，事难办"的比例为 39.3%，选择"以权谋私，不给好处不办事"的比例为 13.1%。该群体对政府部门工作作风的满意度较低，说明该群体在社会中多处于弱势，心理上较为脆弱，挫折感强，其中的少部分人对政府有一定的抵触、排斥心理。对比 2006 年的调查数据，该群体对政府部门工作作风的总体满意度从 32.95% 上升为 41.1%，不满意度从 60.57% 下降为 52.4%。

表 4—22　不同就业状况受访者对政府部门工作作风的评价（2016）

就业状况	办事公道，很满意（%）	办事基本公道，基本满意（%）	门难进，脸难看，事难办（%）	以权谋私，不给好处不办事（%）	其他（%）	未选择（%）	有效样本量（人）
在职	6.4	42.8	36.9	9.5	4.1	0.4	3526
离退休	7.4	57.5	23.2	7.6	3.3	1.0	487
学生	5.0	36.6	37.2	10.3	9.5	1.5	1775
无业、失业	6.2	34.9	39.3	13.1	6.2	0.3	321
其他	8.0	27.7	36.1	17.9	9.3	0.9	548

7.职业对政府部门工作作风评价的影响

如表 4—23 所示，机关事业单位领导干部受访者选择"办事公道，很满意"的比例为 11.2%，选择"办事基本公道，基本满意"的比例为 50.4%，选择"门难进，脸难看，事难办"的比例为 28.0%，选择"以权谋私，不给好处不办事"的比例为 7.7%。对比 2006 年的调查数据，该群体对政府部门工作作风的总体满意度从 54.78% 上升为 61.6%，不满意度从 41.91% 下降为 35.7%。与 2006 年相比，该群体满意度排名由第 4 变为第 2，不满意度排名由第 8 变为第 10，说明机关事业单位领导干部对政府部门工作作风的满意度有所提高。

机关事业单位办事人员和有关人员受访者选择"办事公道，很满意"的比例为8.5%，选择"办事基本公道，基本满意"的比例为54.8%，选择"门难进，脸难看，事难办"的比例为26.7%，选择"以权谋私，不给好处不办事"的比例为6.4%。对比2006年的调查数据，该群体对政府部门工作作风的总体满意度从58.56%上升为63.3%，不满意度从36.03%下降为33.1%。与2006年相比，其满意度排名由第2变为第1，不满意度排名由第10变为第11，说明机关事业单位工作人员对自己的工作作风是很满意的。

需要考虑的是，以上两项数据有较多的自我评价因素，此为其满意度偏高的原因之一。

科教文卫专业技术人员受访者选择"办事公道，很满意"的比例为6.7%，选择"办事基本公道，基本满意"的比例为50.1%，选择"门难进，脸难看，事难办"的比例为31.6%，选择"以权谋私，不给好处不办事"的比例为8.2%。对比2006年的调查数据，该群体对政府部门工作作风的总体满意度从39.03%上升为56.8%，不满意度从58.05%下降为39.8%。与2006年相比，其满意度排名由第7变为第3，不满意度排名由第4变为第9，说明相对其他群体，该群体对政府部门工作作风的满意度有很大提升。

企业管理人员受访者选择"办事公道，很满意"的比例为3.2%，选择"办事基本公道，基本满意"的比例为49.9%，选择"门难进，脸难看，事难办"的比例为34.9%，选择"以权谋私，不给好处不办事"的比例为8.5%。对比2006年的调查数据，该群体对政府部门工作作风的总体满意度从38.15%上升为53.1%，不满意度从58.93%下降为43.4%。与2006年相比，其满意度排名由第8变为第4，不满意度排名由第3变为第7，说明相对其他群体，该群体对政府部门工作作风的满意度有很大提升。

企业员工受访者选择"办事公道，很满意"的比例为4.7%，选择"办事基本公道，基本满意"的比例为36.7%，选择"门难进，脸难看，事难办"的比例为44.6%，选择"以权谋私，不给好处不办事"的比例为9.2%。对比2006年的调查数据，该群体对政府部门工作作风的总体满意度从35.14%上升为41.4%，不满意度从60.43%下降为53.8%。与2006年相比，其满意度排名由第10变为第9，不满意度排名由第2变为第3，说明相对其他群体，该群体对政府部门工作作风的满意度有所提升。

可以看出,企业管理人员受访者选择满意的比例高于选择不满意的比例,而企业员工受访者选择满意的比例低于选择不满意的比例。

商业服务业人员受访者选择"办事公道,很满意"的比例为3.0%,选择"办事基本公道,基本满意"的比例为41.5%,选择"门难进,脸难看,事难办"的比例为33.9%,选择"以权谋私,不给好处不办事"的比例为13.6%。对比2006年的调查数据,该群体对政府部门工作作风的总体满意度从37.62%上升为44.5%,不满意度从58.03%下降为47.5%。与2006年相比,其满意度排名由第9变为第6,不满意度排名由第7变为第5。

私营企业主受访者选择"办事公道,很满意"的比例为10.4%,选择"办事基本公道,基本满意"的比例为32.9%,选择"门难进,脸难看,事难办"的比例为37.2%,选择"以权谋私,不给好处不办事"的比例为11.6%。对比2006年的调查数据,该群体对政府部门工作作风的总体满意度从41.54%上升为43.3%,不满意度从57.98%下降为48.8%。与2006年相比,其满意度排名由第5变为第8,不满意度排名由第5变为第4。

个体从业人员受访者选择"办事公道,很满意"的比例为4.0%,选择"办事基本公道,基本满意"的比例为34.6%,选择"门难进,脸难看,事难办"的比例为40.2%,选择"以权谋私,不给好处不办事"的比例为14.3%。对比2006年的调查数据,该群体对政府部门工作作风的总体满意度从32.56%上升为38.6%,不满意度从62.79%下降为54.5%。与2006年相比,其满意度排名由第11变为第10,不满意度排名由第1变为第2。

农业劳动者受访者选择"办事公道,很满意"的比例为7.6%,选择"办事基本公道,基本满意"的比例为36.6%,选择"门难进,脸难看,事难办"的比例为29.0%,选择"以权谋私,不给好处不办事"的比例为17.2%。对比2006年的调查数据,该群体对政府部门工作作风的总体满意度从65.48%下降为44.2%,不满意度从30.61%上升为46.2%。与2006年相比,其满意度排名由第1变为第7,不满意度排名由第11变为第6,说明相对其他群体,该群体对政府部门工作作风的满意度出现较大幅度的下降。

农村外出务工人员受访者选择"办事公道,很满意"的比例为7.0%,选择"办事基本公道,基本满意"的比例为30.0%,选择"门难进,脸难看,事难办"

的比例为31.9%,选择"以权谋私,不给好处不办事"的比例为24.9%。对比2006年的调查数据,该群体对政府部门工作作风的总体满意度从39.9%下降为37%,不满意度从53.2%上升为56.8%。与2006年相比,其满意度排名由第6变为第11,不满意度排名由第6变为第1,说明相对其他群体,该群体对政府部门工作作风的满意度有很大幅度的下降。农村外出务工人员受访者选择"以权谋私,不给好处不办事"的比例最高,农业劳动者受访者选择该项的比例次高。

军人受访者选择"办事公道,很满意"的比例为17.6%,选择"办事基本公道,基本满意"的比例为35.2%,选择"门难进,脸难看,事难办"的比例为33.8%,选择"以权谋私,不给好处不办事"的比例为7.0%。数据显示,军人受访者选择"办事公道,很满意"的比例最高,总体满意度较高。对比2006年的调查数据,该群体对政府部门工作作风的总体满意度从54.88%下降为52.8%,不满意度从49.02%下降为40.8%。与2006年相比,其满意度排名由第3变为第5,不满意度排名由第9变为第8,说明相对其他群体,军人对政府部门工作作风的满意度有所下降。

表4—23　不同职业受访者对政府部门工作作风的评价(2016)

职业	办事公道,很满意(%)	办事基本公道,基本满意(%)	门难进,脸难看,事难办(%)	以权谋私,不给好处不办事(%)	其他(%)	未选择(%)	有效样本量(人)
机关事业单位领导干部	11.2	50.4	28.0	7.7	2.7	0.0	339
机关事业单位办事人员和有关人员	8.5	54.8	26.7	6.4	3.0	0.6	531
科教文卫专业技术人员	6.7	50.1	31.6	8.2	2.9	0.4	449
企业管理人员	3.2	49.9	34.9	8.5	3.2	0.2	401
企业员工	4.7	36.7	44.6	9.2	4.4	0.4	1283
商业服务业人员	3.0	41.5	33.9	13.6	8.0	0.0	301
私营企业主	10.4	32.9	37.2	11.6	6.7	1.2	164
个体从业人员	4.0	34.6	40.2	14.3	5.3	1.6	321
农业劳动者	7.6	36.6	29.0	17.2	6.2	3.4	145
农村外出务工人员	7.0	30.0	31.9	24.9	5.2	0.9	213
军人	17.6	35.2	33.8	7.0	6.3	0.0	142
其他	5.8	37.6	36.3	10.8	8.8	0.7	2245

8.收入水平对政府部门工作作风评价的影响

如表4—24所示,月平均收入1000元及以下的受访者选择"办事公道,很满意"的比例为5.9%,选择"办事基本公道,基本满意"的比例为36.2%,选择"门难进,脸难看,事难办"的比例为37.2%,选择"以权谋私,不给好处不办事"的比例为10.9%。

月平均收入1001—3000元的受访者选择"办事公道,很满意"的比例为7.3%,选择"办事基本公道,基本满意"的比例为38.2%,选择"门难进,脸难看,事难办"的比例为37.3%,选择"以权谋私,不给好处不办事"的比例为11.2%。

月平均收入3001—5000元的受访者选择"办事公道,很满意"的比例为6.2%,选择"办事基本公道,基本满意"的比例为45.9%,选择"门难进,脸难看,事难办"的比例为34.1%,选择"以权谋私,不给好处不办事"的比例为9.1%。

月平均收入5001—10000元的受访者选择"办事公道,很满意"的比例为6.0%,选择"办事基本公道,基本满意"的比例为46.1%,选择"门难进,脸难看,事难办"的比例为34.4%,选择"以权谋私,不给好处不办事"的比例为9.9%。

月平均收入10000元以上的受访者选择"办事公道,很满意"的比例为4.2%,选择"办事基本公道,基本满意"的比例为33.0%,选择"门难进,脸难看,事难办"的比例为40.6%,选择"以权谋私,不给好处不办事"的比例为14.2%。

调查表明,月平均收入3001—5000元、5001—10000元的群体选择满意的比例高于选择不满意的比例,而其他三个群体选择满意的比例低于选择不满意的比例。

2006年此项调查设置的收入标准与2016年有很大不同,因此不便比较。

表4—24　不同收入水平受访者对政府部门工作作风的评价(2016)

月平均收入	办事公道,很满意(%)	办事基本公道,基本满意(%)	门难进,脸难看,事难办(%)	以权谋私,不给好处不办事(%)	其他(%)	未选择(%)	有效样本量(人)
1000元及以下	5.9	36.2	37.2	10.9	9.0	0.7	1503
1001—3000元	7.3	38.2	37.3	11.2	5.4	0.6	1881
3001—5000元	6.2	45.9	34.1	9.1	4.2	0.5	2011
5001—10000元	6.0	46.1	34.4	9.9	3.4	0.3	716
10000元以上	4.2	33.0	40.6	14.2	7.5	0.5	212

第二节　公民职业道德现状及原因分析

调查数据显示,党的十八大以来,我国公民职业道德状况呈现出不断改善的趋势。与此同时,也要清楚地认识到,公民的职业道德水平与新时代中国特色社会主义的要求存在较大差距,在职人群的敬业程度总体还不够高,以脑力劳动为主的受访者与以体力劳动为主的受访者的从业目的、从业态度有非常明显的区别,较高收入群体的敬业程度与其社会地位不相称,机关事业单位工作人员的职业道德还需常抓不懈、持续提升。

一、新时代我国公民职业道德呈现改善的趋势

随着中国特色社会主义进入新时代,当前我国社会的主要矛盾已经发生转变,由人民日益增长的物质文化需要同落后的社会生产之间的矛盾转化为人民日益增长的美好生活需要和不平衡不充分的发展之间的矛盾。我国已经全面建成小康社会,中华民族伟大复兴的中国梦将在中国人民的奋斗中实现。在这样一个崭新而又伟大的时代,人民群众的获得感、幸福感在不断提高,劳动者的精神风貌正在发生可喜的变化。他们意气风发、豪情满怀,自信自强、积极向上,把个人梦融入国家梦,在各自的职业岗位上辛勤工作、努力奉献。在新时代的召唤下,在中国梦的激励下,在国家的引导下,人们的从业目的一定不会停留在满足生活需要的层次上,必然会有较快的提升。

从业态度是反映人的职业道德境界的核心内容,对于从业态度的不同选择是判断一个人职业道德以至整个道德境界高低的主要标准。2016年的调查数据表明,与2006年相比,人们的从业态度更加积极端正,职业道德整体水平下滑的倾向得到初步扭转,恪尽职守、爱岗敬业的职业精神蔚然成风,精益求精、止于至善的工匠精神日益凸显。本次调查发现,61.3%的受访者的从业态度是"尽职尽责,做好分内之事",33.3%的受访者的从业态度是"爱岗敬业,精益求精",两者共占94.6%;仅有2.1%的受访者的从业态度是"马马虎虎,敷衍塞责"。2006年的调查显示,受访者选择"忠于职守,爱岗敬业"的比例为77.41%,选择"不管其他事,只做好分内事"的比例为17.01%,选择"为了赚钱,不管其他"的

比例为 3.22%，选择"敷衍塞责，得过且过"的比例为 0.72%。说明当时有 20% 以上的从业者缺乏职业热情，没有劳动的神圣感，没有把工作作为实现自我、服务社会的平台。

二、受访者对政府部门工作作风的认可度有根本性提升

政府要求其工作人员尤其是领导干部要牢记全心全意为人民服务的宗旨，恪守以人民为中心的理念，做到忠诚、干净、担当。多数政府工作人员有较高的政治觉悟和道德素养，但是少数人政治素质不高，道德修养欠缺，懒政怠政，形式主义、官僚主义积习难改，甚至以权谋私、腐化堕落，严重侵害国家利益、群众利益，给党和政府的形象造成严重损害。

2016 年的调查数据显示，与 2006 年相比，受访者对政府部门工作作风的满意度有明显提升。第一，选择"办事公道，很满意"的受访者比例从 2006 年的 5.84% 上升至 6.3%，选择"办事基本公道，基本满意"的比例从 2006 年的 34.16% 上升至 40.9%，选择"以权谋私，不给好处不办事"的比例从 2006 年的 21.20% 下降至 10.5%。第二，2006 年占比最大的选项是"门难进，脸难看，事难办"，本次调查占比最大的选项是"办事基本公道，基本满意"。第三，对政府部门工作作风表示满意的比例从 2006 年的 40.00% 上升至 47.2%，表示不满意的比例从 2006 年的 55.56% 下降至 46.7%。调查显示，受访者对政府部门工作作风的认可度总体上在提升。

从 20 岁及以上五个年龄段的数据看，随着年龄的增长，人们对政府部门工作作风的满意度在逐渐提高：20—29 岁年龄段人群对政府部门工作作风表示满意的比例为 40.50%，30—39 岁年龄段人群为 47.3%，40—49 岁年龄段人群为 55.0%，50—59 岁年龄段人群为 56.0%，60 岁及以上年龄段人群为 64.0%。40 岁是个"分水岭"：20—39 岁的人群，满意度低于不满意度；40 岁及以上的人群，满意度高于不满意度。2006 年的调查结果显示，所有年龄段受访者表示不满意的比例都高于表示满意的比例。这组数据也鲜明地显示，10 年间受访者对政府部门工作作风的整体满意度有了根本变化。

以上调查数据非常有力地说明，党的十八大以来，通过全面加强党的领导和党的建设，党政机关的工作作风得到显著改变。党政机关正风肃纪取得可喜成果，得益于三个方面的扎实努力：一是坚持反腐败无禁区、全覆盖、零容忍，"老

虎苍蝇一起打",不敢腐的目标已经初步实现,不能腐的笼子越扎越牢,不想腐的堤坝正在构筑,反腐败斗争的压倒性态势已经形成,广大人民群众对党和政府反腐败的坚强决心和巨大成果拍手称快;二是严肃党纪政纪,完善党内法规制度体系,规范国家公务人员的职业规范,以严格的制度、规矩来约束党政机关的工作人员,时刻把纪律挺在前面;三是开展党的群众路线教育实践活动,开展"三严三实"专题教育,推进"两学一做"学习教育常态化、制度化,严厉整治形式主义、官僚主义、享乐主义和奢靡之风,广大干部受到了深刻的思想教育、党性教育,党风政风有了极其明显的改善。

但是,值得注意的是,选择"门难进,脸难看,事难办"的受访者比例从 2006 年的 34.36% 上升至 36.2%。这说明,党政机关工作作风的改善不是一朝一夕的事情,依然任重道远,需要坚持不懈、驰而不息,必须有"永远在路上"的执着精神,稍有松懈就会招致"反弹"。同时,还要高度重视部分干部存在的"不作为""不担当""懒政怠政"等问题,反对"不求有功,但求无过"的庸人哲学。

三、公民的从业目的与新时代的要求存在较大差距

值得关切的是,"我国仍处于并将长期处于社会主义初级阶段的基本国情没有变,我国是世界最大发展中国家的国际地位没有变"[①]。一方面,在当前以至将来比较长的时期内,对于大多数人来说,劳动还不是"第一需要",从事职业活动仍是满足个人和家庭生活需要的手段。因此,67.0% 的受访者把"谋生养家"作为从业目的,占比最多,这是可以理解的;表示从业是为了"兴趣爱好"和"奉献社会"的受访者分别占 12.8% 和 10.4%,也是正常的,期望多数人在该项调查中选择"谋生养家"之外的选项是不切实际的。另一方面,市场经济的利益交换原则、个人逐利导向对人的敬业精神的培育是有负面影响的。市场经济容易诱发极端个人主义、拜金主义、享乐主义等消极观念,部分人敬业精神淡化,仅仅把职业活动当作谋生饭碗,存在消极怠工、监守自盗、以权谋私等不良现象。

认识现实是为了改造现实。对人们的从业目的进行调查分析,是为了引导其树立正确的从业目的。如果约 70% 的人的从业目的长久地定位在"谋生养

---

① 习近平:《决胜全面建成小康社会 夺取新时代中国特色社会主义伟大胜利——在中国共产党第十九次全国代表大会上的报告》,人民出版社 2017 年版,第 12 页。

家"之上,就难以理直气壮地说我们已经实现了国家的富强、文明的进步、人民的幸福,就不能为个人的自由全面发展提供越来越充裕的条件。因此,在职业活动中,在更好地满足人们的谋生需要的基础上,还要引导人们更充分地融入社会,促进人与人的和谐交往,增进友爱和团结,克服分离感、孤独感。与此同时,还要把职业岗位打造成为人们获得自由全面发展的重要平台,让人们通过从事职业活动来满足个人兴趣、展示个人才能、实现个人理想,为促进社会发展奉献个人的辛劳和才智。

四、在职人群的敬业程度总体上低于职前人群和离退休人群

本调查发现了一个悖论性的职业道德状况:在职人群的敬业程度总体上低于职前人群(学生)、职后人群(离退休人员),在职人群的从业目的较其他两个群体更为功利,选择"爱岗敬业,精益求精"的比例也低于其他两个群体。

就从业目的来看,不同职业状况受访者选择以"奉献社会"为从业目的的比例为:在职受访者为9.4%,离退休受访者为18.5%,学生受访者为10.8%。不同年龄段受访者选择以"奉献社会"为从业目的的比例为:20岁以下受访者为12.9%,20—29岁受访者为9.3%,30—39岁受访者为7.1%,40—49岁受访者为9.3%,50—59岁受访者为13.2%,60岁及以上受访者为25.0%。其中,20岁以下受访者多为学生,20—59岁受访者多为在职人员,60岁及以上受访者多为离退休人员。上述两组数据互相支持。

就从业态度来看,不同职业状况受访者选择"爱岗敬业,精益求精"的比例为:学生受访者为38.3%,离退休受访者为35.3%,在职受访者为32.3%。不同年龄段受访者选择"爱岗敬业,精益求精"的比例为:20岁以下受访者为33.3%,20—29岁受访者为36.2%,30—39岁受访者为31.2%,40—49岁受访者为26.9%,50—59岁受访者为29.4%,60岁及以上受访者为37.8%。

仅从数据上看,学生群体与20岁以下的青少年群体从业目的高尚、敬业程度很高,但由于他们中的绝大多数没有职业经历,此数据可视为这类群体对未来从业状况的"预估",代表的是新时代年轻人的职业热情,但不能作为其实际职业道德状况的判断依据。离退休人员、60岁及以上群体的敬业程度最高。这类群体虽已经脱离职业岗位,但他们的人生阅历和职业经验最为丰富,且多数出生于20世纪50年代中期前,在人生成长阶段接受的奉献意识教育较多。另外一

个决定因素是，人们在离休、退休之后的工作压力和生活压力相应减少，对从业态度的认识能够更加客观。

按照年龄段划分，在职人群的敬业程度大体上随年龄增长呈现下降的趋势。20—29岁的受访者选择"爱岗敬业，精益求精"的比例为36.2%。在20—60岁之间的四个年龄段受访者中，该群体选择"爱岗敬业，精益求精"的比例最高，说明刚进入职业领域的年轻人有热情、有梦想，工作态度积极，对新时代寄予很高的希望。40—49岁的受访者选择"爱岗敬业，精益求精"的比例为26.9%，他们选择"爱岗敬业，精益求精"的比例最低，选择"马马虎虎，敷衍塞责"的比例最高。这一年龄段的人已进入不惑之年，年富力强，工作经验丰富，往往是单位中的中坚力量，但其中的少部分人职业倦怠感较强。同时，该年龄段人群的社会负担最重，职业责任与家庭责任都比其他年龄段人群重。因此，关心这一年龄段人群的工作和生活、提升他们的工作热情就显得尤为重要。50—59岁的受访者选择"爱岗敬业、精益求精"的比例为29.4%，该群体中的少部分人从业态度较为消极，缺乏激情，甘于平庸，不追求上进，不再追求崇高的职业理想，对自己不能严格要求，对于工作存在懈怠心理。该年龄段人群的职业经历与改革开放的历程几乎重合，经历了诸多变动，总体上缺乏稳定感。

根据以上调查数据，建议发挥离退休人员、60岁及以上群体的积极作用，注重发挥他们的"余热"。在人口老龄化的背景下，在劳动人口趋于紧张的条件下，在制度上适当延长退休年龄是可取的，有利于发挥"传帮带"作用，影响、感染、带动其他人群的奉献热情。

五、以脑力劳动为主的受访者与以体力劳动为主的受访者的从业目的、从业态度有非常明显的区别

以脑力劳动为主的受访者与以体力劳动为主的受访者的从业目的存在较为明显的区别。调查表明，机关事业单位领导干部、科教文卫专业技术人员奉献社会的意识较高，机关事业单位办事人员和有关人员、企业管理人员奉献社会的意识不高。企业员工、商业服务业人员、个体从业人员、农业劳动者、农村外出务工人员选择以"奉献社会"为从业目的的比例偏低。

从整体上看，以脑力劳动为主的受访者的敬业程度明显高于以体力劳动为主的受访者。调查表明，在以脑力劳动为主的受访者中，机关事业单位领导干

部选择"爱岗敬业,精益求精"的比例为 46.9%,企业管理人员选择"爱岗敬业,精益求精"的比例为 41.9%,私营企业主选择"爱岗敬业,精益求精"的比例为 37.2%,科教文卫专业技术人员选择"爱岗敬业,精益求精"的比例为 36.5%,机关事业单位办事人员和有关人员选择"爱岗敬业,精益求精"的比例为 29.2%;在以体力劳动为主的受访者中,个体从业人员选择"爱岗敬业,精益求精"的比例为 29.9%,企业员工选择"爱岗敬业,精益求精"的比例为 27.8%,商业服务业人员选择"爱岗敬业,精益求精"的比例为 23.9%,农业劳动者选择"爱岗敬业,精益求精"的比例为 21.4%,农村外出务工人员选择"爱岗敬业,精益求精"的比例为 19.7%。敬业程度最低的两个群体是农村外出务工人员和农业劳动者。由于历史、现实的原因,农业劳动者、农村外出务工人员没有形成稳定的、成熟的职业意识,没有表现出积极的从业态度。同时,由于农村外出务工人员的社会身份、工作地区、职业种类、劳动收入等方面的因素,他们也很难表现出较高的职业忠诚度。随着全面建成小康社会以及乡村振兴战略的实施,他们的就业环境和职业态度将有逐渐向好的趋势。

从某种意义上说,受访者在这一问题上的差异化表现体现了其所在行业、所在岗位的公共性程度的高低。受访者所在行业的公共性越强,其选择以"奉献社会"为从业目的的比例越高,如机关事业单位领导干部;反之则越低,如个体从业人员、农业劳动者、农村外出务工人员等。同时,脑力劳动者与体力劳动者在这一问题上的差异性在一定程度上体现了从业者经济地位的高低。以体力劳动为主的从业者选择以"谋生养家"为从业目的的比例高于其他职业人群,一方面说明他们从事的经济活动培养出实际、务实、求实的行事风格,另一方面说明他们从事的农业劳动、工业劳动、商业劳动是艰辛的,其辛劳与他们对经济收入的期待是有差距的。

总体来看,当前中国社会的阶层差别还比较明显,在经济地位、政治地位、文化地位等社会地位上有较大不同。对此,我们不能回避,更不能视而不见、听而不闻,而应当在共享发展理念的指导下,让广大人民群众得到更多的利益、更充分的保障,从而充分调动起各个阶层、各个方面人群的劳动热情。

六、较高收入群体的敬业程度与其经济地位很不相称

一般来讲,较高收入群体本应该成为社会的道德表率,在道德上引领社会风

尚的进步,而调查显示,实际的情形则正好相反。这一现实构成中国当今道德发展进程中的又一个悖论。

月平均收入 10000 元以上的社会群体在经济地位上有优势,他们是事业上的成功者。对"您认为当前家庭生活中儿女尽孝最应该做的是什么"这一问题,月平均收入 10000 元以上的受访者选择"事业成功,回报父母"的比例最高;对"您认为哪种媒体对您的思想道德影响最大"这一问题,在电影电视、报纸杂志、书籍、广播、新媒体五个选项中,月平均收入 10000 元以上的受访者选择"书籍"的比例最高。

但是,本次调查发现,较高收入群体的敬业程度与其经济地位以及社会地位不相称。在关于从业目的的调查中,月平均收入 10000 元以上的受访者选择以"奉献社会"为从业目的比例低于月平均收入 5001—10000 元的受访者;在关于敬业精神的调查中,月平均收入 10000 元以上的受访者选择"爱岗敬业,精益求精"的比例最高,但是该群体选择"马马虎虎,敷衍塞责"的比例也最高。可以看出,收入水平与敬业程度未构成完全的正相关关系。

参考本次调查中其他方面的数据,可以对该群体的道德选择有更为全面、清晰的认识。第一,该群体自主意识更强,追求个人自由。对是否同意"在网络生活中可以随心所欲"这一问题,月平均收入 10000 元以上的受访者选择"非常同意"的比例最高,选择"同意"的比例在五组受访者中为次高。第二,该群体整体道德水平不高,对为人民服务、集体主义的认同度最低,自利性最强,对他人利益非常淡漠。对于"您认为最能约束人的道德行为的因素是什么"这一问题,月平均收入 10000 元以上的受访者选择"良心谴责"的比例最低。第三,该群体对当前社会道德状况的评价最差。对于"您对当前我国道德风尚的整体印象"这一问题,月平均收入 10000 元以上的受访者选择"非常满意""满意"的比例都最低,选择"不满意""很不满意"的比例都最高。总的来说,较高收入群体的职业道德状况与其经济地位是不相称的,这样的反差值得我们在公民道德建设中加以重视。

"仓廪实而知礼节,衣食足而知荣辱"(《管子·牧民》),"有恒产者有恒心"(《孟子·滕文公上》),这些经典论述都表明人的财产状况与其思想觉悟有密切关联,物质生活的充裕能够为人们道德水平的提高提供有力的保障。但问题的复杂性在于:第一,物质文明对精神文明的决定作用与支撑作用是总体上的,涉及具体的人群或者个体时,情形会有偏差;第二,因为社会意识具有一定的滞后性,物质文明对精神文明的作用不是短期可见的;第三,一个社会中如果存在较大的贫富差距,该社会的道德状况会更加复杂,"为富不仁""为富不敬"的现象会比较突出。

第三节　新时代加强公民职业道德建设的若干思考

中国特色社会主义进入新时代,对公民职业道德提出了更高的要求。道德水平的提高从来都不是轻而易举的,新时代公民职业道德的提升并不是轻轻松松就可以实现的,我们必须以习近平新时代中国特色社会主义思想为指导,深入学习和贯彻习近平总书记关于劳动、关于敬业、关于奋斗的系列重要讲话精神,在实现中华民族伟大复兴中国梦的征程中,积极弘扬劳模精神和工匠精神,在全社会形成崇尚劳动、热爱劳动、尊重劳动的良好风尚,在公民职业道德的引导、培育、提高上作扎扎实实、坚持不懈的努力。

一、大力培育崇尚劳动、劳动光荣的社会风气

2018年,习近平总书记在给中国劳动关系学院劳模本科班学员的回信中指出:"我一直强调,劳动最光荣、劳动最崇高、劳动最伟大、劳动最美丽。"[①]劳动是人类的本质活动,关于劳动、劳动者的基本理论在马克思主义理论体系中具有重要地位。崇尚劳动是中华民族非常宝贵的优良传统,"以辛勤劳动为荣,以好逸恶劳为耻"是社会主义荣辱观的内容之一。

崇尚劳动,要深刻认识劳动对于人类社会的巨大价值。劳动创造了人,劳动创造了人类社会,劳动是推动社会进步的根本力量;以人民群众为主体的劳动者创造了社会的物质财富、精神财富,是社会变革的决定性力量。2013年4月28日,习近平总书记在同全国劳动模范代表座谈时指出:"劳动是财富的源泉,也是幸福的源泉。人世间的美好梦想,只有通过诚实劳动才能实现;发展中的各种难题,只有通过诚实劳动才能破解;生命里的一切辉煌,只有通过诚实劳动

---

① 《习近平给中国劳动关系学院劳模本科班学员的回信》,《光明日报》2018年5月1日。

才能铸就。"[1] 2015 年 4 月 28 日,习近平总书记在庆祝"五一"国际劳动节暨表彰全国劳动模范和先进工作者大会上强调:"全面建成小康社会,进而建成富强民主文明和谐的社会主义现代化国家,根本上靠劳动、靠劳动者创造。无论时代条件如何变化,我们始终都要崇尚劳动、尊重劳动者,始终重视发挥工人阶级和广大劳动群众的主力军作用。"[2]

崇尚劳动,就要坚持劳工神圣、职业平等的理念。一方面,劳动者在我国具有崇高的地位。我国是工人阶级领导的、以工农联盟为基础的人民民主专政的社会主义国家,作为劳动者主体的工人阶级和广大劳动群众是国家的主人,国家的一切权利属于人民,每个劳动者在政治地位上是完全平等的。另一方面,在社会主义社会,尤其是我国仍然处于社会主义初级阶段,劳动分工依然存在,劳动依然是谋生手段,人与人在劳动收入方面还存在差别。但是,所有劳动者都是平等的,职业没有高低贵贱之分,从事任何一种合法职业都是光荣的。因此,习近平总书记要求任何时候、任何人都不能看不起普通劳动者,"在我们社会主义国家,一切劳动,无论是体力劳动还是脑力劳动,都值得尊重和鼓励"[3]。

崇尚劳动,就要继承和弘扬中华民族崇尚勤劳的优良传统。在中华民族的传统美德中,勤劳、勤勉具有非常突出的地位,辛勤劳动、崇尚劳动是中华民族的宝贵精神基因,正是一代代人的辛勤劳动、不断奋斗才造就了辉煌灿烂的中华文明。勤劳是生存、发展的保障。"赖其力者生,不赖其力者不生"(《墨子·非乐上》)、"民生在勤,勤则不匮"(《左传·宣公十二年》)、"劳谦君子,有终吉"(《易经·谦卦》)、"业精于勤荒于嬉"(韩愈《劝学解》)、"天道酬勤"、"勤能补拙"、"一勤天下无难事"、"一分耕耘一分收获"等经典论述和俗语,都体现了中华传统文化对勤劳价值的高度认同。

二、积极培育热爱劳动、精益求精的敬业精神

敬业是职业道德的核心要求,是社会主义核心价值观个人层面的重要内容之一,培育敬业精神是职业道德建设的一项主要任务。中国特色社会主义进入

① 《习近平谈治国理政》第一卷,外文出版社 2018 年版,第 46 页。

② 习近平:《在庆祝"五一"国际劳动节暨表彰全国劳动模范和先进工作者大会上的讲话》,《光明日报》2015 年 4 月 29 日。

③ 同上。

新时代,敬业精神的培养要牢牢把握"敬""勤""精""爱"。

（一）"敬"是高质量劳动的基础

"敬"就是敬重所从事的职业,把"职业"作为"事业",做到尽心尽力、尽职尽责。没有敬业精神的劳动者是干不好任何工作的,甚至会对从事的工作带来危害。多数人的岗位是平凡的,但平凡不等于平庸,在平凡的岗位同样可以干出不平凡的业绩。社会主义核心价值观中的"敬业"提倡的是"干一行,爱一行,专一行"。"干一行"就是选择一份职业,"爱一行"就是珍惜这个选择,"专一行"就是尽力把这份职业做得更好。习近平总书记指出:"一切劳动者,只要肯学肯干肯钻研,练就一身真本领,掌握一手好技术,就能立足岗位成长成才,就都能在劳动中发现广阔的天地,在劳动中体现价值、展现风采、感受快乐。"[①]

（二）"勤"是对新时代奋斗者的基本要求

"勤"就是勤劳、勤奋,在工作中不怕吃苦、知难而进,就是要反对好逸恶劳、享乐主义的人生观,以逃避困难、游手好闲、无所事事、无所作为的懒惰习气为耻。2013年5月4日,习近平总书记在同各界优秀青年代表座谈时的讲话中指出:"人类的美好理想,都不可能唾手可得,都离不开筚路蓝缕、手胼足胝的艰苦奋斗。"[②] 2016年10月21日,习近平总书记在纪念红军长征胜利80周年大会上的讲话中指出:"实现伟大的理想,没有平坦的大道可走。夺取坚持和发展中国特色社会主义伟大事业新进展,夺取推进党的建设新的伟大工程新成效,夺取具有许多新的历史特点的伟大斗争新胜利,我们还有许多'雪山'、'草地'需要跨越,还有许多'娄山关'、'腊子口'需要征服,一切贪图安逸、不愿继续艰苦奋斗的想法都是要不得的,一切骄傲自满、不愿继续开拓前进的想法都是要不得的。"[③]

（三）"精"是建设创新型国家、实现高质量发展的需要

"精"就是培育工匠精神,在工作中追求卓越,做到精益求精、止于至善。随着我国经济总量的不断增大,由"量"向"质"的转变成为必然。如今,我国经济已经由高速发展转向高质量发展阶段,必须坚持质量第一、效益优先,建立现代

---

① 习近平:《在庆祝"五一"国际劳动节暨表彰全国劳动模范和先进工作者大会上的讲话》,《光明日报》2015年4月29日。

② 《习近平谈治国理政》第一卷,外文出版社2018年版,第52页。

③ 《习近平谈治国理政》第二卷,外文出版社2017年版,第49页。

化经济体系。与此同时，新一轮科技革命、产业革命在全球兴起，科技创新成为各国竞争的主要战场。在此背景下，我国正加快建设创新型国家，把创新作为引领发展的第一动力和建设现代化经济体系的战略支撑。2015 年 5 月 8 日，国务院印发的《中国制造 2025》提出了实施制造强国战略的行动纲领。中国要实现产业升级，实现由制造大国向制造强国的转变，就必须大力培育和弘扬工匠精神，厚植工匠文化，培育众多的大国工匠。"在当代中国，需要全面传承和弘扬工匠精神，不仅要让匠人在提高产品质量中发挥重要作用，还要以工匠精神鼓励实业领域引领世界高标准、打造世界名品牌。"①

（四）"爱"离不开职业兴趣的培养

"爱"就是热爱劳动，对自己的本职工作有满腔的热忱，抱着巨大的热情投入到工作中。在劳动热忱的培养中，要注重发挥兴趣的作用。兴趣是最好的老师，"知之者不如好之者，好之者不如乐之者"（《论语·雍也》）。有了兴趣的引导、激励，人们就会倾情投入到职业活动中，把"劳动"当成"需要"，最大限度地发挥、锻炼、提高人的才能，展示出巨大的创造力。因此，在这个越来越强调创新、创造、个性化的时代，必须引导人们在职业选择中更加注重兴趣因素，鼓励劳动者把自己的职业选择与个人的兴趣、才能密切结合。

（五）弘扬劳模精神

劳模精神是敬业精神的卓越体现，要把大力弘扬劳模精神作为新时代培育敬业精神的重要抓手。2018 年 10 月 29 日，习近平总书记在同中华全国总工会新一届领导班子成员集体谈话时指出："劳动模范是民族的精英、人民的楷模。"② 他强调，劳动模范是劳动群众的杰出代表，是最美的劳动者，他们以平凡的劳动创造了不平凡的业绩，铸就了"爱岗敬业、争创一流，艰苦奋斗、勇于创新，淡泊名利、甘于奉献"的劳模精神。"新时代中国特色社会主义的伟大实践，呼唤劳模的新贡献，呼唤劳模精神的弘扬光大。"③ 要充分发挥榜样教育的示范、导向、激励、矫正等功能，大力开展向劳动模范学习的活动。各行各业的劳动者要对标先进、见贤思齐，干一行爱一行，钻一行精一行，努力成为知识型、技能型、

① 刘伟丽：《工匠精神是产品质量提升的软实力所在》，《光明日报》2017 年 2 月 7 日。

② 《团结动员亿万职工积极建功新时代，开创新时代我国工运事业和工会工作新局面》，《光明日报》2018 年 10 月 30 日。

③ 吴潜涛：《新时代呼唤劳模精神》，《光明日报》2018 年 5 月 10 日。

创新型劳动者,在新时代大显身手、建功立业。

三、尊重劳动,充分保障劳动者权益和尊严

对国家而言,提升国民的职业忠诚度,必须维护劳动者的利益,保障劳动者的权益,让全体劳动者公平地分享劳动成果、发展成果,让劳动者感受到应有的体面和尊严。在民生保障方面,习近平总书记提出要"促进社会公平正义,在幼有所育、学有所教、劳有所得、病有所医、老有所养、住有所居、弱有所扶上不断取得新进展,……不断促进人的全面发展、全体人民共同富裕"。[①]

（一）尊重劳动,必须坚持按劳分配原则

坚持按劳分配,要不断缩小收入分配差距,提高广大劳动者的收入水平。如果劳动者的收入得不到增加,收入分配的差距过大,就不利于激发广大劳动者从业的积极性、主动性,不利于增强劳动群众的主人翁责任感。习近平总书记要求,要不断增加劳动者特别是一线劳动者的劳动报酬。他指出:"坚持在经济增长的同时实现居民收入同步增长、在劳动生产率提高的同时实现劳动报酬同步提高。"[②]要促进收入分配更加合理有序,鼓励勤劳合法致富,扩大中等收入群体,增加低收入者收入,调节过高收入,取缔非法收入。

调查表明,企业管理人员的职业忠诚度大大高于一般员工。一方面,这说明企业管理人员的职业素质高于一般员工;另一方面,这说明企业应该对职工给予更多的关心,从工作和生活等方面关爱职工,使职工视企业为家,树立对企业的忠诚感、归属感,把自己的荣辱与企业的兴衰紧密结合在一起。中共中央办公厅、国务院办公厅2018年3月印发的《关于提高技术工人待遇的意见》指出,要"完善技术工人培养、评价、使用、激励、保障等措施,实现技高者多得、多劳者多得,增强技术工人获得感、自豪感、荣誉感,激发技术工人积极性、主动性、创造性"。

（二）尊重劳动,就要提高广大劳动者的受教育程度

我们的调查表明,受教育程度越高的群体,其职业忠诚度也越高。因此,国家应持续加大教育投入,不遗余力地提高我国人民的受教育水平;扎实提高职业教育的办学质量,大规模开展职业技能培训。要为劳动者学文化、学科学、学

---

① 习近平:《决胜全面建成小康社会　夺取新时代中国特色社会主义伟大胜利——在中国共产党第十九次全国代表大会上的报告》,人民出版社2017年版,第18—19页。

② 同上书,第46—47页。

技能提供良好的教育环境,不断提高劳动者的综合素质。2016年4月26日,习近平总书记在知识分子、劳动模范、青年代表座谈会上指出:"素质是立身之基,技能是立业之本。广大劳动群众要勤于学习,学文化、学科学、学技能、学各方面知识,不断提高综合素质,练就过硬本领。"① 他说:"我们要始终高度重视提高劳动者素质,培养宏大的高素质劳动者大军。"提高包括广大劳动者在内的全民族文明素质,是民族发展的长远大计。要深入实施科教兴国战略、人才强国战略、创新驱动发展战略,把提高职工队伍整体素质作为一项战略任务抓紧抓好,实施职工素质建设工程,推动建设宏大的知识型、技术型、创新型劳动者大军。②

中共中央办公厅、国务院办公厅《关于提高技术工人待遇的意见》提出构建技能形成与提升体系:一是加强终身职业技能培训。根据劳动者不同就业阶段特点,加强职业素质培养,开展就业技能培训、岗位技能提升培训、创业创新培训;企业要制定技术工人培养规划和培训制度,落实职工教育培训资金,并向一线技术工人倾斜。政府按规定对参加职业培训的技术工人提供职业培训补贴和职业技能鉴定补贴。二是深入实施高技能人才振兴计划。紧密结合先进制造业、战略性新兴产业、现代服务业发展需要,重点实施高技能人才培训基地、技师培训等项目,推动具备条件的行业企业建立首席技师制度,加大技能大师工作室、劳模和工匠人才创新工作室、职工创新工作室、青创先锋工作室等建设力度。三是加大校企合作培养技术工人力度。充分发挥国民教育对技术工人成长发展的支撑作用,促进职业院校(含技工院校)、本科高校与企业充分合作,改革人才培养模式,提高应用型和技术技能型人才培养培训能力。积极发展职工培训和学历继续教育。

(三)尊重劳动,就要加强社会保障体系建设

中国梦是每个中国人的梦,要为每个劳动者提供人生出彩的机会,提供体面劳动的条件,依法维护劳动者的权益,尤其是要为弱势群体、特殊群体提供越来越完善、充足的保障,提高他们的获得感、尊严感、幸福感。弱势群体包括残疾人、无业人员、失业人员、贫困人员等。全社会应该关注无业、失业人员,为他们

① 习近平:《在知识分子、劳动模范、青年代表座谈会上的讲话》,《光明日报》2016年4月30日。

② 习近平:《在庆祝"五一"国际劳动节暨表彰全国劳动模范和先进工作者大会上的讲话》,《光明日报》2015年4月29日。

提供和创造更多的就业岗位,帮助他们提高职业技能以及职业道德修养,鼓励他们做到自爱、自立、自强;要切实解决他们在生活中遇到的困难和问题,完善养老、失业、工伤等保险制度,完善最低生活保障制度,为劳动者尽心尽责地投入工作提供"兜底"保证;还应该对生活困难的若干特殊群体给予关心和帮助,鼓励他们处理好生活与工作的关系,以积极的态度对待生活和工作。

四、提升国家公务人员的职业道德水平,促进社会整体职业道德持续改善

国家公务人员既是人民公仆,也是国家事务的管理者。国家公务人员尤其是领导干部如果能够做到"为政以德",就会产生凝聚力、向心力。如果"其身不正",群众就会心生不满、离心离德。正所谓"草偃风从",国家公务人员的职业道德状况就如"风",其他群体的职业道德状况就如"草",前者的引领和示范效应是显而易见的。

调查表明,党的十八大以来,国家公务人员的职业道德状况有了非常大的提升。2006 年的调查表明,受访者对政府部门工作作风的不满意度高于满意度15.56 个百分点;本次调查的结果表明,受访者对政府部门工作作风的满意度高于不满意度 0.5 个百分点。这一变化表明,受访者对国家公务人员的满意度大幅提升,说明党的十八大以来全面从严治党的努力已经取得实实在在的良好效果。

面对取得的可喜成果,我们还要看到仍有继续改进的空间。一方面,调查数据显示,机关事业单位领导干部、机关事业单位办事人员和有关人员对自身工作作风的满意度很高,但这种自我评价与其他人群的评价之间存在着一定差距,机关事业单位工作人员需要不断自省、自警、自励,要不忘初心、牢记使命,弘扬忠诚老实、公道正派、实事求是、清正廉洁等价值观,坚决抵制形式主义、官僚主义、享乐主义、奢靡之风,做忠诚、干净、担当的好干部。另一方面,调查发现,机关事业单位领导干部受访者选择"爱岗敬业,精益求精"的比例为 46.9%,与 2006 年相比有很大的提升。然而,机关事业单位办事人员和有关人员受访者选择"爱岗敬业,精益求精"的比例为 29.2%,与 10 年前的调查相比则有所降低。更值得注意的是,该群体选择"马马虎虎,敷衍塞责"的比例较高,仅次于农村外出务工人员和农业劳动者。

因此,党政机关的职业道德建设要驰而不息,要以永不懈怠的精神状态,坚持不懈地抓下去。一要树牢为民思想。政府部门领导干部和其他工作人员必须保持与人民群众的血肉联系,树立为民、亲民、爱民的良好形象,努力解决群众在工作和生活中遇到的困难和问题,做好群众的服务员,绝对不能高高在上、脱离群众,坚决杜绝"门难进,脸难看,事难办"现象。习近平总书记在十九大报告中明确要求坚持以人民为中心的发展思想:"必须坚持人民主体地位,坚持立党为公、执政为民,践行全心全意为人民服务的根本宗旨,把党的群众路线贯彻到治国理政全部活动之中,把人民对美好生活的向往作为奋斗目标,依靠人民创造历史伟业。"[①] 二要树立廉洁形象。当前反腐败斗争的形势依然严峻。党的十九大报告指出:"加强纪律教育,强化纪律执行,让党员、干部知敬畏、存戒惧、守底线,习惯在受监督和约束的环境中工作生活。"[②] 要标本兼治,在坚持重遏制、强高压、长震慑的同时,加强价值观的引导,加强信仰教育、理想教育、官德教育,倡导干干净净为群众做事,保证干部清正、政府清廉、政治清明。党政机关的干部要弘扬忠诚老实、公道正派、实事求是、清正廉洁等价值观,做忠诚、干净、担当的好干部。三要树立公正形象。政府部门领导干部和其他工作人员所行使的是公共权力,公共权力从根本上讲是人民赋予的。人民群众利益的保障主要靠政府部门及其工作人员对法律、政策的公正执行。"公生明",如果国家公务人员不能以公正的姿态管理和执行公共事务,自然就不会取信于民。因此,作为政策执行者的国家公务人员必须做到公正地对待每一项公务、每一位群众。

五、发挥重点人群在职业道德建设上的引领和示范作用

除了国家公务人员,共产党员、劳动模范、知识分子等也要积极发挥引领和示范作用。近年来涌现出了一大批优秀党员、时代楷模、道德模范、"最美人物"、"身边好人"等,应积极发挥这些重点人群的引领和示范作用,让其他社会群体见贤思齐、向上向善,带动社会整体职业道德水平的提升。

首先,充分发挥共产党员的榜样引领作用。共产党员的模范带头作用就是其先锋作用。《中国共产党章程》"总纲"中规定:"中国共产党是中国工人阶

---

① 习近平:《决胜全面建成小康社会 夺取新时代中国特色社会主义伟大胜利——在中国共产党第十九次全国代表大会上的报告》,人民出版社 2017 年版,第 21 页。

② 同上书,第 66 页。

级的先锋队,同时是中国人民和中华民族的先锋队。"①《中国共产党章程》第一章第二条规定:"中国共产党党员是中国工人阶级的有共产主义觉悟的先锋战士"②。十九大报告指出:"我们党要始终成为时代先锋、民族脊梁",要"引导广大党员发挥先锋模范作用"。③就受访者政治面貌分组的数据看,共产党员受访者的从业态度是最为积极的,选择"爱岗敬业、精益求精"的比例最高,远高于其他政治面貌的受访者;共产党员受访者选择以"奉献社会"为从业目的比例也明显高于共青团员、民主党派和无党派人士。这说明他们所接受的共产主义信仰教育、全心全意为人民服务的宗旨教育,使得他们能够在职业活动中起先锋模范作用。这方面的教育需要持之以恒、与时俱进,不断加强、久久为功,使共产党员进一步树立以人民为中心的思想,牢牢记住全心全意为人民服务的宗旨,始终把人民利益摆在至高无上的地位,吃苦在前,享受在后,克己奉公,带领人民创造美好生活。

其次,崇敬劳动模范,学习劳动模范。"榜样的力量是无穷的"。习近平总书记把劳动模范称为"民族的精英""人民的楷模""最美的劳动者"。他指出:"全社会都应该尊敬劳动模范、弘扬劳模精神,让诚实劳动、勤勉工作蔚然成风。"④劳动模范是劳模精神最鲜活、最生动、最真实的载体。"蓝领专家"孔祥瑞、"金牌工人"窦铁成、"知识工人"邓建军、"新时期铁人"王启明等劳动模范爱岗敬业、争创一流、艰苦奋斗、勇于创新、淡泊名利、甘于奉献,在平凡的岗位上做出了不平凡的业绩。因此,我们崇尚劳动,就要大力表彰劳动模范,学习劳动模范的可贵品质,引导广大人民群众树立辛勤劳动、诚实劳动、创造性劳动的理念。

再次,知识分子要以高度的职业良知垂范社会、引领时代。本次调查表明,以体力劳动为主的职业群体的职业道德状况令人忧虑,这与我国社会当前的职业分工、阶层分化有关。以脑力劳动为主的职业群体的职业道德状况总体良好。知识分子是脑力劳动者的重要组成部分,其道德修养较高,文化水平较高,知识

---

①　《中国共产党章程》,人民出版社 2017 年版,第 1 页。

②　同上书,第 24 页。

③　习近平:《决胜全面建成小康社会　夺取新时代中国特色社会主义伟大胜利——在中国共产党第十九次全国代表大会上的报告》,人民出版社 2017 年版,第 16、65 页。

④　《习近平给中国劳动关系学院劳模本科班学员的回信》,《光明日报》2018 年 5 月 1 日。

比较丰富,对引领职业道德的进步负有"当仁不让"的责任。习近平总书记之所以称赞知识分子是"社会的精英""国家的栋梁""人民的骄傲",是因为他们有天下为公、担当道义的情怀,有强烈的社会责任感,"先天下之忧而忧,后天下之乐而乐";他们有热爱祖国、奋斗不息的可贵品质,恪守国家至上、民族至上、人民至上,始终胸怀大局、心有大我;他们秉持实事求是、求真务实的精神,勇于探索,不断追求真理;他们有勇立潮头、引领创新的开拓精神,敢于走前人没有走过的路,不断推进理论创新、制度创新、科技创新、文化创新。新时代的知识分子要以自身博大的仁爱、扎实的知识、执着的奋进、求实的态度、勇毅的担当,为实现民族复兴而顽强奋斗,为全社会做好表率。

此外,需要特别注意的是,从经济地位、文化水平、社会地位等方面说,较高收入群体应在社会中发挥引领作用。但是,本次调查的结果表明,该群体的职业道德素质以至整体道德素质是较差的,他们的道德感、责任感、秩序感非常淡漠,呈现出自私、任性、狭隘、冷漠、"为富不仁"等特点,与其社会地位非常不相称,无法在道德上成为其他群体的榜样。一方面,"不患寡而患不均"。需要反思该群体较高的经济地位是靠什么方式来实现和维持的,是不是以剥夺其他群体、阶层、行业的利益为代价的,是否需要从制度上对其高收入加以合理限制,使该群体财产收入"取之有道"。另一方面,要对该群体加强教育引导,让他们认识到关爱、扶助低收入群体、弱势群体是其天然的道义责任,努力树立"富而无骄""富而好礼""乐善好施"的社会形象。

第五章 新时代公民家庭道德状况调查与比较分析

　　"家庭是社会的细胞。家庭和睦则社会安定,家庭幸福则社会祥和,家庭文明则社会文明。"[①] 2016年全国公民道德状况调查关于"对个人道德品质形成影响最大的环节"的调查结果显示,40.1%的受访者选择了"家庭",位列第一,高于"社会"(37.7%)与学校(15.9%)的选择占比。此外,关于"最能约束人道德行为的因素"的调查,家风家训占19.5%,在法律政策选项(41.3%)之后,位列第二。由此可见,家庭因素在公民道德建设中的重要地位及其影响愈发受到社会的认可与重视。其中,家庭的道德状况与文明风貌不仅对于个体的成长发展与精神养育产生直接而深远的影响,同时也折射着整个社会的道德水准与精神风貌。本章以2016年《全国公民道德状况调查问卷》与2006年《全国公民道德状况调查问卷》中有关家庭道德状况的调研数据为基础,对我国当前家庭道德状况进行考察与追踪比较,意在立足实证调研,了解中国家庭道德现状以及10年来的新特点与变化趋势,并在此基础上进行原因剖析与对策思考。

　　2016年《全国公民道德状况调查问卷》在2006年调查问卷的基础上,根据现实变化进行了局部修订,但基本架构与主要观测点不变。问卷主要从两个方面入手考察当今中国公民家庭道德状况:一是传统家庭道德状况,二是突出的家庭道德问题。这两个方面分别通过对家庭道德理念与规范的总体认知、邻里关系状况、孝观念状况、对婚前性行为的态度以及对婚外恋的态度五个问题加以体现。

---

① 习近平:《在会见第一届全国文明家庭代表时的讲话》,《人民日报》2016年12月16日。

第一节　公民家庭道德状况跟踪调查数据描述

一、家庭道德规范认同度跟踪调查数据描述

（一）家庭道德规范认同度总体状况调查数据

在2016年的调查中,受访者认为在家庭生活中最需要坚持的道德规范排名前三的分别是"尊老爱幼"（43.2%）、"夫妻和睦"（31.1%）、"男女平等"（12.2%）。选择最需要坚持"勤俭持家"和"邻里团结"的受访者分别占7.1%和3.7%。此外,还有2.7%的受访者表示说不清。

2006年此项调查结果显示,选择"尊重长辈"的占47.28%,选择"爱护后代"的占6.19%,即选择尊老爱幼的占53.47%;选择"夫妻和睦"的占36.71%,选择"和睦邻里"的占7.59%。此外,还有2.23%受访者表示说不清。

对比两次调查结果可见,"尊老爱幼"在两次调查中均为认同度最高的家庭道德规范。同时也要看到,选择"尊老爱幼"的比例10年来有明显的下降,从2006年的53.47%（由2006年调查的"尊重长辈"百分比与"爱护后代"百分比相加）下降到2016年的43.2%。选择"夫妻和睦"的占比有一定幅度的下降,从2006年的36.71%降至2016年的31.1%。2016年修订后的调查问卷增加了"男女平等"选项,并有12.2%的受访者选择此项。相较于"尊老爱幼"属于代际道德规范而言,"男女平等"与"夫妻和睦"同属横向道德或者很大程度上为夫妻两性道德,而认为家庭中的这种横向道德为目前最应该坚持的道德规范的占比

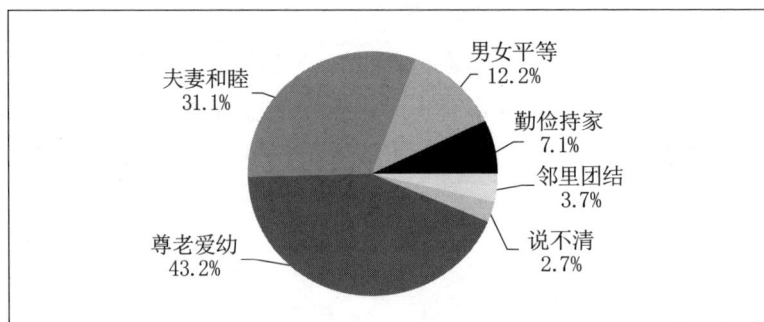

图5-1　受访者认为"最需要坚持的家庭道德规范"（2016）

达到了 43.3%（由 2016 年数据中选择"夫妻和睦"与"男女平等"的百分比相加所得），与纵向道德的认同度几乎处于相同的水平。此外，选择"和睦邻里"的比例也有一定程度的下降，从 2006 年的 7.59% 降至 2016 年的 3.7%。

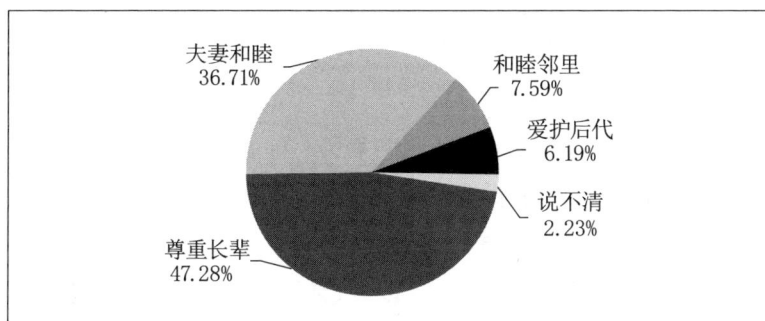

图 5-2　受访者认为"最需要坚持的家庭道德规范"（2006）

（二）家庭道德规范认同度影响因素调查数据

1. 性别与家庭道德规范认同的差异化表现

2016 年的调查数据显示，男性与女性所选择的最应坚持的家庭道德规范占比最高项均为"尊老爱幼"，女性比例（40.3%）稍低于男性（45.8%）；选择"男女平等"与"夫妻和睦"的比例，女性（"男女平等"占 14.2%，"夫妻和睦"占 33.1%）均要高于男性（"男女平等"占 9.8%，"夫妻和睦"占 28.5%）；选择"勤俭持家"的比例，男性（8.8%）略高于女性（5.7%）；两性在邻里关系上未表现出明显的差异性。

2006 年的调查数据在性别与此问题的相关性上表现出相同的趋势。男性选择"尊老爱幼"的占比（55.78%）高于女性（50.87%），而选择"夫妻和睦"的女性比例（39.86%）明显高于男性（33.87%）。此外，在邻里关系选择上，两性差异不大。

表 5-1　不同性别受访者所认同的家庭道德规范情况（2016）

性别	尊老爱幼（%）	男女平等（%）	夫妻和睦（%）	勤俭持家（%）	邻里团结（%）	说不清（%）	未选择（%）	有效样本量（人）
男	45.8	9.8	28.5	8.8	3.9	2.7	0.5	3058
女	40.3	14.2	33.1	5.7	3.5	2.6	0.6	3575

表 5-2　不同性别受访者所认同家庭道德规范情况（2006）

性别	尊重长辈 （％）	爱护后代 （％）	夫妻和睦 （％）	和睦邻里 （％）	说不清 （％）	有效样本量 （人）
男	49.20	6.58	33.87	8.12	2.23	3130
女	45.17	5.70	39.86	7.02	2.25	2805

对比两次调查，可发现其存在共同的趋势：对于代际道德的认同度，男性稍高于女性；而对于两性道德重要性的认同度，女性稍高于男性。

2. 年龄与家庭道德规范认同的差异化表现

2016 年的调查数据显示，20 岁以下受访者选择"尊老爱幼"的比例（34.6%）低于其他年龄段受访者，选择此项比例最高的为 50—59 岁人群（20—29 岁为 43.6%，30—39 岁为 42.2%，40—49 岁为 44.5%，50—59 岁为 49.9%，60 岁及以上为 47.3%）。与此同时，青年群体选择男女平等的比例（20 岁以下为 16.7%，20—29 岁 13.7%）要高于中老年群体，选择此项比例最低的群体为 50—59 岁受访者群体（30—39 岁为 10.5%，40—49 岁为 10.5%，50—59 岁为 6.3%，60 岁及以上为 8.8%）。20—60 岁及以上受访者选择"夫妻和睦"的比例均在 30%—34%，而青少年（20 岁以下）此项选择的比例（25.4%）低于以上各年龄段群体（20—29 岁为 30.3%，30—39 岁为 34.0%，40—49 岁为 33.7%，50—59 岁为 30.0%，60 岁及以上为 31.1%）。20 岁以下人群选择"勤俭持家"的比例略高于其他年龄段人群，为 11.1%；其次是 50—59 岁群体，为 7.6%（20 岁以下为 11.1%，20—29 岁为 6.0%，30—39 岁为 6.7%，40—49 岁为 6.9%，50—59 岁为 7.6%，60 岁及以上为 6.7%）。20 岁以下群体选择"邻里团结"的比例最高，为 6.5%，略高于其他年龄段受访群体（20—29 岁为 3.3%，30—39 岁为 3.5%，40—49 岁为 2.9%，50—59 岁为 3.2%，60 岁及以上为 3.0%）。

2006 年的调查数据显示，选择"尊老爱幼"的受访者比例与年龄基本呈负相关趋势：20 岁以下受访者群体为 57.37%，20—29 岁为 58.61%，30—39 岁为 50.51%，40—49 岁为 51.48%，50—59 岁为 47.98%，60 岁及以上为 47.06%。然而，具体到"尊老"和"爱幼"两项选择，也表现出特殊性：选择"尊重长辈"的受访者占比与年龄呈现负相关趋势：20 岁以下选择此项比例最高，为 54.64%；60 岁及以上选择此项比例最低，为 33.05%。而选择"爱护后代"的比例大体与年龄呈现正相关趋势：20—29 岁选择比例最低，为 2.51%；60 岁及以上受访者选择比例最高，为 14.01%。选择"夫妻和睦"的比例，青少年群体明显低于中老年群体，其中 20 岁以下为 22.95%，20—29 岁为 29.24%，而 30—60 岁及以上各年龄段受访群体选择此项的比例大都在 42% 左右。

表 5-3　不同年龄受访者所认同的家庭道德规范情况（2016）

年龄	尊老爱幼（%）	男女平等（%）	夫妻和睦（%）	勤俭持家（%）	邻里团结（%）	不清楚（%）	有效样本量（人）
20 岁以下	34.6	16.7	25.4	11.1	6.5	5.1	844
20—29 岁	43.6	13.7	30.3	6.0	3.3	2.9	2618
30—39 岁	42.2	10.5	34.0	6.7	3.5	2.6	1470
40—49 岁	44.5	10.5	33.7	6.9	2.9	0.9	937
50—59 岁	49.9	6.3	30.0	7.6	3.2	2.2	463
60 岁及以上	47.3	8.8	31.1	6.7	3.0	2.1	328

表 5-4　不同年龄受访者所认同的家庭道德规范情况（2006）

年龄	尊重长辈（%）	爱护后代（%）	夫妻和睦（%）	和睦邻里（%）	说不清（%）	有效样本量（人）
20 岁以下	54.64	2.73	22.95	14.21	5.46	183
20—29 岁	56.10	2.51	29.24	9.19	4.48	2230
30—39 岁	45.45	5.06	41.74	6.08	3.27	1562
40—49 岁	40.75	10.73	42.32	5.32	2.95	1016
50—59 岁	36.36	11.62	42.93	6.73	4.21	594
60 岁及以上	33.05	14.01	42.02	8.68	6.44	357

3. 受教育程度与家庭道德规范认同的差异化表现

2016 年的调查数据显示，没上过学的受访群体选择"尊老爱幼"的比例最低（26.1%），大专学历群体比例最高（46.0%），大学本科学历群体比例稍降（44.2%），硕士研究生及以上受教育程度群体比例较 2006 年降低了 5%。选择"夫妻和睦"的占比基本呈现随受教育程度提升逐步上升的趋势，其中硕士研究生及以上学历受访者选择比例最高，为 35.1%；小学学历者选择此项比例最低，为 22.7%。选择"勤俭持家"的比例基本随受教育程度的提升而呈下降趋势，其中没上过学的受访者选择此项比例最高，为 17.4%，而硕士研究生及以上学历受访者选择此项比例最低,为4.7%。

2006年的调查数据显示,小学学历受访者选择"爱护后代"的比例最高,为14.44%,明显高于其他受教育程度受访者;自初中至硕士研究生及以上学历受访者选择"爱护后代"的比例有小幅下降,硕士研究生及以上学历受访者选择占比最低,为3.88%。大学学历受访者选择"尊重长辈"的比例最高,为49.81%;小学学历受访者选择"尊重长辈"的比例相对最低,为37.41%。选择"夫妻和睦"的,小学学历者占比最低,为31.85%;硕士研究生及以上学历受访者选择比例最高,为47.29%。选择"和睦邻里"的比例,没上过学的受访者最低,为3.85%;初中学历受访者最高,为9.39%;小学学历受访者次之,为8.89%;自初中到硕士研究生及以上学历受访者,选择"和睦邻里"的比例有小幅下降。

表5-5 不同受教育程度受访者所认同的家庭道德规范情况(2016)

受教育程度	尊老爱幼（%）	男女平等（%）	夫妻和睦（%）	勤俭持家（%）	邻里团结（%）	说不清（%）	有效样本量（人）
没上过学	26.1	17.4	23.9	17.4	4.3	8.7	46
小学	39.6	16.9	22.7	10.4	6.5	3.2	154
初中	42.2	12.9	27.0	8.4	5.4	3.7	645
高中	40.1	12.0	30.9	9.5	4.3	2.8	1462
大学专科	46.0	10.9	30.0	7.1	2.6	2.8	1268
大学本科	44.2	11.8	32.4	5.3	3.2	2.5	2568
硕士研究生及以上	40.7	14.8	35.1	4.7	3.5	1.2	513

表5-6 不同受教育程度受访者所认同的家庭道德规范情况(2006)

受教育程度	爱护后代（%）	夫妻和睦（%）	尊重长辈（%）	和睦邻里（%）	说不清（%）	有效样本量（人）
没上过学	9.62	36.54	46.15	3.85	5.77	52
小学	14.44	31.85	37.41	8.89	10.00	270
初中	6.65	37.74	43.30	9.39	4.38	1097
高中	6.17	34.43	48.85	8.62	3.66	1914
大学	5.19	37.46	49.81	6.26	3.26	2333
硕士研究生及以上	3.88	47.29	40.70	3.88	5.43	258
其他	14.29	28.57	28.57	14.29	14.29	7

4.婚姻状况与家庭道德规范认同的差异化表现

2016年的调查数据显示,不同婚姻状况受访者群体选择"尊老爱幼"的比例从高到低依次为:已婚群体44.8%,未婚群体41.8%,丧偶群体40.9%,离异群体33.1%。选择"夫妻和睦"的,离异群体占比最高,为37.6%;其次为已婚群体,为33.9%;未婚群体占比27.8%;丧偶群体选择此项比例最低,为20.9%。选择"勤俭持家"的受访者比例从高到低依次为:丧偶群体13.6%,离异群体9.6%,未婚群体7.7%,已婚群体6.1%。此外,不同婚姻状况受访者对于"邻里团结"的认同度差异不大。

2006年的调查数据显示,不同婚姻状况受访者选择"尊老爱幼"的比例从高到低依次为:未婚群体59.81%,丧偶群体58.49%,离异群体58.14%,已婚群体49.78%。其中,已婚群体选择"尊老爱幼"的比例明显低于其他婚姻状况群体。具体而言,未婚群体选择"尊重长辈"的比例最高,丧偶群体选择"爱护后代"的比例最高。选择"夫妻和睦"的,已婚群体占42.38%,离异群体占39.53%,丧偶群体占32.08%,未婚群体占26.98%。选择"和睦邻里"的,未婚群体占比最高,为9.83%;其次为已婚与丧偶群体,分别占6.32%、5.66%;离异群体比例略低,占3.49%。

表5—7 不同婚姻状况受访者所认同的家庭道德规范情况（2016）

婚姻状况	尊老爱幼（%）	男女平等（%）	夫妻和睦（%）	勤俭持家（%）	邻里团结（%）	说不清（%）	有效样本量（人）
未婚	41.8	14.4	27.8	7.7	4.3	3.5	3129
已婚	44.8	9.7	33.9	6.1	3.0	2.0	3223
离异	33.1	14.0	37.6	9.6	4.5	1.1	178
丧偶	40.9	12.7	20.9	13.6	4.5	7.3	110

表5—8 不同婚姻状况的受访者所认同的家庭道德规范情况（2006）

婚姻状况	尊重长辈（%）	爱护后代（%）	夫妻和睦（%）	和睦邻里（%）	说不清（%）	有效样本量（人）
未婚	57.26	2.55	26.98	9.83	4.82	2157
已婚	41.77	8.01	42.38	6.32	3.49	3608
离异	45.35	12.79	39.53	3.49	3.49	86
丧偶	39.62	18.87	32.08	5.66	3.77	53
其他	5.88	11.76	35.29	23.53	23.53	17

5. 就业状况与家庭道德规范认同的差异化表现

2016 年的调查数据显示,在不同就业状况群体中,关于最重要的家庭道德规范,无业、失业群体选择比例最高项为"夫妻和睦"(34.3%);其次为"尊老爱幼"(32.4%),低于其他就业状况群体此项选择的比例;其选择"勤俭持家"的比例相比其他就业状况群体更高。学生群体与无业、失业群体对于"男女平等"项选择比例相对较高,分别为 15.8%、13.4%。选择"邻里团结"的比例由高到低依次为:无业、失业群体,学生群体,离退休群体,在职群体。

在不同职业身份群体中,军人群体选择"尊老爱幼"的比例最高(69.7%);农村外出务工人员群体选择"勤俭持家"与"邻里团结"的比例在各类型职业群体中最高,分别为 13.6% 和 6.6%。

在不同收入群体中,月平均收入在 1000 元以下的群体选择"男女平等""勤俭持家""邻里团结"的比例相较其他群体均为最高。月平均收入在 10000 元以上的群体选择"夫妻和睦"的比例相较其他群体更高。

2006 年的调查数据显示,选择"爱护后代"的,离退休人员比例最高,为12.81%;无业、失业人员为 8.19%;在职人员为 5.72%;学生比例最低,为 1.74%。选择"夫妻和睦"的比例,离退休人员最高,为 40.70%;学生最低,为 31.37%。选择"尊重长辈"的比例,离退休人员最低,为 36.16%;学生最高,为 54.02%。选择"和睦邻里"的比例,不同就业状况受访者的差异不大,为 6.63%—8.98%。

表 5-9　不同就业状况受访者所认同的家庭道德规范情况(2016)

就业状况	尊老爱幼(%)	男女平等(%)	夫妻和睦(%)	勤俭持家(%)	邻里团结(%)	说不清(%)	未选择(%)	有效样本量(人)
在职	45.7	10.6	31.6	6.3	3.1	2.2	0.4	3526
离退休	46.8	9.2	32.4	5.5	3.3	1.6	1.0	487
学生	39.8	15.8	28.3	7.9	4.5	3.4	0.4	1775
无业、失业	32.4	13.4	34.3	10.0	5.6	4.0	0.3	321
其他	38.1	12.2	32.5	8.6	3.6	4.0	0.9	548

表 5-10　不同就业状况受访者所认同的家庭道德规范情况(2006)

就业状况	爱护后代(%)	夫妻和睦(%)	尊重长辈(%)	和睦邻里(%)	说不清(%)	有效样本量(人)
在职	5.72	37.13	48.85	6.63	3.41	3814

就业状况	爱护后代（%）	夫妻和睦（%）	尊重长辈（%）	和睦邻里（%）	说不清（%）	有效样本量（人）
离退休	12.81	40.70	36.16	6.82	5.17	484
学生	1.74	31.37	54.02	8.98	4.96	746
无业、失业	8.19	38.48	40.19	8.95	5.14	525
其他	7.51	34.53	42.34	13.51	6.01	333

6. 收入水平与家庭道德规范认同的差异化表现

2016年的调查数据显示，受访者选择"尊老爱幼"的比例，月平均收入1000元以下者最低，为39.7%；月平均收入3001—5000元者最高，为45.8%。选择"男女平等"的比例，月平均收入1000元以下者最高，为16.2%；月平均收入5001—10000元者最低，为9.5%。选择"夫妻和睦"的比例，月平均收入1000元以下者最低，为27.8%；月平均收入10000元以上者最高，为35.8%。选择"勤俭持家"的比例，月平均收入10000元以上者最低，为4.7%；其他收入水平受访者为6.5%—8.0%。选择"邻里团结"的比例，不同收入水平受访者差异不大，为3.2%—4.3%。

2006年的调查数据显示，不同收入水平受访者选择"爱护后代"的比例差异不大，为5.61%—8.72%。选择"尊重长辈"的，月平均收入500元及以下受访者比例最低，为41.43%；月平均收入3000元以上受访者比例最高，为50.00%。选择"夫妻和睦"的，月平均收入501—1000元受访者比例最低，为33.48%；月平均收入2001—3000元受访者比例最高，为42.82%。选择"和睦邻里"的，月平均收入500元及以下受访者比例最高，为8.75%；月平均收入3000元以上受访者比例最低，为3.22%。

表5—11　不同收入水平受访者所认同的家庭道德规范情况（2016）

月平均收入	尊老爱幼（%）	男女平等（%）	夫妻和睦（%）	勤俭持家（%）	邻里团结（%）	说不清（%）	未选择（%）	有效样本量（人）
1000元以下	39.7	16.2	27.8	8.0	4.3	3.9	0.3	1503
1000—3000元	41.8	12.7	31.6	6.9	3.2	3.1	0.7	1881
3001—5000元	45.8	9.8	32.4	6.5	3.2	1.8	0.5	2011
5001—10000元	45.4	9.5	31.7	7.4	3.8	2.0	0.3	716
10000元以上	41.0	11.3	35.8	4.7	3.8	2.4	0.9	212

表 5-12　不同收入水平受访者所认同的家庭道德规范情况（2006）

月平均收入	爱护后代（%）	夫妻和睦（%）	尊重长辈（%）	和睦邻里（%）	说不清（%）	有效样本量（人）
500 元及以下	7.02	39.93	41.43	8.75	4.26	869
501—1000 元	7.21	33.48	49.50	7.93	3.60	1804
1001—1500 元	6.27	37.47	47.60	7.33	3.60	750
1501—2000 元	5.61	41.58	45.61	6.33	2.88	695
2001—3000 元	8.72	42.82	41.79	4.87	4.62	390
3000 元以上	6.43	36.84	50.00	3.22	4.68	342

二、孝观念状况跟踪调查数据描述

（一）孝观念总体状况调查数据

2016 年的调查数据显示，受访者认为当前家庭生活中尽孝最应该做的事排名前三位的分别为："敬重长辈"（36.7%）、"赡养老人"（36.1%）、"事业成功，回报父母"（15.0%）。认为尽孝最应该"顺从长者意愿"和"追念先祖"的受访者分别占比 8.6% 和 1.2%。此外，还有 2.3% 的受访者表示应该做其他事情尽孝。

2006 年的调查数据显示，选择"关心父母的健康和起居"的受访者占比最高，为 36.32%；选择"尽量与父母住在一起或常回家看看"的占 25.55%；选择"用成功来回报父母的养育之恩"的占 28.32%；选择"按照自己意愿行事，但不与父母当面顶撞"的占 5.97%；选择"完全服从父母意见"的占 1.63%；仅有 0.71% 的受访者选择"传宗接代，延续香火"。[1] 对比两次调查结果可见，相较于 2006 年有六成以上受访者选择了赡养、关爱父母的选项（61.87%），2016 年对于敬重和赡养的整体选择比例（72.8%）相较 2006 年有明显提升，上升幅度超过 10%；选择以事业成功回报父母的比例明显下降，从 2006 年的 28.32% 下降至

---

[1]　2006 年此项调查问题选项与 2016 年修订的答案选项具体表述有差异，但基本上仍是根据养亲、敬亲不辱与显亲扬名三个层次的孝内涵设立。2016 年问卷根据现实情况修订，使表述更加符合现实并层次清晰。

2016 年的 15.0%,下降幅度超过 13%。

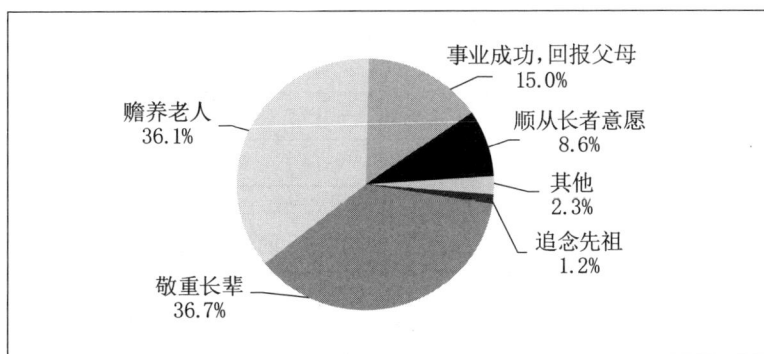

图 5—3 受访者孝观念总体状况(2016)

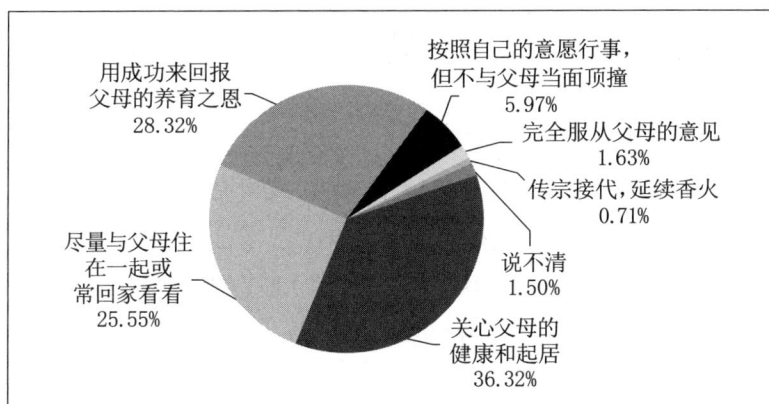

图 5—4 受访者孝观念总体状况(2006)

(二)孝观念影响因素调查数据

1. 性别与孝观念的差异化表现

2016 年的调查数据显示,男性与女性在孝观念上差异不大,"赡养老人"与"敬重长辈"均为选择比例最多的两项,女性选择后者的比例略高于男性。同时,男女选择"事业成功,回报父母"的比例没有明显差异。2006 年的调查数据显示出女性相比男性选择"关心父母的健康和起居"的比例更高,而在"显名"观念上,选择此项的男性占比居第二位,明显高于女性。对比两次调查数据可见,男女两性在孝观念尤其是孝的"显名"观念上差异性在缩小。

图 5-13　不同性别受访者对"孝"的认识（2016）

性别	赡养老人（%）	尊重长辈（%）	顺从长者意愿（%）	追念先祖（%）	事业成功，回报父母（%）	其他（%）	未选择（%）	有效样本量（人）
男	36.2	35.0	8.9	1.5	15.9	2.2	0.5	3058
女	35.8	38.0	8.2	0.9	14.1	2.5	0.6	3575

表 5-14　不同性别受访者对"孝"的认识（2006）

性别	关心父母的健康和起居（%）	尽量与父母住在一起或常回家看看（%）	传宗接代，延续香火（%）	按照自己的意愿行事，但不与父母当面顶撞（%）	完全服从父母的意见（%）	用自己的成功来回报父母的养育之恩（%）	说不清（%）	有效样本量（人）
男	34.65	25.12	0.86	5.99	1.66	31.14	1.66	3137
女	38.97	26.58	0.57	6.09	1.64	25.76	1.50	2807

2. 年龄与孝观念的差异化表现

2016 年的调查数据显示，20 岁以下与 20—29 岁受访者的孝观念表现出一致性：选择"尊重长辈"的比例最高（39.0%，37.3%），其次为"赡养老人"（27.6%，35.2%）；选择"事业成功，回报父母"的比例分别为 19.8% 和 16.8%，高于中老年群体此项占比。30—39 岁与 40—49 岁受访者对于尽孝认同度最高的选项均为"赡养老人"（40.4%，39.9%），其次为"尊重长辈"（33.8%，35.6%）；选择"事业成功，回报父母"的比例（11.6%，11.5%）低于其他年龄群体。50—59 岁与 60 岁及以上受访者选择"尊重长辈"的比例最高（36.5%，39.6%），其次为"赡养老人"（35.0%，32.6%）和"事业成功，回报父母"（13.6%，14.0%）。在 2006 年调研中，20 岁以下与 20—29 岁受访者对于尽孝认同度最高的选项均为"事业成功，回报父母"，比例高达 43.17% 与 36.03%，远高于 2016 年调研中对于该选项的选择比例（19.8%，16.8%）。

表 5-15　不同年龄受访者对"孝"的认识（2016）

年龄	赡养老人（%）	尊重长辈（%）	顺从长者意愿（%）	追念先祖（%）	事业成功回报父母（%）	其他（%）	未选择（%）	有效样本量（人）
20 岁以下	27.6	39.0	8.4	1.1	19.8	3.6	0.6	844

年龄	赡养老人（%）	尊重长辈（%）	顺从长者意愿（%）	追念先祖（%）	事业成功回报父母（%）	其他（%）	未选择（%）	有效样本量（人）
20—29 岁	35.2	37.3	7.1	1.0	16.8	2.3	0.2	2618
30—39 岁	40.4	33.8	9.5	1.8	11.6	2.3	0.6	1470
40—49 岁	39.9	35.6	9.8	0.7	11.5	1.7	0.6	937
50—59 岁	35.0	36.5	11.0	1.1	13.6	1.9	0.9	463
60 岁及以上	32.6	39.6	9.1	1.5	14.0	1.8	1.2	328

表 5—16　不同年龄受访者对"孝"的认识（2006）

年龄	关心父母的健康和起居（%）	尽量与父母住在一起或常回家看看（%）	传宗接代，延续香火（%）	按照自己的意愿行事，但不与父母当面顶撞（%）	完全服从父母的意见（%）	用自己的成功来回报父母的养育之恩（%）	说不清（%）	有效样本量（人）
20 岁以下	28.96	20.22	0.00	3.28	1.64	43.17	2.73	183
20—29 岁	32.05	23.81	0.63	6.62	1.07	36.03	1.16	2234
30—39 岁	37.91	25.02	0.38	6.76	1.02	28.02	1.66	1567
40—49 岁	41.83	29.63	1.08	6.10	2.36	19.09	0.89	1016
50—59 岁	41.28	29.70	1.34	3.86	3.69	18.46	2.68	596
60 岁及以上	41.97	27.32	1.13	3.94	2.54	21.41	3.38	355

3. 收入水平与孝观念的差异化表现

2016 年的调查数据显示,在月平均收入 1000 元以上群体中,随着收入水平提高,在赡养与尊重父母两者之间逐步出现前消后长的趋势,即在"赡养老人"与"尊重长辈"均为孝观念中排名较高两项的情况下,随着收入的增加,出现从重赡养转为重敬亲的倾向。月平均收入 1000 元及以下与月平均收入 10000 元以上两个群体的数据表现出特殊性:两群体"显亲"观念分别为 18.4%、20.3%,高于其他群体选择此项的比例。其中月平均收入 10000 元以上者最高,高于其他收入群体均值(约 13%);月平均收入 1000 元及以下与 10000 元以上群体选择"顺亲"的比例略低于其他收入群体。此外,月平均收入 10000 元以上群体选择"追念先祖"的比例略高于其他收入群体。

2006年的调查数据显示,月平均收入两端群体的孝观念表现出各自的特殊性。月平均收入3000元以上群体中,有35%的人选择"用自己的成功来回报父母的养育之恩",在该收入阶层对各项孝观念的选择中占比最高;同时,这也是不同收入群体选择此项的最高值。然而,月平均收入3000元以上群体选择"关心父母的健康和起居"的比例为30.43%,在各收入群体中为最低值,低于最高值约10%。月平均收入500元及以下群体中,有23.02%的人选择"显亲"孝观念,在各收入群体此项选择中比例最低,与最高者相差12%。月平均收入500元及以下群体选择"顺亲"(包括"按照自己的意愿行事,但不与父母当面顶撞""完全服从父母的意见")的比例略高于其他收入群体,尤其是选择"完全服从父母的意见"的占4.58%,高于其他收入群体0.51%—1.20%的选择比例。此外,其选择"传宗接代,延续香火"的占比也略高于其他收入群体。

表5—17 不同收入水平受访者对"孝"的认识(2016)

月平均收入	赡养老人(%)	尊重长辈(%)	顺从长者意愿(%)	追念先祖(%)	事业成功,回报父母(%)	其他(%)	未选择(%)	有效样本量(人)
1000元及以下	32.4	38.7	6.1	0.9	18.4	3.1	0.3	1503
1001—3000元	39.0	34.7	9.2	0.6	13.3	2.5	0.6	1881
3001—5000元	37.0	36.1	10.1	1.5	13.1	1.7	0.5	2011
5001—10000元	35.9	37.6	9.4	1.5	13.4	1.8	0.4	716
10000元以上	30.2	34.0	6.6	3.8	20.3	4.7	0.5	212

表5—18 不同收入水平受访者对"孝"的认识(2006)

月平均收入	关心父母的健康和起居(%)	尽量与父母住在一起或常回家看看(%)	传宗接代,延续香火(%)	按照自己的意愿行事,但不与父母当面顶撞(%)	完全服从父母的意见(%)	用自己的成功来回报父母的养育之恩(%)	说不清(%)	有效样本量(人)
500元及以下	37.23	26.58	1.26	6.30	4.58	23.02	2.29	873
501—1000元	35.95	26.77	0.83	6.97	1.16	27.54	1.66	1808
1001—1500元	36.76	26.34	0.53	6.42	1.20	28.88	1.34	748

月平均收入	关心父母的健康和起居（%）	尽量与父母住在一起或常回家看看（%）	传宗接代,延续香火（%）	按照自己的意愿行事,但不与父母当面顶撞（%）	完全服从父母的意见（%）	用自己的成功来回报父母的养育之恩（%）	说不清（%）	有效样本量（人）
1501—2000 元	41.38	25.00	0.00	4.89	0.72	28.45	0.86	696
2001—3000 元	40.36	25.45	0.51	5.91	0.51	28.02	0.77	389
3000 元以上	30.43	26.09	0.29	4.64	1.16	35.94	1.45	345

4. 受教育程度与孝观念的差异化表现

2016 年的调查数据显示,受教育程度与孝观念具有明显的相关性:随着受教育程度的提高,认同"顺从长者意愿"的受访者占比逐步降低。其中小学学历受访群体选择该项的最多,占 17.5%,与选择该项最少的硕士研究生及以上学历受访群体的比例（4.9%）相差超过 12%。不同受教育程度受访者对于"赡养老人"与"尊重长辈"的选择情况如下:没上过学的受访群体选择此两项的比例最低,分别为 21.7% 与 26.1%;其次为小学学历受访群体,占比为 28.6% 与 33.1%,高于没上过学者此两项数据,但仍明显低于其他学历受访群体。

2006 年的调查结果显示,受教育程度与"完全服从父母的意见"的观念基本上呈负相关趋势,而与"用自己的成功来回报父母的养育之恩"的观念呈现正相关趋势。即从小学到硕士研究生及以上学历受访者,随着受教育程度的提升,其对"完全服从父母意见"的认同比例逐步下降;而随着受教育程度的提升,对于"以个人成功回报父母"观念的认同比例逐步增加。这两种趋势均以从小学到初中的变化幅度最大。

表 5-19　不同受教育程度受访者对"孝"的认识（2016）

受教育程度	赡养老人（%）	尊重长辈（%）	顺从长者意愿（%）	追念先祖（%）	事业成功,回报父母（%）	其他（%）	未选择（%）	有效样本量（人）
没上过学	21.7	26.1	15.2	15.2	10.9	8.7	2.2	46
小学	28.6	33.1	17.5	1.3	15.6	3.2	0.6	154
初中	36.0	35.3	10.5	1.6	13.6	2.3	0.6	645

续表

受教育程度	赡养老人（%）	尊重长辈（%）	顺从长者意愿（%）	追念先祖（%）	事业成功，回报父母（%）	其他（%）	未选择（%）	有效样本量（人）
高中	33.7	37.3	9.6	1.1	15.1	2.7	0.5	1462
大学专科	38.2	34.9	9.0	0.9	14.3	2.1	0.7	1268
大学本科	36.6	37.4	7.3	0.9	15.2	2.3	0.4	2568
硕士研究生及以上	36.8	38.0	4.9	1.9	16.6	1.6	0.2	513

表 5-20　不同受教育程度受访者对"孝"的认识（2006）

受教育程度	关心父母的健康和起居（%）	尽量与父母住在一起或常回家看看（%）	传宗接代，延续香火（%）	按照自己的意愿行事，但不与父母当面顶撞（%）	完全服从父母的意见（%）	用自己的成功来回报父母的养育之恩（%）	说不清（%）	有效样本量（人）
没上过学	42.31	30.77	9.62	1.92	3.85	9.62	5.77	52
小学	34.20	30.48	1.86	5.58	7.06	16.36	5.58	269
初中	33.61	25.89	1.00	8.90	2.72	26.70	2.27	1101
高中	35.94	26.19	0.68	6.05	1.41	29.26	1.25	1917
大学	38.77	25.11	0.34	4.93	0.81	30.21	1.03	2334
硕士研究生及以上	37.98	23.64	0.39	5.04	0.39	33.72	0.78	258
其他	25.00	12.50	0.00	12.50	0.00	37.50	12.50	8

三、邻里关系状况跟踪调查数据描述

（一）邻里关系总体状况调查数据

2016 年的邻里关系整体状况调查数据显示，40.6% 的受访者选择了"邻里团结，互相帮助"，占比最高；选择"相互认识，基本和气"的受访者占比 40.4%，排在次位；选择"认识但互不往来"和"互不认识"的受访者分别占 11.3% 和 6.6%；此外，1.1% 的受访者表示与邻居"关系紧张，有时争吵"。

2006 年的邻里关系整体状况调查数据显示，52.89% 的受访者选择了"邻里团结,互相帮助",占比最高;选择邻里"关系一般,基本和气"的占40.65%,位居其次;选择"关系淡漠,互不往来"的占比5.62%;仅有0.84%的受访者表示邻里"关系紧张,有时争吵"。

对比两次调查结果可见,相比10年前,2016年选择"团结互助"邻里关系的受访者比例明显下降,幅度超过12%;选择邻里互不认识及互不往来的受访者比例明显上升。

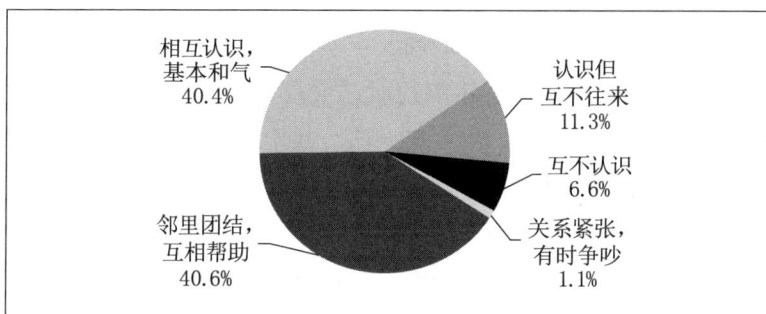

图5-5　受访者对邻里关系状况的总体评价(2016)

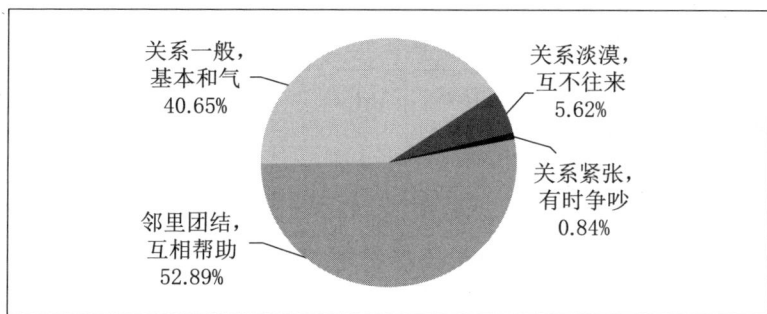

图5-6　受访者对邻里关系状况的总体评价(2006)

（二）邻里关系状况影响因素调查数据

1. 年龄与邻里关系状况的差异化表现

2016年的调查数据显示,40岁以上年龄段人群中,年龄与邻里关系的团结互助程度呈正相关。具体而言,关于邻里关系状况,40岁以上不同年龄段人群选择最多的均为"邻里团结,互相帮助",其次为"相互认识,基本和气"。40—49岁、50—59岁、60岁及以上三个年龄段人群选择"邻里团结,互相帮助"的比例分别为42.9%、49.5%、50.9%,选择"认识但互不来往"的比例分别为12.8%、

9.3%、5.8%,选择"互不认识"的比例分别为3.9%、3.5%、2.1%。可见,年龄越大,邻里关系越紧密,团结互助的程度越高,邻里关系淡漠现象相对越少。与此相比,40岁以下群体的邻里关系的调查数据表现出特殊性:20岁以下受访者选择"相互认识,基本和气"的占比最高,为39.6%;其次为"邻里团结,互相帮助",占比37.6%。30—39岁人群选择"相互认识,基本和气"的占比最高,为43.8%;其次为"邻里团结,互相帮助",占比35.1%。20—29岁人群选择"邻里团结,互相帮助"的比例最高,达40.5%;其次为"相互认识,基本和气",占比40.1%。可见,老年人群体的邻里关系紧密度最高。

2006年的调查数据显示,各年龄段所选最高项均为"邻里团结,互相帮助",选择比例均超过50%,明显高于"关系一般,基本和气"项。其中20岁以下受访群体选择"邻里团结,互相帮助"的比例最高,达58.7%;各年龄段选择"关系淡漠,互不往来"的占比为4.35%—7.50%。

对比两次调查可见,相比10年前,2016年各年龄段群体邻里关系状况中,20岁以下受访人群的邻里关系紧密程度明显下降,互不往来与互不认识的比例明显上升。

表5—21 不同年龄受访者对邻里关系状况的评价(2016)

年龄	邻里团结,互相帮助(%)	相互认识,基本和气(%)	认识但互不往来(%)	互不认识(%)	关系紧张,有事争吵(%)	有效样本量(人)
20岁以下	37.6	39.6	13.7	7.6	1.1	844
20—29岁	40.5	40.1	10.6	7.7	0.9	2618
30—39岁	35.1	43.8	12.1	7.3	1.2	1470
40—49岁	42.9	38.6	12.8	3.9	1.2	937
50—59岁	49.5	35.4	9.3	3.5	1.5	463
60岁及以上	50.9	39.0	5.8	2.1	1.2	328

表5—22 不同年龄受访者对邻里关系状况的评价(2006)

年龄	邻里团结,互相帮助(%)	关系一般,基本和气(%)	关系淡漠,互不往来(%)	关系紧张,有时争吵(%)	有效样本量(人)
20岁以下	58.70	35.87	4.35	1.09	184

年龄	邻里团结，互相帮助（%）	关系一般，基本和气（%）	关系淡漠，互不往来（%）	关系紧张，有时争吵（%）	有效样本量（人）
20—29 岁	53.00	41.30	5.02	0.67	2230
30—39 岁	51.50	42.62	5.11	0.77	1565
40—49 岁	52.86	38.56	7.50	1.08	1014
50—59 岁	51.93	40.34	6.22	1.51	595
60 岁及以上	56.90	36.90	5.92	0.28	355

2. 受教育程度与邻里关系状况的差异化表现

2016 年的调查数据显示，邻里关系的紧密程度与受教育程度呈现负相关趋势。虽然不同受教育程度的受访者邻里关系均以和睦为主流，但是在"团结互助"与"相互认识，基本和气"两个选项上表现出差异：没上过学、小学、初中、高中受教育程度的受访者在邻里关系状况的选项中，选择"邻里团结，互相帮助"的占比最高，而大学以上受访者群体选择"相互认识，基本和气"的占比最高。与此同时，选择"邻里团结，互相帮助"的比例基本与受教育程度呈现负相关趋势，而选择"相互认识，基本和气"的比例与受教育程度呈现正相关趋势，即随着受教育程度的提高，受访者表示邻里关系为团结互助的占比逐步降低，而为基本和气的比例逐步提升；13.0% 的没上过学的受访者表示邻里"关系紧张，有时争吵"，占比远高于其他受教育程度受访者。

2006 年的调查数据显示，不同受教育程度受访者选择最多项均为"邻里团结，互相帮助"，其次为"关系一般，基本和气"。其中，高中以下受教育程度的受访者选择"邻里团结，互相帮助"的比例均达半数以上，并且表现出教育程度相对较低者选择"邻里团结，互相帮助"的占比更高；而大学以上受访者选择"邻里团结，互相帮助"的比例明显低于其他学历受访者，选择"关系一般，基本和气"的比例相比其他学历受访者更高。其中大学学历受访者选择"邻里团结，互相帮助"的比例最低，为 47.43%，相比没上过学的受访者选择此项的比例（65.38%），差值超过 17%；7.78% 的硕士研究生及以上学历受访者表示邻里"关系淡漠，互不往来"，占比高于其他受教育程度群体，而仅有 0.39% 的硕士研究生及以上学历受访者表示邻里关系紧张,相对于其他受教育程度群体比例最低;1.92% 没上过学的受访者表示"关系紧张,时有争吵",其比例略高于其他受教育程度群体。

对比两次调查可见,随着受教育程度的提升,受访者邻里关系的紧密度降低,具体体现为选择"邻里团结,互相帮助"的占比大体呈下降趋势,邻里关系更多偏向于"关系一般,基本和气"的状态。与此同时,随着受教育程度的提升,受访者与邻里"互不认识"与"认识但互不往来"的比例也在提高,但"关系紧张,有时争吵"的比例随之下降。

表5—23 不同受教育程度受访者对邻里关系状况的评价(2016)

受教育程度	邻里团结,互相帮助(%)	相互认识,基本和气(%)	认识但互不往来(%)	互不认识(%)	关系紧张,有时争吵(%)	有效样本量(人)
没上过学	43.5	19.6	15.2	6.5	13.0	46
小学	49.4	33.1	11.0	3.9	1.3	154
初中	48.5	35.2	9.0	5.7	1.2	645
高中	41.5	39.9	10.7	6.5	1.0	1462
大学专科	40.1	40.5	12.5	6.0	0.5	1268
大学本科	38.3	41.7	11.4	7.2	0.9	2568
硕士研究生及以上	35.5	43.9	12.1	6.4	1.9	513

表5—24 不同受教育程度受访者对邻里关系状况的评价(2006)

受教育程度	邻里团结,互相帮助(%)	关系一般,基本和气(%)	关系淡漠,互不往来(%)	关系紧张,有时争吵(%)	有效样本量(人)
没上过学	65.38	26.92	5.77	1.92	52
小学	58.36	35.69	4.83	1.12	269
初中	59.95	33.70	5.54	0.82	1101
高中	54.92	38.95	4.87	1.26	1910
大学	47.43	45.93	6.17	0.47	2334
硕士研究生及以上	49.42	42.41	7.78	0.39	257
其他	62.50	37.50	0.00	0.00	8

3.就业状况与邻里关系状况的差异化表现

2016年的调查数据显示,相比在职、学生群体,离退休人员与无业、失业人员的邻里关系状况体现出特殊性。49.1%的离退休受访者选择"邻里团结,互相帮助",占比最高,其选择互不认识(3.5%)与"认识但互不往来"(7.4%)的比例均为最低。无业、失业人员选择"邻里团结,互相帮助"的比例为33.6%,占比最低。同时,无业、失业人员选择"认识但互不往来"(12.5%)、"互不认识"(11.5%)以及"关系紧张,有时争吵"(4.0%)的占比均为最高。

2006年的调查数据同样显示出离退休人员与无业、失业人员在邻里关系状况上的特殊性:离退休人员选择"邻里团结,互相帮助"的比例最高,占比56.02%;其选择"关系淡漠,互不往来"的比例最低,为4.15%。相较其他就业状况人员无业、失业人员选择"邻里团结,互相帮助"的比例最低,占比50.00%;其选择"关系淡漠,互不往来"(7.98%)以及"关系紧张,有时争吵"(1.33%)的比例略高于其他就业状况人员。

对比两次调查数据可见,在各就业状况人员邻里关系紧密度普遍降低的总体状况下,离退休人员仍然属于邻里关系更为紧密团结的群体,而无业、失业人群的邻里关系的紧密度相对较低。

表5—25 不同就业状况受访者对邻里关系状况的评价(2016年)

就业状况	邻里团结,互相帮助(%)	相互认识,基本和气(%)	认识但互不往来(%)	互不认识(%)	关系紧张,有时争吵(%)	有效样本量(人)
在职	39.8	40.6	12.0	6.7	0.6	3526
离退休	49.1	37.2	7.4	3.5	2.1	487
学生	39.9	41.4	11.1	6.4	0.9	1775
无业、失业	33.6	37.7	12.5	11.5	4.0	321
其他	42.2	39.2	10.0	5.7	2.4	548

表5—26 不同就业状况受访者对邻里关系状况的评价(2006)

就业状况	邻里团结,互相帮助(%)	关系一般,基本和气(%)	关系淡漠,互不往来(%)	关系紧张,有时争吵(%)	有效样本量(人)
在职	52.69	40.66	5.76	0.89	3817

就业状况	邻里团结, 互相帮助 （%）	关系一般, 基本和气 （%）	关系淡漠, 互不往来 （%）	关系紧张, 有时争吵 （%）	有效 样本量 （人）
离退休	56.02	39.21	4.15	0.62	482
学生	53.49	41.42	4.56	0.54	746
无业、失业	50.00	40.68	7.98	1.33	526
其他	53.31	41.57	4.52	0.60	332

4. 职业与邻里关系状况的差异化表现

2016年的调查数据显示,在不同职业状况受访群体中,军人选择"邻里团结,互相帮助"的比例最高,占70.4%,选择"相互认识,基本和气"的占19.4%;农村外出务工人员选择"邻里团结,互相帮助"的占52.1%,选择"相互认识,基本和气"的占33.8%;机关事业单位领导干部选择"邻里团结,互相帮助"的比例为49.9%,选择"相互认识,基本和气"的占35.1%;农业劳动者选择"邻里团结,互相帮助"的占49.0%,选择"相互认识,基本和气"的比例为36.6%;私营企业主选择"邻里团结,互相帮助"的占43.3%,选择"相互认识,基本和气"的占34.8%。其他职业状况受访群体选择"相互认识,基本和气"的占比高于"邻里团结,互相帮助"。与此同时,农村外出务工人员与农业劳动者邻里关系偶有紧张的比例略高于其他职业人员。

2006年的调查数据显示,不同职业人员对于邻里关系状况选择最多的均为"邻里团结,互相帮助",其中,军人为74.07%,农民为71.83%,个体从业人员为59.92%。同时,选择此项比例最低的为科教文卫专业技术人员,占45.29%。农业劳动者选择"关系淡漠、互不往来"的比例最低,仅为0.70%,选择此项比例最高的为科教文卫专业技术人员（8.65%）。

对比两次调查数据可见,农业劳动者选择"邻里团结,相互帮助"的比例明显下降,下降幅度超过22个百分点;其选择"关系紧张,有时争吵"的比例有所上升。与此同时,虽然2016年农业劳动者相较其他职业人员,邻里互不认识与互不往来者的占比仍为最低,但较2006年有明显的上升趋势。

表 5—27　不同职业受访者对邻里关系状况的评价（2016）

职业	邻里团结，互相帮助（%）	相互认识，基本和气（%）	认识但互不往来（%）	互不认识（%）	关系紧张，有时争吵（%）	有效样本量（人）
机关事业单位领导干部	49.9	35.1	8.6	5.9	0.6	339
机关事业单位办事人员和有关人员	36.3	40.7	13.7	6.8	1.9	531
科教文卫专业技术人员	40.3	42.1	10.7	5.1	1.6	449
企业管理人员	37.4	42.9	11.0	8.0	0.5	401
企业员工	37.4	41.9	13.6	6.2	0.5	1283
商业服务业人员	36.9	43.5	11.6	6.0	2.0	301
私营企业主	43.3	34.8	12.8	6.7	1.2	164
个体从业人员	36.1	43.9	9.7	7.5	1.9	321
农业劳动者	49.0	36.6	6.9	2.1	2.8	145
农村外出务工人员	52.1	33.8	7.5	4.7	1.9	213
军人	70.4	19.7	4.2	5.6	0.0	142
其他	39.6	40.7	11.1	7.3	1.0	2245

表 5—28　不同职业受访者对邻里关系状况的评价（2006）

职业	邻里团结，互相帮助（%）	关系一般，基本和气（%）	关系淡漠，互不往来（%）	关系紧张，有时争吵（%）	有效样本量（人）
机关事业单位领导干部	50.74	41.91	5.88	1.47	272
机关事业单位办事人员和有关人员	47.29	46.39	6.33	0.00	332
科教文卫专业技术人员	45.29	45.29	8.65	0.76	393
企业管理人员	51.59	39.85	7.82	0.73	409
企业员工	47.11	45.48	6.53	0.88	796
商业服务业人员	50.85	41.81	5.84	1.51	531
私营企业主	51.44	42.79	4.33	1.44	208
个体从业人员	59.92	35.44	4.22	0.42	474
农业劳动者	71.83	26.76	0.70	0.70	284
农村外出务工人员	57.07	39.02	3.90	0.00	205
军人	74.07	20.99	3.70	1.23	81
其他	58.33	34.17	5.83	1.67	120

5. 婚姻状况与邻里关系状况的差异化表现

2016 年的调查数据显示,离异与丧偶受访者的邻里关系状况表现出特殊性。离异群体选择"邻里团结,互相帮助"的占 26.4%,其选择"互不往来"与"互不认识"的占比明显高于其他婚姻状况的群体。丧偶受访者选择"邻里团结,互相帮助"的占比高达 56.4%。

2006 年的调查数据显示,离异与丧偶受访者的邻里关系状况与 2016 年调查数据有着相同的趋向性。对比两次调查数据可见,离异群体的邻里关系紧密度较低,选择"邻里团结,互相帮助"的比例低于其他婚姻状况群体,邻里关系紧张的比例有所上升。

表 5—29　不同婚姻状况受访者对邻里关系状况的评价（2016）

婚姻状况	邻里团结,互相帮助（%）	相互认识,基本和气（%）	认识但互不往来（%）	互不认识（%）	关系紧张,有时争吵（%）	有效样本量（人）
未婚	40.2	40.6	10.5	7.7	0.7	3129
已婚	40.9	41.0	11.6	5.0	0.9	3223
离异	26.4	32.6	19.7	14.6	6.2	178
丧偶	56.4	21.8	8.2	6.4	7.3	110

表 5—30　不同婚姻状况受访者对邻里关系状况的评价（2006）

婚姻状况	邻里团结,互相帮助（%）	关系一般,基本和气（%）	关系淡漠,互不往来（%）	关系紧张,有时争吵（%）	有效样本量（人）
未婚	52.71	41.49	5.05	0.74	2157
已婚	53.02	40.47	5.65	0.86	3608
离异	43.68	40.23	14.94	1.15	87
丧偶	64.15	35.85	0.00	0.00	53
其他	41.18	23.53	29.41	5.88	17

6. 不同收入水平受访者对邻里关系状况的差异化表现

2016 年的调查数据显示,月平均收入 1000 元以上各收入群体中,随着收入的增加,选择"邻里团结,互相帮助"邻里关系的受访者占比逐步下降。其中,月平均收入10000元以上群体的邻里关系状况表现出特殊性：其选择"邻里团结，互相帮助"与"相互认识，基本和气"的比例均为最低（34.9%、37.3%），而其表示邻里互不来往与互不认识的比例均为最高（13.2%、11.8%）；与此同时，其选择邻里"关系紧张，有时争吵"的比例也略高于其他收入水平人员。

2006年的调查数据显示，随着收入水平的提升，受访者选择"邻里团结，互相帮助"的比例逐渐降低。其中，月平均收入3000元以上者有41.45%的人选择此项，比例最低；而月平均收入500元及以下者有61.19%的人选择此项，比例最高，两者相差近20个百分点。受访者选择"关系一般，基本和气"的比例与收入水平呈现正相关，选择比例最高者为月平均收入3000元以上者（46.38%）。此外，月平均收入3000元以上者选择邻里"关系淡漠，互不往来"的比例最高（11.30%），明显高于其他收入水平受访者（4.10%—6.60%）。

表5-31　不同收入水平受访者对邻里关系状况的评价（2016）

月平均收入	邻里团结，互相帮助（%）	相互认识，基本和气（%）	认识但互不往来（%）	互不认识（%）	关系紧张，有时争吵（%）	有效样本量（人）
1000元及以下	40.4	40.3	11.2	6.7	1.1	1503
1001—3000元	42.4	38.6	10.5	7.0	1.0	1881
3001—5000元	40.3	41.3	12.0	5.0	1.1	2011
5001—10000元	36.9	42.2	11.2	8.2	1.3	716
10000元以上	34.9	37.3	13.2	11.8	2.4	212

表5-32　不同收入水平受访者对邻里关系状况的评价（2006）

月平均收入	邻里团结，互相帮助（%）	关系一般，基本和气（%）	关系淡漠，互不往来（%）	关系紧张，有时争吵（%）	有效样本量（人）
500元及以下	61.19	31.92	5.63	1.26	871
501—1000元	54.14	40.52	4.45	0.89	1799
1001—1500元	53.00	40.99	5.34	0.67	749
1501—2000元	48.92	44.19	6.60	0.29	697
2001—3000元	49.23	46.15	4.10	0.51	390
3000元以上	41.45	46.38	11.30	0.87	345

四、婚前性行为观念跟踪调查数据描述

（一）公民对婚前性行为态度的总体状况调查数据

2016 年关于公民婚前性行为态度的调查数据显示：33.2% 的受访者认为这"属于个人隐私，不应评论"，占比最多；表示"只要真心相爱，不应指责"的受访者占比 29.0%，排在次位；表示"这是一种不道德的行为，坚决反对"和"不道德，自己不做，但可以理解"的受访者占比分别为 13.8% 和 13.2%；有 5.1% 的受访者认为"只要两人同意，没有爱情也行"。此外，还有 5.7% 的受访者表示说不清。

2006 年关于此问题的调查数据显示：32.68% 的受访者认为"只要真心相爱，不应指责"，占比最多；28.83% 的受访者认为婚前性行为属于个人隐私；表示这种行为不道德，坚决反对和自己不做，但可以理解的受访者分别占比 15.26% 和 12.77%；有 3.43% 的人认可"只要两人同意，没有爱情也行"。此外，7.03% 的人表示说不清。

对比两次调查数据可见，相较 10 年前，2016 年有更多受访者对于婚前性行为持宽容、开放态度；与此同时，将婚前性行为划归个人隐私的倾向明显，对于婚前性行为以爱情为基础的强调有一定淡化，对其道德批判有所弱化。

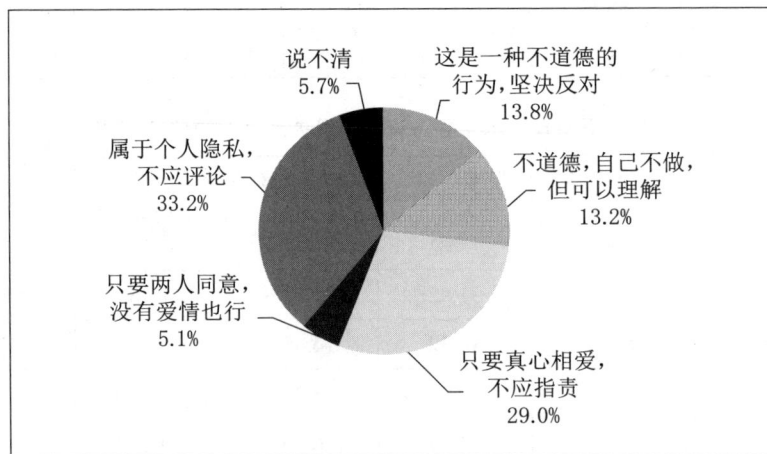

图 5—7　公民对婚前性行为的态度总体情况（2016）

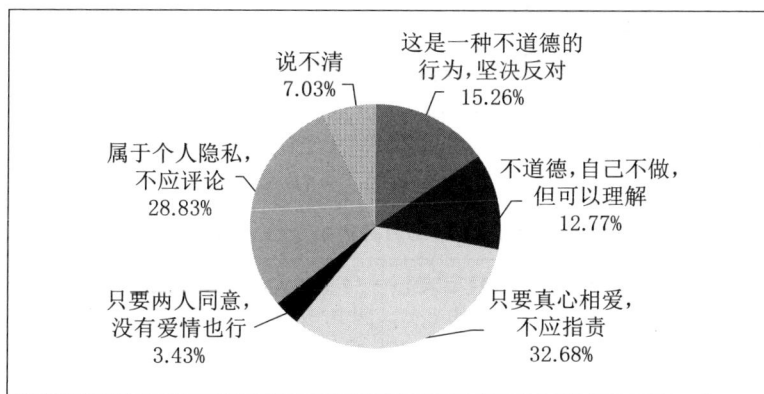

图5—8　公民对婚前性行为的态度总体情况（2006）

（二）公民对婚前性行为态度的影响因素调查数据

1. 性别与公民对婚前性行为态度的差异化表现

2016年的调查数据显示，对于婚前性行为，31.0%的男性认为"只要真心相爱，不应指责"，占比最多；有28.8%的男性认为"属于个人隐私，不应评论"；认为"这是一种不道德的行为，坚决反对"的男性占比13.7%；而认可"只要两人同意，没有爱情也行"的男性占7.1%。女性认为婚前性行为"属于个人隐私，不应评论"的占36.6%，占比最多；其次是"只要真心相爱，不应指责"，占27.0%；认为"这是一种不道德的行为，坚决反对"的女性占13.8%；认为"只要两人同意，没有爱情也行"的女性占3.3%。总体而言，女性更倾向于将婚前性行为归于个人隐私；同时，两性对其持道德批判与反对态度的比例无明显差异。

2006年关于婚前性行为态度的调查数据显示，男性选择最多的为"只要真心相爱，不应指责"，占35.73%；其次为"属于个人隐私，不应评论"，占26.12%；选择"这是一种不道德的行为，坚决反对"和"不道德，自己不做，但可以理解"的占比分别为15.02%和10.97%；有4.91%的受访者认可"只要两人同意，没有爱情也行"；此外，还有7.24%的男性受访者表示说不清。女性选择最多的为"属于个人隐私，不应评论"，占31.82%；其次为"只要真心相爱，不应指责"，占29.33%；选择"这是一种不道德的行为，坚决反对"和"不道德，自己不做，但可以理解"的占比分别为15.55%和14.73%；有1.78%的女性受访者认可"只要两人同意，没有爱情也行"；此外，6.78%的女性受访者表示说不清。

对比来看，2016年调查显示出男性与女性均更倾向将婚前性行为归为个人隐私范畴，其中女性将其视为个人隐私的比例明显增加。两性对于"只要两人同意，没有爱情也行"的婚前性行为的认可度均有一定程度的增长，其中男性选择此项的比例高于女性。

表5-33　不同性别受访者对婚前性行为的态度

性别	调研年份	这是一种不道德的行为，坚决反对（%）	不道德，自己不做，可以理解（%）	只要真心相爱，不应指责（%）	只要两人同意，没有爱情也行（%）	属于个人隐私，不应评论（%）	说不清（%）	未选择（%）	有效样本量（人）
男	2016	13.7	12.8	31.0	7.1	28.8	6.0	0.7	3058
	2006	15.02	10.97	35.73	4.91	26.12	7.24	—	3135
女	2016	13.8	13.4	27.0	3.3	36.6	5.5	0.5	3575
	2006	15.55	14.73	29.33	1.78	31.82	6.78	—	2803

2. 年龄与公民对婚前性行为态度的差异化表现

2016年的调查数据显示，青年群体对于婚前性行为表现出更强的开放性和包容性。50岁以下各年龄段受访者选择最多项均为"属于个人隐私、不应评论"，具体为：20岁以下占29.5%，20—29岁占36.2%、30—39岁占36.8%、40—49岁占33.1%。选择"只要真心相爱，不应指责"态度的占比，在20岁以上群体中基本呈现随年龄增长而逐步下降的趋势，其中20—29岁受访者选择比例最高，为33.3%。与此相比，除20岁以下群体之外，随着年龄段的提高，受访者对于婚前性行为的宽容度逐步降低，反对态度逐步增强；中老年群体对于婚前性行为更多持道德批判和反对的态度。

表5-34　不同年龄受访者对婚前性行为的态度

年龄	调研年份	这是一种不道德的行为，坚决反对（%）	不道德，自己不做，可以理解（%）	只要真心相爱，不应指责（%）	只要两人同意，没有爱情也行（%）	属于个人隐私，不应评论（%）	说不清（%）	有效样本量（人）
20岁以下	2016	9.5	15.5	28.1	6.8	29.5	9.4	844
	2006	12.50	17.93	23.91	3.80	26.63	15.22	184

年龄	调研年份	这是一种不道德的行为，坚决反对（％）	不道德，自己不做，可以理解（％）	只要真心相爱，不应指责（％）	只要两人同意，没有爱情也行（％）	属于个人隐私，不应评论（％）	说不清（％）	有效样本量（人）
20—29 岁	2016	7.5	11.6	33.3	5.8	36.2	5.3	2618
	2006	6.99	10.48	38.98	3.49	33.51	6.54	2232
30—39 岁	2016	11.8	12.2	28.9	4.8	36.8	5.0	1470
	2006	11.06	11.70	35.29	3.26	32.54	6.14	1564
40—49 岁	2016	16.8	16.2	24.5	3.7	33.1	5.1	937
	2006	21.38	16.45	27.09	3.65	25.32	6.11	1015
50—59 岁	2016	30.9	16.2	22.7	2.4	22.0	5.0	463
	2006	30.13	15.49	24.24	3.87	18.01	8.25	594
60 岁及以上	2016	49.7	10.1	16.2	3.4	14.6	5.2	328
	2006	44.66	14.04	16.29	2.25	12.36	10.39	356

3. 受教育程度与公民对婚前性行为态度的差异化表现

2016 年的调查数据显示，对于婚前性行为，没上过学与小学学历受访者选择最多项为"这是一种不道德的行为，坚决反对"；初中学历者选择"只要真心相爱，不应指责"项的最多，占 26.8%；高中、大学专科、大学本科、硕士研究生及以上学历受访者选择最多项均为"属于个人隐私，不应评论"，其次均为"只要真心相爱，不应指责"。与此相比，视婚前性行为是不道德行为而加以反对的态度与受教育程度大体上呈现负相关趋势，自小学至硕士研究生及以上学历者，随着受教育程度的提高，认为其是不道德行为而坚决反对的比例逐步降低，从最高值 28.6%（小学学历者）逐步降低至最低值 7.6%（硕士研究生及以上学历者）。将婚前性行为视为个人隐私的受访者比例与其受教育程度大体呈现正相关趋势，自小学以上学历不同受教育程度人群，随着受教育程度的提高，选择"属于个人隐私，不应评论"的比例逐步提升，从最低值 20.8%（小学学历者）逐步上升为最高值 41.7%（硕士研究生及以上学历人员）。此外，没上过学的群体对于婚前性行为的态度表现出两极化的特征：认为不道德并坚决反对的占 19.6%，而认为"只要两人同意，没有爱情也行"的占比达 17.4%，远高于其他群体。

对比两次调查数据可见,随着受教育程度的提高,受访者对于婚前性行为的态度更加开放和包容。相较 10 年前,2016 年受教育程度愈高者愈趋向于将其划归为个人隐私,而将其视为道德问题进行批判的趋势进一步减弱。

表 5−35　不同受教育程度受访者对婚前性行为的态度(2016)

受教育程度	这是一种不道德的行为,坚决反对(%)	不道德,自己不做,可以理解(%)	只要真心相爱,不应指责(%)	只要两人同意,没有爱情也行(%)	属于个人隐私,不应评论(%)	说不清(%)	有效样本量(人)
没上过学	19.6	15.2	19.6	17.4	15.2	10.9	46
小学	28.6	13.0	17.5	3.2	20.8	14.9	154
初中	21.2	14.4	26.8	3.7	24.3	8.8	645
高中	19.0	13.1	26.2	5.3	29.8	6.0	1462
大学专科	15.9	12.1	27.4	4.1	34.1	5.7	1268
大学本科	7.9	13.6	32.4	5.4	35.8	4.6	2568
硕士研究生及以上	7.6	11.9	29.6	5.5	41.7	3.5	513

表 5−36　不同受教育程度受访者对婚前性行为的态度(2006)

受教育程度	这是一种不道德的行为,坚决反对(%)	不道德,自己不做,但可以理解(%)	只要真心相爱,不应指责(%)	只要两人同意,没有爱情也行(%)	属于个人隐私,不应评论(%)	说不清(%)	有效样本量(人)
没上过学	46.15	5.77	21.15	3.85	3.85	19.23	52
小学	32.71	11.52	25.65	4.83	10.04	15.24	269
初中	22.68	13.57	28.96	3.19	21.40	10.20	1098
高中	16.08	12.01	30.76	3.71	29.77	7.68	1915
大学	9.55	13.36	36.32	3.00	33.49	4.28	2335
硕士研究生及以上	5.47	12.50	39.45	4.30	36.33	1.95	256
其他	0.00	12.50	37.50	12.50	25.00	12.50	8

4. 婚姻状况与公民对婚前性行为态度的差异化表现

2016 年的调查数据显示,对于婚前性行为,未婚群体选择"属于个人隐

私,不应评论"的比例最高,占34.0%;选择"只要真心相爱,不应指责"的占
31.5%,高于其他婚姻状况群体;认为这种行为不道德但可以理解的占12.8%;
认为"这是一种不道德的行为,坚决反对"的占8.6%,明显低于其他婚姻状况群
体;此外,还有6.3%的未婚者认同"只要两人同意,没有爱情也行"。已婚群体
选择"属于个人隐私,不应评论"的最多,占33.4%;其次为"只要真心相爱,不
应指责",占26.7%;再次为"这是一种不道德的行为,坚决反对",占17.5%;而
认为其"不道德,自己不做,但可以理解"的占13.3%;此外,3.4%的已婚者表
示"只要两人同意,没有爱情也行",选择此项比例低于其他婚姻状况群体。离
异群体选择"只要真心相爱,不应指责"的最多,占26.4%;认为这"属于个人隐
私,不应评论"的占24.7%;认为这种行为不道德而坚决反对的占19.7%;还有
13.5%的人表示不道德但可以理解;此外,9.0%的离异者认同"只要两人同意,
没有爱情也行"。丧偶群体选择"这是一种不道德的行为,坚决反对"的占比最
高,为39.1%。不同婚姻状况群体中,丧偶受访者选择"只要真心相爱,不应指
责"与"属于个人隐私,不应评论"的比例最低(分别为22.7%、10.0%)。

表5-37　不同婚姻状况受访者对婚前性行为的态度

婚姻状况	调研年份	这是一种不道德的行为,坚决反对(%)	不道德,自己不做,可以理解(%)	只要真心相爱,不应指责(%)	只要两人同意,没有爱情也行(%)	属于个人隐私,不应评论(%)	说不清(%)	未选择(%)	有效样本量(人)
未婚	2016	8.6	12.8	31.5	6.3	34.0	6.2	0.6	3129
	2006	6.99	11.39	38.21	3.61	32.65	7.13	—	2159
已婚	2016	17.5	13.3	26.7	3.4	33.4	5.2	0.5	3223
	2006	19.78	13.52	29.84	3.21	26.77	6.87	—	3609
离异	2016	19.7	13.5	26.4	9.0	24.7	6.2	0.6	178
	2006	16.09	9.20	28.74	8.05	29.89	8.05	—	87
丧偶	2016	39.1	11.8	22.7	9.1	10.0	7.3	0.0	110
	2006	32.08	24.53	11.32	1.89	15.09	15.09	—	53
其他	2016	—	—	—	—	—	—	—	—
	2006	6.25	18.75	25.00	6.25	37.50	6.25	—	16

5. 就业状况与公民对婚前性行为态度的差异化表现

2016 年的调查数据显示,对于婚前性行为,47.4% 的离退休受访者持"这是一种不道德的行为,坚决反对"的态度,占比最高;其次为无业、失业人员,持此态度的占 16.5%;在职人员认同此观点的占 12.1%;仅有 6.8% 的学生群体认同此观点,明显低于其他就业状况受访者,与离退休人员选择此项的比例相差 40 个百分点。对于"不道德,自己不做,但可以理解"这种态度,不同就业状况受访者认同比例差异不大,其中,学生为 15.1%,离退休人员为 14.2%,在职人员为 12.0%,无业、失业人员为 11.5%。对于"只要真心相爱,不应指责"这种态度,31.5% 的学生受访者表示认同,占比最高;30.5% 的在职受访者选择此项,无业、失业人员选择此项的比例为 26.2%;离退休受访者选择此项的比例最低,为 15.6%,与学生群体相差近 15 个百分点。相比 2006 年的调查数据,2016 年选择"只要两人同意,没有爱情也行"态度的受访者中,无业、失业人员占比最高,为 8.7%;其次为学生受访者,为 6.4%;在职人员选择此项的占 4.2%;离退休受访者选择此项的比例最低,为 2.9%。选择"属于个人隐私,不应评论"态度的,在职受访者为 36.2%,学生受访者为 33.0%,无业、失业受访者为 29.0%;离退休人员选择此项比例最低,为 14.8%,与在职受访者相差超过 21 个百分点。相比 2006 年调查数据,2016 年认同婚前性行为"属于个人隐私,不应评论"的受访者比例有所增加,其中尤以在职与无业、失业受访者较为明显,前者从 30.84% 上升到 36.2%,后者从 20.80% 上升到 29.0%。

表 5—38　不同就业状况受访者对婚前性行为的态度(2016)

就业状况	这是一种不道德的行为,坚决反对(%)	不道德,自己不做,可以理解(%)	只要真心相爱,不应指责(%)	只要两人同意,没有爱情也行(%)	属于个人隐私,不应评论(%)	无效(%)	有效样本量(人)
在职	12.1	12.0	30.5	4.2	36.2	5.0	3223
离退休	47.4	14.2	15.6	2.9	14.8	5.1	3129
无业、失业	16.5	11.5	26.2	8.7	29.0	8.1	3201
学生	6.8	15.1	31.5	6.4	33.0	7.2	3187

表5-39　不同就业状况受访者对婚前性行为的态度（2006）

就业状况	这是一种不道德的行为，坚决反对（%）	不道德，自己不做，但可以理解（%）	只要真心相爱，不应指责（%）	只要两人同意，没有爱情也行（%）	属于个人隐私，不应评论（%）	说不清（%）	有效样本量（人）
在职	12.49	12.30	34.08	3.64	30.84	6.65	3820
离退休	43.89	13.87	19.25	1.86	13.46	7.66	483
学生	7.37	16.22	35.79	2.95	31.37	6.30	746
无业、失业	22.71	11.45	29.96	5.15	20.80	9.92	524
其他	10.57	10.57	33.53	1.51	35.95	7.86	331

6. 收入水平与公民对婚前性行为态度的差异化表现

2016年的调查数据显示，认为婚前性行为"是一种不道德的行为，坚决反对"的，月平均收入1000元及以下受访者比例最低，为8.7%；月平均收入1001—3000元的受访者认同比例为12.9%；月平均收入3001—5000元的受访者认同比例最高，为18.0%；月平均收入5001—10000元的受访者认同比例为16.1%；月平均收入10000元以上的受访者认同比例为12.7%。认为婚前性行为"不道德，自己不做，但可以理解"的受访者在各自群体中的占比如下：月平均收入1000元及以下者为14.2%；1001—3000元的为11.4%；3001—5000元的为12.9%；5001—10000元的认同比例最高，为15.4%；10000元以上的认同比例最低，为9.9%。认为"只要真心相爱，不应指责"的受访者在各自群体中的占比如下：月平均收入1000元及以下者认同比例最高，为31.3%；月平均收入10000元以上者认同比例最低，为24.5%；其他收入受访者认同此项的比例差异不大，为27.7%—29.2%。认为"只要两人同意，没有爱情也行"的，月平均收入10000元以上者比例最高，为12.7%；其他收入受访者认同此项的比例差异不大，为4.4%—5.7%。认为"属于个人隐私，不应评论"的，不同收入水平受访者认同比例差异不大，为31.2%—35.7%。表示"说不清"的，月平均收入1000元及以下受访者所占比例最高，为7.3%，其他收入受访者为4.3%—5.7%。

2006年的调查数据显示，对于婚前性行为，认同"这是一种不道德的行为，坚决反对"的受访者比例与其收入水平呈负相关趋势：月平均收入 500 元及以下受访者认同比例最高，为 26.93%；月平均收入 501—1000 元的为 15.48%；月平均收入 1001—1500 元的为 13.47%；月平均收入 1501—2000 元的为 13.06%；月平均收入 2001—3000 元的为 10.00%；3000 元以上的认同比例最低，为 7.85%。认为"不道德，自己不做，但可以理解"的，不同收入水平受访者占比差异不大，为 11.28%—13.73%；认为"只要真心相爱，不应指责"的，月平均收入 500 元及以下受访者比例最低，为 28.08%；月平均收入 501—1000 元的为 31.91%；月平均收入 1001—1500 元的为 34.53%；月平均收入 1501—2000 元的为 35.44%；月平均收入 2001—3000 元的认同比例最高，为 37.69%；月平均收入 3000 元以上的认同比例最低，为 34.59%。认为"只要两人同意，没有爱情也行"的不同收入水平受访者的比例为 2.67%—4.65%。认为"属于个人隐私，不应评论"的，月平均收入 500 元及以下受访者比例最低，为 19.91%；月平均收入 3000 元以上的受访者比例最高，为 36.63%；其他收入受访者认同比例差异不大，为 29.97%—30.93%。表示"说不清"的，月平均收入 500 元及以下受访者所占比例最高，为 10.47%；月平均收入 501—1000 元的受访者为 7.38%，其他收入受访者为 4.59%—5.38%。

表 5—40　不同收入水平受访者对婚前性行为的态度（2016）

月平均收入	这是一种不道德的行为，坚决反对（%）	不道德，自己不做，但可以理解（%）	只要真心相爱，不应指责（%）	只要两人同意，没有爱情也行（%）	属于个人隐私，不应评论（%）	说不清（%）	有效样本量（人）
1000 元及以下	8.7	14.2	31.3	5.7	32.4	7.3	1503
1001—3000 元	12.9	11.4	29.2	4.5	35.7	5.6	1881
3001—5000 元	18.0	12.9	28.1	4.4	31.2	5.1	2011
5001—10000 元	16.1	15.4	27.7	4.6	31.7	4.3	716
10000 元以上	12.7	9.9	24.5	12.7	34.0	5.7	212

表5—41　不同收入水平受访者对婚前性行为的态度（2006）

月平均收入	这是一种不道德的行为，坚决反对（%）	不道德，自己不做，但可以理解（%）	只要真心相爱，不应指责（%）	只要两人同意，没有爱情也行（%）	属于个人隐私，不应评论（%）	说不清（%）	有效样本量（人）
500元及以下	26.93	11.28	28.08	3.34	19.91	10.47	869
501—1000元	15.48	11.99	31.91	3.27	29.97	7.38	1802
1001—1500元	13.47	13.73	34.53	2.67	30.93	4.67	750
1501—2000元	13.06	12.48	35.44	4.02	30.42	4.59	697
2001—3000元	10.00	12.05	37.69	4.62	30.26	5.38	390
3000元以上	7.85	11.34	34.59	4.65	36.63	4.94	344

7.职业与公民对婚前性行为态度的差异化表现

2016年的调查数据显示,不同职业状况受访者中,选择"这是一种不道德的行为,坚决反对"比例最高的是农业劳动者,为21.4%;选择此项比例最低者为企业员工,为11.1%。选择"不道德,自己不做,但可以理解"比例最高的是私营企业主,为17.1%;选择此项比例最低者为军人,为7.7%。认同"只要真心相爱,不应指责"最多的为军人,占32.4%;选择此项最少的为农业劳动者,占21.4%。对于"只要两人同意,没有爱情也行",6.6%的农村外出务工人员表示认同,选择此项的比例最高;机关事业单位领导干部选择此项比例最低,为2.9%。选择"属于个人隐私,不应评论"最多的为商业服务业人员,占36.5%;有24.9%的农村外出务工人员选择此项,占比最低。此外,有10.8%的农村外出务工人员与9.0%的农业劳动者对此问题表示"说不清"。

2006年的调查数据显示,认为婚前性行为"是一种不道德的行为,坚决反对"的,农业劳动者占比最高,为25.89%;企业员工占比最低,为8.90%。认为婚前性行为"不道德,自己不做,但可以理解"的,科教文卫专业技术人员占比最高,为17.60%;农村外出务工人员占比最低,为8.70%。认为"只要真心相爱,不应指责"的,机关事业单位领导干部占比最高,为37.87%;农业劳动者占比最低,为30.50%。认为"属于个人隐私,不应评论"的,机关事业单位办事人员和有关人员占比最高,为35.44%;农业劳动者占比最低,为15.25%。表示"说不清"的,农村外出务工人员占比最高,为14.49%。

表5-42 不同职业受访者对婚前性行为的态度（2016）

职业	这是一种不道德的行为，坚决反对（%）	不道德，自己不做，但可以理解（%）	只要真心相爱，不应指责（%）	只要两人同意，没有爱情也行（%）	属于个人隐私，不应评论（%）	说不清（%）	有效样本量（人）
机关事业单位领导干部	16.7	10.2	28.9	2.9	25.7	15.6	630
企业员工	11.1	13.5	22.6	4.7	32.7	15.4	820
商业服务业人员	14.2	11.5	30.4	3.2	36.5	4.2	520
私营企业主	12.8	17.1	24.7	3.9	27.5	14.0	486
农业劳动者	21.4	8.5	21.4	5.1	34.6	9.0	886
农村外出务工人员	12.3	9.6	22.6	6.6	24.9	10.8	1620
军人	15.8	7.7	32.4	4.4	29.4	10.3	750

表5-43 不同职业受访者对婚前性行为的态度（2006）

职业	这是一种不道德的行为，坚决反对（%）	不道德，自己不做，但可以理解（%）	只要真心相爱，不应指责（%）	只要两人同意，没有爱情也行（%）	属于个人隐私，不应评论（%）	说不清（%）	有效样本量（人）
机关事业单位领导干部	15.07	13.60	37.87	4.04	25.37	4.04	272
机关事业单位办事人员和有关人员	10.81	11.71	34.23	2.70	35.44	5.11	333
科教文卫专业技术人员	11.99	17.60	33.42	2.55	32.14	2.30	392
企业管理人员	10.73	12.44	32.44	3.90	34.39	6.10	410
企业员工	8.90	10.15	36.47	4.26	33.58	6.64	798
商业服务业人员	12.24	10.73	33.90	3.77	33.33	6.03	531
私营企业主	10.10	12.98	33.65	5.77	33.17	4.33	208
个体从业人员	11.63	11.21	33.40	3.59	30.66	9.51	473

职业	这是一种不道德的行为，坚决反对（％）	不道德，自己不做，但可以理解（％）	只要真心相爱，不应指责（％）	只要两人同意，没有爱情也行（％）	属于个人隐私，不应评论（％）	说不清（％）	有效样本量（人）
农业劳动者	25.89	14.89	30.50	2.48	15.25	10.99	282
农村外出务工人员	17.39	8.70	32.37	1.93	25.12	14.49	207
军人	9.76	12.20	35.37	1.22	31.71	9.76	82
其他	12.50	12.50	36.67	1.67	31.67	5.00	120

五、对婚外恋的态度跟踪调查数据描述

（一）公民对婚外恋的态度总体状况调查数据

2016年的调查数据显示，对于婚外恋现象，57.1％的受访者认为"是一种不道德的行为，坚决反对"，占比最多；表示"可以理解，但不会做"的受访者占19.3％，排在次位；认为"属于个人隐私，不应受到谴责"的受访者占12.3％；3.2％的受访者认为这"是满足情感的需要，应该认同"；有8.0％的受访者表示"说不清"。

2006年的调查数据显示，46.75％的受访者对于婚外恋，认为"是一种不道德行为，坚决反对"；有26.35％的人表示"可以理解，但自己不会做"；15.07％的人认为婚外恋"属于个人隐私，不应受道德谴责"；有4.39％的受访者认为"是满足情感的需要，应该认同"；有7.44％的人表示"说不清"。

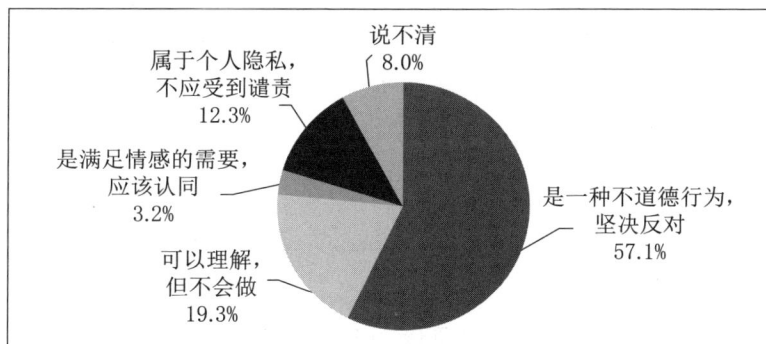

图5-9　受访者对婚外恋的态度总体情况（2016）

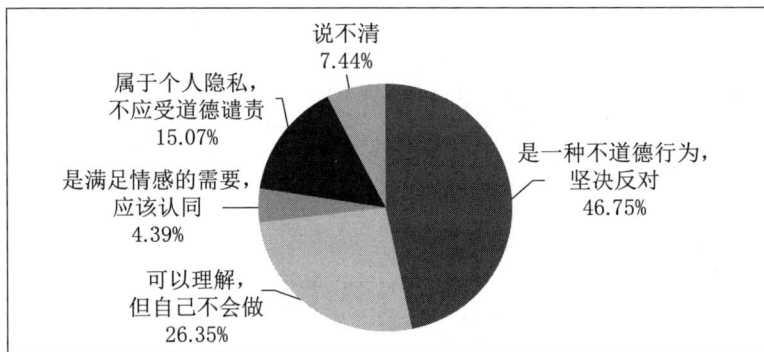

图 5—10　受访者对婚外恋的态度总体情况（2006）

可见，大多数人对婚外恋现象持反对态度。相较于 10 年前，2016 年对于婚外恋持坚决反对态度的受访者占比明显增加，比 2006 年高出 10%。对于婚外恋表示理解、宽容的受访者占比均有所下降，但仍有超过 20% 的受访者对婚外恋持不同程度的理解乃至认同态度，还有 12.3% 的受访者将婚外恋视为个人隐私。

（二）公民对婚外恋态度的影响因素调查数据

1. 性别与公民对婚外恋态度的差异化表现

2016 年的调查数据显示，大多数男性与女性都对婚外恋持否定态度，相比较而言，男性对于婚外恋持理解与宽容态度的比例略高于女性。对于婚外恋，男性选择"是一种不道德行为，坚决反对"的占 53.8%，女性选择此项的占比达 59.2%；认同"可以理解，但不会做"的男性占比为 20.4%，女性占比为 18.1%；而男性与女性选择"是满足情感的需要，应该认同"的比例分别为 4.1% 与 2.3%；此外，男性与女性选择"属于个人隐私，不应受到谴责"的占比分别为 13.0% 与 11.7%。

2006 年的调查数据显示出与上述趋势相同的性别差异。认为婚外恋"是一种不道德行为，坚决反对"的，男性占比为 43.54%，女性占比为 50.39%；选择"可以理解，但不会做"的，男性占比为 27.38%，女性占比为 25.18%；认为婚外恋"是满足情感的需要，应该认同"的，男性占比为 5.83%，女性占比为 2.79%；此外，男性与女性选择"属于个人隐私，不应受到谴责"的占比分别为 15.46% 与 14.57%。

对比两次调查数据可见，相比 2006 年的调查数据，2016 年男女两性认为婚外恋"是一种不道德行为，坚决反对"的占比明显增加，持"可以理解，但不会做"

态度的人占比明显下降,认同婚外恋是"满足情感需要以及属于个人隐私不应谴责"的受访者比例都有所下降,对于婚外恋态度持不同程度理解的男性占比仍略高于女性。

表5—44　不同性别受访者对婚外恋的态度

性别	调研年份	是一种不道德行为,坚决反对（%）	可以理解,但不会做（%）	是满足情感的需要,应该认同（%）	属于个人隐私,不应受到谴责（%）	说不清（%）	未选择（%）	有效样本量（人）
男	2016	53.8	20.4	4.1	13.0	8.0	0.7	3058
	2006	43.54	27.38	5.83	15.46	7.78	—	3137
女	2016	59.2	18.1	2.3	11.7	8.0	0.6	3575
	2006	50.39	25.18	2.79	14.57	7.07	—	2800

2. 年龄与公民对婚外恋态度的差异化表现

2016年的调查数据显示,认为婚外恋"是一种不道德行为,应坚决反对"的受访者比例,20岁以下受访者为49.2%,占比最低;20—29岁为58.8%;30—39岁为53.5%;40—49岁为55.2%;50—59岁为62.6%;60岁及以上为71.0%,占比最高。在30岁以上年龄段受访者中,随着年龄的增加,持反对态度的占比逐步增加。认为"可以理解,但不会做"的受访者比例,20岁以下为24.8%,相较其他年龄段更高;20—29岁与30—39岁均为18.9%;40—49岁为20.0%;50—59岁为16.0%;60岁及以上占比最低,为10.4%。认同这"是满足情感需要,应该认同"的比例,各年龄段差异不明显,在2.4%—3.8%之间。其中,40—49岁占比最高,为3.8%;60岁及以上占比最低,为2.4%。选择"属于个人隐私,不应受到谴责"的比例,20岁以下受访者为9.5%,20—29岁为11.5%,30—39岁为15.4%,40—49岁为12.9%,50—59岁为11.7%,60岁及以上为9.1%。表示"说不清"的,20岁以下受访者占比最高,为11.8%;20—29岁为7.5%;30—39岁为8.3%;40—49岁为7.4%;50—59岁占比最低,为5.2%;60岁及以上为5.8%。

2006年的调查数据显示,选择婚外恋"是一种不道德行为,坚决反对"的比例,20岁以下受访者为43.48%,20—29岁为41.26%,占比最低;30—39岁为

42.80%。40岁以上受访者，随着年龄的增长，对于婚外恋持反对态度者占比明显增加：40—49岁为50.64%；50—59岁为57.14%；60岁及以上比例最高，为71.71%。认为"可以理解，但不会做"的受访者占比分别为：20岁以下受访者为21.74%，20—29岁受访者为29.82%，占比最高；30—39岁为26.62%；40—49岁为26.60%；50—59岁为23.53%；60岁及以上为9.80%，占比最低。认为这"是满足情感的需要，应该认同"的受访者占比较低，且呈随年龄增大而降低的趋势：20岁以下为7.07%，20—29岁为4.13%，30—39岁为5.18%，40—49为4.04%，50—59岁为4.20%，60岁及以上为2.52%.选择"属于个人隐私，不应受道德谴责"的受访者占比分别为：20岁以下13.59%；20—29岁为17.40%；30—39岁为17.27%；40—49岁为13.40%；50—59岁为9.08%；60岁及以上为6.44%，占比最低。

表5—45　不同年龄受访者对婚外恋的态度

年龄	调研年份	是一种不道德行为，坚决反对（%）	可以理解，但不会做（%）	是满足情感的需要，应该认同（%）	属于个人隐私，不应受到谴责（%）	说不清（%）	未选择（%）	有效样本量（人）
20岁以下	2016	49.2	24.8	3.3	9.5	11.8	1.4	844
	2006	43.48	21.74	7.07	13.59	14.13	—	184
20—29岁	2016	58.8	18.9	2.9	11.5	7.5	0.4	2618
	2006	41.26	29.82	4.13	17.40	7.40	—	2230
30—39岁	2016	53.5	18.9	3.4	15.4	8.3	0.4	1470
	2006	42.80	26.62	5.18	17.27	8.13	—	1563
40—49岁	2016	55.2	20.0	3.8	12.9	7.4	0.7	937
	2006	50.64	26.60	4.04	13.40	5.32	—	1015
50—59岁	2016	62.6	16.0	3.5	11.7	5.2	1.1	463
	2006	57.14	23.53	4.20	9.08	6.05	—	595
60岁及以上	2016	71.0	10.4	2.4	9.1	5.8	1.2	328
	2006	71.71	9.80	2.52	6.44	9.52	—	357

3. 受教育程度与公民对婚外恋态度的差异化表现

2016 年的调查数据显示,从小学到硕士研究生及以上学历受访者,随着受教育程度的提高,认为婚外恋"是一种不道德行为,坚决反对"的比例基本上呈逐渐上升趋势,其选择占比分别为:小学学历受访者占比最低,为 47.4%;初中学历受访者为 55.3%;高中学历受访者为 57.0%;大学专科学历受访者为 56.6%;大学本科学历受访者为 57.0%;硕士研究生及以上学历受访者为 60.2%,占比最高。选择"可以理解,但不会做"的比例差异不太明显,小学、高中、大学专科与硕士研究生及以上受教育程度者选择此项的比例处于 18.1%—18.8%。相比较而言,初中学历受访者选择比例最低,为 16.3%;大学本科学历受访者选择比例最高,为 21.4%。认为婚外恋"是满足情感的需要,应该认同"的受访者占比,随着受教育程度的提高呈现逐步下降的趋势:没上过学的为 10.9%,小学为 9.7%,初中为 4.8%,高中为 3.0%,大学专科为 3.4%,大学本科为 2.6%,硕士研究生及以上为 1.6%。认为婚外恋"属于个人隐私,不应受到谴责"的受访者占比,没上过学的最高,为 23.9%;自小学到硕士研究生及以上学历的受访者中,小学学历者最低,为 9.1%;大学专科学历者略高,为 13.1%;其余受教育程度者在 11.6%—12.5% 之间,差异不明显。表示"说不清"的受访者占比,没上过学的为 0.0%,小学为 13.0%,初中为 11.3%,高中为 8.8%,大学专科为 8.1%,大学本科为 6.7%,硕士研究生及以上为 6.8%。

对比两次调查结果可见,不同受教育程度受访者对于婚外恋的态度一定程度上呈现出相反的趋势:在 2006 年,随着受教育程度的提高,对于婚外恋持坚决反对态度的受访者占比有所降低:小学学历者占比最高,为 61.34%;大学学历者占比最低,为 40.96%;硕士研究生及以上学历者为 43.58%。2016 年调查数据则呈现出相反趋势,对婚外恋持反对态度的受访者比例随着受教育程度的提高而增加:小学学历受访者占比最低,为 47.4%,相比 10 年前下降了约 14%;中学、大学、硕士研究生及以上学历受访者对此持反对态度的比例均明显增加,硕士研究生及以上学历受访者持反对态度的比例相比 10 年前增加了约 16%。

表 5－46　不同受教育程度受访者对婚外恋的态度（2016）

受教育程度	是一种不道德行为，坚决反对（%）	可以理解，但不会做（%）	是满足情感的需要，应该认同（%）	属于个人隐私，不应受到谴责（%）	说不清（%）	未选择（%）	有效样本量（人）
没上过学	54.3	8.7	10.9	23.9	0.0	2.2	46
小学	47.4	18.8	9.7	9.1	13.0	1.9	154
初中	55.3	16.3	4.8	11.6	11.3	0.6	645
高中	57.0	18.2	3.0	12.3	8.8	0.8	1462
大学专科	56.6	18.1	3.4	13.1	8.1	0.6	1268
大学本科	57.0	21.4	2.6	11.8	6.7	0.5	2568
硕士研究生及以上	60.2	18.7	1.6	12.5	6.8	0.2	513

表 5－47　不同受教育程度受访者对婚外恋的态度（2006）

受教育程度	是一种不道德行为，坚决反对（%）	可以理解，但自己不会做（%）	是满足情感的需要，应该认同（%）	属于个人隐私，不应受道德谴责（%）	说不清（%）	有效样本量（人）
没上过学	53.85	25.00	1.92	1.92	17.31	52
小学	61.34	16.36	4.83	5.95	11.52	269
初中	52.18	21.32	5.44	12.25	8.80	1102
高中	48.85	24.22	4.28	16.02	6.63	1916
大学	40.96	30.79	4.12	17.00	7.13	2329
硕士研究生及以上	43.58	35.41	2.33	15.18	3.50	257

4. 婚姻状况与公民对婚外恋态度的差异化表现

2016 年的调查数据显示，相较其他婚姻状况的受访者，离异群体选择婚外恋"是一种不道德行为，坚决反对"的占比明显低于其他婚姻状况群体；离异群体认同婚外恋"是满足情感的需要，应该认同"与"属于个人隐私，不应受到谴责"的占比分别为 13.5% 与 22.5%，明显高于其他婚姻状况群体。

2006 年的调查数据显示,不同婚姻状况受访者对于婚外恋持"是一种不道德行为,坚决反对"的态度的比例分别为:未婚 40.13%;已婚 50.75%;离异受访者最低,为 33.33%;丧偶受访者比例最高,为 62.26%。不同婚姻状况受访者对于婚外恋持"可以理解,但不会做"态度的比例分别为:未婚 29.84%;已婚 24.45%;离异受访者比例最高,为 31.03%;丧偶受访者比例最低,为 11.32%。受访者选择"是满足情感的需要,应该认同"的比例分别为:未婚与已婚比例相近,分别为 4.63% 与 4.16%;离异受访者选择此项比例明显高于其他婚姻状况受访者,占比 10.34%;丧偶受访者选择此项比例最低,为 1.89%。受访者选择婚外恋"属于个人隐私,不应受道德谴责"的比例分别为:未婚受访者选择此项比例最高,为 17.28%;其次为离异受访者,为 16.09%;再次为已婚受访者,占13.80%;丧偶受访者选择此项比例最低,为 5.66%。此外,丧偶受访者选择"说不清"的比例高达 18.87%。

表 5—48　不同婚姻状况受访者对婚外恋的态度

婚姻状况	调研年份	是一种不道德行为,应坚决反对(%)	可以理解,但不会做(%)	是满足情感的需要,应该认同(%)	属于个人隐私,不应受到谴责(%)	说不清(%)	有效样本量(人)
未婚	2016	56.9	20.8	2.4	10.7	8.6	3129
	2006	40.13	29.84	4.63	17.28	8.11	2158
已婚	2016	57.6	18.5	3.2	13.2	7.0	3223
	2006	50.75	24.45	4.16	13.80	6.85	3608
离异	2016	39.3	11.8	13.5	22.5	12.4	178
	2006	33.33	31.03	10.34	16.09	9.20	87
丧偶	2016	57.3	9.1	6.4	14.5	12.7	110
	2006	62.26	11.32	1.89	5.66	18.87	53
其他	2016	—	—	—	—	—	—
	2006	23.53	23.53	0.00	41.18	11.76	17

5. 收入水平与公民对婚外恋态度的差异化表现

2016 年的调查数据显示,月平均收入 10000 元以上受访者对于婚外恋的态度表现出特殊性。该收入水平的受访者认为婚外恋"是一种不道德行为,坚决反对"的占比（41.5%）明显低于其他收入群体（56.6%—58.3%），其将婚外恋归为个人隐私的占比（24.5%）明显高于其他收入群体（10.6%—13.0%）。与此同时，随着受访者收入的增加，认可婚外恋"是满足情感的需要，应该认同"的比例逐渐增加：月平均收入1000元及以下为2.6%，1001—3000元与3001—5000元为均为3.2%，5001—10000元为4.2%，10000元以上为4.7%。选择"可以理解，但不会做"的，月平均收入1000元及以下受访者占比最高，为21.5%；月平均收入10000元以上受访者占比最低，为16.5%；其他收入群体选择此项的占比在18.3%—18.9%之间。此外，月平均收入10000元以上群体对此问题选择"说不清"态度的占比达12.3%，高于其他群体比例（7.4%—8.2%）。

对比2006年的调查结果可以发现，两次调查呈现出一些相同趋势：高收入受访者对婚外恋持坚决反对态度的比例低于其他收入水平受访者，将婚外恋视为个人隐私的比例高于其他收入水平受访者。

表5—49　不同收入水平受访者对婚外恋的态度（2016）

月平均收入	是一种不道德行为，坚决反对（%）	可以理解，但不会做（%）	是满足情感的需要，应该认同（%）	属于个人隐私，不应受到谴责（%）	说不清（%）	有效样本量（人）
1000元及以下	56.6	21.5	2.6	10.6	8.2	1503
1001—3000元	56.7	18.9	3.2	13.0	7.4	1881
3001—5000元	58.3	18.3	3.2	11.8	7.8	2011
5001—10000元	57.3	18.9	4.2	11.7	7.7	716
10000元以上	41.5	16.5	4.7	24.5	12.3	212

表5—50　不同收入水平受访者对婚外恋的态度（2006）

月平均收入	是一种不道德行为，坚决反对（%）	可以理解，但不会做（%）	是满足情感的需要，应该认同（%）	属于个人隐私，不应受道德谴责（%）	说不清（%）	有效样本量（人）
500元及以下	55.06	19.54	4.83	11.15	9.43	870
501—1000元	47.92	26.01	3.83	15.14	7.10	1803
1001—1500元	46.66	27.67	4.81	14.57	6.28	748

月平均收入	是一种 不道德行为， 坚决反对 （％）	可以理解， 但不会做 （％）	是满足 情感的需要， 应该认同 （％）	属于个人 隐私，不应 受道德谴责 （％）	说 不清 （％）	有效 样本量 （人）
1501—2000 元	44.62	26.83	5.45	16.64	6.46	697
2001—3000 元	41.54	33.08	4.62	14.62	6.15	390
3000 元以上	33.14	31.98	5.81	22.67	6.40	344

第二节　公民家庭道德现状及原因分析

一、家庭道德规范认同度现状与变化

尊老爱幼作为中华优秀传统美德之一，仍是家庭生活中最重要的道德规范，与此同时，作为横向道德规范的夫妻和睦与男女平等在当代家庭道德观念中有着愈发重要的影响。勤俭持家和邻里团结与其他家庭道德观念及规范相比，在现代家庭道德中的认同度相对较低。

2016 年的调查数据显示，尊老爱幼的传统美德仍为新时代家庭生活中的主流道德规范。然而，从代际道德与横向道德总体动态对比的角度而言，家庭中夫妻关系重要性的认同度有提升，达到与尊老爱幼的代际道德几乎相同的比例。勤俭持家占有一定认同度，邻里团结的认同度有所下降。

通过 2006 年与 2016 年两次全国性的调查，结合近年来相关家庭调查研究发现，现代家庭关系的格局确实发生了一定变化，夫妻关系的重要性提升，关于两性关系的伦理道德理念的关注度上升，但是代际关系与代际伦理道德的重要性仍得到广泛的认同。调查数据也反映出对于一直以来占据家庭问题分析主流的经典家庭现代化理论进行反思与修正的必要性。经典家庭现代化理论以西方的核心家庭为现代家庭的范式，认为现代家庭规模小型化、家庭关系中以夫妻关系为主轴、代际关系的重要性让位于夫妻关系、个人主义价值观念在家庭中崛起等成为现代家庭的突出特点，并将此家庭范式视为现代家庭的发展趋向，然而不少研究已经揭示了经典家庭现代化理论在一定程度上不符合中国实际的局限。有学者在此基础上对其进行修正并形成了"发展的家庭现代化理论"①。这种变化证明了家庭的变迁发展具有一些共同的趋向与特点,但是在不同的国家和社会,由于其历史文化传统等方面的差异,家庭在现代社会的发展方向与形式也会具有自身的特点,而这并非与现代化的趋向相悖而行。具体而言,中国具有尊老爱幼的传统美德,即使在现代化的家庭中,这种代际道德仍然具有存在的必要并得到广泛的认同与传承。

二、孝观念现状及其变迁的原因分析

孝,是中华传统伦理道德中极具民族特性的一个核心概念,也是中华传统伦理道德体系的始基与元德,正如俗语所说的"百善孝为先"。中国传统伦理道德文化中,"孝"是一个内涵丰富且具有层次性的核心概念。根据"孝"不同层次的内涵,在关于"当前尽孝最应该做什么"的调查中,问卷设置了五个选项:作为基本养亲层面的"赡养老人",敬亲、敬长层面的"尊重长辈",孝顺层面的"顺从长者意愿",还有祭祀祖先、继志述事层面的"追念先祖"以及忠孝相连层面的"事业成功,回报父母"的尽孝观念。

2016年的调查数据(图5—3)表明,敬重与赡养并重是当前孝观念的主流,持"事业成功,回报父母"孝观念的受访者比例有明显下降,但这种孝观念仍有相当的影响。绝大多数受访者认为当前尽孝之要义是敬亲与养亲。36.7%的人认为当前尽孝最应做的是"敬重长辈",36.1%的人选择了"赡养老人",而"顺从长者意愿"(占比8.6%)在一定程度也体现了对于长辈的尊敬,选择"事业成功,回报父母"的占15.0%,选择"追念先祖"的仅占1.2%。由此可见,"赡养老人"作为孝的基本要求,在当前仍得到相当程度的认同与重视;与此同时,孝亲中"敬"的内涵得到人们的重视,略超过"赡养老人",成为当前儿女尽孝最应做的事中占比最高的选项;此外,选择以"事业成功,回报父母"的孝观念占15.0%,相比较10年前的28.32%有明显下降。综上,大多数人恪守着孝观念的基本内涵,子代对于亲代敬亲与养亲的基本义务是当今孝观念的主流;尽职尽

---

① 马春华、李银河、唐灿等在转型期中国家庭变迁的调研中探讨了家庭现代化理论范式的问题与修正发展。(马春华、李银河、唐灿等:《转型期中国城市家庭变迁》,社会科学文献出版社2013年版。)

忠、扬名显亲的拓展性内涵仍具有一定的影响,但有所下降;关于事业成功与孝的关联在认知上出现了分离的趋势,但仍存在相当的影响;追念先祖、继志述事是具有孝的原初含义和后世延伸性的一项,在调查中选择占比较低。所以说,现代孝观念聚焦于亲子之间的人伦关系,重视基于天然血亲情感基础之上的亲代关系中子代对父母的伦理道德意识与应尽义务。

（一）赡养老人既是传统孝道的基本要求,也是应对当前中国社会老龄化加速问题的现实需要

老龄化问题是当前及今后一段时期中国家庭与社会所面临的一项重大现实问题。据统计,早在1999年,中国60岁及以上人口占全国总人口的10%,中国就已进入老龄化社会。2017年,中国60岁及以上的人口占总人口的比例高达17.3%,由此可见,中国人口老龄化增速之快与程度之深。由于中国人口基数大,老年人口众多,加之养老、医疗等社会保障制度和相应的机构设施还不能提供充分的养老保障服务,家庭养老仍是当前重要的养老方式。

中国具有悠久的家庭养老的传统,正如俗语云:"养儿防老,积谷防饥"。经过数千年的家庭养老模式的积累,广大民众形成了这样的社会心理:理想的养老形式是子孙绕膝、享受天伦之乐的家庭养老。相反,如果无子女照料,当事人往往不仅自感凄凉,周围人也视之为同情对象。根据相关调查,当前大多数受访老人更倾向于家庭养老的方式,希望与子女亲人一起度过老年时光。在这种传统模式与社会心理的影响下,子女也将在家庭中照料老人视为尽孝的基本义务,而对于将父母送往养老院的想法与做法,一部分人担心会遭到他人"不孝"的议论。可见,赡养老人的责任意识与行动,不仅关系到老年人的基本生活,也进一步关系到社会的人伦秩序和整体精神风貌。

然而,在人口流动速度加快、大中城市住房压力增大的现代社会,家庭养老的观念与实践也面临着现实挑战与转型。在农村地区,由于诸多中青年劳动力转移至城市工作、生活,许多老年人留守农村,与子女长期分离,并不能得到子女及时的关怀与照料。在城市家庭中,一些老人重新承担起照顾孙代的家庭任务,与子代的夫妇一同生活,在一定程度上得到子女的照顾,逐渐形成一种合作式的家庭生活方式,这些新的情况也对构建新型的养老模式与孝道文化提出了时代诉求。

（二）敬亲是亲子观念在现代家庭变迁基础上的文明发展，是老年人对于精神层面关照的客观需求，也是养老制度与政策发展基础上的应然走向

现代家庭结构与关系的变化为敬亲观念的变化提供了客观基础。调查数据显示，对于"敬老"的重视已略超过更为基本的"养亲"。这种养亲与敬老观念并重且敬老观念愈受重视的趋向，反映出当前孝观念向更高、更文明层面的提升。养亲在传统孝文化中虽有养体与养志之分，但是在当今社会文化与大众观念中，"养"更多的是指物质生活或身体层面的奉养，包括对父母的衣食住行的照料以及对他们身体状况的关注与养护等，即让父母在物质层面得到适当乃至舒适的安顿。然而，"敬"向来在传统伦理文化中被赋予较"养"更重要的意义，在日常践行中较之物质层面的奉养也更难，这较之"养亲"是更高层次的孝。敬亲，是指对于子代在血亲联系与父母抚养历程中所形成的情感基础之上，对于父母、长辈的尊重与爱戴。这种"敬"在现代的含义并非建基于地位上下关系与尊卑意义上的敬，而是筑基于人格平等的人伦情感之上的一种更加理性、深刻的爱。不同于传统社会父权畸重导致的子代与亲代关系的不平等，现代家庭关系中亲子关系的平等已达成基础性共识，这为筑基于天然诚挚的人伦情感基础之上的敬亲提供了现实基础，为形成一种更高层次、更文明的融合爱与敬的孝观念与孝行铺就了道路。

作为孝观念主要实践对象的亲代群体、老年人群体，其对于孝观念与孝行的精神诉求，理应成为现代新型孝道理论建设与孝道实践的重要关切。2016 年的调查数据显示（表 5—15），老年人群体（60 岁及以上）在尽孝最应该做的事的调查中，选择"尊重长辈"的比例最高（39.6%），高出"赡养老人"（32.6%）7 个百分点。同时，该群体选择"事业成功，回报父母"的比例也较高。可见，作为主要孝行文化面向对象的老年人群体，对于精神层面的关照有着更多的需求，即对"孝"有着比"赡养"更高层次的诉求。

社会化养老模式的推行以及大众对新的养老观念的逐步接纳，为孝观念向精神层面的提升提供了一定的现实条件与物质基础。在中国社会科学院进行的一项调研中，关于养老模式与养老观念问题有新的发现——被访者在为父母养老打算与自己养老打算上出现了明显的反差：对于"如何安排年老生活不能自理的父母"这个问题，近九成的被访者表示准备由自己负担与照顾；然而，对于

"你们年老生活不能自理时如何安排"的问题,仅有 1/3 的被访者打算依靠子女赡养照料, 2/3 的被访者打算靠自己养老,有高达 1/2 的受访者作好了进养老院养老的打算。可见,新的养老模式与养老观念正在逐步被大众接受。这既有对现实的压力和困难的被动适应,也有相关制度与设施的逐步完善而自然引发的人们养老观念的主动改变。这些客观条件与主观认识,使得基础性的赡养、照料要求逐渐减少,为向精神层面的孝行转型奠定了物质基础。

（三）顺亲观念认同度的下降体现出家庭代际关系中平等与自主意识的增强,但一定程度上也忽略了"顺"作为孝道规范的合理性成分

"顺"作为传统孝道规范的一个重要方面,在社会转型的过程中,经历了对其的批判性反思。传统孝文化在其发展历程中曾出现对于父母权威、意见绝对顺从的观念主张,如"君要臣死,臣不得不死;父要子亡,子不得不亡",将父权的权威推向极端,极大地抹杀了子代的主体性,从而将孝顺推向刻板、畸形。对于这种观念的批判,改变了近现代公众对于顺亲观念的态度。尤其是随着受教育程度的提高,个体的自主性意识在增强,对于顺亲观念的认可度也在降低。然而,在这个过程中,孝顺的合理性成分也被忽略乃至抛弃了。传统孝道规范中的"顺",事实上是敬亲观念的一种体现,主要是不违逆父母,然而这种不违又并非无原则的盲从,只是在后来的发展中逐步走向了僵化与极端。抛却了孝顺的合理性规约,在现代家庭代际关系中,对父母的意见表现出极度的不耐烦乃至无礼地顶撞父母、长辈等现象时有发生。这需要引起我们的反思,对孝顺观念采取真正辩证的态度。孝顺的具体规范是随着时代发展而变化的。在现代的代际道德中,孝顺背后"敬"的精神实质应得到正确认识,其在现代孝道中的合理表现应是尊重父母对其自身生活的意愿和选择,涉及子女的重要人生问题如职业、婚姻等,父母并不代替子女作选择,只是给予建议,由子女自己根据情况作出选择。中国社会科学院对亲代与子代在家庭生活中一些事务的决定情况进行了调查,显示出在现代家庭代际关系中,尊重协商与平等自主处于并存状态。①

（四）孝的延伸性内涵在当代的衰退,既受到现代家庭关系与价值观念变迁的影响,也有对于其文化内涵理解窄化与挖掘不够的原因

对于传统孝道泛化主义的批判与现代孝道的有限性定位的确立,以及大众

---

① 马春华、李银河、唐灿等:《转型期中国城市家庭变迁》,社会科学文献出版社 2013 年版,第264 页。

对传统孝道内涵理解的窄化,使得对孝道的拓展性、延伸性内涵的认同度下降。如20世纪80年代之后重新复苏的家族祭祖活动,时常面临着对其与封建家族主义复苏关联的担忧,加之部分祭祀活动未能清晰确立新时代的价值理念,致使其积极合理性未能得到应有的理解与重视。追念先祖不仅仅是一种仪式,其背后应有相应的价值理念的支撑。这种价值理念也不只是一种祈求祖先福佑的心理希冀,更具有报本返始、慎终追远、继志述事的教化立意,体现了传统中国人的那种独特、深沉的生命观和历史观。通过追述先辈功德的形式,激发后代对于诸种美德的认同,坚定继承先辈优良品质、宏大志向的信心与决心,也即"继志述事",这样才能赋予追念先祖更加理性与深刻的价值理念。如此,才能使各种追念先祖的祭祀活动等具有科学的价值导向。对于继志述事的强调古已有之,然而,对于此价值理念的重视程度和时代阐释尚不到位,以至于现在各种祭祖活动虽蔚然成风,但作为其灵魂支撑的价值理念却未被广大民众了解。如此,追念先祖的祭祀便不足以在广大民众心中引起强烈的共鸣,不足以产生新时代的生命力,也就不能充分发挥追念形式所应具有的功能了。

三、邻里关系状况及其变迁的原因分析

邻里关系是一种基于地域关系而产生的人际关系,同时也是一种家际关系,是家庭关系的延伸。在以农业生产和乡土社会为大背景的中国传统社会,邻里关系是人们社会关系的重要组成部分,与邻里关系密切关联的社区组织还是国家治理的重要基层组织,不仅发挥着守望相助的伦理功能,还承担着纳税、监督等方面的政治、经济功能。围绕这一关系的调节与处理,产生了相应的政治、法律、道德等方面的调节手段。然而,作为一种日常生活性的人际关系与家际关系,非强制性的道德自然成为调节、处理邻里关系的主要手段。在中国传统社会长期的生活实践与文化总结中,形成了一系列关于邻里关系的道德规范,积淀成友邻睦邻、守望相助等传统邻里美德。

然而,随着工业化和城市化的推进,社会由传统向现代转型,整个社会环境与社会组织形式发生了结构性的改变,邻里关系所处的宏观背景与微观环境都发生了巨大变革,尤其是城市邻里关系。自20世纪90年代以来,邻里之间的疏离淡漠现象就已经引起社会的关注与思考。现代邻里关系状况有哪些突出表现和新的变化? 在邻里关系弱化已成不争事实的情况下,探讨邻里关系与邻里道

德的构建有何必要与价值？新邻里关系构建的现实基础与着力点何在？下面聚焦于这几个问题，在相关实证调查基础上进行原因分析与对策探讨。

团结互助与和睦友善仍是当今中国社会邻里关系的主流与常态，然而，邻里关系在人们社会关系网络中的进一步弱化已成为不争的事实。在最应该坚持的家庭道德规范的调查中，对邻里团结的认同度在各项家庭道德规范中排最后一位。关于邻里关系状况的调查数据也表明，10年来，邻里关系的紧密程度相比之前有明显下降，淡漠现象有所上升。当前邻里关系状况的形成有多方面的原因，主要包括居住方式与环境的变化、社会交往与支持网络的拓展、生活方式与社交理念的变化等。

（一）居住方式与环境的变化

许多研究发现，稳定的、具有一定开放性的居住环境与公共空间的设置和使用会增加邻里互动了解的机会，更容易形成紧密的邻里关系。尤其是在一种高稳定性、低流动性的熟人、半熟人社会中，邻里关系由于地缘上的邻近以及社会公共服务的欠发达，自然构成了一种互动频率较高的社会关系，邻里关系之间存在相互团结、互助以获得各自以及整个生活群体和谐发展的现实需要，逐渐形成一种"守望相助"的传统，如传统民居中的四合院、上海的弄堂、广大农村地区的平房等居住模式。传统社区的空间格局为邻里交往提供了客观条件，从而为形成较为紧密团结的邻里关系奠定了基础。但是，这种公私界限不清的空间布局，也容易产生邻里矛盾乃至摩擦，尤其是对公共资源的分配与使用，还有对于其他家庭与个体隐私的不尊重，导致邻里关系紧张的现象时有发生。

随着居住方式的变革和新型社区的兴起，邻里关系已经发生很大变化。已有研究分析了不同类型社区中邻里关系的差异性，这些社区类型主要包括平房社区或老式社区、单位社区和商品房社区以及公租房小区等。由于不同类型的社区往往有着不同的空间格局、产权属性以及社会网络特点，因此对邻里关系产生了不同的影响。其中，传统平房社区或老式社区中的邻里关系较为紧密，一方面是因为邻近居住的往往是有亲缘关系的家户，因而这种邻里关系常常是地缘与亲缘关系的叠加；另一方面就是世代相邻的邻里，对于彼此的家庭较为熟悉，有相当长时间的交往与了解。单位社区的邻里关系往往是地缘与业缘的结合，居民之间常常是一个单位的同事，社区的同质性也相对较高，邻里关系的互动没有传统社区高,但是相较于商品房社区熟识度要高。20世纪90年代之后,商品住宅增多,且逐步成为住房市场的主要形式,个体根据自身的经济状况和其他考量,自主选择住宅区,因而商品住宅社区中的住户往往有着不同教育背景、收入水平、社会地位等,邻里关系是脱离了血缘与业缘联系的陌生人际关系,加之现代住宅小区重视私密性空间的设计以及专门的物业公司对于社区相关资源、服务的提供,使得商品房社区相较于前两种社区住户之间的熟悉程度与互动频率要低。此外,社区的流动性特征也影响到社区的邻里关系,比如在一些公租房社区和出租率较高的商品房社区,由于住户的流动性较强,其邻里关系的互动、认同感与凝聚力明显低于住户稳定的社区。

(二)社会交往与支持网络的拓展

诸多研究已证明,在现代城市社区中,邻里之间在家庭的社会交往与社会支持网络中不再是重要的组成部分,往往排在亲属、朋友、同事等对象之后,这也成为影响邻里关系的重要原因。

一方面是由于社会交往范围的变化。工业化和城市化的快速推进,从根本上改变了传统的生产、生活方式,进而也引起了社会交往方式的变革。加之现代交通、通信技术的迅猛发展,大大拓宽了人们社会交往的范围,丰富了社会交往的方式,使得整体社会成员的交往不再局限于血缘、地缘关系的范围,给予人们更多的选择与自由。这种变革对于传统熟人社会、半熟人社会中的交往是一种巨大的突破,邻里关系在社会交往中的影响减弱了。

另一方面是社会支持网络格局的变化。已有研究证实,现代邻里关系已不再是家庭社会支持网络的重要组成部分。有关于武汉三镇的抽样调查结果显示,邻里在城市居民的经济支持网中的地位相当低(6.9%),排行在亲属(60.5%)、同事(14.9%)、朋友(12%)之后。[①]在北京市的调查研究也同样发现,城市居民主要的社会交往对象并不是邻里,而是朋友、家人、同事等群体。同样,居民的社会支持网主要由朋友、家人与同事构成。[②]与此同时,随着现代社会各种公共服务的兴起,邻里对于家庭生活的实际社会支持功能已经日渐式微。

---

① 桂勇、黄荣贵:《城市社区:共同体还是"互不相关的邻里"》,《华中师范大学学报》(人文社会科学版)2006年第6期。

② 同上。

　　而对于一些特定群体来说,邻里关系在其社会关系与日常生活中仍具有相当的影响力,成为当今邻里关系与邻里道德建构的现实基础和重要着力点。如年龄因素对于邻里关系状况具有明显的影响,尤其是对老年人而言,邻里仍是其社交网络中的重要组成部分。2016年的调查数据显示(表5-21),60岁及以上受访者邻里关系状况选择"团结互助"的比例为50.9%,50—59岁占比49.5%,明显高于其他年龄段受访者的选择比例;而30—39岁受访者选择"邻里团结,互相帮助"的比例最低(35.1%);青少年与中年群体的邻里关系疏远淡漠的情况高于老年人:40岁以下受访者表示邻里"互不认识"的比例均高于40岁及以上受访者,50岁以下受访者表示邻里"认识但互不往来"的比例也均高于50岁及以上受访者。造成以上现象的原因与老年人社会交往的范围较为稳定或有限以及其居住环境的长期性与稳定性有关。再者,对于农村居民来说,邻里关系在其社会网络中的占比相较城市居民更高,这是由于农村地区的生产、生活与社会交往的环境相对稳定,仍属于熟人社会或半熟人社会,在此环境中邻里关系在农村居民社会支持网络中互动仍较为频繁,关系也较为密切。此外,调查显示,农村居民邻里关系团结互助的程度随收入水平的提升而减弱,也与不同收入水平人群的社会交往范围与支持网络的构成有关。其他相关调查也有类似发现,如《中国综合社会调查(CGSS)》项目数据同样也反映出年龄、收入水平与邻里关系水平的负相关关系;仲继寿等人的研究发现,老年人与邻里交往的意愿普遍要高于中年人。①

(三)生活方式与社交理念的变化

　　工业化和城市化的推进,不仅改变了传统社区的居住环境与社会网络结构,还改变着居民的生活方式与社交理念,一个突出的表现便是隐私意识增强、对个人空间的重视与维护以及交往的适度距离感。传统的邻里是关系紧密而互动频繁的群体,然而存在边界模糊、隐私观念淡漠的现象,时常产生窥探、议论邻居隐私、侵扰个人空间的问题。现代都市生活的快节奏与压力,使得很多人没有太多空余时间与邻居进行深入交往,同时,在忙碌的工作之余往往希望能够拥有属于自己或者与家人共处的不受打扰的空间和时间。因此,像传统邻里之间较为频繁的、登门式的交往就变得不太符合大家的交往期待与生活理念。这在一定程

---

　　①　仲继寿、王莹、赵旭:《住区心理环境监控影响因素实态调查研究》,《建筑学报》2010年第3期。

度上减少了邻里互动,造成邻里关系的弱化。此外,人际交往的理性化也是影响邻里交往的重要因素。2016年和2006年的调查数据均显示(表5—25、表5—26),不同就业状况群体中,无业、失业人员表示邻里团结、基本和气的比例要少于其他就业状况受访者,而其邻里关系淡漠乃至关系紧张的程度相对略高于其他就业状况受访者,这在一定程度上体现出邻里关系交往中的理性观念的影响。在本次关于"各人自扫门前雪,休管他人瓦上霜"的为人处世态度的调查中,有34.4%的受访者表示中立,8.8%的受访者表示同意,从侧面反映出个体主义的处世态度在当代社会仍具有一定程度的影响,而这种处世态度在人们的日常生活及人际关系的互动中,乃至具体到社区邻里关系交往中也产生着影响。

（四）现代社区生活产生新的公共性问题与需求,呼唤新邻里关系的构建

社区公共空间的组织程度与居民的社区参与热情是影响邻里关系水平的重要因素。有研究发现,虽然邻里关系如何在个体层面受到个体人口特征、在社区层面受到社区异质性程度的不同影响,而这些效应又都受到居民社会参与情况的影响,即居民的社团活动参与程度越高,社区公共空间的组织化程度越高,邻里关系水平就越高,由此得出拓展社区公共空间、促进居民的社团参与才是提升居民邻里关系最重要且稳定的因素。①

现代社区生活产生的一些新的公共性问题以及对于丰富多样的社区文化生活的需求,都呼唤着新的邻里关系的构建,使之成为现代邻里关系建设的着力点。现代社区的居民面临涉及社区公共权益的一些公共事务,如社区的公共空间、绿化、停车位、交通、快递服务等,居民往往有共同的利益诉求或者争议纠纷,这些事务会增加邻里之间的联系与互动,或者为信息之间的分享、互通,或者为公共事务的讨论与社区居民利益的维护等,此外还有居民对于社区休闲娱乐、体育健身、学习提升等公共项目的需求也都需要邻里的互动交往,这些要素已成为现代新型邻里关系构建的客观条件,也是促进现代邻里交往与发展的新的基础。与此同时,对于一些群体而言,邻里关系仍是其重要的人际关系,并且在新的社会条件下产生了对邻里价值进行挖掘开发的现实需求。其中,老年人就是

---

① 蔡禾、贺霞旭:《城市异质性与社区凝聚力——以社区邻里关系为研究对象》,《中山大学学报》(社会科学版)2014年第2期。

现代邻里关系实践的重要群体。邻里关系对于老年人群体来说是重要的人际关系之一,成为老年人社会交往与支持网络中的重要组成部分,尤其是邻里交往的精神交流与支持功能,需要深化发展。同时,针对老年人养老问题,有研究提出了"社区邻里养老"的辅助养老模式,一些社区也在此方面进行了相应的探索实践。再者,对于部分青年人群体而言,由于其生活、工作的流动性以及都市生活的压力等原因而形成的群租、合租等居住模式,使邻里成为其日常生活所经常接触、互动的人群。因此,邻里关系对于部分青年人的生活品质产生着一定影响。一种和睦友善、互帮互助的邻里关系对于部分青年人而言不仅为他们共同的生活提供一定的安全、便利,而且对其共同的成长、发展都可能产生积极影响。

然而,目前不少社区对于社区交往平台的搭建、社区公共需求的满足和公共参与的促进还存在诸多不足。当前的社区组织大多以居委会、物业公司为主,一些城市社区组织进行了诸如"邻居节""敲门日"和修订《邻里文明公约》等活动来增进社区邻里交往、推动社区精神文明建设的有益尝试,但是也有不少社区工作主要停留在通知传达、具体问题解决层面,缺乏对于社区居民丰富多样的社区生活需求的挖掘开发以及相应的活动设计与组织,因而在社区组织的丰富性、社区公共参与的多样性方面还需要继续推进和完善。

四、公民婚前性行为观念现状及其变迁的原因分析

当前公众对于婚前性行为的态度表现出更加开放、多元的倾向,相较 10 年前对于爱情基础的重视,当今的观念更倾向于将其划归为个人隐私范畴,表现出一定程度的自由主义倾向。[①] 影响婚前性行为观念变迁的原因主要有以下几个方面:

(一)城市化与婚恋模式变化的影响

城市化带来的一些特质促进了性观念的开放与多元。城市生活的功能分化导致了相对人际隔离与陌生人生活环境的影响:"城市中交往活动和人际关

---

①　李银河曾将关于婚前性行为的观念与规范概括为三种:"第一种是传统的性规范,它以生殖为目的,因此坚决反对婚前性行为;第二种是浪漫主义的性规范,它主张,爱应当成为性的主要目的,因此它反对随意的性行为,但是如果当事人双方发生了爱情,婚前性行为就是可以接受的;第三种是自由主义的性规范,它认为,性是人的权利,人可以随自身的意志处置自己的身体,因此只要当事人双方自愿,就可以有婚前性行为。"这种划分在一定程度上描绘了婚前性行为态度在不同阶段的特点与发展趋势。

系日益支离破碎,人们可能在某处工作,又在他处消遣闲暇,再在另外的地方吃饭睡觉。每一种活动常常牵涉到一组互相分离、互不相干的组织、角色和人群。""在这种陌生人的生活场景下,传统的舆论监督和社会规范对个体私生活的约束能力很弱,个人的情感和性生活相对处于隐秘状态。"[1] 具体到现代两性之间的交往方式,特别是婚恋模式,较之以往发生了很大变化:在传统社会,双方结婚之前交往并不多,并且在父母与介绍人的催促下,双方会较快步入婚姻,因而婚前性行为的发生在一定程度上受到限制。然而现代社会中,两性对于恋爱环节十分重视,结婚年龄推迟,加之现代社会人口的流动性增强,许多青年人异地就业,居住环境脱离稳定的家庭,使得双方有更多单独相处与交往的时间与机会。同时,来自家庭中父母长辈对于婚前性行为的外在约束效果大大减弱,在一定程度上增加了婚前性行为的发生概率。

（二）全球化与现代化背景下社会观念变迁的影响

婚前性行为在 20 世纪八九十年代就逐渐被作为一个现代性问题而提出,此后作为一种全球化与现代化背景中的问题被关注、讨论与研究。正如吉登斯所说,当前世界各国都在现代化和全球化变革层面讨论男女平等、性解放及其对家庭制度的影响。[2] 徐安琪从宏观上指出了全球化、现代化与性观念变革之间的互动关系,认为"中国性观念的宽容趋势也是以经济进步、教育普遍提高、信息传播和共享等为特征的现代化和全球化背景下的产物,是中国改革开放之后,伴随现代化进程的加快,以尊重人的尊严和自主性、保护个人隐私和自我发展、倡导平等与自由理念为基本点的个人主义和强调自我实现、快乐主义原则的后物质主义价值观"[3] 不断发展的必然结果。

（三）个体人口社会学因素的影响

其一,性别对于婚前性行为态度的影响。男性与女性在某些社会问题方面的态度往往表现出差异性,而两性对于婚前性行为的态度也是分析婚外恋问题的重要维度。吉登斯提出:"性的双重标准曾是所有非现代社会的核心价值之一。"[4] 已有研究显示,女性在婚前性行为方面相较于男性更为保守。然而对比

---

① ［美］戴维·波普诺:《社会学》(第十版),李强译,中国人民大学出版社 2003 年版,第 578 页。

② ［英］安东尼·吉登斯:《失控的世界》,周红云译,江西人民出版社 2001 年版,第 49—50 页。

③ 后物质主义价值观由美国密歇根大学教授 Ronald F.Inglehart 于 1971 年提出。

④ ［英］安东尼·吉登斯:《失控的世界》,周红云译,江西人民出版社 2001 年版,第 52 页。

2006年、2016年两次调查可以发现,女性对于婚前性行为所持的宽容态度在逐步增加。两性对婚前性行为持道德批判态度的比例相近,并无明显不同。这是由于现代女性社会地位的提升与男女平等观念的广泛认同,使得女性对于婚前性行为态度日趋宽容、开放。不过,在只要双方同意就可以发生婚前性行为态度的选择上,男性选择占比高于女性。

其二,受教育程度对于婚前性行为态度的影响。诸多关于教育对婚前性行为态度影响的调查研究结果均显示,与受教育较少的群体相比,受教育较多的人越少束缚于传统道德价值观。有研究从现代性的解释框架出发,分析了现代教育对于性观念的影响,认为现代教育的基本功能在于能提高人们的基本知识水平,扩展日常行动的可供参考的知识框架。而高学历者因此常常成为思想解放的实践先锋,婚前性行为观念的开放也被视作与教育程度提高相伴生的现象。①

其三,收入水平提高对于婚前性行为态度的影响。相关实证研究发现,经济越发达、现代化程度越高的地区,对于婚前性行为的态度越宽容,与此相应的是,城市相比农村、经济发达城市相比经济不发达城市,前者的性态度更趋宽容与多元。② 而就收入阶层而言,高收入群体对于个体生活方向的选择自由度更大,在婚前性行为方面更趋向于宽容态度。有研究分析认为,随着社会经济水平的普遍提高,人们从基本生存需求到身体安全需求再到更高阶段的自我实现需求的层次转变是导致性宽容趋势的重要因素。

此外,还有现代技术手段的影响。现代避孕技术手段的发展,在一定程度上降低了婚前性行为的风险,为性与生育的分离提供了技术手段的支持,也在一定程度上减弱了当事人的心理压力与心理阻碍,对于婚前性行为态度的开放起到了促进作用。再者,现代网络社交软件的迅猛发展,在为大众的社会交往提供便利的同时,由于其私密性与快捷性,一定程度上也为一些随意、偶然的性行为打开方便之门。

---

① 刘汶蓉:《婚前性行为和同居观念的现状及影响因素:现代性解释框架的经验验证》,《青年研究》2012年第2期。

② 同上。

五、公民婚外恋观念现状及其变迁的原因分析

在两性关系中,婚外恋是一个具有极大公众关注度又颇具争议的社会问题。在我国离婚率逐年递增的社会现实中,婚外恋是导致婚姻破裂与家庭解体的主要原因之一,对于婚姻的忠诚价值原则造成极大的冲击。虽然婚外恋的现象由来已久,它伴随着整个婚姻家庭的产生、演化与发展的历史,但不同历史时期婚外恋作为一种社会现象发生的原因、表征有所不同。公众对于婚外恋的认知观念与评价态度,也随着社会的转型变迁而产生差异。回顾不同历史时期社会与公众对此现象的一系列名词与俗语的称谓,可以看出他们对于婚外恋现象认知与评价的变化。其中,一些称谓具有鲜明的道德贬斥性,如"通奸""偷情""姘居"等,这说明公众将其视为违背伦理道德的不良行为;而之后逐渐形成的如"婚外恋""婚外情""外遇"等词语相较前者在道德上的贬斥意味淡化,更侧重于其在法律所确立的婚姻关系上的另类表现,更具有中性色彩。

关于"婚外恋"的概念,学界有不同观点。一些学者与婚姻专家将"婚外恋"定义为"夫妻双方中某一方与婚外异性产生比较持久而巩固的情感。某一方若没有固定的情感对象,只是拈花惹草、逢场作戏,还不能归入'婚外恋'之列"。此定义将"婚外恋"与"婚外性"区分开来,将时间持久性与情感因素作为婚外恋的重要特点。还有一些学者对婚外恋作出了相对宽泛的界定,认为其是指"法定夫妻关系的一方或双方婚后再觅情爱,与情人保持一种暧昧的三角关系。这种婚外情爱关系有着形式和程度上的差异,既包括精神爱慕也包括性的关系,或者二者兼有。"

公众对婚外恋的不同态度对整个社会的婚姻观和婚姻家庭的稳定性产生着重要影响;如何正确地认识、评价与对待婚外恋问题,对于树立正确的婚恋观、维护个人家庭幸福与社会稳定都具有重要意义。因此,课题组就当前公众对于婚外恋的态度进行了广泛调查和相关分析。

婚外恋作为一种特定的社会现象,是与相应的社会大背景相联系的。不可否认婚外恋这种早已有之的现象有其存在的生理原因,即人作为动物所具有的追求、爱慕异性的本能。然而,当人类进入文明时代,尤其是随着现代婚姻制度的确立,本能不能成为揭示婚外恋这一社会现象的主要原因。"婚外恋"这一概念本身就表明了该现象是在作为制度的婚姻关系之外发生的,因为违反婚姻制

度的忠诚规定而成为被关注和探讨的社会问题。因而,社会性的原因才是探讨此问题成因的关键点。毕竟,现代文明一定程度上正是人类在限制、超脱单纯的动物本能基础上而逐步建立发展起来的。现代中国社会出现婚外恋现象的主要社会成因,一是社会结构的变迁,表现为传统人际关系的破裂带来社会结构的"脆化"和社会规范的"弱化",而现代婚姻关系的松弛正是这种社会结构变迁在家庭问题上的具体表现;二是家庭关系的变化,主要表现在夫妻关系开始由"维持型"转向"契合型",女性地位提高、传统观念发生变化以及受到西方文化的影响。

要说明的是,本次关于婚外恋态度调查出现了新的变化,即对婚外恋持反对态度的比例大幅上升,大多数人对婚外恋持否定态度,同时,对婚外恋的宽容态度仍占一定比例。下文对这一新的变化趋势作了理论层面的分析。

(一)对于婚姻忠诚价值原则的认同增强

《中华人民共和国婚姻法》明确规定了"一夫一妻""夫妻应当互相忠实"是我国婚姻家庭关系的基本原则。虽然现代法律、制度以及社会都承认婚姻的可离异性,但是忠诚与专一仍是现代婚姻的重要价值原则,并在人类对于婚姻的探索中逐步得到新的认同与强化。

目前公众对婚姻关系中的忠诚专一原则仍有广泛的认同与共识,对于违背婚姻忠诚原则的婚外恋的反对态度更加鲜明。上海社会科学院的研究结果同样证实了大多数人对于婚外性行为的反对态度和对婚姻中忠诚专一原则的肯定。兰州、上海的调查数据显示,对"男女有婚外性行为是否总是错误的"作判断时,认为没错、正常的仅占 11%,认为绝对错误的占 27%。[①]对于夫妻关系的自我评价,其指标中包含了"对方的忠贞不贰、感情专一"的自评,此项的评价最高,选择满意、非常满意的比例达到受访者的八到九成。

而且,这种对于婚姻忠诚原则重视的趋向在国外的相关调查研究中也有鲜明的体现。美国的社会普查(GSS)结果显示,自 20 世纪 70 年代以来,认为婚外性行为总是或几乎总是错误的比重并未呈现下降趋势,反而在近 10 年来有所上升,2008 年分别有高达 90% 和 95% 的男女对婚外性行为持否定态度。同时

---

① 徐安琪、刘汶蓉、张亮、薛亚利:《转型期的中国家庭价值观研究》,上海社会科学院出版社 2013 年版,第 101 页。

期的"探测未来"(Monitoring the Future)项目的研究结果显示,不同意"只与一个人有亲密关系对一般人来说太受限制"的男女比例分别为 76.2% 和 63.0%,20 多年来不降反升。①

对于婚姻中忠诚专一价值原则的认同度的增加,与现代公众对于婚姻爱情的探索及现代婚姻观念的发展相关。在现代婚姻的探索历程中,爱情作为核心价值已被普遍承认,但爱情纳入婚姻制度时,并存的还有关于婚姻双方权利义务的规定和不同于恋爱的婚姻价值原则的要求。经过社会转型期"爱情至上"、西方性解放等思想观念的涤荡冲击与反思,现代公众对于婚姻的态度逐步趋向更加文明理性的爱情婚姻观:一方面承认并重视爱情在婚姻中的基础地位,但是,这种爱同随意的情感或性爱相区别,包含着对于彼此的尊重、爱护。绝大多数人认同婚姻中夫妻双方有相互扶助支持、对彼此忠诚专一的责任与义务。情感与制度合一的现代婚姻中,相互爱慕的情感以及制度规定的权利、义务均是相辅相成、共同维护婚姻的要素。这些理念与制度使婚姻中的爱、性与责任相连,凸显了现代婚姻的情感性与庄重性。

无论是在"后现代家庭"时期的美国,还是经济、社会处于转型期的中国,婚姻家庭对于个体而言仍非常重要。尽管中国经济的市场化转型以及文化的多元色彩,都弱化了以往意识形态和职场单位对个人私生活的干预,极大地改变了城乡二元结构体制下封闭、单一的生活方式、互动方式以及家庭本位的价值取向,使个人生活日渐与社会生活相分离,出轨、离婚的社会、心理负疚感显著下降;随着物质生活质量的提高,人们对于爱情价值与婚姻质量的期待相应提升,个人的自由选择也具有更大的空间。综上可知,现代公众已改变了对传统婚姻不可离异的观念,在婚姻的终身性、专一性以及夫妻、亲子的责任感方面依旧秉持着传统观念。

(二)对于婚外恋持宽容态度的客观因素

虽然现代婚姻家庭是以夫妻关系为核心,但是中国的婚姻家庭在一定程度上仍然是两个大家庭的联结。现代家庭在分工合作、经济保障乃至家庭网络的生活帮助方面仍发挥着相当重要的作用,而离婚对于许多家庭来说,仍具有较高

---

① 徐安琪、刘汶蓉、张亮、薛亚利:《转型期的中国家庭价值观研究》,上海社会科学院出版社 2013 年版,第 101 页。

的社会成本和经济代价,这在一定程度上增加了部分人对于婚外情的忍受度或接受度。此外,中国家庭对于亲子关系的关注会影响父母愿意为子女牺牲而保全家庭的态度,从而增强对于婚外恋的接受度、宽容度。

当前,部分社会价值观念与评价标准中都不再将婚外恋视为"个人作风"问题,也不会与个人道德、事业的评价紧密相连。由于个人的私生活与公共生活相对分离,所以某种程度上影响了人们对于婚外恋的评价态度。然而,对于某些人而言,这种关联并未被切断,如公众人物、教育工作者、党政领导等群体,婚外恋仍然可能直接或间接地被视为个人作风、品德的不良表现,对其事业、声望产生一定的影响。

（三）大众传媒与影视娱乐中的价值引导

近年来,大众传媒与戏剧影视关于婚外恋题材的新闻与作品较多,大多数报道与演绎基本都对婚外恋持批驳态度,这些新闻报道与影视作品的价值引导具有一定的积极影响:它们大多立场鲜明地反对婚外恋、批驳"第三者",维护并彰显婚姻中忠诚的价值观念,同时,也引导女性树立独立自强的人格观念与平等互爱的爱情婚姻理念。然而,也有一些新闻报道与家庭伦理剧中存在某些不良价值倾向,可能会带来一定的负面影响:如某些作品忽略了婚外恋形成的复杂原因,或者将发生婚外恋的当事人简单化地塑造为品德败坏、道德沦丧的败类,在对"出轨"一方与"第三者"的态度与处理方式的报道与演绎上,往往采取一些激烈的"泄愤""报复"的方式。虽然这种情节迎合了公众对于婚外恋的愤懑心理,但对一些不理性的态度和处理方式的宣扬,可能使受伤害一方转而又成为加害者,出现侵犯当事人合法权益的情形。

需要强调的是,对他人的性宽容态度与实际行为之间的关系需谨慎理性分析。有学者认为,对他人的性宽容态度源于现代人的理性思考。一些社会学、文化人类学、心理学学者对于现代人整体特征的研究考察揭示出,与传统社会的人相比,现代人对既有习俗和社会规范更具批判性,个人的生活方式是经由个人理性思考而自主作出的选择。这并非意味着现代人无视社会性规范,而是这些社会道德规范会被纳入个体的理性思考和衡量范围,而不仅是作为传统规范就被动接受。

第三节　新时代加强公民家庭道德建设的若干思考

新时代加强家庭道德建设,需要继承和弘扬中华优秀传统家庭美德,并结合时代特点和需要对其进行创造性转化和创新性发展,还需要遵循家庭与社会发展趋势和时代要求,更新与丰富家庭道德的内涵与规范体系。本节主要从理论建构、教育引导、环境优化、制度保障等方面,对新时代加强家庭道德建设进行探讨。

一、新时代孝道的弘扬与培育

新时代弘扬孝老爱亲的传统美德,需要在把握孝道内涵与时代要求的基础上,构建新型孝道理论,整合孝德教育,筑牢制度保障,激活礼俗实践。

(一)构建现代新型孝道理论

现代社会弘扬孝老爱亲的传统美德,需要对传统孝道理论进行现代转化,吸收符合新时代要求的价值理念,构建现代新型孝道理论。新型孝道理论要求剥离传统孝道中的政治性、虚伪性、非人性的糟粕,反对将"孝"泛政治化的倾向,明确"孝"在现代的适切定位,形成新型亲子人伦道德规范。

对传统孝道理论进行创造性转化与创新性发展,需要将对传统孝道伦理精神实质的继承、时代阐发与具体孝道规范的时代辨析、有限继承、创新转化与合理拓展相结合,明确新型孝道的主要内涵与基本层次。首先,养老敬老、尊老爱亲仍是现代孝道的基础与核心。孝,究其本质是子代对亲代的伦理道德意识与义务规范。这种伦理道德意识的始源是子女对父母生育、养育之恩而生发的一种爱的道德情感。中国传统孝文化在此基础上对爱进行情理兼具的改造,为其赋予更理性、郑重与深刻的内涵,即赋予孝以"敬"的内涵。这种融合爱与敬的孝,一方面不致使亲子之爱流于狭隘、随便,另一方面不致使亲子之敬陷入刻板无情。其次,倡导尽职尽责、立身行道这一新时代孝道的拓展性内涵。传统社会中移孝作忠、显身扬名、光宗耀祖作为孝观念之一维,所体现的忠君与家族主义的思想内涵在现代应得到理性的认知与纠偏。新时代孝观念中的"显亲"或"荣亲"更多指个体价值的发挥,尤其是将个人对社会的付出、贡献与对父母的孝结合起来,这种超越家庭而又赋予家庭深远价值意味的观念,应该得到重视和发掘。在尊重个体生命价值与人格平等的基础上与实现"孝"的基本层面要求的情况下,我们倡导将尽职尽责、立身成事以行孝的拓展性孝观念,将现代孝道与个体和家庭发展的内在需要结合起来,促进孝观念的现代发展与文明升级。再者,明确追念先祖、继志述事是新时代孝道的延伸性内涵。传统孝道文化中的孝不只局限于上下两代到三代的代际规范,还包括对于先辈的追念,而这种纪念并非只是感情与形式上的追忆,本质上具有追寻生命与文化之"根"的意义,凸显报本返始、感恩报恩与继承祖先美好品德遗志而在自己乃至后代的人生中继续延续和发扬的文化内涵。这种文化理念对现代社会日趋原子化的个体而言,提供了一种生命、文化与历史的归属,也为个体生命的走向提供了一种更为宽宏的指引。这种孝观念与规范是承上启下的,是立足现在、追溯过去又面向未来的。

同时,新型孝道理论应汲取符合时代发展的新价值理念。其一,人格平等性。现代亲子关系及一切人际关系的基础均是人格平等,这是建立新孝道的基石。这种人格平等性,是针对子代和亲代双方的。传统孝道中父尊子卑、父主子从的人格不平等关系早已被学界和公众批判,人格平等已成为新孝道的一个重要特点和原则。在"后喻"社会中,家庭中的长辈、老年人对快节奏的现代社会生产生活与交往的适应性相较子代尤其是中青年处于劣势,因此在家庭关系中逐渐处于"弱势"乃至边缘的地位,导致有些子代对亲代表现出不尊重。由此可见,现代家庭中亲代特别是老年人的人格尊严与平等同样需要得到尊重与维护。其二,义务双向性。传统亲子关系中的"孝慈"观念体现了亲子道德规范在原则上的双向性,然而在实践过程中,却往往是重孝轻慈的,即更多强调的是子代对亲代的孝。这种单向的义务要求是在传统社会亲子关系人格不平等的基础之上产生的,其在现代家庭中不再具有合理性与可行性。真正合情合理的新孝道的形成,必须建立在亲子双向互动的良性关系之上,即不只需要子女对长辈的敬养,还需要老人相应的配合、理解与学习。一方面,子女以孝养慈;另一方面,父母也应以慈养孝。只有在互相尊重、关爱的关系中,现代孝道才能有效运作,形成相得益彰的文明和谐的亲子关系。其三,注重情理相济。传统孝道所提倡的孝是合爱与敬、情理相济的,这一内涵在孝道的现代弘扬中应得到重视并予以时代性阐释。一方面,应注重现代孝道以亲子之间的情感为基础,另一方面应注重以"理"引导感情。即孝的感情应是合理之情,而非仅仅局限于血缘关联中的自私、狭隘之情；而且这种"理"是缘情之理，并非只是作为一种单向义务规定的冷漠、外在、强制之理。

（二）弘扬孝道需要加强孝德教育

孝老爱亲作为一种美德与规范，需要后天的教育，而孝德教育也是孝文化弘扬推广最基本的措施。儒家的孔子与孟子都认为，孝虽具有天然的人性基础与可能，但仍需借助后天的教育。"启发本性之资质，并配合后天情境之陶冶，如斯才有善行和孝行。"[①] 孟子提出"谨庠序之教，申之以孝悌之义"（《孟子·梁惠王上》），即是主张孝悌需要后天的教育。荀子虽不认为孝是人的天性，却认为孝需要后天的习得与教化。人虽具有感恩父母的先天的情感基础，但如何看待、认识孝道，如何顺情合理地行孝，却是需要相应的教育的，其内容包括孝的现代价值、合理内涵、具体规范等。

孝德的教育与培养应注重不同的环节、场域以及相应的丰富的教育方式。首先，家庭教育是孝德培养的基础和主要的环节、场域。孝的核心要义就是"善事父母"，即家庭中代际之间的伦理道德观念与相应的规范要求，所以家庭自然成为进行孝德教育最切近的重要教育环节与场域。其中，父母对子女的言传身教尤其是身教示范，对子女关于孝德的认知与践行具有重要影响。父母对待自己父母长辈的态度与行为，包括与自己父母的日常交流问候、年迈患疾或有其他困难时的陪伴扶助、节庆寿诞时的相聚庆祝等，都是对后代进行的真实生动的孝德教育示范，还有的父母会通过讲述家族长辈的故事、订立对待长辈的规矩、言语劝导等方式进行孝亲敬老的教育，这些都会影响后代对于孝的感知、认同，也是教育行为效仿的关键环节等。其次，学校教育是孝德培育的强化环节。学校的一些课程设置特别是思想品德、思想道德修养与法律基础、国学、语文等课程的设计中，都会注重弘扬和传达孝老爱亲、尊师敬长的美德；在一些社会体验与实践课程设置中，也会注意增强学生对于父母长辈的感恩与尊敬意识。再次，社会教育也是社会孝亲敬老风尚形成与彰显的重要依托。社会孝德教育的形式更为多样化，范围也更广，包括一些社会组织的宣讲，例如城市、社区的道德讲堂，伦理道德文化部门组织的研讨学习，新闻媒体对于彰显孝德的代表人物、典型事例的报道、专题讨论，还包括一些公益性广告、宣传片、纪录片等对于孝德的弘扬

---

① 肖群忠：《孝与中国文化》，人民出版社2001年版，第280页。

及相关困惑的反思、厘清,这些都对社会范围内敬老爱亲风尚的树立产生着潜移默化的影响。

(三)新时代弘扬孝道应加强制度保障

古语云"仓廪实而知礼节",一定的物质条件与保障对于公众道德观念的提升与践行有促进作用。有学者曾提出,中国古代靠讲求一个"孝"字,解决了几千年的养老问题。[①] 然而,需要注意的是,古代的孝养尤其是家庭养老,是与古代的农业生产方式、农村社会的生活方式以及家族制度的社会组织结构等紧密联系的。对于整个社会生产方式、生活方式与社会结构发生根本性变革的现代社会而言,养老问题的社会性、复杂性更加凸显。随着中国社会老龄化速度加快与程度加剧,加之家庭规模的小型化、家庭结构的核心化,尤其对诸如"421"家庭结构中的子女而言,其承担的养老压力明显增大。与此同时,由于社会流动性的增强,异地就业生活的客观现实使得子女无法长期在父母身边陪伴照顾。此外,现在社会,老年人的健康状况对于医疗保健的需求进一步增强,这些客观现实都要求发挥社会、国家、政府的集体作用和制度优势,以相应的社会保障网络体系作为支撑。相应的制度与政策,一方面为孝道的弘扬奠定了基本的保障,另一方面为孝道的内涵与实践的延展提供了基础。制度主要解决社会养老问题,即对孝道基础层面的"养"的要求,但孝道更有敬亲、乐亲、荣亲等内涵,所以制度养老只可为孝道其他内涵的实现提供基础层面的依托。

1. 法律法规对于老年人权益的保障

《中华人民共和国宪法》规定:"中华人民共和国公民在年老、疾病或者丧失劳动能力的情况下,有从国家和社会获得物质帮助的权利。""父母有抚养教育未成年子女的义务,成年子女有赡养扶助父母的义务。"《中华人民共和国婚姻法》规定:"父母对子女有抚养教育的义务,子女对父母有赡养扶助的义务。"《中华人民共和国老年人权益保障法》规定:"子女不仅要赡养父母,而且要尊敬父母,关心父母,在家庭生活中的各方面给予扶助。当年老、体弱病残时,更应妥善加以照顾,使他们在感情上得到慰藉,愉快地安度晚年。"此外,还有关于养老机构的设立和相关管理办法等规定,这些设置的目的都是力图让老年人有更好的养老条件。"关于孝亲敬老的这些法律规定,对孝文化的实践和推广有强

---

① 肖群忠:《孝与中国文化》,人民出版社 2001 年版,第 280 页。

制、指引、宣传、评价和教育的多方面的作用,是孝文化实施的最基础也是最有力的支持。"①

2. 养老与社会保障政策的制定和实施

《中华人民共和国劳动法》规定:"国家发展社会保险事业,建立社会保险制度,设立社会保险基金,使劳动者在年老、患病、工伤、失业、生育等情况下获得帮助和补偿。"因此,国家必须确立和逐步完善退休制度、养老保险、医疗保险、最低生活保障等制度,保障老年人权益,减少其后顾之忧。社会保障制度主要从社会物质保障方面保障老人的基本生存需要,减少家庭的养老负担,也减少了家庭的很多顾虑和矛盾,对于促进个人幸福、家庭和睦、社会和谐至关重要。我们要进一步整合完善包括职工基本养老保险、公职人员基本养老保险、农民基本养老保险与老年津贴制度及相关服务的政府主导的国民基本养老保障体系。此外,统筹发展老龄事业与老龄产业,加快养老设施建设,提供满足老年人需求的养老服务设施、社区服务、特色护理、健身休闲、文化娱乐等服务项目。为在当代中国行孝、兴孝提供物质和制度支撑,筑牢社会弘孝、兴孝、行孝、享孝的物质基础。②

(四)新时代弘扬孝道应重视礼仪与风俗的化导

礼仪在传统社会教化民众、化导风俗中发挥着特殊而有效的作用,是弘扬孝道的重要实践抓手。习近平总书记强调:"要建立和规范一些礼仪制度,组织开展形式多样的纪念庆典活动,传播主流价值,增强人们的认同感和归属感。"中华礼仪文化中,礼与仪是相区别又互关联的两个概念。礼与仪是里与表、本质与形式、目的与手段的关系。具体到家庭生活中的价值理念与伦理道德问题上,"孝"作为"礼"的主题同样具有内在思想与外在形式的统一,正是通过一系列尊老爱亲、尊祖敬宗之礼的设计与践行,使孝内在的思想得以展现,通过在日常生活中与特殊时刻的不断操习,逐步内化为民众日用而不觉的伦理道德规范,并逐渐融入国民的深层文化心理结构;孝道的外在表现形式与要求,除日常生活中的陪伴、事亲外,在传统社会中还通过礼仪、礼俗等形式不断渗入人们的生活与文化中,形成社会范围内孝老爱亲、尊师敬长的风气。

孝的礼仪践行还包括诸种节庆礼俗。在传统社会的家庭日常生活中,有一

---

① 郭清香:《孝文化的现代价值及其实践探析》,《中国特色社会主义研究》2017 年第 2 期。
② 李银安、李明等:《中华孝文化传承与创新研究》,人民出版社 2017 年版,第 310 页。

些体现孝亲敬老内涵的生活规矩,例如就餐时请长者上坐、请老人长辈动筷子后晚辈才开始用餐、传统乡饮酒礼中按序齿(年龄)敬酒的习惯、子女出门回家都要同父母打招呼告知(即"出必告,反必面")等。而不少传统节日礼俗中也蕴含着子孙对父母、先辈表敬孝思的立意与内涵,如家庭仪式中的祝寿、祭祀以及在春节、清明、端午、中秋、重阳等传统节日时的一些活动、仪式,都体现着不同层次的孝的内涵:有的体现对在世父母的关爱与尊敬,有的体现对去世先辈的追悼与怀念,进而对后世子孙慎终追远、继志述事的教化。借助特定时节或人生重要时间节点的仪式化的纪念、规定形成的一定礼仪、风俗,使得家庭成员在特定的仪式中,将孝的内蕴渗透进来。总之,现代社会对于孝老爱亲美德的继承和弘扬,需要重视传统礼俗的现代应用,营造尊老敬长的社会环境氛围与道德风尚。

二、构建新型邻里关系

传统邻里关系的转变和一定程度的弱化,并不代表现代邻里关系的价值可以缺失。在现代城市规划与社区建设的背景下,邻里关系仍是现代社区建设需要关注的重要问题。只是,现代社区的新形式与新发展需要新的邻里关系。提升现代邻里关系、构建和谐且具有凝聚力与活力社区的关键,在于聚焦社区公共问题的解决与公共需求的满足。具体而言,需要拓展社区公共空间、发展符合需要的社区组织、开展吸引居民的社区活动、促进居民的社区参与,同时,还要积极树立现代邻里道德观念与规范。

(一)开发与拓展社区公共空间

社区公共空间为增强邻里互动、探讨公共问题、提升居民参与度提供了相应的场域或平台。这个公共空间不仅指物理场所及相应的物资设备,还包括现代网络中的虚拟空间。这些公共空间为公民就涉及社区公共利益的相关信息与议题进行信息共享、问题商议、行动组织等提供了公共场域。"公共空间不仅意指一个物理的场域,更是指一个'原则上向所有公民开放',并'在非强制的情况下处理普遍问题'的空间。"[①] 当前,中国城市社区公共空间的开发与拓展,一方面需要增加诸如社区公园、社区文娱活动中心、社区服务中心、社区学校与社区舞台等公共空间形式,为社区居民提供增加互动、建立交往以及培养信任的空间场

---

① 汪晖、陈燕谷主编:《文化与公共性》,生活・读书・新知三联书店2005年版,第102页。

所。另一方面要重视网络空间的开发与运用,尤其是诸如微信公众号、微博等现代自媒体平台,目前不仅被应用于社区管理与服务,还成为现代社区邻里之间进行信息共享、经验交流以及生活互助的新空间场域。

（二）发展多样化社区组织,开展社区活动

有调查研究显示,尽管现代社区中的异质性程度较高,但个体特征与社区异质性对邻里关系产生的效应受到社会参与的影响,即居民的社团活动参与程度越高,社区公共空间的组织程度越高,居民邻里关系水平就越能提升。[①] 除传统的居委会以及商住房小区物业公司外,其他社区组织尤其是公益性、兴趣型等多样社区组织的发展,是增强邻里互动、建设有凝聚力社区的另一重要措施。如果说社区公共空间为邻里交往与意见表达提供了场域,那么社区组织的发展尤其是公益性组织的发展则为解决社区公共问题提供了行动能力。现有的居委会与物业公司在社区组织方面虽然发挥着一定作用,但居委会的行政属性与任务、物业公司的商业属性与服务,使得两者在增强邻里互动、促进社区参与方面的资源吸纳与组织动员能力有限。所以说,组建、发展其他围绕公益性、兴趣型等成立运行的组织,将会增强社区居民的邻里互动与团结互助意识。例如,目前一些社区已组建的业主委员会,是业主代表组建的自发性组织,它会针对关涉业主权益与社区诸项公共问题等方面,进行协商、维权等活动。还有其他一些兴趣型社团,通过开展多种文娱体育活动,以满足居民文化娱乐、体育健身等物质文化与精神文化需求,在此基础上产生的邻里交往更具有内在的吸引力和活力。

（三）培育适应现代邻里关系的道德观念

新的邻里关系形式需要有适应时代变化的新道德规范。现代邻里关系是以公共性为基础,同时又包含着对于私密性的保障诉求的一种人际关系,这就意味着处理现代邻里关系的道德规范需要注意公共性与私密性两个向度的诉求与平衡。因而,对现代邻里关系的道德规范主要包括尊重不扰、礼让和睦、团结互助。尊重不扰是邻里道德中最基本的要求,主要指不影响他人。例如,家庭装修施工等尽量避免噪音对邻里正常休息的打扰;家庭物品的存放不侵占公共空间;停放车辆,应考虑到其他居民的交通出行;注意家庭生活垃圾的及时清理与正确投

---

① 蔡禾、贺旭霞:《城市社区异质性与社区凝聚力——以社区邻里关系为研究对象》,《中山大学学报》(社会科学版)2014年第2期。

放,维护社区公共环境卫生;等等。这些虽为生活小事,却关系到邻里的正常生活。再者,邻里交往中注意礼让和睦,是处理邻里关系的文明态度。现代邻里之间互动交往常常涉及对公共空间、公共设施的使用等,偶尔会出现资源使用上的紧张等问题,相互之间能保持礼让和气,而非针锋相对或斤斤计较,以便营造和睦文明的社区氛围,有利于人们生活的正常进行与身心的愉悦舒畅。再者,团结互助是处理邻里关系更为积极的道德要求,也是更为美好的邻里关系状态。这种积极状态常常表现为,在社区日常生活的接触交往中,邻里能互相自觉给予便利;当遇到社区成员特别是鳏寡孤独者需要帮助时,邻里能主动给予关怀和帮助;面对事关社区公共利益的公共事务需要商讨与推进时,能够积极参与并团结居民合理推进;对于促进社区和谐与发展的社区活动尤其是公益活动,愿意积极参与并发挥作用。如此,社区才成为兼具公共利益与情感的真正共同体,成为居民生活的美好家园。

三、树立文明婚恋观,建立和谐婚姻关系

婚恋道德是家庭美德的重要组成部分。新时代加强公民家庭道德建设需要树立文明婚恋观,建立和谐的婚姻关系。具体而言,可以从以下几个方面推进:加强道德引导与科学知识相结合的性教育,营造良好的亲子关系与和谐的家庭氛围,树立文明婚姻观并掌握相处之道,净化社会环境尤其是加强对大众传媒和网络空间的引导与监管等。

（一）加强道德引导与科学知识相结合的性教育

对婚前性行为要重视并加强性教育。科学的性知识教育在当今中国社会是必要乃至紧迫的。婚前性行为不仅会对青少年的身心发展产生影响,还关涉诸如疾病传播、未婚先孕等一系列社会问题,这些现实问题的应对与解决需要有科学的性知识教育。上海社会科学院对兰州和上海两城市的调查数据显示,70%左右的被访者赞同向青少年普及性知识。其中,赞同"为减少性传播疾病和少女怀孕,应告诉青少年避孕方法"的比例达64.4%,对于"青少年对性知识知道得越多越容易出事"的说法表示不赞同的比例达65.4%。[①] 可见,大多数人表达

---

① 徐安琪、刘汶蓉、张亮、薛亚利:《转型期的中国家庭价值观研究》,上海社会科学院出版社2013年版,第151页。

了对于性知识教育的需要与认同,但仍有部分人对性教育持怀疑或反对态度。

要强调的是,性教育绝不只是性知识的普及教育,更需要文明的性道德与价值观念的支撑与引导。相关研究发现,学校性教育对青少年性行为的发生具有一定影响。总体来说,没有接受过学校性教育的青少年发生婚前性行为的比率最高,为34.99%,而接受过无性道德内容之性教育的青少年发生婚前性行为的比例略低,与前者相差1.44%,差异并不明显。然而,接受过包含性道德内容的性教育的青少年产生婚前性行为的比例明显低于前两者。① 这说明性道德教育在减少青少年婚前性行为的发生上具有相当的效用。可见,单纯侧重性知识普及的性教育,对于引导性观念、减少婚前性行为发生的影响是有限的。因而,性教育不仅要给予科学的知识,更重要的是要进行态度、道德价值观的引导,帮助其建立积极的态度与符合社会规范的性道德价值观。

（二）营造良好的亲子关系与和谐的家庭氛围

良好的家庭关系与和谐的家庭氛围对于青少年的婚前性行为的发生具有显著的影响。有研究发现,家庭亲子关系对于青少年性行为的发生率具有统计的显著性。数据显示,家庭亲子关系好的青少年婚前性行为的发生率显著低于亲子关系差的青少年。与父母亲关系好的青少年婚前性行为发生率低于与父母关系差的青少年。其中,母子关系的好坏影响更为明显。调查数据进一步说明,家庭亲子沟通特别是母亲对于子女道德观念及行为的影响是相当大的。良好的亲子关系使得亲子间产生两性的互动和紧密的连结,使得父母对于青少年性行为的态度与规范可以直接或间接地内化至青少年的道德价值体系,从而影响其性行为。处于不良亲子关系中的青少年可能由于不良的家庭关系而试图寻求其他亲密关系来弥补,而提早发生性行为。

（三）树立文明婚姻观并学习掌握婚姻相处之道

2016年调查数据显示,关于"最重要的家庭道德规范"的选择中, 31.1%的受访者选择"夫妻和睦"、12.2%的受访者选择了"男女平等",可见,公众对于家庭伦理生活中两性关系的重视。事实上,这是与中国家庭结构与家庭关系变迁的现实状况紧密相关的:当今时代,中国家庭结构的小型化、核心化趋势以及夫妻关系成为家庭关系的主轴。随着婚恋观的变化以及受教育程度的普遍提升,

---

① 程静:《当代青少年婚前性行为现状及影响因素实证研究》,《中国青年研究》2015年第5期。

情感作为婚姻的基础日益受到重视,男女作为平等的夫妻双方对于精神等层面的契合也都提出了更多的要求,夫妻之间的相处模式也日渐由维持型向契合型转化。传统夫妻关系的联结不是以情感为纽带,整体上更偏重于生产生活合作式的经济关系或其他关系,夫妻之间通过婚姻责任和义务的形式以及社会舆论道德而维持婚姻关系的稳定性。在这种婚姻关系中,男女往往处于不同的地位,在家庭内部操持家务与生育是女性的主要职责,而男性则是家庭赖以生存的经济基础。然而现代家庭生活中,人们不再满足于家庭简单的物质生活,对于夫妻感情的融洽与精神的和谐给予更多的关注与追求。正是由于人们对于夫妻关系精神、爱情层面需求的提升,夫妻关系融洽和谐的难度也相应增大。

夫妻关系的维系与健康发展,需要正确文明的婚恋观以及相应的夫妻相处之道(方法)为支撑。这种现代文明婚恋观的确立以及夫妻相处之道的运用是需要我们探讨学习的。当男女双方从恋爱关系进入婚姻生活后,法律关系的确立所带来的稳定感、长时间日常生活的相处以及家庭生活中诸多事项的处理应对,会使得恋爱期间激情浪漫的爱情逐步归于平淡。因此,在婚姻生活中,还需要夫妻双方不断地完善提升自我,关注家庭生活的同时保持社会交往、联系以及对公共问题的关注,保有一种开放的状态,在双方的不断交流沟通相处中共同成长,在共同关爱与理解的相处中维护、升华双方的情感,如此才能不断地为爱情与婚姻注入新鲜的养分,在一种动态平衡与积极向上的互动中呵护、滋养与升华双方的爱情与婚姻。

其中,需要正确认识与对待婚姻中的爱情与自由问题。爱情是解释婚外恋发生的主要原因之一,包括婚姻中爱情的丧失与对新的爱情的追寻,甚至还有婚姻内外同时存在的爱情,这其中都有对婚姻中的爱情、自由问题的认识误区。毋庸置疑,爱情在现代婚姻关系中的地位已得到普遍认可与重视,婚姻的核心是爱情,但这种爱情不是任性的,因为它是处于客观家庭伦理关系中的感情,不仅有个体之间的要求,还受到婚姻制度、婚姻关系的约束与认同。同时,爱情不是婚姻的唯一要素,健全的婚姻应当包括自然性基础、双方的情感和维系婚姻关系的理性,还应当重视个人的权利和双方对婚姻共同体的义务,是感性与理性、权利与义务的统一。[1] 只顾自己所谓"自由",而不顾他人所受伤害与痛苦的婚恋关

---

① 宋希仁:《马克思恩格斯道德哲学研究》,中国社会科学出版社 2012 年版,第 404 页。

系与行为,是不严肃且非道德的,其结果也不会是真正的自由。诚然,现代婚姻关系中,婚姻自由是受到法律与社会认可的,它包括结婚自由和离婚自由。如果婚姻关系中夫妻双方确实不再有感情,婚姻确实走入名存实亡的境地,那么双方都具有结束婚姻关系重新追求新的爱情与婚姻的自由权利。然而,婚姻自由应当建立在夫妻双方平等地对待、尊重对方的人格权利、互尽义务、和谐相处的基础上。离婚自由不是鼓励任性、随意地结束婚姻关系。轻率的离婚可能会给配偶、子女、父母乃至自身都造成伤害。同时,婚姻生活中的爱情需要在家庭责任的承担中,需要在相互的理解关爱帮扶中维护与升华,这才是爱情的真正体现。相反,若遭遇日常生活的矛盾或困难就退缩放弃,甚至片面以追求爱情为借口寻求、开展婚外恋,事实上是对爱情真谛的背离。正如恩格斯所言,如果说只有以爱情为基础的婚姻是合乎道德的,那么也只有负起责任、竭尽义务保持爱情的婚姻才合乎道德。①

（四）净化社会环境,尤其应加强对于网络传媒与影视文化的引导和管理

净化社会环境对于正确引导公众婚恋家庭价值观,树立正确的婚恋观具有至关重要的作用。社会环境的净化不仅要求相关部门严厉打击各种低级庸俗文化,更需要在整个社会范围内大力宣传、弘扬积极健康文明的生活情趣与生活方式,用更加文明、雅正的价值理念去引导青年人的人生观、婚恋观的建构。同时,要加强对网络社交、大众媒体与戏剧影视的引导监管。有些大众传媒与影视综艺在流量经济与商业利益的驱使下,单一且刻意强化其娱乐功能与感官刺激效应,迎合乃至诱发受众单纯对于感官享受与欲望的追求,导致其传播内容在精神内涵上空虚、苍白、肤浅、低俗。

网络作为当今大众日常生活接受信息、开展社交的一种极为普遍的方式,对于公众价值观念的形塑变迁产生着愈发重要的影响。然而,网络空间中充斥着婚前性行为、未婚先孕、婚外恋等涉及性观念与行为的信息,其中不乏单纯为博人眼球而采用夸张、编造手法发布的不实新闻与信息,误导部分青少年将婚前性行为视为普遍现象。对于人生观、价值观还未成型的青少年而言,其心智还未完

---

① ［德］恩格斯:《家庭·私有制与国家的起源》,载《马克思恩格斯选集》(第四卷),人民出版社 2012 年版。

全发育成熟,思维方式也具有偏感性化、冲动性而理性不足的特点,又恰逢性意识与观念萌芽、发展的时期,当其面对鱼龙混杂、良莠不齐的网络信息时,特别是其中混杂着一些非科学、暴力、色情信息时,由于不能准确判别与筛选,可能会对其人生观、价值观以及婚恋观的形成产生负面影响。因此,政府部门应继续加强网络环境的净化与监管,对网络不良信息进行审查过滤,对发布不良内容的网站论坛等给予惩治。与此同时,广大媒体也应发挥弘扬正能量与引导树立积极价值观念的导向作用,利用网络平台传播积极、健康、文明的婚恋理念、新闻故事,用更为负责的态度为广大青少年拥有更加积极美好、充实有意义的人生提供借鉴和帮助。

第六章　新时代公民个人品德状况调查与比较分析

　　个人品德建设在家庭美德、社会公德、职业道德建设中发挥着基础性的作用，具有根基性意义。针对公民个人品德，课题组也设计了相关题目，并进行了具体分析。调研结果表明，当前我国公民个人品德状况总体向好，公民注重个人的道德追求与品德修养，能够积极参与道德生活，但不同性别、年龄、民族、政治面貌、受教育程度、婚姻状况、就业状况及职业、收入水平的公民，个人品德状况也呈现出差异性。与2006年的调查数据相比，当前公民个人品德状况呈现出品德修养的自律意识明显增强，为人处世的同理心凸显，道德评价更为包容与理性，道德参与的主体意识、责任意识提升，行为取向的利他性明显等特点。与此同时，当前我国公民个人品德状况也存在一些问题，如道德冷漠问题仍不容忽视；在为人处世上具有同理心并能够推己及人，但价值取向上的个人主义倾向明显；公民个人品德素养要求提高，但知行不一仍需有效破解；道德评价倾向理性与包容，但某些模糊认识与态度仍有待澄清；等等。以问题为导向，针对当前公民个人品德建设，应着力做好立德树人工作，从娃娃抓起；弘扬中华传统美德，为个人品德养成提供文明滋养；构筑家庭、学校、社会、网络"四位一体"的个人品德培育协同体；充分发挥模范先锋的价值引领与榜样示范作用；提升道德生活参与度，促进个人品德的自我养成；逐步建立健全品德规范导引机制；注重发挥文艺、哲学社会科学工作者的价值引领作用，以文润德；营造弘扬和培育社会主义核心价值观的良好社会氛围等。

第一节 公民个人品德状况跟踪调查数据描述

基于 2006 年《全国公民道德状况调查问卷》，课题组在 2016 年《全国公民道德状况调查问卷》中有针对性地就公民个人品德问题设计了相关题目，并进行了总体性数据分析与基于性别、年龄、民族、政治面貌、受教育程度、婚姻状况、就业状况及职业、收入水平等的差异性数据分析，同时，还对 2006 年与 2016 年《全国公民道德状况调查问卷》中的个人品德状况调研数据进行了比较分析，以呈现 10 年间公民个人品德状况的变化与特点。

表 6—1 2006 年调查问卷针对个人品德状况的题目

1. 您认为现代人"缺德"主要缺什么？（多选题，至多选三项）					
A. 公心	B. 善心	C. 爱心	D. 诚心	E. 孝心	F. 其他
2. 您对"己所不欲，勿施于人"为人处世态度的看法？					
A. 非常反对	B. 反对	C. 中立	D. 同意	E. 非常同意	F. 说不清
3. 您认为对您的道德品质形成影响最大的是哪个环节？					
A. 家庭	B. 学校	C. 单位	D. 社会	E. 说不清	F. 其他

表 6—2 2016 年调查问卷针对个人品德状况的题目

认知层面	您认为当今中国公民道德生活中最需要的德性是什么？（多选题，至多选三项）				
	A. 公心	B. 爱心	C. 诚心	D. 孝心	E. 责任心	F. 其他
为人处世态度层面	您对"己所不欲，勿施于人"为人处世态度的看法？				
	A. 非常反对	B. 反对	C. 中立	D. 同意	E. 非常同意	F. 说不清
个人品德修养与行为层面	当您在临时停车时不小心剐蹭到他人汽车，没有被发现，也未看到摄像头，您会怎么做？				
	A. 原地等待车主	B. 主动留下个人联系方式，等车主与自己联系	C. 赶紧开车离开现场	D. 其他		

一、公民个人品德状况认知层面的跟踪调查数据描述

针对公民个人品德认知情况，我们基于调研数据进行了总体性与差异性相结合的分析，以期全面展现当前我国公民个人品德认知状况。

（一）总体性描述

在 2016 年的调查中，针对"您认为当今中国公民道德生活中最需要的德性是什么"这一问题（至多选三项），受访者选择"责任心"的累计占比为 64.0%，选择"诚心"的累计占比为 52.8%，选择"爱心"的累计占比为 52.0%，而选择"孝心""公心"的累计占比分别为 40.7% 和 31.4%。（如图 6—1 所示）

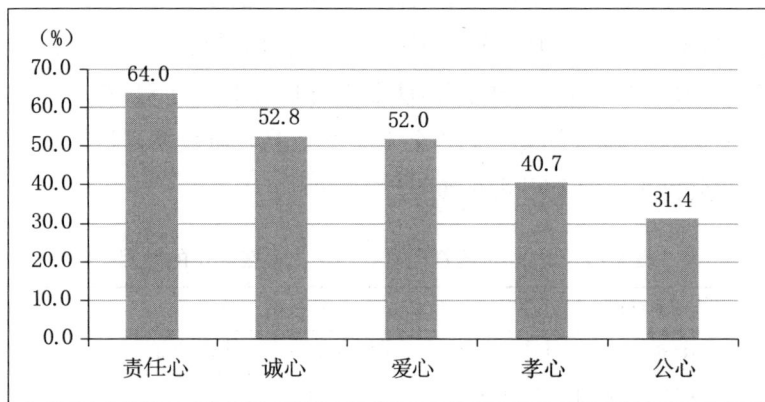

图6—1　受访者对"您认为当今中国公民道德生活中最需要的德性是什么"的选择情况（2016）

在 2006 年的调查中，针对"您认为现代人'缺德'主要缺什么"这一问题（至多选三项），受访者选择"公心""善心""爱心""诚心""孝心""其他"的占比分别为 48.71%、38.47%、47.93%、50.37%、26.16%、3.71%，其中，选择"诚心"的占比最高，为 50.37%。（如图 6—2 所示）

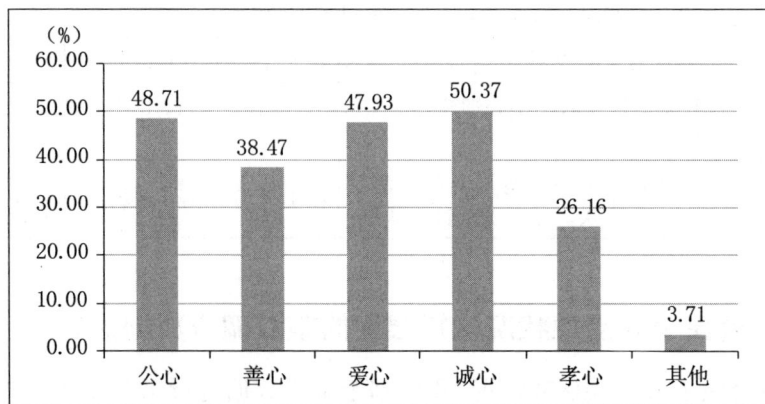

图6—2　受访者对"您认为现代人'缺德'主要缺什么"的选择情况（2006）

和 2006 年调查数据相比，2016 年，选择"公心"的受访者占比有所下降，下降幅度为 17.31%；选择"孝心""爱心""诚心"的受访者占比有所上升，分别上升了 14.54%、4.07%、2.43%。可见，随着社会发展与社会生活的变化，公民对个人与社会、个人与他人的关系的认识也在变化，对于个体之于社会和他人的责任认识有所提升，对个人品德修养的要求越发加强。

（二）差异性描述

为具体、深入分析公民个人品德情况，课题组还从性别、年龄、政治面貌、受教育程度、婚姻状况、就业状况及职业、收入水平等角度，对公民个人品德认知状况进行了差异化的数据分析。

1. **不同性别群体的差异化表现**

在 2016 年的调查中，男性和女性受访者均认为当今中国公民道德生活中最需要的德性是"责任心"，二者占比分别为 46.3% 和 50.8%。（如表 6-3 所示）

表 6-3　不同性别受访者对"您认为当今中国公民道德
生活中最需要的德性是什么"的回答（2016）

性别	公心（%）	爱心（%）	诚心（%）	孝心（%）	责任心（%）	其他（%）	未选择（%）	有效样本量（人）
男	0.0	0.0	5.9	12.7	46.3	1.9	33.3	3058
女	0.0	0.0	5.1	11.1	50.8	1.6	31.4	3575

在 2006 年的调查中，男性和女性受访者均认为现代人主要缺乏"诚心"，二者占比分别为 50.86% 和 49.88%。（如表 6-4 所示）

表 6-4　不同性别受访者对"您认为现代人'缺德'主要缺什么"的回答（2006）

性别	公心（%）	善心（%）	爱心（%）	诚心（%）	孝心（%）	其他（%）	有效样本量（人）
男	49.43	36.50	46.69	50.86	25.38	3.82	3140
女	47.95	40.78	49.38	49.88	27.09	3.57	2805

由此可见，10 年间，男女两性对公民个人品德状况的认知基本趋同，差异不大。

2. **不同年龄群体的差异化表现**

在 2016 年的调查中，不同年龄的受访者均认为当今中国公民道德生活中最需要的德性是"责任心",具体占比情况如下:20 岁以下的受访者为 48.1%,20—29 岁的受访者为 50.6%,30—39 岁的受访者为 47.7%,40—49 岁的受访者为 47.8%,50—59 岁的受访者为 46.4%,60 岁及以上的受访者为 42.7%。(如表6—5 所示)

表6—5   不同年龄受访者对"您认为当今中国公民道德
生活中最需要的德性是什么"的回答(2016)

年龄	公心 (%)	爱心 (%)	诚心 (%)	孝心 (%)	责任心 (%)	其他 (%)	未选择 (%)	有效样本量 (人)
20 岁以下	0.0	0.0	4.4	11.3	48.1	1.8	34.5	844
20—29 岁	0.0	0.0	5.2	11.6	50.6	1.9	30.6	2618
30—39 岁	0.0	0.1	5.6	12.9	47.7	1.0	32.7	1470
40—49 岁	0.0	0.0	6.3	12.7	47.8	1.4	31.8	937
50—59 岁	0.0	0.0	6.3	9.5	46.4	3.0	34.8	463
60 岁及以上	0.0	0.0	6.4	11.3	42.7	2.1	37.5	328

在 2006 年的调查中,20 岁以下、30—39 岁及 40—49 岁的受访者认为现代人主要缺乏"爱心",占比分别为 48.09%、51.98% 和 48.37%;20—29 岁和 60 岁及以上受访者认为现代人主要缺乏"公心",占比分别为 52.46% 和 47.90%;50—59 岁受访者认为现代人主要缺乏"诚心",占比为 53.28%。(如表6—6所示)

表6—6   不同年龄受访者对"您认为现代人'缺德'主要缺什么"的回答(2006)

年龄	公心 (%)	善心 (%)	爱心 (%)	诚心 (%)	孝心 (%)	其他 (%)	有效样本量 (人)
20 岁以下	45.36	38.25	48.09	43.17	31.69	8.74	183
20—29 岁	52.46	38.73	46.74	52.24	23.30	4.52	2236
30—39 岁	44.64	37.36	51.98	50.83	24.71	4.34	1566
40—49 岁	45.81	42.07	48.37	46.90	28.57	1.48	1015
50—59 岁	51.76	35.29	46.22	53.28	28.24	2.18	595
60 岁及以上	47.90	36.97	39.22	45.38	37.25	2.24	357

3. 不同政治面貌群体的差异化表现

在 2016 年的调查中, 不同政治面貌的受访者均认为当今中国公民道德生活中最需要的德性是 "责任心", 具体占比情况如下: 共产党员受访者为 49.5%, 共青团员受访者为 51.4%, 民主党派和无党派人士受访者为 41.1%, 普通群众受访者为 46.1%。(如表 6—7 所示)

表 6—7　不同政治面貌受访者对 "您认为当今中国公民道德
生活中最需要的德性是什么" 的回答 (2016)

政治面貌	公心 （%）	爱心 （%）	诚心 （%）	孝心 （%）	责任心 （%）	其他 （%）	未选择 （%）	有效样本量 （人）
共产党员	0.0	0.0	6.8	12.3	49.5	1.4	29.9	1536
共青团员	0.0	0.0	4.7	10.5	51.4	1.7	31.6	2256
民主党派和 无党派人士	0.0	0.0	8.4	10.3	41.1	1.9	38.3	107
普通群众	0.0	0.0	5.3	12.7	46.1	1.8	34.1	2774

在 2006 年的调查中, 共产党员、共青团员、民主党派和无党派人士受访者认为现代人主要缺乏 "公心", 具体占比情况如下: 共产党员受访者为 58.07%, 共青团员受访者为 53.54%, 民主党派和无党派人士受访者为 56.36%; 普通群众受访者认为现代人主要缺乏 "爱心", 占比为 49.87%; 其他政治面貌受访者认为现代人主要缺乏 "公心" 和 "诚心", 占比均为 47.52%。(如表 6—8 所示)

表 6—8　不同政治面貌受访者对 "您认为现代人 '缺德' 主要缺什么" 的回答 (2006)

政治面貌	公心 （%）	善心 （%）	爱心 （%）	诚心 （%）	孝心 （%）	其他 （%）	有效样本量 （人）
共产党员	58.07	34.99	45.95	54.93	24.03	2.85	1369
共青团员	53.54	39.00	47.07	50.22	22.30	4.81	1623
民主党派和无党派人士	56.36	38.18	41.82	54.55	21.82	1.82	55
普通群众	41.60	40.30	49.87	48.72	29.22	3.26	2697
其他	47.52	38.61	44.55	47.52	21.78	12.87	101

4. 不同受教育程度群体的差异化表现

在 2016 年的调查中, 不同受教育程度的受访者均认为当今中国公民道德生活中最需要的是 "责任心", 具体占比情况如下: 没上过学的受访者为 19.6%, 小学受教育程度的受访者为32.5%,初中受教育程度的受访者为45.9%,高中受教育程度的受访者为49.5%,大学专科受教育程度的受访者为49.2%,大学本科受教育程度的受访者为49.3%,硕士研究生及以上受教育程度的受访者为52.4%。（如表6-9所示）

表6-9　不同受教育程度受访者对"您认为当今中国公民道德生活中最需要的德性是什么"的回答（2016）

受教育程度	公心（%）	爱心（%）	诚心（%）	孝心（%）	责任心（%）	其他（%）	未选择（%）	有效样本量（人）
没上过学	0.0	0.0	8.7	10.9	19.6	2.2	58.7	46
小学	0.0	0.0	7.1	11.7	32.5	3.2	45.5	154
初中	0.0	0.0	2.9	12.6	45.9	2.2	36.4	645
高中	0.0	0.0	5.8	11.3	49.5	1.5	31.9	1462
大学专科	0.0	0.1	6.4	14.4	49.2	1.8	28.1	1268
大学本科	0.0	0.0	5.5	10.6	49.3	1.6	32.9	2568
硕士研究生及以上	0.0	0.0	4.1	12.3	52.4	1.4	29.8	513

在2006年的调查中,没上过学的受访者认为现代人主要缺乏"孝心",占比为48.08%;小学、初中、高中受教育程度的受访者认为现代人主要缺乏"爱心",占比分别为47.58%、47.64%、51.02%;大学、硕士研究生以上受教育程度的受访者认为现代人主要缺乏"公心",占比分别为57.83%、64.98%;其他受教育程度的受访者认为现代人主要缺乏"诚心",占比为62.50%。（如表6-10所示）

表6-10　不同受教育程度受访者对"您认为现代人'缺德'主要缺什么"的回答（2006）

受教育程度	公心（%）	善心（%）	爱心（%）	诚心（%）	孝心（%）	其他（%）	有效样本量（人）
没上过学	21.15	28.85	42.31	36.54	48.08	1.92	52
小学	29.74	42.38	47.58	42.01	42.75	2.97	269
初中	38.50	39.13	47.64	43.66	35.69	3.35	1104
高中	44.64	38.79	51.02	49.29	27.29	3.92	1913
大学	57.83	38.24	46.71	54.53	19.85	3.59	2338
硕士研究生以上	64.98	34.24	40.08	61.09	13.62	4.67	257
其他	37.50	25.00	12.50	62.50	25.00	37.50	8

5. 不同婚姻状况群体的差异化表现

在 2016 年的调查中,不同婚姻状况的受访者均认为当今中国公民道德生活中最需要的德性是"责任心",具体占比情况如下:未婚受访者为 51.1%,已婚受访者为 47.5%,离异受访者为 32.6%,丧偶受访者为 39.1%。(如表 6—11 所示)

表 6—11　不同婚姻状况受访者对"您认为当今中国公民道德
生活中最需要的德性是什么"的回答(2016)

婚姻状况	公心（%）	爱心（%）	诚心（%）	孝心（%）	责任心（%）	其他（%）	未选择（%）	有效样本量（人）
未婚	0.0	0.0	5.1	11.3	51.1	1.8	30.7	3129
已婚	0.0	0.0	6.1	12.6	47.5	1.6	32.3	3223
离异	0.0	0.6	2.2	10.1	32.6	2.8	51.7	178
丧偶	0.0	0.0	2.7	12.7	39.1	1.8	43.6	110

在 2006 年的调查中,未婚受访者认为现代人主要缺乏"公心",占比为 52.91%;已婚和丧偶受访者认为现代人主要缺乏"诚心",占比分别为 49.74% 和 54.72%;离异受访者认为现代人主要缺乏"爱心",占比为 53.49%;其他的受访者认为现代人主要缺乏"善心"和"孝心",占比均为 35.29%。(如表 6—12 所示)

表 6—12　不同婚姻状况受访者对"您认为现代人'缺德'主要缺什么"的回答(2006)

婚姻状况	公心（%）	善心（%）	爱心（%）	诚心（%）	孝心（%）	其他（%）	有效样本量（人）
未婚	52.91	38.76	45.79	51.90	22.90	5.13	2162
已婚	46.66	38.14	49.46	49.74	27.93	2.74	3613
离异	47.67	45.35	53.49	43.02	22.09	0.00	86
丧偶	35.85	37.74	30.19	54.72	37.74	11.32	53
其他	17.65	35.29	29.41	29.41	35.29	29.41	17

6. 不同就业状况及职业群体的差异化表现

在 2016 年的调查中,不同就业状况的受访者均认为当今中国公民道德生活中最需要的德性是"责任心",具体占比情况如下:在职受访者为 49.7%,离退休受访者为 43.3%,学生受访者为 51.7%,无业、失业受访者为 42.1%,其他就业状况受访者为 40.7%。(如表 6-13 所示)

表 6-13 不同就业状况受访者对"您认为当今中国公民道德生活中最需要的德性是什么"的回答(2016)

就业状况	公心(%)	爱心(%)	诚心(%)	孝心(%)	责任心(%)	其他(%)	未选择(%)	有效样本量(人)
在职	0.0	0.0	5.9	13.1	49.7	1.4	29.9	3526
离退休	0.0	0.0	6.8	11.5	43.3	1.6	36.8	487
学生	0.1	0.0	4.7	10.3	51.7	1.6	31.6	1775
无业、失业	0.0	0.0	4.0	10.3	42.1	1.6	42.1	321
其他	0.0	0.2	4.7	10.2	40.7	4.2	40.0	548

在 2006 年的调查中,在职和其他就业状况受访者认为现代人主要缺乏"诚心",占比分别为 50.69% 和 50.75%;离退休受访者认为现代人主要缺乏"公心"和"诚心",占比均为 48.55%;学生受访者认为现代人主要缺乏"公心",占比为 59.49%;无业、失业受访者认为现代人主要缺乏"爱心",占比为 49.33%。(如表 6-14 所示)

表 6-14 不同就业状况受访者对"您认为现代人'缺德'主要缺什么"的回答(2006)

就业状况	公心(%)	善心(%)	爱心(%)	诚心(%)	孝心(%)	其他(%)	有效样本量(人)
在职	48.36	38.89	49.62	50.69	25.39	3.45	3821
离退休	48.55	36.78	43.80	48.55	36.57	2.69	484
学生	59.49	37.30	41.98	55.21	19.92	4.01	748
无业、失业	37.90	38.67	49.33	43.43	30.10	3.62	525
其他	46.55	38.14	45.35	50.75	26.13	8.11	333

在 2016 年的调查中,不同职业受访者均认为当今中国公民道德生活中最需要的德性是"责任心",具体占比情况如下:机关事业单位领导干部受访者为 48.7%,机关事业单位办事人员和有关人员受访者为 45.6%,科教文卫专业技术

人员受访者为 46.8%，企业管理人员受访者为 46.1%，企业员工受访者为 51.0%，商业服务业人员受访者为 50.8%，私营企业主受访者为 43.9%，个体从业人员受访者为 40.5%，农业劳动者受访者为 41.4%，农村外出务工人员受访者为 46.5%，军人受访者为 43.0% 其他职业受访者为 51.4%。（如表 6-15 所示）

表 6-15　不同职业受访者对"您认为当今中国公民道德生活中最需要的德性是什么"的回答（2016）

职业	公心（%）	爱心（%）	诚心（%）	孝心（%）	责任心（%）	其他（%）	未选择（%）	有效样本量（人）
机关事业单位领导干部	0.0	0.0	8.3	13.0	48.7	0.6	29.5	339
机关事业单位办事人员和有关人员	0.0	0.0	7.7	11.1	45.6	1.1	34.5	531
科教文卫专业技术人员	0.0	0.0	5.6	15.1	46.8	1.6	31.0	449
企业管理人员	0.0	0.0	6.2	13.7	46.1	1.2	32.7	401
企业员工	0.0	0.0	4.3	13.0	51.0	1.9	29.8	1283
商业服务业人员	0.0	0.0	4.7	14.0	50.8	0.7	29.9	301
私营企业主	0.0	0.0	5.5	15.2	43.9	1.2	34.1	164
个体从业人员	0.0	0.0	6.2	12.1	40.5	1.9	39.3	321
农业劳动者	0.0	0.0	8.3	9.7	41.4	2.1	38.6	145
农村外出务工人员	0.0	0.5	1.9	8.9	46.5	2.8	39.9	213
军人	0.0	0.0	9.9	10.6	43.0	2.8	33.8	142
其他	0.0	0.0	4.6	10.4	51.4	2.0	31.4	2245

在 2006 年的调查中，机关事业单位领导干部、机关事业单位办事人员和有关人员、科教文卫专业技术人员受访者都认为现代人主要缺乏"公心"，占比分别为 59.56%、50.15%、62.15%；企业管理人员、企业员工、农村外出务工人员、其他职业受访者都认为现代人主要缺乏"诚心"，占比分别为 58.05%、53.82%、47.34%、57.85%；商业服务业人员、私营企业主、个体从业人员受访者都认为现代人主要缺乏"爱心"，占比分别为 51.22%、46.38%、50.74%；农业劳动者受访者认为现代人主要缺乏"爱心"和"孝心"，占比均为 51.59%；军人受访者认为现代人主要缺乏"公心"，占比为 65.85%。（如表 6-16 所示）

表6-16　不同职业受访者对"您认为现代人'缺德'主要缺什么"的回答（2006）

职业	公心（%）	善心（%）	爱心（%）	诚心（%）	孝心（%）	其他（%）	有效样本量（人）
机关事业单位领导干部	59.56	37.13	46.69	53.68	17.65	4.04	272
机关事业单位办事人员和有关人员	50.15	34.53	49.25	48.65	17.72	3.30	333
科教文卫专业技术人员	62.15	38.11	43.22	59.08	17.39	4.09	391
企业管理人员	51.46	36.59	50.73	58.05	21.71	3.66	410
企业员工	46.81	40.18	52.19	53.82	21.78	2.88	799
商业服务业人员	45.22	41.84	51.22	48.78	24.58	3.56	533
私营企业主	43.48	43.00	46.38	45.41	27.54	7.25	207
个体从业人员	43.55	42.71	50.74	45.88	32.35	2.54	473
农业劳动者	34.98	35.69	51.59	35.34	51.59	2.12	283
农村外出务工人员	37.20	38.16	45.89	47.34	32.85	3.38	207
军人	65.85	41.46	41.46	42.68	24.39	4.88	82
其他	48.76	33.06	47.11	57.85	30.58	7.44	121

7. 不同收入水平群体的差异化表现

在2016年的调查中，不同收入水平受访者均认为当今中国公民道德生活中最需要的德性是"责任心"，具体占比情况如下：月平均收入1000元及以下的受访者为52.2%，月平均收入1001—3000元的受访者为45.8%，月平均收入3001—5000元的受访者为49.3%，月平均收入5001—10000元的受访者为49.0%，月平均收入10000元以上的受访者为44.3%。（如表6-17所示）

表6-17　不同收入水平受访者对"您认为当今中国公民道德
生活中最需要的德性是什么"的回答（2016）

月平均收入	公心（%）	爱心（%）	诚心（%）	孝心（%）	责任心（%）	其他（%）	未选择（%）	有效样本量（人）
1000元及以下	0.1	0.0	4.7	10.4	52.2	1.8	30.8	1503
1001—3000元	0.0	0.0	6.2	11.5	45.8	1.9	34.6	1881
3001—5000元	0.0	0.0	5.7	12.4	49.3	1.7	30.9	2011
5001—10000元	0.0	0.0	4.9	14.0	49.0	1.4	30.7	716
10000元以上	0.0	0.0	4.7	15.1	44.3	1.9	34.0	212

在 2006 年的调查中,月平均收入 500 元及以下和月平均收入 501—1000 元的受访者认为现代人主要缺乏"爱心",占比分别为 49.89%、51.52%;月平均收入 1001—1500 元和月平均收入 2001—3000 元的受访者认为现代人主要缺乏"诚心",占比分别为 53.27%、57.84%;月平均收入 1501—2000 元和月平均收入 3000 元以上的受访者认为现代人主要缺乏"公心",占比分别为 55.94%、58.89%。(如表 6—18 所示)

表 6—18　不同收入水平受访者对"您认为现代人'缺德'主要缺什么"的回答(2006)

月平均收入	公心（％）	善心（％）	爱心（％）	诚心（％）	孝心（％）	其他（％）	有效样本量（人）
500 元及以下	35.67	40.83	49.89	38.88	39.68	2.98	872
501—1000 元	45.05	40.07	51.52	49.47	27.61	3.65	1807
1001—1500 元	52.87	36.45	45.39	53.27	23.36	4.01	749
1501—2000 元	55.94	36.05	48.07	53.08	20.89	3.00	699
2001—3000 元	57.33	38.56	45.50	57.84	20.05	3.34	389
3000 元以上	58.89	39.07	44.90	54.52	19.24	4.66	343

二、公民个人品德为人处世态度层面的跟踪调查数据描述

在为人处世态度层面,课题组设计了"您对'己所不欲,勿施于人'为人处世态度的看法"这道单选题。

（一）总体性描述

在 2016 年的调查中,对于"己所不欲,勿施于人"这一为人处世态度,29.0% 的受访者选择"非常同意",35.8% 的受访者选择"同意",两项合计占比为 64.8%;20.1% 的受访者选择"中立";5.3% 的受访者选择"反对",3.2% 的受访者选择"非常反对",两项合计占比为 8.5%;还有 5.8% 的受访者选择"说不清"。(如图 6—3 所示)

在 2006 年的调查中,对于"己所不欲,勿施于人"这一为人处世态度,选择"非常反对"的受访者占 4.40%,选择"比较反对"的受访者占 9.40%,选择"中立"的受访者占 19.73%,选择"比较同意"的受访者占 28.34%,选择"非常同

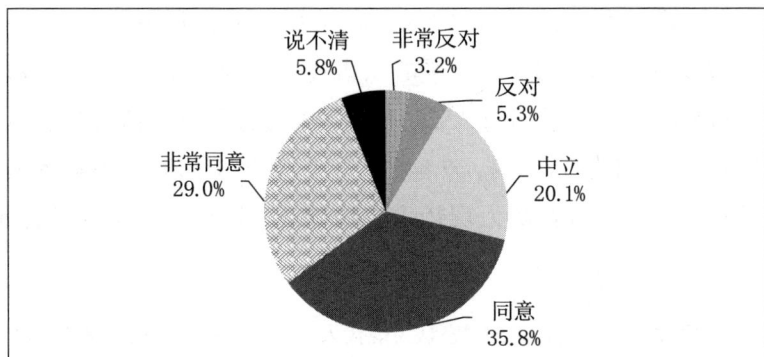

图 6—3　受访者对"己所不欲，勿施于人"为人处世态度的看法（2016）

意"的受访者占 32.65%，选择"说不清"的受访者占 5.47%。其中，选择"非常同意"的受访者占比最高，为 32.65%；选择"比较同意"与"非常同意"的受访者合计占比为 60.99%。（如图 6—4 所示）

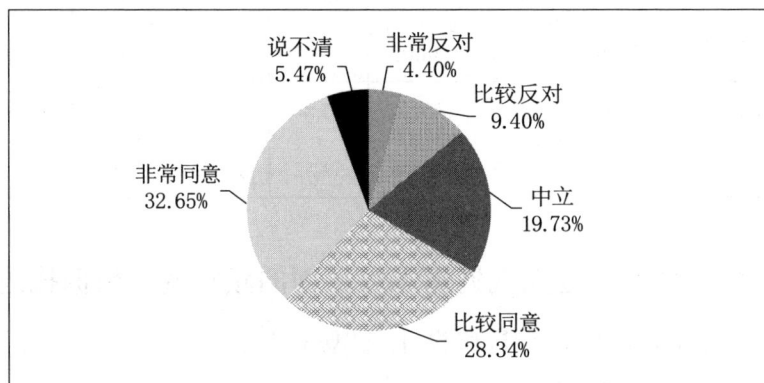

图 6—4　受访者对"己所不欲，勿施于人"为人处世态度的看法（2006）

通过比较发现，2016 年，对"己所不欲，勿施于人"这一为人处世态度表示"同意"和"非常同意"的合计占比较 2006 年选择"比较同意"和"非常同意"的合计占比提高了 3.81%；表示"反对"和"非常反对"的合计占比较 2006 年选择"比较反对"和"非常反对"的合计占比下降了 5.3%；表示"中立"或"说不清"的占比变化不大，但二者合计占比不低，2006 年合计占比为 25.2%，2016 年合计占比为 25.9%。

（二）差异性描述

为具体、深入分析公民个人品德状况，课题组还从性别、年龄、政治面貌、受教育程度、婚姻状况、就业状况及职业、收入水平等角度,对受访者为人处世态度进行了差异化的数据分析。

1. 不同性别群体的差异化表现

在 2016 年的调查中,对于"己所不欲,勿施于人"这一为人处世态度,男性和女性受访者选择"同意"的占比最高,其中男性受访者为 35.2%,女性受访者为 36.4%;男性和女性受访者选择"非常反对"的占比最低,其中男性受访者为3.5%,女性受访者为 2.9%。(如表 6-19 所示)

表 6-19　不同性别受访者对"己所不欲,勿施于人"为人处世态度的看法(2016)

性别	非常反对（%）	反对（%）	中立（%）	同意（%）	非常同意（%）	说不清（%）	未选择（%）	有效样本量（人）
男	3.5	5.4	20.4	35.2	28.3	6.4	0.7	3058
女	2.9	5.1	19.9	36.4	29.7	5.2	0.9	3575

在 2006 年的调查中,对于"己所不欲,勿施于人"这一为人处世态度,男性与女性受访者的看法差异不大。(如表 6-20 所示)

表 6-20　不同性别受访者对"己所不欲,勿施于人"为人处世态度的看法(2006)

性别	非常反对（%）	比较反对（%）	中立（%）	比较同意（%）	非常同意（%）	说不清（%）	有效样本量（人）
男	4.51	8.99	20.27	28.01	32.90	5.32	3103
女	4.29	9.87	19.17	28.68	32.32	5.66	2775

比较来看,2016 年,两性受访者选择"非常反对""反对""非常同意"的占比均有所下降,而选择"中立"的占比略有提升,男性受访者选择"说不清"的占比提升了 1.08 个百分点,女性受访者选择"说不清"的占比下降了 0.46 个百分点。

2. 不同年龄群体的差异化表现

在 2016 年的调查中,对于"己所不欲,勿施于人"这一为人处世态度,不同年龄受访者选择"同意"的占比最高,59 岁及以下年龄受访者选择"非常反对"的占比最低,具体占比情况如下:20 岁以下的受访者选择"同意"的占比为37.7%,选择"非常反对"的占比为 2.7%;20—29 岁的受访者选择"同意"的占比为 36.5%，选择"非常反对"的占比为 2.8%；30—39 岁的受访者选择"同意"的占比为 36.0%，选择"非常反对"的占比为 2.2%；40—49 岁的受访者选择"同意"的占比为 33.7%，选择"非常反对"的占比为 3.7%；50—59 岁的受访者选择"同意"的占比为 31.7%，选择"非常反对"的占比为 3.5%。60 岁及以上的受访者选择"同意"的占比为 36.6%，选择"非常反对"的占比为 10.4%，选择"说不清"的占比为 8.8%。(如表 6-21 所示)

表 6-21　不同年龄受访者对"己所不欲，勿施于人"为人处世态度的看法(2016)

年龄	非常反对（%）	反对（%）	中立（%）	同意（%）	非常同意（%）	说不清（%）	未选择（%）	有效样本量（人）
20 岁以下	2.7	3.4	19.0	37.7	32.3	4.3	0.6	844
20—29 岁	2.8	2.8	18.1	36.5	35.9	3.6	0.3	2618
30—39 岁	2.2	5.0	22.6	36.0	26.3	6.9	1.0	1470
40—49 岁	3.7	8.2	22.6	33.7	22.5	8.2	1.0	937
50—59 岁	3.5	12.1	23.8	31.7	16.4	10.2	2.4	463
60 岁及以上	10.4	11.9	16.8	36.6	13.7	8.8	1.8	328

在 2006 年的调查中，对"己所不欲，勿施于人"这一为人处世态度，20 岁以下受访者选择"中立"和"说不清"的占比均略高于其他年龄受访者，占比分别为 26.23%、6.56%；60 岁及以上受访者选择"比较同意""非常同意"的合计占比高于其他年龄受访者，为 70.54%。(如表 6-22 所示)

表 6-22　不同年龄受访者对"己所不欲，勿施于人"为人处世态度的看法(2006)

年龄	非常反对（%）	比较反对（%）	中立（%）	比较同意（%）	非常同意（%）	说不清（%）	有效样本量（人）
20 岁以下	6.56	12.02	26.23	23.50	25.14	6.56	183
20—29 岁	4.50	9.13	21.14	26.45	33.92	4.86	2223
30—39 岁	3.90	9.62	20.08	27.88	33.14	5.39	1539
40—49 岁	5.39	9.99	19.18	30.97	28.17	6.29	1001
50—59 岁	2.91	8.73	17.81	32.71	31.85	5.99	584
60 岁及以上	4.53	8.22	10.76	30.03	40.51	5.95	353

比较来看，2016 年 39 岁及以下受访者选择"同意""非常同意"的合计占比高于 2006 年选择"比较同意"和"非常同意"的合计占比，具体上升幅度为：20 岁以下受访者为 21.36%，20—29 岁受访者为 12.03%，30—39 岁受访者为 1.28%；40 岁及以上受访者选择"同意""非常同意"的合计占比低于 2006 年选择"比较同意"和"非常同意"的合计占比，具体下降幅度为：40—49 岁受访者为 2.94%，50—59 岁受访者为 16.46%，60 岁及以上受访者为 20.24%。另外，20 岁以下受访者选择"中立"的占比相对于 2006 年有所下降，下降了 7.23%；50—59 岁受访者选择"中立"的占比高于 2006 年 5.99%。

3. 不同政治面貌群体的差异化表现

在 2016 年的调查中，对于"己所不欲，勿施于人"这一为人处世态度，不同政治面貌受访者选择"同意"的占比均高于其他选项，选择"非常反对"的占比较低，具体占比情况如下：共产党员受访者选择"同意"的占比 36.0%，选择"非常反对"的占比 4.1%；共青团员受访者选择"同意"的占比 38.5%，选择"非常反对"的占比 2.7%；民主党派和无党派人士受访者选择"同意"的占比 31.8%，选择"非常反对"的占比 2.8%；普通群众受访者选择"同意"的占比 33.7%，选择"非常反对"的占比 3.1%。（如表 6−23 所示）

表 6−23　不同政治面貌受访者对"己所不欲，勿施于人"为人处世态度的看法（2016）

政治面貌	非常反对（%）	反对（%）	中立（%）	同意（%）	非常同意（%）	说不清（%）	未选择（%）	有效样本量（人）
共产党员	4.1	6.3	17.4	36.0	31.4	4.0	0.8	1536
共青团员	2.7	2.7	16.5	38.5	37.3	2.1	0.4	2256
民主党派和无党派人士	2.8	13.1	25.2	31.8	22.4	3.7	0.9	107
普通群众	3.1	6.5	24.4	33.7	21.1	9.9	1.2	2774

在 2006 年的调查中，对于"己所不欲，勿施于人"这一为人处世态度，不同政治面貌受访者选择"比较同意""非常同意"的占比均高于其他选项。民主党派和无党派人士受访者选择"比较同意""非常同意"的占比高于其他受访者，合计占比为 74.54%；普通群众受访者选择"说不清"的占比高于其他受访者，为 6.79%；共产党员和共青团员受访者选择"比较同意""非常同意"的合计占比均达到 60% 以上。（如表 6−24 所示）

表6—24　不同政治面貌受访者对"己所不欲,勿施于人"为人处世态度的看法(2006)

政治面貌	非常反对(%)	比较反对(%)	中立(%)	比较同意(%)	非常同意(%)	说不清(%)	有效样本量(人)
共产党员	3.84	7.83	16.69	27.92	40.03	3.69	1354
共青团员	4.35	8.95	20.88	27.41	33.69	4.72	1609
民主党派和无党派人士	0.00	7.27	14.55	38.18	36.36	3.64	55
普通群众	4.54	10.35	20.73	28.83	28.76	6.79	2667
其他	11.88	10.89	18.81	21.78	30.69	5.94	101

比较来看,10年间共产党员受访者对"己所不欲,勿施于人"为人处世态度的看法变化不大,选择"非常反对""反对"的合计占比、选择"中立"的占比、选择"比较同意""非常同意"的合计占比、选择"说不清"的占比变化都不大;共青团员受访者选择"非常反对""反对"的合计占比下降了7.9%,选择"中立"的占比下降了4.38%,选择"同意""非常同意"的合计占比提高了14.7%,选择"说不清"的占比下降了2.62%;民主党派和无党派人士受访者选择"非常反对""反对"的合计占比提高了8.63%,选择"中立"的占比提高了10.65%,选择"同意""非常同意"的合计占比下降了20.34%;普通群众受访者选择"非常反对""反对"的合计占比下降了5.29%,选择"中立"的占比提高了3.67%,选择"同意""非常同意"的合计占比下降了2.79%,选择"说不清"的占比提高了3.11%。

4.不同受教育程度群体的差异化表现

在2016年的调查中,对于"己所不欲,勿施于人"这一为人处世态度,大学本科以下受教育程度的受访者选择"同意"的占比最高,具体占比情况如下:没上过学的受访者占比为26.1%,小学受教育程度的受访者占比为24.7%,初中受教育程度的受访者占比为30.7%,高中受教育程度的受访者占比为34.2%,大学专科受教育程度的受访者占比为36.2%。大学本科受教育程度的受访者、硕士研究生及以上受教育程度的受访者选择"非常同意"的占比最高,分别为38.1%、40.9%。总体来看,不同受教育程度受访者选择"反对""非常反对"的占比较低。(如表6—25所示)

表6-25　不同受教育程度受访者对"己所不欲,勿施于人"为人处世态度的看法(2016)

受教育程度	非常反对(%)	反对(%)	中立(%)	同意(%)	非常同意(%)	说不清(%)	未选择(%)	有效样本量(人)
没上过学	8.7	6.5	17.4	26.1	21.7	13.0	6.5	46
小学	5.8	14.3	23.4	24.7	14.3	14.9	2.6	154
初中	4.2	11.9	23.4	30.7	13.6	15.0	1.1	645
高中	4.1	5.7	25.5	34.2	21.5	7.7	1.2	1462
大学专科	3.5	5.1	24.2	36.2	24.3	5.9	0.8	1268
大学本科	2.2	3.5	15.4	37.8	38.1	2.6	0.4	2568
硕士研究生及以上	1.9	1.9	13.3	40.7	40.9	1.2	0.0	513

在2006年的调查中,对于"己所不欲,勿施于人"这一为人处世态度,硕士研究生及以上受教育程度的受访者选择"非常反对""比较反对"的占比较其他受访者低,合计为6.22%,选择"比较同意""非常同意"的合计占比最高,为86.77%;初中、高中受教育程度的受访者选择中立的占比略高于其他受访者,分别为20.67%、24.40%。(如表6-26所示)

表6-26　不同受教育程度受访者对"己所不欲,勿施于人"为人处世态度的看法(2006)

受教育程度	非常反对(%)	比较反对(%)	中立(%)	比较同意(%)	非常同意(%)	说不清(%)	有效样本量(人)
没上过学	5.88	9.80	19.61	21.57	35.29	7.84	51
小学	9.20	14.94	12.64	27.20	29.12	6.90	261
初中	6.30	12.42	20.67	28.17	24.10	8.34	1079
高中	4.66	12.28	24.40	26.95	24.03	7.68	1889
大学	2.84	5.80	17.88	29.69	41.13	2.66	2327
硕士研究生及以上	3.11	3.11	6.23	27.63	59.14	0.78	257
其他	12.50	0.00	12.50	62.50	12.50	0.00	8

比较来看,2016年没上过学的受访者选择"同意""非常同意"的合计占比与2006年选择"比较同意""非常同意"的合计占比相比下降了9.06%,选择

"说不清"的占比提高了5.16%；初中和高中受教育程度的受访者选择"同意""非常同意"的合计占比，分别下降了7.97%、提高了4.72%，选择"中立"的占比均高于2006年，分别提高2.73%、1.1%；大学受教育程度的受访者选择"同意""非常同意"的合计占比变化不大，选择"中立"的占比下降了2.48%；硕士研究生及以上受教育程度的受访者选择"同意""非常同意"的合计占比下降了5.17%，选择"非常反对""反对"的占比下降了2.42%，选择"中立"的占比提高了7.07%。在两次调研中，硕士研究生及以上学历受访者选择"说不清"的占比都是最低的。

5. 不同婚姻状况群体的差异化表现

在2016年的调查中，对于"己所不欲，勿施于人"这一为人处世态度，不同婚姻状况受访者选择"同意"的占比均高于其他选项，其中未婚受访者为37.2%，已婚受访者为34.7%，离异受访者36.5%，丧偶受访者为30.0%。不同婚姻状况受访者选择"反对""非常反对"的占比较低。（如表6—27所示）

表6—27　不同婚姻状况受访者对"己所不欲，勿施于人"为人处世态度的看法（2016）

婚姻状况	非常反对（%）	反对（%）	中立（%）	同意（%）	非常同意（%）	说不清（%）	未选择（%）	有效样本量（人）
未婚	2.7	1.9	18.1	37.2	36.3	3.4	0.4	3129
已婚	3.5	7.9	22.2	34.7	22.6	7.8	1.2	3223
离异	2.8	7.9	21.3	36.5	22.5	8.4	0.6	178
丧偶	7.3	12.7	11.8	30.0	23.6	13.6	0.9	110

在2006年的调查中，对于"己所不欲，勿施于人"这一为人处世态度，不同婚姻状况受访者选择"同意"的占比均高于其他选项。在未婚、已婚、离异、丧偶、其他受访者中，其他受访者选择"非常反对""比较反对""说不清"的占比均是最高的，分别为5.88%、23.53%、17.65%；离异受访者选择"中立"的占比最高，为30.59%；已婚受访者选择"比较同意"的占比最高，为30.20%；丧偶受访者选择"非常同意"的占比最高，为45.28%。（如表6—28所示）

表6-28　不同婚姻状况受访者对"己所不欲,勿施于人"为人处世态度的看法(2006)

婚姻状况	非常反对(%)	比较反对(%)	中立(%)	比较同意(%)	非常同意(%)	说不清(%)	有效样本量(人)
未婚	4.61	8.61	20.80	25.73	35.74	4.51	2149
已婚	4.27	9.77	18.83	30.20	30.82	6.12	3563
离异	3.53	9.41	30.59	24.71	29.41	2.35	85
丧偶	1.89	11.32	20.75	16.98	45.28	3.77	53
其他	5.88	23.53	17.65	17.65	17.65	17.65	17

比较来看,2016年,未婚受访者选择"非常反对""反对""中立""说不清"的占比均有所下降,而选择"同意""非常同意"的占比均有所提高;已婚受访者选择"非常反对""反对"的占比有所下降,选择"中立""说不清""同意"的占比均有所提高,而选择"非常同意"的占比下降了8.22%;离异受访者选择"非常反对""反对""中立"的占比有所下降,选择"同意""说不清"的占比有所提高,其中选择"同意"的占比提高了11.79%,而选择"非常同意"的占比有所下降;丧偶受访者选择"非常反对""反对""同意""说不清"的占比均有所提高,其中选择"同意"的占比提高了13.02%,选择"说不清"的占比提高了9.83%,选择"中立""非常同意"的占比有所下降,分别下降了8.95%、21.68%。

6. 不同就业状况及职业群体的差异化表现

从就业状况来说,在2016年的调查中,对于"己所不欲,勿施于人"这一为人处世态度,在职受访者、离退休受访者、无业受访者、失业受访者选择"同意"的人数最多,分别占35.7%、36.3%、28%、31.0%;学生受访者选择"非常同意"的人数最多,占40.1%。不同就业状况受访者选择"非常反对"的占比较低。(如表6-29所示)

表6-29　不同就业状况受访者对"己所不欲,勿施于人"为人处世态度的看法(2016)

就业状况	非常反对(%)	反对(%)	中立(%)	同意(%)	非常同意(%)	说不清(%)	未选择(%)	有效样本量(人)
在职	3.1	5.2	21.9	35.7	27.3	5.9	0.9	3526
离退休	8.6	11.3	20.7	36.3	15.2	6.6	1.2	487

就业状况	非常反对（%）	反对（%）	中立（%）	同意（%）	非常同意（%）	说不清（%）	未选择（%）	有效样本量（人）
学生	1.9	1.9	14.9	39.1	40.1	1.8	0.3	1775
无业	2.5	6.9	24.0	28.0	25.2	12.8	0.6	321
失业	3.8	9.7	22.4	31.0	18.4	13.5	1.1	548

在2006年的调查中,对于"己所不欲,勿施于人"这一为人处世态度,学生受访者选择"比较同意""非常同意"的合计占比高于其他受访者,为73.86%;无业、失业受访者选择"非常反对""比较反对"的合计占比略高于其他受访者,为18.13%;在职和其他受访者选择"中立"的占比略高于其他受访者,分别为21.33%、26.71%。(如表6—30所示)

表6—30 不同就业状况受访者对"己所不欲,勿施于人"为人处世态度的看法(2006)

就业状况	非常反对（%）	比较反对（%）	中立（%）	比较同意（%）	非常同意（%）	说不清（%）	有效样本量（人）
在职	4.31	9.78	21.33	28.36	30.50	5.73	3784
离退休	3.75	7.92	13.33	30.00	40.21	4.79	480
学生	3.35	5.50	15.01	26.81	47.05	2.28	746
无业、失业	6.24	11.89	16.57	30.60	27.10	7.60	513
其他	5.59	11.80	26.71	24.84	23.29	7.76	322

因在2016年的调研中对无业和失业进行了具体分区,所以我们仅对在职、离退休、学生受访者的情况进行比较分析。和2006年调查数据相比,2016年,在职受访者选择"非常反对""反对""非常同意"的占比有所下降,选择"中立""同意""说不清"的占比有所提高;离退休受访者选择"非常同意"的占比有所下降,下降了25.01%,选择"非常反对""反对""中立""同意""说不清"的占比均有所提高,其中选择"中立"的占比提高了7.37%;学生受访者选择"非常反对""反对""非常同意""中立""说不清"的占比均有所下降,其中选择"非常同意"的占比下降了6.95%,选择"同意"的占比提高了12.29%。

就职业来说,在2016年的调查中,对于"己所不欲,勿施于人"这一为人处世态度,除了私营企业主受访者、农业劳动者受访者,不同职业受访者选择"同意"的占比最高。其中,机关事业单位领导干部受访者为35.1%,机关事业单位办事人员和有关人员受访者为35.8%,科教文卫专业技术人员受访者为34.5%,企业管理人员受访者为34.2%,企业员工受访者为36.0%,商业服务业人员受访者为34.6%;个体从业人员受访者为34.6%,农村外出务工人员受访者为27.2%,军人受访者为40.8%,其他职业受访者为38.0%。私营企业主受访者选择"同意"和"中立"的均占34.1%,农业劳动者受访者选择"中立"的占比最高,为32.4%。(如表6-31所示)

表6-31　不同职业受访者对"己所不欲,勿施于人"为人处世态度的看法(2016)

职业	非常反对(%)	反对(%)	中立(%)	同意(%)	非常同意(%)	说不清(%)	未选择(%)	有效样本量(人)
机关事业单位领导干部	7.4	5.0	21.8	35.1	26.0	3.8	0.9	339
机关事业单位办事人员和有关人员	3.2	6.6	17.1	35.8	33.0	3.8	0.6	531
科教文卫专业技术人员	3.3	7.3	16.5	34.5	33.4	4.2	0.7	449
企业管理人员	3.0	7.0	21.4	34.2	27.4	5.5	1.5	401
企业员工	3.4	4.8	23.4	36.0	24.9	6.8	0.8	1283
商业服务业人员	2.0	8.0	25.9	34.6	21.9	7.3	0.3	301
私营企业主	4.3	3.7	34.1	34.1	17.1	5.5	1.2	164
个体从业人员	3.1	8.1	18.7	34.6	21.8	11.8	1.9	321
农业劳动者	4.1	13.1	32.4	23.4	9.7	15.9	1.4	145
农村外出务工人员	2.8	9.9	23.9	27.2	12.2	22.1	1.9	213
军人	5.6	2.8	16.9	40.8	29.6	4.2	0.0	142
其他	2.3	3.3	17.1	38.0	35.3	3.4	0.4	2245

在2006年的调查中,对于"己所不欲,勿施于人"这一为人处世态度,科教文卫专业技术人员受访者选择"比较同意""非常同意"的合计占比高于其他职业受访者,为75.77%;农村外出务工人员受访者选择"说不清"的占比高于

其他职业受访者，为11.33%；军人受访者选择"中立"的占比高于其他职业受访者，为35.00%。（如表6-32所示）

表6-32 不同职业受访者对"己所不欲，勿施于人"为人处世态度的看法（2006）

职业	非常反对（％）	比较反对（％）	中立（％）	比较同意（％）	非常同意（％）	说不清（％）	有效样本量（人）
机关事业单位领导干部	4.81	8.89	19.26	27.41	34.81	4.81	270
机关事业单位办事人员和有关人员	2.42	7.88	20.30	26.97	38.18	4.24	330
科教文卫专业技术人员	2.58	4.12	15.21	33.76	42.01	2.32	388
企业管理人员	2.45	6.85	23.96	29.10	32.76	4.89	409
企业员工	4.43	8.99	24.18	28.86	28.23	5.32	790
商业服务业人员	3.81	11.62	21.33	29.71	27.43	6.10	525
私营企业主	5.80	11.59	24.64	25.60	27.05	5.31	207
个体从业人员	6.44	13.09	24.25	23.61	24.03	8.58	466
农业劳动者	7.14	16.07	15.71	32.14	20.36	8.57	280
农村外出务工人员	8.37	16.26	20.69	23.15	20.20	11.33	203
军人	6.25	7.50	35.00	13.75	33.75	3.75	80
其他	3.48	7.83	24.35	26.09	32.17	6.09	115

比较来看，2016年，机关事业单位领导干部受访者选择"非常反对""中立""同意"的占比均有所提高，选择"反对""非常同意""说不清"的占比均有所下降；农村外出务工人员受访者选择"非常反对""反对""非常同意"的占比均有所下降，选择"中立""同意""说不清"的占比均有所提高；军人受访者选择"非常反对""反对""中立""非常同意"的占比均有所下降，选择"同意""说不清"的占比均有所提高；机关事业单位办事人员和有关人员受访者选择"反对""中立""非常同意""说不清"的占比均有所下降，选择"非常反对""同意"的占比均有所提升；科教文卫专业技术人员受访者选择"非常反对""反对""中立""同意""说不清"的占比均有所提高，而选择"非常同意"的占比则有所下

降；企业管理人员受访者选择"非常反对""反对""同意""说不清"的占比有所提高，选择"中立""非常同意"的占比均有所下降；企业员工受访者选择"同意""说不清"的占比均有所提高，选择"非常反对""反对""中立""非常同意"的占比均有所下降；商业服务业人员受访者选择"中立""同意""说不清"的占比均有所提高，选择"非常反对""反对""非常同意"的占比均有所下降；私营企业主受访者选择"中立""同意""说不清"的占比均有所提高，选择"非常反对""反对""非常同意"的占比均有所下降；个体从业人员受访者选择"同意""说不清"的占比均有所提高，而选择"非常反对""反对""中立""非常同意"的占比均有所下降；农业劳动者受访者选择"中立""说不清"的占比均有所提高，选择"非常反对""反对""同意""非常同意"的占比均有所下降。可见，机关事业单位领导干部受访者和农村外出务工人员受访者、科教文卫专业技术人员受访者、商业服务业人员受访者、私营企业主受访者、农业劳动者受访者选择"中立"的占比均有所提高，其中农业劳动者受访者选择"中立"的占比提高幅度较大。

7. 不同收入水平群体的差异化表现

在 2016 年的调查中，针对"己所不欲，勿施于人"这一为人处世态度，月平均收入 1000 元及以下的受访者选择"非常同意"的占比最高，为 37.6%；月平均收入 1001—3000 元、3001—5000 元、5001—10000 元、10000 元以上的受访者选择"同意"的占比最高，分别为 32.0%、37.2%、36.5%、37.3%。（如表 6-33 所示）

表6-33 不同收入水平受访者对"己所不欲，勿施于人"为人处世态度的看法（2016）

月平均收入	非常反对（%）	反对（%）	中立（%）	同意（%）	非常同意（%）	说不清（%）	未选择（%）	有效样本量（人）
1000 元及以下	2.5	2.5	16.2	37.5	37.6	3.5	0.4	1503
1001—3000 元	4.0	6.9	23.1	32.0	23.2	9.6	1.2	1881
3001—5000 元	3.3	6.6	21.2	37.2	25.8	5.2	0.7	2011
5001—10000 元	2.8	5.4	19.7	36.5	30.3	4.6	0.7	716
10000 元以上	3.8	4.2	17.9	37.3	32.1	4.7	0.0	212

在 2006 年的调查中,针对"己所不欲,勿施于人"这一为人处世态度,月平均收入 1501—2000 元的受访者选择"比较同意""非常同意"的合计占比高于其他收入水平受访者,为 68.01%;月平均收入 500 元及以下的受访者选择"非常反对""比较反对"的合计占比高于其他收入水平受访者,为 19.5%,这一群体选择"说不清"的占比也高于其他收入水平受访者,为 7.64%。(如表 6—34 所示)

表 6—34　不同收入水平受访者对"己所不欲,勿施于人"为人处世态度的看法(2006)

月平均收入	非常反对（%）	比较反对（%）	中立（%）	比较同意（%）	非常同意（%）	说不清（%）	有效样本量（人）
500 元及以下	6.46	13.04	19.74	29.73	23.38	7.64	851
501—1000 元	4.77	11.11	22.22	26.04	29.29	6.57	1782
1001—1500 元	4.17	8.61	21.80	28.13	32.17	5.11	743
1501—2000 元	4.18	6.34	17.44	32.42	35.59	4.03	694
2001—3000 元	3.13	7.81	19.27	26.56	39.06	4.17	384
3000 元以上	3.50	6.71	19.24	30.03	36.44	4.08	343

2006—2016 年的 10 年,我国经济社会快速发展,人们的收入水平也发生了变化,因此,我们仅从选项设计的低(月平均收入 500 元及以下、月平均收入 1000 元及以下)和高(月平均收入 3000 元以上、月平均收入 10000 元以上)两个维度来进行比较分析。(关于以下题目的收入水平比较分析同上)对于月平均收入 500 元及以下、月平均收入 1000 元及以下的受访者来说,其选择"非常反对""反对""中立""说不清"的占比有所下降,而选择"非常同意"的占比有所提高;对于月平均收入 3000 元以上、月平均收入 10000 元以上的受访者来说,其选择"非常反对""同意""说不清"的占比有所提高,而选择"反对""中立""非常同意"的占比有所下降。

三、个人品德修养与行为层面的调查数据描述

在个人品德修养与行为实践层面,2016 年的问卷增设了"当您在临时停车时不小心剐蹭到他人汽车,没有被发现,也未看到摄像头,您会怎么做"(单选)

这一题目,以考察公民个人品德实践状况。①

（一）总体性描述

在2016年的调查中,针对"当您在临时停车时不小心剐蹭到他人汽车,没有被发现,也未看到摄像头,您会怎么做"（单选）这一问题,64.6%的受访者选择"主动留下个人联系方式,等车主与自己联系",占比最多;12.0%的受访者表示会"原地等待车主",排在次位;选择"赶紧开车离开现场"的受访者占10.0%;此外,还有13.4%的受访者选择"其他"。（如图6-5所示）

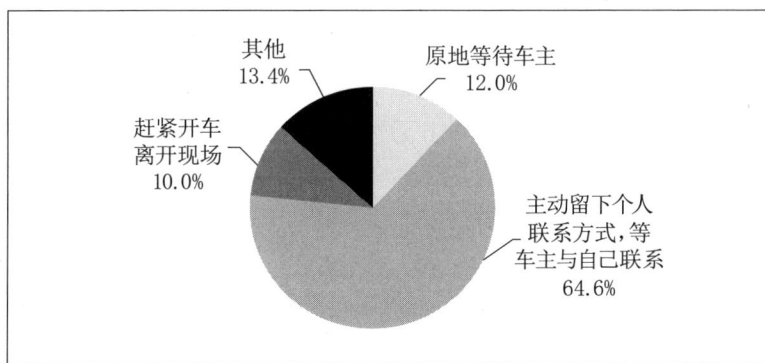

图6-5　受访者对"当您在临时停车时不小心剐蹭到他人汽车,没有被发现,也未看到摄像头,您会怎么做"的回答（2016）

（二）差异性描述

为具体、深入分析公民个人品德建设情况,课题组还从性别、年龄、政治面貌、受教育程度、婚姻状况、就业状况与职业、收入水平等角度,对公民品德修养进行了差异性的数据分析。

1.不同性别群体的差异化表现

在2016年的调查中,男性和女性受访者选择"主动留下联系方式,等车主与自己联系"的占比最高,分别为60.9%、67.1%。（如表6-35所示）

---

① "当您在临时停车时不小心剐蹭到他人汽车,没有被发现,也未看到摄像头,您会怎么做"（单选）这一问题属于2016年问卷中新增题目,因此在具体分析时,我们仅进行了调查数据的总体性描述与差异性描述,未作比较分析。

表6-35 不同性别受访者对"当您在临时停车时不小心剐蹭到他人汽车，没有被发现，也未看到摄像头，您会怎么做"的回答（2016）

性别	原地等待车主（%）	主动留下联系方式，等车主与自己联系（%）	赶紧开车离开现场（%）	其他（%）	未选择（%）	有效样本量（人）
男性	13.6	60.9	10.9	14.0	0.7	3058
女性	10.4	67.1	9.1	12.8	0.6	3575

2. 不同年龄群体的差异化表现

在2016年的调查中，不同年龄的受访者选择"主动留下联系方式，等车主与自己联系"的占比最高，具体占比情况如下：20岁以下的受访者为71.2%，20—29岁的受访者为65.8%，30—39岁的受访者为62.0%，40—49岁的受访者为62.8%，50—59岁的受访者为58.1%，60岁及以上的受访者为57.9%。（如表6-36所示）

表6-36 不同年龄受访者对"当您在临时停车时不小心剐蹭到他人汽车，没有被发现，也未看到摄像头，您会怎么做"的回答（2016）

年龄	原地等待车主（%）	主动留下联系方式，等车主与自己联系（%）	赶紧开车离开现场（%）	其他（%）	未选择（%）	有效样本量（人）
20岁以下	9.4	71.2	9.7	9.0	0.7	844
20—29岁	9.7	65.8	11.5	12.6	0.4	2618
30—39岁	11.1	62.0	11.3	15.2	0.4	1470
40—49岁	15.0	62.8	7.6	13.9	0.7	937
50—59岁	17.1	58.1	6.5	17.5	0.9	463
60岁及以上	22.0	57.9	3.0	14.9	2.1	328

3. 不同政治面貌群体的差异化表现

在2016年的调查中，不同政治面貌受访者选择"主动留下联系方式，等车主与自己联系"的占比最高，其中共产党员受访者为69.7%，共青团员受访者为69.8%，民主党派和无党派人士受访者为52.3%，普通群众受访者为57.1%。不同政治面貌受访者中，选择"赶紧开车离开现场"的占比分别为6.0%、10.5%、16.8%、11.3%。（如表6-37所示）

表 6—37 不同政治面貌受访者对"当您在临时停车时不小心剐蹭到他人汽车，没有被发现，也未看到摄像头，您会怎么做"的回答（2016）

政治面貌	原地等待车主（%）	主动留下联系方式，等车主与自己联系（%）	赶紧开车离开现场（%）	其他（%）	未选择（%）	有效样本量（人）
共产党员	14.8	69.7	6.0	9.0	0.6	1536
共青团员	9.2	69.8	10.5	10.0	0.5	2256
民主党派和无党派人士	14.0	52.3	16.8	14.0	2.8	107
普通群众	12.4	57.1	11.3	18.5	0.6	2774

4. 不同受教育程度群体的差异化表现

在 2016 年的调查中，不同受教育程度的受访者选择"主动留下联系方式，等车主与自己联系"的占比最高，其中没上过学的受访者为 30.4%，小学受教育程度的受访者为 37.0%，初中受教育程度的受访者为 49.3%，高中受教育程度的受访者为 62.7%，大学专科受教育程度的受访者为 63.2%，大学本科受教育程度的受访者为 69.8%，硕士研究生及以上受教育程度的受访者为 73.5%。以上不同受教育程度受访者选择"赶紧开车离开现场"的占比分别为 17.4%、13.6%、12.2%、9.0%、9.9%、9.6%、9.6%。（如表 6—38 所示）

表 6—38 不同受教育程度受访者对"当您在临时停车时不小心剐蹭到他人汽车，没有被发现，也未看到摄像头，您会怎么做"的回答（2016）

受教育程度	原地等待车主（%）	主动留下联系方式，等车主与自己联系（%）	赶紧开车离开现场（%）	其他（%）	未选择（%）	有效样本量（人）
没上过学	30.4	30.4	17.4	19.6	2.2	46
小学	31.2	37.0	13.6	16.9	1.3	154
初中	17.7	49.3	12.2	20.5	0.3	645
高中	12.7	62.7	9.0	15.0	0.6	1462
大学专科	11.6	63.2	9.9	14.4	0.9	1268
大学本科	9.4	69.8	9.6	10.7	0.5	2568
硕士研究生及以上	7.8	73.5	9.6	9.0	0.2	513

5. 不同婚姻状况群体的差异化表现

在 2016 年的调查中，未婚受访者、已婚受访者、离异受访者、丧偶受访者中，选择"主动留下联系方式，等车主与自己联系"的最多，分别占比 68.5%、62.2%、43.3%、40.0%，选择"赶紧开车离开现场"的，分别占比 10.0%、9.6%、14.6%、10.9%。（如表 6－39 所示）

表 6－39　不同婚姻状况受访者对"当您在临时停车时不小心剐蹭到他人汽车，没有被发现，也未看到摄像头，您会怎么做"的回答（2016）

婚姻状况	原地等待车主（%）	主动留下联系方式，等车主与自己联系（%）	赶紧开车离开现场（%）	其他（%）	未选择（%）	有效样本量（人）
未婚	10.0	68.5	10.0	11.0	0.5	3129
已婚	13.0	62.2	9.6	14.5	0.7	3223
离异	16.9	43.3	14.6	24.7	0.6	178
丧偶	23.6	40.0	10.9	25.5	0.0	110

6. 不同就业状况及职业群体的差异化表现

从就业状况来说，在 2016 年的调查中，在职受访者，离退休受访者，学生受访者，无业、失业受访者，其他类别受访者中，选择"主动留下联系方式，等车主与自己联系"的最多，分别占比 64.5%、57.3%、73.1%、47.7%、50.7%；9.7% 的在职受访者、4.9% 的离退休受访者、12.4% 的其他类别受访者选择了"赶紧开车离开现场"，另外，有 8% 的学生受访者、15.9% 的无业、失业受访者选择"原地等待车主"。（如表 6－40 所示）

表 6－40　不同就业状况受访者对"当您在临时停车时不小心剐蹭到他人汽车，没有被发现，也未看到摄像头，您会怎么做"的回答（2016）

就业状况	原地等待车主（%）	主动留下联系方式，等车主与自己联系（%）	赶紧开车离开现场（%）	其他（%）	未选择（%）	有效样本量（人）
在职	11.9	64.5	9.7	13.5	0.4	3526
离退休	20.1	57.3	4.9	15.8	1.8	487
学生	8.0	73.1	9.2	9.2	0.5	1775
无业、失业	15.9	47.7	19.3	16.5	0.6	321
其他	14.6	50.7	12.4	21.7	0.5	548

　　就职业来说,在2016年的调查中,不同职业的受访者选择"主动留下联系方式,等车主与自己联系"的比例最高,具体占比情况如下:机关事业单位领导干部受访者为66.4%,机关事业单位办事人员和有关人员受访者为61.4%,科教文卫专业技术人员受访者为64.6%,企业管理人员受访者为62.6%,企业员工受访者为67.0%,商业服务业人员受访者为59.1%,私营企业主受访者为56.7%,个体从业人员受访者为52.6%,农业劳动者受访者为37.2%,农村外出务工人员受访者为49.8%,军人受访者为58.5%,其他职业受访者为69.4%;8.8%的机关事业单位领导干部受访者,10.6%的军人受访者,10.5%的机关事业单位办事人员和有关人员受访者,7.3%的科教文卫专业技术人员受访者,10.0%的企业管理人员受访者,9.4%的企业员工受访者,11.6%的私营企业主受访者,9.7%的农业劳动者受访者以及9.3%的其他职业受访者选择了"赶紧开车离开现场";14.1%的农村外出务工人员受访者,9%的商业服务业人员受访者,12.5%的个体从业人员受访者选择"原地等待车主"。(如表6-41所示)

表6-41　不同职业受访者对"当您在临时停车时不小心剐蹭到他人汽车,没有被发现,也未看到摄像头,您会怎么做"的回答(2016)

职业	原地等待车主(%)	主动留下联系方式,等车主与自己联系(%)	赶紧开车离开现场(%)	其他(%)	未选择(%)	有效样本量(人)
机关事业单位领导干部	15.9	66.4	8.8	8.3	0.6	339
机关事业单位办事人员和有关人员	13.2	61.4	10.5	13.7	1.1	531
科教文卫专业技术人员	15.8	64.6	7.3	12.0	0.2	449
企业管理人员	11.5	62.6	10.0	15.0	1.0	401
企业员工	10.1	67.0	9.4	13.0	0.4	1283
商业服务业人员	9.0	59.1	13.3	18.6		301
私营企业主	14.0	56.7	11.6	16.5	1.2	164
个体从业人员	12.5	52.6	12.8	21.2	0.9	321
农业劳动者	29.0	37.2	9.7	21.4	2.8	145
农村外出务工人员	14.1	49.8	15.5	20.7	0.0	213
军人	22.5	58.5	10.6	8.5	0.0	142
其他	9.5	69.4	9.3	11.4	0.4	2245

7.不同收入水平群体的差异化表现

在 2016 年的调查中,月平均收入 1000 元及以下、1001—3000 元、3001—5000、5001—10000 元、10000 万元以上受访者中,选择"主动留下联系方式,等车主与自己联系"的最多,分别占比 69.5%、60.9%、63.6%、60.5%、59.5%;选择"赶紧开车离开现场"的,分别占比 9.8%、10.3%、9.7%、11.0%、11.8%。(如表 6—42 所示)

表 6—42　不同收入水平受访者对"当您在临时停车时不小心剐蹭到他人汽车,没有被发现,也未看到摄像头,您会怎么做"的回答(2016)

月平均收入	原地等待车主(%)	主动留下联系方式,等车主与自己联系(%)	赶紧开车离开现场(%)	其他(%)	未选择(%)	有效样本量(人)
1000 元及以下	10.4	69.5	9.8	9.8	0.4	1503
1001—3000 元	13.3	60.9	10.3	14.9	0.6	1881
3001—5000 元	11.7	63.6	9.7	14.4	0.5	2011
5001—10000 元	13.8	60.5	11.0	14.1	0.6	716
10000 元以上	12.3	59.9	11.8	15.6	0.5	212

四、道德生活参与层面的跟踪调查数据描述

一个国家、一个民族的道德建设不仅是国家的事情,也是每个公民的事情,为考察公民个体的道德生活参与情况,我们在 2016 年的问卷中设置了"您认为一个有道德的人应具备的基本品德有哪些"(至多选三项)[①]与"您认为如下哪个环节对一个人道德品质形成影响最大"(单选)两个问题,并进行了总体性与差异性数据分析,以反映公民个体的道德需求与对道德品质养成的认知情况。

(一)总体性描述

在 2016 年的调查中,对"您认为一个有道德的人应具备的基本品德有哪些"(至多选三项)这一问题,受访者认为有道德的人最应具备的四种基本品德分别是"自律自省"(累计占比 55.5%)、"诚信"(累计占比 52.5%)、"言行一致"(累计占比 48.4%)和"尚荣知耻"(累计占比 41.6%);另外,选择"忠诚"和

---

① "您认为一个有道德的人应具备的基本品德有哪些"(至多选三项)为新增题目,所以未进行总体性和差异性数据的对比分析。

"仁爱"的比例分别为 23.6% 和 23.3%；认为"勤奋""勇敢"和"无私"是有道德的人应具备的基本品德的分别占比 17.6%、5.7%、8.3%，占比相对较低。（如图 6—6 所示）

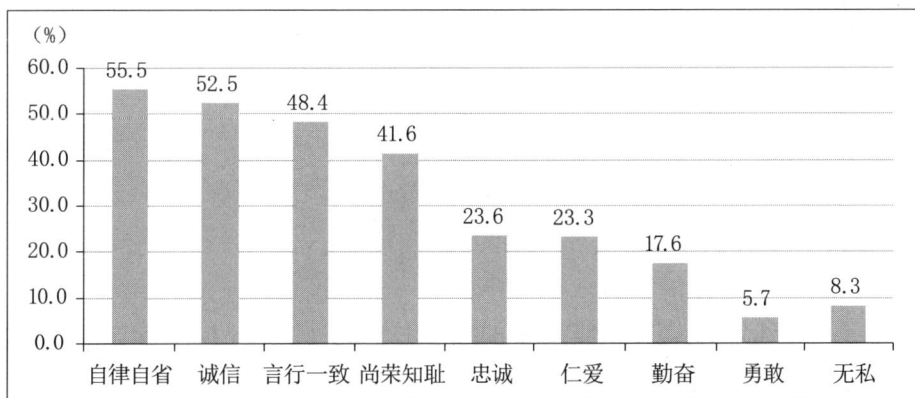

图 6—6 受访者对"您认为一个有道德的人应具备的基本品德有哪些"的回答（2016）

在 2016 年的调查中，对"您认为如下哪个环节对一个人道德品质形成影响最大"（单选）这一问题，40.1% 的受访者认为"家庭"对一个人道德品质形成影响最大，占比最高；37.7% 的受访者认为"社会"对一个人道德品质形成影响最大，排在次位；选择"学校""单位"的受访者分别占比 15.9% 和 3.3%；此外，还有 3.0% 的受访者表示"说不清"。（如图 6—7 所示）

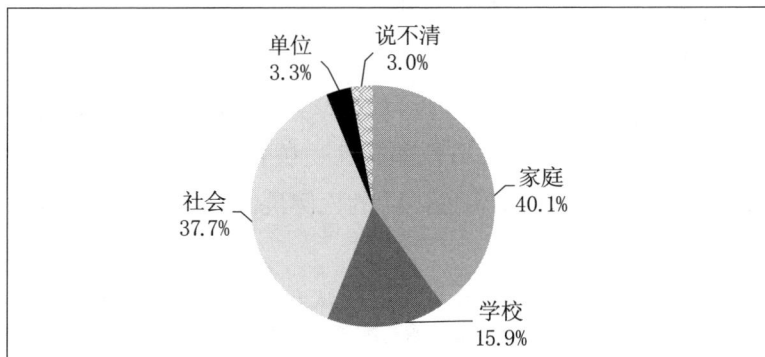

图 6—7 受访者对"您认为如下哪个环节对一个人道德品质形成影响最大"的回答（2016）

在 2006 年的调查中，"您认为对您的道德品质形成影响最大的是哪个环节"（单选）这一问题，涉及选项包括"家庭"（占比 20.59%）、"学校"（占比 10.01%）、"单位"（占比 5.15%）、"社会"（占比 56.64%）、"说不清"（占比 6.24%）、"其他"

（占比 1.37%），其中，受访者选择"社会"的占比最高，为 56.64%。（如图 6－8 所示）

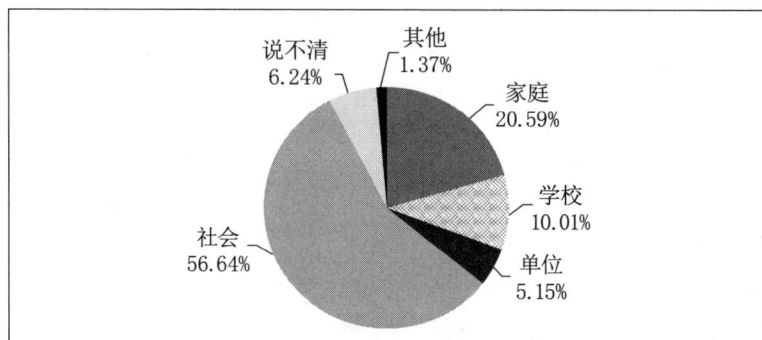

图 6－8　受访者对"您认为对您的道德品质形成影响最大的是哪个环节"的回答（2006）

比较来看，10 年间人们对"家庭"的认识明显提升，提高幅度为 19.51%；对"社会"的认识明显下降，下降幅度为 18.94%；对"学校"的认识有所提升，提升幅度为 5.89%；选择"说不清"的比例明显下降，下降幅度为 3.24%。总体来说，公民道德参与的主体意识提升，且更为看重家庭的道德教育功能。

（二）差异性描述

为具体、深入地分析公民个人品德建设情况，课题组还从性别、年龄、政治面貌、受教育程度、婚姻状况、就业状况及职业、收入水平等角度，对公民个人道德生活参与状况进行了差异化的数据分析。

1. 不同性别群体的差异化表现

在 2016 年的调查中，针对"您认为一个有道德的人应具备的基本品德有哪些"（至多选三项）这一问题，男性和女性受访者选择"自律自省"的比例最高，分别占比 52.9%、57.1%；选择"勇敢"的比例最低，占比均为 0.1%。（如表 6－43 所示）

表 6－43　不同性别受访者对"您认为一个有道德的人应具备的基本品德有哪些"的回答（2016）

性别	自律自省（%）	尚荣知耻（%）	言行一致（%）	忠诚（%）	无私（%）	仁爱（%）	勤奋（%）	勇敢（%）	诚信（%）	其他（%）	未选择（%）	有效样本量（人）
男	52.9	19.1	15.3	6.3	1.3	1.5	0.8	0.1	0.6	1.4	0.6	3058
女	57.1	17.6	13.8	6.0	1.1	2.0	0.7	0.1	0.4	0.5	0.6	3575

在 2016 年的调查中,针对"您认为如下哪个环节对一个人道德品质形成影响最大"(单选)这一问题,男性受访者选择"社会"的占比最高,为 39.4%;女性受访者选择"家庭"的占比最高,为 43.0%。(如表 6—44 所示)

表 6—44　不同性别受访者对"您认为如下哪个环节对一个人道德品质形成影响最大"的回答(2016)

性别	家庭(%)	学校(%)	社会(%)	单位(%)	说不清(%)	未选择(%)	有效样本量(人)
男	36.4	16.4	39.4	4.1	3.0	0.7	3058
女	43.0	15.2	35.8	2.7	2.7	0.5	3575

在 2006 年的调查中,针对"您认为对您的道德品质形成影响最大的是哪个环节"(单选)这一问题,女性受访者选择"家庭"的比例高于男性,高出 3.79%;男性受访者选择"社会"的比例高于女性,高出 4.97%。(如表 6—45 所示)

表 6—45　不同性别受访者对"您认为对您的道德品质形成影响最大的是哪个环节"的回答(2006)

性别	家庭(%)	学校(%)	单位(%)	社会(%)	其他(%)	说不清(%)	有效样本量(人)
男	18.83	10.23	5.21	58.98	1.21	5.53	3128
女	22.62	9.79	5.05	54.01	1.51	7.03	2790

比较来看,2016 年,男性和女性受访者选择"家庭""学校"的占比都有提升,而选择"社会""单位""说不清"的占比都有所下降,这说明"学校"和"家庭"在个体道德品质养成过程中承担着越来越大的期许与责任。

2. 不同年龄群体的差异化表现

在 2016 年的调查中,针对"您认为一个有道德的人应具备的基本品德有哪些"(至多选三项)这一问题,不同年龄的受访者选择"自律自省"的占比最高,具体占比情况如下:20 岁以下的受访者为 50.2%,20—29 岁的受访者为 57.3%,30—39 岁的受访者为 53.4%,40—49 岁的受访者为 57.1%,50—59 岁的受访者为 52.5%,60 岁及以上的受访者为 57.3%。(如表 6—46 所示)

表 6-46　不同年龄受访者对"您认为一个有道德的人应
具备的基本品德有哪些"的回答（2016）

年龄	自律自省（%）	尚荣知耻（%）	言行一致（%）	忠诚（%）	无私（%）	仁爱（%）	勤奋（%）	勇敢（%）	诚信（%）	其他（%）	未选择（%）	有效样本量（人）
20 岁以下	50.2	19.5	15.9	7.3	2.1	2.3	0.7	0.1	0.2	0.8	0.7	844
20—29 岁	57.3	20.3	12.9	4.9	0.9	1.8	0.6	0.1	0.3	0.6	0.4	2618
30—39 岁	53.4	18.2	14.8	6.7	1.3	2.0	0.7	0.1	0.6	1.7	0.5	1470
40—49 岁	57.1	15.0	14.7	7.3	1.2	1.7	1.2	0.1	0.5	0.4	0.7	937
50—59 岁	52.5	14.9	17.3	6.7	1.7	1.7	1.1	0.2	1.5	1.3	1.1	463
60 岁及以上	57.3	15.9	16.2	6.1	0.6	0.3	0.9	0.0	0.9	0.6	1.2	328

在 2016 年的调查中，针对"您认为如下哪个环节对一个人道德品质形成影响最大"（单选）这一问题，20 岁以下、20—29 岁的受访者选择"家庭"的占比最高，分别为 39.3% 和 46.9%；30—39 岁、40—49 岁、50—59 岁、60 岁及以上的受访者选择"社会"的占比最高，分别为 41.1%、42.3%、43.8%、49.7%。（如表 6-47 所示）

表 6-47　不同年龄受访者对"您认为如下哪个环节对一个人
道德品质形成影响最大"的回答（2016）

年龄	家庭（%）	学校（%）	社会（%）	单位（%）	说不清（%）	未选择（%）	有效样本量（人）
20 岁以下	39.3	25.0	30.1	1.5	3.4	0.6	844
20—29 岁	46.9	14.4	33.6	2.3	2.4	0.4	2618
30—39 岁	34.8	15.6	41.1	4.8	3.0	0.7	1470
40—49 岁	36.1	13.2	42.3	4.6	3.2	0.6	937
50—59 岁	33.3	14.5	43.8	4.3	3.2	0.9	463
60 岁及以上	28.7	13.1	49.7	4.0	3.7	0.9	328

在 2006 年的调查中，针对"您认为对您的道德品质形成影响最大的是哪个环节"（单选）这一问题，20 岁以下、20—29 岁的受访者选择"家庭"的占比高于其他年龄受访者，分别为 22.83%、22.93%；30—39 岁、40—49 岁、50—59 岁、60 岁及以上的受访者选择"社会"的占比高于其他群体，分别为 59.06%、

59.02%、55.82%、54.65%。（如表6—48所示）

表6—48　不同年龄受访者对"您认为对您的道德品质形成
影响最大的是哪个环节"的回答（2006）

年龄	家庭（%）	学校（%）	单位（%）	社会（%）	其他（%）	说不清（%）	有效样本量（人）
20岁以下	22.83	14.13	3.26	52.17	2.17	5.43	184
20—29岁	22.93	12.47	4.17	54.78	1.39	4.26	2229
30—39岁	20.63	6.85	5.06	59.06	1.35	7.05	1561
40—49岁	17.45	8.87	5.98	59.02	0.90	7.78	1003
50—59岁	17.54	9.95	7.25	55.82	1.86	7.59	593
60岁及以上	18.59	9.58	6.76	54.65	1.41	9.01	355

比较来看，各年龄段的受访者选择"家庭""学校"的占比均有所提升，其中选择"家庭"的占比分别提升了16.47%、23.97%、14.17%、18.65%、15.76%、10.11%，提升幅度较大，而选择"社会""单位""说不清"的占比均有所下降。

3. 不同政治面貌群体的差异化表现

在2016年的调查中，针对"您认为一个有道德的人应具备的基本品德有哪些"（至多选三项）这一问题，不同政治面貌的受访者选择"自律自省"的占比最高，具体占比情况如下：共产党员受访者为60.6%，共青团员受访者为56.8%，民主党派和无党派人士受访者为39.3%，普通群众受访者为51.4%。（如表6—49所示）

表6—49　不同政治面貌受访者对"您认为一个有道德的人
应具备的基本品德有哪些"的回答（2016）

政治面貌	自律自省（%）	尚荣知耻（%）	言行一致（%）	忠诚（%）	无私（%）	仁爱（%）	勤奋（%）	勇敢（%）	诚信（%）	其他（%）	未选择（%）	有效样本量（人）
共产党员	60.6	18.6	12.5	4.4	0.7	1.2	0.7	0.1	0.5	0.4	0.3	1536
共青团员	56.8	20.1	13.1	5.3	1.0	1.6	0.5	0.1	0.4	0.4	0.6	2256
民主党派和无党派人士	39.3	10.3	24.3	14.0	4.7	2.8	1.9	0.0	0.0	1.9	0.9	107
普通群众	51.4	17.2	16.3	7.4	1.5	2.2	0.9	0.1	0.7	1.5	0.8	2774

在 2016 年的调查中,针对"您认为如下哪个环节对一个人道德品质形成影响最大"(单选)这一问题,共产党员、共青团员受访者选择"家庭"的占比最高,分别为 43.8% 和 47.3%;民主党派和无党派人士、普通群众受访者选择"社会"的占比最高,分别为 37.4% 和 42.2%。不同政治面貌的受访者,选择"单位"的比例普遍较低,具体占比情况如下:共产党员受访者为 3.2%,共青团员受访者为 1.3%,民主党派和无党派人士受访者为 7.5%,普通群众受访者为 4.8%。(如表 6-50 所示)

表 6-50　不同政治面貌受访者对"您认为如下哪个环节对一个人道德品质形成影响最大"的回答（2016）

政治面貌	家庭（%）	学校（%）	社会（%）	单位（%）	说不清（%）	未选择（%）	有效样本量（人）
共产党员	43.8	12.0	38.8	3.2	1.4	0.7	1536
共青团员	47.3	17.7	30.9	1.3	2.3	0.4	2256
民主党派和无党派人士	26.2	21.5	37.4	7.5	6.5	0.9	107
普通群众	32.2	16.1	42.2	4.8	4.0	0.6	2774

在 2006 年的调查中,针对"您认为对您的道德品质形成影响最大的是哪个环节"(单选)这一问题,民主党派和无党派人士受访者选择"家庭"的占比高于其他受访者,为 25.45%;普通群众受访者选择"社会"的占比高于其他受访者,为 60.43%。(如表 6-51 所示)

表 6-51　不同政治面貌受访者对"您认为对您的道德品质形成影响最大的是哪个环节"的回答（2006）

政治面貌	家庭（%）	学校（%）	单位（%）	社会（%）	其他（%）	说不清（%）	有效样本量（人）
共产党员	24.14	10.42	6.97	53.49	1.39	3.60	1363
共青团员	23.44	13.73	4.08	53.25	1.18	4.33	1617
民主党派和无党派人士	25.45	10.91	12.73	50.91	0.00	0.00	55
普通群众	17.25	7.41	4.69	60.43	1.38	8.83	2684
其他	18.81	10.89	3.96	54.46	3.96	7.92	101

比较来看,2016 年,共产党员、共青团员、民主党派和无党派人士、普通群众

受访者选择"家庭""学校"的占比均有提高,其中共产党员、共青团员、普通群众选择"家庭"提升比例较大,分别为19.66%、23.86%、14.95%,选择"社会"的占比均下降,而普通群众受访者选择"单位"的占比略有提高,民主党派和无党派人士受访者选择"说不清"的占比有所提升。

4.不同受教育程度群体的差异化表现

在2016年的调查中,针对"您认为一个有道德的人应具备的基本品德有哪些"(至多选三项)这一问题,不同受教育程度的受访者选择"自律自省"的占比最高,具体占比情况如下:没上过学的受访者为32.6%,小学受教育程度的受访者为26.0%,初中受教育程度的受访者为39.8%,高中受教育程度的受访者为52.2%,大学专科受教育程度的受访者为56.5%,大学本科受教育程度的受访者为60.9%,硕士研究生及以上受教育程度的受访者为61.6%。(如表6-52所示)

表6-52 不同受教育程度受访者对"您认为一个有道德的人
应具备的基本品德有哪些"的回答(2016)

受教育程度	自律自省(%)	尚荣知耻(%)	言行一致(%)	忠诚(%)	无私(%)	仁爱(%)	勤奋(%)	勇敢(%)	诚信(%)	其他(%)	未选择(%)	有效样本量(人)
没上过学	32.6	13.0	26.1	19.6	4.3	0.0	2.2	0.0	0.0	0.0	2.2	46
小学	26.0	18.2	22.1	16.9	2.6	3.9	3.9	0.6	2.6	1.9	1.3	154
初中	39.8	18.9	18.8	11.9	1.9	3.7	1.6	0.2	0.9	1.7	0.6	645
高中	52.2	18.4	17.2	6.5	1.8	1.4	0.5	0.1	0.3	1.2	0.5	1462
大学专科	56.5	19.4	14.0	5.6	0.6	1.5	0.6	0.0	0.2	0.7	0.8	1268
大学本科	60.9	18.5	12.1	4.0	0.9	1.4	0.6	0.1	0.5	0.6	0.5	2568
硕士研究生及以上	61.6	15.4	12.3	5.3	1.2	1.8	0.6	0.0	1.0	0.8	0.2	513

在2016年的调查中,针对"您认为如下哪个环节对一个人道德品质形成影响最大"(单选)这一问题,没上过学的受访者、大学本科和研究生及以上受教育程度的受访者选择"家庭"的比例最高,分别为34.8%、48.9%和49.5%;小学、初中、高中、大学专科受教育程度的受访者选择"社会"的比例最高,分别为39.0%、42.6%、42.3%和44.4%。(如表6-53所示)

表 6—53　不同受教育程度受访者对"您认为如下哪个环节对一个人
道德品质形成影响最大"的回答（2016）

受教育程度	家庭（%）	学校（%）	社会（%）	单位（%）	说不清（%）	未选择（%）	有效样本量（人）
没上过学	34.8	10.9	28.3	10.9	13.0	2.2	46
小学	19.5	24.7	39.0	5.8	10.4	0.6	154
初中	25.1	20.0	42.6	5.0	6.8	0.5	645
高中	32.6	18.5	42.3	3.3	2.7	0.6	1462
大学专科	36.5	13.2	44.4	3.2	2.3	0.4	1268
大学本科	48.9	15.1	30.8	2.6	1.8	0.7	2568
硕士研究生及以上	49.5	10.1	34.7	3.3	2.1	0.2	513

在 2006 年的调查中，针对"您认为对您的道德品质形成影响最大的是哪个环节"（单选）这一问题，硕士研究生及以上受教育程度受访者选择"家庭"的占比高于其他受访者，为 33.07%；高中受教育程度受访者选择"社会"的占比高于其他受访者，为 61.61%；各群体选择"学校""单位"的占比都不高。（如表 6—54 所示）

表 6—54　不同受教育程度受访者对"您认为对您的道德品质形成
影响最大的是哪个环节"的回答（2006）

受教育程度	家庭（%）	学校（%）	单位（%）	社会（%）	其他（%）	说不清（%）	有效样本量（人）
没上过学	23.08	5.77	1.92	53.85	1.92	13.46	52
小学	15.67	10.82	4.10	54.10	1.49	13.81	268
初中	14.05	7.39	5.02	59.76	2.28	11.50	1096
高中	16.96	8.04	5.57	61.61	1.26	6.57	1904
大学	25.77	12.63	5.11	52.66	0.90	2.92	2328
硕士研究生及以上	33.07	12.84	5.06	45.53	1.56	1.95	257
其他	25.00	0.00	0.00	50.00	12.50	12.50	8

比较来看，2016 年，不同受教育程度受访者选择"家庭"的占比均有提升，其中大学受教育程度的受访者选择"家庭"的占比提升最大，为 19.03%；选择"社会"的占比均有下降，小学、初中、高中、大学受教育程度受访者选择"学校"

的占比均有提升,而硕士研究生及以上受教育程度受访者选择"学校"的占比略有下降,下降了2.74%,选择"说不清"的占比略有提升,提升了0.15%。

5. 不同婚姻状况群体的差异化表现

在2016年的调查中,针对"您认为一个有道德的人应具备的基本品德有哪些"(至多选三项)这一问题,不同婚姻状况受访者选择"自律自省"的占比最高,具体占比情况如下:未婚受访者为56.3%,已婚受访者为54.7%,离异受访者为44.4%,丧偶受访者为50.9%。(如表6—55所示)

表6—55　不同婚姻状况受访者对"您认为一个有道德的人
应具备的基本品德有哪些"的回答(2016)

婚姻状况	自律自省(%)	尚荣知耻(%)	言行一致(%)	忠诚(%)	无私(%)	仁爱(%)	勤奋(%)	勇敢(%)	诚信(%)	其他(%)	未选择(%)	有效样本量(人)
未婚	56.3	19.2	13.8	5.4	1.2	1.8	0.6	0.1	0.4	0.7	0.5	3129
已婚	54.7	17.6	15.3	6.6	1.0	1.6	0.9	0.1	0.7	0.9	0.6	3223
离异	44.4	19.1	11.8	10.1	5.6	2.8	1.1	0.0	0.6	2.8	1.7	178
丧偶	50.9	18.2	15.5	8.2	0.0	1.8	0.9	0.0	1.8	2.7	0.0	110

在2016年的调查中,针对"您认为如下哪个环节对一个人道德品质形成影响最大"(单选)这一问题,未婚受访者选择"家庭"的占比最高,为45.3%;已婚、离异、丧偶受访者选择"社会"的占比最高,分别为42.3%、37.1%和35.5%。不同婚姻状况受访者选择"单位"的占比较低,具体占比情况如下:未婚受访者为2.1%,已婚受访者为4.1%,离异受访者为10.1%,丧偶受访者为6.4%。(如表6—56所示)

表6—56　不同婚姻状况受访者对"您认为如下哪个环节对一个人
道德品质形成影响最大"的回答(2016)

婚姻状况	家庭(%)	学校(%)	社会(%)	单位(%)	说不清(%)	未选择(%)	有效样本量(人)
未婚	45.3	17.0	32.7	2.1	2.3	0.5	3129
已婚	35.7	14.2	42.3	4.1	3.2	0.6	3223
离异	28.7	18.5	37.1	10.1	5.1	0.6	178
丧偶	28.2	21.8	35.5	6.4	7.3	0.9	110

在 2006 年的调查中,针对"您认为对您的道德品质形成影响最大的是哪个环节"(单选)这一问题,未婚受访者选择"家庭"的占比高于其他受访者,为 23.21%;已婚受访者选择"社会"的占比高于其他受访者,为 58.11%;丧偶受访者选择"说不清"的占比高于其他受访者,为 16.98%。(如表 6—57 所示)

表 6—57　不同婚姻状况受访者对"您认为对您的道德品质形成
影响最大的是哪个环节"的回答(2006)

婚姻状况	家庭（%）	学校（%）	社会（%）	单位（%）	其他（%）	说不清（%）	有效样本量（人）
未婚	23.21	12.91	54.41	3.53	1.62	4.32	2154
已婚	19.39	8.21	58.11	5.95	1.14	7.20	3595
离异	13.79	9.20	55.17	11.49	0.00	10.34	87
丧偶	16.98	11.32	49.06	5.66	0.00	16.98	53
其他	11.76	11.76	47.06	0.00	29.41	0.00	17

比较来看,2016 年,未婚、已婚、离异、丧偶受访者选择"家庭""学校"的占比均有所提升,其中,未婚受访者选择"家庭"的占比提升最大,为 22.09%;丧偶受访者选择"学校"的占比提升最大,为 10.48%。而未婚、已婚、离异、丧偶受访者选择"社会""说不清"的占比均有所下降。未婚、已婚、离异受访者选择"单位"的占比均有所下降,丧偶受访者选择"单位"的占比有所提升。

6. 不同就业状况与职业群体的差异化表现

从就业状况来看,在 2016 年的调查中,针对"您认为一个有道德的人应具备的基本品德有哪些"(至多选三项)这一问题,不同就业状况受访者选择"自律自省"的占比最高,具体占比情况如下:在职受访者为 56.6%,离退休受访者为 60.2%,学生受访者为 56.9%,无业、失业受访者为 43.3%,其他类别受访者为 43.1%。(如表 6—58 所示)

表 6—58　不同就业状况受访者对"您认为一个有道德的人应具备的
基本品德有哪些"的回答(2016)

就业状况	自律自省（%）	尚荣知耻（%）	言行一致（%）	忠诚（%）	无私（%）	仁爱（%）	勤奋（%）	勇敢（%）	诚信（%）	其他（%）	未选择（%）	有效样本量（人）
在职	56.6	18.9	13.2	5.8	1.0	1.7	0.8	0.0	0.6	0.8	0.5	3526

就业状况	自律自省（％）	尚荣知耻（％）	言行一致（％）	忠诚（％）	无私（％）	仁爱（％）	勤奋（％）	勇敢（％）	诚信（％）	其他（％）	未选择（％）	有效样本量（人）
离退休	60.2	15.0	15.2	5.1	0.8	0.6	0.6	0.0	1.0	0.4	1.0	487
学生	56.9	19.4	14.1	4.8	1.2	1.6	0.6	0.1	0.2	0.7	0.5	1775
无业、失业	43.3	17.8	18.7	8.7	1.9	4.4	1.6	0.6	0.9	1.6	0.6	321
其他	43.1	15.5	21.0	11.5	2.4	2.0	0.7	0.4	0.7	2.2	0.5	548

从职业分类来看，在 2016 年的调查中，针对"您认为一个有道德的人应具备的基本品德有哪些"（至多选三项）这一问题，不同职业受访者选择"自律自省"的占比最高，具体占比情况如下：机关事业单位领导干部受访者为 58.4%，机关事业单位办事人员和有关人员受访者为 58.9%，科教文卫专业技术人员受访者为 59.0%，企业管理人员受访者为 58.4%，企业员工受访者为 55.5%，商业服务业人员受访者为 54.2%，私营企业主受访者为 46.3%，个体从业人员受访者为 48.6%，农业劳动者受访者为 28.3%，农村外出务工人员受访者为 32.4%，军人受访者为 54.2%，其他职业受访者为 57.5%。（如表 6—59 所示）

表 6—59　不同职业受访者对"您认为一个有道德的人应具备的基本品德有哪些"的回答（2016）

职业	自律自省（％）	尚荣知耻（％）	言行一致（％）	忠诚（％）	无私（％）	仁爱（％）	勤奋（％）	勇敢（％）	诚信（％）	其他（％）	未选择（％）	有效样本量（人）
机关事业单位领导干部	58.4	16.5	17.1	5.6	1.2	0.6	0.6	0.0	0.0	0.0	0.0	339
机关事业单位办事人员和有关人员	58.9	15.8	13.7	5.5	1.3	2.1	0.6	0.0	0.6	0.8	0.8	531
科教文卫专业技术人员	59.0	19.2	13.8	4.5	0.4	1.1	0.2	0.2	0.9	0.2	0.4	449
企业管理人员	58.4	18.0	12.2	5.0	1.7	1.0	1.0	0.0	1.2	0.7	0.7	401
企业员工	55.5	20.3	12.9	6.3	1.3	1.6	0.7	0.4	0.4	0.5	0.6	1283
商业服务业人员	54.2	17.6	12.3	7.3	1.3	3.3	1.7	0.3	0.3	1.3	0.3	301

职业	自律自省（%）	尚荣知耻（%）	言行一致（%）	忠诚（%）	无私（%）	仁爱（%）	勤奋（%）	勇敢（%）	诚信（%）	其他（%）	未选择（%）	有效样本量（人）
私营企业主	46.3	20.7	17.7	5.5	1.8	2.4	0.6	0.0	0.6	3.0	1.2	164
个体从业人员	48.6	15.9	18.7	7.5	1.6	1.9	1.6	0.0	0.3	3.1	0.9	321
农业劳动者	28.3	12.4	28.3	16.6	2.1	4.1	2.1	0.7	2.1	0.7	2.8	145
农村外出务工人员	32.4	21.1	22.1	13.6	1.4	3.3	1.9	0.5	1.9	1.9	0.0	213
军人	54.2	23.9	14.1	5.6	1.4	0.0	0.0	0.0	0.7	0.0	0.0	142
其他	57.5	18.1	14.2	5.3	1.0	1.7	0.6	0.1	0.4	0.8	0.4	2245

从就业状况来看,在2016年的调查中,在职、离退休、无业和失业受访者都认为"社会"对一个人道德品质的形成影响最大,占比分别为41.0%、51.1%、35.2%;学生受访者认为"家庭"对一个人道德品质的形成影响最大,占比为49.2%;同时,不同就业状况受访者均认为"单位"对一个人道德品质的形成影响较小。(如表6-60所示)

表6-60 不同就业状况受访者对"您认为如下哪个环节对一个人道德品质的形成影响最大"的回答(2016)

就业状况	家庭（%）	学校（%）	社会（%）	单位（%）	说不清（%）	未选择（%）	有效样本量（人）
在职	38.9	13.6	41.0	3.3	2.6	0.5	3526
离退休	28.1	15.6	51.1	3.7	1.0	0.4	487
学生	49.2	20.0	26.9	0.9	2.4	0.7	1775
无业、失业	32.4	16.5	35.2	8.7	6.5	0.6	321
其他	31.6	16.1	38.7	7.5	5.8	0.4	548

在2006年的调查中,学生受访者认为"家庭""学校"对一个人道德品质的形成影响较大,选择这两项的占比均高于其他受访者,分别为27.98%、18.47%;无业、失业受访者选择"社会"的占比高于其他受访者,为59.16%。(如表6-61所示)

表 6-61　不同就业状况受访者对"您认为对您的道德品质形成
影响最大的是哪个环节"的回答（2006）

就业状况	家庭（%）	学校（%）	单位（%）	社会（%）	其他（%）	说不清（%）	有效样本量（人）
在职	19.89	8.50	5.89	58.41	1.45	5.87	3801
离退休	18.63	10.35	7.25	53.62	1.66	8.49	483
学生	27.98	18.47	1.34	48.33	0.54	3.35	747
无业、失业	19.27	8.59	3.05	59.16	1.15	8.78	524
其他	17.82	9.37	4.53	56.80	2.11	9.37	331

比较来看，2016年，不同就业状况受访者选择"社会""说不清"的占比均有下降，选择"家庭""学校"的占比均有提升，其中，学生受访者选择"家庭"的占比提升最多，为21.22%，无业、失业受访者选择"学校"占比提升最多，为7.91%。

从职业分类来看，在2016年的调查中，不同职业受访者普遍认为"社会"和"家庭"对一个人道德品质的形成影响较大，而"单位"对一个人道德品质的形成影响较小。选择"社会"占比最高的分别为：机关事业单位领导干部受访者为46.0%、企业管理人员受访者为41.6%、企业员工受访者为42.0%、商业服务业人员受访者为42.2%、私营企业主受访者为45.1%、农业劳动者受访者为33.8%、农村外出务工人员受访者为38.5%、军人受访者为48.6%。选择"家庭"占比最高的分别为：机关事业单位办事人员和有关人员受访者为41.1%、科教文卫专业技术人员受访者为41.0%、个体从业人员受访者为38.9%。（如表6-62所示）

表 6-62　不同职业受访者对"您认为如下哪个环节对一个人
道德品质的形成影响最大"的回答（2016）

职业	家庭（%）	学校（%）	社会（%）	单位（%）	说不清（%）	未选择（%）	有效样本量（人）
机关事业单位领导干部	36.9	13.9	46.0	1.5	1.8	0.0	339
机关事业单位办事人员和有关人员	41.1	12.2	37.5	5.3	2.8	1.1	531
科教文卫专业技术人员	41.0	16.7	36.1	4.9	1.1	0.2	449

续表

职业	家庭（%）	学校（%）	社会（%）	单位（%）	说不清（%）	未选择（%）	有效样本量（人）
企业管理人员	35.9	15.2	41.6	4.5	2.2	0.5	401
企业员工	38.4	13.0	42.0	3.5	2.4	0.6	1283
商业服务业人员	34.9	16.6	42.2	2.7	3.3	0.3	301
私营企业主	29.9	14.6	45.1	6.1	4.3	0.0	164
个体从业人员	38.9	14.3	38.0	2.5	5.6	0.6	321
农业劳动者	22.8	24.1	33.8	9.7	7.6	2.1	145
农村外出务工人员	26.3	19.7	38.5	5.6	9.9	0.0	213
军人	39.4	10.6	48.6	1.4	0.0	0.0	142
其他	45.3	17.8	31.7	2.2	2.5	0.6	2245

在2006年的调查中，科教文卫专业技术人员、军人受访者认为"家庭"对一个人道德品质的形成影响最大，选择该项的占比高于其他受访者，均超25%；农业劳动者受访者选择"社会"的占比高于其他受访者，为67.51%。（如表6-63所示）

表6-63 不同职业受访者对"您认为对您的道德品质形成影响
最大的是哪个环节"的回答（2006）

职业	家庭（%）	学校（%）	单位（%）	社会（%）	其他（%）	说不清（%）	有效样本量（人）
机关事业单位领导干部	23.42	12.27	7.81	51.67	1.86	2.97	269
机关事业单位办事人员和有关人员	21.58	11.55	10.03	52.89	0.30	3.65	329
科教文卫专业技术人员	25.58	12.28	6.65	52.94	0.77	1.79	391
企业管理人员	19.66	10.57	4.91	59.46	1.72	3.69	407
企业员工	18.49	7.42	7.42	58.87	1.64	6.16	795
商业服务业人员	20.68	7.52	4.32	61.09	0.75	5.64	532
私营企业主	23.79	7.28	5.34	56.31	0.97	6.31	206
个体从业人员	17.80	5.72	5.30	61.44	1.48	8.26	472

职业	家庭（%）	学校（%）	单位（%）	社会（%）	其他（%）	说不清（%）	有效样本量（人）
农业劳动者	10.47	5.42	0.72	67.51	2.53	13.36	277
农村外出务工人员	14.56	7.77	3.40	59.71	3.88	10.68	206
军人	25.61	7.32	10.98	45.12	3.66	7.32	82
其他	15.57	12.30	4.10	59.84	2.46	5.74	122

比较来看，2016年，不同职业受访者选择"家庭""学校"的占比均有提升，选择"社会""单位""说不清"的占比大多有所下降。其中，个体从业人员、企业员工受访者选择"家庭"的占比提升较大，分别为21.1%、19.91%；农业劳动者、农村外出务工人员受访者选择"学校"的占比提升较大，分别为18.68%、11.93%；但军人受访者选择"社会"的占比略有提升，农业劳动者、农村外出务工员受访者选择"单位"的占比有所提升。

7. 不同收入水平群体的差异化表现

在2016年的调查中，不同收入水平受访者均认为一个有道德的人应具备的基本品德是"自律自省"，具体占比情况如下：月平均收入1000元及以下的受访者为54.7%，月平均收入1001—3000元的受访者为51.0%，月平均收入3001—5000元的受访者为57.2%，月平均收入5001—10000元的受访者为59.9%，月平均收入10000元以上的受访者为53.8%。（如表6-64所示）

表6-64 不同收入水平受访者对"您认为一个有道德的人应具备的基本品德有哪些"的回答（2016）

月平均收入	自律自省（%）	尚荣知耻（%）	言行一致（%）	忠诚（%）	无私（%）	仁爱（%）	勤奋（%）	勇敢（%）	诚信（%）	其他（%）	未选择（%）	有效样本量（人）
1000元及以下	54.7	18.6	15.0	6.5	1.1	1.9	0.5	0.1	0.5	0.9	0.4	1503
1001—3000元	51.0	18.2	15.6	7.5	1.1	2.4	1.2	0.1	0.7	1.4	0.7	1881
3001—5000元	57.2	18.3	14.4	5.5	1.1	1.1	0.7	0.1	0.5	0.6	0.3	2011
5001—10000元	59.9	18.3	12.7	4.5	1.1	1.5	0.0	0.0	0.6	0.3	0.6	716
10000元以上	53.8	17.5	15.1	8.0	2.8	0.5	0.5	0.0	0.5	0.9	0.5	212

在 2016 年的调查中,不同收入水平受访者都认为"社会"和"家庭"对一个人道德品质的形成影响最大,而"单位"的影响相对较小。选择"社会"占比最高的分别为:月平均收入 1001—3000 元的受访者为 41.4%,月平均收入 3001—5000 元的受访者为 41.5%。选择"家庭"占比最高的分别为:月平均收入 1000 元及以下的受访者为 45.7%,月平均收入 5001—10000 的受访者为 39.8%,月平均收入 10000 元以上的受访者为 38.2%。(如表 6-65 所示)

表 6-65　不同收入水平受访者对"您认为如下哪个环节对一个人道德品质形成影响最大"的回答(2016)

月平均收入	家庭(%)	学校(%)	社会(%)	单位(%)	说不清(%)	未选择(%)	有效样本量(人)
1000 元及以下	45.7	19.8	28.4	2.2	3.1	0.8	1503
1001—3000 元	37.7	13.3	41.4	3.5	3.4	0.6	1881
3001—5000 元	36.4	15.1	41.5	3.9	2.5	0.5	2011
5001—10000 元	39.8	15.1	38.8	3.5	2.7	0.1	716
10000 元以上	38.2	14.2	36.3	8.5	2.8	0.0	212

在 2006 年的调查中,不同收入水平的受访者均认为"社会"对一个人道德品质的形成影响最大,选择该项的占比都较高,其中月平均收入 500 元及以下的受访者选择"社会"的占比最高,为 62.49%;月平均收入 3000 元以上的受访者选择"家庭"的占比较其他收入水平受访者高。(如表 6-66 所示)

表 6-66　不同收入水平受访者对"您认为对您的道德品质形成影响最大的是哪个环节"的回答(2006)

月平均收入	家庭(%)	学校(%)	单位(%)	社会(%)	其他(%)	说不清(%)	有效样本量(人)
500 元及以下	12.54	7.94	3.91	62.49	1.84	11.28	869
501—1000 元	18.14	7.98	5.52	59.99	1.51	6.86	1792
1001—1500 元	19.30	10.59	8.45	55.36	1.74	4.56	746
1501—2000 元	25.07	10.32	6.45	53.44	1.00	3.72	698
2001—3000 元	25.71	9.61	6.49	52.47	0.52	5.19	385
3000 元以上	26.24	5.83	4.66	57.43	2.04	3.79	343

比较来看，2016年，月平均收入1000元及以下（500元及以下）受访者选择"家庭"的占比明显提升，提升了33.16%，选择"学校"的占比也提升了11.86%，选择"社会"的占比下降了34.09%，选择"单位""说不清"的占比也分别下降了1.71%、8.18%。月平均收入10000元以上（3000元以上）受访者选择"家庭"的占比提升了11.96%，选择"学校"的占比提升了8.37%，选择"单位"的占比提升了3.84%；选择"社会"的占比下降了21.13%，选择"说不清"的占比下降了0.99%。

第二节　公民个人品德状况及原因分析

通过总体性数据分析与差异性数据分析，对当前我国公民个人品德状况进行数据化描述，展现出我国公民个人品德状况的整体面貌以及新变化新特点，为我们在中国特色社会主义新的历史方位下进一步加强公民个人品德建设提供了理论分析的着力点，也提供了实践探索的实证基础。坚持问题意识，分析当前我国公民个人品德状况呈现出的基本特征、存在的问题及产生的原因，有益于更好地推进新时代公民个人品德建设。

一、公民个人品德状况总体向好，但道德冷漠问题仍不容忽视

针对"您认为存在道德问题最严重的领域是"（单选）这一问题，有53.6%的受访者认为我国社会公德领域存在的道德问题最严重，而认为个人品德领域存在的道德问题最严重的受访者占比为20.6%。总体上看，受访者对于当前我国公民个人品德状况是较为满意的，这也在一定程度上说明公民个人品德状况整体向好。但通过调查我们也发现，与个人品德状况的整体向好不同，道德冷漠问题依然是我国道德建设面临的严峻挑战。针对"您认为当前我国最突出的道德问题是什么"（单选）这一问题，有28.3%的受访者选择了"道德冷漠"，而这一现象也在受访者针对其他问题的回答中得到了印证，如针对"当有人倒在您面前，您会怎么做"（单选）这一问题，选择"当有人救护时，自己会帮一把"的受访者占比为39.9%，选择"与己无关，装作没看见"的受访者占比为3.6%，选择"围观、看热闹"的受访者占比为1.7%，选择"其他"的受访者占比为6.9%，也就

是说,合计占比 52.1% 的受访者在遇到有人倒在面前的情况时,选择了一种相对被动、谨慎或者冷漠的态度;再如针对"当您看到小偷在公交车上行窃,您会如何处理"(单选)这一问题,有合计占比约 26.4% 的受访者选择"装作没看见,尽快躲开"(占比 2.9%)、"无阻止之力,只好听之任之"(占比 7%)、"先看看周围的人怎么做,再作决定"(占比 16.5%),还有 3.8% 的受访者选择"其他",也就是说,共计有 30.2% 的受访者亲眼目睹小偷行窃时,可能会选择沉默,而不是积极作为,与不法分子作斗争。对于善行,我们积极向往追求,但是对于恶行,我们却选择旁观、姑息、纵容。

针对道德冷漠这一现象,高兆明曾在《"道德冷漠"的哲学思辨》一文中作了较为细致的分析:"'道德冷漠'通常被理解为特定道德行为给他者所造成的冷漠、无情等负面道德感受。在这种理解中,'道德冷漠'事实上有两个方面的内容:其一,作为感受对象的道德行为现象,即通常所说的'道德冷漠现象';其二,对这种行为现象的主观负面感受,即通常所说的'道德冷漠感(受)'。这意味着当我们言说'道德冷漠'时,是在指称对一种特殊现象的主观感受,且在这种感受中隐含着一种道德认知与判断:此道德现象中的行为主体或者没有担当或履行本应担当或履行的义务与责任,或者其行为残忍无情,进而显现出对他者不幸遭遇的冷漠心肠。"[1] 无论是作为现象的道德冷漠还是作为主观感受的道德冷漠,所反映的本质都是冷漠的心灵。孟子曾言:"无恻隐之心,非人也;无羞恶之心,非人也;无辞让之心,非人也;无是非之心,非人也。"(《孟子·公孙丑》)在孟子看来,恻隐之心乃为人之根本。那么,为什么在现代社会道德冷漠会成为一种突出的道德问题呢?

究其成因,一方面有着主体因素的影响,另一方面也有着社会因素的影响。就主体层面来说,道德冷漠现象的发生是个体道德情感感受的一种表现,即个体基于自身价值立场与原则对他者处境的价值认知与判断,这种情感感受是个体给予或不给予相关回应,以及作出何种程度的回应的前提。而就现实层面来说,日常生活世界的复杂性,决定了个体价值立场与原则的多样性,每个个体都会基于自身成长环境以及所接受的具体教育,形成差异性的价值立场或者原则,这就决定了个体在面对一定的处境时会产生不同的认知,作出不同的判断,产生

---

[1]　高兆明:《"道德冷漠"的哲学思辨》,《河北学刊》2015 年第 1 期。

不同的感受,采取不同的行为,作出不同的回应。因此,这就要求学校教育、家庭教育、社会教育在全力做好基本道德认知教育的基础上,结合个人成长的规律,努力做好个体道德情感的培养,促成个人仁爱之心的养成。就社会层面来说,一方面,我国社会主义市场经济体制快速发展,经济发展水平不断迈向新台阶,人民物质生活水平实现跨越式提升;另一方面,文化发展水平特别是精神文明发展水平却严重落后于经济发展水平,精神文明建设落后于或者追赶不上经济建设的步伐,导致"国之四维"日渐不彰,民族精神家园失落,个体精神世界日渐空虚,一些人的价值观扭曲、人格残缺,逐渐沦为没有灵魂的欲望机器,滋生出各类道德失范现象。"相对于传统社会,现代性社会是一异质性社会,它标示文明演进过程中的超越性断裂。超越性断裂是扬弃,是异质性。正因为现代性社会的这种异质性,所以,在由前现代性社会向现代性社会过渡过程中,才会出现大范围的价值混乱与道德失范现象。"[1]

个人品德总是与其所生活的社会及其文化环境分不开的。针对当前社会中的道德冷漠问题,从社会道德建构的视角看,最重要的是改善既有社会环境,完善社会道德建制,为个人善端的生发提供良好的环境滋养以及制度保障。

二、为人处世能够推己及人,但个人主义偏向仍然明显

在调研中,针对"您对'己所不欲,勿施于人'为人处世态度的看法"(单选)这一问题,29.0%的受访者选择"非常同意",35.8%的受访者选择"同意",两项合计占比为64.8%。但针对"您对'各人自扫门前雪,休管他人瓦上霜'为人处世态度的看法"(单选)这一问题,选择"同意"和"非常同意"的受访者合计占比为8.8%,有34.4%的受访者选择"中立",还有4.0%的受访者选择"说不清",选择"同意""非常同意"或者"说不清""中立"的受访者合计占比为47.2%(参见图3-1)。

"同意"或者"非常同意""各人自扫门前雪,休管他人瓦上霜",反映了受访者明显的个人主义价值取向。在社会主义市场经济条件下,个人主义有其存在的合理性,有助于激发个人在市场大潮中的主体性、能动性、创造性,但我们的市场经济是社会主义的市场经济,我们在一定程度上肯定个人主义的积极方面,同

---

[1]　高兆明:《道德失范研究:基于制度正义视角》,商务印书馆2016年版,第328页。

时,我们也要对极端个人主义说"不","拔一毛而利天下,不为也"(《孟子·尽心上》)之杨朱,不是我们效仿的对象。

对于何谓个人主义,罗国杰先生曾在其《坚持集体主义还是"提倡个人主义"》一文中引用了《简明不列颠百科全书》关于个人主义的界定:"个人主义individualism,一种政治和社会哲学,高度重视个人自由,广泛强调自我支配、自我控制、不受外来约束的个人或自我。创造这个词的法国政治评论家亚历克西·德·托克维尔把它形容为一种温和的利己主义,它使人们仅仅关心自己家庭和朋友的小圈子。作为一种哲学,个人主义包含一种价值体系,一种人性理论,一种对于某些政治、经济、社会和宗教行为的总的态度、倾向和信念。个人主义的价值体系可以表述为以下三种主张:一切价值均以人为中心,即一切价值都是由人体验的(但不一定是由人创造的);个人本身就是目的,具有最高价值,社会只是达到个人目的的手段;一切个人在某种意义上说道义上是平等的。下述主张最好地表达了这种平等:任何人都不应当被当作另一个人获得幸福的工具,个人主义的人性理论认为,对于一个正常的成年人来说,最符合他的利益的,就是让他有最大限度的自由和责任去选择他的目标和达到这个目标的手段,并且付诸行动……个人主义者往往把国家看作是一种不可避免的弊病,赞赏'无为而治'的口号。个人主义也指一种财产制度,即每个人(或家庭)都享有最大限度的机会去取得财产,并按自己的意愿去管理或转让财产。"[1] 由此可见,个人主义是有着多种面向的。

对于主张个人利益高于一切,甚至可以牺牲集体利益以保证私利的个人主义,则是我们必须摒弃和拒绝的。因为"'集体利益高于个人利益',这是我国当前社会主义社会的价值导向和道德基本原则,离开了这一原则,必然会使我们离开社会主义道路,迷失前进的方向"[2]。我们不仅应当在价值认识方面对明确的个人主义者予以警惕与引导,而且应该将对"各人自扫门前雪,休管他人瓦上霜"持"说不清"或者"中立"态度的受访者,作为社会道德教育的重点人群,对他们进行价值观教育与引导,使其认识到社会主义的基本价值取向是集体主义,是强调集体利益高于个人利益的。"社会主义集体主义原则,作为整个社会的价值导向和道德基本原则,是同社会主义制度和广大人民的整体利益相一致的,是

---

① 罗国杰:《坚持集体主义还是"提倡个人主义"》,《求是》1996 年第 14 期。
② 同上。

同社会主义的本质相联系的。"①正是因为我们坚持的是集体主义原则而不是个人主义原则,才使我们能够集中力量办大事,解决许多其他国家想解决而没有解决的难题,办成许多其他国家想办而没有办成的大事。这也正是中国特色社会主义制度的优越性所在。

三、品德修养水平有所提升,但知行不一问题仍需破解

在个人品德修养层面,课题组设计了一个场景性题目,即"当您在临时停车时不小心剐蹭到他人汽车,没有被发现,也未看到摄像头,您会怎么做"(单选),64.6%的受访者选择"主动留下个人联系方式,等车主与自己联系";12.0%的受访者选择"原地等待车主";10%的受访者选择"赶紧开车离开现场";还有13.4%的受访者选择"其他"。这一题目的场景假设,为个人逃避责任提供了条件,即这是在一个临时停车情况下且无其他人在场也没有监控的环境下发生的剐蹭事件,选择离开就无须担责。但从实际的统计数据看,总计有76.6%的受访者主动选择承担责任,而不是逃避。这充分体现了当前我国公民品德修养的水平,即使是在一个相对隐秘的环境下,可以选择逃避,但大多数人还会坚定选择面对问题,承担责任。也就是说,在品德修养层面有超过四分之三的受访者能够以道德规范要求自身,并能够在行为中有所体现与坚持,即使是在无他人在场时也能够慎独,体现了较高水平的品德修养。

但同时不容忽视的问题是,仍有近四分之一的受访者选择主动离开、拒绝担责。在一般情况下,我们都知道由自己造成他人的损失应该承担相应的责任。以换位思考的角度来看,如果我们是车辆被剐蹭的受害者,我们一定希望剐蹭的人能够留在原地或者留下联系方式。选择"赶紧开车离开现场"或"其他"的人,也是知道做错事应该担责的,但是其对此原则的道德认知并没有转化为相应的道德行为。对于公民道德认知与道德行为的分离现象,或者说,知行不一、知行脱节问题也是当前道德教育需要认真对待的问题,特别是在外在约束规范相对缺乏、可以隐匿身份的网络空间中,道德认知与道德行为的统一、道德观念的一以贯之并持之以恒就更难,更是应该关注的重点问题。知行不一或者说知行脱节仍是需要我们有效破解的难题。

---

① 罗国杰:《坚持集体主义还是"提倡个人主义"》,《求是》1996 年第 14 期。

究其原因可能在于：其一，由知到行是一个复杂的过程。知与行的关系可以具体化为知行统一、知行脱节、知行分离、知行不一、知行相悖等不同层面。由对道德原则的认知到对道德原则的践行，是一个主观因素（如道德情感、道德判断、道德选择、道德意志）与外在条件（如道德环境）综合作用的过程。"有德之行无论来得多么自然，都包含着道德认知，如柯尔伯格所言，'道德行动包含内部的道德认知或道德判断的成分，它们必须被直接地定义、评价为行动之为道德行动的含义的一部分'。"① 且需要各方面因素的共同作用，才能实现道德认知与道德行为的统一，使对道德原则的认知转化并指导道德行为。其二，就外在条件来说，良好的社会道德环境有助于个人坚持、践行道德原则，促进道德认知转化为道德行为，实现道德认知与道德行为的统一。但是就当前我国社会发展阶段来说，我们正处于社会转型期，所处的内外环境条件、所面临的主要矛盾问题等都较为复杂，社会经济政治文化发展与相应的制度建设并不同步，面临着很多新情况新问题。"在现代化进程中，生产力的指数式增长，使危险和潜在威胁的释放达到了一个我们前所未知的程度。……随着这些情况的发生，一种思考和行动的历史模式就被另外一种模式相对化或超越了（在马克思或韦伯最宽泛的意义上）。"② 这样的外部环境条件，使个人行为面临更多的不确定性，并缺乏相应的秩序结构支撑与制度保障，知行不一也就在所难免。因此，一方面，要加强社会制度建设，推进道德法治化建设，营造良好的社会道德环境，为知行统一提供制度保障；另一方面，更要加快推进新时代社会主义道德建设，培育和践行社会主义核心价值观，提升公民个人品德素养，促进知行统一、知行一致。

四、道德评价更为理性包容，但模糊态度仍待澄明

在调研中，针对"您对'把失物还给失主是否应该索取报酬'的看法"这一问题，40.9% 的受访者选择"不应该"，占比最多；31.6% 的受访者选择"别人索要，我不反对，但本人一定不要"；而选择"看情况而定"的受访者占比为 16.6%；选择"应该"索取报酬的受访者有 6.7%；还有 4.2% 的受访者选择"说不清"。总体来看，第一，72.5% 的受访者能够表达明确的态度，其中，有 31.6%

---

① 陈嘉映：《何为良好生活：行之于途而应于心》，上海文艺出版社 2015 年版，第 245 页。
② ［德］乌尔里希·贝克：《风险社会》，何博闻译，译林出版社 2004 年版，第 15 页。

的受访者选择了"别人索要,我不反对,但本人一定不要",这一选项一方面反映了受访者对这一问题的态度,"本人一定不要",另一方面也就他人是否索要报酬表明了态度,"不反对"。这在一定程度上体现出当前公民道德评价的理性与包容取向,既能够严格要求自身按照一定的道德标准进行道德评价,采取相应的行动,又不将自身的道德标准强加于人,体现出现代社会所需要的宽容精神。"对于个人而言,宽容精神主要表现为平等精神,表现为对他人平等自由权利的尊重,表现为对他人不同思想与行为的理性理解,集中到一点就是对异的尊重。它意味着转换视角,以相容性而非排他性作为处理人我关系的基准。"[①] "人们通常习惯于从一般人性、人的存在人类性角度证明宽容精神的合理性。这固然有效,但却远远不够。必须深入人的存在方式与交往方式,深入社会结构及其进化过程来认识宽容精神的合理性。"[②] 第二,有 20.8% 的受访者对"把失物还给失主是否应该索取报酬"这一问题是没有明确态度的。也就是说,近五分之一的受访者对这一问题的态度是模糊的。在调研中,针对"您对'己所不欲,勿施于人'为人处世态度的看法"(单选)这一问题,有 20.1% 的受访者选择"中立";针对"您对'各人自扫门前雪,休管他人瓦上霜'为人处世态度的看法"(单选)这一问题,有 34.4% 的受访者选择"中立"。这一方面可能说明受访者不愿意对这一问题作出评价,进而选择了不予置评;另一方面,也可能说明受访者对这一问题是没有明确的判断标准的,从而不能对这一问题作出评价,陷入了一种模糊的"说不清"或者是模棱两可的"看情况而定"或"中立"。

　　从一般意义上说,道德评价是指道德主体依据一定的道德标准对他人或者自身行为的是非、善恶进行评定和判断的过程。"道德评价本身并不是制造道德价值,而是根据已确立的道德价值体系,对道德客体作出不同程度的肯定或否定,褒扬或贬抑。"[③] 道德评价贯穿个体道德发展的始终,影响道德选择,强化道德认知,反映道德品质,也是社会道德风尚的体现,而确立正确的道德评价标准则是进行客观、公正、科学的道德评价的前提。道德评价是依据一定社会的道德标准作出的,因此道德评价具有客观性,反映一定社会的道德标准、风尚,体现一个社会所倡导与所反对的道德行为。

---

①　高兆明:《道德失范研究:基于制度正义视角》,商务印书馆 2016 年版,第 302 页。

②　同上书,第 303 页。

③　葛晨虹:《我们怎样进行道德评价》,《齐鲁学刊》2001 年第 3 期。

因此,从长远来看,道德评价的模糊态度是不可取的。无评判是非、善恶、美丑、好坏之标准,或者使社会大众莫衷一是、迷茫,不知所依、所循,无的放矢;或者使社会大众任意而为,肆意妄为,胡作非为。无规矩,不成方圆。道德评价的模糊态度或者模棱两可,反映了当前社会发展中社会思潮多元多样多变的深层影响,如新自由主义、个人主义、相对主义、虚无主义的盛行对个人价值观的渗透、侵染,不仅会导致既有心灵秩序、价值格局的破坏或崩塌,使人们失去判断是非、善恶、美丑、好坏的能力,随波逐流,还会干扰既有社会价值秩序,消解社会主流价值。当今社会的多元价值并存,体现了现代社会宽容开放的精神,但绝不是说什么都可以、什么都可为。道德评价上的模棱两可或者不置可否只会使我们陷入道德相对主义甚或是道德虚无主义,丧失理想信念。道德评价是道德发挥规范引导作用的重要基础、重要方式,对构建社会道德价值秩序发挥着重要作用。在推进文化自信、价值观自信建设的进程中,要想维护国家意识形态安全,必须树立正确的道德标准,坚持社会主义道德规范,澄清模糊认识,纠正错误看法,明确是非、善恶、美丑、好坏的判断标准,敢于批判假恶丑,弘扬真善美,挺立社会所倡导的价值理念,坚持社会主义核心价值观,正确的要坚持,见贤思齐,错误的要摒弃,敢于斗争,对于当前社会流行的"博人眼球"的审丑取向,要正面批判;对于混淆是非、模糊善恶的言论,要直接评判、驳斥;对于诋毁社会主义、诋毁中国共产党和中华人民共和国的言论,更要态度鲜明地回击。

五、公民道德主体意识提升,但对传统美德重视不足

道德蕴含于日常生活之中,规范引导人们的一言一行,通过自律与他律方式维持正常社会生活秩序。品德则是社会道德规范内化的结果,品德的高尚与否反映着社会道德风尚。生活于社会之中的普通大众,既是社会道德的践行者,也是社会道德的建构者。而作为社会道德的建构者,首要的就是能够具有主体意识,能够主动思考道德与自身、道德与社会发展的关系,积极融入社会道德建设,参与社会道德生活。

通过调查可以发现,当前我国公民的道德主体意识提升,能够针对道德生活、社会道德问题进行反思并阐发自身的看法,如针对"您认为一个有道德的人应具备的基本品德有哪些"(至多选三项)这一问题,受访者选择"自律自省"的累计占比为55.5%,选择"诚信"的累计占比为52.5%,选择"言行一致"的累计

占比为 48.4%，选择"尚荣知耻"的累计占比为 41.6%；如对"您认为如下哪个环节对一个人道德品质的形成影响最大"（单选）这一问题，40.1% 的受访者认为"家庭"是影响道德品质形成的最重要的环节，37.7% 的受访者认为"社会"是最重要环节，排在次位，选择"学校""单位"的受访者占比分别为 15.9% 和 3.3%。从受访者对这两个问题的回答来看，大多数受访者对于个人品德建设问题是有所思考的，能够结合自身道德生活中的认知与判断、体验，作出明确的回答；从受访者所选择的内容来看，对于"自律自省""诚信""言行一致""尚荣知耻"的选择也反映了受访者对作为一个有道德的人的品德要求，即注重自身品德修养，内在修为。受访者对于社会道德生活的积极参与及自觉思考，充分体现了自 2005 年社会主义荣辱观提出并大力开展相关教育活动以及长期以来社会各界对诚信建设的重视与多方投入所取得的良好效果，说明了我国社会主义精神文明建设所取得的实效。

伴随着社会主义精神文明建设的不断推进，公民道德主体意识不断提升，积极参与社会道德生活，自觉主动思考社会道德问题，针对道德建设发表看法、建言献策。但同时中华优秀传统文化所蕴含的丰富的道德资源则受到了轻视，甚至被视为是与社会发展脱节的陈旧之物，是应当被抛弃的历史包袱。如受访者在回答"您认为一个有道德的人应具备的基本品德有哪些"（至多选三项）这一问题时，选择"勤奋""勇敢""无私"的累计占比分别为 17.6%、5.7%、8.3%，相对较低。勤奋、勇敢、无私历来都被视为中华传统美德。"中华民族在长期实践中培育和形成了独特的思想理念和道德规范，有崇仁爱、重民本、守诚信、讲辩证、尚和合、求大同等思想，有自强不息、敬业乐群、扶正扬善、扶危济困、见义勇为、孝老爱亲等传统美德。中华优秀传统文化中很多思想理念和道德规范，不论过去还是现在，都有其永不褪色的价值。"[1] 正是中华传统美德激励了一代又一代中华儿女为民族复兴、国家富强、人民幸福而前赴后继，为幸福美好生活的开创而接续拼搏。因此，越是在社会思潮多变的时代，我们越是应该具有文化定力，坚定文化自信，继承与大力弘扬中华传统美德，因为传统美德蕴含着丰富的为民族、为国家、为公利而奉献的精神追求；蕴含着对人际和谐、天人和谐的价值追求；蕴含着对自省与知行统一的品德境界追求；蕴含着自强不息、追求卓越

---

① 习近平：《在文艺工作座谈会上的讲话》，《人民日报》2015 年 10 月 15 日。

的民族品格。中华传统美德是我们今天加强社会公德、家庭美德、职业道德、个人品德建设的精神源泉。在价值冲突愈演愈烈、和平与发展仍是时代主题的21世纪，我们更应该促进传统美德的创造性转化和创新性发展，使其在人类社会、世界历史发展中焕发出更加璀璨的光芒。人类文明的发展与进步，总是在历史长河中接续进行的，我们不可能抛开既有历史而另起炉灶，不忘本来，才能开创未来，我们必须更加重视对中华优秀传统文化特别是中华传统美德的继承与弘扬。

第三节　新时代加强公民个人品德建设的若干思考

　　20世纪90年代以来，中国市场化改革不断推进，社会主义市场经济体制逐渐建立起来并不断完善。随着市场化浪潮的奔涌向前，中国经济快速发展，然而在快速的经济发展之下，实用主义、功利主义价值取向凸显，某些领域、某些行业重经济效益轻社会效益，重物质追求轻精神追求，人的价值性存在、人的全面发展、人的精神世界的建构被无视、忽视甚至漠视，急功近利之心、享乐主义、物质主义等思想倾向日盛，理想信念、价值追求、守诚信、尊道德等却日益式微。在这种现实状况下，从民族发展的长远计，加强道德建设，推进社会公德、家庭美德、职业道德和个人品德建设就成为当务之急。道德建设是人类社会不可或缺的实践活动，因为这一领域的建设效果直接关乎民族复兴、国家强盛、个人发展，而对于道德建设这一人类特有的实践活动的认识，则反映了一个国家的治理水平，也反映了国民的道德认识水平与实践能力。道德建设中的个人品德建设一维，则是基础性的、全民性的，是道德建设的进一步拓展和深化。2014年5月，在北京大学师生座谈会上，习近平总书记指出："核心价值观，其实就是一种德，既是个人的德，也是一种大德，就是国家的德、社会的德。国无德不兴，人无德不立。"[①]同年，在上海考察时，习近平总书记强调："培育和践行社会主义核心价值观，贵在坚持知行合一、坚持行胜于言，在落细、落小、落实上下功夫。要注意把社会主

---

　　① 《习近平谈治国理政》第一卷，外文出版社2018年版，第168页。

义核心价值观日常化、具体化、形象化、生活化,使每个人都能感知它、领悟它,内化为精神追求,外化为实际行动,做到明大德、守公德、严私德。要面向全社会做好这项工作,特别要抓好领导干部、公众人物、青少年、先进模范等重点人群。"①可以说,当前加强个人品德建设的核心任务就是树立和培育社会主义核心价值观,并以社会主义核心价值观为价值引领,把握重点人群,弘扬中华优秀传统美德,构筑家庭、社会、学校、网络"四位一体"的德育协同体,积极推进个人品德的自我教育、自我养成,以文化人、以文育人,深入推进个人品德培育与养成等工作。

一、立德树人还需从娃娃抓起

历史总是人民的历史,人民是历史的创造者。在历史长河或缓缓向前或波涛奔涌的进程中,实现中华民族伟大复兴的中国梦,离不开一代又一代青年的接续努力与奋斗。"少年智则国智,少年富则国富,少年强则国强,少年进步则国进步。"朝气蓬勃的一代又一代青年人,是民族的希望、国家的未来。推进个人品德建设,从娃娃抓起,是开创中国特色社会主义伟大事业的需要,伟大的事业需要付出伟大的努力,伟大的努力需要有信念且有坚定信念的一代新人;从娃娃抓起,是实现中华民族繁荣富强伟大梦想的需要,伟大的梦想召唤有理想且有远大理想的一代新人。为中国特色社会主义事业培养德智体美劳全面发展的时代新人,必须从娃娃抓起。这是"因为,任何一个思想观念,要在全社会树立起来并长期发挥作用,就要从少年儿童抓起"②;这是因为,个人才智、品德的养成,不是一朝一夕之事,而是渗透于个人成长的各个阶段,特别是少年儿童时期,正是道德学习的黄金期。为此,不但要对少年儿童施加好的教育,更要施加好的影响,在潜移默化之中,实现德润心田。

为人父母者,必须先受教育,修养品德,以身作则,努力成为孩子效仿的典范。家庭是孩子的第一所学校,也是孩子的第一个课堂,父母则是孩子的第一任老师,父母的一言一行与切身教导,都会影响甚至决定孩子的个人品德及其养成。近朱者赤,近墨者黑。为人父母者要时时处处严格要求自己,崇德向善,谨言慎行,在外遵守社会道德规范,爱护公共财物,维护公共秩序;在家夫妻和睦,

---

① 《习近平在上海考察调研》,中华人民共和国中央人民政府网,2014 年 5 月 24 日。
② 《习近平谈治国理政》第一卷,外文出版社 2018 年版,第 181 页。

孝敬父母,礼待亲友,与邻为善,为孩子树立榜样。在孩子的教育过程中,能够将德育摆在重要的基础性的地位,用正确言语、正确行动、正确思想、正确方法教育与引导孩子,让孩子明白品德乃是立身之本,要善于通过生活中的点滴小事教导孩子什么是真、什么是善、什么是美,引导孩子追求真善美,拒绝、远离假丑恶,如出行遵守交通规则,在公共场所不大声喧哗,看到需要帮助的人及时给予帮助,等等;同时也要多注意、多观察孩子的思想动态和行为变化,对于孩子的错误道德认识与行为,要及时教导、及时纠正,随时做好孩子的思想品德教育与引导工作。

为人师者,必须先受教育,率先垂范,自觉成为道德楷模,为学生树立标杆。"师者,所以传道授业解惑也。"首先,教师应全面贯彻落实《中小学教师职业道德规范》,提升自身品德修养,成为师德典范,成为学生学习的道德榜样。其次,教师在日常教学时应该把德育放在更加关键和突出的位置,始终坚持教书与育人的统一,根据少年儿童的心理发展特点,遵循少年儿童的成长规律,努力使自身不仅成为知识的传播者,而且成为美德的传授者,以自身的言语、品行、待人接物、对待工作的态度等传达与人为善、诚实守信、遵守秩序、敬业奉献等精神品质,春风化雨,循循善诱,感染学生;其次,以教学内容传授品德,深刻把握教学内容,挖掘教学内容的德育价值,透过教学内容传授为人处世的道理、崇德向善的价值追求,使每一堂课不仅传播知识而且传授美德;再次,以课外实践活动塑造品德,在课外实践活动的教学设计上,以品德塑造为初衷、为目标,使每一次课外实践活动、体验活动,不仅增长少年儿童的知识,而且有益于他们健康身心、陶冶情操。最后,在与学生的日常交往中,教师也要严于律己,时刻注意自身言行,树立良好的道德形象,在言传身教中使追求美好道德品德的种子在少年儿童的心中生根发芽。

中国少年儿童的群众组织是中国少年先锋队,即少先队。少先队是少年儿童学习中国特色社会主义和共产主义的学校,是建设社会主义和共产主义的预备队。少先队的目的是团结教育少年儿童,听党的话,爱祖国、爱人民、爱劳动、爱科学、爱护公共财物,努力学习,锻炼身体,参与实践,培养能力,立志为建设中国特色社会主义现代化强国贡献力量,努力成长为社会主义现代化建设需要的合格人才,做共产主义事业的接班人。作为少年儿童的群众性组织,少先队要积极开展各级各类组织教育、多样的自主教育、丰富多彩的实践活动,提升少年儿童的认同感与归属感，更好为少年儿童身体成长、身心健康与品德养成服务，在政治认同、理想追求、组织引领、品德养成等方面发挥好团结少年儿童、教育少年儿童、带领少年儿童的作用。

全社会都要了解、爱护、尊重、关心、服务好少年儿童，为少年儿童提供良好的成长环境，对损害少年儿童权益、破坏少年儿童身心健康的言论与行为，要坚决防止、依法打击。

抓好娃娃时期的品德教育，为其扣好人生的第一粒扣子，这是父母、老师以及少先队、全社会的共同责任。我们都要努力为孩子提供良好的成长环境，促使其在成长的关键时期树立起正确的世界观、人生观、价值观，为成长为社会主义事业的建设者和接班人奠定坚实的思想品德基础。

二、弘扬中华传统美德，为个人品德养成提供文明滋养

中华文明之所以能够历经沧桑，绵延 5000 多年而不绝，至今仍是中华民族繁荣发展的不竭动力，根本原因就在于其深深地融入中华民族的血脉，成为中华民族的基因，在一代又一代中华儿女中传承与发展，并滋养着一代代中华儿女的精神世界。提升公民个人品德修养，就要充分挖掘中华优秀传统文化资源，弘扬中华传统美德，为个人品德养成提供文明滋养；也只有继承与弘扬中华传统美德，个人品德教育与养成才有根基。中华传统美德是个人品德教育与养成的源头活水。正如习近平总书记在针对青年培育和践行社会主义核心价值观的讲话中所强调的："中华优秀传统文化已经成为中华民族的基因，植根在中国人内心，潜移默化影响着中国人的思想方式和行为方式。今天，我们提倡和弘扬社会主义核心价值观，必须从中汲取丰富营养，否则就不会有生命力和影响力。"[1] 在主持十八届中央政治局第十三次集体学习时，习近平总书记也强调了继承和发扬中华传统美德的重要意义："继承和发扬中华优秀传统文化和传统美德，广泛开展社会主义核心价值观宣传教育，积极引导人们讲道德、尊道德、守道德，追求高尚的道德理想，不断夯实中国特色社会主义的思想道德基础。"[2]

在中国特色社会主义新时代，对于中华传统美德，我们到底要继承和发扬什

---

[1]　习近平：《青年要自觉践行社会主义核心价值观——在北京大学师生座谈会上的讲话》，人民出版社 2014 年版，第 7 页。

[2]　《习近平谈治国理政》第一卷，外文出版社 2018 年版，第 163 页。

么？有学者指出："对传统文化和传统道德采取古为今用、推陈出新的方针，不是对历史遗产的主观偏爱，更不是发思古之幽情，而是尊重文化传承的客观规律。在传统文化和传统道德中，蕴含着不可忽视的、超越时代的、可继承的优秀遗产。讲仁爱、重民本、守诚信、崇正义、尚和合、求大同的精神，就是中华优秀传统文化和传统美德的精髓。'己欲立而立人，己欲达而达人''己所不欲，勿施于人'的仁爱精神；'天行健，君子以自强不息'的进取精神；'地势坤，君子以厚德载物'的包容精神；'大道之行也，天下为公'的社会理想；'不义而富且贵，于我如浮云'的义利观；'富贵不能淫，贫贱不能移，威武不能屈'的大丈夫气概；'与人为善''助人为乐''扶贫济困''知耻近于勇'的道德品格，等等，对这些中华民族的传统美德，要理直气壮地继承和弘扬。"[1] 对此问题，习近平总书记也提出了要求："要认真汲取中华优秀传统文化的思想精华和道德精髓，大力弘扬以爱国主义为核心的民族精神和以改革创新为核心的时代精神，深入挖掘和阐发中华优秀传统文化讲仁爱、重民本、守诚信、崇正义、尚和合、求大同的时代价值。"[2] 也就是说，对于传统文化、传统美德，我们不能运用"拿来主义"的方法，也不能采取"本本主义"的态度，而是要结合中国社会发展阶段与时代精神，实现对中华优秀传统文化、传统美德的创造性转化和创新性发展。结合新时代的历史方位与社会主要矛盾的变化，对传统文化、传统美德进行新的阐释，讲清楚，讲透彻，使传统美德与现代社会生活理念相契合，在新时代焕发新的活力。

明确了继承和发扬的内容，我们还要找到相应的途径或方法。结合具体需要来说，如中华经典诵读活动，当前针对少年儿童诵读的经典包括《弟子规》《三字经》《论语》《孟子》《荀子》《尚书》《战国策》《尔雅》《楚辞》《乐府诗集》等，在经典诵读的过程中，少年儿童会自然而然地、潜移默化地接受这些典籍所蕴含的道德精髓，知孝、悌、忠、信、礼、义、廉、耻，养成孝顺父母、懂礼貌、知礼仪、有教养的良好习惯与品德，懂得做人做事的道理，树立远大的人生理想，提升个人修养。就中华传统美德的传播方式来说，如央视主导策划的《中国诗词大会》《中国成语大会》《中国汉字听写大会》《中国谜语大会》《中国民歌大会》《中国戏曲

---

① 罗国杰、夏伟东：《古为今用　推陈出新——论继承和弘扬中华传统美德》，《红旗文稿》2014年第7期。

② 《习近平谈治国理政》第一卷，外文出版社2018年版，第164页。

大会》等节目,在创新中华优秀传统文化传播形式的同时,扩大了中华优秀传统文化的影响范围,提升了社会大众对中华优秀传统文化的关注度,营造了弘扬中华优秀传统文化的良好氛围,激发了社会大众对中华优秀传统文化的学习兴趣。民众的参与、关注,是传承和发扬中华优秀传统文化、中华传统美德的基本前提。只有活在民众的生活里,中华优秀传统文化、传统美德才能真正发挥滋润心田、提升品德修养的作用,才能真正实现创新发展。

三、构筑家庭、学校、社会、网络"四位一体"的个人品德培育协同体

传统社会向现代社会转型过程中,中国社会的家庭教育功能日渐淡化、弱化,而为现代学校教育所替代。在知识教育、品德教育等方面,学校确实发挥了突出的作用,为培育德智体美劳全面发展的社会主义建设者和接班人作出了重要贡献。同时,在应试教育的巨大压力和高考指挥棒下,中小学教育普遍重智育轻德育的问题日益凸显,为防止教育的片面化发展,素质教育的诉求日益高涨,并逐步得到落实。但是,就目前的现实状况来看,品德教育仍处于被轻视甚至被忽视的现实境地,品德教育成果也在现实的巨大冲击下不断被蚕食、抹杀。就个人品德来说,其建设不是一朝一夕之事,也不是凭借单一主体就可以完成的,这是一个久久为功的系统工程。为此,在实现中华民族伟大复兴中国梦、"两个一百年"奋斗目标的征程中,培育时代新人、推进德育创新协同体建设,就成为当务之急。要建设德育创新协同体,首先要做好德育创新的顶层设计,对德育创新协同体的结构、功能、层次、标准等进行系统的思考与安排。

在中共中央关于"十二五"规划的建议中出现了一个新词——"顶层设计"。从其使用情况来看,顶层设计理念强调从系统和全局的高度思考和把握问题,能够对问题作结构、功能、层次、标准等层面的系统考虑和明确界定,而且能够针对问题给出具有针对性、可操作性的技术化、精确化的实践路径。

从"顶层设计"理念的运用及基本特点来看,个人品德建设中的德育创新协同体的构建,主要涉及家庭、学校、社会、网络等主体,而就学校的专业化教育来说,又涉及大学、中学、小学、幼儿园等教育主体。所以,对于德育创新协同体的构建,横向上要推进家庭、学校、社会、网络"四位一体"的德育体系建设;就其内部结构、功能、特点来说,又要明确各方主体责任与侧重点,推进"四位一体"

的德育创新协同体系建设。就家庭来说,要充分发挥家庭的生活德育功能,推进品德教育的提前化,落实好家庭教育的品德教育功能与责任,提供良好的家庭氛围与家教榜样,培养孩子的优良品德。就学校来说,要充分重视学生个人品德教育,组建专业化师资团队与辅助团队,进行专业化教学与辅导,在开展好德育课程的同时,也要在学校开设的其他课程中渗透德育目标、德育价值,实现个人品德教育的全程化、全员化、全方位化。就社会来说,打造良好的德育环境是其主要作用之一,要充分抓好社会组织、社区特别是具有一定影响的社会组织的道德建设工作,充分挖掘其德育优势与德育资源,实现品德教育的全方位渗透。就网络建设来说,既要管控网络阵地,把握网络话语权,净化网络环境,坚持马克思主义指导,推进网络意识形态建设;又要运用网络技术,创建以"德育"为主题的信息化平台,建设德育大数据与资源数据库,实现德育资源共建共享。

在纵向上,加强大学、中学、小学、幼儿园德育教育的有效衔接与一体化建设;在课程体系上,推进德育课程、德育教材的一体化建设;在德育工作队伍上,针对各学段特点,推进德育教师队伍的协同创新建设。

按照顶层设计理念,推进德育创新协同体的构建,有助于实现德育主体的多元化,明确各方德育主体责任,并促进各主体发挥积极性,进而避免出现互相推诿的情况。

四、充分发挥模范先锋的价值引领与榜样示范作用

"模仿和学习乃是创造的基础"[1],也是我们习得知识、获得技能的重要途径。就个人品德养成来说,模仿和学习是个人获得道德知识、实践道德行为、培养道德情操的重要途径,"选树榜样是营造道德氛围、彰显道德力量的重要途径"[2]。关于榜样的作用,习近平总书记在上海调研时强调:"要面向全社会做好这项工作,特别要抓好领导干部、公众人物、青少年、先进模范等重点人群。"[3]因为他们的行为不仅体现自身的价值取向、品德修养,也会在媒体传播中影响社会大众的价值追求、行为取向等。具体来说,道德榜样将抽象的道德原则、道德规

---

① 王海明:《论道德榜样》,《贵州社会科学》2007年第3期。

② 彭怀祖:《论道德规范和道德苛求的消解——以提升榜样效应为视角》,《伦理学研究》2013年第2期。

③ 《习近平在上海考察时的讲话》,《人民日报》2014年5月25日。

定通过具体的形象、具体的行为展示出来,使抽象的道德法则变得看得见、摸得着,具有了可行性或实践性。"道德榜样,就是一定社会一定阶级的理想人格(或道德理想)的典范、楷模,是一定阶级的道德原则和规范在具体人物身上的集中反映。道德榜样也是一定社会历史条件和社会关系的产物,它在一定历史条件和社会关系的基础上产生,并随着历史条件和社会关系的变化而变化。"① 那么在新时代,我们应该选择怎样的榜样呢? 物理学家爱因斯坦曾经说过:"只有伟大而纯洁的人物的榜样,才能引导我们具有高尚的思想和行为。"② 德国哲学家康德也曾在其《道德形而上学原理》一文中表达过对纯洁行为的赞誉:"纯洁的行为可以提高人的心灵、鼓励人的意愿去做同样的事情。即使那些少年儿童也会受到感染,用这同样的态度而不用相反的态度去对待责任。"③ 关于道德榜样及其行为纯洁性的要求,在新时代依然是适用的。也就是说,榜样的纯洁性、纯粹性,是我们选树道德榜样的标准之一。其二,道德榜样还应该体现理想性或者崇高性,具有超出一般人的价值追求、理想目标、实践勇气。其三,道德榜样更应该是具有可及性的或者说是可模仿的。换句话说,道德榜样不是高高在上的高大全,不是不可触及、不可践行的偶像。学习榜样之所以成为道德教育方法,就是因为榜样能够引导受教育者模仿其言行、以其为目标,从而逐渐使受教育者的品德接近或超越榜样的品德。

那么,下一步如何传播推送榜样,以促进榜样教育作用的最大化呢? 以雷锋为例,作具体分析。

1963年3月5日毛泽东在《人民日报》发出"向雷锋同志学习"的号召。周恩来总理提出要"向雷锋同志学习,憎爱分明的阶级立场,言行一致的革命精神,公而忘私的共产主义风格,奋不顾身的无产阶级斗志"。刘少奇同志提出要"学习雷锋同志平凡而伟大的共产主义精神"。邓小平同志提出,"谁愿当一个真正的共产主义者,就应该向雷锋同志的品德和风格学习"。江泽民同志发出了"学习雷锋同志,弘扬雷锋精神"的号召。胡锦涛同志指出,"雷锋精神对于我们这个民族和社会过去具有、现在仍然具有重大价值和时代意义"。2018年9月28日到抚顺市雷锋纪念馆考察时,习近平总书记强调:"雷锋是时代的楷模,雷

---

① 甘葆露:《道德榜样和共产主义道德教育》,《东岳论丛》1982年第1期。
② 许良英、赵中立、张宣三编译:《爱因斯坦文集》第3卷,商务印书馆1979年版,第37页。
③ [德]康德:《道德形而上学原理》,苗力田译,上海人民出版社1986年版,第59页。

锋精神是永恒的。实现中华民族伟大复兴，需要更多时代楷模。我们既要学习雷锋的精神，也要学习雷锋的做法，把崇高理想信念和道德品质追求转化为具体行动，体现在平凡的工作生活中，做出自己应有的贡献，把雷锋精神代代传承下去。"每年的 3 月 5 日成为"学雷锋纪念日"，全国人民开展了广泛而持久的学习雷锋活动，雷锋精神是对中华民族精神的丰富和发展，它影响了一代又一代中国人的价值选择，塑造了一代又一代中国人的精神世界。弘扬雷锋精神与学习雷锋活动之所以取得成功，首先，在于党中央的高度重视以及雷锋作为榜样其自身所具有的纯粹性、崇高性、可及性；其次，新闻媒体的报道对人物精神实质的提炼，对人物形象的真实生动塑造、多样化的宣传报道等；最后，借助学雷锋纪念日活动，社会公众形成了实践参与的长效机制。

众所周知，《感动中国》节目已连续举办多年，成为当代中国人的年度精神史诗。节目通过多种投票方式选取年度震撼人心、令人感动的人物和团队，向全国观众推出了多位各行各业的杰出代表。他们或者"为推动社会进步、时代发展作出杰出贡献，获得重大荣誉并引起社会广泛关注"，或者是"国家级重大项目主要贡献者"，或者"爱岗敬业，在平凡的岗位上做出了不平凡的事迹"，或者"以个人的力量，为社会公平正义、人类生存环境作出突出贡献"，或者"个人的经历或行为，代表了社会发展方向、社会价值观取向及时代精神"，或者"个人在生活、家庭、情感上的表现特别感人，体现中国传统美德和良好社会风尚"。[①] 每个人物身上都有一种震撼观众心灵的精神力量，通过每一个具体的人物、鲜活的事迹，社会公德、家庭美德、职业道德、个人品德的价值得以呈现。这些人物身上所具有的拼搏精神、创新精神、服务精神、奉献精神、敬业精神、牺牲精神等是实现中华民族伟大复兴中国梦的精神支撑，也是社会发展、人民进步的强大动力源，更为个人品德建设提供了良好的文化场。

品德教育有其特殊性，具有个体性、情感性、过程性、经验性等特点。它不同于知识教育，单一的知识说教、理论灌输并不能够真正发挥效用、实现教育目标。因此，我们要充分挖掘身边的榜样人物，充分借助融媒体展示、传播榜样人物的典型事迹，提升社会大众对评选活动的参与度，以选树榜样典型的方式开展品德

---

① 方建移：《从感动到行动：榜样塑造与核心价值观传播——CCTV "感动中国" 年度人物的分析与思考》，《大舞台》2018 年第 1 期。

教育,增强品德教育的具体性、针对性、实效性。

五、提升道德生活参与度，促进个人品德的自我养成

《周易》有言"天行健,君子以自强不息",突出强调个人主观努力的至关重要性。孔子也强调君子要"求诸己",强调道德主体的自觉追求与自我努力,如《论语·述而》中说"仁远乎哉?我欲仁,斯仁至矣"。《大学》中亦有系统性的阐发:"古之欲明明德于天下者,先治其国;欲治其国者,先齐其家;欲齐其家者,先修其身;欲修其身者,先正其心;欲正其心者,先诚其意;欲诚其意者,先致其知;致知在格物。物格而后知致,知致而后意诚,意诚而后心正,心正而后身修,身修而后家齐,家齐而后国治,国治而后天下平。自天子以至于庶人,壹是皆以修身为本。"这里在层层推演之后,将核心落在修身之根本处,足见古代智者对个人品德及修身的重视。在中华典籍中,就有很多家书家训及其对儿孙修身的道理教化与践行要求。

个人品德养成的关键点还在主体的道德追求,而如何成就个人品德,古有《大学》格物、致知、诚意、正心、修身、齐家、治国、平天下之说,今有习近平总书记针对广大青年提出的"勤学、修德、明辨、笃实"之明确要求,还有针对少年儿童提出的具体期盼——记住要求、心有榜样、从小做起、接受帮助,同时习近平总书记也针对党员干部提出了总要求——明大德、守公德、严私德。

具体而言,对于广大青年来说,要时时刻刻将习近平总书记的要求铭记于心,时时事事将总书记的要求外化于行。就修身来说,离不开知、思、行三个方面。其一,勤学。所谓勤学,即下苦功夫、求真学问。自我学习或者向他人学习,是我们认识社会实现社会化的重要方式,通过学习我们的经验知识得到扩展与丰富,增强并提升对社会道德的认知与理解,因此广大青年要以勤勉之心,努力学习社会知识、道德知识与传统美德知识,以知识丰盈自身的品德。其二,明辨。所谓明辨,即明辨是非、善恶,唯此才能作出正确决断和选择。学习道德知识,思考道德问题,进行道德判断,并以此指导行为,这是道德学习的基本过程与目标。其中,培养自身明辨是非善恶的能力是关键环节。其三,笃实。所谓笃实,即扎实干事、踏实做人。就个人品德养成来说,主要是指能够在具体的学习生活中,践行社会道德规范的要求与社会主义核心价值观的基本内容,将道德认知与道德行为统一起来,实现知行一致。

对于少年儿童来说,第一,记住要求,即要记住社会道德规范与相应要求:"要把社会主义核心价值观的基本内容熟记熟背,让它们融化在心灵里、铭刻在脑子中"①。为维持稳定的社会秩序,就需要有相应的道德规范要求,这是少年儿童社会化的重要内容。因此,广大少年儿童要主动了解社会道德规范的基本要求,并结合自身学习生活实践,将社会道德规范、社会主义核心价值观的基本内容理解得更多、更深、更透。第二,心有榜样,即"要学习英雄人物、先进人物、美好事物,在学习中养成好的思想品德追求"②。榜样的力量是无穷的,他们既是我们的人生目标与理想,也是我们的人生导师与引路人。为中华民族独立复兴抛头颅、洒热血的民族英雄与革命烈士,为中国社会主义事业建设奉献青春的航天英雄、科学家、劳动模范,为祖国荣誉而奋力拼搏的奥运冠军,为社会奉献爱心的青年志愿者以及其他助人为乐、见义勇为、诚实守信、敬业奉献、孝老爱亲的人们,等等,他们都是我们的学习目标,我们要以他们为人生标杆,"见贤思齐",向他们看齐、向他们学习,坚定理想信念,树立远大目标,养成良好的品德。第三,从小做起,即"要从自己做起、从身边做起、从小事做起,一点一滴积累,养成好思想、好品德"③。对于社会的道德要求以及社会主义核心价值观的基本内容,要在认知的基础上将其融入自身的行为,能够在与身边人和陌生人的相处中遵循社会的道德要求,努力践行社会主义核心价值观,关爱同学、尊敬老师、爱敬父母祖父母、与朋友互爱互助,等等。第四,接受帮助,即"要听得进意见,受得了批评,在知错就改、越改越好的氛围中健康成长"④。从人生阶段来说,少年儿童阶段还处于认知社会、参与社会的初级阶段,在认识与实践能力上尚处于学习阶段,难免会犯错,这就需要虚心接受老师、同学、家人的帮助和批评指正,只要做到知错就改,就能在这个过程中提升自己的学习与认知水平,更深入地明白与体会社会道德规范、社会主义核心价值观的内涵,健康成长。

"进行具有许多新的历史特点的伟大斗争……关键在党,关键在人。关键在党,就要确保党在发展中国特色社会主义历史进程中始终成为坚强领导核心。

---

① 《习近平谈治国理政》第一卷,外文出版社2018年版,第182页。
② 同上。
③ 同上书,第183页。
④ 同上。

关键在人,就要建设一支宏大的高素质干部队伍。"①对于广大党员干部来说,个人品德的养成对于中国特色社会主义事业建设至关重要,因为中国共产党是中国工人阶级的先锋队;同时是中国人民和中华民族的先锋队,是中国特色社会主义事业的领导核心,代表中国先进生产力的发展要求,代表中国先进文化的前进方向,代表中国最广大人民的根本利益。第一,明大德,坚定理想信念,在政治上靠得住,坚定共产主义远大理想,信仰马克思主义,坚持马克思主义指导,不断提高政治觉悟和政治能力,牢固树立政治理想,把握政治方向,站稳政治立场,严守政治纪律,始终对党忠诚、对国家忠诚、对人民忠诚。第二,守公德,"坚持党的原则第一、党的事业第一、人民利益第一"②,坚持从群众中来到群众中去,全心全意为人民服务,以捍卫人民利益为己任。第三,严私德,领导干部要管好自己的日常行为,学习党章,学习《中国共产党纪律处分条例》,时刻用党章、用党员的标准来要求自己,时常对照自己的思想认识、行为实践与标准的差距,时时反思自省自警,提升防腐防变的能力,提升自身的免疫力,高标准严要求,不断提升自身品德,真正做到慎独,以严私德,来明大德,杜绝形式主义、官僚主义、享乐主义、奢靡之风的侵蚀与影响。党员干部的"党性修养、思想觉悟、道德水平不会随着党龄的增加而自然提高,也不会随着职务的升迁而自然提高,而需要终生努力"③。对于广大党员干部来说,个人品德的自我教育、自我养成,是终生的事业。

总体来讲,针对不同群体,有着不同的品德养成办法与要求。个人品德的养成不是一朝一夕之事,而是日积月累的过程,是由易到难、由简单到复杂的过程,因此,作为个体,要坚持"勿以善小而不为,勿以恶小而为之"的原则,以"积善成德",成就高尚品德。

六、逐步建立健全品德规范导引机制

个人品德养成,既是个人主体性、自主性、独立性的彰显,体现个人崇德向善的价值追求,也是个人积极践行自身价值追求的行为表达;既是社会规范不断规范、导引的过程,是外在规范不断内化的过程,也是社会规范通过个人得以发

---

① 《习近平谈治国理政》第一卷,外文出版社 2018 年版,第 411 页。

② 同上书,第 416 页。

③ 同上书,第 417 页。

挥效用并不断实现的过程。也就是说,个人品德的养成同时需要外在规范或者说他律性规范的导引。在一个为着人的自由而全面发展的社会,为何要强调他律规范的建设? 一是因为,"人之所以能够成为道德存在,仅仅是因为他存在于既存的社会中"①,任何道德都是社会存在的反映,人的社会性决定了道德的他律性。哈耶克也曾分析指出:"整体社会秩序不仅是由个人行动者间的互动达致的,而且更是由行动者与表现为一般性抽象结构的社会行为规则之间的互动而形成的。"也就是说,他律性道德规范是根源于社会现实的,是社会稳定发展与社会秩序和谐的内在需求,而作为个人来说,他律性道德规范对其生存与发展也是必要的,个人的生存与发展离不开他律性道德规范的保障与约束,个人的社会化过程也是其逐渐习得他律性规范的过程。二是由道德的主要特质决定的。"道德规范就其特质而言具有两重性:形式的主观性和内容的客观性。形式的主观性指的是道德规范总是以观念的形态表现出来,属于一种社会意识形式。内容的客观性则指任何称为道德规范的东西,都决不是个人主观任性的产物,而是社会经济内容的反映,是社会对人们所普遍遵守的公共生活秩序或公共利益的总的规定,因而属于反映社会要求的普遍理性,是个人应当遵循的义务及行为准则。"② 道德就其内容而言表现为外在规范。

结合当前全面依法治国的深入推进以及国家治理体系和治理能力现代化的基本任务与目标要求,建立健全品德规范的重点之一是加强道德法治化建设。2016 年 12 月,中共中央办公厅、国务院办公厅于印发《关于进一步把社会主义核心价值观融入法治建设的指导意见》,要求运用法律法规和公共政策向社会传导正确价值取向,把社会主义核心价值观融入法治建设全过程。这为我们推进个人品德建设提供了基本思路,即将与个人品德相关的基本要求融入立法执法,以道德法治化建设保障、推进个人品德建设。道德法治化为个人品德建设的确定性、规范性和可操作性提供了保证。道德法治化的目标在于从制度规范层面为社会大众提供必须遵循的规范体系以及底线伦理要求,为道德践履与品德提升提供法治保障。社会大众通过法律法规条例明确哪些行为是道德的,是必须践行与倡导的,是应该给予肯定、赞扬或者奖励的;哪些行为又是

---

① [法]弥尔·涂尔干:《职业伦理与公民道德》,梁东、付德根译,上海人民出版社 2001 年版,第78 页。

② 夏伟东:《道德规范:两重性及从他律到自律》,《中国人民大学学报》1994 年第 3 期。

不道德的,是必须反对与杜绝的,是应该给予批评谴责或惩罚的,使道德践履有章可循,道德评价有据可凭,道德惩罚有法可依,这一方面增强了道德行为的确定性、规范性和可操作性,另一方面也为个人品德践履提供了行为框架与知行边界。

要在日常生活中推进个人品德的礼仪制度建设。中国是文明之邦、礼仪之邦,中华文明素来重视礼仪教化。《礼记·标题疏》中说:"礼事起于燧皇,礼名起于黄帝。"许慎在《说文解字》中说:"礼,履也。所以事神致福也。"礼最初是原始社会祭神祈福、敬拜祖先的一种祭祀仪式,具有强烈的神秘感和敬畏感。随着祭祀仪式不断演化,又逐渐融入了传统社会的是非善恶、长幼尊卑等道德价值与伦理关系,渗透到传统生活的方方面面,成为传统社会道德教化的一种特殊形式,并发挥了重要的规范作用。具体来说,古代的礼主要有三方面的含义:一是对整个社会的等级制度、法律规定和伦理规范的总称;二是着重强调社会道德规范,即"礼者,德之基也";三是指礼仪、礼节、仪式等处世之道。随着社会的不断发展与演变,结合中华传统礼仪教化的基本经验,我们应结合当前日常生活的基本要求,推进文明礼仪建设。正如习近平总书记所强调的:"要按照社会主义核心价值观的基本要求,健全各行各业规章制度,完善市民公约、乡规民约、学生守则等行为准则,使社会主义核心价值观成为人们日常工作生活的基本遵循。要建立和规范一些礼仪制度,组织开展形式多样的纪念庆典活动,传播主流价值,增强人们的认同感和归属感。"[1] 如人际交往中的恭、敬、谦、让等品德要求,对应在文明出游中的有礼貌、守秩序等基本品德要求,就是通过礼仪制度等他律性规范建设促进个人品德养成的现代规范。

人民是历史的创造者,更是社会道德生活的主导者、社会道德规范的践行者与传播者。积极引导广大人民群众参与社会道德生活,不但有助于他们明确当前社会生活的道德标准,进行理性的诉求表达,而且有助于他们发挥自身主体性,践履道德主体责任,通过肯定、赞誉、表扬或否定、批评、谴责等方式,发挥舆论监督作用。舆论监督既具有提升评价者道德主体性、积极性的作用,又具有约束、制约受评价者行为的作用。"各种社会管理要承担起倡导社会主义核心价值观的责任,注重在日常管理中体现价值导向,使符合核心价值观的行为得到鼓

---

[1] 《习近平谈治国理政》第一卷,外文出版社2018年版,第165页。

励、违背核心价值观的行为受到制约。"① 特别是对于法治建设相对滞后的网络社会空间而言,更需要网络社会生活参与者加强自律约束,提升分辨是非善恶、真假美丑的能力,并积极践履道德主体责任,敢于正面迎击、揭露、抨击网络违法行为、虚假宣传、错误观点等,营造清朗的网络社会空间,弘扬向上向善的正能量。

结合社会发展需要,建立健全个人品德的他律规导,并不是社会道德建设的根本目标,只是为个人品德养成提供一种外在环境与规范,而由外在规范的他律约束转化为道德主体的自律自觉才是社会道德建设的根本目标,也是个人品德修养提升的基本途径。因为"任何不转换为自律的道德他律,其对道德主体的约束力将是微乎其微的,道德主体的德行也是值得怀疑的"②。加强个人品德建设的他律规导建设,建立健全个人品德规范引导机制,有助于个人道德认知与道德行为实现统一,使个人既能够按照法律法规条例、礼仪制度等他律规范要求行事,也必须按照法律法规条例、礼仪制度等他律规范要求行事,真正做到知行统一,以道德认知促进道德践履,以道德践履提升道德认知,促使道德由外在于我的规范要求转化为内在于我的价值诉求,由规范到品德,实现从"你要"到"我要"的转变,逐步提升个人品德修养。

七、以文润德,注重发挥文艺、哲学社会科学工作者的价值引领作用

在中国文学艺术界联合会第十次全国代表大会、中国作家协会第九次全国代表大会开幕式上,习近平总书记强调:"文化是一个国家、一个民族的灵魂。……文化自信,是更基础、更广泛、更深厚的自信,是更基本、更深沉、更持久的力量。"③ 加强文化建设,增强文化自信,发挥文化产品的润德作用,也是当前推进个人品德建设的重要方面。

一般而言,文化产品是指人类创造的一切可见的产品,既包括物质产品,也包括精神产品。就文化产品的类型而言,有形的、无形的、线上的、线下的,小到一粒纽扣大到摩天大楼,从繁华都市的文化场馆到偏远山村的农家书屋,从一家一户的家庭内饰到一城一镇的城市风格。它蕴含着人类的创造智慧,体现着人

---

① 《习近平谈治国理政》第一卷,外文出版社 2018 年版,第 165 页。
② 夏伟东:《道德规范:两重性及从他律到自律》,《中国人民大学学报》1994 年第 3 期。
③ 《习近平谈治国理政》第二卷,外文出版社 2017 年版,第 349 页。

的本质,是人的本质与时代精神的具体呈现,内蕴创造主体的价值追求,具有道德教化的功能,发挥着价值引领的作用。正如作家冯骥才所言:"岁月失语,惟石能言。"那些被记录下来的传统、风俗,镌刻在文化产品中,潜移默化地传达着一定的社会价值诉求。对公共文化服务事业来说,2015年到2020年国家基本公共文化服务指导标准涉及的基本服务项目,具体包括读书、看报、收听广播、观看电视、观赏电影、送地方戏、设施开放、文体活动等内容。作为文化产品类型之一——演艺产品,如歌舞、话剧、小品、说唱、地方戏曲等,更易于通过形象生动、声情并茂的形式激发受众的共情与同理心,向受众传递彰显时代精神的道德追求、价值取向。

就文化的重要创造者——文艺工作者来说,习近平总书记在文艺工作座谈会上特别强调:"广大文艺工作者要善于从中华文化宝库中萃取精华、汲取能量,保持对自身文化理想、文化价值的高度信心,保持对自身文化生命力、创造力的高度信心,使自己的作品成为激励中国人民和中华民族不断前进的精神力量。"[①]因此,在文艺创作中,首先应明确为什么人的问题。毛泽东在延安文艺座谈会上指出:"为什么人的问题,是一个根本的问题,原则的问题。"[②]能够在经济效益与社会效益的统一中,为广大人民群众创作出有思想有价值的文艺作品,因为"对文艺来讲,思想和价值观念是灵魂,一切表现形式都是表达一定思想和价值观念的载体。离开了一定思想和价值观念,再丰富多样的表现形式也是苍白无力的"[③]。文艺创作要弘扬真善美,明确文艺作品的价值引领属性。"文艺创作如果只是单纯记述现状、原始展示丑恶,而没有对光明的歌颂、对理想的抒发、对道德的引导,就不能鼓舞人民前进。应该用现实主义精神和浪漫主义情怀观照现实生活,用光明驱散黑暗,用美善战胜丑恶,让人们看到美好、看到希望、看到梦想就在前方。"[④]以优秀的文艺作品来润养品德,提升道德境界,丰富精神世界。如苏联作家尼古拉·奥斯特洛夫斯基的长篇小说《钢铁是怎样炼成的》中,主人公保尔·柯察金虽然遭遇各样痛苦,却能顽强拼搏,创造新的生活,"钢是在熊熊大火和骤然冷却中炼成的……我们这一代也是在斗争和艰苦考验中锻炼

---

① 《习近平谈治国理政》第二卷,外文出版社2017年版,第349页。
② 《毛泽东选集》第三卷,人民出版社1991年版,第857页。
③ 《习近平谈治国理政》第二卷,外文出版社2017年版,第351页。
④ 同上书,第319—320页。

出来的",影响并激励了我们的"50后""60后""70后"……再如,影视作品《战狼2》放映后,引发舆论热议,激起社会大众的爱国主义情怀,人们在观影中体会到国家发展与个人命运的关系。所以说,好的作品一定是体现时代精神的,满足人民精神追求的,具有思想性与价值引领性的。

就理论工作者来说,在纪念马克思诞辰200周年大会上,习近平总书记对马克思的一生进行了总结:"马克思的一生,是胸怀崇高理想、为人类解放不懈奋斗的一生。""马克思的一生,是不畏艰难险阻、为追求真理而勇攀思想高峰的一生。""马克思的一生,是为推翻旧世界、建立新世界而不息战斗的一生。"①习近平总书记对马克思一生的高度评价,既能帮助我们理解马克思这位伟人,也向我们提出了学习马克思的明确要求。作为新时代的哲学社会科学工作者,要坚定立场,明确使命,向马克思学习。在哲学社会科学工作座谈会上,习近平总书记明确了中国特色哲学社会科学应该具有的特点:第一,体现继承性、民族性;第二,体现原创性、时代性;第三,体现系统性、专业性。同时,习近平总书记也对哲学社会科学工作者提出了要求:"我国哲学社会科学应该以我们正在做的事情为中心,从我国改革发展的实践中挖掘新材料、发现新问题、提出新观点、构建新理论,加强对改革开放和社会主义现代化建设实践经验的系统总结,加强对发展社会主义市场经济、民主政治、先进文化、和谐社会、生态文明以及党的执政能力建设等领域的分析研究,加强对党中央治国理政新理念新思想新战略的研究阐释,提炼出有学理性的新理论,概括出有规律性的新实践。"②哲学社会科学工作者应该积极投身中国特色社会主义理论体系建设,从中国出发、从实践出发、从问题出发,立足中国,借鉴国外,挖掘历史,把握当代,关怀人类,面向未来,解读中国实践、构建中国理论,为坚定中国特色社会主义道路自信、理论自信、制度自信、文化自信,尽一己之力,作出贡献。就中国特色社会主义道德实践、道德理论建构来说,要从我国道德建设实际出发,深刻总结中国道德建设实践经验,阐释好中国特色社会主义道德建设理论,并对当代中国发展中出现的道德问题进行全面的理论剖析,讲清楚中国特色社会主义道德建设理论的历史渊源、发展脉络、基本走向,讲清楚中国特色社会主义道德建设实践的独特创造、价值理念、

---

① 习近平:《在纪念马克思诞辰200周年大会上的讲话》,《人民日报》2018年5月5日。
② 《习近平谈治国理政》第二卷,外文出版社2017年版,第344页。

鲜明特色,增强价值观自信,宣传好阐释好讲解好中国特色社会主义道德建设实践中的新理念新思想等,为推进个人品德建设提供实践经验与理论指导。

八、以境养德,营造培育和弘扬社会主义核心价值观的良好社会氛围

马克思说:"人的本质在其现实性上是一切社会关系的总和。"而更早期的法国哲学家、思想家克洛德·阿德里安·爱尔维修在其《论人的理智能力和教育》一书中表达了一种较为感性的经验性的认识,即人是教育和环境的产物。也如恩格斯所指出的:"人们自觉地或不自觉地,归根到底总是从他们阶级地位所依据的实际关系中——从他们进行生产和交换的经济关系中,获得自己的伦理观念。"[①] 简单地说,就是人的道德心理发展、基本品德、价值观的形成都与其所在的环境分不开,甚至可以说,社会环境塑造着人。国人历来重视环境的教育意义,古代孟母三迁的故事就是很好的例证。

正如秧苗的成长离不开丰沃的土壤、充裕的水分、温暖的环境一样,个人品德的弱小种子若想长成参天大树,也离不开向善向上的道德环境。而在当前各种思想文化交流交融交锋、观念意识多样多元多变的形势下,个人品德的养成更离不开良好社会道德氛围的营造。"柏拉图、亚里士多德、黑格尔等之所以强调要生活在'良好法律的国家',关键在于:只有生活在'良好法律'的环境中,我们才能形成好的习惯,进而形成好的第二天性,拥有美德。道德人格、美德总是与社会文化交织一体。个体美德的形成是文而化之、成为'有教养'的个体的过程,它是社会的'文化重构'过程。这一过程,既是个体在社会生活中接受生活共同体文化、形成美德,进而成为社会共同体中鲜活一员的过程,亦是其自觉、主动参与社会文化重构的过程。就个体美德形成而言,在美德形成的这一'文化重构'过程中,个体并不是简单地单向接受,而是具有主动性的能动构建活动。我们并不是纯粹'白板',我们总是具有某种意识、文化,我们总是根据既有的认识理解当下的经验,形成自己的判断与选择,并丰富既有的认识与理解。"[②]

---

① 《马克思恩格斯文集》第9卷,人民出版社2009年版,第99页。

② 高兆明:《道德失范研究:基于制度正义视角》,商务印书馆2016年版,第5—6页。

就当前我国道德建设的总体情况以及核心任务来看,重点是在全社会形成积极培育和践行社会主义核心价值观的良好氛围。自 2005 年 10 月,党的十六届六中全会通过《中共中央关于构建社会主义和谐社会若干重大问题的决定》第一次明确提出"建设社会主义核心价值体系"这个重大命题和战略任务以来,社会主义核心价值体系建设一直是我国社会主义意识形态建设的核心工作。在党中央的积极主导以及全社会的共同参与下,社会主义核心价值体系的理论研究与实践构建工作逐步推进,在社会主义意识形态建设中发挥了价值主导作用,对于全社会及中国特色社会主义事业而言,起到了凝心聚力、固本强基的作用。在社会主义核心价值体系的基础上,2012 年党的十八大提出,倡导富强、民主、文明、和谐,倡导自由、平等、公正、法治,倡导爱国、敬业、诚信、友善,积极培育和践行社会主义核心价值观。

作为社会主义核心价值体系的内核,社会主义核心价值观体现了社会主义核心价值体系的根本性质和基本特征,反映了社会主义核心价值体系的丰富内涵和实践要求,是社会主义核心价值体系的高度凝练和集中表达。积极培育和践行社会主义核心价值观,成为推进中国特色社会主义伟大事业、实现中华民族伟大复兴中国梦的战略任务。2013 年 12 月,中共中央办公厅印发《关于培育和践行社会主义核心价值观的意见》。该《意见》指出了培育和践行社会主义核心价值观的重要意义和指导思想,并提出了培育和践行社会主义核心价值观的总体要求:把培育和践行社会主义核心价值观融入国民教育全过程、把培育和践行社会主义核心价值观落实到经济发展实践和社会治理中、加强社会主义核心价值观宣传教育、开展涵养社会主义核心价值观的实践活动、加强对培育和践行社会主义核心价值观的组织领导等,成为在全社会积极培育和践行社会主义核心价值观的行动指南。2014 年 2 月,习近平总书记在主持十八届中央政治局第十三次集体学习时的讲话中强调了构建核心价值观的重大意义:"核心价值观是文化软实力的灵魂、文化软实力建设的重点。这是决定文化性质和方向的最深层次要素。一个国家的文化软实力,从根本上说,取决于其核心价值观的生命力、凝聚力、感召力。培育和弘扬核心价值观,有效整合社会意识,是社会系统得以正常运转、社会秩序得以有效维护的重要途径,也是国家治理体系和治理能力的重要方面。历史和现实都表明,构建具有强大感召力的核心价值观,关系社会和谐稳定,关系国家长治久安。"[①] 2017 年,党的十九大强调坚持社会主义核心价值体系,并将其作为十四个基本方略之一,再次强调了培育和践行社会主义核心价值观的战略意义,对于我们持续深入地推进培育和践行社会主义核心价值观这一战略任务具有重要意义。

从中央到地方,从政府到社区,从大学到中小学,从线下到线上,我们都开展了全面的核心价值观宣传。如 2014 年 5 月至 2018 年 10 月,由中宣部宣教局、光明日报社主办,光明网、中国伦理学会承办的"核心价值观百场讲坛"已举办了 78 场,邀请各界代表结合自身工作与研究走进电视台,通过屏幕走进城市社区、走进乡村、走进矿区、走进学校……向社会大众宣讲社会主义核心价值观,产生了广泛而深刻的影响,对于促进社会大众对社会主义核心价值观的认同发挥了重要的作用;而城市广场、重要位置、各大景区以及社区的宣传墙以及宣传栏张贴的宣传标语、宣传画等,也让百姓在日常生活中感受社会主义核心价值观的无所不在;中国文明网、光明网、人民网等相关线上宣传对于社会大众全面了解核心价值观的内涵、基本内容、重大意义等也发挥了重要作用;大中小学开展的社会主义核心价值观教育、以培育和践行社会主义核心价值观为主旨的社会实践活动等,更是对于中小学生与大学生深入学习社会主义核心价值观以及宣传、践行社会主义核心价值观发挥了不可替代的作用……可以说,当前,在全社会已经形成了广大民众积极参与的全方位、全过程的培育和践行社会主义核心价值观的良好氛围,为个人品德养成提供了良好的道德环境。

今后,我们要继续深入推进社会主义核心价值观宣传,营造全社会培育和弘扬社会主义核心价值观的良好氛围,将社会主义核心价值观落细落小落实,体现在鲜活的具体的实实在在的日常社会实践中,"要利用各种时机和场合,形成有利于培育和弘扬社会主义核心价值观的生活情景和社会氛围,使核心价值观的影响像空气一样无所不在、无时不有"[②],以良好的社会道德环境滋养个人品德,促进个人品德的提升。

---

① 《习近平谈治国理政》第一卷,外文出版社 2018 年版,第 163 页。
② 同上书,第 165 页。

第七章 新时代公民诚信道德状况
调查与比较分析

　　诚信是中华民族的传统美德,更是社会主义核心价值观在公民个体层面的伦理诉求和价值遵循。中国特色社会主义进入新时代以来,党和政府出台了一系列推进公民诚信建设的重要举措,为诚信道德建设提供了明确的指导思想和制度保障,公民诚信状况呈现良好的发展态势。党的十九大报告关于强化各类主体诚实守信建设的内容,为进一步提高人民的思想觉悟、道德水准和文明素养,进而提高全社会的文明程度提供了基本的价值遵循和方法指导。本问卷主要测量 10 年来(2006—2016 年)我国公民诚信道德建设取得的主要成效和存在的突出问题,为进一步提升诚信建设的实效性提供实证支持。

第一节 公民诚信道德状况跟踪调查数据描述

　　公民诚信状况反映了公民在日常生活和社会交往中所体现出来的对于自我、他人、社会和环境的诚实守信程度。为准确描述 10 年来公民诚信建设取得的成就, 2016 年,课题组在众多公民诚信状况测评指标中,仍选取公民对于"诚信吃亏论""周围人诚信度"的认知和评价以及"如何处理手里的百元假钞"作为基本的观测指标,以凸显跟踪调查的意义和价值。

一、关于"诚信吃亏论"的跟踪调查数据描述

　　古语云:"君子一言,驷马难追。"诚实守信是中华优秀传统文化的重要内容,也是当代中国公民基本的道德规范和价值准则。通过对"诚信吃亏论"的跟

踪调查,可以了解公民诚信认知的总体状况和具体样态,有利于全面把握新时代公民诚信道德状况。

（一）"诚信吃亏论"总体认知状况跟踪调查数据

如图7—1、7—2所示,2006年的调研数据显示,选择"反对"（包括"非常反对"和"基本反对",后同）"诚实守信的人往往吃亏"这一说法的受访者比例之和为32.79%;2016年的调研数据显示,48.4%的受访者不同意此种说法,同比上升15.61%。2006年,选择"赞同"（包括"基本赞同"和"非常赞同",后同）"诚实守信的人往往吃亏"这一说法的受访者比例之和为57.29%,超过半数;2016年的跟踪调研数据显示,同意此种说法的比例为20.6%,下降高达36.69%;选择"说不清"的受访者比例由9.93%上升到30.3%。这说明,曾经坚信"诚实守信的人往往吃亏"的人思想认知开始改变。

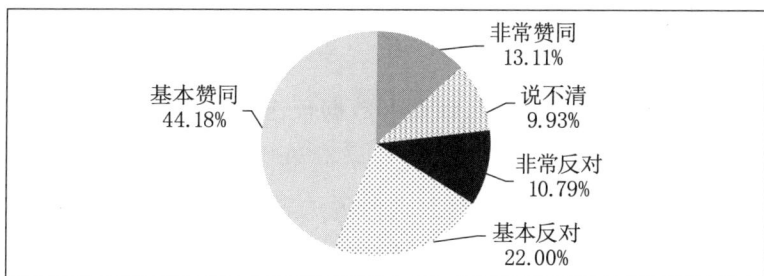

图7—1　受访者对"诚实守信的人往往吃亏"的看法（2006）

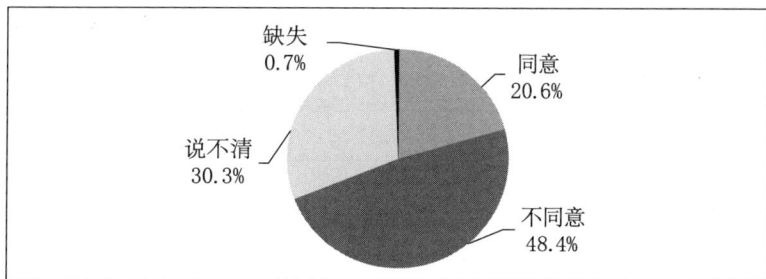

图7—2　受访者对"诚实守信的人往往吃亏"的看法（2016）

（二）影响对"诚信吃亏论"认知的因素

为准确描述和把握2006—2016年我国诚信道德建设和公民诚信认知发展状况,课题组仍选取了性别、年龄、政治面貌等8项分组指标,从不同群体、不同视角进行观测,具体描述公民关于诚信认知的变化。

1. 性别与对"诚信吃亏论"的差异化认知

如表7-1所示,2006年的调查数据显示,对"诚实守信的人往往吃亏"这种说法,男性表示"赞同"的比例之和为58.03%,表示"反对"的比例之和为32.78%;另有9.18%的男性受访者表示"说不清"。女性表示"赞同"的比例之和为56.45%,低于男性1.58%;表示"反对"的受访者比例之和为32.84%,与男性比例基本持平;另有10.72%的女性受访者表示"说不清"。

表7-1 不同性别受访者对"诚实守信的人往往吃亏"的看法(2006)

性别	非常反对(%)	基本反对(%)	基本赞同(%)	非常赞同(%)	说不清(%)	有效样本量(人)
男	11.61	21.17	43.81	14.22	9.18	3136
女	9.9	22.94	44.55	11.9	10.72	2799

如表7-2所示,2016年的跟踪调查数据较2006年的调查数据发生了很大的变化。调查组对2016年的问卷选项作了简单化处理,以方便受访者填写,亦便于后期数据统计。男性受访群体对此种说法表示"不同意"的占47.8%,上升15.0%;表示"同意"的占21.6%,下降36.43%;另有29.9%的男性受访者表示"说不清",上升20.72%。女性受访群体选择"不同意"的占49.0%,接近女性受访群体的半数,上升16.2%;选择"同意"的占19.7%,下降36.8%;另有30.6%的受访者表示"说不清",上升19.3%。

表7-2 不同性别受访者对"诚实守信的人往往吃亏"的看法(2016)

性别	同意(%)	不同意(%)	说不清(%)	未选择(%)	有效样本量(人)
男	21.6	47.8	29.9	0.7	3058
女	19.7	49.0	30.6	0.7	3575

2. 年龄与对"诚信吃亏论"的差异化认知

如表7-3所示,2006年的调查数据显示,对"诚实守信的人往往吃亏"这种说法,20岁以下受访群体选择"反对"的比例之和为33.15%。20—29岁的受访群体选择"反对"的比例最高,为36.21%,诚信认知较为积极;30—39岁的占 34.1%；40—49 岁的占 28.12%；50—59 岁的占 23.77%；60 岁及以上的占 33.52%。20 岁以下受访群体选择"赞同"的比例之和为 50.00%，正好一半；20—29 岁的受访群体占 54.58%；30—39 岁的受访群体占 55.98%；40—49 岁的受访群体占 61.49%；50—59 岁的受访群体占 65.26%，比例最高；60 岁及以上的受访群体占 58.59%。

表 7—3　不同年龄受访者对"诚实守信的人往往吃亏"的看法（2006）

年龄	非常反对（%）	基本反对（%）	基本赞同（%）	非常赞同（%）	说不清（%）
20 岁以下	12.50	20.65	38.04	11.96	16.85
20—29 岁	11.58	24.63	42.69	11.89	9.21
30—39 岁	11.84	22.26	44.34	11.64	9.92
40—49 岁	9.11	19.01	46.34	15.15	10.40
50—59 岁	7.08	16.69	47.72	17.54	10.96
60 岁及以上	11.27	22.25	43.94	14.65	7.89

如表 7—4 所示，2016 年的跟踪调查数据显示，20 岁以下的受访群体选择"不同意""诚实守信的人往往吃亏"的占 50.8%，比例最高，较之 10 年前上升 17.7%；选择"同意"的占 17.1%，下降 32.9%，此受访群体认同"诚实守信的人往往吃亏"的比例最低；另有 31.3% 的受访群体表示"说不清"，较 2006 年上升 14.5%。20—29 岁的受访群体选择"不同意""诚实守信的人往往吃亏"的占 48.4%，上升 12.2%；选择"同意"的占 19.4%，下降 35.2%，下降的比例最高；表示"说不清"的受访者比例占 31.7%，上升 22.5%。30—39 岁的受访群体选择"不同意""诚实守信的人往往吃亏"的占 48.1%，上升 14.0%；选择"同意"的占 21.0%，下降 35.0%；表示"说不清"的占 30.2%，上升 20.3%。40—49 岁选择"不同意"的占 49.3%，上升 21.18%；选择"同意"的占 21.0%，下降 35.0%；表示"说不清"的占 28.8%。50—59 岁选择"不同意"的占 47.1%，上升 23.3%，上升的比例最高；选择"同意"的占 24.6%，下降 40.7%，下降的比例最大；表示"说不清"的占 27.4%。60 岁及以上的受访群体选择"不同意""诚实守信的人往往吃亏"的占 42.4%，相较于 10 年前，上升 8.9%；选择"同意"的占 31.4%，下降 27.2%；另有 25.0% 的受访者表示"说不清"。

表 7—4　不同年龄受访者对"诚实守信的人往往吃亏"的看法（2016）

年龄	同意（%）	不同意（%）	未选择（%）	说不清（%）
20 岁以下	17.1	50.8	0.8	31.3
20—29 岁	19.4	48.4	0.5	31.7
30—39 岁	21.0	48.1	0.7	30.2
40—49 岁	21.0	49.3	0.9	28.8
50—59 岁	24.6	47.1	0.9	27.4
60 岁及以上	31.4	42.4	1.2	25.0

3. 政治面貌与对"诚信吃亏论"的差异化认知

如表 7—5 所示，2006 年的调查数据显示，共产党员受访群体选择"反对""诚实守信的人往往吃亏"的比例之和为 39.17%，比例最高；民主党派和无党派人士受访群体选择"赞同"的比例之和为 69.09%，比例最高；共青团员受访群体选择"反对"的比例之和为 34.91%，选择"赞同"的比例之和为 55.61%；普通群众受访群体选择"反对"的比例之和为 28.51%，选择"赞同"的比例之和为 60.78%。

表 7—5　不同政治面貌受访者对"诚实守信的人往往吃亏"的看法（2006）

政治面貌	非常反对（%）	基本反对（%）	基本赞同（%）	非常赞同（%）	说不清（%）	有效样本量（人）
共产党员	12.44	26.77	41.62	11.41	7.75	1367
共青团员	10.90	24.01	44.34	11.27	9.48	1624
民主党派和无党派人士	14.55	9.09	56.36	12.73	7.27	55
普通群众	9.89	18.62	45.61	15.17	10.71	2690
其他	6.93	25.74	35.64	11.88	19.80	101

如表 7—6 所示，2016 年的跟踪调查数据显示，共产党员受访群体选择"不同意""诚实守信的人往往吃亏"的占 54.9%，上升 15.8%；同意此观点的占 21.4%，下降 31.6%。共青团员受访群体选择"不同意"的占 49.3%，上升 14.39%；同意此观点的占 19.0%，下降 36.6%。民主党派和无党派人士受访群体

选择"不同意"的占 41.1%，上升 13.5%；选择"同意"的占 14.0%，下降 55.1%；此受访群体选择"反对"的比例最低。普通群众受访群体选择"不同意"的占 44.4%，上升 15.9%；选择"同意"的占 21.8%，下降 39.0%。

表 7-6　不同政治面貌受访者对"诚实守信的人往往吃亏"的看法（2016）

政治面貌	同意（%）	不同意（%）	说不清（%）	未选择（%）
共产党员	21.4	54.9	23.1	0.6
共青团员	19.0	49.3	31.2	0.5
民主党派和无党派人士	14.0	41.1	43.0	1.9
普通群众	21.8	44.4	32.9	0.8

4. 受教育程度与对"诚信吃亏论"的差异化认知

如表 7-7 所示，2006 年的调查数据显示，没上过学的受访群体选择"反对""诚实守信的人往往吃亏"的比例之和仅为 17.31%，选择"赞同"的高达 76.93%；小学学历受访群体选择"反对"的为 27.95%，选择"赞同"的为 59.48%；初中学历受访群体选择"反对"的为 28.38%，选择"赞同"的为 56.75%；高中学历受访群体选择"反对"的为 28.86%，选择"赞同"的为 60.27%；大学学历受访群体选择"反对"的为 37.35%，选择"赞同"的为 5.55%；硕士研究生及以上学历受访群体选择"反对"的占 45.92%，选择"赞同"的占 48.17%，比例基本持平。

表 7-7　不同受教育程度受访者对"诚实守信的人往往吃亏"的看法（2006）

受教育程度	非常反对（%）	基本反对（%）	基本赞同（%）	非常赞同（%）	说不清（%）
没上过学	7.69	9.62	59.62	17.31	5.77
小学	6.32	21.93	40.89	18.59	12.27
初中	10.13	18.25	40.69	16.06	14.87
高中	10.30	18.56	46.52	13.75	10.87
大学	11.78	25.57	44.54	11.01	7.11
硕士研究生及以上	14.01	31.91	40.08	8.17	5.84
其他	0.00	50.00	25.00	25.00	0.00

如表7-8所示,2016年的跟踪调查数据显示,没上过学的受访群体选择"不同意""诚实守信的人往往吃亏"的占41.3%,上升23.99%;选择"同意"的占23.9%,相较于10年前急剧下降53.03%。小学学历受访群体选择"不同意"的占39.0%,上升10.75%;选择"同意"的占24.7%,下降34.75%。初中学历受访群体选择"不同意"的占42.8%,上升14.42%;选择"同意"的占22.0%,下降34.75%。高中学历受访群体选择"不同意"的占46.6%,上升17.74%;选择"同意"的占22.1%,下降38.17%。大学专科学历受访群体选择"不同意"的占46.1%,选择"同意"的占22.9%。大学本科学历受访群体选择"不同意"的占51.7%,上升14.35%;选择"同意"的占18.6%,下降36.95%。硕士研究生及以上学历受访群体选择"不同意"的占53.6%,上升7.68%;选择"同意"的占18.3%,下降29.87%。

表7-8 不同受教育程度受访者对"诚实守信的人往往吃亏"的看法(2016)

受教育程度	同意(%)	不同意(%)	说不清(%)	未选择(%)
没上过学	23.9	41.3	32.6	2.2
小学	24.7	39.0	35.7	0.6
初中	22.0	42.8	34.6	0.6
高中	22.1	46.6	30.8	0.5
大学专科	22.9	46.1	30.4	0.7
大学本科	18.6	51.7	29.1	0.6
硕士研究生及以上	18.3	53.6	27.3	0.8

5. 婚姻状况与对"诚信吃亏论"的差异化认知

如表7-9所示,2006年的调查数据显示,未婚受访群体选择"反对""诚实守信的人往往吃亏"的比例之和为37.42%,选择"赞同"的比例之和为53.19%;已婚受访群体选择"反对"的比例之和为30.68%,选择"赞同"的比例之和为59.11%;离异受访群体选择"反对"的比例之和为17.24%,选择"赞同"的比例之和为73.57%;丧偶受访群体选择"反对"的比例之和为20.75%,选择"赞同"的比例之和高达67.92%。

表7—9　不同婚姻状况受访者对"诚实守信的人往往吃亏"的看法（2006）

婚姻状况	非常反对（%）	基本反对（%）	基本赞同（%）	非常赞同（%）	说不清（%）
未婚	12.44	24.98	40.70	12.49	9.39
已婚	10.08	20.60	46.06	13.05	10.22
离异	5.75	11.49	48.28	25.29	9.20
丧偶	5.66	15.09	47.17	20.75	11.32
其他	5.88	11.76	58.82	17.65	5.88

如表7—10所示，2016年的跟踪调查数据显示，未婚受访群体选择不同意"诚实守信的人往往吃亏"的占48.8%，上升11.38%；选择"同意"的占18.5%，下降34.69%；此受访群体上升的比例最低，不同意的比例最高，同意的比例最低。已婚受访群体选择"不同意"的占48.4%，上升17.72%；选择"同意"的占22.7%，下降36.41%。离异受访群体选择"不同意"的占43.3%，上升26.06%；选择"同意"的占20.2%，下降53.37%；上升和下降的幅度都最大。丧偶受访群体选择"不同意"的占45.5%，上升24.75%；选择"同意"的占21.8%，下降46.12%；上升和下降的比例相对较高。

表7—10　不同婚姻状况受访者对"诚实守信的人往往吃亏"的看法（2016）

婚姻状况	同意（%）	不同意（%）	说不清（%）	未选择（%）
未婚	18.5	48.8	32.1	0.6
已婚	22.7	48.4	28.2	0.7
离异	20.2	43.3	36.0	0.6
丧偶	21.8	45.5	31.8	0.9

6. 就业状况与对"诚信吃亏论"的差异化认知

如表7—11所示，2006年的调查数据显示，学生受访群体"反对""诚实守信的人往往吃亏"的占比最高，为39.65%；选择"赞同"的为52.20%。无业、失业受访群体选择"反对"的比例为25.91%。离退休受访群体"赞同"的比例为62.19%。

表7—11　不同就业状况受访者对"诚实守信的人往往吃亏"的看法（2006）

就业状况	非常反对（%）	基本反对（%）	基本赞同（%）	非常赞同（%）	说不清（%）
在职	11.74	21.09	44.64	12.78	9.75
离退休	9.92	18.80	45.66	16.53	9.09
学生	9.88	29.77	42.32	9.88	8.14
无业、失业	5.95	19.96	45.68	16.12	12.28
其他	10.57	23.57	38.07	14.50	13.29

　　如表7—12所示，2016年的跟踪调研数据显示，在职受访群体选择"不同意""诚实守信的人往往吃亏"的占48.7%，上升15.7%；选择"同意"的占21.6%，下降35.82%。离退休受访群体选择"不同意"的占46.0%，上升17.28%；选择"同意"的占26.1%，下降36.09%。学生受访群体选择"不同意"的占51.3%，上升11.65%；选择"同意"的占17.2%，下降35%，比例最低。无业、失业受访群体选择"不同意"的占45.2%，上升19.29%；选择"同意"的占23.1%，下降38.7%，下降幅度最大。其他受访群体选择"不同意"的占41.8%，上升7.76%；选择"同意"的占19.3%，下降33.27%。

表7—12　不同就业状况受访者对"诚实守信的人往往吃亏"的看法（2016）

就业状况	同意（%）	不同意（%）	说不清（%）	未选择（%）
在职	21.6	48.7	29.1	0.6
离退休	26.1	46.0	27.1	0.8
学生	17.2	51.3	31.0	0.5
无业、失业	23.1	45.2	31.5	0.3
其他	19.3	41.8	37.4	1.5

7. 职业状况与对"诚信吃亏论"的差异化认知

　　如表7—13所示，2006年的调查数据表明，军人受访群体"反对""诚实守信的人往往吃亏"的比例最高，为53.6%；选择"赞同"的比例最低，为39.03%。机关事业单位领导干部选择"赞同"的比例最高，为62.60%。个体从业人员选择"反对"的比例最低，仅占28.48%。

表7—13　不同职业受访者对"诚实守信的人往往吃亏"的看法（2006）

职业	非常反对（%）	基本反对（%）	基本赞同（%）	非常赞同（%）	说不清（%）
机关事业单位领导干部	10.00	20.37	46.67	15.93	7.04
机关事业单位办事人员和有关人员	11.71	21.62	46.85	11.71	8.11
科教文卫专业技术人员	11.48	28.83	44.39	8.93	6.38
企业管理人员	11.71	22.93	44.63	12.68	8.05
企业员工	10.39	20.15	47.93	12.52	9.01
商业服务业人员	13.30	16.29	45.32	12.92	12.17
私营企业主	10.63	21.26	44.93	15.94	7.25
个体从业人员	10.97	17.51	46.41	14.56	10.55
农业劳动者	13.41	24.28	31.52	11.96	18.84
农村外出务工人员	14.01	15.94	40.58	15.94	13.53
军人	19.51	34.15	30.49	8.54	7.32
其他	10.00	25.00	38.33	17.50	9.17

如表7—14所示，2016年的跟踪调研数据显示，机关事业单位领导干部受访群体选择"不同意"的占54.6%，上升24.23%；选择"同意"的占23.3%，下降39.3%。农村外出务工人员受访群体选择"不同意"的占37.6%，上升7.76%；选择"同意"的占27.7%，下降28.82%。军人受访群体选择"不同意"的占50.0%，下降3.66%；选择"同意"的占19.0%，下降19.99%。其他受访群体选择"不同意"的占50.4%，上升15.4%；选择"同意"的占18.0%，下降37.83%。机关事业单位办事人员和有关人员受访群体选择"不同意"的占48.8%，接近半数，上升35.47%；选择"同意"的占22.2%，下降36.36%。科教文卫专业技术人员受访群体选择"不同意"的占55.0%，上升14.69%，超越2006年的军人受访群体比例跃居第一位；选择"同意"的占21.2%，下降32.12%。企业管理人员受访群体选择"不同意"的占50.1%，上升15.46%，略超半数；选择"同意"的占21.7%，下降35.78%。企业员工受访群体选择"不同意"的占46.8%，上升16.26%；选择"同意"的占21.4%，下降35.91%。商业服务业人员受访群体选择"不同意"的占40.5%，上升10.91%；选择"同意"的占23.9%，下降34.34%。私营企业主受访群体选择"不同意"的占45.7%，上升13.81%；选择"同意"的占17.7%，下降

43.17%。个体从业人员受访群体选择"不同意"的占43.9%，上升15.42%；选择"同意"的占20.2%，下降40.77%。农业劳动者受访群体选择"不同意"的占38.6%，上升9.25%；选择"同意"的占26.2%，下降16.92%。

表7—14 不同职业受访者对"诚实守信的人往往吃亏"的看法（2016）

职业	同意（%）	不同意（%）	说不清（%）	未选择（%）
机关事业单位领导干部	23.3	54.6	21.8	0.3
机关事业单位办事人员和有关人员	22.2	48.8	28.1	0.9
科教文卫专业技术人员	21.2	55.0	22.9	0.9
企业管理人员	21.7	50.1	27.7	0.5
企业员工	21.4	46.8	31.3	0.6
商业服务业人员	23.9	40.5	34.9	0.7
私营企业主	17.7	45.7	34.8	1.8
个体从业人员	20.2	43.9	34.6	1.2
农业劳动者	26.2	38.6	32.4	2.8
农村外出务工人员	27.7	37.6	34.3	0.5
军人	19.0	50.0	31.0	0.0
其他	18.0	50.4	31.2	0.4

8. 收入水平与对"诚信吃亏论"的差异化认知

如表7—15所示，2016年跟踪调研数据显示，月平均收入1000元及以下受访群体选择"不同意""诚实守信的人往往吃亏"的占50.3%，比例超过半数；选择"同意"的占18.1%，比例最低。月平均收入1001—3000元的受访群体选择"不同意"的占46.1%；选择"同意"的占23.6%，比例最高。月平均收入3001—5000元受访群体选择"不同意"的占47.9%，选择"同意"的占20.7%。月平均收入5001—10000元的受访群体选择"不同意"的占52.8%，比例最高；选择"同意"的占18.6%，相较于其他收入的受访群体，赞成此观点的比例比较低。月平均收入10000元以上的受访群体选择"不同意"的占50.0%，选择"同意"的占20.3%。

表7-15　不同收入水平受访者对"诚实守信的人往往吃亏"的看法（2016）

月平均收入	同意（%）	不同意（%）	说不清（%）	未选择（%）
1000元及以下	18.1	50.3	31.0	0.6
1001—3000元	23.6	46.1	29.8	0.5
3001—5000元	20.7	47.9	30.6	0.7
5001—10000元	18.6	52.8	28.1	0.6
10000元以上	20.3	50.0	28.3	1.4

二、关于"周围人的诚信度"的跟踪调查数据描述

诚信既是个人修身的根本，也是维护和谐人际交往、重塑政府公信力的基本遵循。对于周围人诚信度的判断和评价是测量社会诚信度、掌握社会诚信状况的关键。如果前一个问题侧重考察公民个体的诚信认知和诚信状况的话，关于"周围人的诚信度"的调查重点测量和考察整体社会诚信状况。

（一）"周围人的诚信度"总体认知状况跟踪调查数据

如图7-3所示，在"您如何评价周围人的诚信度"问题上，2006年的调研数据显示，选择"绝大多数人讲诚信"的受访者占34.51%；选择"诚实守信的人有，但不多"的受访者占55.90%，超过半数，比例最高；选择"现在根本无诚信可言"的占3.73%，比例最低。

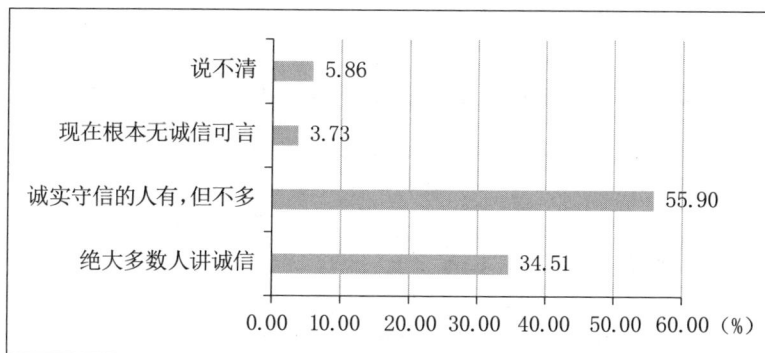

图7-3　受访者对周围人诚信度的总体认知状况（2006）

如图7-4所示，在"您如何评价周围人的诚信度"问题上，2016年的跟踪调研数据显示，选择"绝大多数人讲诚信"的受访者占比最多，为48.5%，上升

13.99%；选择"诚实守信的人有，但不多"的受访者占比41.2%，排在次位，下降14.7%；选择"现在根本无诚信可言"的受访者占4.2%。

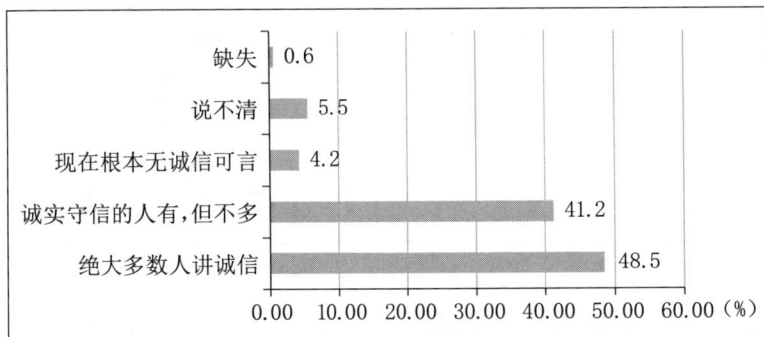

图7-4　受访者对周围人诚信度的总体认知状况（2016）

（二）影响对周围人诚信度的评价的因素

课题组选取性别、年龄、政治面貌、受教育程度、婚姻状况、就业状况、职业状况、经济收入为跟踪观测视角，翔实数据分析如下。

1. 性别与对周围人诚信度的评价

如表7-16所示，2006年调研数据显示，男性和女性在"绝大多数人讲诚信"的选择上，比例相当接近。男性受访群体选择"诚实守信的人有，但不多"的占55.13%，相对较高；选择"现在根本无诚信可言"的占4.17%。女性受访群体选择"诚实守信的人有，但不多"的占56.72%，略高于男性；选择"现在根本无诚信可言"的占3.24%，略低于男性。

表7-16　不同性别受访者如何评价周围人的诚信度（2006）

性别	绝大多数人讲诚信（%）	诚实守信的人有，但不多（%）	现在根本无诚信可言（%）	说不清（%）	有效样本量（人）
男	34.52	55.13	4.17	6.18	3140
女	34.55	56.72	3.24	5.49	2805

如表7-17所示，在"您如何评价周围人的诚信度"问题上，2016年的调查数据显示，男性受访群体选择"绝大多数人讲诚信"的占47.5%，上升12.98%；选择"诚实守信的人有，但不多"的占40.5%，下降14.63%；选择"现在根本无诚

信可言"的占 5.1%,上升 0.93%。女性受访群体选择"绝大多数人讲诚信"的占
49.4%,上升 14.85%;选择"诚实守信的人有,但不多"的占 41.7%,下降 15.02%;
选择"现在根本无诚信可言"的占 3.4%,与 2006 年基本持平。

表 7-17　不同性别受访者如何评价周围人的诚信度（2016）

性别	绝大多数人 讲诚信 （%）	诚实守信的人有, 但不多 （%）	现在根本 无诚信可言 （%）	说 不清 （%）	未 选择 （%）	有效 样本量 （人）
男	47.5	40.5	5.1	6.4	0.6	3058
女	49.4	41.7	3.4	4.8	0.7	3575

2. 年龄与对周围人诚信度的评价

如表 7-18 所示,2006 年的调查数据显示,30—39 岁受访群体选择"绝大
多数人讲诚信"的占 36.57%,比例最高;20 岁以下受访群体选择"诚实守信的
人有,但不多"的占 57.07%,比例最高;60 岁及以上的受访群体选择"现在根本
无诚信可言"的比例相对高一些。

表 7-18　不同年龄受访者如何评价周围人的诚信度（2006）

年龄	绝大多数人 讲诚信 （%）	诚实守信的人有, 但不多 （%）	现在根本 无诚信可言 （%）	说 不清 （%）	有效 样本量 （人）
20 岁以下	33.15	57.07	3.80	5.98	184
20—29 岁	35.33	56.31	3.18	5.19	2236
30—39 岁	36.57	55.43	3.13	4.86	1564
40—49 岁	32.41	56.26	4.83	6.50	1015
50—59 岁	29.70	56.54	4.53	9.23	596
60 岁及以上	35.01	52.66	5.32	7.00	357

如表 7-19 所示,对"您如何评价周围人的诚信度"问题上,2016 年的调
查数据显示,20 岁以下受访群体选择"绝大多数人讲诚信"的占 49.3%,上升
16.15%;选择"诚实守信的人有,但不多"的占 41.4%,下降 15.67%;选择"现在
根本无诚信可言"的占 3.3%,略有下降。20—29 岁受访群体选择"绝大多数人

讲诚信"的占 50.3%,比例最高,上升 14.97%,取代 10 年前的 30—39 岁受访群体,位居第一;选择"诚实守信的人有,但不多"的比例为 40.3%,下降 16.01%;选择"现在根本无诚信可言"的占 3.6%,略有下降。30—39 岁受访群体选择"绝大多数人讲诚信"的占 45.5%,上升 8.93%,占比最小;选择"诚实守信的人有,但不多"的比例占 42.4%,下降 13.03%;选择"现在根本无诚信可言"的占 4.8%,上升 1.67%。40—49 岁受访群体选择"绝大多数人讲诚信"的占 46.9%,上升 14.49%;选择"诚实守信的人有,但不多"的比例占 42.7%,下降 13.56%;选择"现在根本无诚信可言"的占 4.7%,下降 0.13%。50—59 岁受访群体选择"绝大多数人讲诚信"的占 49.5%,上升 19.80%;选择"诚实守信的人有,但不多"的比例占 41.9%,下降 14.64%;选择"现在根本无诚信可言"的占 3.5%,下降 1.03%。60 岁及以上受访群体选择"绝大多数人讲诚信"的占 48.5%,上升 13.49%;选择"诚实守信的人有,但不多"的比例为 37.8%,下降 14.86%;选择"现在根本无诚信可言"的占 7.6%,上升 2.28%。

表 7—19　不同年龄受访者如何评价周围人的诚信度(2016)

年龄	绝大多数人讲诚信(%)	诚实守信的人有,但不多(%)	现在根本无诚信可言(%)	说不清(%)	未选择(%)	有效样本量(人)
20 岁以下	49.3	41.4	3.3	5.5	0.6	844
20—29 岁	50.3	40.3	3.6	5.4	0.4	2618
30—39 岁	45.5	42.4	4.8	6.8	0.5	1470
40—49 岁	46.9	42.7	4.7	4.8	1.0	937
50—59 岁	49.5	41.9	3.5	4.3	0.9	463
60 岁及以上	48.5	37.8	7.6	4.9	1.2	328

3. 政治面貌与对周围人诚信度的评价

如表 7—20 所示,2006 年的调研数据显示,共产党员受访群体选择"绝大多数人讲诚信"的占 40.42%,比例最高。民主党派和无党派人士受访群体选择"绝大多数人讲诚信"的占 27.27%,比例最小;选择"诚实守信的人有,但不多"的比例最高,为 63.64%。没有受访者选择"现在根本无诚信可言"。普通群众受访群体选择"现在根本无诚信可言"的比例相对高一些。

表7-20　不同政治面貌受访者如何评价周围人的诚信度（2006）

政治面貌	绝大多数人讲诚信（%）	诚实守信的人有，但不多（%）	现在根本无诚信可言（%）	说不清（%）	有效样本量（人）
共产党员	40.42	52.05	2.41	5.12	1368
共青团员	36.00	57.09	2.65	4.25	1622
民主党派和无党派人士	27.27	63.64	0.00	9.09	55
普通群众	30.86	57.24	4.89	7.00	2699
其他	34.65	51.49	6.93	6.93	101

如表7-21所示，在"您如何评价周围人的诚信度"问题上，2016年的调查数据显示，共产党员受访群体选择"绝大多数人讲诚信"的占56.3%，上升15.88%；选择"诚实守信的人有，但不多"的占37.2%，下降14.85%；选择"现在根本无诚信可言"的占2.6%，无显著变化。共青团员受访群体选择"绝大多数人讲诚信"的占53.9%，上升17.9%；选择"诚实守信的人有，但不多"的占38.4%，下降18.69%；选择"现在根本无诚信可言"的占2.9%，无显著变化。民主党派和无党派人士受访群体选择"绝大多数人讲诚信"的占34.6%，上升7.33%；选择"诚实守信的人有，但不多"的占42.1%，下降21.54%；选择"现在根本无诚信可言"的占15.0%，上升15.00%。普通群众受访群体选择"绝大多数人讲诚信"的占40.4%，上升9.54%；选择"诚实守信的人有，但不多"的占45.6%，下降11.64%；选择"现在根本无诚信可言"的占5.7%，上升0.81%。

表7-21　不同政治面貌受访者如何评价您周围人的诚信度（2016）

政治面貌	绝大多数人讲诚信（%）	诚实守信的人有，但不多（%）	现在根本无诚信可言（%）	说不清（%）	未选择（%）	有效样本量（人）
共产党员	56.3	37.2	2.6	3.6	0.3	1536
共青团员	53.9	38.4	2.9	4.2	0.5	2256
民主党派和无党派人士	34.6	42.1	15.0	7.5	0.9	107
普通群众	40.4	45.6	5.7	7.6	0.8	2774

4. 受教育程度与对周围人诚信度的评价

如表7-22所示，2006年的调查数据显示，硕士研究生及以上学历受访群体选择"绝大多数人讲诚信"的比例最高,占 44.57%;小学和初中学历受访群体选择"绝大多数人讲诚信"的比例最低,分别为 29.26% 和 29.85%;高中学历受访群体选择"诚实守信的人有,但不多"的比例最高,为 59.19%;没上过学的受访群体选择"现在根本无诚信可言"的比例最高,为 13.46%。

表 7—22 不同受教育程度受访者如何评价周围人的诚信度（2006）

受教育程度	绝大多数人讲诚信（%）	诚实守信的人有,但不多（%）	现在根本无诚信可言（%）	说不清（%）	有效样本量（人）
没上过学	30.77	46.15	13.46	9.62	52
小学	29.26	51.85	6.67	12.22	270
初中	29.85	56.81	4.63	8.71	1102
高中	31.21	59.19	4.38	5.22	1916
大学	39.03	54.11	2.44	4.41	2334
硕士研究生及以上	44.57	49.61	1.55	4.26	258
其他	50.00	37.50	12.50	0.00	8

如表 7—23 所示,在"您如何评价周围人的诚信度"问题上,2016 年的调查数据显示,没上过学的受访群体选择"绝大多数人讲诚信"的占 28.3%,下降 2.47%;选择"诚实守信的人有,但不多"的占 32.6%,下降 13.55%;选择"现在根本无诚信可言"的占 19.6%,上升 6.14%。小学学历受访群体选择"绝大多数人讲诚信"的占 33.8%,上升 4.54%;选择"诚信诚实守信的人有,但不多"的占 43.5%,下降 8.35%;选择"现在根本无诚信可言"的占 9.1%,上升 2.43%。初中学历受访群体选择"绝大多数人讲诚信"的占 38.8%,上升 8.95%;选择"诚实守信的人有,但不多"的占 43.7%,下降 13.11%;选择"现在根本无诚信可言"的占 7.0%,上升 2.37%。高中学历受访群体选择"绝大多数人讲诚信"的占 43.8%,上升 12.59%;选择"诚实守信的人有,但不多"的占 45.7%,下降 13.49%;选择"现在根本无诚信可言"的占 4.6%,略有上升。大学专科学历受访群体选择"绝大多数人讲诚信"的占 48.6%,选择"诚实守信的人有,但不多"的占 41.1%;选择"现在根本无诚信可言的"占 4.3%。大学本科学历受访群体选择"绝大多数人讲诚信"的占 53.8%,上升 14.77%;选择"诚实守信的人有,但不多"的占 38.6%,下降 15.51%;选择"现在根本无诚信可言"的占 3.0%,上升 0.56%。

硕士研究生及以上学历受访群体选择"绝大多数人讲诚信"的占53.6%,上升9.03%;选择"诚实守信的人有,但不多"的占39.4%,下降10.21%;选择"现在根本无诚信可言"的占2.1%,上升0.55%。

表7-23　不同受教育程度受访者如何评价周围人的诚信度(2016)

受教育程度	绝大多数人讲诚信(%)	诚实守信的人有,但不多(%)	现在根本无诚信可言(%)	说不清(%)	未选择(%)	有效样本量(人)
没上过学	28.3	32.6	19.6	17.4	2.2	46
小学	33.8	43.5	9.1	13.0	0.6	154
初中	38.8	43.7	7.0	10.1	0.5	645
高中	43.8	45.7	4.6	5.4	0.5	1462
大学专科	48.6	41.1	4.3	5.2	0.8	1268
大学本科	53.8	38.6	3.0	4.2	0.4	2568
硕士研究生及以上	53.6	39.4	2.1	4.7	0.2	513

5.婚姻状况与对周围人诚信度的评价

如表7-24所示,2006年的调查数据显示,丧偶受访群体选择"绝大多数人讲诚信"的比例最高,为41.51%;离异受访群体选择"诚实守信的人有,但不多"的占58.62%,选择"现在根本无诚信可言"的占11.49%。

表7-24　不同婚姻状况受访者如何评价周围人的诚信度(2006)

婚姻状况	绝大多数人讲诚信(%)	诚实守信的人有,但不多(%)	现在根本无诚信可言(%)	说不清(%)
未婚	36.25	55.34	3.33	5.09
已婚	33.65	56.47	3.71	6.18
离异	22.99	58.62	11.49	6.90
丧偶	41.51	45.28	5.66	7.55
其他	11.76	76.47	5.88	5.88

如表7-25所示,在"如何评价周围人的诚信度"问题上,2016年的调查数据显示,未婚受访群体选择"绝大多数人讲诚信"的占50.8%,上升14.53%;选择"诚实守信的人有,但不多"的占40.2%,下降15.14%;选择"现在根本无

诚信可言"的占3.0%,下降0.33%。已婚受访群体选择"绝大多数人讲诚信"的占47.2%,上升13.55%;选择"诚实守信的人有,但不多"的占42.5%,下降13.97%;选择"现在根本无诚信可言"的占4.5%,上升0.79%。离异受访群体选择"绝大多数人讲诚信"的占33.1%,上升10.11%;选择"诚实守信的人有,但不多"的占42.7%,下降15.92%;选择"现在根本无诚信可言"的占12.9%,上升1.44%。丧偶受访群体选择"绝大多数人讲诚信"的占44.5%,上升2.99%;选择"诚实守信的人有,但不多"的占30.9%,下降14.38%;选择"现在根本无诚信可言"的占15.5%,上升9.84%。

表7—25　不同婚姻状况受访者如何评价周围人的诚信度（2016）

婚姻状况	绝大多数人讲诚信（%）	诚实守信的人有，但不多（%）	现在根本无诚信可言（%）	说不清（%）	未选择（%）
未婚	50.8	40.2	3.0	5.5	0.4
已婚	47.2	42.5	4.5	5.1	0.7
离异	33.1	42.7	12.9	11.2	0.0
丧偶	44.5	30.9	15.5	9.1	0.0

6. 就业状况与对周围人诚信度的评价

如表7—26所示,2006年的调查数据显示,学生受访群体选择"绝大多数人讲诚信"的占39.03%,比例最高;选择"现在根本无诚信可言"的占1.20%,比例最低。无业、失业受访群体选择"绝大多数人讲诚信"的占27.62%,比例相对较低;选择"诚实守信的人有,但不多"的占59.43%,比例最高。

表7—26　不同就业状况受访者如何评价周围人的诚信度（2006）

就业状况	绝大多数人讲诚信（%）	诚实守信的人有，但不多（%）	现在根本无诚信可言（%）	说不清（%）
在职	34.90	55.76	3.74	5.60
离退休	34.09	54.34	5.79	5.79
学生	39.30	54.55	1.20	4.95
无业、失业	27.62	59.43	4.57	8.38
其他	30.72%	58.73%	4.22%	6.33

如表 7-27 所示,在"您如何评价周围人的诚信度"问题上,2016 年的跟踪调查数据显示,在职受访群体选择"绝大多数人讲诚信"的占 48.4%,上升 13.5%;选择"诚实守信的人有,但不多"的 42.5%,下降 13.26%;选择"现在根本无诚信可言"的占 3.6%,下降 0.14%。离退休受访群体选择"绝大多数人讲诚信"的占 48.3%,上升 14.21%;选择"诚实守信的人有,但不多"的40.7%,下降 13.64%;选择"现在根本无诚信可言"的占 6.0%,上升 0.21%。学生受访群体选择"绝大多数人讲诚信"的占 54.8%,上升 15.5%;选择"诚实守信的人有,但不多"的占 37.4%,下降 17.15%;选择"现在根本无诚信可言"的占 2.6%,上升 1.40%。无业、失业受访群体选择"绝大多数人讲诚信"的占 36.1%,上升 8.48%;选择"诚实守信的人有,但不多"的占 46.4%,下降13.03%;选择"现在根本无诚信可言"的占 9.0%,上升 4.43%。其他受访群体选择"绝大多数人讲诚信"的占 36.1%,上升 5.38%;选择"诚实守信的人有,但不多"的占 42.9%,下降 15.83%;选择"现在根本无诚信可言"的占 8.6%,上升 4.38%。

表 7-27　不同就业状况受访者如何评价周围人的诚信度(2016)

就业状况	绝大多数人讲诚信（%）	诚实守信的人有,但不多（%）	现在根本无诚信可言（%）	说不清（%）	未选择（%）	有效样本量（人）
在职	48.4	42.5	3.6	5.0	0.4	3526
离退休	48.3	40.7	6.0	4.1	1.0	487
学生	54.8	37.4	2.6	4.8	0.5	1775
无业、失业	36.1	46.4	9.0	8.1	0.3	321
其他	36.1	42.9	8.6	11.1	1.3	548

7.职业状况与对周围人诚信度的评价

如表 7-28 所示,2006 年的调查数据显示,超过四成受访群体选择"绝大多数人讲诚信",排在前四位的依次为科教文卫专业技术人员,军人,机关事业单位领导干部,私营企业主。个体从业人员受访群体选择"绝大多数人讲诚信"的比例为 27.43%;选择"诚实守信的人有,但不多"的比例为 60.13%,选择"现在根本无诚信可言"的比例为 6.33%,两项加起来为 66.46%。

表7-28　不同职业状况受访者如何评价周围人的诚信度（2006）

职业	绝大多数人讲诚信（%）	诚实守信的人有，但不多（%）	现在根本无诚信可言（%）	说不清（%）
机关事业单位领导干部	41.11	50.74	2.59	5.56
机关事业单位办事人员和有关人员	37.84	54.65	3.30	4.20
科教文卫专业技术人员	43.51	49.62	3.31	3.56
企业管理人员	31.95	60.24	3.17	4.63
企业员工	32.92	57.82	3.88	5.38
商业服务业人员	33.96	58.35	2.81	4.88
私营企业主	40.10	48.31	6.76	4.83
个体从业人员	27.43	60.13	6.33	6.12
农业劳动者	31.45	52.65	2.47	13.43
农村外出务工人员	35.75	50.24	5.80	8.21
军人	42.68	54.88	0.00	2.44
其他	26.67	60.00	5.00	8.33

　　如表7-29所示，2016年的调查数据显示，机关事业单位领导干部受访群体选择"绝大多数人讲诚信"的占52.2%，上升11.09%；选择"诚实守信的人有，但不多"的占39.2%；选择"现在根本无诚信可言"的占5.9%，下降3.31%。农村外出务工人员受访群体选择"绝大多数人讲诚信"的占28.6%，下降7.15%；选择"诚实守信的人有，但不多"的占53.5%，上升3.21%；选择"现在根本无诚信可言"的占10.3%，上升4.5%。军人受访群体选择"绝大多数人讲诚信"的占62.0%，上升19.32%；选择"诚实守信的人有，但不多"的占23.9%，下降30.98%；选择"现在根本无诚信可言"的占6.3%，上升6.3%。其他受访群体选择"绝大多数人讲诚信"的占52.2%，上升25.53%；选择"诚实守信的人有，但不多"的占38.6%，下降21.4%；选择"现在根本无诚信可言"的占3.2%，下降1.8%。机关事业单位办事人员和有关人员受访群体选择"绝大多数人讲诚信"的占51.4%，上升13.56%；选择"诚实守信的人有，但不多"的占38.2%，下降16.45%；选择"现在根本无诚信可言"的占5.6%，上升2.3%。科教文卫专业技术人员受访群体选择"绝大多数人讲诚信"的占53.9%，上升10.39%；选择"诚实守信的人有，但不多"的占37.9%，下降11.72%；选择"现在根本无诚信可言"

的占 4.9%,上升 1.59%。企业管理人员受访群体选择"绝大多数人讲诚信"的占 45.6%,上升 15.65%;选择"诚实守信的人有,但不多"的占 42.9%,下降 17.34%;选择"现在根本无诚信可言"的占 4.7%,上升 1.53%。企业员工受访群体选择"绝大多数人讲诚信"的占 47.6%,上升 12.68%;选择"诚实守信的人有,但不多"的占 45.7%,下降 12.12%;选择"现在根本无诚信可言"的占 2.9%,下降 0.98%。商业服务业人员受访群体选择"绝大多数人讲诚信"的占 41.5%,上升 7.54%;选择"诚实守信的人有,但不多"的占 46.2%,下降 12.15%;选择"现在根本无诚信可言"的占 3.7%,上升 0.9%。私营企业主受访群体选择"绝大多数人讲诚信"的占 39.0%,下降 1.1%;选择"诚实守信的人有,但不多"的占 46.3%,下降 2.01%;选择"现在根本无诚信可言"的占 6.1%,下降 0.66%;选择"说不清"的占 7.3%,上升 2.47%。个体从业人员受访群体选择"绝大多数人讲诚信"的占 40.8%,上升 13.37%;选择"诚实守信的人有,但不多"的占 45.2%,下降 14.93%;选择"现在根本无诚信可言"的占 4.0%,下降 2.33%。农业劳动者受访群体选择"绝大多数人讲诚信"的占 32.4%,上升 0.95%;选择"诚实守信的人有,但不多"的占 45.5%,下降 7.15%;选择"现在根本无诚信可言"的占 6.9%,上升 4.43%。

表 7—29　不同职业状况受访者如何评价周围人的诚信度（2016）

职业	绝大多数人讲诚信（%）	诚实守信的人有,但不多（%）	现在根本无诚信可言（%）	说不清（%）	未选择（%）	有效样本量（人）
机关事业单位领导干部	52.2	39.2	5.9	2.7	0.0	339
机关事业单位办事人员和有关人员	51.4	38.2	5.6	4.0	0.8	531
科教文卫专业技术人员	53.9	37.9	4.9	2.9	0.4	449
企业管理人员	47.6	42.9	4.7	4.5	0.2	401
企业员工	45.6	45.7	2.9	5.2	0.5	1283
商业服务业人员	41.5	46.2	3.7	8.0	0.7	301
私营企业主	39.0	46.3	6.1	7.3	1.2	164
个体从业人员	40.8	45.2	4.0	8.7	1.2	321
农业劳动者	32.4	45.5	6.9	11.7	3.4	145
农村外出务工人员	28.6	53.5	10.3	7.0	0.5	213
军人	62.0	23.9	6.3	7.7	0.0	142
其他	52.2	38.6	3.2	5.7	0.3	2245

8. 收入水平与对周围人诚信度的评价

如表 7-30 所示,在"您如何评价周围人的诚信度"问题上,2016 年的数据显示,月平均收入 1000 元及以下受访群体选择"绝大多数人讲诚信"的比例为53.4%,在所有月平均收入组中比例最高,选择"诚实守信的人有,但不多"的比例为 37.5%,在所有月平均收入组中比例最低,选择"现在根本无诚信可言"的比例为 3.1%,在所有月平均收入组中比例最低;月平均收入 1001—3000 元受访群体选择"绝大多数人讲诚信"的比例为 44.9%,选择"诚实守信的人有,但不多"的占 44.4%,选择"现在根本无诚信可言"的比例为 4.4%;月平均收入 3001—5000元受访群体选择"绝大多数人讲诚信"的比例为 47.6%,选择"诚实守信的人有,但不多"的占 41.9%,选择"现在根本无诚信可言"的比例为 4.6%;月平均收入5001—10000 元受访群体选择"绝大多数人讲诚信"的比例为 50.6%,选择"诚实守信的人有,但不多"的占 38.8%,选择"现在根本无诚信可言"的比例为 6.0%;月平均收入 10000 元以上受访群体选择"绝大多数人讲诚信"的比例为 42.0%,选择"诚实守信的人有,但不多"的占 42.9%,选择"现在根本无诚信可言"的比例为 5.2%。

表 7-30　不同收入水平受访者如何评价周围人的诚信度(2016)

月平均收入	绝大多数人讲诚信（%）	诚实守信的人有,但不多（%）	现在根本无诚信可言（%）	说不清（%）	未选择（%）	有效样本量（人）
1000 元及以下	53.4	37.5	3.1	5.8	0.3	1503
1001—3000 元	44.9	44.4	4.4	5.7	0.6	1881
3001—5000 元	47.6	41.9	4.6	5.2	0.7	2011
5001—10000 元	50.6	38.8	6.0	4.3	0.3	716
10000 元以上	42.0	42.9	5.2	9.4	0.5	212

三、关于"如何处理手里的百元假钞"的跟踪调查数据描述

课题组选取"如何处理手里的百元假钞"作为跟踪调研指标,主要考察 10年来公民在诚信践行方面取得的积极成果及存在的问题,为进一步提升公民诚信践行能力提供实证支持。

（一）"如何处理手里的百元假钞"总体认知状况跟踪调查数据

如图 7-5 所示，2006 年的调查数据显示，如果手里有一张百元假钞，受访者选择"立即交银行处理"的占 34.62%，比例最高；选择"想方设法找到假钞的来源，讨回公道"的占 20.26%；选择"试一试，花不出去就算了"的占 19.94%；选择"想尽办法把它花出去"的占 4.70%，比例最低。

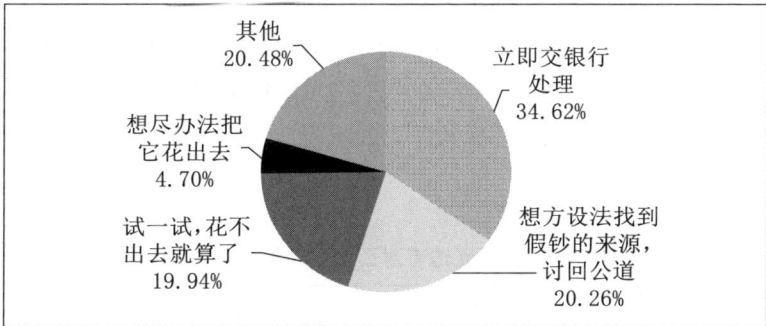

图 7-5　受访者对百元假钞的处理方式（2006）

如图 7-6 所示，2016 年的调查数据显示，如果手里有一块百元假钞，受访者选择"交银行处理"的占 42.5%，上升 7.88%，占比最多；选择"自认倒霉"的占 31.1%，排在次位；选择"试一试，花不出去就算了"的占 9.2%，下降 10.74%；选择"想尽办法把它花出去"的占 2.8%，下降 1.9%；选择"找到假钞的来源"的占 6.5%，下降 13.76%。

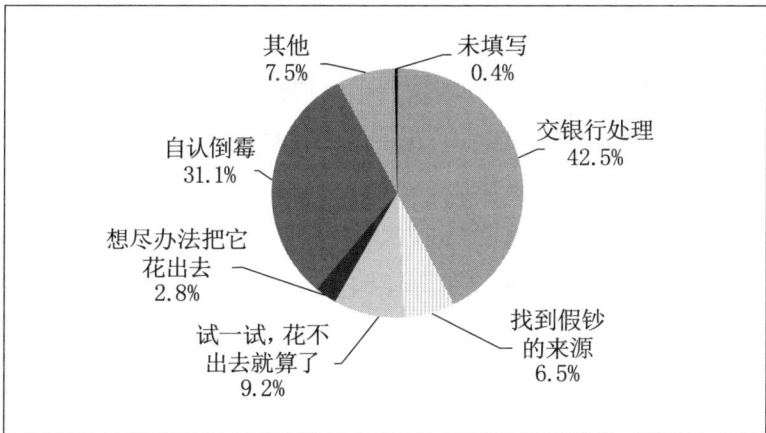

图 7-6　受访者对百元假钞的处理方式（2016）

（二）影响"如何处理手里的百元假钞"的因素

课题组以性别、年龄、政治面貌、受教育程度、婚姻状况、就业状况、职业状况、经济收入为指标进行分组，对受访者的诚信践行状况进行跟踪观测，翔实数据描述如下。

1. 性别与"如何处理手里的百元假钞"的差异化表现

如表7−31所示，2006年的调查数据显示，如果手里有一张百元假钞，选择"立即交银行处理"的男性占33.37%，女性占36.07%，女性略高于男性；选择"想方设法找到假钞的来源，讨回公道"的男性占20.50%，女性占19.96%，两者基本持平；选择"试一试，花不出去就算了"的男性占19.96%，女性占19.93%，两者基本持平。

表7−31 不同性别受访者对百元假钞的处理方式（2006）

性别	立即交银行处理（%）	想方设法找到假钞的来源，讨回公道（%）	试一试，花不出去就算了（%）	想尽办法把它花出去（%）	其他（%）	有效样本量（人）
男	33.37	20.50	19.96	5.72	20.47	3132
女	36.07	19.96	19.93	3.54	20.50	2800

如表7−32所示，2016年的调查数据显示，如果手里有一张百元假钞，男性受访者选择"交银行处理"的占42.3%，上升8.93%；女性受访者选择"交银行处理"的占42.7%，上升6.63%。男性受访者选择"找到假钞的来源"的占6.5%，下降14.0%；女性受访者选择"找到假钞的来源"的占6.4%，下降13.56%。男性受访者选择"试一试，花不出去就算了"的占10.2%，下降9.76%；女性受访者选择"试一试，花不出去就算了"的占8.2%，下降11.73%。男性受访者选择"想尽办法把它花出去"的占3.2%，下降2.52%；女性受访者选择"想尽办法把它花出去"的占2.5%，下降1.04%；二者都不足5%。另有28.8%的男性受访者选择"自认倒霉"，33.1%的女性受访者选择"自认倒霉"，女性高于男性。

表 7-32　不同性别受访者对百元假钞的处理方式（2016）

性别	交银行处理（%）	找到假钞的来源（%）	试一试，花不出去就算了（%）	想尽办法把它花出去（%）	自认倒霉（%）	其他（%）	未选择（%）
男	42.3	6.5	10.2	3.2	28.8	8.4	0.5
女	42.7	6.4	8.2	2.5	33.1	6.7	0.4

2. 年龄与"如何处理手里的百元假钞"的差异化表现

如表 7-33 所示，2006 年的调查数据显示，如果手里有一张百元假钞，60 岁及以上受访群体选择"立即交银行处理"的占 45.22%，比例最高；40—49 岁受访群体选择"想方设法找到假钞的来源，讨回公道"的占 23.81%，比例最高；20—29 岁受访群体选择"试一试，花不出去就算了"的占 21.92%，比例最高；50—59 岁受访群体选择"立即交银行处理"的占 41.89%。

表 7-33　不同年龄受访者对百元假钞的处理方式（2006）

年龄	立即交银行处理（%）	想方设法找到假钞的来源，讨回公道（%）	试一试，花不出去就算了（%）	想尽办法把它花出去（%）	其他（%）
20 岁以下	38.59	20.65	13.04	6.52	21.20
20—29 岁	31.33	19.50	21.92	4.62	22.64
30—39 岁	32.42	19.63	20.78	4.73	22.44
40—49 岁	36.56	23.81	17.00	4.84	17.79
50—59 岁	41.89	20.95	19.76	4.39	13.01
60 岁及以上	45.22	16.29	16.01	4.21	18.26

如表 7-34 所示，2016 年的调查数据显示，如果手里有一张百元假钞，20 岁以下受访群体选择"交银行处理"的占 54.0%，上升 15.41%，增长比例最高；选择"找到假钞的来源"的占 6.4%，下降 14.25%；选择"试一试，花不出去就算了"的占 9.2%，下降 4.2%；选择"想尽办法把它花出去"的占 3.3%，下降 3.22%；有 18.8% 的受访者选择"自认倒霉"。20—29 岁受访群体选择"交银行处理"的占 41.4%，上升 10.07%；选择"找到假钞的来源"的占 6.4%，下降 12.12%；选择"试一试，花不出去就算了"的占 9.8%；选择"想尽办法把它花出去"的占 3.0%，

下降 1.62%；有 31.4% 的受访者选择"自认倒霉"。30—39 岁受访群体选择"交银行处理"的占 38.1%，上升 5.68%；选择"找到假钞的来源"的占 6.3%，下降13.33%；选择"试一试，花不出去就算了"的占 9.7%，下降 11.08%；选择"想尽办法把它花出去"的占 2.4%，下降 2.33%；有 35.3% 的受访者选择"自认倒霉"。40—49 岁受访群体选择"交银行处理"的占 39.2%，上升 2.4%；选择"找到假钞的来源"的占 6.9%，下降 16.91%；选择"试一试，花不出去就算了"的占 8.0%，下降 9.0%；选择"想尽办法把它花出去"的占 3.3%，下降 1.54%；有 35.6% 的受访者选择"自认倒霉"，占比最高。50—59 岁受访群体选择"交银行处理"的占 38.9%，下降 2.99%，是唯一下降的受访群体；选择"找到假钞的来源"的占6.7%，下降 14.25%；选择"试一试，花不出去就算了"的占 8.9%，下降 10.86%；选择"想尽办法把它花出去"的占 2.2%，下降 2.19%；有 34.6% 的受访者选择"自认倒霉"。60 岁及以上受访群体选择"交银行处理"的占 56.4%，上升 11.2%；选择"找到假钞的来源"的占 5.8%，下降 10.49%；选择"试一试，花不出去就算了"的占 5.8%，下降 10.21%；选择"想尽办法把它花出去"的占 1.8%，下降2.41%；有 22.9% 的受访者选择"自认倒霉"。

表 7—34　不同年龄受访者对百元假钞的处理方式（2016）

年龄	交银行处理（%）	找到假钞的来源（%）	试一试，花不出去就算了（%）	想尽办法把它花出去（%）	自认倒霉（%）	其他（%）	未选择（%）	有效样本量（人）
20 岁以下	54.0	6.4	9.2	3.3	18.8	7.7	0.5	844
20—29 岁	41.4	6.4	9.8	3.0	31.4	7.8	0.2	2618
30—39 岁	38.1	6.3	9.7	2.4	35.3	7.8	0.4	1470
40—49 岁	39.2	6.9	8.0	3.3	35.6	6.5	0.4	937
50—59 岁	38.9	6.7	8.9	2.2	34.6	8.2	0.6	463
60 岁及以上	56.4	5.8	5.8	1.8	22.9	5.8	1.5	328

3. 政治面貌与"如何处理手里的百元假钞"的差异化表现

如表 7—35 所示，2006 年的调查数据显示，如果手里有一张百元假钞，共产党员受访群体选择"立即交银行处理"的占 42.66%，比例最高；普通群众选择

"找到假钞的来源"和"想尽办法把它花出去"的比例都最高,分别为20.42%、23.02%;民主党派和无党派人士受访群体选择"立即交银行处理"的占40.00%,位居第二,选择"想尽办法把它花出去"的占10.91%,比例最高。

表7-35　不同政治面貌受访者对百元假钞的处理方式(2006)

政治面貌	立即交银行处理(%)	想方设法找到假钞的来源,讨回公道(%)	试一试,花不出去就算了(%)	想尽办法把它花出去(%)	其他(%)
共产党员	42.66	20.12	14.39	2.86	19.97
共青团员	32.16	19.35	20.33	5.24	22.92
民主党派和无党派人士	40.00	16.36	10.91	10.91	21.82
普通群众	32.19	20.42	23.02	5.35	19.01
其他	24.00	26.00	17.00	2.00	31.00

如表7-36所示,2016年的调查数据显示,如果手里有一张百元假钞,共产党员受访群体选择"交银行处理"的占48.6%,上升5.49%;选择"找到假钞的来源"的占5.7%,下降14.42%,下降比例最大;选择"试一试,花不出去就算了"的占6.8%,下降7.59%;选择"想尽办法把它花出去"的占1.9%,下降0.96%;有30.1%的受访群体选择"自认倒霉"。共青团员受访群体选择"交银行处理"的占47.4%,上升15.24%,上升比例最高;选择"找到假钞的来源"的占5.6%,下降13.57%;选择"试一试,花不出去就算了"的占9.8%,下降10.53%;选择"想尽办法把它花出去"的占2.5%,下降2.7%;有26.9%的受访群体选择"自认倒霉"。民主党派和无党派人士受访群体选择"交银行处理"的占36.4%,下降3.6%,是唯一下降的受访群体;选择"找到假钞的来源"的占14.0%,下降2.36%;选择"试一试,花不出去就算了"的占18.7%,上升7.79%,是唯一上升的受访群体;选择"想尽办法把它花出去"的占10.3%,下降0.61%;有14.0%的受访群体选择"自认倒霉"。普通群众受访群体选择"交银行处理"的占35.4%,上升3.21%;选择"找到假钞的来源"的占7.3%,下降13.12%;选择"试一试,花不出去就算了"的占9.6%,下降13.42%,比例最高;选择"想尽办法把它花出去"的占3.4%,下降1.95%;有35.7%的受访群体选择"自认倒霉"。

表 7-36　不同政治面貌受访者对百元假钞的处理方式（2016）

政治面貌	交银行处理（%）	找到假钞的来源（%）	试一试，花不出去就算了（%）	想尽办法把它花出去（%）	自认倒霉（%）	其他（%）	未选择（%）	有效样本量（人）
共产党员	48.6	5.7	6.8	1.9	30.1	6.3	0.5	1536
共青团员	47.4	5.6	9.8	2.5	26.9	7.7	0.2	2256
民主党派和无党派人士	36.4	14.0	18.7	10.3	14.0	5.6	0.9	107
普通群众	35.4	7.3	9.6	3.4	35.7	8.1	0.6	2774

4. 受教育程度与"如何处理手里的百元假钞"的差异化表现

如表 7-37 所示，2006 年的调查数据显示，如果手里有一张百元假钞，小学和初中学历受访群体选择"立即交银行处理"的比例最高，分别为 37.55% 和 38.73%；选择"想方设法找到假钞的来源，讨回公道"的比例也高，分别为 20.82%、21.36%。没上过学的受访群体选择"试一试，花不出去就算了"的占 25.49%，比例最高；硕士研究生及以上学历受访群体选择"想尽办法把它花出去"的占 8.53%，比例最高。

表 7-37　不同受教育程度受访者对百元假钞的处理方式（2006）

受教育程度	立即交银行处理（%）	想方设法找到假钞的来源，讨回公道（%）	试一试，花不出去就算了（%）	想尽办法把它花出去（%）	其他（%）
没上过学	35.29	7.84	25.49	5.88	25.49
小学	37.55	20.82	20.45	6.32	14.87
初中	38.73	21.36	20.00	6.36	13.55
高中	34.24	20.10	20.68	4.56	20.42
大学	32.95	20.12	19.26	3.39	24.28
硕士研究生及以上	31.40	20.54	19.38	8.53	20.16
其他	25.00	12.50	0.00	0.00	62.50

如表 7-38 所示，2016 年的调查数据显示，如果手里有一张百元假钞，没上过学的受访群体选择"交银行处理"的占 28.3%，下降 6.99%，下降比例最大；选择"找到假钞的来源"的占 8.7%，上升 0.86%；选择"试一试，花不出去就算了"

的占 17.4%，下降 8.09%；选择"想尽办法把它花出去"的占 10.9%，上升 5.02%；有 17.4% 的受访群体选择"自认倒霉"。小学学历受访群体选择"交银行处理"的占 36.4%，下降 1.15%；选择"找到假钞的来源"的占 16.2%，下降 4.62%；选择"试一试，花不出去就算了"的占 9.7%，下降 10.75%；选择"想尽办法把它花出去"的占 5.8%，下降 0.52%；有 25.3% 的受访群体选择"自认倒霉"。初中学历受访群体选择"交银行处理"的占 38.9%，上升 0.17%；选择"找到假钞的来源"的占 8.4%，下降 12.96%；选择"试一试，花不出去就算了"的占 7.6%，下降 12.4%；选择"想尽办法把它花出去"的占 2.6%，下降 3.76%；有 34.6% 的受访群体选择"自认倒霉"。高中学历受访群体选择"交银行处理"的占 43.4%，上升 9.16%；选择"找到假钞的来源"的占 6.3%，下降 13.8%；选择"试一试，花不出去就算了"的占 8.4%，下降 12.28%；选择"想尽其他办法把它花出去"的占 2.6%，下降 1.96%；有 31.3% 的受访群体选择"自认倒霉"。大学学历受访群体选择"交银行处理"的占 38.9%，上升 10.31%；选择"找到假钞的来源"的占 6.7%，下降 14.32%；选择"试一试，花不出去就算了"的占 8.9%，下降 9.86%；选择"想尽办法把它花出去"的占 2.2%，下降 0.79%；有 18.8% 的受访群体选择"自认倒霉"。硕士研究生及以上学历受访群体选择"交银行处理"的占 44.6%，上升 13.2%，上升比例最大；选择"找到假钞的来源"的占 5.7%，下降 14.84%，下降比例最大；选择"试一试，花不出去就算了"的占 10.3%；选择"想尽办法把它花出去"的占 4.5%，下降 4.03%，下降比例最大；有 29.0% 的受访群体选择"自认倒霉"。

表 7—38　不同受教育程度受访者对百元假钞的处理方式（2016）

受教育程度	交银行处理（%）	找到假钞的来源（%）	试一试，花不出去就算了（%）	想尽办法把它花出去（%）	自认倒霉（%）	其他（%）	未选择（%）	有效样本量（人）
没上过学	28.3	8.7	17.4	10.9	17.4	15.2	2.2	46
小学	36.4	16.2	9.7	5.8	25.3	5.8	0.6	154
初中	38.9	8.4	7.6	2.6	34.6	7.4	0.5	645
高中	43.4	6.3	8.4	2.6	31.3	7.4	0.6	1462
大学专科	42.6	5.9	8.1	2.4	32.6	8.0	0.4	1268
大学本科	43.1	5.7	10.1	2.6	30.5	7.7	0.3	2568
硕士研究生及以上	44.6	5.7	10.3	4.5	29.0	5.7	0.2	513

5. 婚姻状况与"如何处理手里的百元假钞"的差异化表现

如表7-39所示,2006年的调查数据显示,如果手里有一张百元假钞,离异受访群体选择"立即交银行处理"的比例最低,为25.29%;选择"想方设法找到假钞的来源,讨回公道"和"想尽办法把它花出去"的比例最高,分别为21.84%、8.05%。丧偶受访群体选择"想方设法找到假钞的来源,讨回公道"的比例最低,为7.55%。

表7-39 不同婚姻状况受访者对百元假钞的处理方式(2006)

婚姻状况	立即交银行处理(%)	想方设法找到假钞的来源,讨回公道(%)	试一试,花不出去就算了(%)	想尽办法把它花出去(%)	其他(%)
未婚	31.79	19.46	20.95	4.96	22.85
已婚	36.50	20.76	19.23	4.50	19.01
离异	25.29	21.84	22.99	8.05	21.84
丧偶	43.40	7.55	24.53	3.77	20.75
其他	23.53	11.76	17.65	5.88	41.18

如表7-40所示,2016年的调查数据显示,如果手里有一张百元假钞,未婚受访群体选择"交银行处理"的占46.4%,上升14.61%,上升比例最高;选择"找到假钞的来源"的占5.9%,下降13.56%;选择"试一试,花不出去就算了"的占10.0%,下降10.95%;选择"想尽办法把它花出去"的占2.8%,下降2.16%;有27.0%的受访群体选择"自认倒霉"。已婚受访群体选择"交银行处理"的占39.7%,下降3.2%;选择"找到假钞的来源"的占6.6%,下降14.16%,下降比例最大;选择"试一试,花不出去就算了"的占8.1%,下降11.13%;选择"想尽办法把它花出去"的占2.4%,下降2.1%;有35.4%的受访群体选择"自认倒霉"。离异受访群体选择"交银行处理"的占24.7%,下降0.59%;选择"找到假钞的来源"的占10.7%,下降11.14%;选择"试一试,花不出去就算了"的占15.2%,下降7.79%;选择"想尽办法把它花出去"的占8.4%,下降0.35%;有30.9%的受访群体选择"自认倒霉"。丧偶受访群体选择"交银行处理"的占43.6%,比例基本持平;选择"找到假钞的来源"的占6.4%,略有下降;选择"试一试,花不出去就算了"的占7.3%,下降17.23%,下降比例最大;选择"想尽办法把它花

出去"的占6.4%,上升2.63%,是唯一上升的受访群体;有24.5%的受访群体选择"自认倒霉"。

表7-40　不同婚姻状况受访者对百元假钞的处理方式(2016)

受教育程度	交银行处理(%)	找到假钞的来源(%)	试一试,花不出去就算了(%)	想尽办法把它花出去(%)	自认倒霉(%)	其他(%)	未选择(%)	有效样本量(人)
未婚	46.4	5.9	10.0	2.8	27.0	7.5	0.3	3129
已婚	39.7	6.6	8.1	2.4	35.4	7.3	0.4	3223
离异	24.7	10.7	15.2	8.4	30.9	9.6	0.6	178
丧偶	43.6	6.4	7.3	6.4	24.5	10.9	0.9	110

6. 就业状况与"如何处理手里的百元假钞"的差异化表现

如表7-41所示,2006年的调查数据显示,离退休受访群体选择"立即交银行处理"的比例最高,为48.76%,接近半数;同时,离退休受访群体选择"想方设法找到假钞的来源,讨回公道""试一试,花不出去就算了"和"想尽办法把它花出去"的比例均为最低,分别为16.81%、16.60%、2.90%。

表7-41　不同就业状况受访者对百元假钞的处理方式(2006)

就业状况	立即交银行处理(%)	想方设法找到假钞的来源,讨回公道(%)	试一试,花不出去就算了(%)	想尽办法把它花出去(%)	其他(%)
在职	34.95	20.71	19.27	4.12	20.95
离退休	48.76	16.81	16.60	2.90	14.94
学生	32.89	18.85	21.66	5.35	21.26
无业、失业	26.91	23.28	22.71	8.02	19.08
其他	26.59	17.82	24.47	6.04	25.08

如表7-42所示,2016年的调查数据显示,如果手里有一张百元假钞,在职受访群体选择"交银行处理"的占41.1%,上升6.15%;选择"找到假钞的来源"的占6.0%,下降14.71%;选择"试一试,花不出去就算了"的占8.1%,下降11.17%;选择"想尽办法把它花出去"的占2.0%,下降2.12%;有35.2%的受

访群体选择"自认倒霉",比例最高。离退休受访群体选择"交银行处理"的占51.5%,上升2.74%,已超过半数,比例最高;选择"找到假钞的来源"的占6.8%,下降10.01%;选择"试一试,花不出去就算了"的占7.8%,下降8.8%,比例最低;选择"想尽办法把它花出去"的占1.8%,下降1.10%,比例最低;24.6%的受访群体选择"自认倒霉"。学生受访群体选择"交银行处理"的占47.6%,上升14.71%;选择"找到假钞的来源"的占6.3%,下降12.55%;选择"试一试,花不出去就算了"的占10.1%,下降11.56%;选择"想尽办法把它花出去"的占2.9%,下降2.45%;有24.9%的受访群体选择"自认倒霉"。无业、失业受访群体选择"交银行处理"的占31.5%,上升4.59%;选择"找到假钞的来源"的占7.8%,下降15.48%;选择"试一试,花不出去就算了"的占18.4%;选择"想尽办法把它花出去"的占6.9%,下降1.12%;有30.2%的受访群体选择"自认倒霉"。

表7-42 不同就业状况受访者对百元假钞的处理方式(2016)

就业状况	交银行处理(%)	找到假钞的来源(%)	试一试,花不出去就算了(%)	想尽办法把它花出去(%)	自认倒霉(%)	其他(%)	未选择(%)	有效样本量(人)
在职	41.1	6.0	8.1	2.0	35.2	7.3	0.3	3526
离退休	51.5	6.8	7.8	1.8	24.6	6.6	0.8	487
学生	47.6	6.3	10.1	2.9	24.9	7.7	0.5	1775
无业、失业	31.5	7.8	18.4	6.9	30.2	5.3	0.0	321
其他	33.9	8.2	9.1	6.8	31.4	10.4	0.2	548

7. 职业状况与"如何处理手里的百元假钞"的差异化表现

如表7-43所示,2006年的调查数据显示,如果手里有一张百元假钞,农业劳动者和军人受访群体选择"立即交银行处理"的比例最高,分别为53.71%、50.0%;科教文卫专业技术人员占比最低,为27.48%;农村外出务工人员受访群体选择"想方设法找到假钞的来源,讨回公道"和"想尽办法把它花出去"的比例均为最高,分别为25.37%、7.80%;商业服务业人员受访群体选择"试一试,花不出去就算了"的比例最高,为25.85%,军人受访群体选择此项的占比最低,为3.66%。

表7－43　不同职业受访者对百元假钞的处理方式（2006）

职业	立即交银行处理（％）	想方设法找到假钞的来源，讨回公道（％）	试一试，花不出去就算了（％）	想尽办法把它花出去（％）	其他（％）
机关事业单位领导干部	39.63	23.33	18.15	2.59	16.30
机关事业单位办事人员和有关人员	39.16	20.18	14.76	4.22	21.69
科教文卫专业技术人员	27.48	22.90	20.61	2.04	26.97
企业管理人员	33.82	21.08	15.69	3.92	25.49
企业员工	29.82	20.68	20.80	5.76	22.93
商业服务业人员	32.08	18.68	25.85	3.96	19.43
私营企业主	36.23	14.98	23.19	4.35	21.26
个体从业人员	31.71	19.24	21.78	4.44	22.83
农业劳动者	53.71	21.91	12.37	4.24	7.77
农村外出务工人员	33.17	25.37	20.00	7.80	13.66
军人	50.00	19.51	3.66	3.66	23.17
其他	32.50	15.00	22.50	2.50	27.50

　　如表7－44所示，2016年的调查数据显示，如果手里有一张百元假钞，机关事业单位领导干部受访群体选择"交银行处理"的占56.3%；选择"找到假钞的来源"的占5.6%；选择"试一试，花不出去就算了"的占8.8%；选择"想尽办法把它花出去"的占0.6%，占比最低，下降1.99%；有22.1%的受访群体选择"自认倒霉"。机关事业单位办事人员和有关人员受访群体选择"交银行处理"的占44.3%，选择"找到假钞的来源"的占6.4%，选择"试一试，花不出去就算了"的占9.6%，选择"想尽办法把它花出去"的占2.6%，有32.4%的受访群体选择"自认倒霉"。科教文卫专业技术人员受访群体选择"交银行处理"的占45.0%，选择"找到假钞的来源"的占5.3%，选择"试一试，花不出去就算了"的占9.1%，选择"想尽办法把它花出去"的占3.6%，有31.2%的受访群体选择"自认倒霉"。企业管理人员受访群体选择"交银行处理"的占39.2%，选择"找到假钞的来源"的占7.5%，选择"试一试，花不出去就算了"的占6.2%，选择"想尽办法把它花出去"的占1.7%，有33.9%的受访群体选择"自认倒霉"。企业员工受访群体选

择"交银行处理"的占 37.7%,选择"找到假钞的来源"的占 6.8%,选择"试一试,花不出去就算了"的占 8.0%,选择"想尽办法把它花出去"的占 1.6%,有 37.8%的受访群体选择"自认倒霉"。商业服务业人员受访群体选择"交银行处理"的占 36.5%,选择"找到假钞的来源"的占 6.0%,选择"试一试,花不出去就算了"的占 10.6%,选择"想尽办法把它花出去"的占 2.3%,有 37.2%的受访群体选择"自认倒霉"。私营企业主受访群体选择"交银行处理"的占 39.0%,选择"找到假钞的来源"的占 6.7%,选择"试一试,花不出去就算了"的占 11.6%,选择"想尽办法把它花出去"的占 3.0%,有 31.7%的受访群体选择"自认倒霉"。个体从业人员受访群体选择"交银行处理"的占 34.9%,选择"找到假钞的来源"的占 6.2%,选择"试一试,花不出去就算了"的占 8.4%,选择"想尽办法把它花出去"的占 3.4%,有 36.8%的受访群体选择"自认倒霉"。农业劳动者受访群体选择"交银行处理"的占 36.6%;选择"找到假钞的来源"的占 11.0%,占比最高,下降 10.91%;选择"试一试,花不出去就算了"的占 9.0%;选择"想尽办法把它花出去"的占 5.5%,略有上升,占比也最高;有 29.7%的受访群体选择"自认倒霉"。农村外出务工人员受访群体选择"交银行处理"的占 31.5%,略有下降;选择"找到假钞的来源"的占 4.7%,下降 20.76%,下降比例最大;选择"试一试,花不出去就算了"的占 14.6%,占比最高,下降 5.4%;选择"想尽办法把它花出去"的占 4.7%;有 39.0%的受访群体选择"自认倒霉",占比最高。军人受访群体选择"交银行处理"的占 65.5%,绝对值最高,上升 15.5%;选择"找到假钞的来源"的占 2.8%,占比最低,下降 16.71%;选择"试一试,花不出去就算了"的占 3.5%;选择"想尽办法把它花出去"的占 2.8%;有 17.6%的受访群体选择"自认倒霉",占比最低。

表 7—44　不同职业受访者对百元假钞的处理方式（2016）

职业	交银行处理（%）	找到假钞的来源（%）	试一试,花不出去就算了（%）	想尽办法把它花出去（%）	自认倒霉（%）	其他（%）	未选择（%）	有效样本量（人）
机关事业单位领导干部	56.3	5.6	8.8	0.6	22.1	5.9	0.6	339
机关事业单位办事人员和有关人员	44.3	6.4	9.6	2.6	32.4	4.1	0.6	531
科教文卫专业技术人员	45.0	5.3	9.1	3.6	31.2	5.3	0.4	449

职业	交银行处理（%）	找到假钞的来源（%）	试一试，花不出去就算了（%）	想尽办法把它花出去（%）	自认倒霉（%）	其他（%）	未选择（%）	有效样本量（人）
企业管理人员	39.2	7.5	6.2	1.7	33.9	11.0	0.5	401
企业员工	37.7	6.8	8.0	1.6	37.8	8.0	0.2	1283
商业服务业人员	36.5	6.0	10.6	2.3	37.2	7.3	0.0	301
私营企业主	39.0	6.7	11.6	3.0	31.7	7.3	0.6	164
个体从业人员	34.9	6.2	8.4	3.4	36.8	9.3	0.9	321
农业劳动者	36.6	11.0	9.0	5.5	29.7	7.6	0.7	145
农村外出务工人员	31.5	4.7	14.6	4.7	39.0	5.2	0.5	213
军人	65.5	2.8	3.5	2.8	17.6	7.7	0.0	142
其他	44.7	6.8	9.9	3.7	26.3	8.4	0.3	2245

8. 收入水平与"如何处理手里的百元假钞"的差异化表现

如表7-45所示，2016年的调查数据显示，如果手里有一张百元假钞，1000元及以下受访群体选择"交银行处理"的占44.6%，选择"找到假钞的来源"的占6.4%，选择"试一试，花不出去就算了"的占10.1%，选择"想尽办法把它花出去"的占3.3%，选择"自认倒霉"的占26.6%。月平均收入1001—3000元受访群体选择"交银行处理"的占39.8%，选择"找到假钞的来源"的占6.8%，选择"试一试，花不出去就算了"的占9.4%，选择"想尽办法把它花出去"的占2.9%，选择"自认倒霉"的占34.0%。月平均收入3001—5000元受访群体选择"交银行处理"的占41.7%，选择"找到假钞的来源"的占6.2%，选择"试一试，花不出去就算了"的占8.7%，选择"想尽办法把它花出去"的占2.0%，选择"自认倒霉"的占33.8%。月平均收入5001—10000元受访群体选择"交银行处理"的占44.0%，占比最高；选择"找到假钞的来源"的占6.4%；选择"试一试，花不出去就算了"的占8.1%；选择"想尽办法把它花出去"的占2.5%；选择"自认倒霉"的占30.4%。月平均收入10000元以上受访群体选择"交银行处理"的占32.5%；选择"找到假钞的来源"的占8.0%，比例最高；选择"试一试，花不出去就算了"的占9.9%；选择"想尽办法把它花出去"的占9.0%；选择"自认倒霉"的占29.7%。

表7-45　不同收入水平受访者对百元假钞的处理方式（2016）

月平均收入	交银行处理（%）	找到假钞的来源（%）	试一试，花不出去就算了（%）	想尽办法把它花出去（%）	自认倒霉（%）	其他（%）	未选择（%）	有效样本量（人）
1000元及以下	44.6	6.4	10.1	3.3	26.6	8.6	0.4	1503
1001—3000元	39.8	6.8	9.4	2.9	34.0	6.8	0.3	1881
3001—5000元	41.7	6.2	8.7	2.0	33.8	7.2	0.3	2011
5001—10000元	44.0	6.4	8.1	2.5	30.4	8.2	0.3	716
10000元以上	32.5	8.0	9.9	9.0	29.7	10.8	0.0	212

第二节　公民诚信道德现状及原因分析

2005年以来，我们党和政府出台了一系列推进诚信道德建设的重大举措，诚信道德建设进展顺利，公民在诚信认知、诚信期待及诚信践行等方面呈现良好的发展态势。同时，我们也清醒地看到，诚信道德建设仍面临诸多困难，某些群体、重点领域的诚信问题较为突出，公民诚信道德建设需要持续推进。

一、公民诚信道德建设取得的主要成绩

提高全社会的诚信意识和信用水平是社会主义现代化强国建设的重要内容。随着诚信被列为社会主义核心价值观的重要内容，以及《社会信用体系建设规划纲要（2014—2020年）》的颁布与实施，诚信已成为新时代公民道德建设基本的价值遵循和伦理诉求。跟踪调查数据显示，公民诚信认知、社会诚信度及诚信践行能力等都有不同程度的发展和提升。

（一）公民诚信认知水平不断提升

古语曰："一诺千金""不诚无物"，即诚信是做人的根本，不讲诚信的人将一事无成。但曾几何时，社会上却流传着一种论调："诚实守信的人往往吃亏。"2006年的调查数据显示，有接近六成的受访者同意此观点。也就是说，一些不讲诚信之人，在社会生活中会得到额外的利益甚至是暴利。相反，诚实守信之人却会失去一些眼前利益。公民的诚信状况不容乐观。

2006年以来，公民的诚信认知发生了重大变化。公民普遍认识到诚实守信

不仅有利于个人的身心健康,而且对于建构良好的社会发展环境具有重要意义。2013 年,国家社科基金重大项目课题组让受访者填写"自己认为重要的道德品质"时,公民普遍认为诚信是最重要的道德品质。① 2016 年的调查数据显示:48.7% 的受访者反对"诚实守信的人往往吃亏"的说法,他们认为诚实守信对于个体的发展完善与社会的长治久安是具有重要意义和影响的。相应地,同意此说法的受访者比例下降为 20.8%。

就当下而言,反对"诚信吃亏论"的人越来越多,反映出公民的诚信认知水平在不断提升。在人际交往和社会关系中,即使践履诺言暂时会给自己带来不便,甚至会带来一定的利益减损,但大部分公民还是愿意把诚信作为自己的人生信念和价值选择,会自觉信守约定和规则。

（二）公民诚信判断趋向积极乐观,社会诚信度持续提升

诚信是人类最为珍视的伦理诉求和价值观,我们党历来重视诚信道德建设。诚信作为社会秩序建构的黏合剂,它不仅是个体为人处世的基本原则,也是人类社会正常运转的基石。若人与人之间丧失基本的诚实和信任,相互猜疑、欺诈横行,现代社会赖以存在的道德根基就会岌岌可危。党的十八大以来,诚信被列为社会主义核心价值观的重要内容,由此,诚信价值观成为公民在私人生活领域和公共生活领域最基本的行为规范和伦理诉求,公民诚信道德建设进入新阶段。

公民对于周围人的诚信水平印象良好,社会诚信度持续提升。2013 年,国家社科基金重大项目课题组对社会诚信度进行了大型调研。在回答"是否同意社会上的绝大多数人是值得信任的"问题时,5.6% 的受访者表示非常同意,49.3% 的受访者表示比较同意,两项比例之和为 54.9%。也就是说,半数以上的受访者认为周围绝大多数人是值得信任的。2016 年的调查数据显示:48.8% 的受访者认同周围绝大多数人讲诚信,相较于 2006 年上升 14.29%。换言之,有接近半数的受访者对周围人的诚信判断较为乐观。课题组在问及"身边好人是否多"时,表示"非常多"和"多"的受访者合计占比 36.0%,另有 39.3% 的受访者表示"比较多",三项比例之和为 75.3%,占绝对多数。综上所述,2013 年和

---

① 国家社科基金重大项目课题组:《当代中国公民道德发展》下册,江苏人民出版社 2015 年版,第 650 页。

2016 年的调查数据显示, 相较于 2006 年, 人们对于社会诚信判断较为乐观, 对于周围人的诚信印象良好。

2006 年以来的诚信道德建设实践证明, 社会生活中的坑蒙拐骗、以假乱真等欺诈行为只是贪图了一时之利, 唯有诚实守信, 不自欺也不欺人, 按规则办事才是社会主义市场经济持续健康发展的长久之计。同时, 随着社会主义市场经济体制的不断完善, 法治观念深入人心, 诚实守信的社会环境得到不断优化, 诚信道德建设得到更有效的保障。进入新时代, 公民普遍把诚信作为基本的价值遵循和道德规范, 对于诚信的认同与践行意识不断增强。而每一个公民的诚信意识提升, 都会促进整个社会诚信状况的改善。

（三）新时代诚信道德建设呈现的规律和特点

1. 同一年龄受访群体的诚信认知具有一贯性

2006 年, 对于"诚实守信的人往往吃亏"这种说法, 50—59 岁受访群体的认同比例高达 65.26%, 占比最高; 2016 年的调查数据显示, 60 岁及以上的受访群体认同这种说法的比例为 31.4%, 相对数值仍为最高。诚信认知较为消极。2006 年, 20 岁以下以及 20—29 岁的受访群体大都是各级各类学校在读生, 他们接受过系统的诚信价值观教育, 诚信认知和社会诚信期待普遍较高。如 20 岁以下受访群体认同"诚信守信的人往往吃亏"的说法占比最小, 他们大都是中学生, 正在接受主流价值观教育, 具有初步的诚信认知和诚信价值理念, 对社会诚信充满期待。实践中, 他们倾向于做一个真诚的人, 反对虚伪和欺诈。10 年后, 这一受访群体（20—29 岁）认为"绝大多数人讲诚信"的比例最高。

2. 受教育程度与诚信认知基本呈正相关

关于"诚信吃亏论"的调研数据显示, 受访群体的受教育程度越高, 诚信认知水平越高。2006 年的调查数据显示, 没上过学的受访群体反对"诚信吃亏论"的仅为 17.31%, 硕士研究生及以上学历受访群体反对"诚信吃亏论"的比例为 45.92%, 占比最高。2016 年的调查数据显示了同样的规律（没上过学的除外）。小学学历的受访群体反对"诚信吃亏论"的占 39.0%, 比例最低; 硕士研究生及以上学历受访群体反对"诚信吃亏论"的比例为 53.6%, 占比最高。关于"绝大多数人讲诚信"的调研, 2006 年的调查数据显示, 没有上过学的受访群体的诚信认知和诚信判断最为消极, 硕士研究生及以上学历受访群体相对乐观。2016 年的调查数据同样证明, 受教育程度越低, 对于社会诚信越表现出怀疑的倾向和态度,诚信认知和诚信判断比较消极;受教育程度越高,对于社会诚信判断越积极乐观。例如,没上过学的受访群体认为"绝大多数人讲诚信"的仅有 28.3%,认为"根本无诚信可言"的占 19.6%;大学本科、硕士研究生及以上学历受访群体认为"绝大多数人讲诚信"的比例分别为 53.8%、53.6%,认为"根本无诚信可言"的仅占 3.0% 和 2.1%。

3. 学生受访群体和共产党员受访群体的诚信认知水平偏高 [①]

学生受访群体反对"诚信吃亏论"的比例为 51.3%,认为"绝大多数人讲诚信"的比例为 55.8%,超过半数,都高于其他受访群体的比例;共产党员群体反对"诚信吃亏论"的比例为 54.9%,认为"绝大多数人讲诚信"的比例为 55.8%,也都超过半数。这两个受访群体的诚信认知明显高于其他群体。

4. 中高收入或稳定收入阶层的诚信认知和诚信判断较为乐观

月平均收入在 5001—10000 元的受访群体反对"诚信吃亏论"的比例为 52.8%,认为"绝大多数人讲诚信"的比例为 50.6%,都超过半数。机关事业单位领导干部,科教文卫专业技术人员,军人,企业管理人员受访群体不同意"诚信吃亏论"的比例分别为 54.6%、55.0%、50.0%、50.1%,说明这些受访群体认同和倾向于做一个诚信的人;军人受访群体认为"绝大多数人讲诚信"的比例为 62.0%,超过六成,比例最高,说明军人群体对于周围人的诚信度判断最为乐观。机关事业单位领导干部,机关事业单位办事人员和有关人员,科教文卫专业技术人员受访群体认为"绝大多数人讲诚信"的比例分别为 52.2%、51.4%、53.9%,也超过半数。

5. 2006 年以来公民的诚信践行水平总体趋好

遵规则、守约定是诚信价值观的本质要求。日常生活中,如何处理个人与他人、社会的关系关涉公民的安全感、责任感和幸福感,更直接关涉公民的诚信意识、诚信情感及诚信践行状况。当问及"当您在临时停车时不小心剐蹭到他人汽车,没有被发现,也未看到摄像头,您会怎么做"时,2016 年的调查数据显示,受访者选择"主动留下联系方式,等车主与自己联系"和"原地等待车主"的比

---

① 2017 年,中国社会科学院课题组调查数据显示,公民所处的社会阶层与诚信水平关系密切。一般来说,低社会阶层表现为低信任。一般社会信任表现出随着阶层上升而上升(但上层例外,处于中间水平);陌生人信任随着阶层上升而上升,但上层略低于中上层。这与本课题组的调研呈现出相近的规律和特点。

例之和为 76.1%,这说明绝大多数受访者具有很高的诚信认知和诚信意识。

6. 公民对于社会的诚信期待不断提升

2006 年以来,公民诚信道德建设取得了实质性进展,社会的诚信度大幅提升,但诚信仍是公民极为关注的道德问题。2016 年的调查数据显示,当问及"当今中国公民最需要的德性"时,超过半数的受访者选择"诚心",该选项的占比仅次于"责任心"位居第二。同时,社会生活中失信案件等的发生以及引起的社会关注与讨论,也反映出公民对于社会诚信期待的提升。

二、公民诚信道德建设存在的突出问题

诚信是市场经济持续健康发展及社会秩序稳定的内在诉求和重要保障。经过长期努力,中国特色社会主义进入了新时代,党和国家各项事业取得了历史性成就和变革。在思想道德建设方面,人们的思想觉悟、道德水准和文明素养等不断提升,尤其是公民的诚信认知、诚信素养及诚信践行能力持续发展,诚信判断趋于乐观。随着社会主义市场经济体制改革的进一步深化,我国经济正处在由高速增长转向高质量发展阶段,培育以诚信为基石的公平有序竞争的市场经济体系尤为迫切。毋庸置疑,新时代诚信状况还没有达到理想状态,它与人民日益增长的美好生活期待还有很大差距,公民诚信道德建设还在路上,而诚信缺失仍是新时代最突出的道德问题之一。

(一)诚信缺失是众多道德问题的核心

诚信既是公民个体的立身之本,也是建构良性交往关系的伦理保障。"诚"重点表达了公民个体的内在品质,"信"关涉社会关系,是公民之间坦诚相待、公民承担社会责任、政府遵守诺言的伦理基础。2016 年的调查数据显示,26.3% 的受访者明确表示"诚信缺失"是我国最突出的道德问题之一,仅次于"道德冷漠"(28.3%),占比超过四分之一。日常生活中的道德冷漠现象产生的原因之一包括人际交往过程中的相互不信任。排在"最突出的道德问题"第三位的为"官员腐败",占比 22.2%,而官员腐败的原因在于公权力没有体现真正的公共性。政府部门和公职人员没能守住践履诺言的底线,为人民服务的诚心和信念不足,政务不公开,信息不透明,归根结底是部分官员的不诚信行为所致。

诚信是人之为人、社会之为社会、国家之为国家的根本。人言而无信,自欺欺人,会丢失做人之根本;人与人之间相互猜疑,普遍不信任,现代社会赖以正

常运转的伦理基础、互信和互助机制则会被破坏,公民的责任意识和历史使命感会弱化。社会转型期,公众对政府的期待发生转向,渴望政府能及时披露信息,政策和制度供给要到位;公众在参与社会公共治理方面也表现出极大的热情和动力。而一些政府的思维方式和治理模式难以取信于民,导致公信力弱化、公权力异化滋生种种腐败现象。由上分析,诚信是公民迫切需要提升的德性素养,是新时代思想道德建设的核心问题,是建成社会主义现代化国家的重要的道德资源。

(二)社会诚信度与全面小康社会要求有落差

党的十九大报告强调,全面小康社会是得到人民认可、经得起历史检验的社会。全面小康社会的各项指标都有所提升,尤其强调了社会要自由、平等、公正、法治,要建立普遍的社会信用体系,确保每一公民个体都能享有改革开放成果,有切实的幸福感和获得感。

人与人间普遍的不信任,社会信任度低是制约决胜建成社会主义现代化国家的伦理因素。2013年,国家社科基金重大项目课题组关于社会诚信的调研数据不容乐观。被问及"你是否认同一不小心就会被别人占便宜"时,有35.8%的受访者表示"不同意"此观点,而表示"同意"的受访者比例为41.1%,受访者对周围人保持警惕和不信任的比例较高;被问及"如何看待社会中的坑蒙拐骗现象的程度"时,受访者认为"非常严重"的比例为12.0%,认为"比较严重"的比例为41.5%,二者比例之和为53.5%,超过半数。也就是说,超过半数的受访者认为社会失信现象是严重的。[①]公民对于陌生人的信任度偏低。中国社会科学院课题组从社会学视角对诚信进行了年度跟踪调查。2014年的调查数据显示,相较于2013年,人际不信任进一步扩大,认为社会上大多数人可信的受访者不到一半,只有两到三成受访者信任陌生人;从行业和部门来看,人们对商业、企业信任度最低;不同阶层、群体间的不信任也在加深和固化。[②] 2017年的调查数据显示,公民对于陌生人的信任仍低于一般信任水平,倾向于不太信任[③]。总的来说,公民对于社会诚信状况的判断并不乐观,诚信道德建设还有待进一步加强。

---

①　国家社科基金重大项目课题组:《当代中国公民道德发展》下册,江苏人民出版社2015年版,第638—639页。

②　王俊秀、杨宜音主编:《中国社会心态研究报告(2014)》,社会科学文献出版社2014年版,第86页。

③　王俊秀:《不同主观社会阶层的社会心态》,《江苏社会科学》2018年第1期,第24—33页。

（三）诚信认知水平和诚信践行能力不匹配

知行合一是诚信的本质要求，也是诚信的显著特征。诚信要求公民在实践中，秉持客观规律，尊重基本事实，真诚待人，忠于良心，不自欺，不欺人。具体而言，公民的诚信状况通过对自我的诚信认知和对周围人的诚信判断体现出来，从而产生相应的诚信行为。因为作为价值规范和行为准则的诚信，是在劳动实践、人际交往中形成并体现出来的。

2006 年的调查数据显示，被问及对"诚实守信的人往往吃亏"这个观点的看法时，接近六成的受访者表示同意这个观点，即认同诚实守信会给自己带来利益上的伤害；同时，认为周围讲诚信的人有但是并不多的受访者接近六成，也就是说，大多数人对社会诚信的认知和判断偏消极。但是，被问及"如何处理百元假钞"时，选择"立即交银行处理"和"想方设法找到假钞的来源，讨回公道"的受访者比例之和为 56.0%，大多数受访者表现出较高的诚信践行倾向。这表明一方面，多数受访者的诚信认知和诚信判断趋于消极，对于他人和社会的信任度偏低；另一方面，超过半数的受访者又表现出较高的诚信践行倾向，愿意做一个诚实守信之人。

2016 年的调查数据显示，受访者选择"交银行处理"和"找到假钞的来源"的比例之和为 49.2%，较 2006 年下降了 6.8 个百分点，而就"交银行处理"的比例而言，较 2006 年上升了 8.1 个百分点，说明这部分受访者表现出较高的诚信意识，或者说，相较于 2006 年，公民的诚信自律意识逐步增强，在实践中，他们更倾向于坦诚待人，做好自己。在是否要"找到假钞的来源"问题上，认同者比例减少 13.76%，愿意身体力行讨回公道的人少了。有 31.2% 的受访者选择"自认倒霉"。想办法解决假钞问题，显示了较强的诚信责任意识，但是相较于 10 年前下降了 6.8%。然而，受访者对于"诚信吃亏论"以及对于周围人的诚信判断都表现出乐观的趋势，接近半数受访者反对"诚信吃亏论"，倾向于相信周围人是讲诚信的。

（四）部分社会群体的诚信认知和诚信判断较为消极

1. 年长者的诚信认知较为消极

2016 年的调查数据显示，年长者受访群体（50 岁及以上）在诚信认知上发生了重大变化，认同"诚信吃亏"的比例下降幅度高达 30.66%，反对的比例上升 23.33%。而当我们纵向考察所有年龄受访群体时发现，年长者受访群体认同"诚信吃亏"的比例一直最高，反对的比例比较低。或者说，他们普遍不认为诚实守信会给自己带来利益和实惠。

2. 农村外出务工人员等收入不稳定阶层的诚信认知较低

如前所述,中国社会科学院课题组的调研数据显示,社会信任度基本表现出随着阶层而上升[①]的趋势。本课题组关于公民诚信状况的调研数据呈现出类似的规律。2016 年的跟踪调查发现,月平均收入在 3000 元以下者(1000 元以下收入群体大都是学生,可忽略),农村外出务工人员,农业劳动者,无业、失业人员等受访群体的诚信认知较低,诚信判断不容乐观。例如,农村外出务工人员受访群体认同"诚信吃亏论"的比例最高,接近三成;认为大多数人讲诚信的比例不足三成;认同"根本无诚信可言"者在各受访群体中比例最高,超过一成。

三、公民诚信道德建设存在的问题及原因分析

党和政府历来重视诚信道德建设,2006 年以来,尤其是中国特色社会主义进入新时代以来,以习近平同志为核心的党中央围绕诚信道德建设作出了重大部署。社会信用体系的建设,诚信价值观的倡导和培育,对于优化社会经济运行环境,增强公民的诚信意识,推进社会治理现代化具有直接的推动作用。探究新时代公民诚信危机的主要原因,首先要回到公民道德建设本身。课题组问及"导致道德问题的最大原因"时,受访者普遍认为,导致道德问题的原因很复杂,其中包括政治、经济、文化等多种因素构成的社会环境是最主要的原因,占 31.4%;排在第二位的是"市场经济的负面影响",占比为 15.9%;排在第三位的是包括诚信文化及诚信价值观教育在内的"道德教育乏力",占比为 14.9%;之后依次为"多元价值观""不重视""道德奖惩机制不完善"等,分别占 13.6%、10.2%、9.2%。同时,社会转型过程中出现的利益冲突和多元文化价值观念的碰撞也不容忽视。综合以上数据分析,课题组认为,2006 年以来公民诚信道德建设取得进步的主要原因以及新时代诚信道德建设不理想的原因有以下几个方面。

(一)新时代公民诚信道德建设具有基本的制度遵循和价值准则

1. 社会信用体系建设,为公民诚信道德建设提供了基本的制度保障

2011 年,国务院决定建立健全覆盖全社会的征信系统。为进一步提高全社会的诚信意识和信用水平,2014 年,国务院向全社会公开发布《社会信用体系

---

① 社会学以职业、收入、成就等为基本指标进行阶层划分。

建设规划纲要（2014—2020 年）》，第一次强调了在全社会建立公民守信激励与失信约束相结合的奖惩机制的重要性和必要性。[①] 社会信用体系建设的倡议和实施，尤其是加大对失信行为的惩戒力度，限制失信者的部分自由权利，对于形成守信光荣、失信可耻的社会氛围意义重大。

2. 新时代公民诚信道德建设具有明确的价值准则

诚为本，信为先，诚信是新时代的核心价值诉求。首先，诚信价值观要求人们忠于良知，坦诚待己，不自欺；其次，诚信价值观要求人们在劳动过程中，要尊重客观事实，不弄虚作假，不掺假售假；再次，诚信价值观引导人们在人际交往中要信守约定，践行诺言。尤其要遵守相关契约和制度，勇于和敢于同各种失信行为作斗争。随着诚信价值观落细落小落实工作在全社会广泛推进，在建设社会主义现代化国家的进程中，全国各地、各行各业涌现出一批批恪守诚信理念、信用良好、勇于承担社会责任的时代楷模和最美人物。他们以自己的行为诠释了诚信价值观，向全社会传递了道德的力量。

3. 诚信价值观教育取得阶段性成效

进入新时代，公民的价值观念和精神需求发生了变化，即使在自我利益受到损失的条件下，大部分公民也倾向于做一个诚实守信的人。2016 年的调查数据显示，30 岁以下受访群体对于诚信价值观的整体认知和熟悉程度远远高出其他受访群体，诚信认知和诚信判断相比其他群体更为积极乐观。30 岁以下受访群体大都是在校生或是刚刚走上工作岗位，他们的诚信意识和诚信观念主要来自于家庭的诚信启蒙教育和学校的诚信价值观教育。因此，该年龄段受访群体的诚信认知水平一直相对较高，对于社会诚信度的判断也较为乐观。

总而言之，随着诚信价值观内涵得到深入阐释和广泛传播，公民的社会责任意识和规则意识相较于 2006 年进一步增强，尤其是青年群体的诚信观念和诚信意识明显增强，全社会的诚信状况也明显改善，正确的义利观和诚信观基本形成。

（二）诚信制度体系及其运行机制不完善

1. 新时代公民诚信缺失与中国处于社会转型期密切相关

中国传统诚信观念与熟人社会的交往方式相匹配，诚信更多依赖个体的慎

---

① 《社会信用体系建设规划纲要（2014—2020 年）》，人民出版社 2014 年版，第 1 页。

独和自律,诉诸个体诚信道德修养的自我提升。随着熟人社会向陌生人社会的快速过渡,公民诚信道德建设客观上要求由内向外延伸,即由内追求个体诚信道德修养延伸为向外寻求契约、规范和制度来保证。也就是说,公民诚信道德建设必须"从主观诚信向客观诚信、从德性诚信向契约诚信、从人格诚信向制度诚信的转化"①。就当下而言,"我国社会信用体系建设虽然取得一定进展,但与经济发展水平和社会发展阶段不匹配、不协调、不适应的矛盾仍然突出"②。换言之,相较于经济社会的快速发展和人们对美好生活的强烈向往与追求,与之相适应的诚信法律法规建设显得有些迟缓,覆盖全社会的征信系统尚未形成,社会成员的信用记录在某些区域、关键领域严重缺失,守信激励和失信惩戒机制尚不健全。

2. 诚信相关运行机制不完善是新时代公民诚信缺失的主要原因

社会诚信制度的优劣取决于诚信在经济生活、政治生活、社会生活以及人际交往中发挥的效用大小,在于配套的诚信运行机制是否完善。现代市场经济条件下,社会经济有序运行的重要基础和本质要求是契约、信用、法治等制度要素完备。我国自建立市场经济体制以来,由于时间短,经济发展任务重,与社会主义市场经济体制相配套的制度、规则和规范仍在建设中,相关的运行机制也不完善,这就为各类市场主体的不诚信行为打开了缺口,提供了可能性。在信用服务市场发育不完善,公共服务机构公信力不足的情况下,重特大生产安全事故、食品药品安全事件时有发生,商业欺诈、制假售假、偷逃骗税、虚报冒领、学术不端等现象屡禁不止,政务诚信度、司法公信度离人民群众的期待还有一定差距等。③总而言之,各类诚信缺失事件的频发导致人们对于周围人持有怀疑和警惕的态度,在社会生活和人际交往中,他们倾向于选择不信任他人。

3. 失信成本过低的负面影响

现代社会是一个由无数陌生人相互合作而形成的关系网,社会成员之间彼此信任、相互合作建构了现代社会的道德基础。社会合作必须遵循诚信原则,社会诚信度在无数次的交往合作中彰显出来。假若诚信者得不到应有的肯定和鼓励,而失信者不仅得不到应有的惩戒,偶尔还能获得短期利益,那么人们的诚

---

① 王淑芹、曹义孙:《德性与制度:迈向诚信社会》,人民出版社 2016 年版,第 89 页。
② 《社会信用体系建设规划纲要(2014—2020 年)》,人民出版社 2014 年版,第 1 页。
③ 同上书,第 1—2 页。

心就会遭到打击,对于诚信的认同感降低,整个社会的信任机制随之就会遭到破坏。如今,诚信运行机制无力、失信成本过低的负面影响在部分领域已经显示出来。如人们履约践诺的倾向和态度较为消极,对于周围人诚信度的认知和判断更为谨慎等。当人们感觉周围人不可信、不可靠时,他们便更倾向于做一个不诚信的人。人际交往的道德基石则岌岌可危。就当前频繁发生的公民失信行为而言,诚信制度供给不足,诚信相关制度及其运行机制的约束力弱,失信成本过低的现象必须引起高度关注。

(三)重利轻义价值观的消极影响

改革开放 40 多年来,社会主义市场经济体制改革极大地解放了生产力,平等意识、竞争意识、效率意识和公正意识等价值理念初步确立。但由于市场经济体制的不完善,社会信用机制失灵等原因,人们在追逐个体利益过程中,逐步偏离了自己的初衷,把利益与道义对立起来。思想认识上的偏差和错乱往往促使人们为了高额利益铤而走险。

1. 重利轻义价值观与市场经济体制发育不完善密切相关

传统社会的信任是建立在血缘亲情关系基础上的,个体之间的信任状况跟亲疏远近相关。这种信任关系是基于"亲"的缘由,而非与"利"相关。而现代社会打破了血缘地域限制,是一个社会成员可以自由流动、寻求自我发展的高度公共化的社会。改革开放以来,我国社会主义市场经济迅猛发展,与熟人社会的诚信运行机制相适应的交往和交换方式、生存空间等都发生了重大变化。一方面,随着社会分工向纵深发展,建立在民族国家之间的交往日益频繁,彼此依赖性进一步增强;另一方面,在市场诚信运行机制供给不足的条件下,市场经济的"逐利性"决定了主体不断地追求利益最大化,如垄断高额利润、生产假冒伪劣商品、虚假广告宣传、欺诈销售等,这些失信行为体现的是"金钱至上""享乐主义""极端个人主义"等价值观。在重利轻义价值观影响下,人们不再相信"一诺千金"的力量,而是把确定性的、现实的物质利益作为价值追求。

2. 对功利主义价值观的误读直接削弱社会诚信度

功利主义是一种把利益最大化和幸福最大化作为伦理诉求的学说和价值观。马克思主义认为,人们奋斗的一切都和利益相关,功利与道德并不冲突,对于功利的向往是人类社会持续发展的动力和基础。人们追逐的"功利"是"公利"和"私利"的统一,是没有脱离个体利益的公共利益。发展市场经济,重视个体利益无可厚非,但是如果忽略了市场契约和道德关怀,把自我凌驾于社会信用体系之上,无视经济行为过程中的自由、平等及公正理念,短期致富、侥幸心理作怪,则发展极易偏离正常轨道。社会交往中出现诸如坑蒙拐骗、尔虞我诈、贪污受贿等失信行为也就在所难免。一些人把功利主义价值观误读为功利和道德的对立,导致在追求"功利"的路上偏离了"公利""道义"轨道,以个体私利为唯一目标。把短期利益、金钱多少作为衡量成败的标准导致拜金主义、享乐主义盛行。农村外出务工人员的诚信认知水平不高与此关系密切。农村外出务工人员离开熟悉的生存环境,融入高度公共化的陌生城市中,他们所熟知的适用于原有的人际交往和群际关系的信任机制显得不合时宜,而社会关系的频繁流动又制约了有效信任模式的建构;一旦遇见唯利是图的包工头背信弃义,不履行契约,这一群体的不安全感更是雪上加霜。一言以蔽之,部分老板片面追逐物质利益,欺骗员工,少发或拖欠工资的失信行为,直接影响农村外出务工人员群体的诚信认知和诚信判断。

(四)诚信教育的有效性有待提升

党的十八大以来,诚信作为我们的核心价值诉求,在全社会范围内得到广泛传播,人们对于诚信的内涵和价值的认知进一步深化。同时,我们也清晰地看到,公民的诚信认知水平和诚信践行能力存在偏差,失信行为时有发生,诚信教育机制仍不完善。

各级各类学校是开展诚信教育的主体,但学校的诚信教育多集中在道德理论和相关知识的灌输方面,来自社会的诚信实践教育和诚信道德体验相对缺乏。而社区和家庭的诚信教育基本上处于无序状态。就当下中国而言,社会教育主要依托公共组织、企业和各级各类的媒体机构进行,它们从不同层面对诚信教育进行了多样化的探索,取得了一些有益的成果和经验。但我们也深刻感受到,社会诚信教育主体的诚信意识普遍较弱,主体间的协同力不强,失信个案的过度传播等因素,削弱了诚信教育的有效性。

一些媒体人违背良心,无视职业道德,刊登、播放虚假广告,过度报道失信个案,客观上会引发公众对于周围人的心理恐慌,滋生对于诚信的怀疑情绪。失信个案往往是社会发展过程中的偶然事件,然而通过公共平台无限放大、多次反转后,短时间内会直接弱化人们的诚信认知,破坏人际信任,降低社会信任度,给主流价值观的传播和认同带来严峻挑战。

诚信价值观直接规约着公民的诚信认知水平和诚信践行能力。公民诚信价值观缺失已成为破坏社会公序良俗和制约国家实现治理现代化的内生性因素和羁绊。因此,诚信教育还应该进一步加强,在全社会范围内营造出不敢失信、不能失信、不愿失信的诚信理念和环境。

第三节　新时代加强公民诚信道德建设的若干思考

民无信不立,商无信不兴,国无信不威。诚信是中华民族的传统美德,是建成社会主义现代化国家的伦理基础和价值诉求,是满足人们对于美好生活需要的基本遵循。中国特色社会主义进入新时代,诚信已经超越其原有的德性和伦理内涵,更多地呈现为一种社会规范和法律制度。2016 年的调查数据显示,受访者认为最能约束人的道德行为的三个因素分别是法律政策(41.3%)、家风家训(19.5%)、良心谴责(12.8%),社会舆论和风俗习惯的因素占比分别为 12.4%、8.0%。此外,还有 3.6% 的受访者认为诚信是一种无形的社会资本,诚信的力量是无穷的。诚信的双重属性决定了诚信道德建设是一个向内求诚心和向外守信用相统一的过程。也就是说,社会诚信体系的建构和维护既离不开公民个体的道德自律性,更离不开完善的制度、规范和规则的他律性。社会整体诚信状况是垂直意义上的诚信和水平意义上的诚信综合反映出来的。垂直诚信主要指政府与民众之间的相互信任,水平诚信主要指社会成员之间的相互信任。为此,新时代公民诚信道德建设既要加强政府与民众之间的沟通和交流,又要加强公民个体、社区、企事业单位、社会组织以及政府机构之间的横向联合。综上所述,新时代诚信道德建设应从以下几个方面着力。

一、完善诚信制度及其运行机制

完善的诚信制度和信用体系是提升公民的诚信认知水平和社会诚信度的重要保障。政府是诚信制度和诚信体系的制定者和维护者,也是实现社会诚信的定盘星。"失民心者失天下",若政府和执政党失信于民,则会丧失力量之源,寸步难行。因此,政府应做好诚信制度供给工作,完善征信奖惩机制,并身体力行,维护政府公信力,为塑造诚信的社会氛围提供基本的制度保障。

（一）完善社会征信体系,为公民诚信道德建设消除障碍

社会征信体系是由一系列法律法规共同构成的。我国的征信体系建设才刚刚起步,政府应结合我国征信体系建设的实际情况和征信市场供需状况,加快征信立法和制度建设,制定信用信息标准和技术规范,建立异议处理、投诉办理和侵权责任追究制度。各级政府要从实地出发,让政务信息公开透明,尽心尽责做好法律法规的制定和实施工作,营造良好的公民诚信交往环境,使惩处失信现象有法可依、有章可循。同时,从法律上保障诚信者的合法权益和利益诉求。

（二）加强诚信运行机制建设,完善诚信奖惩机制

在市场经济条件下,完善的信用服务体系和诚信奖惩机制,是社会信用体系有效实施的重要环节和保障。政府要以"重点领域、重点人群为突破口,推动建立各地区各行业个人诚信记录,强化应用,奖惩联动,使守信者受益,失信者受限"[1]。具体而言,政府应联合社会相关部门建立跨行业、跨地域的诚信运行机制,强化"守信得益,失信受罚"的奖惩机制,褒扬守信者的善为,并给予适当的利益激励;坚决惩治失信行为。譬如,加大对"老赖"群体的惩戒力度,通过重罚、限制部分自由、曝光失信行为等手段挤压"老赖"们的生存空间,使其不能、不愿、不敢失信于人。在"一处失信,处处受限"的诚信观念和诚信生态中,形成守信光荣、失信可耻的良好社会氛围。

（三）打造恪守诚信、清正廉洁的公务员队伍

公务员队伍的诚信状况直接关涉政府的公信力。"要加大对各级政府和公务员失信行为惩处力度,将危害群众利益、损害市场公平交易等政务失信行为作为治理重点,发挥政务诚信对其他社会主体诚信建设的重要表率和导向作用。"[2]从垂直意义上讲,公务员守护诚信理念,率先垂范,对于社会诚信氛围具有塑造功能和引领效应。作为诚信建设的排头兵和领头雁,公务员恪守诚信、清正廉洁,有助于重塑政府形象,提升政府的公信力,也唯有如此,才能赢得民众的信任和拥护,巩固执政基础。为此,公务员要守护公平正义,依法行政,明确权力

---

① 习近平:《全面贯彻党的十八届六中全会精神　抓好改革重点落实改革任务》,《人民日报》2016 年 11 月 2 日。

② 同上。

边界,促进政务公开透明,做好公共服务,提升政府公信力。另外,相关部门要制定诚信量化考核体系,严把公务员"入门关",定期考核工作绩效,及时曝光失信行为,提升政府诚信度,进而提升全社会的诚信水平。

二、协力推进诚信教育,提升公民诚信践行能力

诚信教育是社会主义核心价值观教育的重要内容,诚信教育的宗旨是促使诚信观念内化于心,外化于行。增进人与人之间的信任,夯实诚信社会的道德基石,需要全社会齐心协力,多管齐下。

(一)重视家庭诚信启蒙教育

习近平总书记在党的十九大报告中指出,社会主义核心价值观的培育和践行必须"坚持全民行动、干部带头,从家庭做起,从娃娃抓起"。因此,应高度重视家庭的诚信启蒙教育。"人而无信,不知其可也。"诚信是立人之本,是公民最基本的道德品质。家庭是孩子成长的第一所学校,父母的言行及诚信理念直接影响子女的诚信观养成。具体而言,父母应重视自己的语言和行为对于子女诚信教育的启蒙作用,在日常生活中启发、引导和感化子女做诚实守信之人,让诚信成为孩子们的内心信念和道德信仰。

(二)学校应转变诚信价值观教育理念

学校诚信教育应更加重视学生对于诚信价值观的积极认同以及诚信践行能力的提升。第一,学校必须明确诚信教育的对象是教师和学生。教师既是诚信教育的主体又是诚信教育的客体,教师言行一致、践履诺言,对于学生认同诚信价值理念、践行诚信价值观可以起到事半功倍的示范效应。第二,学校要把以诚信为本的价值理念贯彻到教育教学工作的全过程,在第一课堂进行诚信理论知识灌输的基础上,依托学校相关组织和公共平台,开展诸如诚信知识竞赛、诚信行为分享等多种形式的活动,引导学生树立正确的诚信观。第三,建立家校合作常态化机制,加强学校与家长的联系与沟通,明确双方的诚信教育责任,充分发挥家庭诚信教育的启蒙意义和学校诚信教育的主导作用;家校双方共同重视引导学生在日常生活和学习实践中养成诚信观念,增强对于诚信价值观的认同感;家校双方协力推进诚信奖惩机制的实施,通过公共平台鼓励和宣传学生的诚信行为,加大对失信行为的监督和惩戒力度,共促诚实守信成为学生的内心信念,使学生在日常生活中自觉践行诚信价值观。

（三）协力助推社区诚信教育

社区是居民生活的社会共同体,社区居民彼此信任、相互协作,是改善社会信任状况、追求美好生活不可或缺的环节。在政府引导下,全社会应齐心协力,积极推进社会养老服务体系建设,关爱老年人的生活状况,消除他们对于周围人的恐惧心理和不信任情绪,在满足他们对幸福生活渴望的基础上,提升这一群体的诚信认知水平,改善社会诚信状况。居委会及相关社区组织应根据居民的不同需求,探索和开展多样化的社区服务活动,如举办合唱比赛、棋类比赛、养生知识讲座以及关爱老年人的志愿服务等,为居民融入集体生活、了解彼此、增进互信提供服务平台。通过组织诚信道德知识、诚信典范和失信案例宣讲活动增强居民的诚信意识,使居民在频繁的人际交往和公共生活中,在互信、互助与合作的基础上,找到自我价值和归属感,提升诚信践行能力。

提升公民的诚信认知水平和诚信践行能力,既要发挥政府在诚信建设中的引领和示范效应,又要加强各级各类诚信教育主体的横向联系。教育机构除了加强诚信道德的课堂教育外,还要积极开辟第二课堂,积极联合家庭、社会、媒体等力量,为学生践行诚信道德提供平台。只有家庭、学校、社会团体、社区、企事业机关齐心协力,多管齐下,诚信教育才能落地生根,深入人心,才能提升公民的诚信践行能力。

三、营造诚信光荣、失信可耻的社会环境

现代社会是以市场化、组织化、协作化、公共化、信息化等为基本特征的社会。人与周围环境相互依赖、相互制约、相互塑造。公民个体的行为会影响或改造环境,环境对公民个体又具有塑造和约束的功能。这种塑造和约束主要体现为,正义的社会环境为公民诚信能力和社会诚信度提升供给源源不断的滋养,束缚和限制公民的失信行为。

（一）发挥主流媒体的舆论导向功能,用媒体诚信引领社会诚信

主流媒体要主动承担传播诚信价值理念的责任和义务,通过多种渠道及时披露信息,对一些社会谣言予以澄清,引导公民不信谣、不传谣;主动评价社会事件,向公众解释社会发展过程中衍生的问题,消除人们对于周围人及社会现状的误解和质疑,同时,还可以请专家开展诚信理论知识讲座,请践行者分享自己的诚信行为;制作诚信文化视频,通过公共平台向社会播放,传递诚信文化知识,引

领积极向上的社会风气,营造诚信光荣、失信可耻的社会环境。

（二）培育网络从业人员的诚信伦理精神

网络失信行为是网络道德问题的集中体现。网络给人们生活和工作带来便利的同时,频繁发生的网络失信行为已经引起社会高度关注。因此,提升网络主体的诚信认知和诚信度,净化网络环境尤为迫切。依据2016年的调查数据,课题组发现当前网络生活中最突出的道德问题是网络失信。选择"网络诈骗"和"网络谣言"的受访者比例之和为52.4%,超过半数。网络内容低俗、网络语言暴力也与诚信缺失关系密切。为此,要不断完善网络从业人员定期培训制度,提高网络从业人员的职业道德和自律意识。要引领网络话语朝着健康的方向发展,要敢于向形式多样的失信行为说"不"。具体而言,要建立和完善"失信一票否决"运行机制;实行网络实名制,多媒体联合公布失信者名单,加大对失信者的惩戒力度;拒绝传播虚假新闻,不做网络水军,敢于同各种网络失信行为作斗争,自觉守护诚信理念,塑造失信可耻的网络道德氛围。

四、培育公民诚信信仰

公民诚信危机本质上是公民诚信信仰危机。诚信信仰危机,是指公民对于现有诚信体系的公正性和可操作性的怀疑和动摇的心理状态。公民诚信培育的关键在于诚信信仰的养成。公民诚信信仰及诚信生活方式的养成是一个循序渐进的修身律己过程。

（一）学习诚信道德是提升诚信认知的前提和基础

我们党历来重视道德学习,党的十九大报告强调了全党要营造善于学习的气氛,提出建设学习大国的战略目标。从个体视角看,学习中华传统诚信美德、革命诚信道德和社会主义诚信道德,有助于提升公民诚信理论认知,重塑公民诚信道德观和价值观。2016年的调查数据显示,72.6%的受访者认为诚信是当代中国最值得传承的传统美德。中华传统诚信美德是现代诚信之"源",追根溯源方能提升公民的诚信理论认知,增强诚信文化情感认同。必须根据市场经济发展和现代化强国建设的需要,做好中华传统美德的创造性弘扬和创新性发展,夯实诚信道德建设的文化根基。革命诚信道德是中华民族极其宝贵的诚信道德资源,其突出表现是对于革命理想的执着和信任。中国共产党人正是基于对于共产主义的忠诚和信仰,修身自律,才取得中国革命事业的成功。学习共产党人为人民服务的精神,为理想而献身的道德人格,有助于养成诚信道德信仰,自觉同各种歪曲历史、诋毁英雄的历史虚无主义思潮作斗争。

(二)诚信认同坚定诚信道德信仰

在日常生活中,人们对于诚信的质疑往往通过对他人的警惕和冷漠以及对社会诚信度的否定性评价等方式体现出来。勤学方能修德,明辨方能笃实。人们只有通过持续的诚信道德学习,在不断提升诚信认知、增强诚信认同的基础上,才能自觉把诚信道德内化为自己的诚信信念。诚信信念蕴含着强大的精神定力,它促使人们不为纷繁复杂的利益诱惑,不为无谓的干扰分心,也不为任何困难和奉献所惧,执着于诚信价值观,自觉投身诚信实践。

第八章　新时代共产党员道德状况
调查与比较分析

在中国革命、建设、改革的不同历史时期,中国共产党人始终代表着中国先进生产力的发展要求,代表着中国先进文化的前进方向,代表着中国最广大人民的根本利益,始终牢记使命与担当,走在时代的前列。在这个过程中,中国共产党人展现了崇高的理想信念、坚定的革命意志、顽强的奋斗精神和良好的道德风貌。党的十九大报告指出:"经过长期努力,中国特色社会主义进入了新时代,这是我国发展新的历史方位。"① 党政军民学,东西南北中,党是领导一切的。在新的历史时期,团结和带领全国各族人民高举中国特色社会主义伟大旗帜,决胜全面建成小康社会,夺取新时代中国特色社会主义伟大胜利,实现中华民族伟大复兴的中国梦,关键在党。党的十九大胜利闭幕后,习近平总书记在同中外记者见面时指出,"中国共产党是世界上最大的政党。大就要有大的样子",这既是庄重豪迈的宣示,也是鼓舞人心的壮志。根据中国共产党党内统计报告,截至2021年6月5日,中国共产党有486.4万个基层组织,有9514.8万名党员。② 新时代如何充分发挥9000多万党员的先锋模范作用,深入推进社会公德、职业道德、家庭美德、个人品德建设,全面提高人民思想觉悟、道德水准、文明素养,提高全社会文明程度,使全体人民在理想信念、价值理念、道德观念上紧紧团结在一起,成为摆在我们面前的一个崭新课题。通过实际调查,了解当前社会大众对共产党员应有道德水平的期许、对共产党员实际道德水平及先锋模范作用发挥的满意程度,掌握共产党员的实际道德状况,分析和梳理近年来共产党员道德建设

---

① 习近平:《决胜全面建成小康社会　夺取新时代中国特色社会主义伟大胜利——在中国共产党第十九次全国代表大会上的报告》,《人民日报》2017年10月28日。

② 新华社北京6月30日电,《中组部:中国共产党党员总数为9514.8万名》。

取得的成绩和存在的问题,思考和探讨新时代共产党员道德建设的对策和路径,具有重要的理论价值和现实意义。

第一节 共产党员道德状况跟踪调查数据描述

本次调查在 2006 年调查问卷基础上,对共产党员模范带头作用发挥状况等题目的选项设置进行了适当调整。另外,对共产党员在为人民服务、集体主义、爱国主义与爱党爱社会主义的统一、社会公德、职业道德、家庭美德、个人道德等诸多方面的道德认知和践行状况进行了数据统计与析出,从年龄、受教育程度、就业状况、职业身份等不同视角对共产党员的道德状况作了较为全面的观测和比较。

一、对共产党员道德水平认知的跟踪调查数据描述

（一）对共产党员应有道德水平的认知

1.对共产党员应有道德水平认知的总体状况

为了解公民对共产党员应有道德水平的认知状况,我们设置了"有人认为,共产党员的道德水平应该比一般群众高,您赞同这种说法吗"这一问题(单选),题下设"非常赞同""赞同""不赞同""无所谓""不知道"等 5 个选项(在 2006 年调查问卷中,此题的 5 个选项是"非常赞成""比较赞成""不赞成""无所谓""不知道")。调查结果如表 8-1 所示:

表 8-1 受访者对共产党员应有道德水平的总体看法

调研年份	非常赞同（%）	（比较）赞同（%）	不赞同（%）	无所谓（%）	不知道（%）	未选择（%）
2006	34.62	35.28	24.11	3.81	2.19	0.00
2016	23.0	43.5	23.0	5.0	4.9	0.6

对于"共产党员的道德水平应该比一般群众高"这一说法,有 66.5% 的受访者认同此说法,其中选择"赞同"的有 43.5%,选择"非常赞同"的有 23.0%,

表示"不赞同"的受访者占比 23.0%,对此说法持"无所谓"态度的受访者占比 5.0%,还有 4.9% 的受访者表示"不知道"。

对比 2016 年与 2006 年调查数据,受访者认同"共产党员的道德水平应 该比一般群众高"的比例(含"非常赞同"和"赞同"或"比较赞同")大体相 当,均未达到但接近七成,说明从总体上看,大多数受访者认为共产党员应该 具有比一般群众更高的道德水平。在认同比例整体处于高位的情况下,选择 "非常赞同"的比例由 2006 年的 34.62% 降至 2016 年的 23.0%,从这一趋势 和走向看,受访者认为共产党员应该具有较高道德水平的同时,对非党员社会 群体的道德水平也存在较高期待。

2. 对共产党员应有道德水平认知的群体差异

(1)不同年龄受访者对共产党员应有道德水平的认知差异

如表 8—2 所示,在自"20 岁以下"到"60 岁及以上"的 6 个年龄段中,对 "共产党员的道德水平应该比一般群众高"持有"非常赞同"观点的受访者比 例随着年龄的增长呈上升趋势,其中 20 岁以下受访者占 14.1%,20—29 岁占 18.9%,30—39 岁占 24.5%,40—49 岁占 26.0%,50—59 岁占 38.4%,60 岁及以 上占 42.1%;20 岁以下受访者比 60 岁及以上受访者对此持肯定态度的比例要 低 28 个百分点。

表 8—2　不同年龄受访者对"共产党员的道德水平应该比一般群众高"的看法(2016)

年龄	非常赞同 (%)	赞同 (%)	不赞同 (%)	无所谓 (%)	不知道 (%)	未选择 (%)	有效样本量 (人)
20 岁以下	14.1	40.2	30.5	6.9	7.7	0.7	844
20—29 岁	18.9	42.9	28.0	4.9	4.9	0.4	2618
30—39 岁	24.5	45.3	19.7	5.3	4.6	0.6	1470
40—49 岁	26.0	47.9	17.1	3.9	4.3	0.7	937
50—59 岁	38.4	40.4	12.7	4.5	3.2	0.6	463
60 岁及以上	42.1	40.5	10.4	3.0	2.7	1.2	328

(2)不同政治面貌受访者对共产党员应有道德水平的认知差异

如表 8—3 所示,对于"共产党员的道德水平应该比一般群众高"这一观点 持"非常赞同"或"赞同"态度的,共产党员占 77.8%(前者 27.9%,后者 49.9%),

共青团员占 58.9%（前者 17.5%，后者 41.4%），民主党派和无党派人士占 55.1%
（前者 18.7%，后者 36.4%），普通群众占 67.0%（前者 25.1%，后者 41.9%）。可以
看出，共产党员对此持肯定态度的比率明显高于其他政治面貌群体。

表 8-3　不同政治面貌受访者对"共产党员的道德水平应该比一般群众高"的看法（2016）

政治面貌	非常赞同（%）	赞同（%）	不赞同（%）	无所谓（%）	不知道（%）	未选择（%）	有效样本量（人）
共产党员	27.9	49.9	16.6	2.3	2.7	0.7	1536
共青团员	17.5	41.4	31.1	5.1	4.5	0.4	2256
民主党派和无党派人士	18.7	36.4	21.5	11.2	11.2	0.9	107
普通群众	25.1	41.9	20.0	6.1	6.2	0.7	2774

（3）不同受教育程度受访者对共产党员应有道德水平的认知差异

如表 8-4 所示，对于"共产党员的道德水平应该比一般群众高"持"非
常赞同"或"赞同"态度的不同受教育程度受访者比例分别为：没上过学的
为 47.8%（前者 21.7%，后者 26.1%），小学学历的为 61.0%（前者 22.7%，后
者 38.3%），初中学历的为 63.8%（前者 24.7%，后者 39.1%），高中学历的为
66.6%（前者 23.3%，后者 43.3%），大学专科学历的为 71.9%（前者 26.6%，后
者 45.3%），大学本科学历的为 65.2%（前者 20.8%，后者 44.4%），硕士研究生
及以上学历的为 67.0%（前者 22.8%，后者 44.2%）。可见，凡接受过学校教育
者，尽管受教育的层次和程度有所不同，但是对于"共产党员的道德水平应该
比一般群众高"的认同度均在六成以上；同时，受教育程度与认同比例呈正相
关关系，从总体上看，受教育程度越高的群体对此问题的认同度越高，大学高
于中学，中学高于小学，小学高于未接受过学校教育者。

表 8-4　不同受教育程度受访者对"共产党员的道德水平应该比一般群众高"的看法（2016）

受教育程度	非常赞同（%）	赞同（%）	不赞同（%）	无所谓（%）	不知道（%）	未选择（%）	有效样本量（人）
没上过学	21.7	26.1	10.9	21.7	17.4	2.2	46
小学	22.7	38.3	18.8	5.2	14.3	0.6	154
初中	24.7	39.1	20.3	6.5	9.0	0.5	645

受教育程度	非常赞同 （%）	赞同 （%）	不赞同 （%）	无所谓 （%）	不知道 （%）	未选择 （%）	有效样本量 （人）
高中	23.3	43.3	22.2	5.6	4.8	0.8	1462
大学专科	26.6	45.3	18.5	5.0	4.3	0.4	1268
大学本科	20.8	44.4	26.6	4.0	3.7	0.5	2568
硕士研究生及以上	22.8	44.2	24.4	4.5	3.7	0.4	513

（4）不同就业状况受访者对共产党员应有道德水平的认知差异

如表8-5所示，对于"共产党员的道德水平应该比一般群众高"这一观点，离退休人员中有80.4%的人持"赞同"或"非常赞同"的态度（前者40.2%，后者40.2%），在职人员中有70.5%的人持"赞同"或"非常赞同"的态度（前者45.9%，后者24.6%），无业、失业人员中有59.5%的人持"赞同"或"非常赞同"的态度（前者36.8%，后者22.7%），学生中有57.4%的人持"赞同"或"非常赞同"的态度（前者41.9%，后者15.5%）。可以看出，离退休人员、在职人员对这一观点表示认同的比例较高。

表8-5　不同就业状况受访者对"共产党员的道德水平应该比一般群众高"的看法（2016）

就业状况	非常赞同 （%）	赞同 （%）	不赞同 （%）	无所谓 （%）	不知道 （%）	未选择 （%）	有效样本量 （人）
在职	24.6	45.9	20.6	4.4	3.9	0.5	3526
离退休	40.2	40.2	12.5	3.9	2.7	0.4	487
学生	15.5	41.9	31.5	5.1	5.4	0.6	1775
无业、失业	22.7	36.8	22.1	8.7	9.0	0.6	321
其他	22.6	40.0	20.6	7.1	9.1	0.5	548

（5）不同职业受访者对共产党员应有道德水平的认知差异

如表8-6所示，对于"共产党员的道德水平应该比一般群众高"这一观点持"赞同"或"非常赞同"态度的受访者比例，机关事业单位领导干部为78.2%（前者49.3%，后者28.9%）；机关事业单位办事人员和有关人员为71.3%（前者46.3%，后者25.0%），科教文卫专业技术人员为73.1%（前者45.0%，后者28.1%),企业管理人员为75.3%(前者44.9%,后者30.4%),企业员工为67.5%(前者43.6%,后者23.9%),商业服务业人员为67.8%(前者43.2%,后者24.6%),私营企业主为70.1%(前者44.5%,后者25.6%),军人为79.6%(前者45.8%,后者33.8%),个体从业人员为60.7%(前者38.6%,后者22.1%),农业劳动者为62.8%(前者46.2%,后者16.6%),农村外出务工人员为61.9%(其中,前者42.7%,后者19.2%),其他职业受访者为61.0%(前者42.0%,后者19.0%)。

表8-6　不同职业受访者对"共产党员的道德水平应该比一般群众高"的看法(2016)

职业	非常赞同(%)	赞同(%)	不赞同(%)	无所谓(%)	不知道(%)	未选择(%)	有效样本量(人)
机关事业单位领导干部	28.9	49.3	17.7	3.2	0.9	0.0	339
机关事业单位办事人员和有关人员	25.0	46.3	18.8	5.6	3.2	0.9	531
科教文卫专业技术人员	28.1	45.0	18.5	5.1	3.1	0.2	449
企业管理人员	30.4	44.9	17.0	4.0	3.0	0.7	401
企业员工	23.9	43.6	22.8	3.7	5.3	0.6	1283
商业服务业人员	24.6	43.2	21.3	5.0	5.3	0.7	301
私营企业主	25.6	44.5	21.3	3.7	4.9	0.0	164
个体从业人员	22.1	38.6	24.6	6.2	7.8	0.6	321
农业劳动者	16.6	46.2	19.3	7.6	8.3	2.1	145
农村外出务工人员	19.2	42.7	18.8	8.0	11.3	0.0	213
军人	33.8	45.8	12.0	5.6	2.8	0.0	142
其他	19.0	42.0	28.2	5.2	5.2	0.5	2245

可见,各个职业受访群体对于"共产党员的道德水平应该比一般群众高"的认同度都比较高,其中军人与机关事业单位领导干部、企业管理人员的认同比例均超过了75%,科教文卫专业技术人员、机关事业单位办事人员和有关人员、私营企业主的认同比例均超过70%,商业服务业人员、企业员工、农业劳动者、农村外出务工人员、其他职业身份者、个体从业人员的认同比例均在60%以上。

（二）对共产党员实有道德水平的认知状况

1. 对共产党员实有道德水平的认知总体状况

为了解公民对身边共产党员模范带头作用发挥情况的认识，我们设计了"您觉得您身边共产党员的模范带头作用发挥得如何"这一问题（单选），题下设置"很好""较好""一般""较差""很差""说不清"6个选项。调查结果如图8-1所示，对于身边共产党员模范带头作用发挥效果，有45.0%的受访者认为"一般"，有30.5%的受访者表示"很好"（6.8%）或"较好"（23.7%）；有18.8%的受访者表示"较差"（10.3%）或"很差"（8.5%）；还有5.2%的受访者表示"说不清"。其中，认为身边共产党员模范带头作用发挥效果一般的受访者所占比例最高。

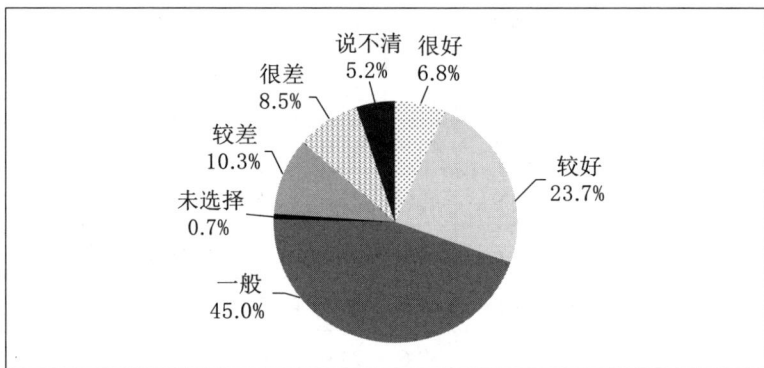

图8-1　受访者对身边共产党员模范带头作用的评价

2. 对共产党员实有道德水平认知的影响因素

（1）不同年龄受访者对共产党员模范带头作用发挥状况满意程度的差异

如表8-7所示，对于身边共产党员模范带头作用的发挥状况，20岁以下的受访者中认为"很好"或"较好"的占36.5%（前者9.5%，后者27.0%），认为"一般"的占42.4%，认为"较差"或"很差"的占10.9%（前者7.1%，后者3.8%）；20—29岁的受访者中认为"很好"或"较好"的占26.6%（前者6.5%，后者20.1%），认为"一般"的占47.8%，认为"较差"或"很差"的占20.1%（前者10.5%，后者9.6%）；30—39岁的受访者中认为"很好"或"较好"的占27.3%（前者4.5%，后者22.8%），认为"一般"的占45.5%，认为"较差"或"很差"的占22.2%（前者11.0%，后者11.2%）；40—49岁的受访者中认为"很好"

或"较好"的占30.1%（前者7.2%,后者22.9%）,认为"一般"的占46.1%,认为"较差"或"很差"的占19.2%（前者11.3%,后者7.9%）;50—59岁的受访者中认为"很好"或"较好"的占42.1%（前者8.4%,后者33.7%）,认为"一般"的占36.9%,认为"较差"或"很差"的占15.7%（前者9.7%,后者6.0%）;60岁及以上的受访者中认为"很好"或"较好"的占44.5%（前者8.5%,后者36.0%）,认为"一般"的占35.7%,认为"较差"或"很差"的占14.4%（前者10.7%,后者3.7%）。

表8—7 不同年龄受访者对身边共产党员模范带头作用的评价（2016）

年龄	很好（%）	较好（%）	一般（%）	较差（%）	很差（%）	说不清（%）	未选择（%）	有效样本量（人）
20岁以下	9.5	27.0	42.4	7.1	3.8	9.2	0.9	844
20—29岁	6.5	20.1	47.8	10.5	9.6	5.1	0.4	2618
30—39岁	4.5	22.8	45.5	11.0	11.2	4.2	0.7	1470
40—49岁	7.2	22.9	46.1	11.3	7.9	3.9	0.6	937
50—59岁	8.4	33.7	36.9	9.7	6.0	4.5	0.6	463
60岁及以上	8.5	36.0	35.7	10.7	3.7	4.6	0.9	328

（2）不同政治面貌受访者对共产党员模范带头作用发挥状况满意程度的差异

如表8—8所示,对于身边共产党员模范带头作用的发挥状况,共产党员受访者中有49.4%的人认为"很好"或"较好"（前者10.9%,后者38.5%）,39.4%的人认为"一般",9.1%的人认为"较差"或"很差"（前者5.7%,后者3.4%）;共青团员受访者中有26.4%的人认为"很好"或"较好"（前者6.5%,后者19.9%）,49.6%的人认为"一般",18.2%的人认为"较差"或"很差"（前者10.2%,后者8.0%）;民主党派和无党派人士受访者中有22.4%的人认为"很好"或"较好"（前者3.7%,后者18.7%）,33.6%的人认为"一般",35.5%的人认为"较差"或"很差"（前者23.4%,后者12.1%）;普通群众受访者中有23.5%的人认为"很好"或"较好"（前者4.8%,后者18.7%）,44.8%的人认为"一般",24.0%的人认为"较差"或"很差"（前者12.4%,后者11.6%）。可见,共产党员、民主党派和无党派民主人士对身边共产党员模范带头作用发挥状况满意度较高,有近半数认为"很好"或者"较好"。

表8-8 不同政治面貌受访者对身边共产党员模范带头作用的评价(2016)

政治面貌	很好(%)	较好(%)	一般(%)	较差(%)	很差(%)	说不清(%)	未选择(%)	有效样本量(人)
共产党员	10.9	38.5	39.4	5.7	3.4	1.5	0.7	1536
共青团员	6.5	19.9	49.6	10.2	8.0	5.3	0.5	2256
民主党派和无党派人士	3.7	18.7	33.6	23.4	12.1	7.5	0.9	107
普通群众	4.8	18.7	44.8	12.4	11.6	7.0	0.7	2774

(3)不同受教育程度受访者对共产党员模范带头作用发挥状况满意程度的差异

如表8-9所示,对于身边共产党员模范带头作用的发挥状况,没上过学的受访者中有23.9%的人认为"很好"或"较好",21.7%的人认为"一般",34.8%的人认为"较差"或"很差";小学教育程度的受访者中有36.4%的人认为"很好"或"较好",32.5%的人认为"一般",16.9%的人认为"较差"或"很差";初中教育程度的受访者中有31.0%的人认为"很好"或"较好",42.3%的人认为"一般",18.4%的人认为"较差"或"很差";高中教育程度的受访者中有33.0%的人认为"很好"或"较好",41.9%的人认为"一般",17.4%的人认为"较差"或"很差";大学专科教育程度的受访者中有31.1%的人认为"很好"或"较好",46.5%的人认为"一般",18.0%的人认为"较差"或"很差";大学本科教育程度的受访者中有28.5%的人认为"很好"或"较好",47.3%的人认为"一般",19.6%的人认为"较差"或"很差";硕士研究生及以上教育程度的受访者中有28.7%的人认为"很好"或"较好",48.9%的人认为"一般",19.7%的人认为"较差"或"很差"。总体上看,受访者对身边共产党员模范带头作用发挥状况的满意程度随受教育程度的提高呈逐渐上升趋势,但各个不同受教育程度受访群体的满意程度都不是很高,均未达到三成,且没上过学的受访者认为身边共产党员模范带头作用发挥得差的比例较高,已经超过三成。

表8-9 不同受教育程度受访者对身边共产党员模范带头作用的评价（2016）

受教育程度	很好（%）	较好（%）	一般（%）	较差（%）	很差（%）	说不清（%）	未选择（%）	有效样本量（人）
没上过学	6.5	17.4	21.7	17.4	17.4	17.4	2.2	46
小学	14.3	22.1	32.5	11.7	5.2	13.6	0.6	154
初中	7.9	23.1	42.3	9.6	8.8	7.6	0.6	645
高中	8.6	24.4	41.9	10.3	7.1	6.8	0.8	1462
大学专科	6.9	24.2	46.5	9.6	8.4	3.9	0.5	1268
大学本科	5.2	23.3	47.3	10.2	9.4	4.0	0.6	2568
硕士研究生及以上	4.9	23.8	48.9	12.1	7.6	2.5	0.2	513

（4）不同就业状况受访者对共产党员模范带头作用发挥状况满意程度的差异

如表8-10所示，受访者认为身边共产党员的模范带头作用发挥"很好"或"较好"的，在职人员中共有30.5%（前者6.8%，后者23.7%），离退休人员中有45.8%（前者7.0%，后者38.8%），学生中有29.1%（前者6.2%，后者22.9%），无业、失业人员中有19.3%（前者3.7%，后者15.6%）。另外，受访者对于身边共产党员的模范带头作用发挥状况表示"较差"或"很差"的，在职人员中共有18.6%（前者10.1%，后者8.5%），离退休人员中共有14.0%（前者10.1%，后者3.9%），学生中共有16.7%（前者9.9%，后者6.8%），无业、失业人员中共有30.9%（前者12.8%，后者18.1%）。可见，离退休人员对身边共产党员发挥模范带头作用的满意程度相对较高，无业、失业人员的满意程度相对较低。

表8-10 不同就业状况受访者对身边共产党员的模范带头作用的评价（2016）

就业状况	很好（%）	较好（%）	一般（%）	较差（%）	很差（%）	说不清（%）	未选择（%）	有效样本量（人）
在职	6.8	23.7	46.2	10.1	8.5	4.3	0.5	3526
离退休	7.0	38.8	36.6	10.1	3.9	3.3	0.4	487
学生	6.2	22.9	47.5	9.9	6.8	5.9	0.8	1775
无业、失业	3.7	15.6	41.4	12.8	18.1	7.8	0.6	321
其他	9.7	17.3	38.7	11.7	13.0	9.1	0.5	548

（5）不同职业受访者对共产党员模范带头作用发挥状况满意程度的差异

如表8-11所示，受访者认为身边共产党员的模范带头作用发挥"很好"或"较好"的，军人中共有64.1%（前者34.5%，后者29.6%），机关事业单位领导干部中共有42.4%（前者10.0%，后者32.4%），两者在不同职业受访群体中所占比例最高；认为"较差"或"很差"的，农业劳动者中共有29.7%（前者16.6%，后者13.1%），个体从业人员中共有23.1%（前者9.7%，后者13.4%），私营企业主中共有22.5%（前者14.0%，后者8.5%），企业员工中共有21.6%（前者11.8%，后者9.8%），农村外出务工人员中共有21.1%（前者8.0%，后者13.1%），商业服务业人员中共有20.6%（前者12.3%，后者8.3%），以上几个职业受访群体比例较高，均超过了20%。

表8-11　不同职业受访者对身边共产党员模范带头作用的评价（2016）

职业	很好（%）	较好（%）	一般（%）	较差（%）	很差（%）	说不清（%）	未选择（%）	有效样本量（人）
机关事业单位领导干部	10.0	32.4	45.4	8.8	2.4	0.6	0.3	339
机关事业单位办事人员和有关人员	8.5	32.4	39.7	9.0	6.2	3.2	0.9	531
科教文卫专业技术人员	4.9	31.0	42.8	11.1	6.5	3.6	0.2	449
企业管理人员	4.7	22.9	49.6	9.7	10.0	2.5	0.5	401
企业员工	5.5	20.0	47.3	11.8	9.8	5.0	0.5	1283
商业服务业人员	3.3	16.3	53.8	12.3	8.3	5.6	0.0	301
私营企业主	6.1	21.3	42.7	14.0	8.5	7.3	0.0	164
个体从业人员	4.0	17.8	44.2	9.7	13.4	10.3	0.6	321
农业劳动者	7.6	18.6	34.5	16.6	13.1	7.6	2.1	145
农村外出务工人员	4.7	14.6	49.3	8.0	13.1	9.9	0.5	213
军人	34.5	29.6	29.6	4.2	1.4	0.7	0.0	142
其他	6.5	23.8	44.9	9.8	8.7	5.7	0.7	2245

二、共产党员实际道德状况调查数据描述

（一）共产党员在社会主义道德的核心、原则等重要问题上的思想认知及行为选择调查数据

1. 共产党员对为人民服务的认知状况

如表8-12所示，共产党员受访者对于"哪些人应该坚持为人民服务"这一

问题（单选）的回答情况如下：选择"所有公民"的占54.2%；选择"所有公职人员"的占26.7%；选择"普通共产党员"的占4.9%；选择"领导干部"的占9.5%；仅有4.4%的人选择"说不清"，低于共青团员、民主党派和无党派人士及普通群众。其中，有两点值得注意：一是绝大部分共产党员较之非党员群体对于"哪些人应该坚持为人民服务"这一问题的认识更加清晰，二是共产党员对于为人民服务体现先进性要求与广泛性要求相统一有较好的理解和认识。

表8-12　不同政治面貌受访者对"哪些人应该坚持为人民服务"的看法（2016）

政治面貌	所有公民（%）	所有公职人员（%）	普通共产党员（%）	领导干部（%）	说不清（%）	未选择（%）	有效样本量（人）
共产党员	54.2	26.7	4.9	9.5	4.4	0.2	1536
共青团员	60.3	20.7	3.0	7.8	8.0	0.2	2256
民主党派和无党派人士	40.2	22.4	17.8	14.0	5.6	0.0	107
普通群众	42.0	28.3	5.5	15.1	8.8	0.4	2774

（1）不同年龄共产党员对为人民服务主体的认知差异

如表8-13所示，不同年龄的共产党员中绝大部分人对于"哪些人应该坚持为人民服务"这个问题有清晰的认识，但也有少部分共产党员对这个问题认识比较模糊，尤其是年轻党员。在20岁以下的共产党员中，有7.4%的人选择"说不清"；在20—29岁的共产党员中，有6.4%的人选择"说不清"。

表8-13　不同年龄共产党员对"哪些人应该坚持为人民服务"的看法（2016）

年龄	所有公民（%）	所有公职人员（%）	普通共产党员（%）	领导干部（%）	说不清（%）	未选择（%）	有效样本量（人）
20岁以下	51.9	22.2	11.1	7.4	7.4	0.0	27
20—29岁	56.7	25.5	5.1	6.4	6.4	0.0	534
30—39岁	57.3	28.8	4.7	5.5	3.3	0.3	361
40—49岁	56.4	24.5	2.9	11.4	4.8	0.3	273
50—59岁	49.4	24.4	7.2	16.1	2.2	0.6	180
60岁及以上	41.1	32.9	4.4	19.0	1.9	0.6	158

（2）不同受教育程度共产党员对为人民服务主体的认知差异

如表8-14所示，不同受教育程度的共产党员中绝大部分人对于"哪些人应该坚持为人民服务"这个问题有清晰的认识，但也有少部分共产党员对这个问题的认识比较模糊，尤其是受教育程度相对较低的党员。在小学学历的共产党员中，有7.7%的人选择"说不清"；在初中学历的共产党员中，有7.0%的人选择"说不清"。

表8-14　不同受教育程度共产党员对"哪些人应该坚持为人民服务"的看法（2016）

受教育程度	所有公民（%）	所有公职人员（%）	普通共产党员（%）	领导干部（%）	说不清（%）	未选择（%）	有效样本量（人）
没上过学	80.0	20.0	0.0	0.0	0.0	0.0	5
小学	23.1	30.8	23.1	15.4	7.7	0.0	13
初中	39.4	31.0	7.0	15.5	7.0	0.0	71
高中	59.0	16.8	5.6	15.5	3.1	0.0	161
大学专科	51.7	24.7	6.5	13.0	3.8	0.3	292
大学本科	56.8	27.9	3.4	7.1	4.6	0.3	736
硕士研究生及以上	51.6	30.9	5.9	7.0	4.7	0.0	256

（3）不同就业状况共产党员对为人民服务主体的认知差异

如表8-15所示，对于"哪些人应该坚持为人民服务"这个问题，学生党员中选择"说不清"的比例达8.8%，在不同就业状况受访群体中比例最高。可见，相对在职、离退休、无业及失业等其他群体，学生党员对为人民服务主体的认识还比较模糊。

表8-15　不同就业状况共产党员对"哪些人应该坚持为人民服务"的看法（2016）

就业状况	所有公民（%）	所有公职人员（%）	普通共产党员（%）	领导干部（%）	说不清（%）	未选择（%）	有效样本量（人）
在职	57.6	25.3	3.9	9.1	4.0	0.2	1011
离退休	45.6	28.2	7.8	16.5	1.5	0.5	206
学生	49.8	30.0	5.1	6.5	8.8	0.0	217
无业、失业	42.9	38.1	9.5	4.8	4.8	0.0	42
其他	51.8	23.2	10.7	7.1	7.1	0.0	56

（4）不同职业共产党员对为人民服务主体的认知差异

如表8—16所示，对于"哪些人应该坚持为人民服务"这一问题，农村外出务工党员选择"说不清"的比例达23.1%，农业劳动者党员选择"说不清"的比例是7.1%，商业服务业党员选择"说不清"的比例是6.3%。以上三个职业身份的党员群体，特别是农村外出务工党员，选择"说不清"的比例明显高于其他职业的党员群体，对为人民服务主体的认识比较模糊的比例相对较高。

表8—16　不同职业共产党员对"哪些人应该坚持为人民服务"的看法（2016）

职业	所有公民（%）	所有公职人员（%）	普通共产党员（%）	领导干部（%）	说不清（%）	未选择（%）	有效样本量（人）
机关事业单位领导干部	59.3	26.8	2.6	7.7	3.6	0.0	194
机关事业单位办事人员和有关人员	58.5	25.7	4.7	7.5	3.2	0.4	253
科教文卫专业技术人员	53.3	23.3	8.7	10.0	4.7	0.0	150
企业管理人员	40.0	33.3	9.3	14.7	2.0	0.7	150
企业员工	54.9	26.9	2.5	11.3	4.0	0.4	275
商业服务业人员	40.6	18.8	9.4	25.0	6.3	0.0	32
私营企业主	42.1	36.8	0.0	15.8	5.3	0.0	19
个体从业人员	65.5	24.1	0.0	6.9	3.4	0.0	29
农业劳动者	57.1	14.3	7.1	14.3	7.1	0.0	14
农村外出务工人员	30.8	38.5	7.7	0.0	23.1	0.0	13
军人	75.0	14.3	5.4	3.6	1.8	0.0	56
其他	53.0	27.8	5.1	7.2	6.9	0.0	334

2. 共产党员对集体主义的认知状况及行为选择

如表8—17所示，当个人利益与集体利益发生冲突时，共产党员选择"无条件服从集体利益"和"先考虑集体利益，再考虑个人利益"的比例为69.8%（前者16.2%，后者53.6%），高于共青团员的66.1%（前者5.7%，后者60.4%），也高于民主党派和无党派人士的57.0%（前者15.9%，后者41.1%），更高于普通群众的52.4%（前者11.8%，后者40.6%），在不同政治面貌群体中比例最高。

共产党员选择"先考虑个人利益,再考虑集体利益"和"只考虑个人利益"的比例为 15.1%(前者 13.1%,后者 2.0%),低于民主党派和无党派人士的 28.0%(前者 21.5%,后者 6.5%),低于普通群众的 23.8%(前者 21.1%,后者 2.7%),也低于共青团员的 17.9%(前者 16.2%,后者 1.7%),在不同政治面貌群体中比例最低。

表 8-17 不同政治面貌受访者"当个人利益与集体利益发生冲突时"的选择(2016)

政治面貌	只考虑个人利益(%)	先考虑个人利益,再考虑集体利益(%)	先考虑集体利益,再考虑个人利益(%)	无条件服从集体利益(%)	说不清(%)	未选择(%)	有效样本量(人)
共产党员	2.0	13.1	53.6	16.2	15.0	0.1	1536
共青团员	1.7	16.2	60.4	5.7	15.9	0.2	2256
民主党派和无党派人士	6.5	21.5	41.1	15.9	14.0	0.9	107
普通群众	2.7	21.1	40.6	11.8	23.3	0.5	2774

(1)不同年龄共产党员面对个人利益与集体利益冲突时的认知及行为选择差异

如表 8-18 所示,当个人利益与集体利益冲突时,20 岁以下党员选择"无条件服从集体利益"和"先考虑集体利益,再考虑个人利益"的比例是 59.2%(前者 11.1%,后者 48.1%),20—29 岁党员的比例是 68.2%(前者 10.1%,后者 58.1%),30—39 岁党员这个比例是 69.0%(前者 12.2%,后者 56.8%),40—49 岁党员是 69.5%(前者 17.9%,后者 51.6%),50—59 岁党员是 74.4%(前者 25.0%,后者 49.4%),60 岁及以上党员是 74.1%(前者 34.2%,后者 39.9%)。可见,不论哪个年龄段的共产党员,大部分人都能够把集体利益摆在突出位置,以集体利益为重。

但是,不同年龄阶段的党员在面对个人利益与集体利益冲突时,选择"无条件服从集体利益"或"先考虑集体利益,再考虑个人利益"的比例存在年龄阶段差异,需要特别关注的是,20 岁以下的年轻党员作出上述选择的比例均低于更高年龄阶段的党员。同时,在 20 岁以下的党员中,有 11.1% 的人选择"只考虑个人利益",有 22.2% 的人选择"先考虑个人利益,再考虑集体利益",这两个比例均远远高于其他更高年龄阶段的党员。可见,在 20 岁以下的年轻党员中,约有三成坚持个人利益为先、个人利益至上,甚至有唯个人利益倾向。

表 8-18　不同年龄共产党员"当个人利益与集体利益发生冲突时"的选择(2016)

年龄	只考虑个人利益(%)	先考虑个人利益,再考虑集体利益(%)	先考虑集体利益,再考虑个人利益(%)	无条件服从集体利益(%)	说不清(%)	未选择(%)	有效样本量(人)
20 岁以下	11.1	22.2	48.1	11.1	7.4	0.0	27
20—29 岁	1.9	12.0	58.1	10.1	18.0	0.0	534
30—39 岁	2.2	12.7	56.8	12.2	15.8	0.3	361
40—49 岁	1.1	15.8	51.6	17.9	13.6	0.0	273
50—59 岁	1.7	15.6	49.4	25.0	8.3	0.0	180
60 岁及以上	2.5	8.9	39.9	34.2	13.9	0.6	158

(2)不同受教育程度共产党员面对个人利益与集体利益冲突时的认知及行为选择差异

如表 8-19 所示,面对个人利益与集体利益的冲突时,没上过学的党员选择"无条件服从集体利益"或"先考虑集体利益,再考虑个人利益"的比例是80.0%(前者 40.0%,后者 40.0%),受教育程度为小学的党员作这样选择的比例是 69.2%(前者 0.0%,后者 69.2%),受教育程度为初中的党员是 62.0%(前者 26.8%,后者 35.2%),受教育程度为高中的党员是 73.3%(前者 32.9%,后者 40.4%),受教育程度为大学专科的党员是 70.9%(前者 17.1%,后者 53.8%),受教育程度为大学本科的党员是 69.0%(前者 14.5%,后者 54.5%),受教育程度为硕士研究生及以上的党员是 70.3%(前者 6.6%,后者 63.7%)。可见,不同受教育程度的共产党员群体中大部分人都能够把集体利益摆在突出位置,以集体利益为重。

选择"只考虑个人利益"这一选项的,没上过学的党员有 20.0%,小学为7.7%,初中为 2.8%,高中为 3.1%,大学专科为 2.1%,大学本科为 2.0%,硕士研究生及以上为 0.4%。可见,受教育程度相对较低的党员"当个人利益与集体利益发生冲突"时选择"只考虑个人利益"的比例相对较高,而受教育程度较高的党员选择的比例相对较低。从总体上看,随着受教育程度的提高,这一比例呈逐渐下降趋势。另外,值得注意的是,对"无条件服从集体利益"的选择比例相对较高的是受教育程度相对较低的党员,没上过学的党员的选择比例为40.0%,高中为32.9%,初中为26.8%。相反,受教育程度较高的党员选择"无条件服从集体利益"的比例恰恰相对较低:大学专科是17.1%,大学本科是14.5%,硕士研究生及以上是6.6%,且随受教育程度的提高呈逐渐下降态势。同时,受教育程度较高的党员选择"说不清"的比例相对较高,大学专科是14.7%,大学本科是16.0%,硕士研究生及以上是16.4%,且随受教育程度的提高呈逐渐上升态势。

表8-19 不同受教育程度共产党员"当个人利益与集体
利益发生冲突时"的选择(2016)

受教育程度	只考虑个人利益(%)	先考虑个人利益,再考虑集体利益(%)	先考虑集体利益,再考虑个人利益(%)	无条件服从集体利益(%)	说不清(%)	未选择(%)	有效样本量(人)
没上过学	20.0	0.0	40.0	40.0	0.0	0.0	5
小学	7.7	15.4	69.2	0.0	7.7	0.0	13
初中	2.8	19.7	35.2	26.8	15.5	0.0	71
高中	3.1	14.3	40.4	32.9	9.3	0.0	161
大学专科	2.1	12.0	53.8	17.1	14.7	0.3	292
大学本科	2.0	12.8	54.5	14.5	16.0	0.1	736
硕士研究生及以上	0.4	12.9	63.7	6.6	16.4	0.0	256

(3)不同就业状况共产党员面对个人利益与集体利益冲突时的认知及行为选择差异

如表8-20所示,面对个人利益与集体利益的冲突时,在职党员选择"无条件服从集体利益"或"先考虑集体利益,再考虑个人利益"的比例是69.3%(前者15.8%,后者53.5%),离退休党员作出这样选择的比例是71.9%(前者31.6%,后者40.3%),学生党员是68.7%(前者6.0%,后者62.7%),无业、失业党员是66.7%(前者4.8%,后者61.9%),其他就业状况党员是75.0%(前者16.1%,后者58.9%)。可见,在不同就业状况的共产党员中,大部分人都能够把集体利益摆在突出位置,以集体利益为重。

就"只考虑个人利益"与"先考虑个人利益,再考虑集体利益"这两个选项进行统计,无业、失业党员作出上述选择的比例分别为 4.8% 和 16.7%,与其他就业状况的党员群体相比相对较高。就"无条件服从集体利益"这一选项进行统计,有 31.6% 的离退休党员和 15.8% 的在职党员作了这一选择,比例相对较高;而仅有 6.0% 的学生党员和 4.8% 的无业、失业党员选择了"无条件服从集体利益",属于比例相对偏低的两个党员群体。

表 8—20　不同就业状况共产党员"当个人利益与集体利益发生冲突时"的选择（2016）

就业状况	只考虑个人利益（%）	先考虑个人利益,再考虑集体利益（%）	先考虑集体利益,再考虑个人利益（%）	无条件服从集体利益（%）	说不清（%）	未选择（%）	有效样本量（人）
在职	1.7	13.3	53.5	15.8	15.6	0.1	1011
离退休	2.4	13.1	40.3	31.6	12.1	0.5	206
学生	2.3	12.9	62.7	6.0	16.1	0.0	217
无业、失业	4.8	16.7	61.9	4.8	11.9	0.0	42
其他	3.6	8.9	58.9	16.1	12.5	0.0	56

（4）不同职业共产党员面对个人利益与集体利益冲突时的认知及行为选择差异

如表 8—21 所示,当个人利益与集体利益冲突时,不同职业身份的党员选择"无条件服从集体利益"或"先考虑集体利益,再考虑个人利益"的比例由高到低依次是:军人 84.0%（前者 28.6%,后者 55.4%）,农业劳动者 78.5%（前者 7.1%,后者 71.4%）,机关事业单位领导干部 76.8%（前者 21.6%,后者 55.2%）,机关事业单位办事人员和有关人员 69.5%（前者 15.0%,后者 54.5%）,企业管理人员 69.3%（前者 18.0%,后者 51.3%）,科教文卫专业技术人员 67.3%（前者 15.3%,后者 52.0%）,企业员工 64.4%（前者 13.1%,后者 51.3%）,个体从业人员 55.1%（前者 10.3%,后者 44.8%）,私营企业主 63.1%（前者 10.5%,后者 52.6%）,商业服务业人员 62.5%（前者 12.5%,后者 50.0%）,农村外出务工人员 46.2%（前者 7.7%,后者 38.5%）,除农村外出务工党员的选择不足半数外,其他职业身份的党员中六至八成都作了上述选择,即能够把集体利益摆在突出位置、以集体利益为重。

选择"只考虑个人利益"这一选项的,农村外出务工党员的比例是 7.7%,

农业劳动者党员是 7.1%,私营企业主党员是 5.3%,在不同职业身份党员群体中的比例相对较高。选择"无条件服从集体利益"这一选项的,军人党员比例是 28.6%,机关事业单位领导干部党员是 21.6%,企业管理人员党员是 18.0%,科教文卫专业技术人员党员是 15.3%,机关事业单位办事人员和有关人员党员是 15.0%,在不同职业身份党员群体中的比例相对较高。

表 8-21　不同职业共产党员"当个人利益与集体利益发生冲突时"的选择(2016)

职业	只考虑个人利益(%)	先考虑个人利益,再考虑集体利益(%)	先考虑集体利益,再考虑个人利益(%)	无条件服从集体利益(%)	说不清(%)	未选择(%)	有效样本量(人)
机关事业单位领导干部	2.6	10.3	55.2	21.6	10.3	0.0	194
机关事业单位办事人员和有关人员	1.2	13.0	54.5	15.0	15.8	0.4	253
科教文卫专业技术人员	0.7	18.7	52.0	15.3	13.3	0.0	150
企业管理人员	2.0	17.3	51.3	18.0	11.3	0.0	150
企业员工	2.9	12.4	51.3	13.1	20.0	0.4	275
商业服务业人员	0.0	15.6	50.0	12.5	21.9	0.0	32
私营企业主	5.3	15.8	52.6	10.5	15.8	0.0	19
个体从业人员	0.0	20.7	44.8	10.3	24.1	0.0	29
农业劳动者	7.1	14.3	71.4	7.1	0.0	0.0	14
农村外出务工人员	7.7	7.7	38.5	7.7	38.5	0.0	13
军人	1.8	5.4	55.4	28.6	8.9	0.0	56
其他	2.1	10.8	56.3	16.5	14.4	0.0	334

3. 共产党员对爱国主义的认知状况

如表 8-22 所示,对"国家兴亡,匹夫有责"这一说法,共产党员中有 73.6% 的人选择了"很有意义,国家兴亡关乎我们每个人",比例明显高于共青团员(62.3%)、普通群众(54.2%)、民主党派和无党派人士(41.1%)等社会群体。对于"不太认同,感觉离自己的现实生活很远"和"完全不认同,只要自己过得好就行了"两个选项,共产党员选择的比例是 4.6%(前者 3.8%,后者 0.8%),共青团员为 5.0%(前者 4.0%,后者 1.0%),民主党派和无党派人士为 21.5%(前者

13.1%，后者 8.4%），普通群众为 9.9%（前者 8.6%，后者 1.3%）；在不同政治面貌群体中，共产党员对"国家兴亡，匹夫有责"持不太认同、完全不认同态度的比例最低。仅有 2.9% 的共产党员选择"说不清"这一选项，比例低于普通群众（7.9%）、民主党派和无党派人士（4.7%）、共青团员（3.3%）等社会群体。可见，绝大多数共产党员（92.3%）"完全认同"或"比较认同""国家兴亡，匹夫有责"，仅有很少党员（4.6%）在这个问题上持"不太认同"和"完全不认同"的态度，极少数党员（2.9%）对这一问题的认识模糊不清。

表 8-22　不同政治面貌受访者对"国家兴亡，匹夫有责"的看法（2016）

政治面貌	很有意义，国家兴亡关乎我们每个人（%）	比较认同，但没有切身行动（%）	不太认同，感觉离自己的现实生活很远（%）	完全不认同，只要自己过得好就行了（%）	说不清（%）	未选择（%）	有效样本量（人）
共产党员	73.6	18.7	3.8	0.8	2.9	0.2	1536
共青团员	62.3	29.3	4.0	1.0	3.3	0.1	2256
民主党派和无党派人士	41.1	32.7	13.1	8.4	4.7	0.0	107
普通群众	54.2	27.6	8.6	1.3	7.9	0.5	2774

（1）不同年龄共产党员对"国家兴亡，匹夫有责"的认知差异

如表 8-23 所示，对于"国家兴亡，匹夫有责"这一说法，不同年龄阶段的党员中大多数人认为"很有意义，国家兴亡关乎我们每个人"，但是 20 岁以下的党员中仅有 59.3% 的人作了这样的选择，尚不足六成，比例较 20—29 岁（71.2%）、30—39 岁（69.8%）、40—49 岁（76.2%）、50—59 岁（80.6%）、60 岁及以上（81.6%）等其他年龄阶段党员群体存在较大差距。

对于"不太认同，感觉离自己的现实生活很远"和"完全不认同，只要自己过得好就行了"两个选项，20 岁以下党员选择的比例是 14.8%（前者 11.1%，后者 3.7%），20—29 岁党员是 3.6%（前者 3.0%，后者 0.6%），30—39 岁党员是 4.7%（前者 3.9%，后者 0.8%），40—49 岁党员为 5.5%（前者 4.8%，后者 0.7%），50—59 岁党员为 5.0%（前者 4.4%，后者 0.6%），60 岁及以上党员为 3.8%（前者 1.9%，后者 1.9%）。其中，20 岁以下党员作出上述选择的比例明显高于其他年龄阶段的党员群体。

表8-23 不同年龄共产党员受对"国家兴亡,匹夫有责"的看法（2016）

年龄	很有意义,国家兴亡关乎我们每个人（%）	比较认同,但没有切身行动（%）	不太认同,感觉离自己的现实生活很远（%）	完全不认同,只要自己过得好就行了（%）	说不清（%）	未选择（%）	有效样本量（人）
20岁以下	59.3	25.9	11.1	3.7	0.0	0.0	27
20—29岁	71.2	22.5	3.0	0.6	2.8	0.0	534
30—39岁	69.8	22.2	3.9	0.8	3.0	0.3	361
40—49岁	76.2	16.8	4.8	0.7	1.5	0.0	273
50—59岁	80.6	10.6	4.4	0.6	3.3	0.6	180
60岁及以上	81.6	8.2	1.9	1.9	5.7	0.6	158

（2）不同受教育程度共产党员对"国家兴亡,匹夫有责"的认知差异

如表8-24所示,对于"国家兴亡,匹夫有责"这一说法,不同受教育程度的党员群体选择"很有意义"和"比较认同"的比例都比较高。其中,没上过学的党员（仅5个调查样本）作出上述选择的比例是100%;此外,高学历党员群体作出上述选择的比例普遍超过九成,大学专科学历党员是92.9%（前者77.1%,后者15.8%）,大学本科学历党员是93.8%（前者73.8%,后者20.0%）,硕士研究生及以上学历党员是93.4%（前者71.1%,后者22.3%）,明显高于中低学历党员群体。

另外,小学学历党员中23.1%的人选择了"不太认同""完全不认同"或"说不清"（三者的选择比例均为7.7%）,初中学历党员作出上述选择的比例是15.4%（前者5.6%,中间者为4.2%,后者为5.6%）,高中学历党员选择的比例是12.4%（前者为5.0%,中间者为0.6%,后者为6.8%）,大学专科学历党员的选择比例是6.8%（前者为3.8%,中间者为0.3%,后者为2.7%）,大学本科学历党员选择比例是6.1%（前者为3.3%,中间者为0.5%,后者为2.3%）,硕士研究生及以上学历党员选择比例是6.7%（前者为3.9%,中间者为1.2%,后者为1.6%）。可见,从总体上看,中低学历党员群体对于"国家兴亡,匹夫有责"的认同度、清晰度与高学历党员群体相比还存在一定的差距。

表 8—24 不同受教育程度共产党员对"国家兴亡，匹夫有责"的看法（2016）

受教育程度	很有意义，国家兴亡关乎我们每个人（%）	比较认同，但没有切身行动（%）	不太认同，感觉离自己的现实生活很远（%）	完全不认同，只要自己过得好就行了（%）	说不清（%）	未选择（%）	有效样本量（人）
没上过学	80.0	20.0	0.0	0.0	0.0	0.0	5
小学	61.5	15.4	7.7	7.7	7.7	0.0	13
初中	67.6	16.9	5.6	4.2	5.6	0.0	71
高中	73.3	13.7	5.0	0.6	6.8	0.6	161
大学专科	77.1	15.8	3.8	0.3	2.7	0.3	292
大学本科	73.8	20.0	3.3	0.5	2.3	0.1	736
硕士研究生及以上	71.1	22.3	3.9	1.2	1.6	0.0	256

（3）不同就业状况共产党员对"国家兴亡，匹夫有责"的认知差异

如表 8—25 所示，对于"国家兴亡，匹夫有责"这一说法，不同就业状况的党员群体选择"很有意义"和"比较认同"的比例都比较高，其中在职党员选择肯定意见的比例是 92.4%（"很有意义"74.2%，"比较认同"18.2%），离退休党员是 92.3%（"很有意义"81.6%，"比较认同"10.7%），学生党员是 94.0%（"很有意义"69.1%，"比较认同"24.9%），无业、失业党员是 88.1%（"很有意义"52.4%，"比较认同"35.7%）。但是，无业、失业党员中有 35.7% 的人、学生党员中有 24.9% 的人选择"比较认同，但没有切身行动"，这个比例相对较高。另外，无业、失业党员中有 11.9% 的人选择"不太认同""完全不认同"或"说不清"（前者 7.1%，中间者 2.4%，后者 2.4%），高于其他就业状况党员群体。

表 8—25 不同就业状况共产党员对"国家兴亡，匹夫有责"的看法（2016）

就业状况	很有意义，国家兴亡关乎我们每个人（%）	比较认同，但没有切身行动（%）	不太认同，感觉离自己的现实生活很远（%）	完全不认同，只要自己过得好就行了（%）	说不清（%）	未选择（%）	有效样本量（人）
在职	74.2	18.2	4.0	0.8	2.8	0.0	1011
离退休	81.6	10.7	1.9	1.0	4.4	0.5	206
学生	69.1	24.9	3.2	0.9	1.8	0.0	217
无业、失业	52.4	35.7	7.1	2.4	2.4	0.0	42
其他	66.1	19.6	7.1	0.0	5.4	1.8	56

（4）不同职业身份共产党员对"国家兴亡，匹夫有责"的认知差异

如表8-26所示，对于"国家兴亡，匹夫有责"这一说法，不同职业身份的党员群体选择"很有意义"和"比较认同"的比例都比较高。但对于"很有意义，国家兴亡关乎我们每个人"这一选项，不同职业身份的党员群体的认同程度差异较大。其中，军人党员认同程度最高，认同比例为89.3%；其次是机关事业单位领导干部党员，比例为82.0%；其他职业身份党员群体均未达到八成。比例相对较低的是私营企业主党员（42.1%）、农业劳动者党员（42.9%）、企业员工党员（65.8%）和农村外出务工党员（69.2%）。

另外，对于"完全不认同，只要自己过得好就行了"这一选项，有两个职业身份的党员群体选择的比例较高，即农村外出务工党员和农业劳动者党员，比例分别为15.4%和7.1%。同时，还有14.3%的农业劳动者党员和9.4%商业服务业人员党员选择"说不清"，对这一问题的认识较模糊。

表8-26 不同职业共产党员对"国家兴亡，匹夫有责"的看法（2016）

职业	很有意义，国家兴亡关乎我们每个人（%）	比较认同，但没有切身行动（%）	不太认同，感觉离自己的现实生活很远（%）	完全不认同，只要自己过得好就行了（%）	说不清（%）	未选择（%）	有效样本量（人）
机关事业单位领导干部	82.0	12.4	2.6	0.5	2.6	0.0	194
机关事业单位办事人员和有关人员	72.7	19.4	4.0	0.8	2.8	0.4	253
科教文卫专业技术人员	77.3	15.3	5.3	1.3	0.7	0.0	150
企业管理人员	77.3	18.7	1.3	0.0	2.7	0.0	150
企业员工	65.8	22.9	6.2	1.1	3.6	0.4	275
商业服务业人员	75.0	6.3	9.4	0.0	9.4	0.0	32
私营企业主	42.1	47.4	5.3	0.0	5.3	0.0	19
个体从业人员	75.9	20.7	0.0	0.0	3.4	0.0	29
农业劳动者	42.9	35.7	0.0	7.1	14.3	0.0	14
农村外出务工人员	69.2	15.4	0.0	15.4	0.0	0.0	13
军人	89.3	3.6	3.6	0.0	3.6	0.0	56
其他	71.9	21.6	3.0	0.6	2.7	0.3	334

4. 共产党员对爱国与爱党、爱社会主义一致性的认知状况

如表 8—27 所示，对于"当今中国爱国与爱社会主义、爱中国共产党是一致的"这一说法，共产党员中有 84.2% 的人持肯定态度（"非常赞同"28.5%，"赞同"37.8%，"比较赞同"17.9%）。就各个选项分别进行统计，共产党员中有 28.5% 的人选择了"非常赞同"，比例明显高于共青团员（16.9%）、民主党派和无党派人士（16.8%）、普通群众（14.9%）等其他政治面貌群体；共产党员中有 37.8% 的人选择了"赞同"，比例明显高于普通群众（31.3%）、共青团员（29.9%）、民主党派和无党派人士（22.4%）等其他政治面貌群体。另外，选择"不赞同"的，共产党员中有 11.3%，比例明显低于民主党派和无党派人士（25.2%）、共青团员（21.5%）、普通群众（18.6%）等其他政治面貌群体；选择"不清楚"的，共产党员中仅有 4.0%，比例明显低于民主党派和无党派人士（13.1%）、普通群众（12.1%）、共青团员（7.8%）等其他政治面貌群体。

表 8—27　不同政治面貌受访者对"当今中国爱国与爱社会主义、
爱中国共产党一致性"的态度（2016）

政治面貌	非常赞同（%）	赞同（%）	比较赞同（%）	不赞同（%）	不清楚（%）	未选择（%）	有效样本量（人）
共产党员	28.5	37.8	17.9	11.3	4.0	0.5	1536
共青团员	16.9	29.9	23.6	21.5	7.8	0.3	2256
民主党派和无党派人士	16.8	22.4	22.4	25.2	13.1	0.0	107
普通群众	14.9	31.3	22.6	18.6	12.1	0.6	2774

（1）不同年龄阶段共产党员对爱国与爱党、爱社会主义一致性的认知差异

如表 8—28 所示，对于"当今中国爱国与爱社会主义、爱中国共产党是一致的"这一说法，不同年龄阶段的共产党员中大部分人持肯定态度（包括"非常赞同""赞同"和"比较赞同"）。其中，20 岁以下党员作出上述选择的比例是 70.4%（"非常赞同"7.4%，"赞同"51.9%，"比较赞同"11.1%），20—29 岁党员比例是 78.8%（"非常赞同"24.3%，"赞同"34.1%，"比较赞同"20.4%），30—39 岁党员比例是 80.6%（"非常赞同"22.4%，"赞同"39.9%，"比较赞同"18.3%），40—49 岁党员比例是 89.4%（"非常赞同"33.0%，"赞同"37.0%，"比较赞同"19.4%），50—59 岁党员比例是 96.0%（"非常赞同"39.4%，"赞同"39.4%，

"比较赞同" 17.2%），60 岁及以上党员比例是 91.7%（"非常赞同" 40.5%，"赞同" 43.0%，"比较赞同" 8.2%）。通过比较发现，20 岁以下和 20—29 岁两个年龄阶段的党员作出上述选择的比例没有达到八成，低于其他较高年龄阶段党员接近或超过九成的比例。就"非常赞同"这一选项进行单独统计，共产党员对"当今中国爱国与爱社会主义、爱中国共产党是一致的"持非常肯定态度的比例总体上呈随年龄增长而不断提高的趋势。

对于"当今中国爱国与爱社会主义、爱中国共产党是一致的"这一说法，不同年龄阶段的共产党员持否定态度（选择"不赞同"）的比例分别为：20 岁以下党员 18.5%，20—29 岁党员 15.7%，30—39 岁党员 15.0%，40—49 岁党员 7.0%，50—59 岁党员 2.8%，60 岁及以上党员 3.8%。比较发现，20 岁以下、20—29 岁、30—39 岁三个年龄阶段的党员作出上述选择的比例，明显高于 40—49 岁、50—59 岁、60 岁及以上三个年龄阶段的党员。同时，共产党员对这一问题持否定态度的比例总体上呈随年龄增长而不断降低的趋势。

表 8–28　不同年龄共产党员对"当今中国爱国与爱社会主义、
爱中国共产党一致性"的态度（2016）

年龄	非常赞同（%）	赞同（%）	比较赞同（%）	不赞同（%）	不清楚（%）	未选择（%）	有效样本量（人）
20 岁以下	7.4	51.9	11.1	18.5	7.4	3.7	27
20—29 岁	24.3	34.1	20.4	15.7	5.4	0.0	534
30—39 岁	22.4	39.9	18.3	15.0	3.6	0.8	361
40—49 岁	33.0	37.0	19.4	7.0	3.7	0.0	273
50—59 岁	39.4	39.4	17.2	2.8	1.1	0.0	180
60 岁及以上	40.5	43.0	8.2	3.8	2.5	1.9	158

（2）不同受教育程度共产党员对爱国与爱党、爱社会主义一致性的认知差异

如表 8–29 所示，对于"当今中国爱国与爱社会主义、爱中国共产党是一致的"这一说法，不同受教育程度的共产党员中大部分人持肯定态度（包括"非常赞同""赞同"和"比较赞同"）。其中，没上过学的党员持肯定态度的比例是 80.0%（"非常赞同" 40.0%，"赞同" 40.0%，"比较赞同" 0%），小学学历党员比例是 84.7%（"非常赞同" 38.5%，"赞同" 46.2%，"比较赞同" 0%），初中学历

党员比例是 94.4%（"非常赞同" 33.8%，"赞同" 50.7%，"比较赞同" 9.9%），高中学历党员比例是 91.9%（"非常赞同" 35.4%，"赞同" 43.5%，"比较赞同" 13.0%），大学专科学历党员比例是 86.0%（"非常赞同" 30.8%，"赞同" 37.0%，"比较赞同" 18.2%），大学本科学历党员比例是 82.5%（"非常赞同" 27.2%，"赞同" 36.3%，"比较赞同" 19.0%），硕士研究生及以上学历党员比例是 79.6%（"非常赞同" 23.0%，"赞同" 35.5%，"比较赞同" 21.1%）。

对于"当今中国爱国与爱社会主义、爱中国共产党是一致的"这一说法，不同受教育程度的共产党员持否定态度（选择"不赞同"）的比例分别为：没上过学的党员（仅有 5 个样本）20.0%，小学学历党员 0.0%，初中学历党员 1.4%，高中学历党员 3.1%，大学专科学历党员 8.6%，大学本科学历党员 13.5%，硕士研究生及以上学历党员 16.8%。

通过比较，值得注意的是，大学专科、大学本科、硕士研究生及以上三个不同受教育程度党员群体，对"当今中国爱国与爱社会主义、爱中国共产党是一致的"持"非常赞同"态度的比例低于其他不同受教育程度的党员群体；相反，持"不赞同"态度的比例高于其他不同受教育程度的党员群体。

表 8-29　不同受教育程度共产党员对"当今中国爱国与爱社会主义、爱中国共产党一致性"的态度

受教育程度	非常赞同（%）	赞同（%）	比较赞同（%）	不赞同（%）	不清楚（%）	未选择（%）	有效样本量（人）
没上过学	40.0	40.0	0.0	20.0	0.0	0.0	5
小学	38.5	46.2	0.0	0.0	7.7	7.7	13
初中	33.8	50.7	9.9	1.4	2.8	1.4	71
高中	35.4	43.5	13.0	3.1	4.3	0.6	161
大学专科	30.8	37.0	18.2	8.6	5.1	0.3	292
大学本科	27.2	36.3	19.0	13.5	3.7	0.4	736
硕士研究生及以上	23.0	35.5	21.1	16.8	3.5	0.0	256

（3）不同就业状况共产党员对爱国与爱党、爱社会主义一致性的认知差异

如表 8-30 所示，对于"当今中国爱国与爱社会主义、爱中国共产党是一致

的"这一说法,不同就业状况的共产党员中大部分人持肯定态度(包括"非常赞同""赞同"和"比较赞同")。其中,在职党员作出上述选择的比例是84.7%("非常赞同"27.7%,"赞同"38.4%,"比较赞同"18.6%),离退休党员的比例是93.1%("非常赞同"39.3%,"赞同"41.7%,"比较赞同"12.1%),学生党员的比例是76.0%("非常赞同"24.4%,"赞同"30.9%,"比较赞同"20.7%),无业、失业党员的比例是66.7%("非常赞同"9.5%,"赞同"42.9%,"比较赞同"14.3%)。通过比较发现,无业、失业党员和学生党员持肯定态度的比例明显低于离退休党员和在职党员。针对"非常赞同"这一选项进行统计,无业、失业党员作出这一选择的比例则明显低于其他就业状况的党员群体。

对于"当今中国爱国与爱社会主义、爱中国共产党是一致的"这一说法,不同受教育程度的共产党员持否定态度(选择"不赞同")的比例分别为:在职党员11.0%,离退休党员2.9%,学生党员20.3%,无业、失业党员19.0%。比较可见,学生党员和无业、失业党员对此持否定态度的比例明显高于其他就业状况的党员群体。

表8—30 不同就业状况共产党员对"当今中国爱国与
爱社会主义、爱中国共产党一致性"的态度

就业状况	非常赞同（%）	赞同（%）	比较赞同（%）	不赞同（%）	不清楚（%）	未选择（%）	有效样本量（人）
在职	27.7	38.4	18.6	11.0	4.1	0.3	1011
离退休	39.3	41.7	12.1	2.9	2.4	1.5	206
学生	24.4	30.9	20.7	20.3	3.2	0.5	217
无业、失业	9.5	42.9	14.3	19.0	14.3	0.0	42
其他	35.7	37.5	16.1	7.1	3.6	0.0	56

(4)不同职业共产党员对爱国与爱党、爱社会主义一致性的认知差异

如表8—31所示,对于"当今中国爱国与爱社会主义、爱中国共产党是一致的"这一说法,不同职业的共产党员大部分持肯定态度(包括"非常赞同""赞同"和"比较赞同")。其中,机关事业单位领导干部党员作出上述选择的比例是91.2%("非常赞同"35.6%,"赞同"41.2%,"比较赞同"14.4%),机关事业单位办事人员和有关人员党员的比例是84.5%("非常赞同"23.7%,"赞

同"37.5%,"比较赞同"23.3%),科教文卫专业技术人员党员的比例是88.0%("非常赞同"33.3%,"赞同"38.0%,"比较赞同"16.7%),企业管理人员党员的比例是86.0%("非常赞同"35.3%,"赞同"38.0%,"比较赞同"12.7%),企业员工党员的比例是77.1%("非常赞同"18.2%,"赞同"35.3%,"比较赞同"23.6%),商业服务业人员党员的比例是84.4%("非常赞同"37.5%,"赞同"46.9%,"比较赞同"0%),私营企业主党员的比例是84.3%("非常赞同"5.3%,"赞同"63.2%,"比较赞同"15.8%),个体从业者党员的比例是86.1%("非常赞同"24.1%,"赞同"51.7%,"比较赞同"10.3%),农业劳动者党员的比例是100%("非常赞同"7.1%,"赞同"78.6%,"比较赞同"14.3%),农村外出务工党员的比例是92.4%("非常赞同"30.8%,"赞同"46.2%,"比较赞同"15.4%),军人党员的比例是87.4%("非常赞同"57.1%,"赞同"23.2%,"比较赞同"7.1%)。

而选择"不赞同"这一选项的,企业员工党员的比例是16.4%,私营企业主党员的比例是15.8%,相比其他职业身份的党员群体而言比例较高。

表8-31　不同职业共产党员对"当今中国爱国与爱社会主义、
爱中国共产党一致性"的态度(2016)

职业	非常赞同(%)	赞同(%)	比较赞同(%)	不赞同(%)	不清楚(%)	未选择(%)	有效样本量(人)
机关事业单位领导干部	35.6	41.2	14.4	5.7	2.6	0.5	194
机关事业单位办事人员和有关人员	23.7	37.5	23.3	9.1	5.5	0.8	253
科教文卫专业技术人员	33.3	38.0	16.7	9.3	2.7	0.0	150
企业管理人员	35.3	38.0	12.7	11.3	2.7	0.0	150
企业员工	18.2	35.3	23.6	16.4	5.5	1.1	275
商业服务业人员	37.5	46.9	0.0	6.3	9.4	0.0	32
私营企业主	5.3	63.2	15.8	15.8	0.0	0.0	19
个体从业人员	24.1	51.7	10.3	10.3	3.4	0.0	29
农业劳动者	7.1	78.6	14.3	0.0	0.0	0.0	14
农村外出务工人员	30.8	46.2	15.4	7.7	0.0	0.0	13
军人	57.1	23.2	7.1	5.4	7.1	0.0	56
其他	28.7	35.0	18.0	14.7	3.3	0.3	334

（二）共产党员在社会生活各个领域的道德状况调查数据

1. 共产党员的社会公德状况

（1）关于为人处世

关于为人处世，我们主要设置了"您对'己所不欲，勿施于人'为人处世态度的看法"（单选）和"您对'各人自扫门前雪，休管他人瓦上霜'为人处世态度的看法"（单选）两个问题，从中可以观测到共产党员在社会公德方面对于为人处世的认识和态度。

——共产党员对"己所不欲，勿施于人"为人处世态度的看法。如表8-32所示，对于"己所不欲，勿施于人"这种为人处世态度，共产党员持肯定态度（包括"非常同意"和"同意"）的比例是67.4%（"非常同意"31.4%，"同意"36.0%），共青团员持肯定态度的比例是75.8%（"非常同意"37.3%，"同意"38.5%），民主党派和无党派人士持肯定态度的比例是54.2%（"非常同意"22.4%，"同意"31.8%），普通群众持肯定态度的比例是54.8%（"非常同意"21.1%，"同意"33.7%）。共产党员在这一问题上持肯定态度的比例略低于共青团员，但明显高于民主党派和无党派人士，以及普通群众。

表 8-32　不同政治面貌受访者对"己所不欲，勿施于人"的看法（2016）

政治面貌	非常反对（%）	反对（%）	中立（%）	同意（%）	非常同意（%）	说不清（%）	未选择（%）	有效样本量（人）
共产党员	4.1	6.3	17.4	36.0	31.4	4.0	0.8	1536
共青团员	2.7	2.7	16.5	38.5	37.3	2.1	0.4	2256
民主党派和无党派人士	2.8	13.1	25.2	31.8	22.4	3.7	0.9	107
普通群众	3.1	6.5	24.4	33.7	21.1	9.9	1.2	2774

如表8-33所示，对于"己所不欲，勿施于人"这种为人处世态度，在职党员中持肯定态度（包括"非常同意"和"同意"）的比例是68.9%（"非常同意"31.8%，"同意"37.1%），离退休党员中持肯定态度的比例是51.9%（"非常同意"16.5%，"同意"35.4%），学生党员中持肯定态度的比例是80.6%（"非常同意"45.6%，"同意"35.0%），无业、失业党员中持肯定态度的比例是54.8%（"非常同意"23.8%，"同意"31.0%）。可见，学生党员、在职党员对"己所不欲，勿施于人"肯定和认同的比例高于无业、失业党员和离退休党员。

表8—33　不同就业状况共产党员对"己所不欲，勿施于人"的态度（2016）

就业状况	非常反对（％）	反对（％）	中立（％）	同意（％）	非常同意（％）	说不清（％）	未选择（％）	有效样本量（人）
在职	3.1	5.7	17.8	37.1	31.8	3.8	0.7	1011
离退休	11.2	12.1	15.5	35.4	16.5	7.8	1.5	206
学生	2.8	1.4	14.3	35.0	45.6	0.9	0.0	217
无业、失业	2.4	11.9	21.4	31.0	23.8	7.1	2.4	42
其他	3.6	10.7	25.0	28.6	26.8	5.4	0.0	56

——共产党员对"各人自扫门前雪，休管他人瓦上霜"为人处世态度的看法。如表8—34所示，对于"各人自扫门前雪，休管他人瓦上霜"这种为人处世态度，共产党员持否定态度（包括"非常反对"和"反对"）的比例是61.6%（"非常反对"18.8%，"反对"42.8%），共青团员持否定态度的比例是54.1%（"非常反对"14.6%，"反对"39.5%），民主党派和无党派人士持否定态度的比例是37.4%（"非常反对"11.2%，"反对"26.2%），普通群众持否定态度的比例是47.1%（"非常反对"12.6%，"反对"34.5%）。可见，共产党员对"各人自扫门前雪，休管他人瓦上霜"持否定态度的比例均高于共青团员、民主党派和无党派人士、普通群众等其他政治面貌群体。

表8—34　不同政治面貌受访者对"各人自扫门前雪，休管他人瓦上霜"的态度（2016）

政治面貌	非常反对（％）	反对（％）	中立（％）	同意（％）	非常同意（％）	说不清（％）	未选择（％）	有效样本量（人）
共产党员	18.8	42.8	29.0	5.3	1.2	2.3	0.5	1536
共青团员	14.6	39.5	36.2	5.1	1.6	2.8	0.2	2256
民主党派和无党派人士	11.2	26.2	33.6	20.6	4.7	3.7	0.0	107
普通群众	12.6	34.5	35.5	8.7	2.3	5.8	0.6	2774

如表8—35所示，对于"各人自扫门前雪，休管他人瓦上霜"这种为人处世态度，20岁以下党员中持否定态度（包括"非常反对"和"反对"）的比例是55.5%（"非常反对"18.5%，"反对"37.0%），20—29岁党员中持否定态度的

比例是 55.4%（"非常反对" 17.6%，"反对" 37.8%），30—39 岁党员中持否定态度的比例是 59.8%（"非常反对" 15.8%，"反对" 44.0%），40—49 岁党员中持否定态度的比例是 61.6%（"非常反对" 23.1%，"反对" 38.5%），50—59 岁党员中持否定态度的比例是 72.8%（"非常反对" 17.8%，"反对" 55.0%），60 岁及以上党员中持否定态度的比例是 75.9%（"非常反对" 23.4%，"反对" 52.5%）。其中，20 岁以下、20—29 岁、30—39 岁这三个年龄阶段的党员持否定态度的比例偏低，均未达到六成。另外，20 岁以下党员肯定"各人自扫门前雪，休管他人瓦上霜"为人处世态度（包括"同意"和"非常同意"）的比例达 18.5%（"同意" 11.1%，"非常同意" 7.4%），在所有年龄阶段的党员中比例最高。

表 8—35　不同年龄共产党员对"各人自扫门前雪，休管他人瓦上霜"的态度（2016）

年龄	非常反对（%）	反对（%）	中立（%）	同意（%）	非常同意（%）	说不清（%）	未选择（%）	有效样本量（人）
20 岁以下	18.5	37.0	22.2	11.1	7.4	0.0	3.7	27
20—29 岁	17.6	37.8	36.0	4.7	0.9	2.8	0.2	534
30—39 岁	15.8	44.0	32.1	3.6	1.9	1.9	0.6	361
40—49 岁	23.1	38.5	30.8	5.5	0.4	1.8	0.0	273
50—59 岁	17.8	55.0	12.8	9.4	1.1	3.3	0.6	180
60 岁及以上	23.4	52.5	15.2	4.4	1.3	1.9	1.3	158

（2）关于助人为乐

关于助人为乐，我们主要设置了"当有人倒在您面前，您会怎么做"（单选）和"您对'把失物还给失主是否应该索取报酬'这一问题的看法"（单选）两个问题，从中可以观测共产党员在社会公德方面对于助人为乐的看法和行为选择。

——共产党员面对他人需要救助时的行为选择。如表 8—36 所示，对于"当有人倒在您面前，您会怎么做"这一问题，共产党员中有 59.4% 的人选择"主动给予帮助、救助"，这一比例高于共青团员（49.7%）、民主党派和无党派人士（35.5%）和普通群众（40.2%）等其他政治面貌群体。选择"与己无关，装作没看见"或"围观、看热闹"的，共产党员有 2.9%（前者为 1.8%，后者为 1.1%），共青团员有 4.0%（前者为 2.7%，后者为 1.3%），民主党派和无党派人士有 25.2%

（前者为 15.9%,后者为 9.3%）,普通群众有 6.9%（前者为 4.8%,后者为 2.1%）。在不同政治面貌群体中,共产党员作出上述选择的比例最低。

表 8-36　不同政治面貌受访者"当有人倒在自己面前时"的行为选择（2016）

政治面貌	主动给予帮助、救助（%）	当有人救护时,自己会帮一把（%）	与己无关,装作没看见（%）	围观、看热闹（%）	其他（%）	未选择（%）	有效样本量（人）
共产党员	59.4	32.6	1.8	1.1	4.8	0.2	1536
共青团员	49.7	40.5	2.7	1.3	5.6	0.2	2256
民主党派和无党派人士	35.5	25.2	15.9	9.3	14.0	0.0	107
普通群众	40.2	43.5	4.8	2.1	8.8	0.6	2774

如表 8-37 所示,对于"当有人倒在您面前,您会怎么做"这一问题,私营企业主党员选择"主动给予帮助、救助"或"当有人救护时,自己会帮一把"的比例是 73.7%（前者 52.6%,后者 21.1%）,不足八成,在不同职业身份的党员群体中最低。同时,私营企业主党员选择"与己无关,装作没看见"或"围观、看热闹"的比例达 15.8%（前者 10.5%,后者 5.3%）,在不同职业身份的党员群体中最高。另外,军人党员选择"主动给予帮助、救助"的达 76.8%,这一比例遥遥领先于其他职业身份的党员。

表 8-37　不同职业共产党员"当有人倒在自己面前时"的行为选择（2016）

职业	主动给予帮助、救护（%）	当有人救护时,自己会帮一把（%）	与己无关,装作没看见（%）	围观、看热闹（%）	其他（%）	未选择（%）	有效样本量（人）
机关事业单位领导干部	63.9	28.9	3.1	0.0	3.6	0.5	194
机关事业单位办事人员和有关人员	61.3	32.8	1.6	1.2	2.8	0.4	253
科教文卫专业技术人员	57.3	34.7	2.0	0.7	5.3	0.0	150
企业管理人员	62.7	29.3	2.0	0.7	5.3	0.0	150
企业员工	54.9	35.3	2.2	1.1	6.2	0.4	275
商业服务业人员	59.4	28.1	0.0	0.0	12.5	0.0	32
私营企业主	52.6	21.1	10.5	5.3	10.5	0.0	19

续表

职业	主动给予帮助、救护（%）	当有人救护时，自己会帮一把（%）	与己无关，装作没看见（%）	围观、看热闹（%）	其他（%）	未选择（%）	有效样本量（人）
个体从业人员	27.6	62.1	0.0	3.4	6.9	0.0	29
农业劳动者	71.4	21.4	0.0	0.0	7.1	0.0	14
农村外出务工人员	30.8	61.5	0.0	7.7	0.0	0.0	13
军人	76.8	17.9	0.0	1.8	3.6	0.0	56
其他	58.7	33.8	1.2	1.5	4.8	0.0	334

——共产党员对"把失物还给失主是否应该索取报酬"的看法。如表8－38所示，对于"把失物还给失主是否应该索取报酬"这一问题，共产党员中有77.2%的人选择"不应该"或"别人索要，我不反对，但本人一定不要"（前者45.2%，后者32.0%），这一比例均高于共青团员的72.4%（前者39.8%，后者32.6%）、民主党派和无党派人士的64.4%（前者33.6%，后者30.8%）和普通群众的69.5%（前者39.2%，后者30.3%）。共产党员中有6.0%的人选择了"应该"，共青团员中对这一选择的比例是6.2%，民主党派和无党派人士的选择比例是8.4%，普通群众的选择比例是7.4%。其中，共产党员认为"把失物还给失主应该索取报酬"的比例在不同政治面貌群体里是最低的。

表8－38　不同政治面貌受访者对"把失物还给失主是否应该索取报酬"的看法（2016）

政治面貌	应该（%）	不应该（%）	别人索要，我不反对，但本人一定不要（%）	看情况而定（%）	说不清（%）	未选择（%）	有效样本量（人）
共产党员	6.0	45.2	32.0	13.3	3.1	0.4	1536
共青团员	6.2	39.8	32.6	18.4	2.9	0.1	2256
民主党派和无党派人士	8.4	33.6	30.8	20.6	4.7	1.9	107
普通群众	7.4	39.2	30.3	16.5	6.0	0.6	2774

如表8－39所示，对于"把失物还给失主是否应该索取报酬"这一问题，20岁以下党员中有11.1%的人选择"应该"索取报酬，在不同年龄阶段的党员

中比例最高。选择"不应该"索取报酬的，20岁以下党员比例为33.3%，20—29岁党员比例为37.8%，这两个年龄阶段的党员作此选择的比例低于其他年龄阶段的党员。另外，选择"不应该"或"别人索要，我不反对，但本人一定不要"的，20岁以下党员中有62.9%（前者33.3%，后者29.6%），20—29岁党员中有71.1%（前者37.8%，后者33.3%），30—39岁党员中有78.9%（前者46.8%，后者32.1%），40—49岁党员中有82.1%（前者45.1%，后者37.0%），50—59岁党员中有83.9%（前者52.8%，后者31.1%），60岁及以上党员中有80.4%（前者60.1%，后者20.3%）。可见，20岁以下、20—29岁、30—39岁三个年龄阶段的党员作此选择的比例均不足八成，低于更高年龄阶段的党员。

表8-39　不同年龄共产党员对"把失物还给失主是否应该索取报酬"的看法（2016）

年龄	应该（%）	不应该（%）	别人索要，我不反对，但本人一定不要（%）	看情况而定（%）	说不清（%）	未选择（%）	有效样本量（人）
20岁以下	11.1	33.3	29.6	18.5	3.7	3.7	27
20—29岁	6.9	37.8	33.3	18.4	3.4	0.2	534
30—39岁	5.0	46.8	32.1	13.0	2.5	0.6	361
40—49岁	2.6	45.1	37.0	11.7	3.3	0.4	273
50—59岁	7.2	52.8	31.1	6.1	2.8	0.0	180
60岁及以上	8.2	60.1	20.3	7.6	3.2	0.6	158

（3）关于见义勇为

关于见义勇为，我们主要设置了"银行女职员与持刀抢劫银行的歹徒英勇搏斗而受伤，您对这种行为的看法"（单选）和"当您看到小偷在公交车上行窃，您会如何处理"（单选）两个问题，从中可以观测共产党员在社会公德方面对于见义勇为的认识和行为选择。

——共产党员对"银行女职员与持刀抢劫银行的歹徒英勇搏斗而受伤"的看法。如表8-40所示，对"银行女职员与持刀抢劫银行的歹徒英勇搏斗而受伤"从价值上给予肯定的（即认为"很崇高""很钦佩""很高尚"）受访者，共产党员为86.4%（前者27.5%，中间者52.1%，后者6.8%），共青团员为83.6%（前者12.2%，中间者59.9%，后者11.5%），民主党派和无党派人士为75.7%（前者 13.1%,中间者 51.4%,后者 11.2%),普通群众为 81.3%(前者 15.8%,中间者 54.1%,后者 11.4%)。其中,共产党员作出上述选择的比例在不同政治面貌群体中最高。共产党员选择"我也会这样做"的有 27.5%,共青团员为 12.2%,民主党派和无党派人士为 13.1%,普通群众为 15.8%。可见,共产党员作出这一选择的比例明显高于其他社会群体。

另外,共产党员中选择"不愿意这样做"的比例是 6.8%,共青团员是 11.5%,民主党派和无党派人士是 11.2%,普通群众是 11.4%;共产党员中认为这种行为"不太值得,因为生命的意义高于一切"的比例是 8.8%,共青团员是 11.9%,民主党派和无党派人士是 15.0%,普通群众是 11.7%。可见,共产党员中作出上述两种选择的比例明显低于其他政治面貌群体。

表 8-40　不同政治面貌受访者对"银行女职员与持刀抢劫
银行的歹徒英勇搏斗而受伤"的看法(2016)

政治面貌	很崇高,我也会这样做(%)	很钦佩,但我不能肯定自己能做到(%)	很高尚,但我不愿意这样做(%)	太不值得,因为生命的意义高于一切(%)	说不清(%)	未选择(%)	有效样本量(人)
共产党员	27.5	52.1	6.8	8.8	4.4	0.4	1536
共青团员	12.2	59.9	11.5	11.9	4.3	0.3	2256
民主党派和无党派人士	13.1	51.4	11.2	15.0	7.5	1.9	107
普通群众	15.8	54.1	11.4	11.7	6.5	0.5	2774

如表 8-41 所示,对于"银行女职员与持刀抢劫银行的歹徒英勇搏斗而受伤"这一现象,50—59 岁党员中有 42.2% 的人、60 岁及以上党员中有 50.0% 的人选择"很崇高,我也会这样做",其比例明显高于年龄阶段较低的党员。选择"很高尚,但我不愿意这样做"的,20 岁以下党员的比例是 11.1%,20—29 岁党员的比例是 9.0%,30—39 岁党员的比例是 7.8%,其比例明显高于更高年龄阶段的党员。另外,20—29 岁党员中有 11.4% 的人选择了"太不值得,因为生命的价值高于一切",其比例在各个不同年龄阶段党员中是最高的。

表 8−41　不同年龄共产党员对"银行女职员与持刀抢劫
银行的歹徒英勇搏斗而受伤"的看法（2016）

年龄	很崇高，我也会这样做（%）	很钦佩，但我不能肯定自己能做到（%）	很高尚，但我不愿意这样做（%）	太不值得，因为生命的价值高于一切（%）	说不清（%）	未选择（%）	有效样本量（人）
20 岁以下	29.6	51.9	11.1	3.7	3.7	0.0	27
20—29 岁	18.9	54.7	9.0	11.4	5.8	0.2	534
30—39 岁	21.6	58.4	7.8	7.5	4.2	0.6	361
40—49 岁	28.9	53.5	5.1	8.8	2.9	0.7	273
50—59 岁	42.2	44.4	2.8	7.2	3.3	0.0	180
60 岁及以上	50.0	35.4	4.4	5.1	4.4	0.6	158

如表 8−42 所示，认为"银行女职员与持刀抢劫银行的歹徒英勇搏斗而受伤"这种做法"很崇高，我也会这样做"的，军人党员中有 73.2%，农业劳动者党员中有 71.4%，农村外出务工党员中有 69.2%，其比例非常明显高于其他职业身份的党员群体。另外，商业服务业人员党员选择"我不愿意这样做"或"太不值得，因为生命的价值高于一切"的比例达 31.3%（前者 18.8%，后者 12.5%），在不同职业身份的所有党员群体中最高。

表 8−42　不同职业共产党员对"银行女职员与持刀抢劫
银行的歹徒英勇搏斗而受伤"的看法（2016）

职业	很崇高，我也会这样做（%）	很钦佩，但我不能肯定自己能做到（%）	很高尚，但我不愿意这样做（%）	太不值得，因为生命的价值高于一切（%）	说不清（%）	未选择（%）	有效样本量（人）
机关事业单位领导干部	31.4	53.1	4.1	6.7	4.1	0.5	194
机关事业单位办事人员和有关人员	26.1	54.5	7.5	8.7	2.0	1.2	253
科教文卫专业技术人员	25.3	57.3	8.0	5.3	4.0	0.0	150
企业管理人员	35.3	45.3	4.7	9.3	5.3	0.0	150

职业	很崇高，我也会这样做（%）	很钦佩，但我不能肯定自己能做到（%）	很高尚，但我不愿意这样做（%）	太不值得，因为生命的价值高于一切（%）	说不清（%）	未选择（%）	有效样本量（人）
企业员工	24.0	53.5	5.5	10.5	6.2	0.4	275
商业服务业人员	34.4	25.0	18.8	12.5	9.4	0.0	32
私营企业主	31.6	57.9	5.3	5.3	0.0	0.0	19
个体从业人员	27.6	55.2	13.8	0.0	3.4	0.0	29
农业劳动者	71.4	0.0	0.0	14.3	14.3	0.0	14
农村外出务工人员	69.2	30.8	0.0	0.0	0.0	0.0	13
军人	73.2	17.9	0.0	5.4	3.6	0.0	56
其他	15.3	60.2	9.0	11.1	4.2	0.3	334

——共产党员面对"小偷在公交车上行窃"时的行为选择。如表8—43所示，对于"当您看到小偷在公交车上行窃，您会如何处理"这一问题，选择采取躲避、听任等消极处理方式（即选择"装作没看见，尽快躲开"或"无阻止之力，只好听之任之"）的，共产党员中有7.1%（前者1.6%，后者5.5%），共青团员中有8.3%（前者2.5%，后者5.8%），民主党派和无党派人士中有11.2%（前者1.9%，后者9.3%），普通群众中有12.6%（前者3.7%，后者8.9%）。可见，共产党员作此选择的比例均低于其他政治面貌群体。

相反，选择采取各种积极处理方式（即选择"上前阻止""设法提醒被偷者""设法报警"）的，共产党员中有76.8%（前者12.0%，中间者43.4%，后者21.4%），共青团员中有72.1%（前者7.4%，中间者53.1%，后者11.6%），民主党派和无党派人士中有64.5%（前者11.2%，中间者31.8%，后者21.3%），普通群众中有63.3%（前者7.9%，中间者37.6%，后者17.8%）。可见，共产党员作出上述选择的比例是最高的。另外，有12.0%的共产党员明确表示面对行窃行为会直接"上前阻止"，这一比例也高于共青团员（7.4%）、民主党派和无党派人士（11.2%）、普通群众（7.9%）等其他政治面貌群体。

表8-43　不同政治面貌受访者"看到小偷在公交车上行窃"会如何处理（2016）

政治面貌	装作没看见，尽快躲开（%）	无阻止之力，只好听之任之（%）	先看看周围的人怎么做，再作决定（%）	上前阻止（%）	设法提醒被偷者（%）	设法报警（%）	其他（%）	未选择（%）	有效样本量（人）
共产党员	1.6	5.5	13.0	12.0	43.4	21.4	2.7	0.4	1536
共青团员	2.5	5.8	16.8	7.4	53.1	11.6	2.7	0.1	2256
民主党派和无党派人士	1.9	9.3	19.7	11.2	31.8	21.3	3.7	1.0	107
普通群众	3.7	8.9	18.0	7.9	37.6	17.8	5.6	0.5	2774

如表8-44所示，从职业身份看，对于"当您看到小偷在公交车上行窃，您会如何处理"这一问题，选择"上前阻止"的农业劳动者党员有50.0%，军人党员有41.1%，农村外出务工党员有30.8%，其比例非常明显地高于其他职业身份的党员群体。

表8-44　不同职业共产党员"看到小偷在公交车上行窃"会如何处理（2016）

职业	装作没看见，尽快躲开（%）	无阻止之力，只好听之任之（%）	先看看周围的人怎么做，再作决定（%）	上前阻止（%）	设法提醒被偷者（%）	设法报警（%）	其他（%）	未选择（%）	有效样本量（人）
机关事业单位领导干部	2.1	6.7	10.8	16.5	35.6	25.3	2.6	0.5	194
机关事业单位办事人员和有关人员	1.6	5.9	14.6	11.5	42.7	18.6	4.0	1.2	253
科教文卫专业技术人员	2.0	4.7	13.3	8.7	43.3	22.7	5.3	0.0	150
企业管理人员	1.3	5.3	8.7	14.7	44.0	22.0	3.3	0.7	150
企业员工	1.1	6.2	11.6	8.7	50.2	19.3	2.5	0.4	275
商业服务业人员	0.0	3.1	15.6	6.3	37.5	31.3	6.3	0.0	32
私营企业主	0.0	0.0	36.8	10.5	26.3	21.1	5.3	0.0	19
个体从业人员	3.4	0.0	13.8	3.4	37.9	37.9	3.4	0.0	29
农业劳动者	0.0	7.1	14.3	50.0	7.1	21.4	0.0	0.0	14
农村外出务工人员	0.0	7.7	15.4	30.8	38.5	7.7	0.0	0.0	13
军人	1.8	0.0	7.1	41.1	33.9	16.1	0.0	0.0	56
其他	1.8	6.0	14.7	7.5	47.0	21.6	1.2	0.3	334

如表8-45所示,从受教育程度看,对于"当您看到小偷在公交车上行窃,您会如何处理"这一问题,选择"上前阻止"的没上过学的党员有40.0%,小学学历的党员有30.8%,初中学历的党员有19.7%,高中学历的党员有14.3%,大学专科学历的党员有13.0%,大学本科学历的党员有11.1%,硕士研究生及以上学历的党员有8.2%。通过对比发现,这一比例随着党员受教育程度的提高而逐渐走低。

表8-45 不同受教育程度共产党员"看到小偷在公交车上行窃"会如何处理(2016)

受教育程度	装作没看见,尽快躲开(%)	无阻止之力,只好听之任之(%)	先看看周围的人怎么做,再作决定(%)	上前阻止(%)	设法提醒被偷者(%)	设法报警(%)	其他(%)	未选择(%)	有效样本量(人)
没上过学	0.0	0.0	0.0	40.0	20.0	40.0	0.0	0.0	5
小学	15.4	15.4	7.7	30.8	0.0	30.8	0.0	0.0	13
初中	2.8	8.5	7.0	19.7	40.8	21.1	0.0	0.0	71
高中	3.7	6.8	9.3	14.3	38.5	23.0	3.7	0.6	161
大学专科	1.0	4.1	11.6	13.0	40.1	26.7	2.7	0.7	292
大学本科	1.1	5.3	13.7	11.1	46.1	18.9	3.3	0.5	736
硕士研究生及以上	1.2	5.5	17.2	8.2	45.7	20.3	2.0	0.0	256

(4)关于保护环境

关于保护环境,我们主要设置了"您愿意过低碳、绿色生活吗"(单选)和"您在日常生活中通常会对垃圾进行细致分类吗"(单选)两个问题,从中可以看出共产党员在社会公德方面对于保护环境的思想意识和日常行为状况。

——共产党员关于"低碳、绿色生活"的思想意识状况。如表8-46所示,对于"您愿意过低碳、绿色生活吗"这一问题,选择"非常愿意"或"愿意"的共产党员有95.9%("非常愿意"55.7%,"愿意"40.2%),共青团员有94.6%("非常愿意"45.4%,"愿意"49.2%),民主党派和无党派人士有74.8%("非常愿意"29.9%,"愿意"44.9%),普通群众有89.4%("非常愿意"41.6%,"愿意"47.8%)。可见,共产党员中渴望低碳、绿色生活者的比例高于其他政治面貌群体。相反,选择"不愿意"或"不清楚"的共产党员的比例是3.6%("不愿意"1.9%，"不清楚"1.7%），共青团员的比例是5.2%（"不愿意"2.6%，"不清楚"2.6%），民主党派和无党派人士的比例是24.3%（"不愿意"16.8%，"不清楚"7.5%），普通群众的比例是10.2%（"不愿意"4.4%，"不清楚"5.8%）。可见，共产党员对低碳、绿色生活存在模糊认识或持消极态度的比例明显低于其他政治面貌群体。

表 8-46　不同政治面貌受访者是否愿意过低碳、绿色生活（2016）

政治面貌	非常愿意（%）	愿意（%）	不愿意（%）	不清楚（%）	未选择（%）	有效样本量（人）
共产党员	55.7	40.2	1.9	1.7	0.5	1536
共青团员	45.4	49.2	2.6	2.6	0.1	2256
民主党派和无党派人士	29.9	44.9	16.8	7.5	0.9	107
普通群众	41.6	47.8	4.4	5.8	0.5	2774

——共产党员在日常生活中对垃圾进行分类的实际状况。如表8-47所示，对于"您在日常生活中通常会对垃圾进行细致分类吗"这一问题，共产党员选择"经常"的比例是27.1%，与民主党派和无党派人士作此选择的比例（27.0）相当，高于共青团员（18.5%）和普通群众（20.7%）；共产党员中选择"从不"的比例是15.2%，低于共青团员（16.9%）、民主党派和无党派人士（20.7%）和普通群众（20.9%）。调查数据显示，共产党员在日常生活中"经常对垃圾进行细致分类"的比例不高，"从不进行细致分类"的比例不低。这说明共产党员对低碳、绿色生活的主观愿望还没有较普遍地落实到日常生活中和实际行动上。

表 8-47　不同政治面貌受访者在日常生活中是否通常对垃圾进行细致分类（2016）

政治面貌	经常（%）	偶尔（%）	从不（%）	未选择（%）	有效样本量（人）
共产党员	27.1	57.3	15.2	0.3	1536
共青团员	18.5	64.3	16.9	0.3	2256
民主党派和无党派人士	27.0	51.4	20.7	0.9	107
普通群众	20.7	57.7	20.9	0.7	2774

如表8-48所示，从年龄阶段看，对于"您在日常生活中通常会对垃圾进行细致分类吗"这一问题，选择"经常"的20岁以下党员18.5%，20—29岁党员

20.2%,30—39 岁党员 21.9%,40—49 岁党员 28.6%,50—59 岁党员 39.4%,60 岁及以上党员 48.1%。通过对比发现,这一比例呈现出随着党员的年龄增长而升高的趋势。另外,20 岁以下党员中有 29.6% 的人、20—29 岁党员中有 17.2% 的人选择"从不",是该项选择比例最高的两个年龄阶段的党员群体。

表 8−48　不同年龄共产党员在日常生活中是否通常对垃圾进行细致分类(2016)

年龄	经常(%)	偶尔(%)	从不(%)	未选择(%)	有效样本量(人)
20 岁以下	18.5	51.9	29.6	0.0	27
20—29 岁	20.2	62.5	17.2	0.0	534
30—39 岁	21.9	63.7	14.1	0.3	361
40—49 岁	28.6	57.1	13.9	0.4	273
50—59 岁	39.4	45.6	14.4	0.6	180
60 岁及以上	48.1	39.2	11.4	1.3	158

如表 8−49 所示,从就业状况看,对于"您在日常生活中通常会对垃圾进行细致分类吗"这一问题,选择"经常"的离退休党员为 44.7%,在职党员为 25.4%,这两个党员群体作此选择的比例明显高于学生党员(17.5%)和无业、失业党员(16.7%)群体。另外,有 26.2% 的无业、失业党员、17.1% 的学生党员选择"从不",在几个不同就业状况的党员群体中比例较高。

表 8−49　不同就业状况共产党员在日常生活中是否通常对垃圾进行细致分类(2016)

就业状况	经常(%)	偶尔(%)	从不(%)	未选择(%)	有效样本量(人)
在职	25.4	58.7	15.6	0.3	1011
离退休	44.7	44.2	10.7	0.5	206
学生	17.5	65.4	17.1	0.0	217
无业、失业	16.7	57.1	26.2	0.0	42
其他	39.3	50.0	8.9	1.8	56

2. 共产党员的职业道德状况

(1)关于从业目的

如表 8−50 所示,对于"您的从业目的"(单选)这一问题,共产党员选择"奉献社会"的比例是 17.9%，共青团员的比例是 10.5%，民主党派和无党派人士的比例是 9.3%，普通群众的比例是 5.9%。其中，共产党员的比例高于其他政治面貌群体，但也不足两成。有 66.7% 的共产党员的从业目的是"谋生养家"，这一比例与其他政治面貌群体大体相当。从业目的是"兴趣爱好"的共产党员的比例是 8.8%，低于共青团员（19.1%）、民主党派和无党派人士（18.7%）和普通群众（9.4%）。

表 8—50　不同政治面貌受访者的从业目的（2016）

政治面貌	奉献社会（%）	谋生养家（%）	兴趣爱好（%）	其他（%）	未选择（%）	有效样本量（人）
共产党员	17.9	66.7	8.8	6.2	0.4	1536
共青团员	10.5	55.8	19.1	13.7	0.8	2256
民主党派和无党派人士	9.3	66.4	18.7	4.7	0.9	107
普通群众	5.9	75.1	9.4	8.6	1.0	2774

如表 8—51 所示，从年龄阶段看，选择"奉献社会"这一从业目的的比例为：20 岁以下党员 22.2%，20—29 岁党员 15.7%，30—39 岁党员 14.4%，40—49 岁党员 16.8%，50—59 岁党员 17.2%，60 岁及以上党员 35.4%，其中 60 岁及以上和 20 岁以下党员比例较高。选择"谋生养家"这一从业目的的，30—39 岁党员比例为 72.0%，40—49 岁党员比例为 70.3%，50—59 岁党员比例为 73.3%，以上三个年龄阶段党员作此选择的比例明显高于其他年龄阶段的党员。

表 8—51　不同年龄共产党员的从业目的（2016）

年龄	奉献社会（%）	谋生养家（%）	兴趣爱好（%）	其他（%）	未选择（%）	有效样本量（人）
20 岁以下	22.2	59.3	11.1	7.4	0.0	27
20—29 岁	15.7	63.9	13.1	7.3	0.0	534
30—39 岁	14.4	72.0	8.6	4.7	0.3	361
40—49 岁	16.8	70.3	7.3	5.1	0.4	273
50—59 岁	17.2	73.3	3.9	5.0	0.6	180
60 岁及以上	35.4	52.5	1.9	8.2	1.9	158

（2）关于从业态度

如表8—52所示，对于"您的从业态度"（单选）这一问题，选择"爱岗敬业，精益求精"或"尽职尽责，做好分内之事"的共产党员有97.2%（前者43.6%，后者53.6%），共青团员是94.6%（其中前者36.6%，后者58.0%），民主党派和无党派人士为77.6%（其中前者31.8%，后者45.8%），普通群众为92.2%（其中前者24.4%，后者67.8%）。其中，共产党员作此选择的比例最高。相反，选择"马马虎虎，敷衍塞责"从业态度的比例，共产党员是1.1%，共青团员是1.4%，民主党派和无党派人士是17.8%，普通群众是2.7%。其中，共产党员作此选择的比例最低。

表8—52 不同政治面貌受访者的从业态度（2016）

政治面貌	爱岗敬业，精益求精（%）	尽职尽责，做好分内之事（%）	马马虎虎，敷衍塞责（%）	其他（%）	未选择（%）	有效样本量（人）
共产党员	43.6	53.6	1.1	1.3	0.4	1536
共青团员	36.6	58.0	1.4	3.4	0.7	2256
民主党派和无党派人士	31.8	45.8	17.8	3.7	0.9	107
普通群众	24.4	67.8	2.7	4.3	0.8	2774

如表8—53所示，从就业状况看，无业、失业的党员选择"爱岗敬业，精益求精"从业态度的比例为38.1%，低于在职党员（41.5%）、离退休党员（48.1%）和学生党员（50.2%）；无业、失业的党员选择"马马虎虎，敷衍塞责"从业态度的比例为7.1%，明显多于在职党员（0.3%）、离退休党员（1.5%）和学生党员（2.3%）。

表8—53 不同就业状况共产党员的从业态度（2016）

就业状况	爱岗敬业，精益求精（%）	尽职尽责，做好分内之事（%）	马马虎虎，敷衍塞责（%）	其他（%）	未选择（%）	有效样本量（人）
在职	41.5	56.6	0.3	1.2	0.4	1011
离退休	48.1	48.1	1.5	1.9	0.5	206
学生	50.2	46.1	2.3	0.9	0.5	217
无业、失业	38.1	52.4	7.1	2.4	0.0	42
其他	41.1	51.8	5.4	1.8	0.0	56

如表8-54所示,从职业身份看,私营企业主党员选择"爱岗敬业,精益求精"从业态度的比例是63.2%,军人党员是51.8%,企业管理人员党员是51.3%,高于其他职业身份的党员。另外,对于"马马虎虎,敷衍塞责"的从业态度,很多职业身份的党员群体没有选择(如商业服务业人员党员、私营企业主党员、农业劳动者党员、农村外出务工党员)或者选择的比例很低,个体从业人员党员作此选择的比例为3.4%,略高于其他职业身份的党员。

表8-54　不同职业共产党员的从业态度(2016)

职业	爱岗敬业,精益求精(%)	尽职尽责,做好分内之事(%)	马马虎虎,敷衍塞责(%)	其他(%)	未选择(%)	有效样本量(人)
机关事业单位领导干部	50.5	47.4	1.0	1.0	0.0	194
机关事业单位办事人员和有关人员	34.0	62.5	1.2	0.8	1.6	253
科教文卫专业技术人员	48.7	50.0	0.7	0.7	0.0	150
企业管理人员	51.3	47.3	0.7	0.7	0.0	150
企业员工	36.4	62.2	0.4	0.7	0.4	275
商业服务业人员	37.5	50.0	0.0	12.5	0.0	32
私营企业主	63.2	36.8	0.0	0.0	0.0	19
个体从业人员	27.6	65.5	3.4	3.4	0.0	29
农业劳动者	42.9	50.0	0.0	7.1	0.0	14
农村外出务工人员	38.5	61.5	0.0	0.0	0.0	13
军人	51.8	46.4	1.8	0.0	0.0	56
其他	47.0	48.8	2.1	1.8	0.3	334

3.共产党员的家庭美德状况

(1)对家庭美德的总体认知

如表8-55所示,在回答"您认为家庭生活中最需要坚持的道德规范是什么"(单选)这一问题时,有49.0%的共产党员选择"尊老爱幼",比例最高;30.8%选择"夫妻和睦",比例次之;另有9.6%选择"男女平等",6.0%选择"勤俭持家",2.8%选择"邻里团结"。另外,共产党员选择"尊老爱幼"的比例(49.0%)高于普通群众(41.6%)、共青团员(41.0%)、民主党派和无党派人士

（32.7%）等其他政治面貌群体；共产党员选择"不清楚"的比例为1.4%，低于普通群众（3.2%）、共青团员（3.0%）、民主党派和无党派人士（1.9%）等其他政治面貌群体。

表8-55　不同政治面貌受访者认为家庭生活中最需要坚持的道德规范（2016）

政治面貌	尊老爱幼（%）	男女平等（%）	夫妻和睦（%）	勤俭持家（%）	邻里团结（%）	不清楚（%）	未选择（%）	有效样本量（人）
共产党员	49.0	9.6	30.8	6.0	2.8	1.4	0.4	1536
共青团员	41.0	14.7	29.1	7.7	4.2	3.0	0.4	2256
民主党派和无党派人士	32.7	11.2	36.4	12.1	4.7	1.9	0.9	107
普通群众	41.6	11.5	32.3	7.0	3.7	3.2	0.8	2774

（2）关于长幼关系

如表8-56所示，对于"您认为当前家庭生活中儿女尽孝最应该做的是什么"（单选）这一问题，选择"赡养老人"或"尊重长辈"的共产党员有75.5%（前者39.8%，后者35.7%），共青团员作出上述选择的比例是72.5%（前者34.2%，后者38.3%），民主党派和无党派人士的比例是58.8%（前者28.0%，后者30.8%），普通群众的比例是71.3%（前者35.5%，后者35.8%）。其中，共产党员作此选择的比例最高。

表8-56　不同政治面貌受访者认为当前家庭生活中儿女尽孝最应该做的事（2016）

政治面貌	赡养老人（%）	尊重长辈（%）	顺从长者意愿（%）	追念先祖（%）	事业成功，回报父母（%）	其他（%）	未选择（%）	有效样本量（人）
共产党员	39.8	35.7	7.9	0.8	14.1	1.4	0.4	1536
共青团员	34.2	38.3	6.5	0.8	17.4	2.5	0.3	2256
民主党派和无党派人士	28.0	30.8	17.8	8.4	12.1	1.9	0.9	107
普通群众	35.5	35.8	10.3	1.4	13.5	2.7	0.8	2774

如表8-57所示，从年龄阶段看，在回答"您认为当前家庭生活中儿女尽孝最应该做的是什么"这一问题（单选）时，选择"赡养老人"或"尊敬长辈"的20

岁以下党员为59.2%（前者29.6%,后者29.6%）,20—29岁党员为73.4%（前者37.8%,后者35.6%）,30—39岁党员为80.1%（前者42.4%,后者37.7%）,40—49岁党员为79.1%（前者46.9%,后者32.2%）,50—59岁党员为71.7%（前者36.1%,后者35.6%）,60岁及以上党员为73.4%（前者34.8%,后者38.6%）。20岁以下党员作出上述选择的比例明显低于其他年龄阶段的党员。另外,20岁以下党员选择"顺从长者意愿"的比例为18.5%,明显高于其他年龄阶段的党员。

表8—57　不同年龄共产党员认为当前家庭生活中儿女尽孝最应该做的事（2016）

年龄	赡养老人（%）	敬重长辈（%）	顺从长者意愿（%）	追念先祖（%）	事业成功,回报父母（%）	其他（%）	未选择（%）	有效样本量（人）
20岁以下	29.6	29.6	18.5	3.7	11.1	7.4	0	27
20—29岁	37.8	35.6	7.5	1.1	16.7	1.1	0.2	534
30—39岁	42.4	37.7	6.4	0.6	10.5	2.2	0.3	361
40—49岁	46.9	32.2	8.4	0.4	10.3	1.5	0.4	273
50—59岁	36.1	35.6	8.9	0.0	18.3	0.6	0.6	180
60岁及以上	34.8	38.6	8.9	1.3	15.2	0.0	1.3	158

（3）关于邻里关系

如表8—58所示,在回答"您和邻居的关系状况如何"（单选）这一问题时,有44.2%的共产党员选择"邻里团结,互相帮助",高于共青团员（41.9%）、普通群众（37.4%）、民主党派和无党派人士（29.9%）等其他政治面貌群体。共产党员选择"互相认识,基本和气"的比例为39.8%,与共青团员（39.3%）和普通群众（41.7%）大体相当,高于民主党派和无党派人士（30.8%）。共产党员中有14.8%的人选择"认识但互不往来"或"互不认识"（前者9.6%,后者5.2%）,这一比例低于民主党派和无党派人士的29.9%（前者18.7%,后者11.2%）、普通群众的19.2%（前者11.9%,后者7.3%）和共青团员的17.6%（前者11.3%,后者6.3%）。仅有1.0%的共产党员选择了"关系紧张,有时争吵",这一比例与共青团员（0.8%）和普通群众（1.1%）大体相当,明显低于民主党派和无党派人士（8.4%）。

表 8-58　不同政治面貌受访者与邻居的关系状况（2016）

政治面貌	邻里团结，互相帮助（%）	相互认识，基本和气（%）	认识但互不往来（%）	互不认识（%）	关系紧张，有时争吵（%）	未选择（%）	有效样本量（人）
共产党员	44.2	39.8	9.6	5.2	1.0	0.3	1536
共青团员	41.9	39.3	11.3	6.3	0.8	0.4	2256
民主党派和无党派人士	29.9	30.8	18.7	11.2	8.4	0.9	107
普通群众	37.4	41.7	11.9	7.3	1.1	0.6	2774

如表 8-59 所示，从年龄阶段看，50 岁及以上的共产党员中过半数能够做到"邻里团结，互相帮助"，其中，60 岁及以上党员作这一选择的比例是 58.2%，50—59 岁党员选择的比例是 54.4%，均高于较低年龄阶段的党员。另外，20 岁以下党员中选择"互不认识"和"关系紧张，有时争吵"的比例均为 11.1%，均高于其他较高年龄阶段的党员。

表 8-59　不同年龄共产党员与邻居的关系状况（2016）

年龄	邻里团结，互相帮助（%）	相互认识，基本和气（%）	认识但互不往来（%）	互不认识（%）	关系紧张，有时争吵（%）	未选择（%）	有效样本量（人）
20 岁以下	37.0	33.3	7.4	11.1	11.1	0.0	27
20—29 岁	42.7	40.1	9.0	7.5	0.7	0.0	534
30—39 岁	37.7	44.3	11.1	6.4	0.3	0.3	361
40—49 岁	41.8	41.0	13.6	1.8	1.5	0.4	273
50—59 岁	54.4	32.8	7.8	3.9	0.6	0.6	180
60 岁及以上	58.2	35.4	3.8	0.6	1.3	0.6	158

如表 8-60 所示，从受教育程度看，大学专科及以上受教育程度的共产党员选择"邻里团结，互相帮助"的比例均不足五成，其中，大学专科为 38.4%，大学本科为 42.0%，硕士研究生及以上为 38.7%，均低于小学、初中、高中等较低受教育程度的党员。其中，小学为 69.2%，初中为 70.4%，高中为 60.9%。

表8-60　不同受教育程度共产党员与邻居的关系状况（2016）

受教育程度	邻里团结， 互相帮助 （%）	相互认识， 基本和气 （%）	认识但 互不往来 （%）	互不 认识 （%）	关系紧张， 有时争吵 （%）	未 选择 （%）	有效 样本量 （人）
没上过学	20.0	40.0	20.0	0.0	20.0	0.0	5
小学	69.2	7.7	7.7	7.7	7.7	0.0	13
初中	70.4	26.8	0.0	2.8	0.0	0.0	71
高中	60.9	29.8	4.3	4.3	0.6	0.0	161
大学专科	38.4	43.5	12.7	4.1	0.3	1.0	292
大学本科	42.0	41.2	10.5	5.3	1.0	0.1	736
硕士研究生及以上	38.7	43.0	9.4	7.4	1.6	0.0	256

如表8-61所示，从就业状况看，离退休党员能够做到"邻里团结，互相帮助"的比例达60.2%，明显高于学生党员（45.2%）、无业或失业党员（40.5%）和在职党员（40.2%）；离退休党员中与邻居"认识但互不往来"的占4.9%，与邻居"互不认识"的占1.5%，与邻居"关系紧张，有时争吵"的占0.5%，这些比例均低于其他就业状况的党员。另外，在无业、失业党员中有11.9%的人选择"认识但互不往来"，11.9%的人选择"互不认识"，4.8%的人选择"关系紧张，有时争吵"，其比例均高于其他就业状况的党员。

表8-61　不同就业状况共产党员与邻居的关系状况（2016）

就业状况	邻里团结， 互相帮助 （%）	相互认识， 基本和气 （%）	认识但 互不往来 （%）	互不 认识 （%）	关系紧张， 有时争吵 （%）	未 选择 （%）	有效 样本量 （人）
在职	40.2	41.7	11.2	5.8	0.8	0.3	1011
离退休	60.2	32.5	4.9	1.5	0.5	0.5	206
学生	45.2	41.5	6.9	5.5	0.9	0.0	217
无业、失业	40.5	31.0	11.9	11.9	4.8	0.0	42
其他	60.7	28.6	5.4	1.8	3.6	0.0	56

如表8-62所示，从职业身份看，不同职业身份的党员中选择"邻里团结，互相帮助"比例较高的有农村外出务工党员（76.9%）、军人党员（66.1%）、个体从业人员党员（62.1%）和农业劳动者党员（50.0%），其他职业身份的党员作出

这一选择的比例均未达半数。在不同职业身份的党员中,选择"关系紧张,有时争吵"的比例整体不高,甚至有些职业身份的党员群体无人选择这一选项,如科教文卫专业技术人员、企业管理人员、私营企业主、个体从业人员、农村外出务工人员、军人等;而商业服务业人员党员、农业劳动者党员作出这一选择的比例分别为9.4%和7.1%,相对高于其他职业身份党员。

表 8-62　不同职业共产党员与邻居的关系状况（2016）

职业	邻里团结,互相帮助（%）	相互认识,基本和气（%）	认识但互不往来（%）	互不认识（%）	关系紧张,有时争吵（%）	未选择（%）	有效样本量（人）
机关事业单位领导干部	49.5	37.1	7.2	5.7	0.5	0.0	194
机关事业单位办事人员和有关人员	36.0	42.7	13.0	5.5	1.6	1.2	253
科教文卫专业技术人员	42.0	46.0	8.0	4.0	0.0	0.0	150
企业管理人员	44.7	42.0	8.0	5.3	0.0	0.0	150
企业员工	39.3	41.8	13.1	4.7	0.7	0.4	275
商业服务业人员	46.9	28.1	6.3	9.4	9.4	0.0	32
私营企业主	26.3	57.9	5.3	10.5	0.0	0.0	19
个体从业人员	62.1	31.0	3.4	3.4	0.0	0.0	29
农业劳动者	50.0	42.9	0.0	0.0	7.1	0.0	14
农村外出务工人员	76.9	7.7	7.7	7.7	0.0	0.0	13
军人	66.1	21.4	1.8	10.7	0.0	0.0	56
其他	46.1	38.6	9.6	4.5	1.2	0.0	334

（4）关于婚恋关系

关于婚恋关系,我们主要设置了"您对社会上婚前性行为现象的态度如何"（单选）和"您对于社会上的婚外恋现象的态度如何"（单选）两个问题。

——共产党员对婚前性行为的态度。如表 8-63 所示,对于婚前性行为现象,有31.0%的共产党员认为这是不道德的,应给予道德上的否定性评价,这一比例高于共青团员、民主党派和无党派人士、普通群众等其他政治面貌群体。其中,选择"这是一种不道德的行为,坚决反对"的占18.4%,选择"不道德,自己不做,但可以理解"的占12.6%。共产党员对婚前性行为表示"坚决反对"的比例在不同政治面貌群体中也是最高的。共产党员中有 4.2% 的人选择"说不清"，这一比例在不同政治面貌群体中最低。

表 8-63　不同政治面貌受访者对婚前性行为的态度（2016）

政治面貌	这是一种不道德的行为，坚决反对（%）	不道德，自己不做，但可以理解（%）	只要真心相爱，不应指责（%）	只要两人同意，没有爱情也行（%）	属于个人隐私，不应评论（%）	说不清（%）	未选择（%）	有效样本量（人）
共产党员	18.4	12.6	29.0	3.4	32.0	4.2	0.3	1536
共青团员	7.7	13.6	32.6	5.4	34.4	5.9	0.5	2256
民主党派和无党派人士	12.1	15.0	29.0	14.0	23.4	5.6	0.9	107
普通群众	16.0	12.9	25.8	5.3	32.7	6.3	0.8	2774

如表 8-64 所示，从年龄看，60 岁及以上和 50—59 岁的共产党员认为"这是一种不道德的行为，坚决反对"的比例分别是 56.3% 和 36.1%，远高于较低年龄阶段的党员。作出这一选择的比例，30—39 岁的共产党员有 9.7%，20—29 岁的共产党员有 9.7%，20 岁以下的共产党员有 7.4%，三者均低于一成；20 岁以下的共产党员中有 11.1% 的人表示"说不清"，这一比例在不同年龄阶段党员群体中是最高的。

表 8-64　不同年龄共产党员受访者对婚前性行为的态度（2016）

年龄	这是一种不道德的行为，坚决反对（%）	不道德，自己不做，但可以理解（%）	只要真心相爱，不应指责（%）	只要两人同意，没有爱情也行（%）	属于个人隐私，不应评论（%）	说不清（%）	未选择（%）	有效样本量（人）
20 岁以下	7.4	25.9	33.3	0.0	22.2	11.1	0.0	27
20—29 岁	9.7	9.9	33.9	4.9	37.5	4.1	0.0	534
30—39 岁	9.7	13.6	31.3	4.2	36.6	4.4	0.3	361
40—49 岁	14.7	16.1	27.5	2.2	35.2	4.0	0.4	273
50—59 岁	36.1	16.1	21.7	0.0	22.2	3.3	0.6	180
60 岁及以上	56.3	7.6	17.7	2.5	10.8	4.4	0.6	158

如表 8-65 所示，从受教育程度看，认为婚前性行为"是一种不道德的行为，

坚决反对"的比例,硕士研究生及以上受教育程度的共产党员为 8.6%,大学本科为 13.6%,这两个受教育程度较高的党员群体作出上述选择的比例均低于其他受教育程度较低的党员群体。

表 8-65 不同受教育程度共产党员受访者对婚前性行为的态度（2016）

受教育程度	这是一种不道德的行为,坚决反对（%）	不道德,自己不做,但可以理解（%）	只要真心相爱,不应指责（%）	只要两人同意,没有爱情也行（%）	属于个人隐私,不应评论（%）	说不清（%）	未选择（%）	有效样本量（人）
没上过学	20.0	0.0	20.0	20.0	40.0	0.0	0.0	5
小学	53.8	7.7	15.4	0.0	23.1	0.0	0.0	13
初中	46.5	5.6	28.2	4.2	14.1	1.4	0.0	71
高中	34.8	13.7	22.4	0.0	21.1	8.1	0.0	161
大学专科	21.2	12.0	25.3	2.1	32.2	6.2	1.0	292
大学本科	13.6	13.3	32.3	3.9	33.2	3.5	0.1	736
硕士研究生及以上	8.6	13.3	29.3	5.1	41.0	2.7	0.0	256

——共产党员对婚外恋的态度。如表 8-66 所示,对于婚外恋现象,共产党员中有 65.5% 的人认为这"是一种不道德行为,坚决反对",这一比例高于共青团员的 57.0%、普通群众的 52.5%、民主党派和无党派人士的 35.5%,在不同政治面貌群体中比例最高。另外,共产党员中认为婚外恋"是满足情感的需要,应该认同"的占 2.3%,认为"属于个人隐私,不应受到谴责"的占 9.1%,选择"说不清"的占 5.6%,共产党员作出上述三种选择的比例均低于其他政治面貌群体。

表 8-66 不同政治面貌受访者对婚外恋行为的态度（2016）

政治面貌	是一种不道德行为,坚决反对（%）	可以理解,但不会做（%）	是满足情感的需要,应该认同（%）	属于个人隐私,不应受到谴责（%）	说不清（%）	未选择（%）	有效样本量（人）
共产党员	65.5	16.9	2.3	9.1	5.6	0.5	1536
共青团员	57.0	21.1	2.7	10.5	8.0	0.7	2256
民主党派和无党派人士	35.5	22.4	13.1	18.7	9.3	0.9	107
普通群众	52.5	18.8	3.7	15.1	9.2	0.8	2774

如表 8-67 所示,从年龄看,60 岁及以上共产党员中有 78.5% 的人认为婚外恋"是一种不道德行为,坚决反对",50—59 岁共产党员中持此态度的比例为 70.6%,40—49 岁共产党员这一比例为 59.3%,30—39 岁共产党员比例为 60.4%,20—29 岁共产党员比例为 68.7%,以上几个年龄阶段党员群体对婚外恋持反对态度的比例均比较高。20 岁以下共产党员作出上述选择的比例为 29.6%,相对较低;选择"说不清"的比例为 11.1%,相对较高。

表 8-67　不同年龄共产党员受访者对婚外恋行为的态度(2016)

年龄	是一种不道德行为,坚决反对(%)	可以理解,但不会做(%)	是满足情感的需要,应该认同(%)	属于个人隐私,不应受到谴责(%)	说不清(%)	未选择(%)	有效样本量(人)
20 岁以下	29.6	48.1	3.7	7.4	11.1	0.0	27
20—29 岁	68.7	15.5	2.1	7.7	5.8	0.2	534
30—39 岁	60.4	19.1	2.5	10.5	7.2	0.3	361
40—49 岁	59.3	17.9	3.7	13.6	4.4	1.1	273
50—59 岁	70.6	16.7	1.7	7.2	3.3	0.6	180
60 岁及以上	78.5	9.5	1.3	5.1	4.4	1.3	158

如表 8-68 所示,从受教育程度看,除 5 名没上过学的共产党员外,其他各不同受教育程度的共产党员中认为婚外恋"是一种不道德行为,坚决反对"的比例均在 60% 以上;认为婚外恋"应该认同""不应受到谴责"或表示"说不清"的,小学受教育程度的共产党员比例最高,达到 30.8%(其中,前者为 15.4%,中间者为 7.7%,后者为 7.7%)。

表 8-68　不同受教育程度共产党员受访者对婚外恋行为的态度(2016)

受教育程度	是一种不道德行为,坚决反对(%)	可以理解,但不会做(%)	是满足情感的需要,应该认同(%)	属于个人隐私,不应受到谴责(%)	说不清(%)	未选择(%)	有效样本量(人)
没上过学	40.0	40.0	0.0	20.0	0.0	0.0	5
小学	61.5	7.7	15.4	7.7	7.7	0.0	13
初中	66.2	16.9	8.5	7.0	1.4	0.0	71
高中	71.4	14.9	0.6	6.2	6.2	0.6	161
大学专科	66.1	14.0	3.1	8.6	6.8	1.4	292

续表

受教育程度	是一种不道德行为，坚决反对（%）	可以理解，但不会做（%）	是满足情感的需要，应该认同（%）	属于个人隐私，不应受到谴责（%）	说不清（%）	未选择（%）	有效样本量（人）
大学本科	63.6	19.2	2.2	9.4	5.4	0.3	736
硕士研究生及以上	67.2	14.8	0.8	11.3	5.5	0.4	256

　　如表8-69所示，从就业状况看，认为婚外恋"是一种不道德行为，坚决反对"的离退休党员有78.2%，比例最高；学生党员的比例为68.7%，次之；无业、失业党员作出这一选择的比例为54.8%，相对较低。认为婚外恋"是满足情感的需要，应该认同"或"属于个人隐私，不应受到谴责"的，无业、失业党员有23.8%（前者7.1%，后者16.7%），比例最高。

表8-69　不同就业状况共产党员受访者对婚外恋行为的态度（2016）

就业状况	是一种不道德行为，坚决反对（%）	可以理解，但不会做（%）	是满足情感的需要，应该认同（%）	属于个人隐私，不应受到谴责（%）	说不清（%）	未选择（%）	有效样本量（人）
在职	62.8	18.4	2.2	9.5	6.5	0.6	1011
离退休	78.2	10.2	2.4	4.9	3.4	1.0	206
学生	68.7	17.1	1.8	8.3	4.1	0.0	217
无业、失业	54.8	16.7	7.1	16.7	4.8	0.0	42
其他	66.1	16.1	3.6	10.7	3.6	0.0	56

　　如表8-70所示，从职业身份看，军人党员中有80.4%的人认为婚外恋"是一种不道德行为，坚决反对"，比例最高；私营企业主党员中有26.3%、农业劳动者党员中有35.7%的人持这种看法，两者比例较低；其他不同职业身份党员群体作出这一选择的比例均超过或接近六成（机关事业单位领导干部党员比例为58.8%）。认为婚外恋"是满足情感的需要，应该认同"或"属于个人隐私，不应受到谴责"的，农业劳动者党员中有50.0%（前者14.3%，后者35.7%），私营企业主党员中有36.8%（前者10.5%，后者26.3%），属于比例较高的两个群体，其次是机关事业单位领导干部党员，比例为17.0%（前者3.6%，后者13.4%）。

表8-70　不同职业共产党员受访者对婚外恋行为的态度（2016）

职业	是一种不道德行为，坚决反对（%）	可以理解，但不会做（%）	是满足情感的需要，应该认同（%）	属于个人隐私，不应受到谴责（%）	说不清（%）	未选择（%）	有效样本量（人）
机关事业单位领导干部	58.8	18.0	3.6	13.4	5.2	1.0	194
机关事业单位办事人员和有关人员	66.8	15.8	2.0	8.7	5.1	1.6	253
科教文卫专业技术人员	68.7	16.7	2.0	7.3	4.7	0.7	150
企业管理人员	62.7	16.7	2.7	10.0	8.0	0.0	150
企业员工	63.6	19.6	2.2	5.8	8.4	0.4	275
商业服务业人员	65.6	18.8	0.0	9.4	6.3	0.0	32
私营企业主	26.3	36.8	10.5	26.3	0.0	0.0	19
个体从业人员	65.5	13.8	3.4	6.9	10.3	0.0	29
农业劳动者	35.7	7.1	14.3	35.7	7.1	0.0	14
农村外出务工人员	69.2	23.1	0.0	7.7	0.0	0.0	13
军人	80.4	14.3	0.0	3.6	1.8	0.0	56
其他	70.1	15.3	1.8	9.0	3.9	0.0	334

4.共产党员的个人品德状况

（1）关于个人品德的基本要素

当被问及"一个有道德的人应具备哪些基本品德时"（至多选三项），如表8-71所示，不同政治面貌受访者选择"自律自省"的比例分别是：共产党员60.6%，共青团员56.8%，普通群众51.4%，民主党派和无党派人士39.3%；其中，共产党员作出这一选择的比例最高。此外，共产党员中有18.6%的人选择"尚荣知耻"，有12.5%的人选择"言行一致"。

表8-71　不同政治面貌受访者认为一个有道德的人应具备的基本品德（2016）

政治面貌	自省自律（%）	尚荣知耻（%）	言行一致（%）	忠诚（%）	无私（%）	仁爱（%）	勤奋（%）	勇敢（%）	诚信（%）	其他（%）	有效样本量（人）
共产党员	60.6	18.6	12.5	4.4	0.7	1.2	0.7	0.1	0.5	0.4	1536

续表

政治面貌	自省 自律 （%）	尚荣 知耻 （%）	言行 一致 （%）	忠诚 （%）	无私 （%）	仁爱 （%）	勤奋 （%）	勇敢 （%）	诚信 （%）	其他 （%）	有效 样本量 （人）
共青团员	56.8	20.1	13.1	5.3	1.0	1.6	0.5	0.1	0.4	0.4	2256
民主党派和 无党派人士	39.3	10.3	24.3	14.0	4.7	2.8	1.9	0.0	0.0	1.9	107
普通群众	51.4	17.2	16.3	7.4	1.5	2.2	0.9	0.1	0.7	1.5	2774

如表 8—72 所示，从年龄看，60 岁及以上共产党员中认为"自省自律"是一个有道德的人应具备的基本品德的比例是 63.3%，50—59 岁作出这一选择的比例是 53.3%，40—49 岁是 63.7%，30—39 岁是 64.3%，20—29 岁是59.9%，20 岁以下是 33.3%。20 岁以下党员作出这一选择的比例低于较高年龄阶段的共产党员。20 岁以下党员中选择"尚荣知耻"和"言行一致"的比例分别是 22.2% 和 18.5%，高于 20—29 岁的 19.9% 和 11.6%、30—39 岁的 20.2%和 11.1%、40—49 岁的 16.5% 和 11.0%、50—59 岁的 21.1% 和 15.6%、60 岁及以上的 10.8% 和 15.2%。

表 8—72　不同年龄共产党员受访者认为一个有道德的人应具备的基本品德（2016）

年龄	自省 自律 （%）	尚荣 知耻 （%）	言行 一致 （%）	忠诚 （%）	无私 （%）	仁爱 （%）	勤奋 （%）	勇敢 （%）	诚信 （%）	其他 （%）	未 选择 （%）	有效 样本量 （人）
20 岁以下	33.3	22.2	18.5	11.1	7.4	7.4	0.0	0.0	0.0	0.0	0.0	27
20—29 岁	59.9	19.9	11.6	5.2	0.4	1.7	0.9	0.0	0.2	0.2	0.0	534
30—39 岁	64.3	20.2	11.1	1.9	0.8	0.6	0.3	0.0	0.3	0.3	0.3	361
40—49 岁	63.7	16.5	11.0	4.4	0.0	1.8	0.7	0.4	0.7	0.4	0.4	273
50—59 岁	53.3	21.1	15.6	5.0	1.7	0.6	1.1	0.0	0.6	0.6	0.6	180
60 岁及以上	63.3	10.8	15.2	5.7	0.6	0.0	0.6	0.0	1.3	1.3	1.3	158

（2）关于现实生活的慎独自律

在被问及"当您在临时停车时不小心剐蹭到他人汽车，没有被发现，也未看到摄像头"时的选择,如表 8—73 所示,共产党员中有 84.5% 的人不是选择逃避,而是以不同方式主动承担责任(选择"原地等待车主"的有 14.8%,选择"主动留下个人联系方式,等车主与自己联系"的有 69.7%。这里需要说明的是,选择"其他"这一选项并不排除愿以其他方式承担责任的情形,下同),这一比例高于共青团员的 79.0%(前者 9.2%,后者 69.8%)、民主党派和无党派人士的 66.3%(前者 14.0%,后者 52.3%)、普通群众的 69.5%(前者 12.4%,后者 57.1%)。共产党员中仅有 6.0% 的人选择"赶紧开车离开现场",这一比例在不同政治面貌群体中最低(民主党派和无党派人士为 16.8%,普通群众为 11.3%,共青团员为 10.5%)。

表 8—73　不同政治面貌受访者"临时停车不小心剐蹭到他人汽车,没有被发现,也未看到摄像头"时的选择(2016)

政治面貌	原地等待车主(%)	主动留下个人联系方式,等车主与自己联系(%)	赶紧开车离开现场(%)	其他(%)	未选择(%)	有效样本量(人)
共产党员	14.8	69.7	6.0	9.0	0.6	1536
共青团员	9.2	69.8	10.5	10.0	0.5	2256
民主党派和无党派人士	14.0	52.3	16.8	14.0	2.8	107
普通群众	12.4	57.1	11.3	18.5	0.6	2774

如表 8—74 所示,从年龄看,20 岁以下共产党员中有 11.1% 的人选择"原地等待车主",66.7% 的人选择"主动留下个人联系方式,等车主与自己联系",两者比例之和为 77.8%;20—29 岁共产党员的这一比例是 80.7%(前者 11.2%,后者 69.5%);30—39 岁的比例是 85.3%(前者 12.7%,后者 72.6%);40—49 岁是 90.5%(前者 15.4%,后者 75.1%);50—59 岁是 85.0%(前者 15.6%,后者 69.4%);60 岁及以上是 85.4%(前者 29.1%,后者 56.3%)。其中,20 岁以下和 20—29 岁两个年龄阶段的共产党员中,这一比例稍低于更高年龄阶段的共产党员。另外,20 岁以下和 20—29 岁的共产党员中分别有 11.1% 和 9.4% 的人选择"赶紧开车离开现场",这一比例高于 30—39 岁的 5.5%、40—49 岁的 4.0%、50—59 岁的 1.7% 和 60 岁及以上的 2.5%。

表8-74 不同年龄共产党员受访者"临时停车不小心剐蹭到他人汽车，没有被发现，也未看到摄像头"时的选择（2016）

年龄	原地等待车主（%）	主动留下个人联系方式，等车主与自己联系（%）	赶紧开车离开现场（%）	其他（%）	未选择（%）	有效样本量（人）
20岁以下	11.1	66.7	11.1	11.1	0.0	27
20—29岁	11.2	69.5	9.4	9.6	0.4	534
30—39岁	12.7	72.6	5.5	8.9	0.3	361
40—49岁	15.4	75.1	4.0	5.1	0.4	273
50—59岁	15.6	69.4	1.7	12.8	0.6	180
60岁及以上	29.1	56.3	2.5	9.5	2.5	158

如表8-75所示，从受教育程度看，受教育程度为小学的共产党员中有15.4%的人选择"赶紧开车离开现场"，这一比例在不同受教育程度的共产党员中最高，其次是硕士研究生及以上学历的共产党员（7.8%）和大学本科学历的共产党员（6.4%），其他按降序排列依次为初中学历（5.6%）、大学专科学历（4.8%）和高中学历（3.1%）的共产党员。

表8-75 不同受教育程度共产党员受访者"临时停车不小心剐蹭到他人汽车，没有被发现，也未看到摄像头"时的选择（2016）

受教育程度	原地等待车主（%）	主动留下个人联系方式，等车主与自己联系（%）	赶紧开车离开现场（%）	其他（%）	未选择（%）	有效样本量（人）
没上过学	60.0	40.0	0.0	0.0	0.0	5
小学	69.2	15.4	15.4	0.0	0.0	13
初中	36.6	52.1	5.6	5.6	0.0	71
高中	24.8	62.7	3.1	8.7	0.6	161
大学专科	11.3	72.3	4.8	9.9	1.7	292
大学本科	12.0	70.9	6.4	10.3	0.4	736
硕士研究生及以上	10.5	75.8	7.8	5.9	0.0	256

如表8-76所示，从职业身份看，不同职业身份的共产党员中选择"原地等待车主"或"主动留下个人联系方式，等车主与自己联系"的比例分别为：机关

事业单位领导干部86.0%（前者18.0%,后者68.0%）；机关事业单位办事人员和有关人员79.8%（前者15.8%,后者64.0%）；科教文卫专业技术人员84.0%（前者21.3%,后者62.7%）；企业管理人员84.0%（前者10.0%,后者74.0%）；企业员工85.5%（前者11.3%,后者74.2%）；商业服务业人员71.9%（前者12.5%,后者59.4%）；私营企业主84.2%（前者15.8%,后者68.4%）；个体从业人员86.2%（前者6.9%,后者79.3%）；农业劳动者85.7%（前者71.4%,后者14.3%）；农村外出务工人员92.3%（前者7.7%,后者84.6%）；军人92.9%（前者25.0%,后者67.9%）。各个职业身份党员群体中作出如上选择的比例均超过七成。其中,军人党员（92.9%）和农村外出务工党员（92.3%）的比例较高,商业服务业人员党员的比例（71.9%）较低。此外,商业服务业人员党员有12.5%、私营企业主党员有10.5%的人选择"赶紧开车离开现场",是该项选择比例较高的两个职业身份党员群体。

表8-76　不同职业共产党员受访者"临时停车不小心剐蹭到他人汽车,没有被发现,也未看到摄像头"时的选择（2016）

职业	原地等待车主（%）	主动留下个人联系方式,等车主与自己联系（%）	赶紧开车离开现场（%）	其他（%）	未选择（%）	有效样本量（人）
机关事业单位领导干部	18.0	68.0	6.2	6.7	1.0	194
机关事业单位办事人员和有关人员	15.8	64.0	6.7	11.9	1.6	253
科教文卫专业技术人员	21.3	62.7	6.0	10.0	0.0	150
企业管理人员	10.0	74.0	4.7	10.7	0.7	150
企业员工	11.3	74.2	5.5	8.7	0.4	275
商业服务业人员	12.5	59.4	12.5	15.6	0.0	32
私营企业主	15.8	68.4	10.5	5.3	0.0	19
个体从业人员	6.9	79.3	3.4	10.3	0.0	29
农业劳动者	71.4	14.3	7.1	7.1	0.0	14
农村外出务工人员	7.7	84.6	7.7	0.0	0.0	13
军人	25.0	67.9	3.6	3.6	0.0	56
其他	10.8	75.4	6.0	7.5	0.3	334

（3）关于网络空间的克己守规

对于"在网络生活中可以随心所欲"这一观点,如表8—77所示,有77.4%的共产党员选择"反对",其比例高于共青团员（75.3%）、民主党派和无党派人士（69.2%）和普通群众（58.9%）。对这一观点持赞成态度的共产党员为9.4%（"非常赞同"2.0%,"赞同"7.4%）,其比例除略高于共青团员的9.1%（"非常赞同"1.7%,"赞同"7.4%）外,明显低于民主党派和无党派人士的16.8%（"非常赞同"2.8%,"赞同"14.0%）和普通群众的12.6%（"非常赞同"2.3%,"赞同"10.3%）。对这一观点认识模糊、选择"说不清"的共产党员为13.0%,其比例稍低于民主党派和无党派人士（13.1%）和共青团员（15.1%）,明显低于普通群众（27.7%）。

表8—77　不同政治面貌受访者对"在网络生活中可以随心所欲"的态度（2016）

政治面貌	非常赞同（%）	赞同（%）	反对（%）	说不清（%）	未选择（%）	有效样本量（人）
共产党员	2.0	7.4	77.4	13.0	0.3	1536
共青团员	1.7	7.4	75.3	15.1	0.4	2256
民主党派和无党派人士	2.8	14.0	69.2	13.1	0.9	107
普通群众	2.3	10.3	58.9	27.7	0.8	2774

如表8—78所示,从年龄看,对"在网络生活中可以随心所欲"观点持肯定态度（包括"非常赞同"和"赞同"）的比例,20岁以下党员25.9%（前者0.0%,后者25.9%）,其比例明显高于20—29岁党员的10.3%（前者2.8%,后者7.5%）、30—39岁党员的10.5%（前者1.4%,后者9.1%）、40—49岁党员的6.6%（前者1.1%,后者5.5%）、50—59岁党员的7.2%（前者2.2%,后者5.0%）和60岁及以上党员的7.6%（前者1.9%,后者5.7%）。对此观点持否定态度（选择"反对"）的比例,20岁以下党员66.7%,20—29岁党员78.1%,30—39岁党员75.1%,40—49岁党员79.1%,50—59岁党员80.6%,60岁及以上党员75.9%;其中,20岁以下党员中作此选择的比例最低。

表8－78　不同年龄共产党员受访者对"在网络生活中可以随心所欲"的态度（2016）

年龄	非常赞同（%）	赞同（%）	反对（%）	说不清（%）	未选择（%）	有效样本量（人）
20岁以下	0.0	25.9	66.7	7.4	0.0	27
20—29岁	2.8	7.5	78.1	11.6	0.0	534
30—39岁	1.4	9.1	75.1	14.1	0.3	361
40—49岁	1.1	5.5	79.1	13.9	0.4	273
50—59岁	2.2	5.0	80.6	11.1	1.1	180
60岁及以上	1.9	5.7	75.9	15.8	0.6	158

如表8－79所示，从受教育程度看，对"在网络生活中可以随心所欲"观点持肯定态度（包括"非常赞同"和"赞同"）的比例，没上过学的党员有20.0%（前者0.0%，后者20.0%），其他受教育程度党员中作此选择的比例分别是：小学23.1%（前者7.7%，后者15.4%），初中18.3%（前者4.2%，后者14.1%），高中12.4%（前者6.8%，后者5.6%），大学专科8.9%（前者0.7%，后者8.2%），大学本科8.3%（前者1.4%，后者6.9%），硕士研究生及以上7.4%（前者1.2%，后者6.2%）。从总体上看，随着受教育程度的提高，对此观点持赞成态度的比例逐渐降低。另外，对此观点持否定态度（选择"反对"）的比例，没上过学的党员有80.0%，小学受教育程度的党员有69.2%，其他受教育程度党员中作此选择的比例分别是：初中66.2%，高中69.6%，大学专科70.5%，大学本科79.9%，硕士研究生及以上86.3%。从总体上看，对此观点持否定态度的比例随受教育程度的提高而升高。

表8－79　不同共产党员受访者对"在网络生活中可以随心所欲"的态度（2016）

受教育程度	非常赞同（%）	赞同（%）	反对（%）	说不清（%）	未选择（%）	有效样本量（人）
没上过学	0.0	20.0	80.0	0.0	0.0	5
小学	7.7	15.4	69.2	7.7	0.0	13
初中	4.2	14.1	66.2	14.1	1.4	71
高中	6.8	5.6	69.6	18.0	0.0	161

受教育程度	非常赞同 （%）	赞同 （%）	反对 （%）	说不清 （%）	未选择 （%）	有效样本量 （人）
大学专科	0.7	8.2	70.5	19.5	1.0	292
大学本科	1.4	6.9	79.9	11.7	0.1	736
硕士研究生及以上	1.2	6.2	86.3	6.2	0.0	256

如表8-80所示，从就业状况看，对于"在网络生活中可以随心所欲"这种观点，持肯定态度的学生党员的比例为6.4%（"非常赞同"0.9%，"赞同"5.5%），在职党员为9.7%（"非常赞同"1.9%，"赞同"7.8%），离退休党员为7.7%（"非常赞同"2.4%，"赞同"5.3%），无业、失业党员为14.3%（"非常赞同"0.0%，"赞同"14.3%）；其中，无业、失业党员比例最高，学生党员比例最低。另外，对此观点持否定态度（选择"反对"）的比例，学生党员为88.0%，在职党员为76.3%，离退休党员为77.7%，无业、失业党员为73.8%；其中，学生党员比例最高，无业、失业党员比例最低。

表8-80　不同就业状况共产党员受访者对"在网络生活中可以随心所欲"的态度（2016）

就业状况	非常赞同 （%）	赞同 （%）	反对 （%）	说不清 （%）	未选择 （%）	有效样本量 （人）
在职	1.9	7.8	76.3	13.6	0.4	1011
离退休	2.4	5.3	77.7	14.1	0.5	206
学生	0.9	5.5	88.0	5.5	0.0	217
无业、失业	0.0	14.3	73.8	11.9	0.0	42
其他	5.4	8.9	58.9	26.8	0.0	56

如表8-81所示，从职业身份看，对于"在网络生活中可以随心所欲"这种观点，不同职业身份的党员群体持"反对"态度的比例由高到低依次为：科教文卫专业技术人员83.3%，机关事业单位领导干部79.4%，企业管理人员77.3%，军人75.0%，机关事业单位办事人员和有关人员73.9%，企业员工73.1%，商业服务业人员65.6%，农业劳动者64.3%，私营企业主63.2%，农村外出务工人员

53.8%,个体从业人员51.7%。其中,农村外出务工党员和个体从业人员党员作出上述选择的比例较低,刚刚过半。另外,不同职业身份的党员群体对此观点持赞同态度(包括"非常赞同"和"赞同")的比例由低到高依次为:科教文卫专业技术人员5.3%("非常赞同"1.3%,"赞同"4.0%),企业管理人员8.7%("非常赞同"0%,"赞同"8.7%),军人9.0%("非常赞同"3.6%,"赞同"5.4%),机关事业单位办事人员和有关人员9.9%("非常赞同"2.4%,"赞同"7.5%),企业员工10.6%("非常赞同"1.5%,"赞同"9.1%),机关事业单位领导干部10.9%("非常赞同"5.2%,"赞同"5.7%),个体从业人员13.7%("非常赞同"3.4%,"赞同"10.3%),私营企业主15.8%("非常赞同"5.3%,"赞同"10.5%),农业劳动者21.4%("非常赞同"0.0%,"赞同"21.4%),商业服务业人员21.9%("非常赞同"3.1%,"赞同"18.8%),农村外出务工人员30.8%("非常赞同"0.0%,"赞同"30.8%)。其中,职业身份为农业劳动者、商业服务业人员和农村外出务工人员的党员作此选择的比例较高,超过两成甚至三成。

表8-81　不同职业共产党员受访者对"在网络生活中可以随心所欲"的态度(2016)

职业	非常赞同(%)	赞同(%)	反对(%)	说不清(%)	未选择(%)	有效样本量(人)
机关事业单位领导干部	5.2	5.7	79.4	9.8	0.0	194
机关事业单位办事人员和有关人员	2.4	7.5	73.9	15.0	1.2	253
科教文卫专业技术人员	1.3	4.0	83.3	11.3	0.0	150
企业管理人员	0.0	8.7	77.3	14.0	0.0	150
企业员工	1.5	9.1	73.1	16.0	0.4	275
商业服务业人员	3.1	18.8	65.6	12.5	0.0	32
私营企业主	5.3	10.5	63.2	21.1	0.0	19
个体从业人员	3.4	10.3	51.7	34.5	0.0	29
农业劳动者	0.0	21.4	64.3	14.3	0.0	14
农村外出务工人员	0.0	30.8	53.8	7.7	7.7	13
军人	3.6	5.4	75.0	16.1	0.0	56
其他	0.9	5.1	85.3	8.7	0.0	334

第二节　共产党员道德现状及原因分析

调查显示,共产党员对为人民服务、爱国主义、集体主义、社会主义高度认同,在社会生活各个领域道德状况持续向好,共产党员道德建设取得显著成绩。同时,我们也应看到,共产党员在不同领域、不同方面以及内部不同群体之间的道德表现差异性较大,道德发展的平衡性、协调性有待提升。

一、共产党员道德建设所取得的主要成绩

(一)共产党员对社会主义道德系列重大问题高度认同

为人民服务是社会主义道德的核心,集体主义是社会主义道德的原则,爱国主义是社会主义道德的基本要求,以上既是社会主义道德的重大理论问题,又是社会主义道德的重大实践问题。对社会主义道德系列重大问题的认识体现着共产党员的价值准则和道德风貌,也决定着共产党员在道德领域的认知取向和行动选择。调查发现,不同年龄阶段、不同受教育程度、不同就业状况、不同职业身份的共产党员,对于为人民服务、集体主义、爱国主义等社会主义道德系列重大问题的认同程度总体处于高位。

1.对社会主义道德的核心"为人民服务"高度认同

为人民服务是中国共产党人把马克思主义基本原理与中国革命、建设、改革的具体实践相结合的伟大创造。为人民服务,不仅是坚持历史唯物主义的必然要求,是中国共产党践行的根本宗旨,也是社会主义道德观的集中体现,是包括广大共产党员在内的全体中国人民共同遵循的道德要求。为人民服务作为社会主义道德的核心,是社会主义道德区别和优越于其他社会形态道德的显著标志,它不仅是对共产党员和领导干部的要求,也是对广大群众的要求。调查发现,仅有极少部分(4.4%)共产党员在这个问题上含混不清,存在模糊认识;除此之外,绝大多数共产党员对于为人民服务的主体,即哪些人应该坚持为人民服务,有着清晰的认识,认为包括领导干部、普通共产党员、所有公职人员在内的全体公民都是为人民服务的主体,都应该坚持为人民服务,认同在社会主义国家里每个公民不论社会分工如何、能力大小,都能够在本职岗位上通过不同形式做到为

人民服务。

2. 对社会主义道德原则"集体主义"高度认同

集体主义作为社会主义道德的原则,是社会主义经济建设、政治建设、文化建设、社会建设和生态文明建设的必然要求。在社会主义社会,人民当家作主,国家利益、集体利益和个人利益根本上的一致性,使集体主义成为调节三者利益关系的重要原则。在"当个人利益与集体利益发生冲突时"的选择中(参见表8-17),仅有极少数共产党员选择"只考虑个人利益"(2.0%),少数共产党员"先考虑个人利益,再考虑集体利益"(13.1%),而近七成(69.8%)的共产党员选择"无条件服从集体利益"或"先考虑集体利益,再考虑个人利益",这一比例均大大高于民主党派和无党派人士、共青团员和普通群众,在不同政治面貌受访群体中比例最高。

3. 对爱国主义及爱国与爱党、爱社会主义的一致性高度认同

爱国是社会主义核心价值观的主要内容,也是社会主义道德的基本要求,是每个公民都应当承担的法律义务和道德责任,更是每一名共产党员的政治要求和行为准则。在对"国家兴亡,匹夫有责"的看法中(参见表8-22),除极少数共产党员选择"完全不认同,只要自己过得好就行了"(0.8%)、"不太认同,感觉离自己的现实生活很远"(3.8%)和"说不清"(2.9%)外,有92.3%的共产党员选择了"很有意义,国家兴亡关乎我们每个人"(73.6%"认同",18.7%"比较认同")。可见,绝大多数共产党员对爱国主义保持高度认同。

国家的命运和党的命运、社会主义的命运是密不可分的。只有坚持爱国和爱党、爱社会主义相统一,爱国主义才是鲜活的、真实的,这是当代中国爱国主义精神最重要的体现。坚定拥护社会主义,坚定拥护中国共产党的领导,是中华民族走向复兴,中国特色社会主义事业取得更大成就、走向伟大成功的必然选择,也是新时代爱国主义的必然要求和鲜明特征。当被问及对"当今中国爱国与爱社会主义、爱中国共产党是一致的"这种说法的态度时(参见表8-27),除少数共产党员表示"不赞同"(11.3%)或"不清楚"(4.0%)外,绝大多数共产党员表示"非常赞同"(28.5%)、"赞同"(37.8%)或"比较赞同"(17.9%),对此持肯定的态度。

(二)共产党员在社会生活各个领域道德状况持续较好

1. 社会公德状况

社会公德作为公共生活中的道德规范,是人们在社会交往和公共生活中应

当遵守的行为准则,是维护公共利益、公共秩序、社会和谐稳定的最基本的道德要求,涵盖了人与人、人与社会、人与自然之间的关系。社会公德建设是社会主义道德建设的基础性工程,共产党员应该带头遵守以文明礼貌、助人为乐、爱护公物、保护环境、遵纪守法为主要内容的社会公德。就社会公德状况,本次调查聚焦为人处世、助人为乐、见义勇为和保护环境等几个观测点,发现大多数共产党员已经成为社会公德的模范遵守者、忠实践行者和积极引领者。关于为人处世(参见表8-32、表8-34),多数(67.4%)共产党员对"己所不欲,勿施于人"持肯定态度(包括"非常同意"的31.4%、"同意"的36.0%);多数(61.6%)共产党员对"各人自扫门前雪,休管他人瓦上霜"持否定态度(包括"非常反对"的18.8%、"反对"的42.8%)。关于助人为乐,对"当有人倒在您面前,您会怎么做"这一问题(参见表8-36),除极少数(2.9%)共产党员表示无动于衷(选择"与自己无关,装作没看见"的1.8%、选择"围观、看热闹"的1.1%)外,多数(59.4%)共产党员表示愿意"主动给予帮助、救助";对"把失物还给失主是否应该索取报酬"这一问题(参见表8-38),除极少数(6.0%)共产党员表示"应该"外,大部分(77.2%)共产党员认为"不应该"(45.2%)或表示"本人一定不要"(32.0%)。关于见义勇为,对"银行女职员与持刀抢劫银行的歹徒英勇搏斗而受伤"的看法(参见表8-40),绝大多数(86.4%)共产党员认为"很崇高""很钦佩""很高尚",从价值上给予肯定,并有27.5%的共产党员明确表示"我也会这样做";对"当您看到小偷在公交车上行窃,您会如何处理"这一问题(参见表8-43),除少数(7.1%)共产党员选择采取"装作没看见,尽快躲开"(1.6%)、"无阻止之力,只好听之任之"(5.5%)等躲避、听任的消极处理方式外,大部分(76.8%)共产党员选择采取"上前阻止"(12.0%)、"设法提醒被偷者"(43.4%)、"设法报警"(21.4%)等各种积极处理方式。关于保护环境(参见表8-47、表8-46),尽管"在日常生活中通常会对垃圾进行细致分类"的共产党员的比例(27.1%)不是很高,但绝大多数(95.9%)共产党员表示"非常愿意"(55.7%)或"愿意"(40.2%)过低碳、绿色生活,表明绝大多数共产党员对绿色发展理念和环保措施的高度认同。

2.职业道德状况

随着现代社会分工的发展和专业化程度的提高,市场竞争日趋激烈,整个社会对从业人员职业观念、职业态度、职业纪律和职业作风的要求越来越高。共产党员应该带头遵守以爱岗敬业、诚实守信、办事公道、热情服务和奉献社会为主要内容的社会主义职业道德。本次调查聚焦了从业目的、从业态度、诚实守信等几个观测点。关于从业目的（参见表8—50），有66.7%的共产党员选择了"谋生养家"，但也有17.9%的共产党员选择了"奉献社会"，这一比例远高于共青团员（10.5%）、民主党派和无党派人士（9.3%）和普通群众（5.9%），在不同政治面貌的受访群体中比例最高。可见，在我国社会主义初级阶段人均收入较低的状况下，仍有相当数量的共产党员选择"奉献社会"这一体现社会主义职业道德最高目标指向的从业目的，在自己的岗位上兢兢业业地为社会和他人作贡献。关于从业态度（参见表8—52），除极少数（1.1%）共产党员选择"马马虎虎，敷衍塞责"外，绝大多数（97.2%）共产党员能够做到"爱岗敬业，精益求精"（43.6%）或"尽职尽责，做好分内之事"（53.6%），遵守社会主义职业道德规范，以实际行动践行社会主义核心价值观的要求。

3. 家庭美德状况

家庭美德是人们在婚姻家庭生活中应该遵循的道德准则，在维系和谐美满的婚姻家庭关系中具有重要而独特的功能。我国自古以来就倡导"老有所终，幼有所养"，崇尚尊老爱幼的良好家庭道德传统。子女要孝敬、赡养父母及长辈，父母要抚育、爱护子女，这不仅是每个公民必须遵守的道德准则，也是应尽的社会责任和法律义务。夫妻关系是家庭关系的核心，夫妻双方在男女平等基础上的互敬互爱、互助互让，形成和睦的夫妻关系是家庭稳定和谐幸福的基础。共产党员应该成为遵守以尊老爱幼、男女平等、夫妻和睦、勤俭持家、邻里互助为主要内容的社会主义家庭美德的模范。本次调查聚焦家庭生活中的长幼关系、婚恋关系、邻里关系等几个观测点，数据显示共产党员的家庭美德状况总体较好。当被问及"家庭生活中最需要坚持的道德规范是什么"这一问题时（参见表8—55），有49.0%的共产党员选择"尊老爱幼"，比例最高，30.8%的共产党员选择"夫妻和睦"，比例次之。可见，共产党员对于尊老爱幼、夫妻和睦在社会主义家庭美德中重要地位的肯定和认同。关于长幼关系，面对"您认为当前家庭生活中儿女尽孝最应该做的事是什么"这一问题（参见表8—56），大多数（75.5%）的共产党员选择"赡养老人"（39.8%）或"尊重长辈"（35.7%）。关于邻里关系（参见表8—58），有44.2%的共产党员能够做到"邻里团结，互相帮助"，有39.8%的共产党员表示与邻里"互相认识，基本和气"，共产党员中与邻里"认识但互不往来"（9.6%）或"互不认识"（5.2%）的是少数,与邻里"关系紧张,有时争吵"（1.0%）的更是极少数。可见,共产党员对邻里关系的处理呈现出团结、互助、和气的局面已经成为主流。对于婚前性行为现象的态度（参见表8－63）,共产党员中有18.4%的人认为婚前性行为"是一种不道德的行为,坚决反对",有12.6%的人表示这样做"不道德,自己不做,但可以理解"。可见,有31.0%的共产党员认为婚前性行为是不道德的,应给予道德上的否定性评价。对于社会上婚外恋现象的态度（参见表8－66）,多数（65.5%）的共产党员认为婚外恋"是一种不道德行为,坚决反对",其比例在不同政治面貌受访群体中最高,仅有极少数（2.3%）的共产党员认为婚外恋"是满足情感的需要,应该认同"。可见,多数共产党员认为家庭生活中夫妻双方应该情感专一、相互忠诚。

4.个人品德状况

个人品德在社会道德建设中具有基础性作用。在现实生活中,社会公德、职业道德和家庭美德的状况,最终都是以每个社会成员的道德品质为基础的。社会公德、职业道德和家庭美德建设,最终都要落实到个人品德的养成上。共产党员要自觉践行以爱国奉献、明礼遵规、勤劳善良、宽厚正直、自强自律为主要内容的个人品德,不断提升个人的道德修养和境界。在个人品德方面,本次调查我们选取了个人品德的基本要素、现实生活中能否做到慎独自律、网络虚拟空间里能否克己守规等几个观测点,数据分析发现共产党员在这些方面有令人可喜的表现。当被问及"一个有道德的人应具备哪些基本品德"时（参见表8－71）,60.6%的共产党员选择了"自律自省",共产党员作出这一选择的比例高于共青团员（56.8%）、普通群众（51.4%）、民主党派和无党派人士（39.3%）。可见,多数共产党员个人品德认知较好,认识到自律自省是一个有道德的人最应具备的素质之一,个人品德的提升离不开道德主体内部的自律自省。关于现实生活能否做到慎独自律,面对"当您在临时停车时不小心刷蹭到他人汽车,没有被发现,也未看到摄像头"时的选择（参见表8－73）,共产党员中有84.5%的人不是选择逃避,而是以"主动留下个人联系方式,等车主与自己联系"（69.7%）或"原地等待车主"（14.8%）等不同方式主动承担责任。面对网络生活和网络交往（参见表8－77）,有77.4%的共产党员对"在网络生活中可以随心所欲"的观点表示反对,大多数共产党员认为在网络虚拟空间中不可随心所欲,应该慎独自律、克己守规。

二、共产党员道德状况跟踪调查发现的不足

（一）共产党员模范带头作用的发挥距离社会大众的期待尚存较大差距

任何一个社会要想健康发展,都离不开道德的支撑,尤其需要一大批先进人物自觉承担"社会良知"的角色,推动社会合理秩序的构建,引领整个社会的道德风尚。在我国革命、建设、改革的不同历史时期,中国共产党就一直担当起这样的角色,承担着这样的使命。共产党员是社会成员中的先进分子,共产党员的思想观念、价值取向和道德水平,往往会对整个社会的道德状况,乃至社会的人心世道产生举足轻重的影响,社会大众也往往对共产党员的道德水平和模范带头作用的发挥有着较高的期待。2016年的调查数据显示,多数(66.5%)受访者对"共产党员的道德水平应该比一般群众高"这一说法表示"赞同"(43.5%)或"非常赞同"(23.0%)(参见表8—1)。特别是年长的受访者作出这一选择的比例更高,其中,60岁及以上的受访者为82.6%("非常赞同"42.1%,"赞同"40.5%),50—59岁的受访者为78.8%("非常赞同"38.4%,"赞同"40.4%),说明更多年长的公民对共产党员的道德水平有更高的期待(参见表8—2)。共产党员群体对于"共产党员的道德水平应该比一般群众高"这一观点也有较高(77.8%)的认可程度,共产党员中27.9%的人表示"非常赞同",49.9%的人表示"赞同",共产党员对此持肯定态度的比例明显高于其他政治面貌群体(参见表8—3)。

然而,共产党员的实际道德水平及模范带头作用的发挥带给社会大众的现实感受如何呢?调查发现,对于身边共产党员模范带头作用发挥效果的评价(参见图8—1),仅有6.8%的受访者表示"很好",23.7%的受访者表示"较好",还有相当比例(18.8%)的受访者认为"较差"(10.3%)或"很差"(8.5%),认为身边共产党员模范带头作用发挥"一般"的超过四成(45.0%)。可见,共产党员模范带头作用的发挥距离社会大众的期待尚存较大差距。

（二）共产党员在不同领域不同方面的道德状况发展不平衡

一个社会的整体道德面貌是通过社会公共生活、职业生活、家庭生活和个人生活等不同领域总体展现的,某一个领域的道德发展状况是社会整体道德面貌的反映和体现,但不能代表社会的整体道德面貌。只有社会各个不同领域的道德水平总体进步和平衡发展,才能实现社会整体道德面貌和道德风尚的提升。

就目前的调查发现,共产党员在社会生活不同领域的道德状况呈现出不平衡的发展样态,总体上看共产党员在家庭美德和个人品德方面优于社会公德和职业道德方面。共产党员对于家庭生活领域的尊老爱幼、夫妻和睦、邻里团结以及反对婚外恋等道德要求有着相对较高的认同,对于个人生活领域中个人品德的基本要素以及现实生活中的慎独自律、网络虚拟空间的克己守规等道德要求有着相对较高的道德认知和较好的行为选择。

在社会公共生活领域中,共产党员在助人为乐、见义勇为等方面表现不够积极、不够坚决。面对"当有人倒在您面前,您会怎么做"这一问题(参见表8-36),虽然多数(59.4%)共产党员表示愿意"主动给予帮助、救助",仅有极少数(2.9%)共产党员对此无动于衷,或选择"与自己无关,装作没看见"(1.8%),或选择"围观、看热闹"(1.1%),但是,仍有相当数量(32.6%)的共产党员表示"当有人救护时,自己会帮一把",把有人救助作为自己采取救助行为的前提条件,不愿意、不能够积极主动地带头给予帮助和施救,一旦出现没有其他人救助的情况,这些共产党员的行为选择就会有很大程度的不确定性,尽管他们内心的主观意愿是不想保持冷漠,但其客观的外在行为及其可能带来的实际效果,很有可能与无动于衷、消极漠视没有太大的区别。面对"银行女职员与持刀抢劫银行的歹徒英勇搏斗而受伤"的情况(参见表8-40),仅有不足三成(27.5%)的共产党员认为这种行为"很崇高"并明确表示自己"也会这样做",却有超过半数(52.1%)的共产党员虽然认为这种行为值得钦佩,但表示"不能肯定自己能做到",还有6.8%的共产党员虽然认为这种行为"很高尚",但明确表示自己"不愿意这样做",甚至有相当数量(8.8%)的共产党员以"生命的意义高于一切"为理由和说辞,认为这样做实在"太不值得"。面对"当您看到小偷在公交车上行窃,您会如何处理"(参见表8-43)这一问题,尽管有相当数量的共产党员能够采取"设法提醒被偷者"(43.4%)或"设法报警"(21.4%)等处理方式,以期对受害者施以帮助或将小偷绳之以法,但也有相当数量的共产党员保持观望,"先看看周围的人怎么做,再作决定"(13.0%),或保持放任,表示"无阻止之力,只好听之任之"(5.5%),甚至漠视躲避,"装作没看见,尽快躲开"(1.6%),仅有12.0%的共产党员能够积极主动地站出来,"上前阻止"这种不法行为。可见,有相当数量的共产党员面对违法犯罪行为不愿、不敢挺身而出,缺乏共产党员应有的与邪恶勇于斗争的精神、为国家和集体利益勇于献身的牺牲精神。另外,在保护环境方面,尽管多数共产党员表示"愿意过低碳、绿色生活",但是在日常生活中较少会对垃圾进行细致分类,并没有以自身的实际行动为环境保护作出应尽的贡献。

在职业生活领域,大部分(66.7%)共产党员仅仅把"谋生养家"作为自己的从业目的,仅有少数(17.9%)共产党员表示自己的从业目的是"奉献社会"(参见表8—50)。对于从业态度(参见表8—52),虽然仅有极少数(1.1%)共产党员选择"马马虎虎,敷衍塞责",但有超过半数(53.6%)的共产党员表示仅能做到"尽职尽责,做好分内之事",而只有不到半数(43.6%)的共产党员表示能够做到"爱岗敬业,精益求精"。可见,目前共产党员在职业生活领域表现出来的实际道德状况与共产党人应有的崇高职业理想、高尚的职业态度、良好的职业素养存在不小差距。

另外,人们的道德品质和道德面貌体现在知、情、意、信、行等多个方面,是道德认知、道德情感、道德意志、道德信念和道德行为的内在统一。因此,对共产党员的实际道德状况作出科学准确的判断,不仅要考察他们对于道德原则和道德规范的理解与认知,还要考察他们对于道德情感和道德信念的笃定与坚守,更要考察他们对道德原则和道德规范的遵守和践行。调查发现,共产党员在一些领域或方面很大程度上存在认知与行为不能统一、情感与意志相互脱节的现象。例如,面对"银行女职员与持刀抢劫银行的歹徒英勇搏斗而受伤"的情况(参见表8—40),绝大多数(86.4%)共产党员认为这种行为"很崇高""很钦佩""很高尚",从价值上给予肯定,表达了正确的道德认知和应有的道德情感,但是,仅有少数(27.5%)共产党员明确表示"我也会这样做",可见,能够把这种正确的道德认知和应有的道德情感转化为坚定的道德意志并最终落实到积极的道德行为上的则是少数。再如,有95.9%的共产党员认同低碳、绿色的环保理念并表示"非常愿意"(55.7%)或"愿意"(40.2%)过低碳、绿色的生活(参见表8—46),但也仅有少数(27.1%)共产党员在日常生活中能够"经常"做到对垃圾进行细致分类,多数(57.3%)共产党员仅能做到"偶尔"进行细致分类,甚至还有相当数量(15.2%)的共产党员"从不"对垃圾进行细致分类(参见表8—47),存在知、情与意、行不能统一的状况。

(三)不同共产党员群体之间道德发展的平衡性、协调性有待增强

为了分析和研究的需要,根据年龄阶段、受教育程度、就业状况、职业身份的

不同,我们又把共产党员这一社会群体内部划分为不同的党员群体(其间是有交叉的,因为每一名党员都有属于自己的年龄、受教育程度、就业状况和职业身份)。这些不同的党员群体面对同一道德问题的思想认识、价值取向及相关行为选择存在较大程度的差异,有些情况下即使是同一党员群体,其内部也会存在较大的差异与冲突。

1. 不同年龄阶段的党员群体

对"各人自扫门前雪,休管他人瓦上霜"这一为人处世态度的看法(参见表8-35),60岁及以上党员和50—59岁党员中持否定态度的比例分别是75.9%和72.8%,而20岁以下党员、20—29岁党员、30—39岁党员中持否定态度的比例分别是55.5%、55.4%和59.8%,比例偏低,均未达到六成,并且20岁以下党员对这种为人处世态度表示肯定和赞同的比例达18.5%,在所有年龄阶段的党员中比例最高。对"把失物还给失主是否应该索取报酬"这一问题(参见表8-39),60岁及以上和50—59岁共产党员中分别有60.1%和52.8%的人认为不应该索取报酬,在不同年龄阶段党员中属于比例最高的两个群体;20岁以下和20—29岁共产党员中分别有33.3%和37.8%的人认为不应该索取报酬,属于比例最低的两个群体。同时,20岁以下党员中有11.1%的人认为应该索取报酬,在不同年龄阶段的党员中比例最高。对于"银行女职员与持刀抢劫银行的歹徒英勇搏斗而受伤"的情况(参见表8-41),60岁及以上和50—59岁的共产党员中分别有50.0%和42.2%的人认为这种行为很崇高,并表示自己也会这样做,在不同年龄阶段的党员中比例最高;而20—29岁党员中认同这种行为的比例最低(18.9%),同时,20—29岁党员中有11.4%的人选择了"太不值得,因为生命的价值高于一切",其比例在各个不同年龄阶段党员中是最高的。对于在日常生活中是否会对垃圾进行细致分类的问题(参见表8-48),选择"经常"的不同年龄阶段党员的比例分别是:20岁以下18.5%,20—29岁20.2%,30—39岁21.9%,40—49岁28.6%,50—59岁39.4%,60岁及以上48.1%,这一比例随着党员年龄增长而升高。另外,20岁以下和20—29岁共产党员中分别有29.6%和17.2%的人从不对垃圾进行细致分类,属于比例最高的两个年龄阶段。关于邻里关系(参见表8-59),60岁及以上和50—59岁党员中分别有58.2%和54.4%的人能够做到"邻里团结,互相帮助",其比例均高于较低年龄阶段的党员,20岁以下党员中选择"互不认识"或"关系紧张,有时争吵"的比例均为

11.1%,高于其他年龄阶段的党员。关于婚前性行为(参见表8-64),60岁及以上和50—59岁的党员认为"这是一种不道德的行为,坚决反对"的比例分别是56.3%和36.1%,远远高于较低年龄的党员;作出这一选择的30—39岁、20—29岁和20岁以下党员的比例分别为9.7%、9.7%和7.4%,三者均低于10%。对于婚外恋的态度(参见表8-67),60岁及以上和50—59岁的党员中分别有78.5%和70.6%的人认为"是一种不道德行为,坚决反对",在不同年龄阶段中比例最高,而20岁以下党员作出上述选择的仅有29.6%,比例最低。当临时停车"不小心剐蹭到他人汽车,没有被发现,也未看到摄像头"时(参见表8-74),20岁以下和20—29岁的党员中分别有11.1%和9.4%的人选择"赶紧开车离开现场",这一比例在不同年龄阶段党员中最高。可见,就多个领域、多个方面呈现出的道德状况进行比较,老年党员(50岁及以上)表现相对较好,青年党员特别是不满30岁的党员表现不是十分令人满意,青年党员的道德教育任务、青年党员的道德建设工程更为紧迫和艰巨。

2. 不同受教育程度的党员群体

当"个人利益与集体利益发生冲突"时,不同受教育程度的党员群体中选择"只考虑个人利益"的比例分别为(参见表8-19):没上过学20.0%,小学7.7%,初中2.8%,高中3.1%,大学专科2.1%,大学本科2.0%,硕士研究生及以上0.4%,受教育程度较低的党员当个人利益与集体利益发生冲突时选择只考虑个人利益的比例相对较高,而受教育程度较高的党员这样选择的比例相对较低,并且从总体上看,随着受教育程度的提高这一比例呈下降趋势。另外,值得注意的是,对于"无条件服从集体利益"的选择比例相对较高的是受教育程度较低的党员,没上过学的党员中有40.0%的人作了这样的选择,高中是32.9%,初中是26.8%。相反,受教育程度较高的党员选择"无条件服从集体利益"的比例恰恰相对较低,大学专科是17.1%,大学本科是14.5%,硕士研究生及以上是6.6%,并且随着受教育程度的提高呈逐渐下降态势。同时,受教育程度较高的党员选择"说不清"的比例相对较高,大学专科是14.7%,大学本科是16.0%,硕士研究生及以上是16.4%,并且随着受教育程度的提高呈逐渐上升态势。对"当您看到小偷在公交车上行窃,您会如何处理"的回答(参见表8-45),选择积极主动"上前阻止"的不同受教育程度党员群体的比例分别为:没上过学40.0%,小学30.8%,初中19.7%,高中14.3%,大学专科13.0%,大学本科11.1%,硕士研究生及以上8.2%,

这一比例随着党员受教育程度的逐步提高而逐渐走低。关于邻里关系（参见表8—60），大学专科及以上受教育程度的共产党员中能够做到"邻里团结，互相帮助"的比例均不足五成，其中，大学专科为38.4%，大学本科为42.0%，硕士研究生及以上为38.7%，而作出这一选择的比例小学为69.2%，初中为70.4%，高中为60.9%，三个受教育程度较低的党员群体在邻里团结方面的道德表现明显好于三个受教育程度较高的党员群体。对于婚前性行为（参见表8—65），认为"这是一种不道德的行为，坚决反对"的不同受教育程度党员的比例分别为：小学53.8%，初中46.5%，高中34.8%，大学专科21.2%，大学本科13.6%，硕士研究生及以上8.6%，受教育程度较高的三个党员群体作出上述选择的比例明显低于其他受教育程度较低的党员群体。可见，就多个领域、多个方面呈现出的道德状况进行比较，在很多情况下不同受教育程度的党员之间差异性表现并不明显，受教育程度较高并不意味着道德水平就高，受教育程度较低也并不意味着道德水平就低，在有些情况下甚至恰恰形成反差。

3. 不同就业状况的党员群体

关于环境保护，在回答"您在日常生活中通常会对垃圾进行细致分类吗"这一问题时（参见表8—49），离退休党员中有44.7%的人选择了"经常"，远远高于在职党员、学生党员和无业、失业党员，10.7%的离退休党员选择了"从不"，低于其他就业状况的党员群体；无业、失业党员中仅有16.7%的人能够做到经常对垃圾进行细致分类，这一比例在不同就业状况党员群体中是最低的，同时，无业、失业党员中有26.2%的人从不对垃圾进行细致分类，这一比例又是最高的。关于从业态度（参见表8—53），无业、失业的党员选择"爱岗敬业，精益求精"的比例为38.1%，这一比例在不同就业状况党员群体中最低；同时，有7.1%的无业、失业党员选择了"马马虎虎，敷衍塞责"，这一比例又远远高于其他就业状况的党员群体。关于邻里关系（参见表8—61），多数（60.2%）离退休党员邻里关系处理得比较融洽，能够做到"邻里团结，互相帮助"，这一比例远远高于其他就业状况的党员群体；离退休党员中仅有很少人（6.4%）与邻居"认识但互不往来"（4.9%）或"互不认识"（1.5%），与邻居"关系紧张，有时争吵"的更是极少数（0.5%），这些比例均低于其他就业状况的党员群体。在无业、失业党员中有23.8%的人与邻居"认识但互不往来"（11.9%）或根本"互不认识"（11.9%），还有4.8%的人与邻居"关系紧张，有时争吵"，其比例均高于其他就业状况的党员群体。对于婚外恋的态度（参见表 8-69），认为婚外恋是一种不道德的行为并表示坚决反对的,离退休党员的比例（78.2%）最高,无业、失业党员中比例（54.8%）最低,而认为婚外恋是满足情感的需要并表示应该认同的或认为不应该受到谴责的,在无业、失业党员中的比例分别为 7.1% 和 16.7%,在不同就业状况党员群体中比例是最高的。比较发现,离退休党员群体的道德状况相对较好,无业、失业党员群体的道德状况相对较差,而在职党员群体和学生党员群体则介于以上两者之间。

4. 不同职业身份的党员群体

关于助人为乐,有人倒在自己面前需要救助的情况（参见表 8-37）,有76.8% 的军人党员、71.4% 的农业劳动者党员表示能够"主动给予帮助、救护",在众多不同职业身份的党员群体中两者比例最高,而仅有 27.6% 的个体从业者党员和 30.8% 的农村外出务工党员能够做到,两者比例最低;"围观、看热闹"的农村外出务工党员（7.7%）和私营企业主党员（5.3%）比例最高。关于见义勇为,对于"银行女职员与持刀抢劫银行的歹徒英勇搏斗而受伤"这种情况（参见表 8-42）表示"很崇高,我也会这样做"的,军人党员有 73.2%,农业劳动者党员有 71.4%,其比例明显高于其他职业身份的党员群体;商业服务业人员党员中认为这样做"太不值得"的有 12.5%,或表示自己"不愿意这样做"的有 18.8%,其比例在不同职业身份的党员群体中最高。当遇到小偷在公交车上行窃他人时（参见表 8-44）,农业劳动者党员中有 50.0%、军人党员中有 41.1% 的人选择"上前阻止",其比例明显高于其他职业身份的党员群体。关于从业态度（参见表 8-54）,63.2% 的私营企业主党员、51.8% 的军人党员、51.3% 企业管理人员党员选择了"爱岗敬业,精益求精",三者比例高于其他职业身份的党员;商业服务业人员党员、私营企业主党员、农业劳动者党员、农村外出务工党员中没有选择"马马虎虎,敷衍塞责"的人。关于邻里关系（参见表 8-62）,不同职业身份的党员中做到"邻里团结,互相帮助"比例较高的有:农村外出务工党员 76.9%、军人党员 66.1%、个体从业者党员 62.1%;选择"关系紧张,有时争吵"的商业服务业人员党员有 9.4%、农业劳动者党员有 7.1%,其比例相对较高。对于婚外恋现象（参见表 8-70）,军人党员的反对比例最高,80.4% 的军人党员认为婚外恋是一种不道德行为并表示坚决反对,而持同样态度的私营企业主比例为 26.3%、农业劳动者比例为 35.7%,两者比例最低,也正是这两个职业身份党员群体分别有 10.5% 和 14.3% 的人对婚外恋表示"应该认同",比例相对较高。关于现实生活中能否慎独自律,当临时停车"不小心剐蹭到他人汽车,没有被发现,也未看到摄像头"时(参见表 8-76),商业服务业人员党员中有 12.5%、私营企业主党员中有 10.5% 的人选择"赶紧开车离开现场",是比例较高的两个党员群体。综上对比发现,军人党员的道德状况在众多职业身份党员群体中最好,其他群体则互有高低、参差不齐。

5. 同一党员群体内部的差异

同一党员群体内部存在差异。例如,对于"各人自扫门前雪,休管他人瓦上霜"这一为人处世态度(参见表 8-35),50—59 岁党员中有 72.8% 的人持否定态度(包括"非常反对"的 17.8%,"反对"的 55.0%),在不同年龄阶段党员群体中属于比例较高者(仅次于 60 岁及以上党员的 75.9%),但 50—59 岁党员群体中持肯定态度者的比例(10.5%)也最高(包括"同意"的 9.4%,"非常同意"的 1.1%)。再如,认为"银行女职员与持刀抢劫银行的歹徒英勇搏斗而受伤"(参见表 8-42)这种情况"很崇高,我也会这样做"的农业劳动者党员有 71.4%,其比例在不同职业身份的党员群体中属于较高者(仅次于军人党员的 73.2%),但也正是农业劳动者党员认为这种行为"太不值得"的比例(14.3%)最高,还有 14.3% 的人表示"说不清",选择其他两个选项的比例则为 0.0%。可见,这一职业身份的党员群体对该行为的态度差别十分明显。又如,在邻里关系方面(参见表 8-62),76.9% 的农村外出务工党员、66.1% 军人党员能够做到"邻里团结,互相帮助",属于比例最高的两个党员群体,但是,农村外出务工党员和军人党员中又分别有 15.4% 和 12.5% 的人与邻居"认识但互不往来"或"互不认识",也属于比例较高的党员群体;农业劳动者党员中 92.9% 的人能够做到"邻里团结,互相帮助"(50.0%)或与邻居"相互认识,基本和气"(42.9%),其比例属于最高两者之一(仅次于个体从业者党员的 93.1%)。

第三节　新时代加强共产党员道德建设的若干思考

党的十八大以来,习近平总书记站在推进中国特色社会主义伟大事业、实现"两个一百年"奋斗目标、实现中华民族伟大复兴中国梦的战略高度,站在坚持党要管党、从严治党、密切党同人民群众血肉联系，巩固党的执政基础和执政地位的政治高度，深刻阐明并反复强调共产党员特别是领导干部加强道德修养的重要性和紧迫性，要求全党同志一定要讲修养、讲道德、讲廉耻，追求积极向上的生活情趣，养成共产党人的高风亮节。经过长期努力，中国特色社会主义进入了新时代，这是我国发展新的历史方位。新时代确立了新目标，开启了新征程，也为党的思想道德建设提出了新的时代课题。

一、切实发挥共产党员模范带头作用，引领社会道德建设

习近平总书记指出："抓好道德建设，教育引导广大党员、干部模范践行社会主义荣辱观，树立良好道德风尚，争做社会主义道德的示范者、诚信风尚的引领者、公平正义的维护者，始终保持共产党人的高尚品格和廉洁操守。"①共产党员要全面加强道德建设，切实发挥好示范者、引领者、维护者的作用，为提升全社会的思想道德水平、筑牢实现中华民族伟大复兴中国梦的思想道德基础作出应有的贡献。

（一）坚定理想信念，补足精神之"钙"

习近平总书记指出，坚定理想信念，坚守共产党人的精神追求，始终是共产党人安身立命的根本。理想信念是人的精神世界的核心，是人们健康生活、成就事业、开创未来的精神支柱和前进动力。革命理想高于天，理想信念对于共产党人更具有特殊重要的意义。对此，习近平总书记形象地说，理想信念就是共产党人精神上的"钙"，没有理想信念，理想信念不坚定，精神上就会"缺钙"，就会得"软骨病"，就会在风雨面前东摇西摆。一个精神上"缺钙"的共产党员容易精神空虚和懈怠，甚至陷入精神荒漠，既不可能感受到精神生活的丰满充实，也不可能承担起时代赋予的历史重任，更有甚者，还可能导致政治上变质、精神上贪婪、道德上堕落、生活上腐化。习近平总书记指出，对马克思主义的信仰，对社会主义和共产主义的信念，是共产党人的政治灵魂，是共产党人经受住任何考验的精神支柱。他强调"信念是本，作风是形，本正而形聚，本不正则形必散。保持和发扬党的优良作风，坚定理想信念是根本"。

---

① 中共中央纪律检查委员会、中共中央文献研究室编：《习近平关于党风廉政建设和反腐败斗争论述摘编》，中央文献出版社、中国方正出版社2015年版，第141页。

坚定理想信念,一要坚定马克思主义科学信仰。坚定的理想信念,必须建立在对马克思主义的深刻理解上,建立在对历史规律的深刻把握上。马克思主义是科学的理论,创造性地揭示了人类社会发展规律;马克思主义是人民的理论,第一次创立了人民实现自身解放的思想体系;马克思主义是实践的理论,指引着人民改造世界的行动;马克思主义是不断发展的开放的理论,始终站在时代前沿。马克思主义作为我们立党立国的根本指导思想,是近代以来中国历史发展的必然结果,是中国人民长期探索的历史选择。实践证明,马克思主义的命运早已同中国共产党的命运、中国人民的命运、中华民族的命运紧紧连在一起,它的科学性和真理性在中国得到了充分检验,它的人民性和实践性在中国得到了充分贯彻,它的开放性和时代性在中国得到了充分彰显。实践还证明,马克思主义为中国革命、建设、改革提供了强大思想武器,使中国这个古老的东方大国创造了人类历史上前所未有的发展奇迹。马克思主义是党和人民事业不断发展的参天大树之根本,是党和人民不断奋进的万里长河之泉源;背离或放弃马克思主义,就会失去灵魂、迷失方向。

坚定理想信念,二要坚定中国特色社会主义共同理想。有共同理想,才能有共同步调。在中国共产党领导下,坚持和发展中国特色社会主义,实现中华民族伟大复兴,必须树立中国特色社会主义共同理想。这个共同理想,把国家、民族与个人紧紧地联系在一起,把各个阶层、各个群体的共同愿望有机结合在一起,集中代表了我国工人、农民、知识分子和其他劳动者、建设者、爱国者的利益和愿望,有着广泛的社会共识,具有令人信服的必然性、广泛性和包容性。历史和现实告诉我们,只有社会主义才能救中国,只有中国特色社会主义才能发展中国。中国特色社会主义是改革开放以来党的全部理论和实践的主题,是党和人民历尽千辛万苦、付出巨大代价取得的根本成就。中国特色社会主义,既坚持了科学社会主义基本原则,又根据时代条件赋予其鲜明的中国特色,以全新的视野深化了对共产党执政规律、社会主义建设规律、人类社会发展规律的认识,使我们国家快速发展起来,使我国人民生活水平快速提高起来。新时代坚持和发展中国特色社会主义,总任务是实现社会主义现代化和中华民族伟大复兴,在全面建成小康社会的基础上,分两步走在 21 世纪中叶建成富强民主文明和谐美丽的社会主义现代化强国。在当代中国,坚持中国特色社会主义,就是真正坚持科学社会主义。

坚定理想信念,三要坚定共产主义远大理想。列宁指出:"为巩固和完成共产主义事业而斗争,这就是共产主义道德的基础。"[①] 共产主义是崇高的社会理想,是关于无产阶级解放的学说,同时也是一种现实运动。"中国共产党之所以叫共产党,就是因为从成立之日起我们党就把共产主义确立为远大理想"[②],并始终团结带领中国人民朝着这个伟大理想前行。共产主义远大理想既是面向未来的,又是指向现实的,不仅反映了人们对未来社会的美好向往,更是一个从现实的人出发,不断满足人的现实利益需求、推进人的全面发展、推动社会发展进步的历史过程与现实运动。共产主义远大理想的最终实现是一个漫长、艰辛的历史过程,需要一代又一代人的不懈奋斗和接续努力。

（二）树立道德模范,发挥榜样力量

道德模范、先进典型是践行党的根本宗旨和社会主义道德的优秀代表,他们身上所体现的道德精神和崇高人格魅力对社会道德建设具有重要的示范和引领作用。习近平总书记在会见第四届全国道德模范及提名奖获得者时强调指出,要深入开展学习宣传道德模范活动,弘扬真善美,传播正能量,激励人民群众崇德向善、见贤思齐,鼓励全社会积善成德、明德惟馨,为实现中华民族伟大复兴的中国梦凝聚起强大的精神力量和有力的道德支撑。道德模范主要是指思想和行为能够激励人们不断向善且为人们所崇敬、模仿的先进人物。道德模范既包括在一定社会道德实践中涌现的符合特定道德理想类型的人物,又包括人们日常生活中能够近距离感受的具有积极道德影响的人物。学习道德模范的高尚品格和先进事迹,有利于提升全体共产党员的道德素质和道德水平。

模范和榜样是有形的正能量、鲜活的价值观,是引领人们崇德向善、履职尽责的宝贵资源。精神的力量是无穷的,道德的力量也是无穷的。古人云:"人以铜为镜可以正衣冠,以古为镜可以知兴替,以人为镜可以知得失。"在革命、建设、改革的不同时期,党都始终注重发挥榜样的力量。改革开放以来,各个地区、各行各业、各类人群都涌现出一大批具有先进事迹和高尚品格的道德模范,有助人为乐模范、见义勇为模范、诚实守信模范、敬业奉献模范、孝老爱亲模范等。他们中有的人用自己的平凡举动扶贫助困,让许多人感受到社会大家庭的温暖,用

---

① 《列宁选集》第 4 卷,人民出版社 2012 年版,第 292 页。

② 习近平:《在庆祝中国共产党成立 95 周年大会上的讲话》,《人民日报》2016 年 7 月 2 日。

爱和付出奏响了社会和谐的主旋律；有的人在死神和灾害面前大义凛然、知险而上，把平安和生的机会留给他人，用鲜血和生命将灾难和危机化解，展现出了人民至上、他人至上的英雄壮举；有的人把困苦留给自己，把幸福送给他人，无怨无悔，彰显了中华文明代代相传的高尚品格。

榜样的力量是无穷的。道德模范用自己的行动诠释着道德的内涵，展示着道德的力量。改革开放进程中涌现出一系列时代楷模和榜样群体："雕刻火药的大国工匠"徐立平，在悬崖绝壁上书写精彩传奇的"当代愚公"黄大发，用生命叩响"地球之门"、让中国进入"深地时代"的战略科学家黄大年，对党忠诚、心系群众、忘我工作、无私奉献的优秀县委书记廖俊波，爱生如子、甘做学生成长引路人的高校思想政治理论课教师曲建武……这些代表着当代中国精神高峰的时代楷模，在各自的岗位上心怀大我、至诚报国，书写了当代中国最美的时代华章。郭明义、沈浩、杨善洲、张丽莉、高铁成……一个又一个"最美教师""最美卫士"等在中国大地上接连涌现，他们用爱心和善行，用坚守和执着，在危急时刻作出英雄壮举，在生死关头展现人间大爱，彰显出当代"最美中国人"的精神风采。他们都是共产党员的优秀代表，是全体共产党员学习的道德榜样。

（三）构筑制度堤坝，完善党内监督

对于加强共产党员道德修养、提高共产党员道德水平来说，自律无疑是非常重要的，但单靠自律还远远不够。共产党员在加强自律的同时，还必须自觉接受他律的约束。所谓"他律"，是指通过法律、制度、纪律等外因条件发生作用来规范和控制自身行为的一种约束机制。宪法是国家的根本大法，是治国安邦的总章程，具有最高的法律权威和法律效力。党员干部没有超越宪法和法律的特权，也必须在宪法和法律范围内活动。党章就是党的根本大法，是全党必须遵循的总规矩。所有党员干部都要自觉遵守党章，把党章作为加强党性修养的根本标准，凡是党章规定必须做到的都要首先做到，凡是党章规定党员不能做的都要带头不做。纪律是执行路线的保证，所有党员干部都要增强纪律意识，无条件地接受党的纪律约束，做到遵守党的纪律不动摇，执行党的纪律不走样。

习近平总书记指出，思想建党和制度治党都很重要，必须"坚持思想建党和制度治党相统一，既要解决思想问题，也要解决制度问题，把坚定理想信念作为根本任务，把制度建设贯穿到党的各项建设之中"。加强党内法规制度建设是全面从严治党的长远之策、根本之策。党中央高度重视党内法规制度建设，推动这项工作取得重要进展和成效。党的十八大以来,以习近平同志为核心的党中央创造性地提出坚持依法治国与制度治党、依规治党统筹推进、一体建设,采取一系列有力举措推进党内法规制度建设,党内法规建设步伐明显加快,取得显著成效。目前,党内法规主要包含党章、准则、条例、规则、规定、办法、细则共七类。党章,是对党的所有重大问题,如党的性质和宗旨、路线和纲领、指导思想和奋斗目标、组织原则和组织机构、党员义务和权利以及党的纪律等,作出根本规定。因此,"党章是全党必须遵循的总章程,也是总规矩"。准则,是对全党某一领域或相关领域的工作作出全面规定,如《关于新形势下党内政治生活的若干准则》就是对党的政治建设领域作出系统部署。条例,是对党的某一领域中的某一方面工作作出基本规定,如《中国共产党党内监督条例》就是对有关党内监督方面作出的周密安排。规则、规定、办法、细则,是对党的某一方面工作中的某一事项作出具体规定,如《中国共产党发展党员工作细则》。这些不仅是全体共产党员都应该遵循的政治规矩,也是每名共产党员内心应该坚守的道德戒律。

党的十九大报告强调要"强化党内监督",要强化监督执纪问责,加强纪律教育,强化纪律执行,让党员、干部知敬畏、存戒惧、守底线,习惯在受监督和约束的环境中工作生活。要健全党和国家监督体系,增强党自我净化能力,根本靠强化党的自我监督和群众监督。要加强对权力运行的制约和监督,让人民监督权力,让权力在阳光下运行,把权力关进制度的笼子。强化自上而下的组织监督,改进自下而上的民主监督,发挥同级相互监督作用,加强对党员领导干部的日常管理监督。深化政治巡视,坚持发现问题、形成震慑不动摇,建立巡视巡察上下联动的监督网。构建党统一指挥、全面覆盖、权威高效的监督体系,把党内监督同国家机关监督、民主监督、司法监督、群众监督、舆论监督贯通起来,增强监督合力。习近平总书记指出,"在党和国家各项监督制度中,党内监督是第一位的","对我们党来说,外部监督是必要的,但从根本上讲,还在于强化自身监督。我们要总结经验教训,创新管理制度,切实强化党内监督"。

二、协调推进共产党员社会公德、职业道德、家庭美德和个人品德建设

做"讲政治、有信念,讲规矩、有纪律,讲道德、有品行,讲奉献、有作为"的合格党员,是党中央在"两学一做"学习教育活动中着眼党和国家事业新发展对党

员提出的新要求。其中，"讲道德、有品行"是做合格党员的重要标准之一。这既是中国共产党思想建党的重要要求，也是现实的迫切需要，是全面从严治党中不可缺少的重要环节。要真正落实和推进全面从严治党，就必须强调共产党员的道德修养和道德品行。共产党员"讲道德、有品行"，关键是要积极培育和弘扬社会主义核心价值观，内化为精神追求，外化为自觉行动，始终做到明大德、守公德、严私德。

（一）加强共产党员社会公德建设

社会公德是人们在社会交往和公共生活中应该遵循的行为准则，涵盖了人与人、人与社会、人与自然之间的关系。在现代社会，公共生活领域不断扩大，人们相互交往日益频繁，社会公德在维护公众利益、公共秩序，保持社会稳定方面的作用更加突出，成为个人道德修养和社会文明程度的重要表现。从本次跟踪调查的情况看，过半数的受访者认为当前我国社会公共生活领域存在的道德问题最严重，对全体公民社会公德水平的提升有更多期待。共产党员在社会公共生活领域的道德表现总体上是好的，但也存在道德发展不平衡不充分的状况。对此，一要提升共产党员的社会公德意识，让全体共产党员认识到社会公德建设对于社会整体道德建设的基础性地位和重要意义。尽管目前多数共产党员社会公德意识较强，认识到社会公德的提升需要全体社会成员的参与和行动，但也有相当数量的共产党员不认同"己所不欲，勿施于人"的处世态度，不能够把对他人的道德期待与对自身的道德要求有机统一起来，有相当数量的共产党员对"各人自扫门前雪，休管他人瓦上霜"表示肯定和认同，虽多数共产党员面对摔倒在面前的路人表示愿意主动给予帮助、救护，但也有相当数量的共产党员对此无动于衷，这反映了部分共产党员公德意识的淡薄和在公共生活领域表现出一定程度的道德冷漠。因此，应通过教育和引导使更多的共产党员提高公德意识，做社会公德建设的参与者、引领者，而不是等待者、观望者。二要引导和鼓励共产党员将正确的公德认知和饱满的公德情感落到实际行动之中，并为之提供必要的制度和法律保障。道德不止于认知和情感，还要见诸实际的行动。目前，有相当数量的共产党员在公共生活中的道德认识、道德情感与道德行动脱节。比如，多数共产党员已经认识到环境保护的重要性，环境保护的理念深刻并表示愿意过绿色环保的生活，但在现实生活中不能以自身的实际行动为环境保护尽一份应有的责任。多数共产党员认为银行职员与持刀抢劫银行的歹徒英勇搏斗的行为"很崇高""很高尚",并表示"很钦佩",但仅有少数的共产党员表示自己也能够这样做,有相当数量的共产党员表示自己不一定能够做到,甚至表示不愿意这样做;当面对小偷在公交车上行窃,能够做到上前制止的共产党员是少数,有相当数量的共产党员选择听之任之或装作没有看到而尽量避开。这说明,很多共产党员在社会公共生活领域需要挺身而出时行动上不够积极、不够坚决,尤其是当有可能伤及自身利益或需要个人利益作出不同程度的牺牲的时候。调查发现,之所以如此的原因有"事不关己,多一事不如少一事"的态度,有"怕被误解,带来不必要的麻烦"的顾虑,有"缺乏安全感,怕遭到报复"的担忧,也有"社会奖励及保障机制不健全"的无奈。对此,既要加强共产党员在社会公德领域勇于担当的教育和鼓励,又要建立健全相关的制度和法律保障机制、奖励机制,打消不必要的顾虑和担忧,让英雄不再流血又流泪。

（二）加强共产党员职业道德建设

职业道德是社会道德的重要组成部分,是所有从业人员在职业活动中应该遵循的行为准则,涵盖了从业人员与服务对象、职业与职工、职业与职业之间的关系。职业道德不仅对各行各业的从业者具有引导和约束作用,而且是促进社会持续健康、有序发展的必要条件。社会主义职业道德是对包括每一名共产党员在内的全体从业者的道德要求。共产党员是各行各业的普通从业者和劳动者,又是具有特殊政治面貌和身份的从业者和劳动者,新时代面对新目标新任务,共产党员应该有更高的职业道德要求。新时代加强共产党员职业道德建设,一要在共产党员中宣传正确的劳动观念。劳动没有高低贵贱之分,任何一份职业都很光荣。正确的劳动观念是维系人们职业活动和职业生活的思想观念保障。在职业生活中,必须牢固树立"劳动最光荣、劳动最崇高、劳动最伟大、劳动最美丽"的观念,在劳动中发现广阔的天地,在劳动中体现价值、展现风采、感受快乐,通过劳动创造更加美好的生活。二要教育和激励共产党员树立高尚的从业目的和职业追求。从业目的和职业追求是共产党员职业理想和人生追求的重要体现,共产党员要树立服务人民、奉献社会的崇高职业追求。全心全意为人民服务是中国共产党人的宗旨,各行各业共产党员从业者都要以服务群众为目标,每一名共产党员无论从事什么工作、能力如何,都应该在本职岗位上通过不同形式为群众服务,兢兢业业地为社会和他人作贡献,引领社会形成人人都是服务者、人人又都是服务对象的良好秩序与和谐状态。三要树立爱岗敬业、精益求精的从业态度。爱岗敬业反映的是从业人员对待自己职业的一种态度,也是一种内在的道德需要。它体现的是从业者热爱自己的工作岗位、对工作极端负责、敬重自己所从事职业的道德操守,是从业者对工作勤奋努力、恪尽职守的行为表现。共产党员要积极践行敬业这一社会主义核心价值观的基本要求,立足自己的工作岗位,做到干一行爱一行,爱一行钻一行,精益求精,尽职尽责。四要向劳动模范学习,大力弘扬劳模精神。"爱岗敬业、争创一流,艰苦奋斗、勇于创新,淡泊名利、甘于奉献"的劳模精神,是我们极为宝贵的精神财富。"蓝领专家"孔祥瑞、"金牌工人"窦铁成、"新时期铁人"王启民、"新时代雷锋"徐虎、"知识工人"邓建军、"马班邮路上的信使"王顺友、"白衣圣人"吴登云、"中国航空发动机之父"吴大观等,一大批劳动模范和先进工作者带动人们锐意进取、积极投身改革开放和社会主义现代化建设,为国家和人民建立了杰出功勋。全体共产党员都应该尊敬劳动模范,弘扬劳模精神,让诚实劳动、勤勉工作蔚然成风。

（三）加强共产党员家庭美德建设

家庭美德是中华传统美德的重要组成部分,家庭美德建设是社会主义道德建设的重要领域。家庭美德是每个公民在家庭生活中应该遵循的行为准则,涵盖了夫妻、长幼、邻里之间的关系。家庭是社会的基本细胞,是人生的第一所学校。家庭生活与社会生活有着密切的联系,正确对待和处理家庭问题,共同培养和发展夫妻爱情、长幼亲情、邻里友情,不仅关系到每个家庭的美满幸福,也有利于社会的安定和谐。不论时代发生多大变化,生活格局发生多大变化,都要重视家庭建设。共产党员应该以实际行动为社会主义家庭美德建设贡献力量,做遵守家庭美德的模范。新时代共产党员家庭美德建设,一是共产党员要重视家庭,树立家庭观念。历史和现实告诉我们,家庭的前途命运同国家和民族的前途命运紧密相连,只有千家万户都好,国家才能好,民族才能好。国家富强、民族复兴、人民幸福,不是抽象的,最终要体现在千千万万个家庭的幸福美满之上,体现在亿万人民生活的不断改善之上。要使全体共产党员认识到家庭和睦则社会安定,家庭幸福则社会祥和,家庭文明则社会文明。二是共产党员要注重家教,树立良好家庭教育理念。家庭是人生的第一个课堂,父母是孩子的第一任老师。家庭教育涉及很多方面,但最重要的是品德教育,是如何做人的教育,也就是古人说的"爱子,教之以义方","爱之不以道,适所以害之也"。家庭环境对一个人的影响很大,往往可以影响一个人的一生。注重家教,应该把美好的道德观念从小就传递给孩子,引导他们注重做人的气节和骨气,帮助他们形成美好品格,促使他们健康成长。三是共产党员要注重家风,培育和传承优良家风。家风是指一个家庭或家族的传统风尚或作风,它是一个人精神成长的重要源头。有什么样的家风,往往就有什么样的做人做事态度、为人处世的风格。良好的家风,对家庭成员的个人修养发挥着重要的作用,也对整个社会道德风尚的形成产生重要的影响。家风好,就能家道兴盛、和顺美满;家风差,难免殃及子孙、贻害社会,正所谓"积善之家,必有余庆;积不善之家,必有余殃"。习近平总书记指出:"从近年来查处的腐败案件看,家风败坏往往是领导干部走向严重违纪违法的重要原因。"① 因此,家风建设对于共产党员特别是党员中的领导干部具有特殊重要的意义。家风不是个人小事、家庭私事,而是领导干部作风的重要表现,家风不仅关系自己的家庭,而且关系世风民风、党风政风。

(四)加强共产党员个人品德建设

个人品德建设既是社会道德建设的重要领域,又是社会道德建设的落脚点。个人品德的提升,不仅是提高社会道德水平的有机组成部分,而且可以通过个人品德的影响和带动,为社会道德更大程度的发展进步开辟道路、提供动力。共产党员的个人品德建设是加强党的作风建设的现实要求,是保持共产党员先进性的关键所在,是加强党员干部队伍建设及其影响力、凝聚力的迫切要求和基本前提。全面提升共产党员的个人道德水平,并以此引领和带动社会成员的思想观念和道德素质普遍得到提高,是全面建成小康社会、实现中华民族伟大复兴中国梦的前提和保障。新时代加强共产党员个人品德建设,一是共产党员要自省自律。作为一名共产党员,必须在社会生活各个领域增强自律意识,要"常怀律己之心",时刻反躬自省,存正祛邪,注重修身养德,增强防腐拒变的"免疫力"。二是共产党员要慎独慎微。慎独既是加强道德修养所要达到的水平和境界,又是加强道德修养的方法和途径。慎独,要求在无人知晓、没有外在监督的情况下,坚守自己的道德信念,自觉按道德要求行事,按规矩严格约束自己,不因无人监督而恣意妄为。这既是对中国传统道德修养方法的批判性传承,也是在现代社会条件下仍需坚持的道德修养方法。慎微,要求于细微处见精神、于细微处见品德。小事小节中有党性,有原则,有人格。大错往往是从小错开始的,对所谓

---

① 《习近平谈治国理政》第二卷,外文出版社 2017 年版,第 165 页。

"小事小节"不可不慎之又慎。要认真做好每件小事、管好每个小节，"勿以恶小而为之，勿以善小而不为"，见微知著、防微杜渐。三是共产党员要洁身自好。当今时代各种思想文化相互激荡，社会价值取向呈现多元化，人们的生活方式也五光十色。霓虹闪烁，诱惑增多，少数共产党员干部浸染其间，生活小节要求不严，生活情趣低下，生活作风不够检点，生活腐化堕落，道德情操打开了缺口，思想品行出现了滑坡。共产党员洁身自好需把握好权力、兴趣和交友的边界。对于权力要以坚强的党性和意志来节制过度欲望，消除不良欲望，自觉做到不追求物质享受，不沉湎感官刺激；对于兴趣不仅要"爱"之得当、"好"之有道，培养健康的生活情趣，使之有利于陶冶情操、完善人格，还要防止兴趣爱好成为别有用心之人"公关"的突破口；对于交友要自觉净化"交际圈""朋友圈"，做到择善而交，多交益友、净友，不交损友、佞友，自觉抵制吃喝玩乐的庸俗之交、互相利用的势利之交。

三、有针对性地加强不同群体共产党员的道德建设，提升党员整体道德水平

（一）加强青年党员道德建设

青年兴则国家兴，青年强则国家强。青年一代有理想、有本领、有担当，国家就有前途，民族就有希望。青年是引风气之先的社会力量，一个民族的文明素养很大程度上体现在青年一代的道德水准和精神风貌上。习近平总书记曾语重心长地对广大青年说，"道德之于个人、之于社会，都具有基础性意义，做人做事第一位的是崇德修身"，"一个人只有明大德、守公德、严私德，其才方能用得其所"，[①] 为青年明德向善、崇德修身提出了希望、指明了方向。为此，广大青年一定要大力加强道德修养，注重道德实践，自觉弘扬爱国主义、集体主义、社会主义道德，积极倡导社会公德、职业道德、家庭美德和个人品德，带头倡导社会文明新风，带头学雷锋，积极参加志愿服务，主动承担社会责任，热诚关爱他人，多做扶贫济困、扶弱助残的实事、好事，以自己的实际行动促进社会道德进步。

青年党员是广大青年的优秀代表。目前，30岁及以下的共产党员共有

---

① 《习近平谈治国理政》第一卷，外文出版社2018年版，第172—173页。

1331.4万名,他们是青年中的佼佼者,他们的精神风貌和道德修养在一定程度上代表着未来一段时期党员队伍的道德发展趋势和预期状况。调查发现,当前我国广大青年党员的精神面貌和道德状况的主流是好的,但一些青年党员在某些道德领域存在着道德认知模糊、道德情感淡漠、道德意志脆弱、道德信念摇摆、道德行动乏力等实际状况。因此,党的各级组织要注重青年党员的道德建设,要把青年党员的道德建设放在党的政治建设、思想建设的重要位置,切实教育、引导和激发广大青年党员形成善良的道德意愿、道德情感,培育正确的道德判断和道德责任,提高道德实践能力尤其是自觉践行的能力。

加强广大青年党员的道德建设,一要教育引领青年党员形成正确的道德认知和道德判断。面对世界的深刻复杂变化,广大青年党员应注重增强道德判断能力,学会理性地辨析、讲求道德,形成正确的道德认知和道德观念。二要教育引领青年党员激发正向的道德认同和道德情感。广大青年党员要亲近真善美,抵制假恶丑,体验道德的愉悦,追求高尚的快乐。通过对美德的尊崇,真正把外在的社会道德规范内化为心悦诚服的自律准则;要自觉养成对家庭成员的亲亲之情和对他人、集体的关心关爱,增强社会责任感、国家认同感、民族归属感、时代使命感,在与祖国同呼吸、与民族同步伐、与人民心连心的高尚情怀中,陶冶道德情操。三要教育引领青年党员强化坚定的道德意志和道德信念。在道德认知向道德行为转化的过程中,道德意志和道德信念是关键环节。广大青年党员要明白"从善如登"的深刻道理,磨炼道德意志,坚定道德信念,学会克服学习、生活、交往、成长中的各种困难和挫折,远离干扰、避免懈怠、战胜诱惑,在砥砺中前行,在拼搏中进取,并做到持之以恒、久久为功,从而成就高尚的道德品格。

(二)结合职业生活加强不同职业身份党员的道德建设

此次调查,我们对受访者的职业身份进行了较细致的区分,包括机关事业单位领导干部、机关事业单位办事人员和有关人员、科教文卫专业技术人员、企业管理人员、企业员工、商业服务业人员、私营企业主、个体从业人员、农业劳动者、农村外出务工人员、军人等不同职业身份,每种职业身份的受访者中都有一定比例的共产党员。不同职业身份的共产党员在社会生活的各个领域所表现出来的道德面貌有较大差异,这些差异不仅体现在职业道德方面,也体现在社会公德、家庭美德和个人品德等方面。职业生活是人类社会生活中最普遍、最基本的活动方式,职业身份是人的社会角色和身份中最普遍、最基本的角色和身份。调查显示,职业生活和职业身份在很大程度上影响着人们的道德认知、道德判断和道德行为选择。因此,结合共产党员的职业生活和职业身份有针对性地进行道德教育和引导十分必要。

第九章　新时代大学生道德状况
调查与比较分析

　　新时代是实现中华民族伟大复兴的关键历史时期。新时代大学生是国家的希望、民族的未来,是社会主义的建设者和接班人。他们既拥有广阔的发展空间,也承载着伟大的时代使命。加强大学生思想道德建设、提高大学生思想道德素质,对于推进新时代中国特色社会主义建设具有重要意义,同时也是公民道德建设的重要任务。因此,在本次全国公民道德状况调查活动中,课题组专门设计了 2017 年《全国大学生道德状况调查问卷》,旨在考察新时代大学生的道德状况。该问卷与 2016 年《全国公民道德状况调查问卷》保持总体一致,针对大学生受访者在内容上进行了局部调整。本次调查使用无记名问卷调查作为主要方法收集相关数据,在上海、北京、湖北、广东、四川、甘肃、吉林这七个省、直辖市随机选取了多所院校,并在这些学校随机抽取学生进行调查,共发放问卷 6000 份,回收 5673 份,其中有效问卷 5640 份。本次调研应用 SPSS20.0 统计软件对样本进行统计分析。

　　在本次调查中,本科一年级学生 1042 人,占比 18.5%;本科二年级学生 1073 人,占比 19.0%;本科三年级学生 1117 人,占比 19.8%;本科四年级学生 720 人,占比 12.8%;本科五年级学生 25 人,占比 4%;研究生 1663 人,占比 29.5%。所学专业属于文科的学生 2487 人,占比 44.1%;理科学生 1386 人,占比 24.6%;工科学生 1334 人,占比 23.7%;农科学生 89 人,占比 1.6%;医科学生 179 人,占比 3.2%;其他学科学生 165 人,占比 2.9%。共产党员 1204 人,占比 21.3%;共青团员 4020 人,占比 71.3%;加入民主党派的学生 22 人,占比 0.4%;群众 394 人,占比 7.0%。有宗教信仰的学生 468 人,占比 8.3%;没有宗教信仰的学生 4988 人,占比 88.4%;选择"不知道"自己有无宗教信仰的

184 人,占比 3.3%。独生子女 2510 人,占比 44.5%;非独生子女 3130 人,占比 55.5%。

调查数据表明,新时代大学生道德总体状况良好,但也存在着一些不容忽视的道德问题。

第一节　大学生道德状况调查数据描述

《2017 年全国大学生道德状况调查问卷》从大学生对当前我国道德总体状况的认知、大学生对社会主义道德价值取向的认知、大学生个体道德状况等方面入手,考察大学生群体的道德现状,力求以调研数据为基础,把握新时代大学生道德状况的总体特征及存在的问题,进而提出有针对性的对策建议。

一、大学生对当前我国道德总体状况的认知情况

为了了解大学生对当前我国道德总体状况的认知情况,课题组设计了"您对当前我国道德风尚的整体印象""您认为当前我国最突出的道德问题是什么""您认为导致道德问题的最大原因是什么""您认为我国社会哪个领域存在的道德问题最严重"和"您认为当前中国社会最应该接受道德教育的群体"五个问题。调查结果如下:

（一）大学生对当前我国道德风尚的整体认知状况及差异性

调查结果显示,大学生对当前我国道德风尚的整体印象良好,但不同类型大学生群体对于该问题的态度则存在显著差异,具体表现为:理科学生对我国道德风尚的整体印象显著好于工科学生和文科学生,党员对于我国道德风尚的整体印象显著好于团员和群众,独生子女对于我国道德风尚的整体印象显著好于非独生子女。

1. 大学生对社会道德风尚的整体认知状况

调查数据显示,有 70% 以上的受访大学生对当前我国道德风尚的整体印象持积极态度。其中,选择"非常满意"的占 4.0%,选择"满意"的占 11.0%,选择"比较满意"的占 55.0%。值得关注的是,还有近 30% 的受访大学生对我国当前的道德风尚持消极态度。其中 26.0% 的受访大学生对当前我国社会道德风尚的

总体状况表示"不满意",还有 2.0% 的受访大学生表示"很不满意"。(如图 9—1 所示)

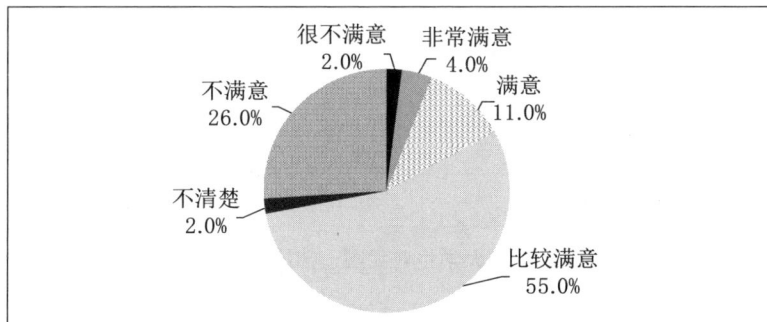

图 9—1　大学生对当前我国道德风尚的整体印象（2017）

2. 大学生对社会道德风尚整体认知状况的差异性

课题组以年级、学科、政治面貌、是否独生子女为依据,对调查数据进行多层面差异分析（图中得分越低代表对当前我国道德风尚的整体印象越好）。调查数据显示,不同年级、学科、政治面貌和是否独生子女的大学生群体对当前我国道德风尚的整体印象存在显著差异（$p < 0.05$）。

从不同学科大学生数据分析比较中（如图 9—2 所示）可以看出,理科学生对我国道德风尚的整体印象（3.11）显著好于工科学生（3.17）和文科学生（3.20）。

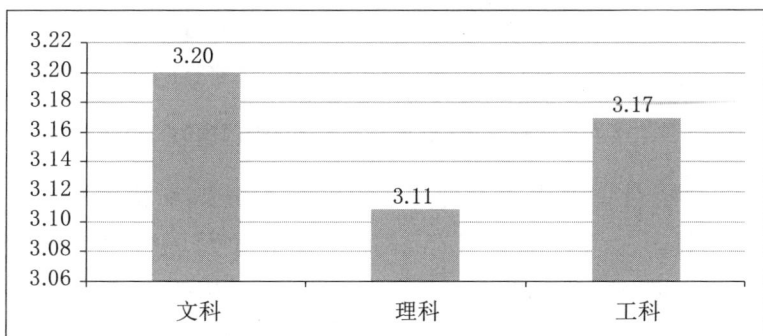

图 9—2　不同学科大学生对我国道德风尚的整体印象（2017）

从不同政治面貌大学生数据分析比较中（如图 9—3 所示）可以看出,党员对于我国道德风尚的整体印象（3.10）显著好于团员（3.17）和群众（3.43）,群众在这三者中对道德风尚的评价最低。

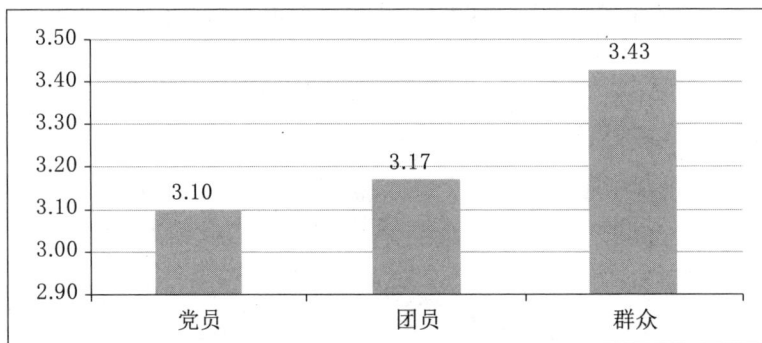

图9-3　不同政治面貌大学生对我国道德风尚的整体印象（2017）

从是否独生子女大学生数据分析比较中（如图9-4所示）可以看出，独生子女（3.12）和非独生子女（3.21）的大学生对我国道德风尚的整体印象存在显著差异（p<0.05），独生子女对于我国道德风尚的整体印象显著好于非独生子女。

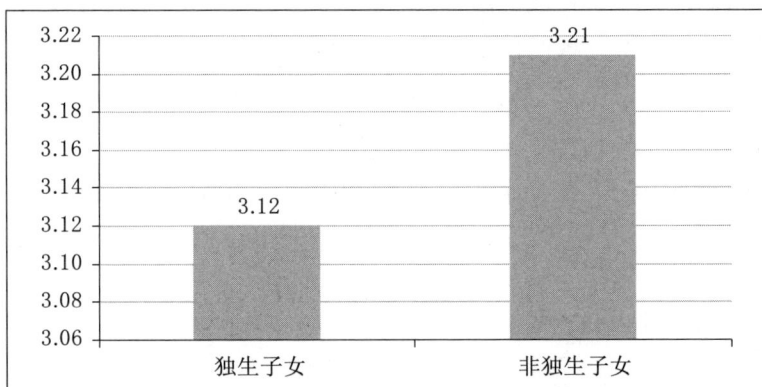

图9-4　独生子女和非独生子女大学生对我国道德风尚的整体印象（2017）

（二）大学生对当前我国最突出的道德问题的认知状况及差异性

调查结果显示，大学生认为当前我国最突出的道德问题是"道德冷漠"，"诚信缺失"仅次于道德冷漠排在第二位，不同类型大学生群体对于该问题的看法不存在显著差异。

1. 大学生对当前我国最突出的道德问题的认知状况

调查数据显示，大学生认为当前我国最突出的道德问题依次是"道德冷漠"（36.0%）、"诚信缺失"（34.0%）、"社会不公平"（12.0%）、"官员腐败"（11.0%）、"待人不友善"（3.0%）。（如图9-5所示）

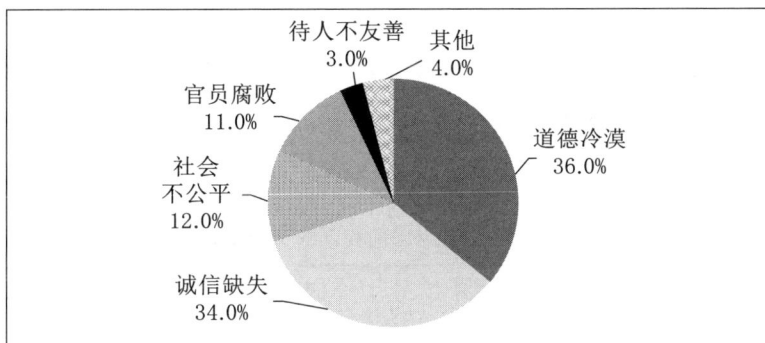

图 9−5　大学生认为当前我国最突出的道德问题（2017）

2. 大学生对当前我国最突出的道德问题认知状况的差异性

课题组以性别、学科、有无宗教信仰、是否独生子女为依据，对调查数据进行多层面差异分析。调查数据显示，不同性别、学科以及有无宗教信仰、是否独生子女的大学生群体对当前我国最突出道德问题的看法不存在显著差异（p>0.05）。

从不同性别大学生数据分析比较中（如表 9−1 所示）可以看出，男大学生认为当前我国最突出的道德问题依次是"诚信缺失"（34.0%）、"道德冷漠"（32.7%）、"社会不公平"（12.7%）、"官员腐败"（12.4%）、"待人不友善"（3.6%），女大学生认为当前我国最突出的道德问题依次是"道德冷漠"（38.6%）、"诚信缺失"（33.2%）、"社会不公平"（11.7%）、"官员腐败"（10.7%）、"待人不友善"（2.8%）。

表 9−1　不同性别大学生认为当前我国最突出的道德问题（2017）

性别	诚信缺失（%）	道德冷漠（%）	社会不公平（%）	官员腐败（%）	待人不友善（%）
男生	34.0	32.7	12.7	12.4	3.6
女生	33.2	38.6	11.7	10.7	2.8

从不同学科大学生数据分析比较中（如表 9−2 所示）可以看出，文科大学生认为当前我国最突出的道德问题依次是"道德冷漠"（36.2%）、"诚信缺失"（35.4%）、"社会不公平"（12.8%）、"官员腐败"（9.9%）和"待人不友善"（2.8%），理科大学生认为当前我国最突出的道德问题依次是"道德冷漠"

（36.3%）、"诚信缺失"（31.5%）、"官员腐败"（13.1%）、"社会不公平"（11.7%）和"待人不友善"（3.3%），工科大学生认为当前我国最突出的道德问题依次是"道德冷漠"（34.6%）、"诚信缺失"（32.5%）、"社会不公平"（12.1%）、"官员腐败"（11.9%）、"待人不友善"（3.6%）。

表9－2　不同学科大学生认为当前我国最突出的道德问题（2017）

学科	诚信缺失（%）	道德冷漠（%）	社会不公平（%）	官员腐败（%）	待人不友善（%）
文科	35.4	36.2	12.8	9.9	2.8
理科	31.5	36.3	11.7	13.1	3.3
工科	32.5	34.6	12.1	11.9	3.6

从有无宗教信仰大学生数据分析比较中（如表9－3所示）可以看出，有宗教信仰的大学生认为当前我国最突出的道德问题依次是"诚信缺失"（35.7%）、"道德冷漠"（33.4%）、"官员腐败"（14.5%）、"社会不公平"（10.6%）、"待人不友善"（3.6%），无宗教信仰的大学生认为当前我国最突出的道德问题依次是"道德冷漠"（36.2%）、"诚信缺失"（33.4%）、"社会不公平"（12.4%）、"官员腐败"（11.1%）、"待人不友善"（3.1%）。

表9－3　有无宗教信仰大学生认为当前我国最突出的道德问题（2017）

宗教信仰	诚信缺失（%）	道德冷漠（%）	社会不公平（%）	官员腐败（%）	待人不友善（%）
有宗教信仰	35.7	33.4	10.6	14.5	3.6
无宗教信仰	33.4	36.2	12.4	11.1	3.1

从是否独生子女大学生数据分析比较中（如表9－4所示）可以看出，独生子女认为当前我国最突出的道德问题依次是"道德冷漠"（38.0%）、"诚信缺失"（36.0%）、"社会不公平"（13.0%）、"官员腐败"（10.0%）、"待人不友善"（3.0%），非独生子女大学生认为当前我国最突出的道德问题依次是道德冷漠（37.0%）、"诚信缺失"（34.0%）、"官员腐败"（13.0%）、"社会不公平"（13.0%）、"待人不友善"（3.0%）。

表9—4　独生子女和非独生子女大学生认为当前我国最突出的道德问题（2017）

	诚信缺失（%）	道德冷漠（%）	社会不公平（%）	官员腐败（%）	待人不友善（%）
独生子女	36.0	38.0	13.0	10.0	3.0
非独生子女	34.0	37.0	13.0	13.0	3.0

（三）大学生对导致道德问题最大原因的认知状况及差异性

调查结果显示，大学生认为导致道德问题的最大原因是社会环境的影响，排在第二位的原因则是市场经济的负面影响，不同类型大学生群体对该问题的看法不存在显著差异。

1. 大学生对导致道德问题最大原因的认知状况

调查数据显示，大学生认为导致道德问题的最大原因依次是"社会环境的影响"（34.1%）、"市场经济的负面影响"（19.0%）、"道德教育乏力"（13.1%）、"多元价值观念的影响"（12.6%）、"道德奖惩机制不完善"（9.7%）、"不重视个人修养"（8.4%）、"榜样影响力弱化"（0.8%）。（如图9—6所示）

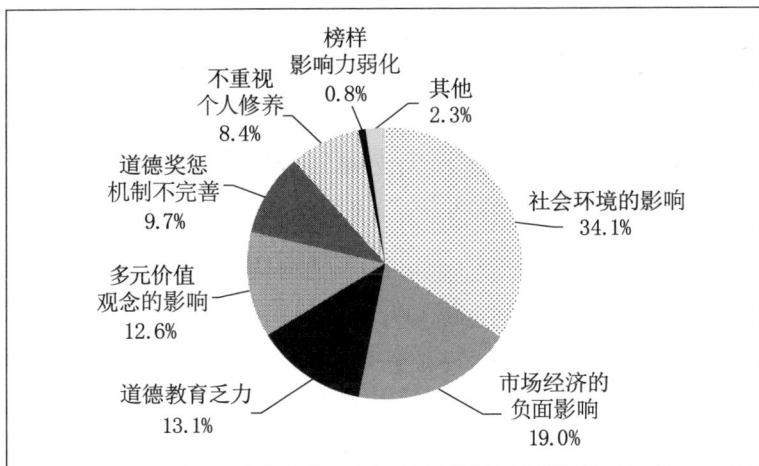

图9—6　大学生认为导致道德问题的最大原因（2017）

2. 大学生对导致道德问题最大原因认知状况的差异性

课题组以性别、学科、有无宗教信仰为依据，对调查数据进行多层面差异分析。调查数据显示，不同性别、学科以及有无宗教信仰的大学生群体对于导致道德问题的最大原因的看法不存在显著差异（p＞0.05）。

从不同性别大学生数据分析比较中（如表9—5所示）可以看出，男大学生认为导致道德问题的最大原因依次是"社会环境的影响"（32.0%）、"市场经济的负面影响"（18.8%）、"道德教育乏力"（13.3%）、"多元价值观念的影响"（12.7%）、"道德奖惩机制不完善"（9.9%）、"不重视个人修养"（9.1%）、"榜样影响力弱化"（0.9%），女大学生认为导致道德问题的最大原因依次是"社会环境的影响"（35.9%）、"市场经济的负面影响"（19.2%）、"道德教育乏力"（12.9%）、"多元价值观念的影响"（12.5%）、"道德奖惩机制不完善"（9.6%）、"不重视个人修养"（7.8%）、"榜样影响力弱化"（0.7%）。

表9—5 不同性别大学生认为导致道德问题的最大原因（2017）

性别	社会环境的影响（%）	市场经济的负面影响（%）	道德教育乏力（%）	多元价值观念的影响（%）	道德奖惩机制不完善（%）	不重视个人修养（%）	榜样影响力弱化（%）
男生	32.0	18.8	13.3	12.7	9.9	9.1	0.9
女生	35.9	19.2	12.9	12.5	9.6	7.8	0.7

从不同学科大学生数据分析比较中（如表9—6所示）可以看出，文科学生认为导致道德问题的最大原因依次是"社会环境的影响"（32.0%）、"市场经济的负面影响"（22.5%）、"多元价值观念的影响"（13.6%）、"道德教育乏力"（12.5%）、"道德奖惩机制不完善"（8.7%）、"不重视个人修养"（7.8%）、"榜样影响力弱化"（0.6%），理科学生认为导致道德问题的最大原因依次是"社会环境的影响"（35.9%）、"市场经济的负面影响"（16.3%）、"道德教育乏力"（14.2%）、"多元价值观念的影响"（11.6%）、"道德奖惩机制不完善"（10.8%）、"不重视个人修养"（8.1%）、"榜样影响力弱化"（1.1%），工科学生认为导致道德问题的最大原因依次是"社会环境的影响"（35.5%）、"市场经济的负面影响"（14.7%）、"道德教育乏力"（13.3%）、"多元价值观念的影响"（12.3%）、"道德奖惩机制不完善"（10.5%）、"不重视个人修养"（10.1%）、"榜样影响力弱化"（1.0%）。

表9-6　不同学科大学生认为导致道德问题的最大原因（2017）

学科	社会环境的影响（%）	市场经济的负面影响（%）	道德教育乏力（%）	多元价值观念的影响（%）	道德奖惩机制不完善（%）	不重视个人修养（%）	榜样影响力弱化（%）
文科	32.0	22.5	12.5	13.6	8.7	7.8	0.6
理科	35.9	16.3	14.2	11.6	10.8	8.1	1.1
工科	35.5	14.7	13.3	12.3	10.5	10.1	1.0

从有无宗教信仰大学生数据分析比较中（如表9-7所示）可以看出，有宗教信仰的大学生认为导致道德问题的最大原因依次是"社会环境的影响"（35.7%）、"市场经济的负面影响"（22.1%）、"道德教育乏力"（12.1%）、"多元价值观念的影响"（10%）、"不重视个人修养"（8.9%）、"道德奖惩机制不完善"（8.7%）、"榜样影响力弱化"（0.2%），无宗教信仰的大学生认为导致道德问题的最大原因依次是"社会环境的影响"（33.7%）、"市场经济的负面影响"（18.7%）、"道德教育乏力"（13.3%）、"多元价值观念的影响"（12.7%）、"道德奖惩机制不完善"（9.8%）、"不重视个人修养"（8.5%）、"榜样影响力弱化"（0.9%）。

表9-7　有无宗教信仰大学生认为导致道德问题的最大原因（2017）

宗教信仰	社会环境的影响（%）	市场经济的负面影响（%）	道德教育乏力（%）	多元价值观念的影响（%）	道德奖惩机制不完善（%）	不重视个人修养（%）	榜样影响力弱化（%）
有宗教信仰	35.7	22.1	12.1	10.0	8.7	8.9	0.2
无宗教信仰	33.7	18.7	13.3	12.7	9.8	8.5	0.9

（四）大学生对我国社会道德问题最严重领域的认知状况及差异性

调查结果显示，超过四分之三的大学生认为我国社会道德问题最严重的领域是"社会公共生活领域"，不同类型大学生群体对该问题的看法没有显著差异。

1. 大学生对我国社会道德问题最严重领域的认知状况

调查数据显示，对于我国社会道德问题最严重的领域，76.25%的受访大学生认为是"社会公共生活领域"，占比最高。其次，18.15%的人选择"职业生活领域"，3.80%的人选择"家庭生活领域"。（如图9-7所示）

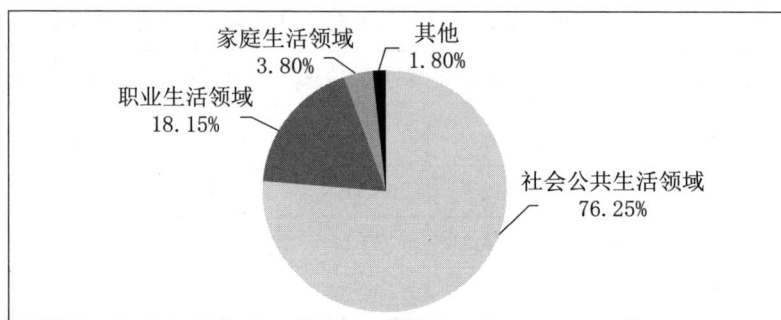

图9-7 大学生认为我国社会道德问题最严重的领域（2017）

2. 大学生对我国社会道德问题最严重领域的认知状况及差异性

课题组以性别、政治面貌、有无宗教信仰为依据，对调查数据进行多层面差异分析。调查数据显示，不同性别、学科以及有无宗教信仰的大学生群体对于我国社会道德问题最严重的领域的看法不存在显著差异（p＞0.05）。

从不同性别大学生数据分析比较中（如表9-8所示）可以看出，男大学生认为我国社会道德问题最严重的领域依次是"社会公共生活领域"（74.7%）、"职业生活领域"（18.7%）、"家庭生活领域"（4.1%），女大学生认为我国社会道德问题最严重的领域依次是"社会公共生活领域"（77.8%）、"职业生活领域"（17.6%）、"家庭生活领域"（3.5%）。

表9-8 不同性别大学生认为我国社会道德问题最严重的领域（2017）

性别	社会公共生活领域（%）	职业生活领域（%）	家庭生活领域（%）	其他（%）
男生	74.7	18.7	4.1	2.5
女生	77.8	17.6	3.5	1.1

从不同政治面貌大学生数据分析比较中（如表9-9所示）可以看出，党员认为我国社会道德问题最严重的领域依次是"社会公共生活领域"（76.0%）、"职业生活领域"（19.0%）、"家庭生活领域"（4.0%），团员认为我国社会道德问题最严重的领域依次是"社会公共生活领域"（77.0%）、"职业生活领域"（17.0%）、"家庭生活领域"（4.0%），群众认为我国社会道德问题最严重的领域依次是"社会公共生活领域"（72.0%）、"职业生活领域"（21.0%）、"家庭生活领域"（4.0%）。

表9—9　不同政治面貌大学生认为我国社会道德问题最严重的领域（2017）

政治面貌	社会公共生活领域 （%）	职业生活领域 （%）	家庭生活领域 （%）	其他 （%）
党员	76.0	19.0	4.0	1.0
团员	77.0	17.0	4.0	2.0
群众	72.0	21.0	4.0	3.0

　　从有无宗教信仰大学生数据分析比较中（如表9—10所示）可以看出，有宗教信仰的大学生认为我国社会道德问题最严重的领域依次是"社会公共生活领域"（69.2%）、"职业生活领域"（21.8%）、"家庭生活领域"（6.0%），无宗教信仰的大学生认为我国社会道德问题最严重的领域依次是"社会公共生活领域"（77.3%）、"职业生活领域"（17.6%）、"家庭生活领域"（3.4%）。

表9—10　有无宗教信仰大学生认为我国社会道德问题最严重的领域（2017）

宗教信仰	社会公共生活领域 （%）	职业生活领域 （%）	家庭生活领域 （%）	其他 （%）
有宗教信仰	69.2	21.8	6.0	3.0
无宗教信仰	77.3	17.6	3.4	1.7

　　（五）大学生对当前我国最应该接受道德教育群体的认知状况及差异性

　　调查结果显示，近半数大学生认为当前中国社会最应该接受道德教育的是青少年，超过三分之一的大学生认为党政干部、公众人物最应该接受道德教育，不同类型大学生群体对该问题的看法没有显著差异。

　　1. 大学生对当前我国最应该接受道德教育群体的认知状况

　　调查数据显示，49.2%的大学生认为当前我国最应该接受道德教育的是"青少年"，占比最高。其次，34.8%的大学生选择"党政干部、公众人物"，6.3%的大学生选择"农村外出务工人员"，3.0%的大学生认为最应该接受道德教育的是"企业家"。（如图9—8所示）

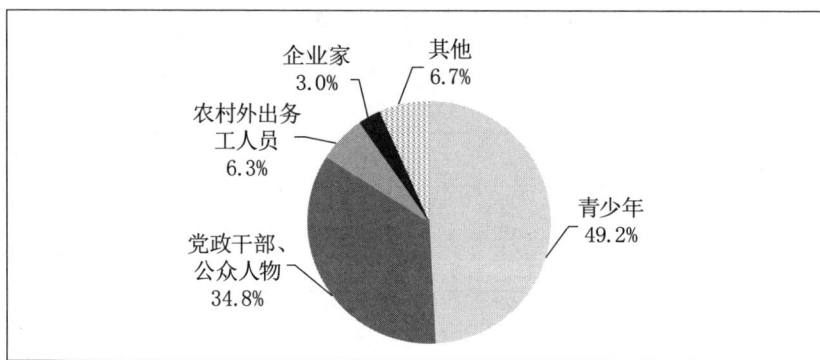

图 9-8　大学生认为当前我国最应该接受道德教育的群体（2017）

2. 大学生对当前我国最应该接受道德教育群体的认知状况的差异性

课题组以性别、学科、有无宗教信仰和是否独生子女为依据，对调查数据进行多层面差异分析。调查数据显示，不同性别、学科以及有无宗教信仰的大学生群体对于当前我国最应该接受道德教育的群体的看法不存在显著差异（p＞0.05）。

从不同性别大学生数据分析比较中（如表 9-11 所示）可以看出，男大学生认为当前我国最应该接受道德教育的群体依次是"青少年"（46.9%）、"党政干部、公众人物"（37.5%）、"农村外出务工人员"（5.7%）、"企业家"（3.2%），女大学生认为当前我国最应该接受道德教育的群体依次是"青少年"（51.2%）、"党政干部、公众人物"（32.5%），"农村外出务工人员"（6.8%）、"企业家"（2.8%）。

表 9-11　不同性别大学生认为当前我国最应该接受道德教育的群体（2017）

性别	青少年（%）	党政干部、公众人物（%）	农村外出务工人员（%）	企业家（%）
男生	46.9	37.5	5.7	3.2
女生	51.2	32.5	6.8	2.8

从不同学科大学生数据分析比较中（如表 9-12 所示）可以看出，文科学生认为当前我国最应该接受道德教育的群体依次是"青少年"（46.5%）、"党政干部、公众人物"（36.7%）、"农村外出务工人员"（6.2%）、"企业家"（3.2%），理科学生认为当前我国最应该接受道德教育的群体依次是"青少年"（51.8%）、"党

政干部、公众人物"（33.4%）、"农村外出务工人员"（5.5%）、"企业家"（2.9%），工科学生认为当前我国最应该接受道德教育的群体依次是"青少年"（51.2%）、"党政干部、公众人物"（32.7%）、"农村外出务工人员"（7.0%）、"企业家"（2.7%）。

表9-12　不同学科大学生认为当前我国最应该接受道德教育的群体（2017）

性别	青少年（%）	党政干部、公众人物（%）	农村外出务工人员（%）	企业家（%）
文科	46.5	36.7	6.2	3.20
理科	51.8	33.4	5.5	2.9
工科	51.2	32.7	7.0	2.7

从有无宗教信仰大学生数据分析比较中（如表9-13所示）可以看出，有宗教信仰的大学生认为当前我国最应该接受道德教育的群体依次是"青少年"（46.0%）、"党政干部、公众人物"（38.5%）、"农村外出务工人员"（5.5%）、"企业家"（3.0%），无宗教信仰的大学生认为当前我国最应该接受道德教育的群体依次是"青少年"（49.4%）、"党政干部、公众人物"（34.7%）、"农村外出务工人员"（6.4%）、"企业家"（3.0%）。

表9-13　有无宗教信仰大学生认为当前我国最应该接受道德教育的群体（2017）

性别	青少年（%）	党政干部、公众人物（%）	农村外出务工人员（%）	企业家（%）
有宗教信仰	46.0	38.5	5.5	3.0
无宗教信仰	49.4	34.7	6.4	3.0

从是否独生子女大学生数据分析比较中（如表9-14所示）可以看出，独生子女大学生认为当前我国最应该接受道德教育的群体依次是"青少年"（48.2%）、"党政干部、公众人物"（34.3%）、"农村外出务工人员"（7.4%）、"企业家"（3.0%），非独生子女大学生认为当前我国最应该接受道德教育的群体依次是"青少年"（53.0%）、"党政干部、公众人物"（38.0%）、"农村外出务工人员"（6.0%）、"企业家"（3.0%）。

表 9—14 独生子女和非独生子女大学生认为当前我国最应该接受道德教育的群体（2017）

子女	青少年（%）	党政干部、公众人物（%）	农村外出务工人员（%）	企业家（%）
独生子女	48.2	34.3	7.4	3.0
非独生子女	53.0	38.0	6.0	3.0

二、大学生对社会主义道德价值取向的认知情况

为人民服务是社会主义道德建设的核心。社会主义道德建设强调人民的利益高于一切，自觉维护人民的利益，一切从人民的利益出发，为人民的利益而奋斗。集体主义是公民道德建设的原则，是社会主义经济、政治和文化建设的必然要求，是当国家利益与集体利益、个人利益发生冲突时人们所应遵循的指导性原则。爱国主义是公民道德建设的基本要求和基本规范，是每个公民都应当承担的法律义务和道德责任。课题组围绕"为人民服务""集体主义"和"爱国主义"设计了"您对为人民服务的社会主义道德原则的基本态度是什么""如果赞同，您认为哪些人最应该坚持为人民服务的道德原则""当个人利益与集体利益发生冲突时，您的选择是什么""您对'国家兴亡，匹夫有责'的看法"和"'当今中国爱国与爱社会主义、爱中国共产党是一致的'，您对这种提法的态度是什么"等相关问题，集中考察大学生对社会主义道德价值取向的认知情况。

（一）大学生对"为人民服务"的认知状况及差异性

调查结果表明，绝大多数大学生对于为人民服务这一社会主义道德原则持赞同态度，不同性别、政治面貌的大学生群体对"为人民服务"的认知状况存在显著差异，具体表现为：男大学生对为人民服务的道德原则的认同程度显著高于女大学生，党员对于为人民服务的道德原则的认同程度显著高于团员和群众。超过半数的大学生认为所有公民都应该坚持为人民服务，党员对于"所有公民应该坚持为人民服务"的认同程度显著高于团员和群众。

1. 大学生对"为人民服务"的认知状况

调查数据显示，大学生对于为人民服务这一社会主义道德原则总体持赞同态度，持"非常赞同""赞同"和"比较赞同"态度的大学生分别占 20.0%、43.0% 和 29.0%，有 3.0% 的大学生表示"不赞同"，5.0% 的大学生表示"说不清"。（如图 9—9 所示）

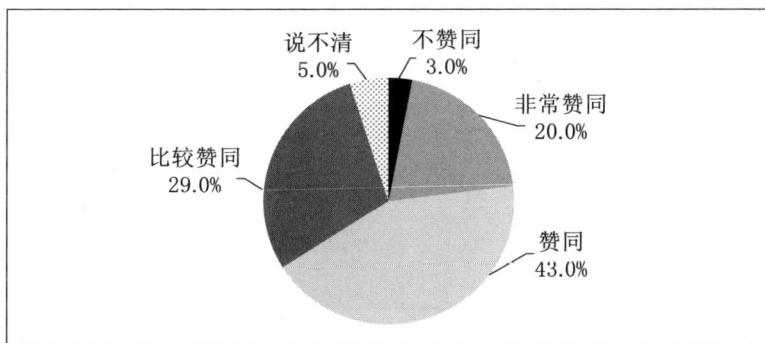

图9-9　大学生对为人民服务的社会主义道德原则的基本态度（2017）

2.大学生对"为人民服务"的认知状况及差异性

课题组以性别、政治面貌为依据，对调查数据进行多层面差异分析（图表中得分越低代表越认同为人民服务的道德原则）。调查数据显示，不同性别、政治面貌的大学生群体对"为人民服务"的认知状况存在显著差异（p<0.05）。

从不同性别大学生数据分析比较中（如图9-10所示）可以看出，男大学生对为人民服务的道德原则的认同程度（2.24）显著高于女大学生（2.34）。

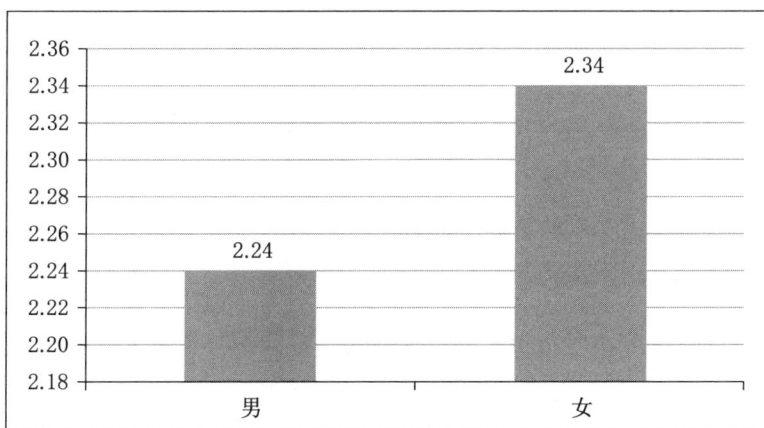

图9-10　不同性别大学生对为人民服务的社会主义道德原则的认同程度（2017）

从不同政治面貌大学生数据分析比较中（如图9-11所示）可以看出，党员对于为人民服务的道德原则的认同程度（2.11）显著高于团员（2.31）和群众（2.66），群众在这三者中对为人民服务的道德原则的认同程度最低。

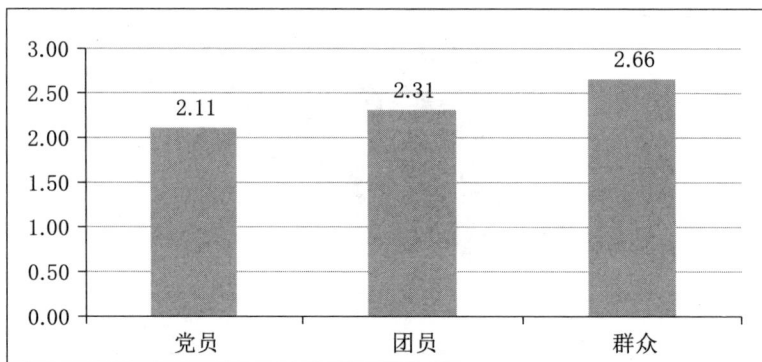

图9-11　不同政治面貌大学生对为人民服务的社会主义道德原则的认同程度（2017）

3. 大学生对最应该坚持为人民服务道德原则群体的看法

调查数据显示，对于最应该坚持为人民服务的群体，53.0% 的受访大学生选择"所有公民"，29.0% 的人选择"所有公职人员"，其后依次是"领导干部"（10.0%）、"普通共产党员"（5.0%）和"说不清"（3.0%）。（如图9-12所示）

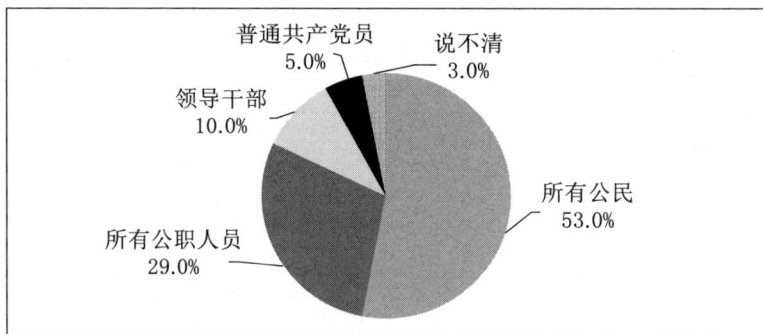

图9-12　大学生认为最应该坚持为人民服务道德原则的群体（2017）

4. 大学生对最应该坚持为人民服务道德原则群体的看法的差异性

课题组以政治面貌为依据，对调查数据进行多层面差异分析（图表中得分越低代表越认同"所有公民应该坚持为人民服务"）。调查数据显示，不同政治面貌大学生群体对"所有公民应该坚持为人民服务"的认同程度存在显著差异（$p < 0.05$）。

从不同政治面貌大学生数据分析比较中（如图9-13所示）可以看出，党员对于"所有公民应该坚持为人民服务"的认同程度（1.77）显著高于团员（1.82）和群众（2.05），群众对"所有公民应该坚持为人民服务"的认同程度最低。

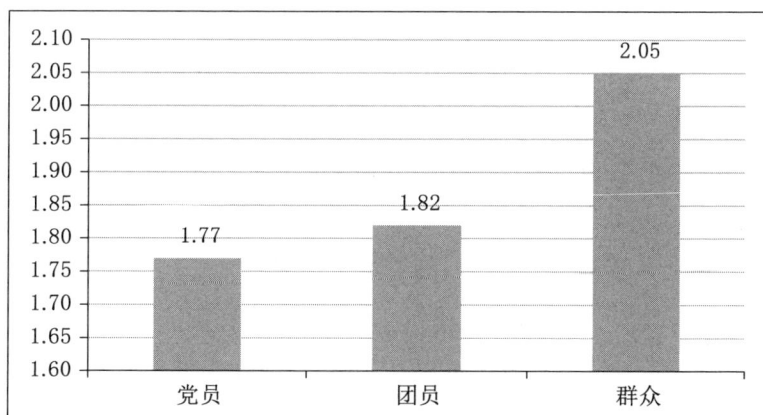

图9—13　不同政治面貌大学生对"所有公民应该坚持为人民服务"的认同程度（2017）

（二）大学生对集体主义的认知情况及差异性

由调查结果可知,近六成的大学生在面对个人利益与集体利益发生冲突的情形时,选择"先考虑集体利益,再考虑个人利益",不同类型大学生群体对"当个人利益与集体利益发生冲突,个人利益应无条件服从集体利益"的认同程度存在差异,具体表现为：女大学生的认同程度显著高于男大学生,工科学生的认同程度显著高于文科学生和理科学生,没有宗教信仰大学生的认同程度显著高于有宗教信仰的大学生,非独生子女的认同程度显著高于独生子女。

1. 大学生对集体主义的认知情况

调查数据显示,当个人利益与集体利益发生冲突时,58.5%的大学生选择"先考虑集体利益,再考虑个人利益",2.7%的大学生选择"无条件服从集体利益",18.1%的大学生选择"先考虑个人利益,再考虑集体利益",2.3%的大学生选择"只考虑个人利益",18.4%的大学生选择"说不清"。（如图9—14所示）

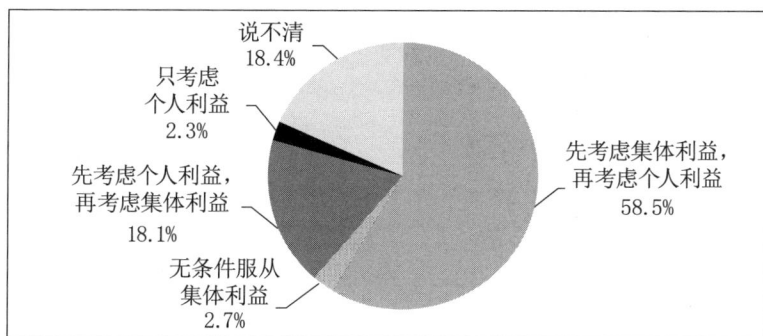

图9—14　当个人利益与集体利益发生冲突时,大学生的选择（2017）

2. 大学生对集体主义认知情况的差异性

课题组以性别、学科、有无宗教信仰、是否独生子女为依据,对调查数据进行多层面差异分析(图中得分越高代表越赞同"当个人利益与集体利益发生冲突,个人利益应无条件服从集体利益")。调查数据显示,不同性别、学科、有无宗教信仰和是否独生子女的大学生群体对"当个人利益与集体利益发生冲突,个人利益应无条件服从集体利益"的认同程度存在显著差异(p<0.05)。

从不同性别大学生数据分析比较中(如图9-15所示)可以看出,女大学生对"当个人利益与集体利益发生冲突,个人利益应无条件服从集体利益"的认同程度(3.19)显著高于男大学生(3.08)。

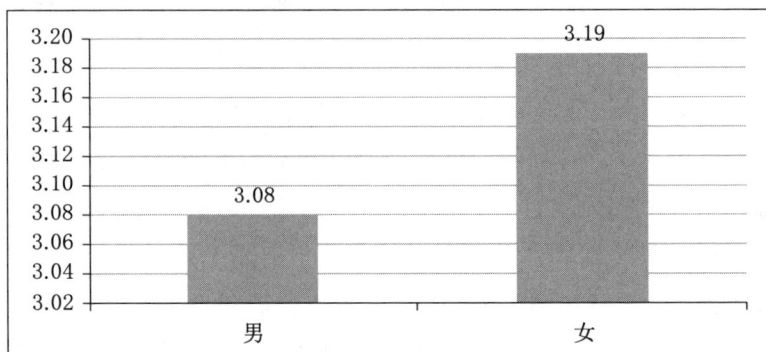

图9-15 不同性别大学生对"无条件服从集体利益"的认同程度(2017)

从不同学科大学生数据分析比较中(如图9-16所示)可以看出,工科学生对"当个人利益与集体利益发生冲突,个人利益应无条件服从集体利益"的认同程度(3.19)显著高于文科学生(3.13)和理科学生(3.08)。

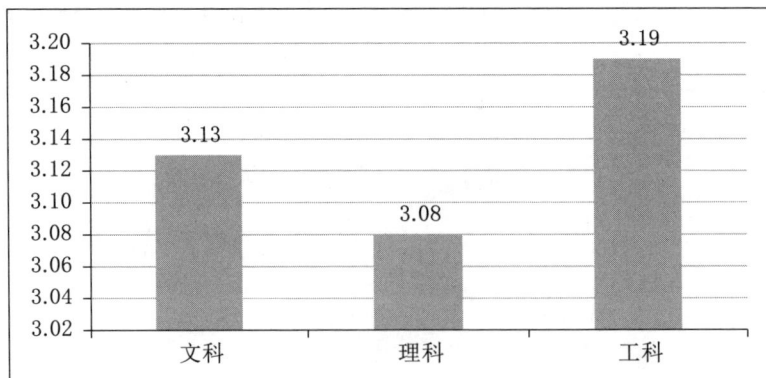

图9-16 不同学科大学生对"无条件服从集体利益"的认同程度(2017)

从有无宗教信仰大学生数据分析比较中（如图9—17所示）可以看出,有宗教信仰和无宗教信仰的大学生对"当个人利益与集体利益发生冲突,个人利益应无条件服从集体利益"的认同程度（分别为2.99和3.15）存在显著差异（p<0.05）。没有宗教信仰的大学生对"无条件服从集体利益"的认同态度显著高于有宗教信仰的大学生。

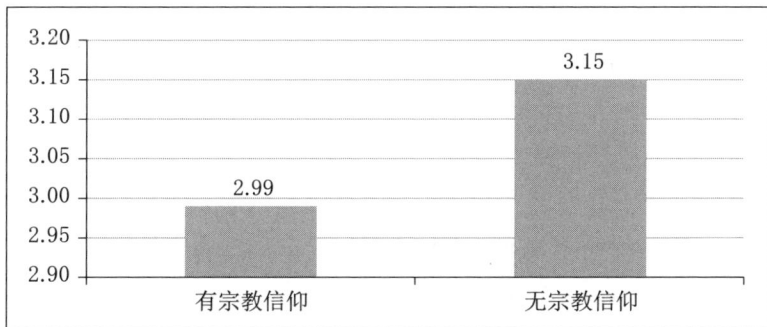

图9—17 有无宗教信仰大学生对"无条件服从集体利益"的认同程度（2017）

从是否独生子女大学生数据分析比较中（如图9—18所示）可以看出,独生子女和非独生子女的大学生对"当个人利益与集体利益发生冲突,个人利益应无条件服从集体利益"的认同程度（分别为3.09和3.19）存在显著差异（p<0.05）,非独生子女对"无条件服从集体利益"的认同态度显著高于独生子女。

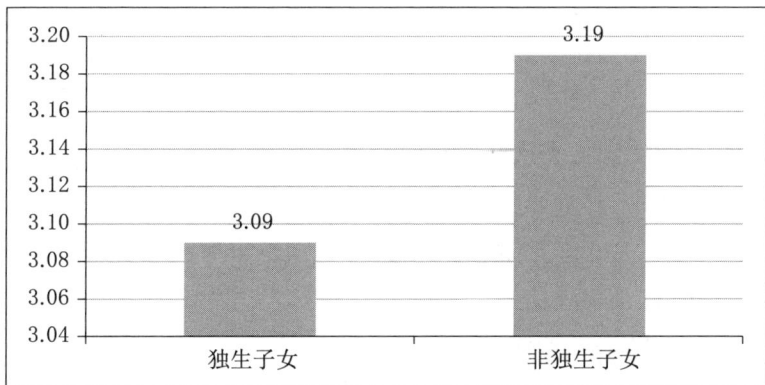

图9—18 独生子女与非独生子女大学生对"无条件服从集体利益"的认同程度（2017）

（三）大学生对爱国主义的认知情况及差异性

调查结果显示,绝大多数的大学生认同"国家兴亡,匹夫有责"这一说法,不同类型大学生群体对该说法的认同程度存在显著差异,具体体现为:女大学生的认同程度显著高于男大学生,党员的认同程度显著高于团员和群众,非独生子女的认同程度显著高于独生子女。近四分之三的大学生认同"爱国、爱社会主义与爱中国共产党是一致的"提法,其中,文科学生的认同程度显著高于理科学生和工科学生,党员的认同程度显著高于团员和群众,有宗教信仰大学生的认同态度显著高于没有宗教信仰的大学生。

1.大学生对爱国主义的认知情况

调查数据显示,对于"国家兴亡,匹夫有责"这一说法,绝大多数的大学生持认同态度,60.8%的受访大学生选择"很有意义,国家兴亡关乎我们每一个人",32.7%的大学生选择"比较认同,但没有切身行动",4.0%的大学生选择"不太认同,感觉离自己的现实生活很远",0.5%的大学生选择"完全不认同,认为只要自己过得好就行",2%的大学生选择"说不清"。(如图9-19所示)

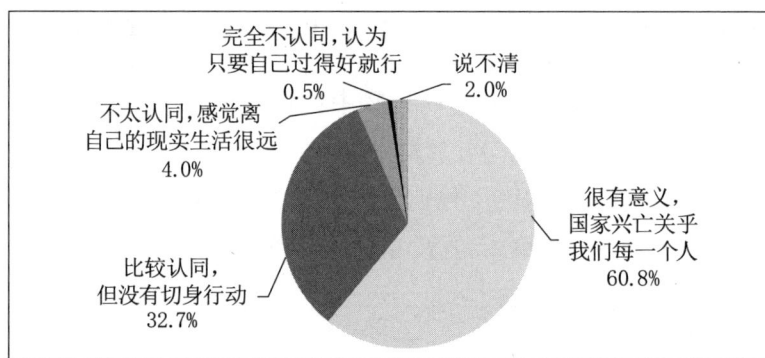

图9-19 大学生对"国家兴亡,匹夫有责"的认同情况(2017)

2.大学生对爱国主义认知情况的差异性

课题组以性别、政治面貌、是否独生子女为依据,对调查数据进行多层面差异分析(图中得分越低代表越赞同"国家兴亡,匹夫有责")。调查数据显示,不同性别、政治面貌、是否独生子女的大学生群体对"国家兴亡,匹夫有责"的认同程度存在显著差异($p<0.05$)。

从不同性别大学生数据分析比较中(如图9-20所示)可以看出,女大学生对"国家兴亡,匹夫有责"的认同程度(1.46)显著高于男大学生(1.51)。

从不同政治面貌大学生数据分析比较中(如图9-21所示)可以看出,党员对于"国家兴亡,匹夫有责"的认同程度(1.36)显著高于团员(1.49)和群众

（1.79），群众在这三者中对"国家兴亡，匹夫有责"的认同程度最低。

从是否独生子女大学生数据分析比较中（如图9—22所示）可以看出，独生子女和非独生子女的大学生对"国家兴亡，匹夫有责"的认同程度（分别为1.52和1.46）存在显著差异（p<0.05），非独生子女对于"国家兴亡，匹夫有责"的认同程度显著高于独生子女。

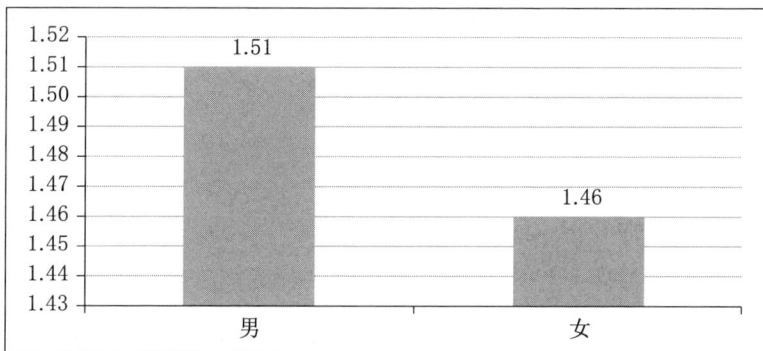

图 9—20　不同性别大学生对"国家兴亡，匹夫有责"的认同程度（2017）

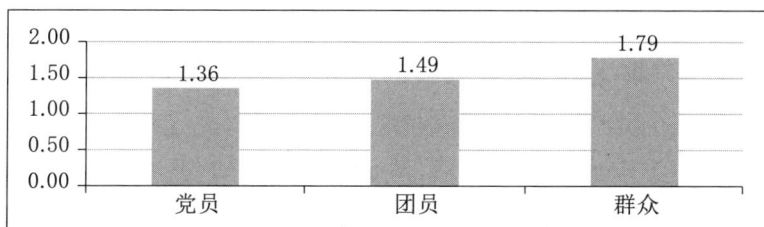

图 9—21　不同政治面貌大学生对"国家兴亡，匹夫有责"的认同程度（2017）

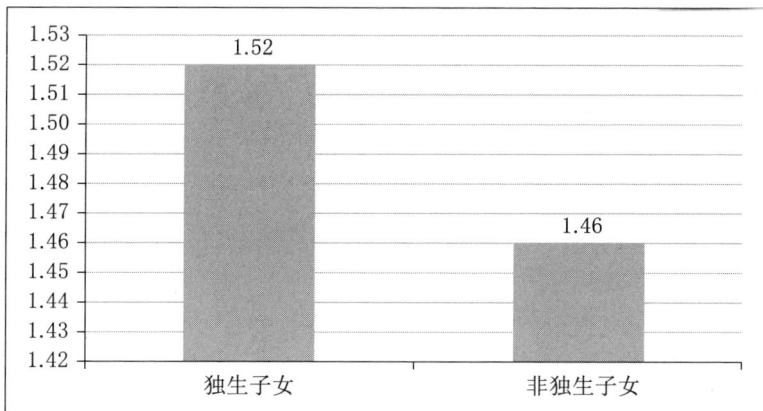

图 9—22　独生子女与非独生子女大学生对"国家兴亡，匹夫有责"的认同程度（2017）

3. 大学生对"爱国、爱社会主义与爱中国共产党是一致的"的态度

调查数据显示,对于"爱国、爱社会主义与爱中国共产党是一致的"这种提法,大部分大学生表示认同。其中,16.0% 的人选择"非常赞同",28.0% 的人选择"赞同",30.0% 的人选择"比较赞同",此外,22.0% 的大学生选择"不赞同",4.0% 的人表示"说不清楚"。(如图 9—23 所示)

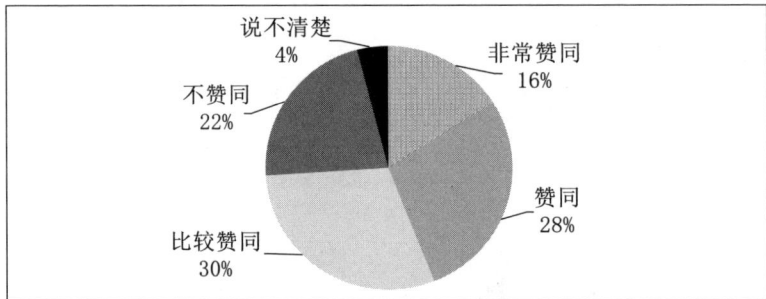

图 9—23 大学生对"爱国、爱社会主义与爱中国共产党是一致的"的态度(2017)

4. 大学生对"爱国、爱社会主义与爱中国共产党是一致的"态度的差异性

课题组以学科、政治面貌、有无宗教信仰为依据,对调查数据进行多层面差异分析(图中得分越低代表越赞同"爱国、爱社会主义与爱中国共产党是一致的")。调查数据显示,不同学科、政治面貌、有无宗教信仰的大学生群体对"爱国、爱社会主义与爱中国共产党是一致的"提法的认同程度存在显著差异(p<0.05)。

从不同学科大学生数据分析比较中(如图 9—24 所示)可以看出,文科学生对"爱国、爱社会主义与爱中国共产党是一致的"提法的认同程度(2.65)显著高于理科学生(2.66)和工科学生(2.76)。

从不同政治面貌大学生数据分析比较中(如图 9—25 所示)可以看出,党员对"爱国、爱社会主义与爱中国共产党是一致的"提法的认同程度(2.37)显著高于团员(2.76)和群众(2.99),群众在这三者中对"爱国、爱社会主义与爱中国共产党是一致的"提法的认同程度最低。

从有无宗教信仰大学生数据分析比较中(如图 9—26 所示)可以看出,有宗教信仰和无宗教信仰的大学生对"爱国、爱社会主义与爱中国共产党是一致的"的认同程度(分别为 2.57 和 2.70)存在显著差异(p<0.05)。有宗教信仰的大学生对"爱国与爱社会主义、爱中国共产党是一致的"的认同态度显著高于没有宗教信仰的大学生。

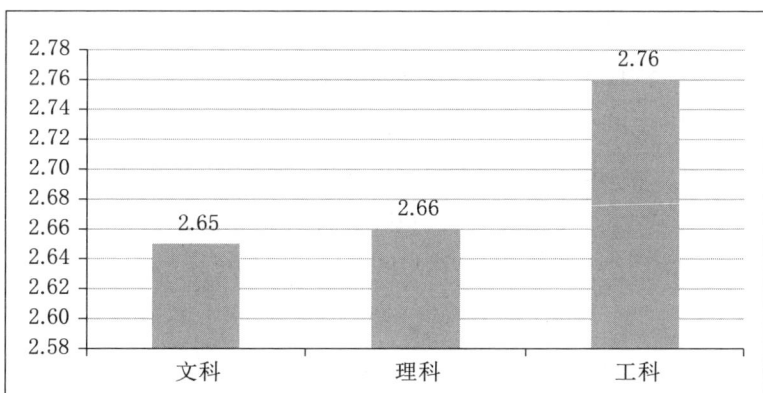

图9—24　不同学科大学生对"爱国、爱社会主义与爱中国共产党是一致的"的认同程度（2017）

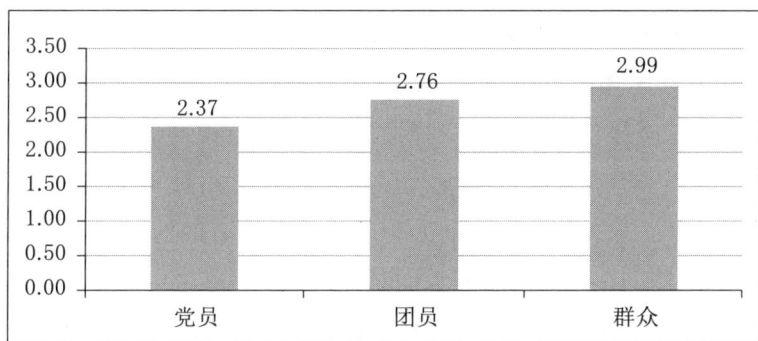

图9—25　不同政治面貌大学生对"爱国、爱社会主义与爱中国共产党是一致的"的认同程度（2017）

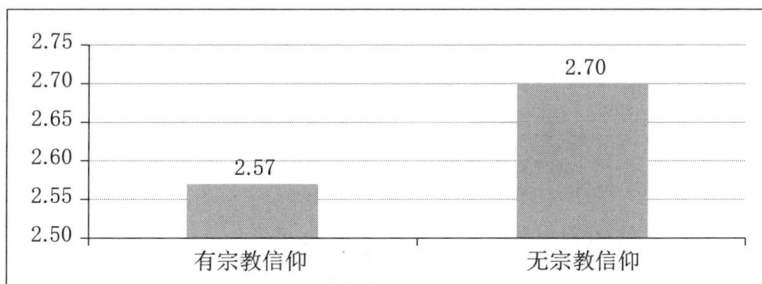

图9—26　有无宗教信仰大学生对"爱国、爱社会主义与爱中国共产党是一致的"的认同程度（2017）

三、大学生个体道德状况

社会公德、职业道德、家庭美德和个人品德是考察大学生个体道德水平的主要监测点,这四个方面的道德建设也是社会主义道德建设的着力点。课题组结合大学生的成长特点,围绕社会公德、家庭美德和个人品德等方面设计了相关问题,以此考察大学生的个体道德状况。

(一)大学生对社会公德的认知与践行情况及差异性

社会公德是社会主义道德体系的基础层次,是全体公民在社会交往和公共生活中应该遵循的行为准则,涵盖了人与人、人与社会、人与自然之间的关系,从发生场域来看,包括了现实空间中的公德与虚拟空间中的道德。课题组针对这几种关系分别设计了有关大学生助人为乐、保护环境、见义勇为以及在虚拟空间中的行为选择等问题,全面考察新时代大学生的社会公德状况。

1. 大学生对"助人为乐"的践行情况及差异性

随着现代社会公共生活领域的扩大,人际交往的日益频繁,社会公德在维护公共利益、公共秩序和社会稳定方面的作用逐渐凸显。近年来,随着"扶起摔倒老人反被讹诈""英雄流血又流泪"等报道见诸报端,以往极受认可的助人为乐行为给人们带来了道德选择的困境,也导致了"道德滑坡""道德停滞"等言说的重新泛起。为了考察大学生在助人为乐传统美德方面的践行情况,课题组设计了"当有老人摔倒在你面前急需救助时,您会怎么做"的问题。

(1)大学生对"助人为乐"的践行情况

调查数据显示,当有老人摔倒在面前急需救助时,54.3%的受访大学生选择"主动给予帮助、救护",36.8%的大学生选择"当有人救护时,自己会帮一把",2.0%的大学生选择"装作没看见,赶紧离开",0.7%的大学生选择"围观、看热闹",另有6.2%的大学生选择"其他"。(如图9—27所示)

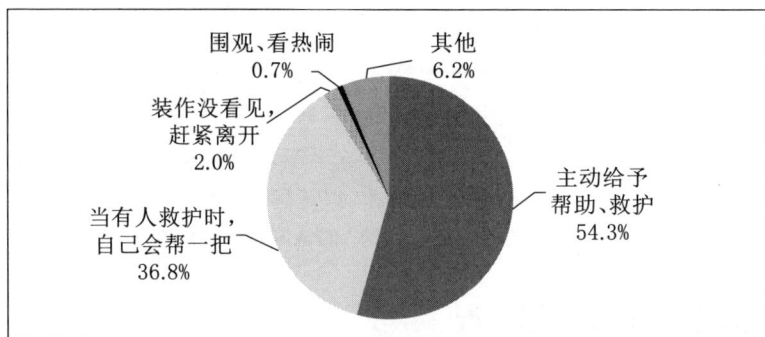

图9—27 当有老人摔倒在面前急需救助时,大学生的做法(2017)

（2）大学生对"助人为乐"践行情况的差异性

课题组以性别、学科、政治面貌、有无宗教信仰和是否独生子女为依据,对调查数据进行多层面差异分析（图中得分越低代表遇到老人摔倒需要救助的情形时越愿意主动帮助）。调查数据显示,不同性别、学科、政治面貌、有无宗教信仰和是否独生子女的大学生群体对摔倒老人的帮助意愿存在显著差异（p<0.05）。

从不同性别大学生数据分析比较中（如图9—28所示）可以看出,女大学生在遇到老人摔倒急需救助的情形时的帮助意愿（1.59）显著高于男大学生（1.74）。

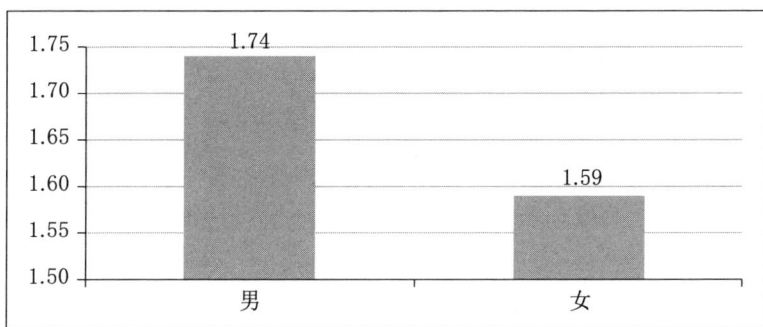

图9—28　当有老人摔倒在面前急需救助时,不同性别大学生的帮助意愿（2017）

从不同学科大学生数据分析比较中（如图9—29所示）可以看出,文科学生在遇到老人摔倒急需救助的情形时的帮助意愿（1.63）显著高于理科学生（1.65）和工科学生（1.72）。

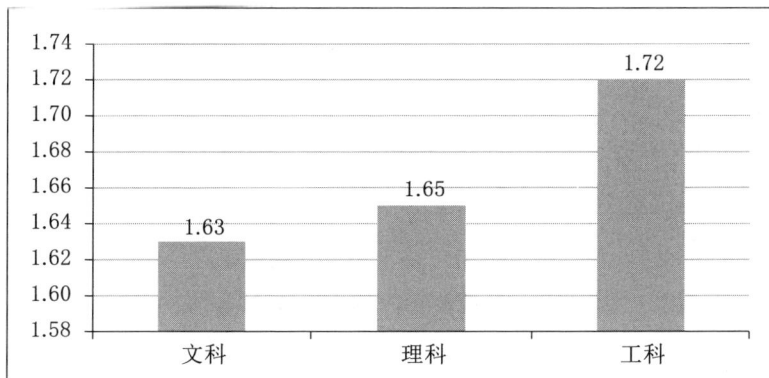

图9—29　当有老人摔倒在面前急需救助时,不同学科大学生的帮助意愿（2017）

从不同政治面貌大学生数据分析比较中（如图9—30所示）可以看出,党员在遇到老人摔倒急需救助的情形时的帮助意愿（1.57）显著高于团员（1.66）和群众（1.87）。

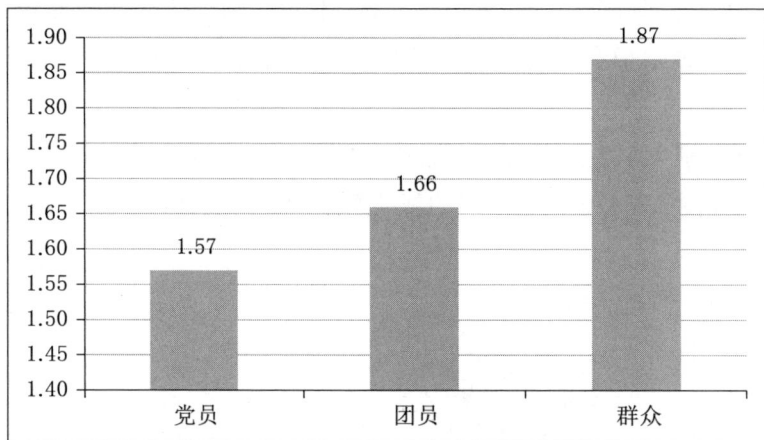

图 9—30　当有老人摔倒在面前急需救助时,不同政治面貌大学生的帮助意愿(2017)

从有无宗教信仰大学生数据分析比较中（如图9—31所示）可以看出,有宗教信仰的大学生在遇到老人摔倒急需救助的情形时的帮助意愿（1.54）显著高于无宗教信仰的大学生（1.66）。

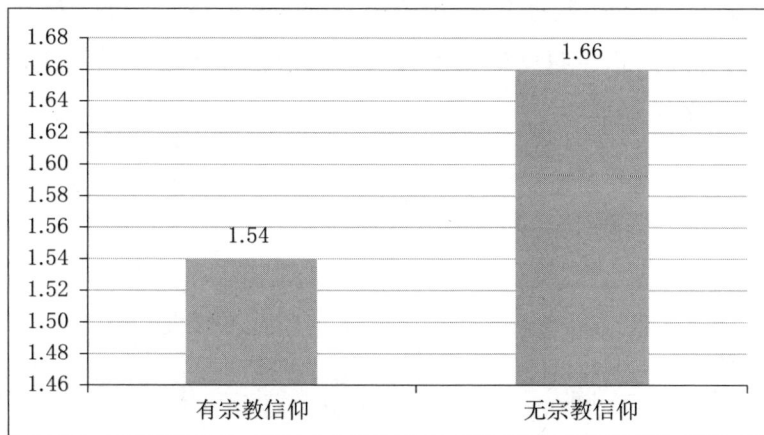

图 9—31　当有老人摔倒在面前急需救助时,有无宗教信仰大学生的帮助意愿(2017)

从是否独生子女大学生数据分析比较中（如图9—32所示）可以看出,是独生子女的大学生在遇到老人摔倒急需救助的情形时的帮助意愿（1.61）显著高于非独生子女的大学生（1.71）。

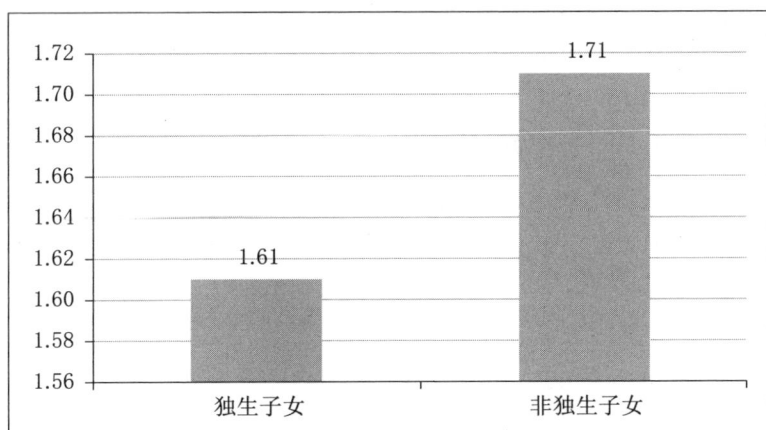

图9—32　当有老人摔倒在面前急需救助时，独生子女与非独生子女大学生的帮助意愿（2017）

2. 大学生对"保护环境"的认知与践行情况及差异性

人与自然是生命共同体，建设生态文明关乎人类未来，是中华民族永续发展的千年大计。保护环境是《公民道德建设实施纲要》规定的社会公德的主要内容之一，新时代大学生应树立社会主义生态文明观，身体力行地保护生态环境，为建设美丽中国作出应有的努力。课题组设计了"您愿意过低碳生活吗"和"您在日常生活中会对垃圾进行分类吗"两个问题，以此考察大学生对环境道德的认知与践行情况。

（1）大学生对"保护环境"的认知情况

调查数据显示，86.7%的受访大学生表示"愿意"过低碳生活，选择"不愿意"的大学生占5.3%，有8.0%的大学生表示"不清楚"。（如图9—33所示）

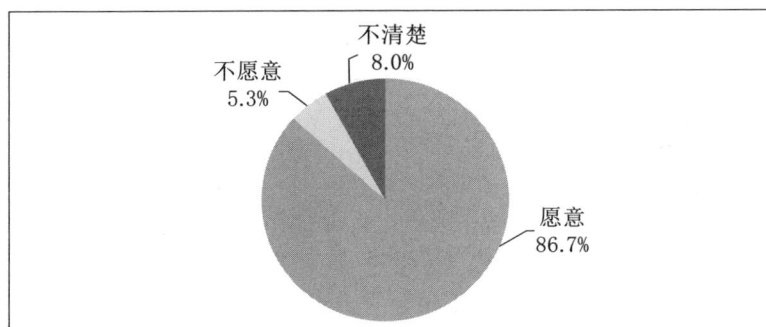

图9—33　大学生是否愿意过低碳生活（2017）

（2）大学生对"保护环境"认知情况的差异性

课题组以性别、学科、政治面貌、有无宗教信仰为依据，对调查数据进行多层面差异分析。调查数据显示，不同性别、学科、政治面貌、有无宗教信仰的大学生群体对于过低碳生活的意愿不存在显著差异（p＞0.05）。

从不同性别大学生数据分析比较中（如表9-15所示）可以看出，男大学生对于过低碳生活的态度分别是：83.9%的人"愿意"，7.2%的人"不愿意"；女大学生对于过低碳生活的态度分别是：89.1%的人"愿意"，3.7%的人"不愿意"。

表9-15　不同性别大学生是否愿意过低碳生活（2017）

性别	愿意（%）	不愿意（%）
男生	83.90	7.20
女生	89.10	3.70

从不同学科大学生数据分析比较中（如表9-16所示）可以看出，文科学生对于过低碳生活的态度分别是：87.2%的人"愿意"，5.0%的人"不愿意"；理科学生对于过低碳生活的态度分别是：84.5%的人"愿意"，6.9%的人"不愿意"；工科学生对于过低碳生活的态度分别是：87.7%的人"愿意"，4.9%的人"不愿意"。

表9-16　不同学科大学生是否愿意过低碳生活（2017）

学科	愿意（%）	不愿意（%）
文科	87.2	5.0
理科	84.5	6.9
工科	87.7	4.9

从不同政治面貌大学生数据分析比较中（如表9-17所示）可以看出，党员对于过低碳生活的态度分别是：91.0%的人"愿意"，4.0%的人"不愿意"，5.0%的人"不清楚"；团员对于过低碳生活的态度分别是：87.0%的人"愿意"，5.0%的人"不愿意"，8.0%的人表示"不清楚"；群众对于过低碳生活的态度分别是：82.0%的人"愿意"，8.0%的人"不愿意"，10.0%的人表示"不清楚"。

表9-17　不同政治面貌大学生是否愿意过低碳生活（2017）

政治面貌	愿意（%）	不愿意（%）	不清楚（%）
党员	91.0	4.0	5.0
团员	87.0	5.0	8.0
群众	82.0	8.0	10.0

从有无宗教信仰大学生数据分析比较中（如表9-18所示）可以看出，有宗教信仰的大学生对于过低碳生活的态度分别是：84.5%的人"愿意"，6.8%的人"不愿意"；无宗教信仰的大学生对于过低碳生活的态度分别是：87.4%的人"愿意"，4.9%的人"不愿意"。

表9-18　有无宗教信仰大学生是否愿意过低碳生活（2017）

宗教信仰	愿意（%）	不愿意（%）
有宗教信仰	84.5	6.8
无宗教信仰	87.4	4.9

（3）大学生对"保护环境"的践行情况

调查数据显示，25.3%的受访大学生在日常生活中"经常"会对垃圾进行分类，61.2%的大学生"偶尔"进行垃圾分类，13.5%的人"从不"进行垃圾分类。（如图9-34所示）

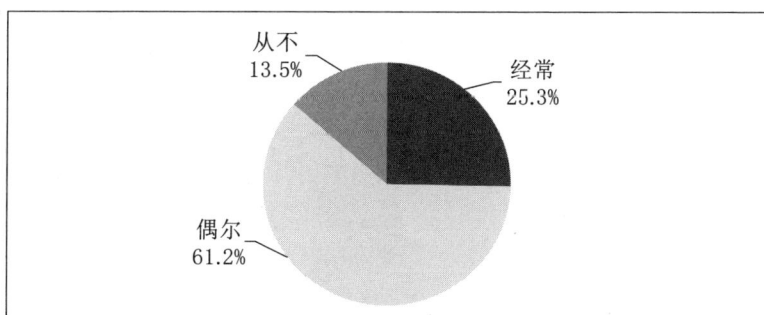

图9-34　大学生在日常生活中是否会对垃圾进行分类（2017）

（4）大学生对"保护环境"践行情况的差异性

课题组以性别、学科为依据，对调查数据进行多层面差异分析（图表中得分越低代表越认同进行垃圾分类）。调查数据显示，不同性别、学科的大学生群体对垃圾分类的认同程度存在显著差异（p＜0.05）。

从不同性别大学生数据分析比较中（如图9－35所示）可以看出，男大学生对日常生活中进行垃圾分类的认同程度（1.84）显著高于女大学生（1.89）。

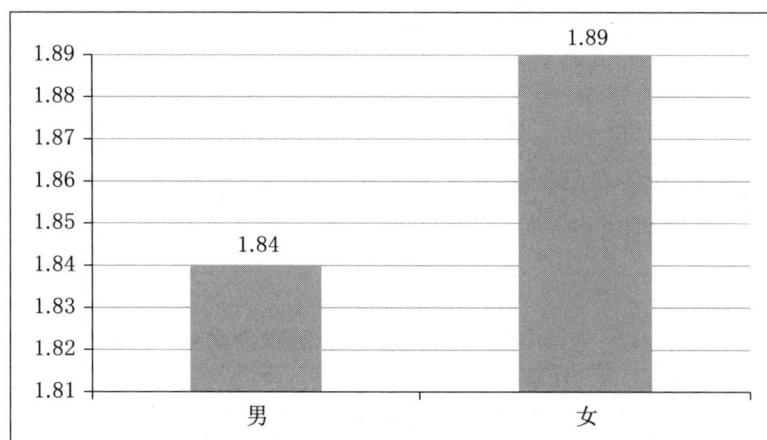

图9－35 不同性别大学生对在日常生活中进行垃圾分类的认同程度（2017）

从不同学科大学生数据分析比较中（如图9－36所示）可以看出，理科学生对日常生活中进行垃圾分类的认同程度（1.84）显著高于文科学生（1.85）和工科学生（1.92）。

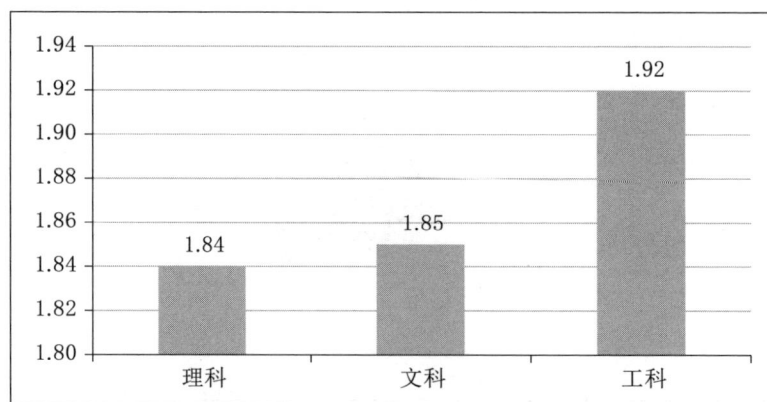

图9－36 不同学科大学生对在日常生活中进行垃圾分类的认同程度（2017）

3. 大学生对"见义勇为"的认知与践行情况及差异性

见义勇为是社会生活中的重要美德，基本语义是指看到合乎正义的事就勇敢地去做，其伦理内涵是指非负有法定义务或职责的行为主体对不义或非法侵害的挺身而出,对受害者利益和社会正义的勇敢维护。其现代法律上的意义是指为保护国家、集体利益或者他人的人身、财产安全,不顾个人安危,与正在发生的犯罪作斗争或者抢险救灾的行为。见义勇为者在实施的过程中要承担人身、财产受损甚至牺牲生命的巨大风险,因而见义勇为是超越基本道德规范的较高层次的道德,是利他精神的具体表现。课题组设计了"某银行女职员与持刀抢劫银行的歹徒英勇搏斗而致残,您对这种行为的看法"和"当您看到小偷在公交车上行窃,您会如何处理"两个问题,以此考察大学生对见义勇为的认知与践行情况。

（1）大学生对"见义勇为"的认知与践行情况

调查数据显示,对于"某银行女职员与持刀抢劫银行的歹徒英勇搏斗而致残"这种行为,7.8%的受访大学生表示"很崇高,我也会这样做",54.9%的大学生选择"很钦佩,但我不能肯定自己能做到",19.1%的大学生选择"很钦佩,但我不愿意这样做",14.6%的大学生认为"不太值得,因为生命的价值高于一切",3.6%的大学生表示"说不清"。(如图9-37所示)

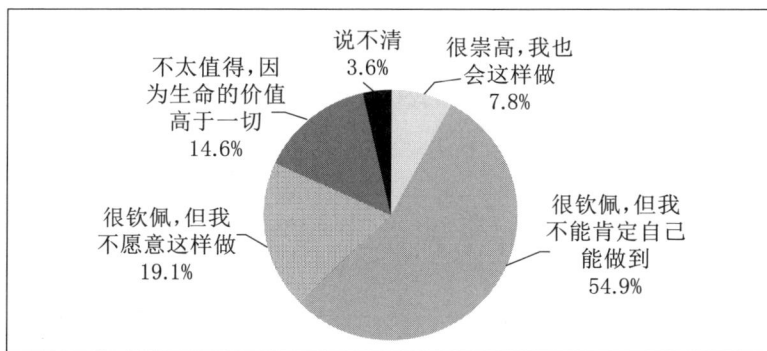

图9-37　大学生对"某银行女职员与持刀抢劫银行的
歹徒英勇搏斗而致残"行为的看法(2017)

调查数据显示,面对小偷在公交车上行窃的行为,绝大多数大学生选择积极采取行动。其中,51.6%的大学生选择"设法提醒",18.6%的大学生选择"先看看周围的人怎么做,再作决定",12.6%的大学生选择"设法报警",7.6%的大学生选择"上前阻止",4.5%的大学生选择"无力阻止,只好听之任之",3.2%的大学生选择"装作没看见,尽快躲开",1.9%的大学生选择"其他"。(如图9-38所示)

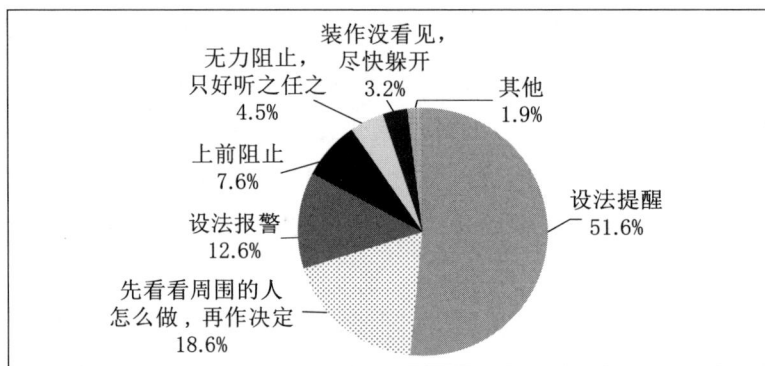

图 9-38　当看到小偷在公交车上行窃，大学生会如何处理（2017）

（2）大学生对"见义勇为"认知情况的差异性

课题组以性别、学科、政治面貌、有无宗教信仰和是否独生子女为依据，对调查数据进行多层面差异分析（图中得分越低代表越认同女职员的做法）。调查数据显示，不同性别、学科、政治面貌、有无宗教信仰和是否独生子女的大学生群体对于"某银行女职员与持刀抢劫银行的歹徒英勇搏斗而致残"这种行为的认同程度存在显著差异（p<0.05）。

从不同性别大学生数据分析比较中（如图 9-39 所示）可以看出，男大学生对"某银行女职员与持刀抢劫银行的歹徒英勇搏斗而致残"这种行为的认同程度（2.37）显著高于女大学生（2.51）。

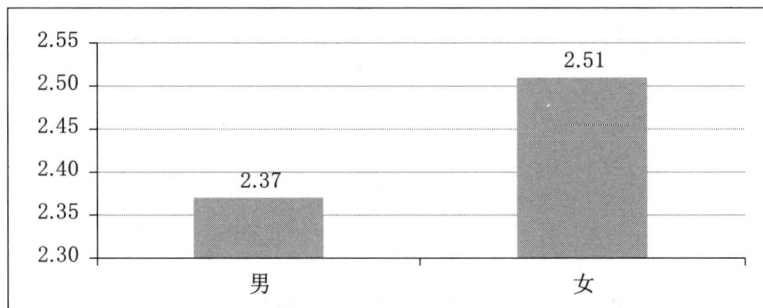

图 9-39　不同性别大学生对"某银行女职员与持刀抢劫银行的
歹徒英勇搏斗而致残"行为的认同程度（2017）

从不同学科大学生数据分析比较中（如图 9-40 所示）可以看出，文科学生对于银行女职员做法的认同程度（2.46）显著高于理科学生（2.49）和工科学生（2.57）。

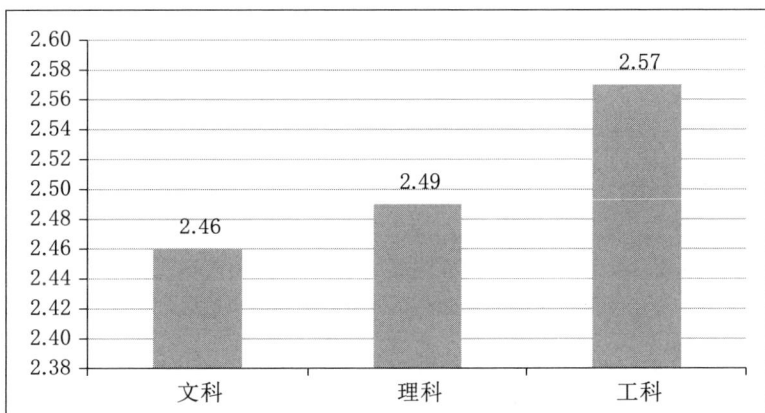

**图 9—40　不同学科大学生对"某银行女职员与持刀抢劫银行的　　
歹徒英勇搏斗而致残"行为的认同程度（2017）**

　　从不同政治面貌大学生数据分析比较中（如图 9—41 所示）可以看出，党员对于银行女职员做法的认同程度（2.37）显著高于团员（2.52）和群众（2.69）。群众在这三者中对该行为的认同程度最低。

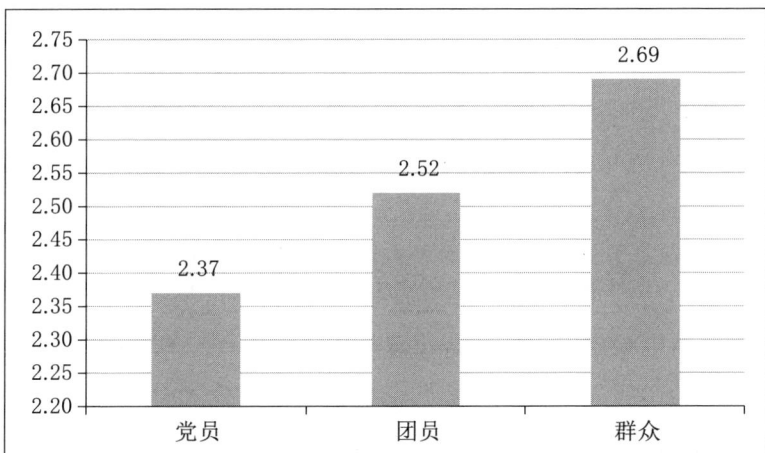

**图 9—41　不同政治面貌大学生对"某银行女职员与持刀抢劫银行的　　
歹徒英勇搏斗而致残"行为的认同程度（2017）**

　　从有无宗教信仰大学生数据分析比较中（如图 9—42 所示）可以看出，有宗教信仰和无宗教信仰的大学生对银行女职员做法的认同程度（分别为 2.37 和 2.51）存在显著差异（p＜0.05）。有宗教信仰的大学生对该行为的认同态度显著高于无宗教信仰的大学生。

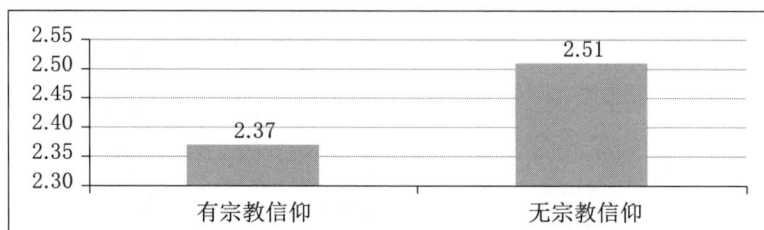

图9−42　有无宗教信仰大学生对"某银行女职员与持刀抢劫银行的
歹徒英勇搏斗而致残"行为的认同程度（2017）

　　从是否独生子女大学生数据分析比较中（如图9−43所示）可以看出,独生子女和非独生子女大学生对银行女职员做法的认同程度（分别为2.47和2.53）存在显著差异（p<0.05）,独生子女对于银行女职员做法的认同程度显著高于非独生子女。

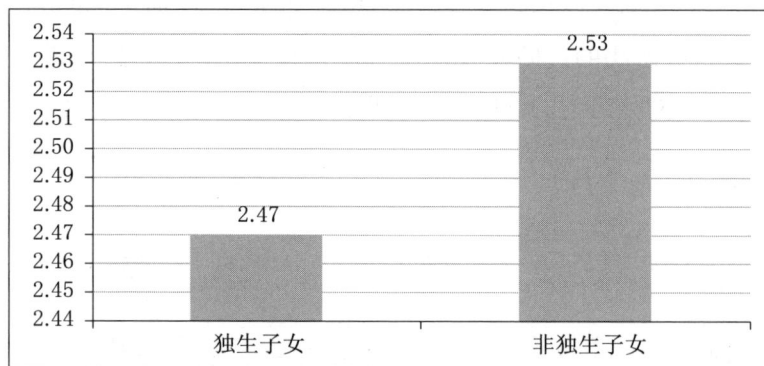

图9−43　独生子女与非独生子女大学生对"某银行女职员与持刀抢劫银行的
歹徒英勇搏斗而致残"行为的认同程度（2017）

4. 大学生对虚拟空间道德的认知情况及差异性

　　信息技术的迅猛发展使得虚拟网络社会成为当代大学生学习、工作和生活的重要领域。网络道德是社会公德在网络空间的运用与扩展。大学生应当正确和文明使用网络工具,进行健康的网络交往,积极净化网络空间,自觉遵守网络道德和有关互联网的法律规定。为了考察大学生对网络道德的认知情况,课题组设计了"您对网络虚拟社会生活中可以随心所欲的观点的态度是什么"和"您认为当前网络道德生活中最突出的问题是什么"两个问题。

　　（1）大学生对"网络虚拟社会生活中可以随心所欲"的态度

　　调查数据显示,对于"网络虚拟社会生活中可以随心所欲"这一观点,

48.2% 的受访大学生表示反对，27.4% 的大学生选择"坚决反对"，10.5% 的大学生选择"比较赞同"，3.6% 的大学生选择"赞同"，另有 10.3% 的大学生选择"说不清"。（如图 9−44 所示）

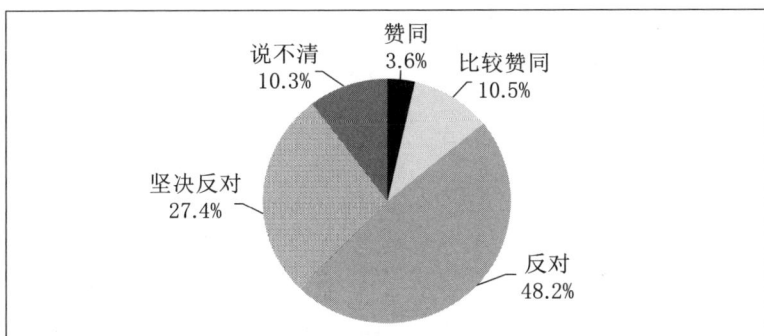

图 9−44　大学生对"网络虚拟社会生活中可以随心所欲"的态度（2017）

（2）大学生对"网络虚拟社会生活中可以随心所欲"态度的差异性

课题组以性别、政治面貌、有无宗教信仰为依据，对调查数据进行多层面差异分析（图中得分越高代表越不认同"网络虚拟社会生活中可以随心所欲"的观点）。调查数据显示，不同性别、政治面貌、有无宗教信仰的大学生群体对"网络虚拟社会生活中可以随心所欲"的观点在认同程度上存在显著差异（p<0.05）。

从不同性别大学生数据分析比较中（如图 9−45 所示）可以看出，女大学生对"网络虚拟社会生活中可以随心所欲"的反对程度（3.32）显著高于男大学生（3.20）。

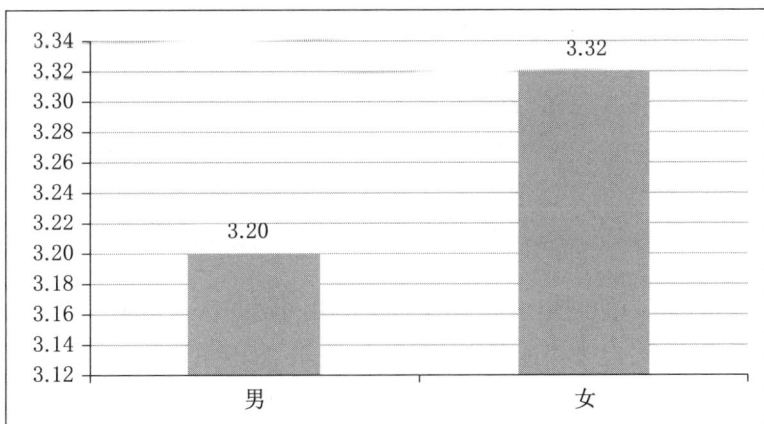

图 9−45　不同性别大学生对"网络虚拟社会生活中可以随心所欲"的反对程度（2017）

从不同政治面貌大学生数据分析比较中（如图9—46所示）可以看出，团员对"网络虚拟社会生活中可以随心所欲"的反对程度（3.27）显著高于党员（3.26）和群众（3.24）。

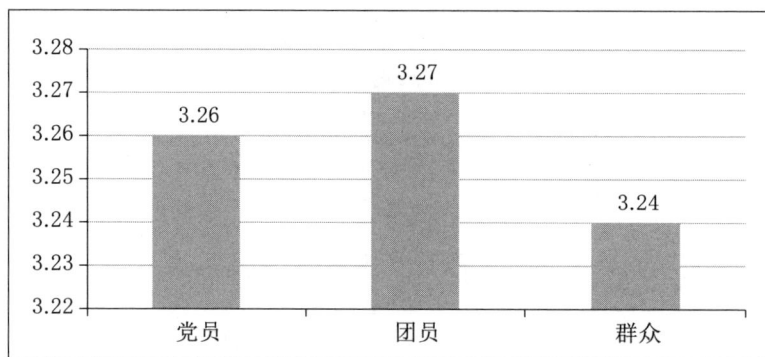

图9—46　不同政治面貌大学生对"网络虚拟社会生活中可以随心所欲"的反对程度（2017）

从有无宗教信仰大学生数据分析比较中（如图9—47所示）可以看出，无宗教信仰的大学生对"网络虚拟社会生活中可以随心所欲"的反对程度（3.28）显著高于有宗教信仰的大学生（3.11）。

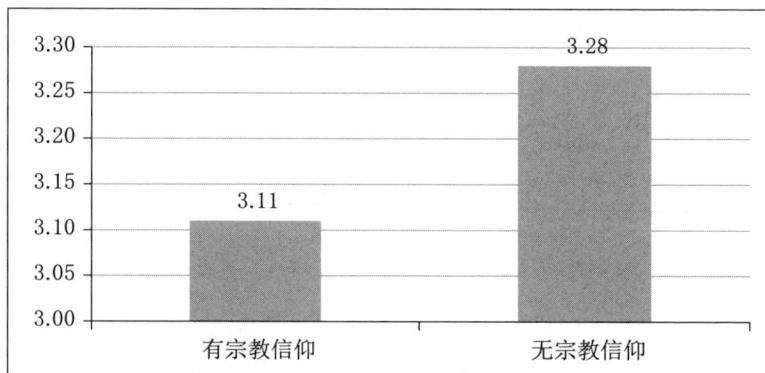

图9—47　有无宗教信仰大学生对"网络虚拟社会生活中可以随心所欲"的反对程度（2017）

（3）大学生对当前网络道德生活中最突出问题的认知情况

调查数据显示，对于当前网络道德生活中最突出的问题，受访大学生认为依次是"网络语言暴力"（42.9%）、"网络语言、内容低俗化"（23.4%）、"网络谣言"（17.9%）、"网络诈骗"（11.0%）、"人肉搜索"（3.3%）。（如图9—48所示）

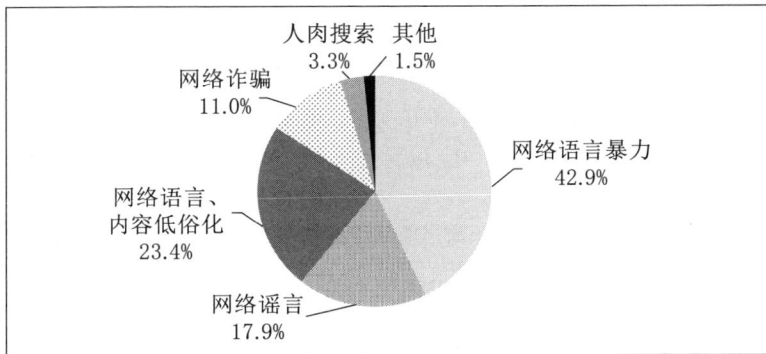

图9-48　大学生认为当前网络道德生活中最突出的问题（2017）

（4）大学生对当前网络道德生活中最突出问题认知情况的差异性

课题组以性别、学科、政治面貌、有无宗教信仰和是否独生子女为依据，对调查数据进行多层面差异分析。调查数据显示，不同性别、学科、政治面貌、有无宗教信仰和是否独生子女的大学生群体对于当前网络道德生活中最突出问题的看法不存在显著差异（p>0.05）。

从不同性别大学生数据分析比较中（如表9-19所示）可以看出，男大学生认为当前网络道德生活中最突出的问题依次是"网络语言暴力"（35.5%）、"网络语言、内容低俗化"（27.4%）、"网络谣言"（20.3%）、"网络诈骗"（11.1%）、"人肉搜索"（3.6%），女大学生认为当前网络道德生活中最突出的问题依次是"网络语言暴力"（49.4%）、"网络语言、内容低俗化"（19.7%）、"网络谣言"（15.8%）、"网络诈骗"（10.9%）、"人肉搜索"（3.1%）。

表9-19　不同性别大学生认为当前网络道德生活中最突出的问题（2017）

性别	网络语言暴力（%）	网络语言、内容低俗化（%）	网络谣言（%）	网络诈骗（%）	人肉搜索（%）
男生	35.5	27.4	20.3	11.1	3.6
女生	49.4	19.7	15.8	10.9	3.1

从不同学科大学生数据分析比较中（如表9-20所示）可以看出，文科学生认为当前网络道德生活中最突出的问题依次是"网络语言暴力"（46.6%）、"网络语言、内容低俗化"（21.6%）、"网络谣言"（16.7%）、"网络诈骗"（10.8%）、"人肉搜索"（3.3%），理科学生认为当前网络道德生活中最突出的问题依次是网

络语言暴力（40.9%）、"网络语言、内容低俗化"（22.9%）、"网络谣言"（19.1%）、"网络诈骗"（11.1%）、"人肉搜索"（3.7%），工科学生认为当前网络道德生活中最突出的问题依次是"网络语言暴力"（38.1%）、"网络语言、内容低俗化"（26.7%）、"网络谣言"（20.4%）、"网络诈骗"（10.4%）、"人肉搜索"（2.9%）。

表9—20　不同学科大学生认为当前网络道德生活中最突出的问题（2017）

学科	网络语言暴力（%）	网络语言、内容低俗化（%）	网络谣言（%）	网络诈骗（%）	人肉搜索（%）
文科	46.6	21.6	16.7	10.8	3.3
理科	40.9	22.9	19.1	11.1	3.7
工科	38.1	26.7	20.4	10.4	2.9

从不同政治面貌大学生数据分析比较中（如表9—21所示）可以看出，党员认为当前网络道德生活中最突出的问题依次是"网络语言暴力"（41.0%）、"网络语言、内容低俗化"（24.0%）、"网络谣言"（20.0%）、"网络诈骗"（12.0%）、"人肉搜索"（3.0%），团员认为当前网络道德生活中最突出的问题依次是"网络语言暴力"（44.0%）、"网络语言、内容低俗化"（23.0%）、"网络谣言"（18.0%）、"网络诈骗"（10.0%）、"人肉搜索"（4.0%），群众认为当前网络道德生活中最突出的问题依次是"网络语言暴力"（40.0%）、"网络语言、内容低俗化"（26.0%）、"网络谣言"（16.0%）、"网络诈骗"（13.0%）、"人肉搜索"（3.0%）。

表9—21　不同政治面貌大学生认为当前网络道德生活中最突出的问题（2017）

政治面貌	网络语言暴力（%）	网络语言、内容低俗化（%）	网络谣言（%）	网络诈骗（%）	人肉搜索（%）
党员	41.0	24.0	20.0	12.0	3.0
团员	44.0	23.0	18.0	10.0	4.0
群众	40.0	26.0	16.0	13.0	3.0

从有无宗教信仰大学生数据分析比较中（如表9—22所示）可以看出，有宗教信仰的大学生认为当前网络道德生活中最突出的问题依次是"网络语言暴力"（37.0%）、"网络语言、内容低俗化"（24.0%）、"网络谣言"（18.3%）、"网络

诈骗"（14.9%）、"人肉搜索"（4.0%），无宗教信仰的大学生认为当前网络道德生活中最突出的问题依次是"网络语言暴力"（43.7%）、"网络语言、内容低俗化"（23.3%）、"网络谣言"（17.8%）、"网络诈骗"（10.6%）、"人肉搜索"（3.1%）。

表9-22　有无宗教信仰大学生认为当前网络道德生活中最突出的问题（2017）

宗教信仰	网络语言暴力（%）	网络语言、内容低俗化（%）	网络谣言（%）	网络诈骗（%）	人肉搜索（%）
有宗教信仰	37.0	24.0	18.3	14.9	4.0
无宗教信仰	43.7	23.3	17.8	10.6	3.1

从是否独生子女大学生数据分析比较中（如表9-23所示）可以看出，独生子女大学生认为当前网络道德生活中最突出的问题依次是"网络语言暴力"（46.6%）、"网络语言、内容低俗化"（21.5%）、"网络谣言"（16.9%）、"网络诈骗"（9.5%）、"人肉搜索"（3.8%），非独生子女的大学生认为当前网络道德生活中最突出的问题依次是"网络语言暴力"（41.0%）、"网络语言、内容低俗化"（25.0%）、"网络谣言"（19.0%）、"网络诈骗"（12.0%）、"人肉搜索"（3.0%）。

表9-23　独生子女和非独生子女大学生认为当前网络道德生活中最突出的问题（2017）

子女	网络语言暴力（%）	网络语言、内容低俗化（%）	网络谣言（%）	网络诈骗（%）	人肉搜索（%）
独生子女	46.6	21.5	16.9	9.5	3.8
非独生子女	41.0	25.0	19.0	12.0	3.0

（二）大学生对家庭美德的认知情况及差异性

家庭美德是衡量大学生个体道德状况的重要观测点。家庭美德建设是社会主义道德建设的重要组成部分，培养良好的家庭道德，有利于大学生的成长与成才。在社会主义初级阶段，家庭美德主要包括尊老爱幼、男女平等、夫妻和睦、勤俭持家、邻里团结等方面的基本要求。课题组针对这几方面的内容，结合大学生自身特点，设计了"您认为现代家庭生活中最需要坚持的道德规范有哪些""您认为现代大学生尽孝最应该做什么"和"对于部分大学生恋爱过程中的时有发生的婚前性行为，您的态度是什么"等问题，以此考察新时代大学生对家庭道德的认知情况。

1. 大学生对现代家庭生活中最需要坚持的道德规范的认知情况

调查数据显示,受访大学生认为现代家庭生活中最需要坚持的道德规范依次是"尊老爱幼"(28.1%)、"夫妻和睦"(25.5%)、"男女平等"(22.4%)、"勤俭持家"(13.1%)和"邻里团结"(10.8%)。(如图9—49所示)

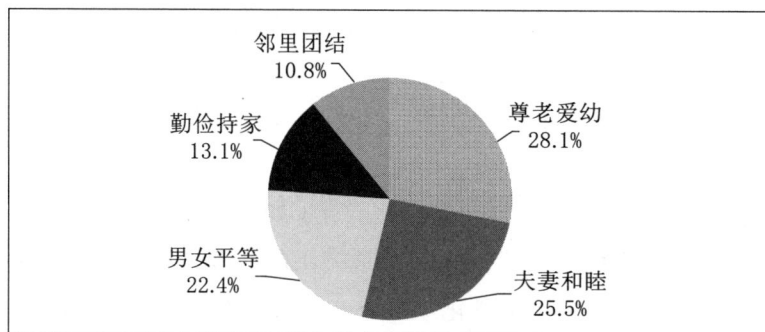

图9—49　大学生认为现代家庭生活中最需要坚持的道德规范(2017)

2. 大学生对现代家庭生活中最需要坚持的道德规范认知情况的差异性

课题组以性别、学科、政治面貌为依据,对调查数据进行多层面差异分析。调查数据显示,不同性别、学科以及有无宗教信仰的大学生群体对于现代家庭生活中最需要坚持的道德规范的看法不存在显著差异(p>0.05)。

从不同性别大学生数据分析比较中(如表9—24所示)可以看出,男女大学生都认为现代家庭生活中最需要坚持的道德规范依次是"尊老爱幼""夫妻和睦""男女平等""勤俭持家"和"邻里团结"。

表9—24　不同性别大学生认为现代家庭生活中最需要坚持的道德规范(2017)

性别	尊老爱幼(%)	夫妻和睦(%)	男女平等(%)	勤俭持家(%)	邻里团结(%)
男生	72.5	68.1	53.4	39.6	28.5
女生	77.8	68.5	65.9	31.1	29.4

从不同学科大学生数据分析比较中(如表9—25所示)可以看出,文科、理科和工科的学生都认为现代家庭生活中最需要坚持的道德规范依次是"尊老爱

幼""夫妻和睦""男女平等""勤俭持家"和"邻里团结"。

表9－25　不同学科大学生认为现代家庭生活中最需要坚持的道德规范（2017）

学科	尊老爱幼（%）	夫妻和睦（%）	男女平等（%）	勤俭持家（%）	邻里团结（%）
文科	76.5	68.5	63.7	33.3	26.4
理科	74.8	65.4	58.0	36.0	29.2
工科	72.8	69.6	56.0	39.0	33.5

从不同政治面貌大学生数据分析比较中（如表9－26所示）可以看出，党员认为现代家庭生活中最需要坚持的道德规范依次是"尊老爱幼"（29.0%）、"夫妻和睦"（26.0%）、"男女平等"（21.0%）、"勤俭持家"（13.0%）和"邻里团结"（11.0%），团员认为现代家庭生活中最需要坚持的道德规范依次是"尊老爱幼"（28.0%）、"夫妻和睦"（26.0%）、"男女平等"（22.0%）、"勤俭持家"（13.0%）和"邻里团结"（11.0%），群众认为现代家庭生活中最需要坚持的道德规范依次是"尊老爱幼"（25.0%）、"夫妻和睦"（25.0%）、"男女平等"（25.0%）、"勤俭持家"（15.0%）和"邻里团结"（10.0%）。

表9－26　不同政治面貌大学生认为现代家庭生活中最需要坚持的道德规范（2017）

政治面貌	尊老爱幼（%）	夫妻和睦（%）	男女平等（%）	勤俭持家（%）	邻里团结（%）
党员	29.0	26.0	21.0	13.0	11:0
团员	28.0	26.0	22.0	13.0	11.0
群众	25.0	25.0	25.0	15.0	10.0

3. 大学生对现代大学生尽孝最应该做的事的认知情况

调查数据显示，受访者认为现代大学生尽孝最应该做的事依次是"敬重长辈"（34.8%）、"赡养老人"（28.3%）、"事业成功，回报父母"（27.8%）、"顺从长者意愿"（3.9%）、"追念先祖"（3.0%）。（如图9－50所示）

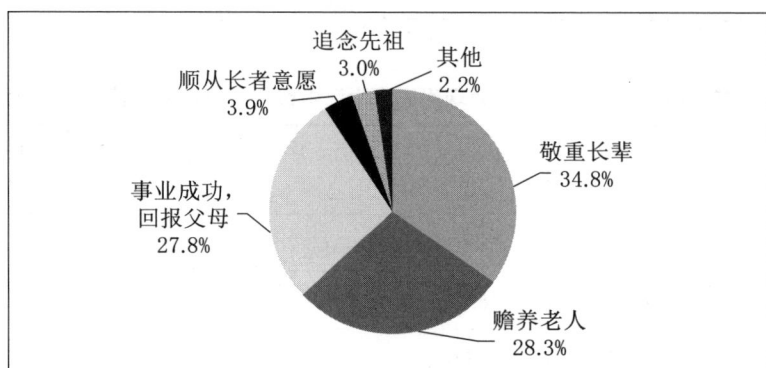

图 9—50　大学生认为现代大学生尽孝最应该做的事（2017）

4. 大学生对现代大学生尽孝最应该做的事的认知情况的差异性

课题组以性别、学科、有无宗教信仰和是否独生子女为依据,对调查数据进行多层面差异分析。调查数据显示,不同性别、学科、有无宗教信仰和是否独生子女的大学生群体对于现代大学生尽孝最应该做的事的看法不存在显著差异（p＞0.05）。

从不同性别大学生数据分析比较中（如表 9—27 所示）可以看出,男大学生认为现代大学生尽孝最应该做的事依次是"敬重长辈"（83.1%）、"事业成功,回报父母"（68.4%）、"赡养老人"（66.3%）、"顺从长者意愿"（10.9%）、"追念先祖"（8.7%）,女大学生认为现代大学生尽孝最应该做的事依次是"敬重长辈"（88.5%）、"赡养老人"（73.1%）、"事业成功,回报父母"（69.2%）、"顺从长者意愿"（8.5%）、"追念先祖"（6.1%）。

表 9—27　不同性别大学生认为现代大学生尽孝最应该做的事（2017）

性别	敬重长辈（%）	事业成功,回报父母（%）	赡养老人（%）	顺从长者意愿（%）	追念先祖（%）
男生	83.1	68.4	66.3	10.9	8.7
女生	88.5	69.2	73.1	8.5	6.1

从不同学科大学生数据分析比较中（如表 9—28 所示）可以看出,文科学生认为现代大学生尽孝最应该做的事依次是"敬重长辈""赡养老人""事业成功,回报父母""顺从长者意愿""追念先祖",理科和工科大学生都认为现代大学生尽孝最应该做的事依次是"敬重长辈""事业成功,回报父母""赡养老人""顺从长者

意愿""追念先祖"。

表9-28　不同学科大学生认为现代大学生尽孝最应该做的事（2017）

学科	敬重长辈（%）	事业成功，回报父母（%）	赡养老人（%）	顺从长者意愿（%）	追念先祖（%）
文科	86.3	67.8	71.3	9.9	7.4
理科	84.7	66.7	66.0	10.2	7.1
工科	86.5	72.9	71.1	8.8	7.4

从有无宗教信仰大学生数据分析比较中（如表9-29所示）可以看出，有宗教信仰的大学生认为现代大学生尽孝最应该做的事依次是"敬重长辈"（81.9%）、"事业成功，回报父母"（65.9%）、"赡养老人"（63.3%）、"顺从长者意愿"（12.5%）和"追念先祖"（9.1%），无宗教信仰的大学生认为现代大学生尽孝最应该做的事依次是"敬重长辈"（86.6%）、"赡养老人"（70.7%）、"事业成功，回报父母"（69.4%）、"顺从长者意愿"（9.2%）、"追念先祖"（7.1%）。

表9-29　有无宗教信仰的大学生认为现代大学生尽孝最应该做的事（2017）

宗教信仰	敬重长辈（%）	事业成功，回报父母（%）	赡养老人（%）	顺从长者意愿（%）	追念先祖（%）
有宗教信仰	81.9	65.9	63.3	12.5	9.1
无宗教信仰	86.6	69.4	70.7	9.2	7.1

从是否独生子女大学生数据分析比较中（如表9-30所示）可以看出，独生子女大学生认为现代大学生尽孝最应该做的事依次是"敬重长辈"（85.1%）、"赡养老人"（67.2%）、"事业成功，回报父母"（66.9%）、"顺从长者意愿"（9.7%）和"追念先祖"（7.6%），非独生子女大学生认为现代大学生尽孝最应该做的事依次是"敬重长辈"（86.8%）、"赡养老人"（72.2%）、"事业成功，回报父母"（70.3%）、"顺从长者意愿"（9.5%）、"追念先祖"（7%）。

表9-30　独生子女和非独生子女大学生认为现代大学生尽孝最应该做的事（2017）

子女	敬重长辈（%）	事业成功，回报父母（%）	赡养老人（%）	顺从长者意愿（%）	追念先祖（%）
独生子女	85.1	66.9	67.2	9.7	7.6
非独生子女	86.8	70.3	72.2	9.5	7.0

5. 大学生对于部分大学生恋爱过程中的婚前性行为的态度

婚前性行为是指男女双方在恋爱期间发生的性爱行为。随着性伦理观念的转变和社会包容度的增加,婚前性行为在部分大学生的恋爱过程中时有发生。基于婚前性行为与年轻群体关系的密切性,考察大学生对此的态度,从而把握大学生的性道德观念十分必要。调查数据显示,对于部分大学生恋爱过程中的时有发生的婚前性行为,39.5%的受访大学生选择"属于个人隐私,不应评论";33.8%的大学生选择"只要真心相爱,不应指责",对该行为持理解与包容的态度;11.0的大学生选择"不道德,自己不做,但可以理解";6.2%的大学生选择"这是一种不道德的行为,坚决反对";5.4%的大学生选择"只要两人同意,没有爱情也行";4.1%的大学生选择"说不清"。(如图9-51所示)

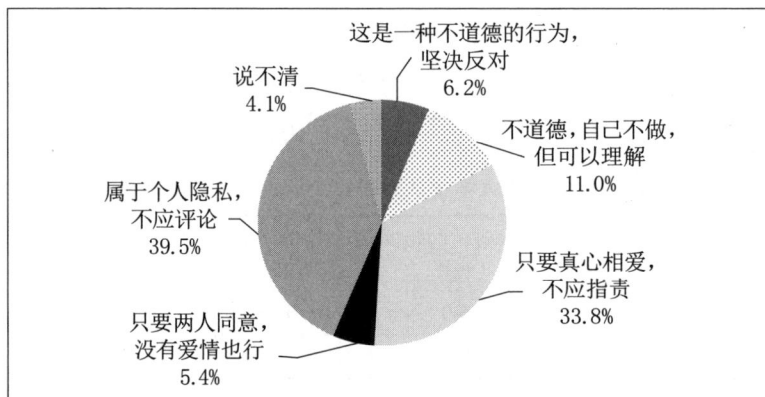

图9-51 大学生对于部分大学生恋爱过程中的婚前性行为的态度(2017)

(三)大学生对个人品德的认知与践行情况及差异性

个人品德在社会道德建设中具有基础性作用。社会公德、职业道德和家庭美德的状况实质上都以个人的道德品质为基础。社会主义道德建设最终也要落实到每一位社会成员的个人品德上来。大学阶段是一个人形成世界观、人生观和价值观的关键时期,大学生也是祖国的希望与民族的未来。树立崇高的道德理想,注重自身的道德修养,是对每一位牢记使命、勇于担当的大学生的必然要求。课题组设计了"您是否将'做一名品德完善的人'作为自己的人生重要目标""您平时十分注重自身的道德修养完善吗""您认为当代大学生最需要具备的德性有哪些"和"您对'己所不欲,勿施于人'这种为人处世态度的看法"等问题,以此考察大学生对个人品德的认知与践行情况。

1. 大学生对是否将"做一名品德完善的人"作为自己的人生重要目标的态度

调查数据显示,对于"是否将'做一名品德完善的人'作为自己的人生重要目标"这一问题,71.3%的受访大学生选择"是的",14.4%的大学生选择"偶尔是",6.0%的大学生选择"不是",2.4%的大学生选择"无所谓",另有5.9%的大学生选择"说不清"。对于"你平时十分注重自身的道德修养完善吗"这一问题,63.8%的大学生选择"重视",20.9%的大学生选择"非常重视",12.1%的大学生选择"偶尔为之",1.1%的大学生选择"不重视",0.5%的大学生选择"无所谓",1.6%的大学生选择"说不清"。(如图9-52、图9-53所示)

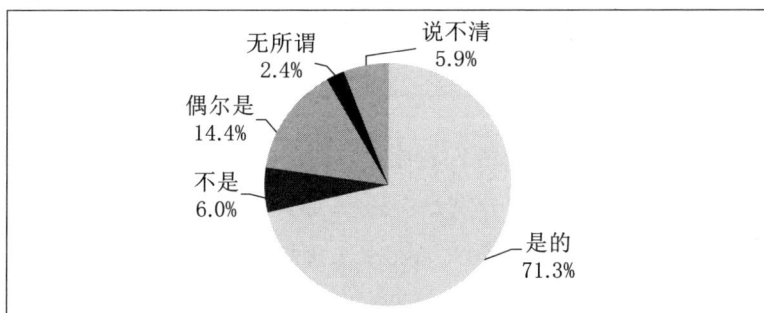

图9-52　大学生是否将"做一名品德完善的人"作为自己的人生重要目标(2017)

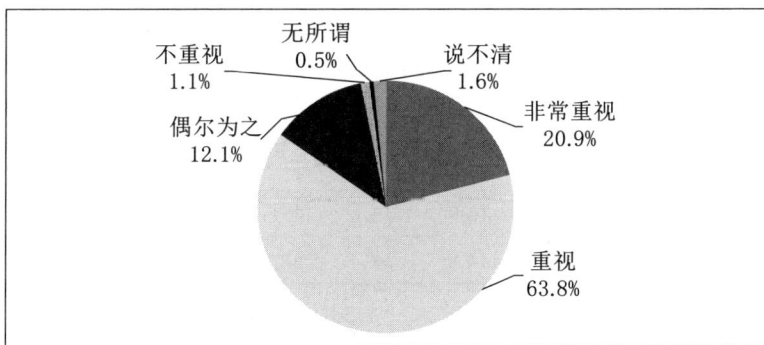

图9-53　大学生平时是否注重自身的道德修养完善(2017)

2. 大学生对"是否将'做一名品德完善的人'作为自己的人生重要目标"态度的差异性

课题组以性别、学科、政治面貌、有无宗教信仰和是否独生子女为依据,对调查数据进行多层面差异分析。调查数据显示,不同性别、学科、政治面貌、有无宗教信仰和是否独生子女的大学生群体对于"是否将'做一名品德完善的人'作为自己的人生重要目标"在态度上不存在显著差异（p＞0.05）。

从不同性别大学生数据分析比较中（如表9—31所示）可以看出,男大学生对于这一问题的回答及其占比分别是:"是"（69.8%）、"偶尔是"（16.1%）、"不是"（7.8%）、"无所谓"（2.8%）和"说不清"（3.5%）,女大学生对于这一问题的回答及其占比分别是:"是"（76.0%）、"偶尔是"（13.6%）、"不是"（4.9%）、"无所谓"（2.1%）和"说不清"（3.4%）。

表9—31　不同性别大学生是否会将"做一名品德完善的人"作为自己的人生重要目标（2017）

性别	是（%）	偶尔是（%）	不是（%）	无所谓（%）	说不清（%）
男生	69.8	16.1	7.8	2.8	3.5
女生	76.0	13.6	4.9	2.1	3.4

从不同学科大学生数据分析比较中（如表9—32所示）可以看出,文科学生对于这一问题的回答及其占比分别是:"是"（73.8%）、"偶尔是"（14.1%）、"不是"（6.3%）、"无所谓"（2.5%）和"说不清"（3.3%）,理科学生对于该问题的回答及其占比分别是:"是"（71.5%）、"偶尔是"（15.9%）、"不是"（6.4%）、"无所谓"（2.9%）和"说不清"（3.3%）,工科学生对于该问题的回答及其占比分别是:"是"（74.6%）、"偶尔是"（14.8%）、"不是"（5.5%）、"无所谓"（1.8%）和"说不清"（3.3%）。

表9—32　不同学科大学生是否会将"做一名品德完善的人"作为自己的人生重要目标（2017）

学科	是（%）	偶尔是（%）	不是（%）	无所谓（%）	说不清（%）
文科	73.8	14.1	6.3	2.5	3.3
理科	71.5	15.9	6.4	2.9	3.3
工科	74.6	14.8	5.5	1.8	3.3

从不同政治面貌大学生数据分析比较中（如表9—33所示）可以看出,党员对于这一问题的回答及其占比分别是:"是"（79.2%）、"偶尔是"（11.3%）、"不是"（5.2%）、"无所谓"（1.4%）和"说不清"（2.9%）,团员对于该问题的回答及其占比分别是:"是"（72.3%）、"偶尔是"（15.5%）、"不是"（5.9%）、"无所谓"（2.6%）和"说不清"（3.7%）,群众对于该问题的回答及其占比分别是:"是"（63.6%）、"偶尔是"（18.2%）、"不是"（11.9%）、"无所谓"（3.7%）和"说不清"（2.6%）。

表9-33 不同政治面貌大学生是否会将"做一名品德完善的人"
作为自己的人生重要目标（2017）

政治面貌	是（%）	偶尔是（%）	不是（%）	无所谓（%）	说不清（%）
党员	79.2	11.3	5.2	1.4	2.9
团员	72.3	15.5	5.9	2.6	3.7
群众	63.6	18.2	11.9	3.7	2.6

从有无宗教信仰大学生数据分析比较中（如表9-34所示）可以看出，有宗教信仰的大学生对于这一问题的回答及其占比分别是："是"（71.7%）、"偶尔是"（13.9%）、"不是"（7.7%）、"无所谓"（3.5%）和"说不清"（3.2%），无宗教信仰的大学生对于这一问题的回答及其占比分别是："是"（73.8%）、"偶尔是"（14.7%）、"不是"（6.0%）、"无所谓"（2.1%）和"说不清"（3.4%）。

表9-34 有无宗教信仰大学生是否会将"做一名品德完善的人"
作为自己的人生重要目标（2017）

宗教信仰	是（%）	偶尔是（%）	不是（%）	无所谓（%）	说不清（%）
有宗教信仰	71.7	13.9	7.7	3.5	3.2
无宗教信仰	73.8	14.7	6.0	2.1	3.4

从是否独生子女大学生数据分析比较中（如表9-35所示）可以看出，独生子女大学生对于这一问题的回答及其占比分别是："是"（74.3%）、"偶尔是"（13.7%）、"不是"（6.5%）、"无所谓"（2.3%）和"说不清"（3.2%），非独生子女大学生对于这一问题的回答及其占比分别是："是"（72.2%）、"偶尔是"（15.5%）、"不是"（6.1%）、"无所谓"（2.6%）和"说不清"（3.6%）。

表9-35 独生子女和非独生子女大学生是否会将"做一名品德完善的人"
作为自己的人生重要目标（2017）

子女	是（%）	偶尔是（%）	不是（%）	无所谓（%）	说不清（%）
独生子女	74.3	13.7	6.5	2.3	3.2
非独生子女	72.2	15.5	6.1	2.6	3.6

3. 大学生对当代大学生最需要具备的德性的认知情况

调查数据显示，受访者认为当代大学生最需要具备的德性依次是"责任心"（28.6%）、"诚心"（22.0%）、"孝心"（18.8%）、"爱心"（17.8%）和"公心"（12.3%）。（如图9—54所示）

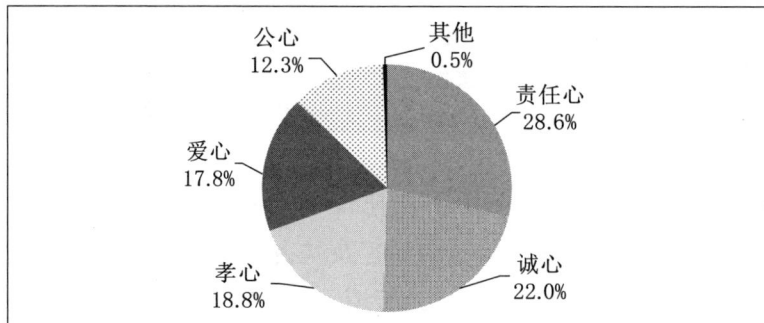

图9—54 大学生认为当代大学生最需要具备的德性

4. 大学生对当代大学生最需要具备的德性的认知情况的差异性

课题组以性别、政治面貌、有无宗教信仰为依据,对调查数据进行多层面差异分析。调查数据显示,不同性别、政治面貌以及有无宗教信仰大学生群体对于当代大学生最需要具备的德性的看法不存在显著差异（p>0.05）。

从不同性别大学生数据分析比较中（如表9—36所示）可以看出,男大学生认为当代大学生最需要具备的德性依次是"责任心"（73.5%）、"诚心"（57.2%）、"孝心"（47.5%）、"爱心"（44.7%）、"公心"（32.9%）、"其他"（1.9%）,女大学生认为当代大学生最需要具备的德性依次是"责任心"（78.7%）、"诚心"（60%）、"孝心"（52.2%）、"爱心"（49.8%）、"公心"（32.8%）、"其他"（0.8%）。

表9—36 不同性别大学生认为当代大学生最需要具备的德性（2017）

性别	责任心（%）	诚心（%）	孝心（%）	爱心（%）	公心（%）	其他（%）
男生	73.5	57.2	47.5	44.7	32.9	1.9
女生	78.7	60.0	52.2	49.8	32.8	0.8

从不同政治面貌大学生数据分析比较中（如表9—37所示）可以看出,党员认为最需要具备的德性依次是"责任心"（74.7%）、"诚心"（57.4%）、"孝心"（51.2%）、"爱心"（48.1%）、"公心"（34.7%）、"其他"（1.3%）,团员的选择依次是"责任心"（76.9%）、"诚心"（59%）、"孝心"（50.4%）、"爱心"（47.6%）、"公心"（32.5%）、"其他"（1.3%）,群众的选择依次是"责任心"（76.2%）、"诚心"

（61.8%）、"孝心"（44.8%）、"爱心"（44.1%）、"公心"（31.6%）、"其他"（1.8%）。

表 9-37　不同政治面貌大学生认为当代大学生最需要具备的德性（2017）

政治面貌	责任心（%）	诚心（%）	孝心（%）	爱心（%）	公心（%）	其他（%）
党员	74.7	57.4	51.2	48.1	34.7	1.3
团员	76.9	59.0	50.4	47.6	32.5	1.3
群众	76.2	61.8	44.8	44.1	31.6	1.8

从有无宗教信仰的数据分析比较中（如表9-38所示）可以看出，有宗教信仰的大学生受访者认为最需要具备的德性依次是"责任心"（67.7%）、"诚心"（60.2%）、"孝心"（48.3%）、"爱心"（45.5%）、"公心"（30.2%）、"其他"（1.9%），无宗教信仰的大学生的选择依次是"责任心"（77.2%）、"诚心"（58.9%）、"孝心"（50.2%）、"爱心"（47.9%）、"公心"（33.1%）、"其他"（1.2%）。

表 9-38　有无宗教信仰大学生认为当代大学生最需要具备的德性（2017）

宗教信仰	责任心（%）	诚心（%）	孝心（%）	爱心（%）	公心（%）	其他（%）
有宗教信仰	67.7	60.2	48.3	45.5	30.2	1.9
无宗教信仰	77.2	58.9	50.2	47.9	33.1	1.2

5. 大学生对"己所不欲，勿施于人"的看法

调查数据显示，大部分大学生对于"己所不欲，勿施于人"这种为人处世态度持认同态度，43.9%的大学生选择"非常赞同"，选择"赞同"的占比39.1%，选择"比较赞同"的占比14.0%，总计3.0%的大学生选择"不赞同"和"说不清"。（如图9-55所示）。

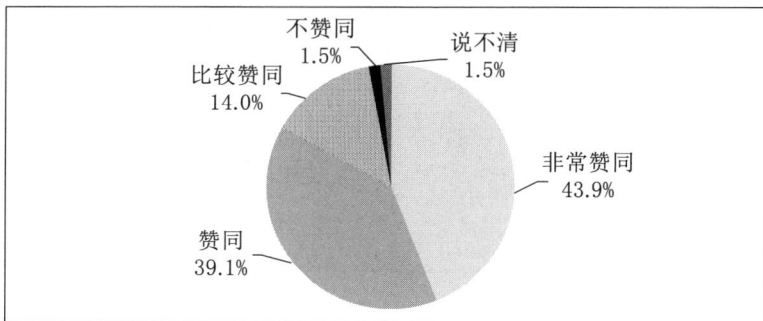

图 9-55　大学生对"己所不欲，勿施于人"的看法（2017）

6.大学生对"己所不欲，勿施于人"看法的差异性

课题组以性别、学科、政治面貌、是否独生子女为依据，对调查数据进行多层面差异分析（图中得分越低代表越认同"己所不欲，勿施于人"为人处世的态度）。调查数据显示，不同性别、学科、政治面貌、是否独生子女的大学生群体对"己所不欲，勿施于人"的看法存在显著差异（p<0.05）。

从不同性别大学生数据分析比较中（如图9—56所示）可以看出，女大学生对"己所不欲，勿施于人"的认同程度（1.70）显著高于男大学生（1.80）。

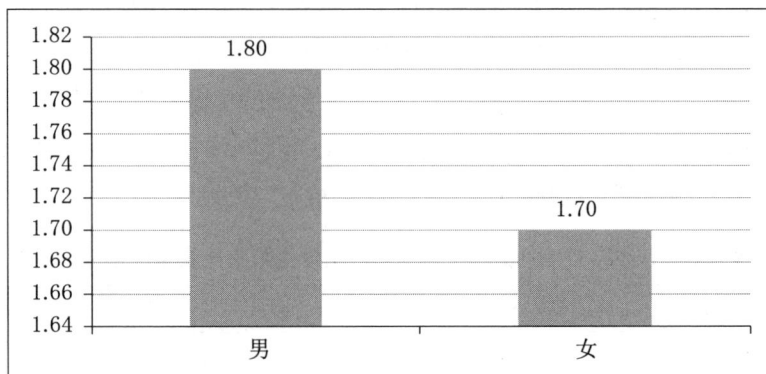

图9—56　不同性别大学生对"己所不欲，勿施于人"的认同程度（2017）

从不同学科大学生数据分析比较中（如图9—57所示）可以看出，文科学生对"己所不欲，勿施于人"的认同程度（1.71）显著高于工科学生（1.75）和理科学生（1.81）。

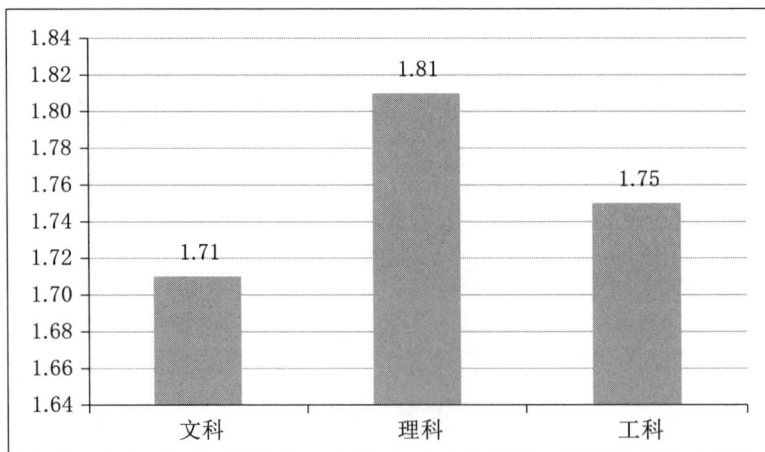

图9—57　不同学科大学生对"己所不欲，勿施于人"的认同程度（2017）

从不同政治面貌大学生数据分析比较中（如图 9—58 所示）可以看出，党员对"己所不欲，勿施于人"的认同程度（1.65）显著高于团员（1.75）和群众（1.96）。

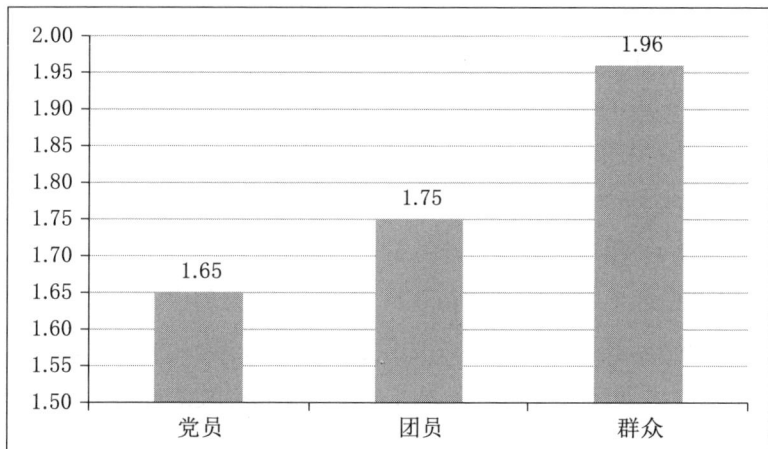

图 9—58　不同政治面貌大学生对"己所不欲，勿施于人"的认同程度（2017）

从是否独生子女大学生数据分析比较中（如图 9—59 所示）可以看出，独生子女大学生对"己所不欲，勿施于人"的认同程度（1.70）显著高于非独生子女大学生（1.78）。

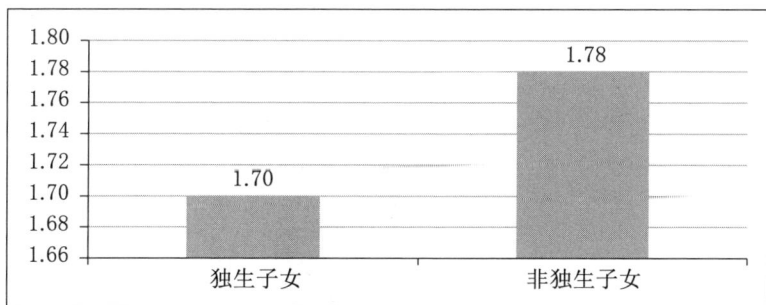

图 9—59　独生子女和非独生子女大学生对"己所不欲，勿施于人"的认同程度（2017）

四、大学生诚信道德状况

诚实守信是中华民族的传统美德，也是公民道德的基本德目之一，其对于社会的秩序和发展以及社会成员个体的生存与发展都至关重要。言行一致、遵守承诺是人们待人处世的基本准则。大学生的诚信道德状况，更加关乎整个社会的诚信道德风尚。在社会转型、价值多元、利益关系复杂的当代社会,种种道德失范现象使人们重视诚信道德社会功能,呼唤诚信道德的回归。考察与把握大学生对诚信道德的认知与践行状况,可以为公民道德建设及大学生道德建设提供有益参考和发展方向。课题组结合大学生学习生活的特点设计了"有人认为,诚实守信的人往往吃亏,对这种说法您怎么看""如何评价您周围人的诚信程度"和"您对身边同学的考试作弊、论文抄袭等行为的看法是什么"等问题,以此考察大学生的诚信道德状况。

(一)大学生对"诚实守信的人往往吃亏"的看法及差异性

调查结果显示,超过半数的大学生对"诚实守信的人往往吃亏"这一说法持否定态度,但也有近半数的大学生持认同态度,不同类型大学生群体对该说法的看法存在显著差异,具体表现为:男大学生的认同程度显著高于女大学生,理科学生的认同程度显著高于文科学生和工科学生,有宗教信仰的大学生的认同程度显著高于无宗教信仰的大学生。

1. 大学生对"诚实守信的人往往吃亏"的看法

调查数据显示,对于"诚实守信的人往往吃亏"这一说法,54.4%的大学生选择"不赞同",20.8%的大学生选择"比较赞同",11.7%的大学生选择"赞同",4.4%的大学生选择"非常赞同",另有8.7%的大学生选择"说不清"。(如图9-60所示)

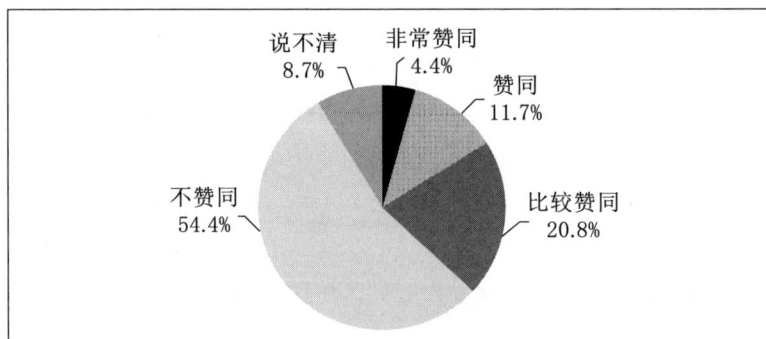

图9-60 大学生对"诚实守信的人往往吃亏"的看法(2017)

2. 大学生对"诚实守信的人往往吃亏"看法的差异性

课题组以性别、学科、有无宗教信仰为依据,对调查数据进行多层面差异分析(图中得分越低代表越认同"诚实守信的人往往吃亏"这一说法)。调查数据显示,不同性别、学科、有无宗教信仰的大学生群体对"诚实守信的人往往吃亏"这一说法的看法存在显著差异（p<0.05）。

从不同性别大学生数据分析比较中（如图9-61所示）可以看出,男大学生对"诚实守信的人往往吃亏"这一说法的认同程度（3.30）显著高于女大学生（3.51）。

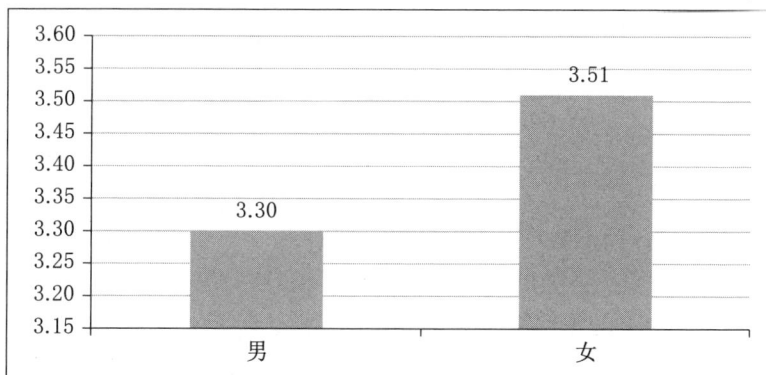

图9-61　不同性别大学生对"诚实守信的人往往吃亏"的认同程度（2017）

从不同学科大学生数据分析比较中（如图9-62所示）可以看出,理科学生对"诚实守信的人往往吃亏"这一说法的认同程度（3.45）显著高于文科学生（3.49）和工科学生（3.56）。

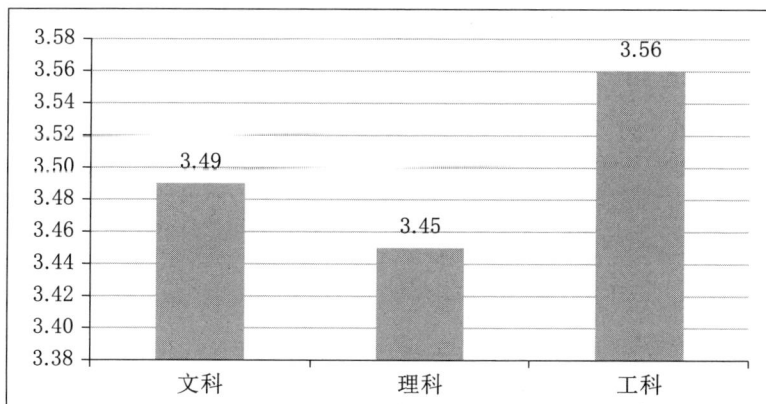

图9-62　不同学科大学生对"诚实守信的人往往吃亏"的认同程度（2017）

从有无宗教信仰大学生数据分析比较中（如图9-63所示）可以看出,有宗教信仰的大学生对"诚实守信的人往往吃亏"这一说法的认同程度（3.30）显著高于无宗教信仰的大学生（3.51）。

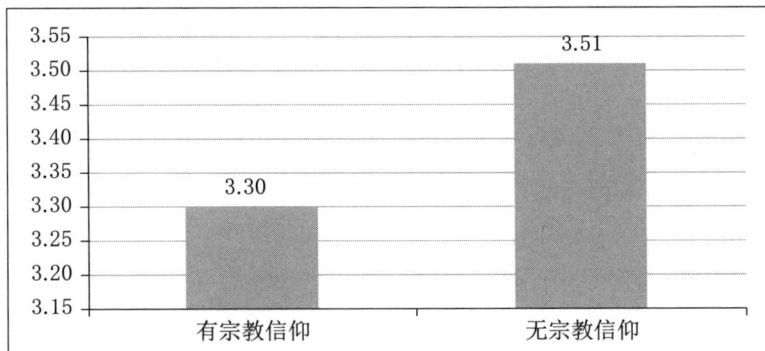

图9-63　有无宗教信仰大学生对"诚实守信的人往往吃亏"的认同程度（2017）

（二）大学生对周围人的诚信程度的评价

调查数据显示，对于周围人的诚信程度，50.6% 的大学生认为"绝大多数人讲诚信"，43.8% 的大学生认为"能够始终坚持诚实守信的人不多"，1.6% 的大学生认为"现在根本无诚信可言"，另有 4.0% 的大学生选择"说不清"。（如图9-64所示）

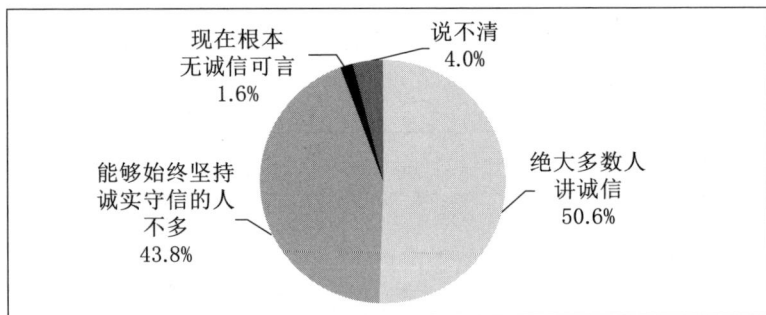

图9-64　大学生对周围人诚信程度的看法（2017）

（三）大学生对身边同学考试作弊、论文抄袭等行为的看法及差异性

由调查结果可知，近六成大学生对于身边同学考试作弊、论文抄袭等行为持理解态度，仅三分之一的大学生持明确反对态度。不同类型大学生群体对此类行为的看法存在显著差异，具体表现为：女大学生的反对程度显著高于男大学生，文科学生的反对程度显著高于理科学生和工科学生，党员的反对程度显著高于团员和群众。

1. 大学生对身边同学考试作弊、论文抄袭等行为的看法

调查数据显示,对于身边同学考试作弊、论文抄袭等行为,43.3% 的受访大学生认为"理解,但自己从不作弊或者抄袭",33.3% 的人选择"内心很鄙视",16.3% 的人选择"理解,自己有时偶尔为之",7.1% 的人选择"说不清"。(如图 9—65 所示)

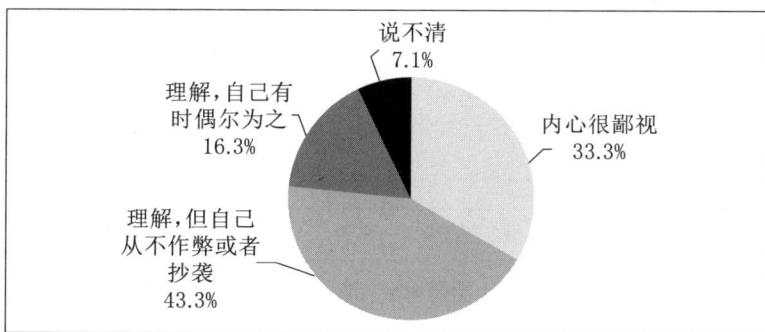

图 9—65　大学生对身边同学考试作弊、论文抄袭等行为的看法(2017)

2. 大学生对身边同学考试作弊、论文抄袭等行为看法的差异性

课题组以性别、学科、政治面貌为依据,对调查数据进行多层面差异分析(图中得分越低代表越反对身边同学考试作弊、论文抄袭等行为)。调查数据显示,不同性别、学科、政治面貌的大学生群体对身边同学考试作弊、论文抄袭等行为的态度存在显著差异($p < 0.05$)。

从不同性别大学生数据分析比较中(如图 9—66 所示)可以看出,女大学生对身边同学考试作弊、论文抄袭等行为的反对程度(1.92)显著高于男大学生(2.00)。

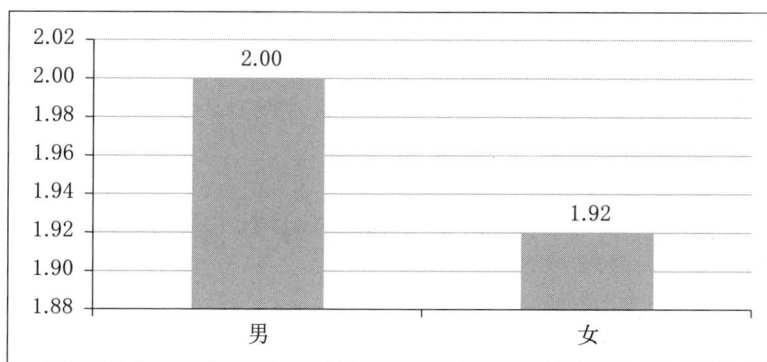

图 9—66　不同性别大学生对身边同学考试作弊、论文抄袭等行为的反对程度(2017)

从不同学科大学生数据分析比较中（如图 9-67 所示）可以看出,文科学生对身边同学考试作弊、论文抄袭等行为的反对程度（1.89）显著高于理科学生（1.98）和工科学生（2.05）。

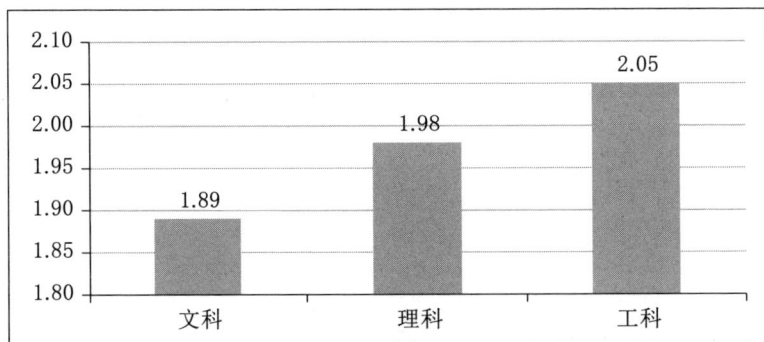

图 9-67　不同学科大学生对身边同学考试作弊、论文抄袭等行为的反对程度（2017）

从不同政治面貌大学生数据分析比较中（如图 9-68 所示）可以看出,党员对身边同学考试作弊、论文抄袭等行为的反对程度（1.91）显著高于团员（1.96）和群众（2.09）。

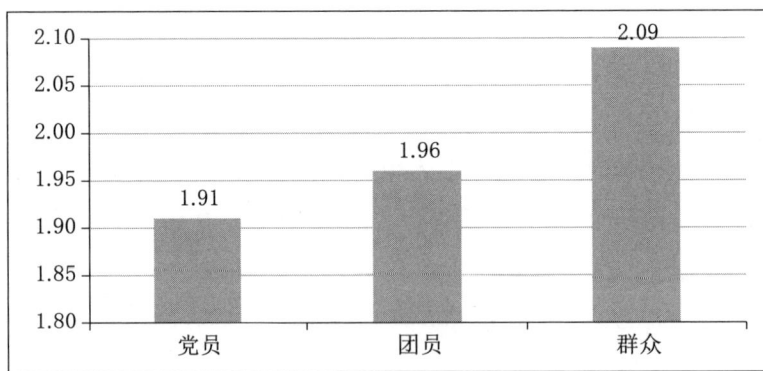

图 9-68　不同政治面貌大学生对身边同学考试作弊、论文抄袭等行为的反对程度（2017）

第二节　大学生道德现状及原因分析

以上调查数据表明,新时代大学生道德状况总体良好,多数大学生对当前我国的道德状况总体评价积极,持有正确的社会主义道德价值取向,在个体道德的认知和践行上也呈现出良好态势。同时也应看到,当代大学生道德建设领域仍存在一些不容忽视的问题,部分大学生在社会主义道德价值取向上存在认知误区,道德上的知行不一倾向较为严重,这些问题都需要以数据为基础进行科学的分析研判。

一、大学生道德建设取得的主要成绩

新时代大学生道德建设取得的成绩主要体现在以下三个方面:一是相较于公民来说,大学生对当前我国道德风尚的整体印象持更为肯定的态度,侧面反映了进入新时代以来我国道德建设所取得的成就;二是大部分大学生对于"为人民服务""爱国主义""己所不欲,勿施于人"等道德价值取向的认知状况良好,反映出多数大学生在社会主义道德取向上的正确性;三是多数大学生在社会公德、家庭道德、个人品德领域的认知及践行状况良好。

(一)多数大学生对当前我国道德状况总体评价积极

调查数据显示,70%的大学生对当前我国道德风尚的整体印象持肯定态度。与2016年《全国公民道德状况调查问卷》的调查数据相比较,大学生群体对国家道德风尚的整体印象略高于公民整体评价。大学生对当前我国道德风尚的态度是保持客观理性并避免极端化评价,在意识到社会道德问题的同时对我国的道德风尚与前景仍然不失信心,以乐观积极的心态参与社会主义道德建设。(如表9-39所示)

表9-39　受访者对当前我国道德风尚的整体印象

	非常满意 (%)	满意 (%)	比较满意 (%)	不满意 (%)	很不满意 (%)	不清楚 (%)
公民整体	4.3	19.7	42.6	24.5	6.7	4.0
大学生	4.3	11.4	54.9	26.0	27.0	3.0

结合2016年《全国公民道德状况调查问卷》与2006年《全国公民道德状况调查问卷》的调查结果可以看出,近年来我国道德建设取得了重要成就,社会道德状况继续向好,公民的道德认知与践行状况态势良好。进入新时代以来,我国社会主义现代化建设取得了一系列的历史性成就,经济建设稳步推进,全面深化改革取得重大突破,民主法治建设积极发展,人民生活不断改善,为公民道

德水平的提高和公民道德建设的推进奠定了坚实的社会基础。同时,新时代以来的思想文化建设也取得了重大进展,中国共产党不断推进理论创新,中国特色社会主义和中国梦深入人心,为公民道德水平的提升提供了思想理论上的准备。尤为关键的是,国家在道德建设领域采取了一系列重要举措并取得了良好成效,对社会主义核心价值观和中华优秀传统文化的广泛弘扬有效促进了公民对社会主义道德和中华传统美德的正确认知,对先进模范的学习宣传营造了积极良好的道德氛围,对乡风、家风、民风的培育弘扬了新风正气,一系列群众性精神文明创建活动的扎实开展为公民将道德认知付诸实践和国家道德状况的持续改善提供了直接动力。

(二)多数大学生的社会主义道德价值取向正确

我国正处于社会主义初级阶段,社会主义性质的道德规范体系在当前社会的道德体系中占据主导地位。根据社会生活领域的不同,社会主义道德规范体系可以分为公共生活领域的一般道德规范、家庭和职业生活领域的特殊道德规范、社会主义社会的基本道德规范和共产主义的最高道德规范等几个层次。其中,为人民服务是社会主义道德建设的核心,爱国主义是社会主义的基本道德规范,大学生对这些问题的回答可以反映出他们在社会主义道德取向上的正确性。

首先,大学生对"为人民服务"的认知状况较好。为人民服务是公民道德建设的核心。《公民道德建设实施纲要》指出,为人民服务"不仅是对共产党员和领导干部的要求,也是对广大群众的要求。每个公民不论社会分工如何、能力大小,都能够在本职岗位,通过不同形式做到为人民服务"。在中国特色社会主义新时代,大学生应争做有理想、有本领、有担当的时代新人,这就要求当代大学生树立为人民服务的人生观,牢记使命,勇于担当,为人民、为社会多做好事,把为人民服务的思想贯穿于实践之中。由表9—40的数据可知,有92.0%的大学生对为人民服务的社会主义道德原则持认同态度,说明多数大学生的社会主义道德价值取向是正确积极的。

其次,大学生对"爱国主义"的认知状况良好。热爱祖国是中华民族的传统美德,是民族生存与发展的重要精神支柱。爱国主义反映的是社会主义国家的公民个人与国家整体之间的道德关系,是社会主义道德建设的基本要求,是处理个人与国家关系的基本行为准则,同时也是衡量大学生道德品质的重要标准。在中国特色社会主义新时代,爱祖国首先要求人们在思想上正确认识祖国,产生深厚的爱国主义情感,确立报效祖国的信念,再者要求人们将这种情感和信念转化为切实的行动。由表9-40的数据可知,有93.5%的大学生对"国家兴亡,匹夫有责"持认同态度。可见,绝大多数大学生具有强烈的爱国情怀,作为社会主义道德建设基本要求的爱国主义已经深入大学生群体的思想认识中。

最后,大学生对"己所不欲,勿施于人"道德黄金律的认知状况良好。"己所不欲,勿施于人"是传统的处理人际关系的观念,简单来说就是推己及人,不愿意别人如何对待自己,自己就不要如何对待别人,其伦理基础是人们共有的善心和同理心。这一为人处世态度的具体内涵是人们在实施行为时,通过自己对善恶的判断和对需要及排斥的体验,为切实实施善行奠定基础,并时时告诫自己多做善事、杜绝恶行。[①] 大学生对"己所不欲,勿施于人"的态度也能够反映出这一群体的道德修养状况。表9-40的数据显示,对于"己所不欲,勿施于人"这一为人处世态度,97.0%的大学生表示认同,反映出绝大多数大学生具有正确的道德取向。

表9-40　大学生对为人民服务的社会主义道德原则和"国家兴亡,匹夫有责""己所不欲,勿施于人"的态度(2017)

	认同态度 (%)	不认同态度 (%)	说不清 (%)
对"己所不欲,勿施于人"的看法	97.0	3.0	—
对"国家兴亡,匹夫有责"的看法	93.5	4.5	2.0
对"为人民服务"的看法	92.0	3.0	5.0

(三)多数大学生的个体道德认知及践行状况良好

大学生的个体道德状况主要体现在认知和践行两个方面,涉及社会公德、家庭道德和个人品德多个领域。调查结果显示,新时代大学生在这几个领域的认知和践行状况总体呈现良好态势。

1.多数大学生的社会公德认知及践行状况良好

社会公德是人类在长期社会生活实践中逐渐积累起来的最基本的社会公共规则,是对人类维持公共生活秩序的愿望与要求的基本反映。社会主义的公共

---

① 彭怀祖:《"己所不欲,勿施于人"的当代道德价值——对俞吾金先生〈黄金律令,还是权力意志〉一文的商榷》,《道德与文明》2015年第1期。

生活规则包括在日常生活中处理现实公共空间的人际关系或人与自然的关系，以及处理虚拟空间中的人际关系等方面的道德要求。对大学生社会公德状况的观测也需要从这几个方面入手。由调查数据可知，多数大学生的社会公德认知及践行状况良好。

助人为乐是中华民族的传统美德，也是《公民道德实施纲要》所大力倡导的社会公德之一。与人为善、成人之美本是乐见其成之事，但近年来一些社会事件的发生为人们在他人遇到困难时施以援手增添了心理负担，以往无须多虑的助人为乐变成需要谨慎权衡的道德困境。由表9—41的数据可知，在遇到老人摔倒在面前急需救助的情形时，共计91.1%的大学生选择"主动给予帮助、救护"和"当有人救护时，自己会帮一把"（分别占比54.3%和36.8%）。可见，大部分大学生在遇到老人摔倒急需救助，但同时存在一定程度被讹诈风险的两难情形时，倾向于选择更加具有德性的行为。保护环境是社会公德的重要方面，由表9—41和表9—42的数据可知，有86.7%的大学生表示"愿意"过低碳生活，而又分别有25.3%和61.2%的大学生在日常生活中"经常"和"偶尔"进行垃圾分类，显示出大学生整体良好的环境道德认知和较好的环保践行情况。由表9—42的数据可以看出，75.6%的大学生反对"网络虚拟社会生活中可以随心所欲"的观点，具备较为正确的网络道德认知。

表9—41　大学生对部分社会公德的认知与践行情况（2017）

	积极行动（%）	先看他人（%）	听之任之（%）	尽快离开（%）	经常（%）	偶尔（%）	从不（%）	其他（%）
在日常生活中进行垃圾分类的频率	—	—	—	—	25.3	61.2	13.5	—
看到小偷在公交车上行窃时的做法	71.8	18.6	4.5	3.2	—	—	—	1.9
当有老人摔倒在面前急需救助时的做法	54.3	36.8	0.7	2.0	—	—	—	6.2

见义勇为是公共生活中超越基本道德规范的较高层次的道德。一方面，作为崇高美德的见义勇为在价值上值得肯定与推崇。另一方面，如何科学认识见义勇为的内涵，如何采取有效行为方式实施见义勇为等问题，则需要进一步深思。由表9—42的数据可知，对于"某银行女职员与持刀抢劫银行的歹徒英勇搏

斗而致残"的行为,选择"很崇高,我也会这样做""很钦佩,但我不能肯定自己能做到""很钦佩,但我不愿意这样做"等肯定态度的人共占比 81.8%。可见,多数大学生对银行职员勇斗歹徒的行为在认知上是崇尚与钦佩的。由表 9—41 的数据可知,当看到小偷在公交车上行窃时,共计 71.8% 的大学生选择采取"设法提醒""设法报警""上前阻止"等积极行为(分别占比 51.6%、12.6% 和 7.6%),有 18.6% 的受访者选择"先看看周围的人怎么做,再作决定"。可见,当他人利益遭受不正当侵害时,多数大学生愿意采取各种手段捍卫正义,体现了大学生群体良好的见义勇为践行情况。综上可知,大学生的社会公德认知与践行情况总体是良好的。

表 9—42　大学生对部分社会公德的认知与践行情况(2017)

	肯定态度 (%)	否定态度 (%)	说不清 (%)
对"网络虚拟社会生活中可以随心所欲"观点的态度	14.1	75.6	10.3
对过低碳生活的意愿	86.7	5.3	8.0
对"某银行女职员与持刀抢劫银行的歹徒英勇搏斗而致残"行为的看法	81.8	14.6	3.6

2. 多数大学生的家庭道德认知及践行状况良好

随着社会经济的发展、多元价值格局的形成和家庭结构的转型,我国的家庭伦理道德领域也发生着深刻变化。孝观念的内涵是否发生转变,尊老爱幼的传统美德是否仍然在现代家庭中得到认同和传承,代际伦理是否仍然保持其主要地位,两性关系的伦理认识是否发生了重要变迁,对这一系列问题的调查与分析研判需要基于对当下中国社会家庭道德状况的观测与把握。大学生处于人生新阶段的出发点,他们的家庭道德观念关乎其个人发展与家庭幸福,也关乎国家未来的家庭伦理道德状况。由调查数据可知,多数大学生的家庭道德认知和践行状况良好。

在社会主义初级阶段,家庭美德主要包括尊老爱幼、男女平等、夫妻和睦、勤俭持家、邻里团结五个方面。调查数据显示,大学生认为现代家庭生活最需要坚持的道德规范排名前三位的依次是:"尊老爱幼"占 28.1%,"夫妻和睦"占 25.5%,"男女平等"占 22.4%。在家庭美德的主要内容中,尊敬老人和爱护儿童占有重要地位,尊老在中国传统文化中则体现为"孝"。传统孝道包含养亲敬亲、顺亲谏亲、移孝作忠、光宗耀祖等几方面的内容。其中,最基本的要求是赡养和尊敬父母长辈;较高层次的要求是"不辱",即听从父母劝诫;最高层次的要求是"显名",即用事业成功来为父母显身扬名。孝的三个层次的要求是相互联系的统一整体,高层次的要求需以完成低层次的要求为条件,为父母显名却不能做到基本的赡养与尊敬父母,也不能称其为孝。调查数据显示,大学生认为现代大学生尽孝最应该做的事排名前三位的分别是:"敬重长辈"占34.8%,"赡养老人"占28.3%,"事业成功,回报父母"占27.8%。由此可见,尊老爱幼这一传统道德格言仍然深入当代大学生的内心,多数大学生恪守孝的基本内涵,同时有相当一部分大学生认同孝的高层次要求;此外,现代家庭伦理中的夫妻与男女关系的平等互助也更加得到大学生群体的重视。

3. 多数大学生的个人品德认知及践行状况良好

当代大学生正处于中国特色社会主义新时代,他们既是民族复兴伟大进程的见证者和参与者,也是社会主义事业的生力军。良好的思想道德素质是对当代大学生的基本要求。表9—43的数据显示,对于是否将"做一名品德完善的人"作为自己人生的重要目标,85.7%的受访大学生总体呈肯定态度(71.3%的大学生选择"是的",14.4%的大学生选择"偶尔是"),同时有84.7%的大学生表示平时注重完善自身的道德修养。这说明多数大学生注重自身的道德修养,具有较为强烈的善心和同理心,同时也积极将这种意识上升为行动,反映出多数大学生个人品德的认知与践行情况良好。

表9—43 大学生对个人品德的认知与践行情况(2017)

	重视和非常重视(%)	偶尔为之(%)	不重视(%)	肯定态度(%)	否定态度(%)	无所谓(%)	说不清(%)
平时是否十分注重自身的道德修养完善	84.7	12.1	1.1	—	—	0.5	1.6
是否将"做一名品德完善的人"作为自己人生的重要目标	—	—	—	85.7	6.0	2.4	5.9

大学生个体道德的良好状况与近年来大学生思想道德工作的积极开展与推进密不可分。在公民道德建设的过程中,大学生群体的道德建设一直都得到全

社会的密切关注,党和国家实施了一系列推进大学生道德建设的举措,力求将其落到实处。各级各类学校高度重视大学生的思想道德建设,积极发挥道德教育的主阵地和主渠道的作用,抓住大学生价值观确定的关键时期,通过思想政治理论课等课程强化对学生的道德教育。各级政府和教育主管部门深入贯彻落实大学生思想道德建设工作,通过开展先进模范学习宣传活动、建立道德教育基地、组织群众性精神文明创建活动等方式,推动大学生道德水平的提升。各类社会组织、群众团体也通过组织社区活动、志愿活动等方式,使青年学生走出校园,走向社会,通过切身实践实现道德品质的锻造和良好品德的养成。与此同时,家庭、学校与社会"三位一体"道德建设体系的形成也进一步推动了大学生思想道德水平的提高。

二、大学生道德建设领域存在的突出问题及原因分析

在肯定大学生道德建设取得的成绩的同时,也要清醒地看到,当前大学生道德建设领域仍然存在一些突出问题。正视此类问题并进行科学的原因分析,是推动大学生道德建设进一步发展的重要前提。

（一）大学生道德建设领域存在的突出问题

大学生道德建设领域存在的突出问题主要涉及三个方面:一是部分大学生对社会主义道德价值取向存在认知误区,如近半数大学生对为人民服务的社会主义道德原则缺乏科学认知,部分大学生对集体主义道德原则认知不清,部分大学生对作为社会主义基本道德规范的爱国主义的认知存在偏差;二是大学生道德建设领域知行不一的倾向较为明显,如近三分之一的大学生在爱国主义方面的认知和行为是脱节的;三是部分大学生的诚信道德状况问题较为严重,如超过四成的大学生对诚信道德认知不清,不少大学生在诚信道德方面存在知行不一现象。

1.部分大学生对社会主义道德价值取向存在认知误区

当代大学生作为新时代的见证者、开创者和建设者,要做有理想、有本领、有担当的时代新人,要以自己的信念、才智与担当为新时代贡献力量。习近平总书记曾在全国宣传思想工作会议上强调,"要把培养担当民族复兴大任的时代新人作为重要职责","重中之重是要以坚定的理想信念筑牢精神之基,坚定对马克思主义的信仰,对社会主义和共产主义的信念,对中国特色社会主义道路、理论、制度、文化的自信"。这为今后的大学生社会主义道德建设提出了要求,指明

了方向。虽然大学生的社会主义道德价值趋向良好,但其中也存在着一些不可忽视的问题,应当引起进一步的关注。

其一,近半数大学生对为人民服务的社会主义道德原则缺乏科学认知。《公民道德建设实施纲要》指出:"社会主义道德建设要坚持以为人民服务为核心。"这说明为人民服务已由党的宗旨发展成为社会主义道德建设的核心,为人民服务也由对党和政府以及广大的党员、干部和革命的知识分子的要求发展成为对全体人民的要求。[①] 在全体人民中提倡为人民服务的精神是由社会主义初级阶段的国情决定的,市场经济所带来的拜金主义、享乐主义等负面影响要求人们在人际交往中、经济活动中正确地处理国家、集体和个人的关系,不损人利己和损公肥私。调查数据显示,认为所有公民都应为人民服务的大学生仅占 53.0%,选择"所有公职人员""领导干部"和"普通共产党员"是最应该坚持为人民服务道德原则群体的大学生分别占 29.0%、10.0% 和 5.0%,另外还有 3.0% 的大学生对该问题表示"说不清"。这反映出有接近二分之一的大学生对为人民服务的内涵缺乏科学认知。

其二,部分大学生对集体主义道德原则认知不清。集体主义是社会主义道德的基本原则,是社会主义道德规范体系中规定和界说其他规范的高层次的道德规范,是人们道德品质与道德境界的评价尺度。集体主义原则中的集体利益与个人利益是辩证统一的。首先,集体利益与个人利益是共生共存并相互依赖的,个人利益不能脱离集体而存在,集体利益也应尽可能地符合个人利益;其次,集体利益与个人利益的辩证统一以集体利益为立足之基,强调集体利益的至上性,以集体利益为出发点和目的,以集体利益的实现作为个人利益的实现前提。由表9-44 的数据可知,在回答"当个人利益与集体利益发生冲突时,您的选择是什么"这一问题时,18.1% 的大学生选择"先考虑个人利益,再考虑集体利益",略高于 2016 年全国公民道德状况调查的相应数据(17.7%);2.3% 的大学生选择"只考虑个人利益",18.4% 的大学生选择"说不清"。总计有近四成的大学生表现出忽视集体利益或对此情形较为迷茫的状态,反映出较多大学生对集体主义原则,对国家、集体、个人的利益关系缺乏正确的认知和处理。

[①] 赵爱玲:《论为人民服务及其在社会主义道德体系中的核心地位》,《学校党建与思想教育》2005 年第 12 期。

表 9—44　当个人利益与集体利益发生冲突时，大学生的选择

	无条件服从集体利益（%）	先考虑集体利益，再考虑个人利益（%）	先考虑个人利益，再考虑集体利益（%）	只考虑个人利益（%）	说不清（%）
公民整体	10.8	50.4	17.7	2.3	18.8
大学生	2.7	58.5	18.1	2.3	18.4

其三，部分大学生对作为社会主义基本道德规范的爱国主义的认知存在偏差。在社会主义道德规范中，爱社会主义与爱祖国是高度一致的，都反映了社会主义初级阶段人们的道德关系和客观要求，是广大人民群众在长期的社会实践过程中所积累的道德生活经验的总结。爱社会主义与爱党、爱祖国、爱人民一样，都是人们必须自觉遵守的最基本的道德要求。爱社会主义要求人们热爱社会主义制度，积极参加社会主义现代化建设，并与一切危害社会主义事业的行为作斗争。由表 9—45 的数据可知，22% 的大学生不认同"爱国、爱社会主义与爱中国共产党是一致的"这种提法，比 2016 年全国公民道德状况调查中该选项数据多出近 4%，另外有 4% 的大学生表示"不清楚"。可见，部分大学生对公民道德建设的基本要求、对爱国主义的科学内涵缺乏全面的理解和把握。

表 9—45　对大学生"爱国、爱社会主义与爱中国共产党是一致的"的态度

	非常赞同（%）	赞同（%）	比较赞同（%）	不赞同（%）	不清楚（%）
公民整体	18.8	32.3	22.0	18.1	8.8
大学生	16.0	28.0	30.0	22.0	4.0

2. 部分大学生知行不一倾向较为明显

道德作为人类的社会活动，是通过人的行为活动实现的，道德行为是道德品质的重要内容。[①] 明大德、守公德、严私德是新时代对大学生的期望与要求。社会主义道德规范、社会公德、职业道德与家庭美德的践行最终都要取决于个人的道德品质。大学生对道德要求与规范的认知、对是非善恶的判断、对理想目标的追求，最终都要落实到对道德原则的自愿践行上。只有这样，某一行为方能真正实现其道德价值。调查数据显示，新时代大学生在观念上追求实现个人品德的

---

① 罗国杰:《伦理学》,人民出版社 2014 年版,第 376 页。

完善,认同社会公共生活、家庭生活等领域的基本道德规范与要求,对诸如救助摔倒老人、阻止公共汽车上的偷窃行为等表现出较高的实践意愿,但在部分道德领域仍然存在较为突出的知行脱节现象。

调查数据显示,71.3%的受访大学生表示将"做一名品德完善的人"作为自己的人生重要目标,但在涉及具体情境的道德选择时,部分大学生的行为却难以达到"品德完善"的标准。

调查数据显示,32.7%的大学生比较认同"国家兴亡,匹夫有责",但没有切身行动。这说明在社会主义道德的践行上,相当一部分大学生的认知与行为是脱节的。

由表9-46的数据可知,当问及对低碳生活的态度时,86.7%的大学生表示"愿意"过低碳生活,但当回答平时对垃圾进行分类的频率时,仅有25.3%的大学生在日常生活中"经常"会进行垃圾分类,多数人"偶尔"分类,甚至有部分人"从不"会进行垃圾分类。垃圾分类是减少垃圾处置、提高资源利用效率、改善生存环境质量的重要渠道,同时也是公民在日常生活中力所能及的行为。虽然实际生活中的垃圾分类与诸如没有垃圾分类回收箱等客观因素有关,但大学生作为具有较高环保意识的群体,其对环境道德的践行情况与认知情形比较而言着实不容乐观。这种现象反映出大学生的环境道德仅仅停留在认识上,对将其付诸行动缺乏强烈的意识,体现出较为严重的道德认知与行为脱节现象。

表9-46　大学生是否愿意过低碳生活/大学生在日常生活中是否会对垃圾进行分类(2017)

	愿意/经常(%)	偶尔(%)	不愿意/从不(%)	不清楚(%)
进行垃圾分类频率	25.3	61.2	13.5	——
是否愿意过低碳生活	86.7	——	5.3	8.0

3. 部分大学生的诚信道德状况问题凸显

诚信作为公民道德建设的基本道德规范,是公民道德素质的基本体现。大学生的诚信道德状况对社会经济秩序和国民道德素质的健康发展具有至关重要的意义。对于大学生个体来说,诚实守信也是他们的立身之本。调查数据显示,大学生对"诚实守信的人往往吃亏"这种说法的看法呈两极趋势,过半数大学生表示不赞同,近半数大学生表示赞同。大学生对自己周围人的诚信程度的评价也呈现两极态势,各有半数大学生认为绝大多数人讲诚信或能够坚持诚实守信的人不多。对于身边同学的考试作弊、论文抄袭等行为,多数大学生表示理解,持鲜明反对态度的大学生仅占三分之一。可见,当代大学生的诚信状况不容乐观,知行不一倾向明显。

首先,大学生对诚信道德认知不清。调查数据显示,对于"诚实守信的人往往吃亏"这种说法,过半数大学生(54.4%)选择"不赞同",选择"非常赞同""赞同"和"比较赞同"的人分别占4.4%、11.7%和20.8%,合计近40.0%。"诚实守信的人往往吃亏"代表的是一种对诚信道德的疑虑倾向,诚信缺失事件的频发、违背诚信行为得不到相应惩罚、诚实守信的行为无法带来积极效果、社会诚信水平普遍降低,等等,都是"诚信吃亏论"的形成因素。虽然种种原因造成了"诚信吃亏论"的泛起甚至盛行,但是其并不能否定诚信美德本身的价值,对"诚信吃亏论"的坚持会使诚信道德的价值更难得到彰显,社会诚信度的提升也会举步维艰。从近半数的大学生对"诚信吃亏论"表示认同可以看出,仍有部分大学生对诚信道德存在认知上的偏差与背离以及价值上的怀疑与否定。这种现象不仅会阻碍大学生养成诚信道德和实施诚信行为,还会在一定程度上助长失信之风,妨害良好道德风尚的形成。

其次,诚信缺失现象消解了大学生的诚信道德情感。调查数据显示,过半数的大学生认为"绝大多数人讲诚信",占50.6%,同时也有43.8%的大学生认为"能够始终坚持诚实守信的人不多"。《中国大学生思想政治教育发展报告2017》的调查结果也显示,11.0%的大学生表示不赞同"大多数人是可以信任的"这一说法,23.3%的人对此表示不确定,反映了当代大学生较为突出的信任感缺失问题。[①]这说明社会诚信氛围确实不容乐观,较多大学生对诚实守信的价值持有疑虑,并有相当一部分社会成员不能做到始终坚持诚信;从另一方面也可看出,坚持诚实守信的大学生仍占上风,社会诚信状况正在向积极方向发展。

最后,大学生在诚信道德方面存在知行不一现象。调查数据显示,对于身边同学考试作弊、论文抄袭等行为,43.3%的大学生表示"理解,但自己从不作弊或者抄袭",16.3%的大学生选择"理解,自己有时偶尔为之",仅33.3%的大学

---

① 沈壮海、王晓霞、王丹等:《中国大学生思想政治教育发展报告2017》,北京师范大学出版社2018年版,第198页。

生选择"内心很鄙视"。考试和论文等活动是检测和体现学生知识水平的重要手段,需要学生遵守考试纪律和学术道德,作弊和抄袭等都是严重的诚信缺失问题。从多数大学生对于身边同学的考试作弊、论文抄袭等行为表示理解且持鲜明反对态度的大学生仅占三分之一这一现象可以看出,在面临具体的道德情境和利益选择时,更多的大学生失去了准确的道德判断,产生出道德观念动摇和道德情感不稳定等情况,在行为上则表现为与认知的不相一致以及诚信道德的缺失。

(二)大学生道德建设领域存在突出问题的原因

家庭、学校、社会是影响大学生道德建设成果的重要因素,除此以外,大学生自身的道德价值取向对于大学生道德状况的形成也尤为重要。分析现有调查数据可以看出,大学生道德建设领域存在的突出问题与这些方面息息相关。总的来说,家庭道德教育、学校道德教育、社会环境和大学生个体及社会道德价值取向都有待加强。

1.家庭道德教育有待加强

家庭是孩子的第一所学校,父母是孩子的第一任教师。家庭教育对个体世界观、人生观、价值观的形塑具有奠基性作用。家庭教育观念和家庭道德氛围对大学生具有潜在而深刻的影响。近40%的大学生认为家庭是对道德品质形成影响最大的环境,在诸选项中占比最高。2016年全国公民道德状况调查数据显示,当被问及最能约束人的道德行为的因素时,20—29岁的受访者中有22.1%的人选择了"家风家训",在各年龄段受访者中占比最高。由此可见,大学生自身也认可家庭对道德品质形成具有高度影响,同时也反映出家庭教育缺失是导致大学生道德问题的重要因素。

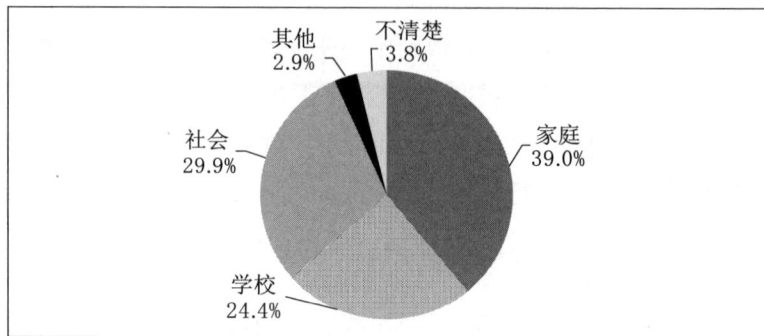

图9—69 大学生认为对道德品质形成影响最大的环境(2017)

从独生子女与非独生子女道德状况的比较中也可反映出家庭道德教育的重要性。一般来说,独生子女比非独生子女存在的道德问题更多,道德教育的难度更大。由表9—47的数据可知,与非独生子女相比,独生子女认为家庭对其道德品质的形成影响更深,凸显了独生子女家庭教育的重要意义。通过表9—48的数据可知,独生子女与非独生子女在对待某些道德原则和道德情境的态度上具有显著性差异,独生子女大学生对"当个人利益与集体利益发生冲突时,个人利益应无条件服从集体利益"的认同程度(3.09)显著低于非独生子女大学生(3.19);独生子女在遇到老人摔倒急需救助时,主动帮助的意愿(1.61)比非独生子女(1.71)更低;独生子女(2.47)也比非独生子女(2.53)更不认同"某银行女职员与持刀抢劫银行的歹徒英勇搏斗而致残"的行为。独生子女在集体主义、助人为乐等方面的意识相对薄弱,在一定程度上与独生子女家庭教育中的溺爱或轻视品德培养等有关。

家庭道德教育缺失主要包括不良的家庭环境和家庭教育观念错位两个方面。在家庭环境方面,当下中国社会仍然存在不少对大学生道德素养具有不利影响的家庭问题,比如,有的家庭父母文化素质过低,无法对子女进行适当的教育管理;有的家庭居住环境恶劣或具有不良社会关系,对子女的道德素质产生不利影响;有的家庭父母离异或忙于工作,缺乏对子女的教育管理;有的家庭父母贪图享乐、道德素质低下或价值观扭曲,给子女的心理造成负面影响。在教育观念方面,独生子女一代的家庭教育方式往往是高期望与高要求并存,不少家庭的父母过于重视子女的学习成绩与物质需求,存在溺爱子女、重智轻德、忽视对劳动观念和责任感的培养、忽视爱心教育和挫折教育等家庭教育的弊端,造成青少年心理压力大、心理承受能力差,极易形成不良的生活和道德习惯。[①]

表9—47　独生子女和非独生子女大学生认为对道德品质形成影响最大的环境(2017)

子女	家庭(%)	学校(%)	社会(%)	其他(%)	不清楚(%)
独生子女	42.1	21.4	29.8	3.1	3.6
非独生子女	38.0	28.0	31.0	3.0	0.0

---

① 国家社科基金重大项目课题组:《当代中国公民道德发展》(下册),江苏人民出版社2015年版,第723页。

表 9-48　是否独生子女大学生在部分社会主义道德价值取向和
社会公德认知上的差异（2017）

子女	对"无条件服从集体利益"的认同程度	在遇到老人摔倒急需救助时，主动帮助的意愿	对"某银行女职员与持刀抢劫银行的歹徒英勇搏斗而致残"行为的认同程度
独生子女	3.09	1.61	2.47
非独生子女	3.19	1.71	2.53

2.学校道德教育有待完善

学校是进行系统道德教育的重要阵地。作为有目的、有计划、有组织地向学生传授社会规范、价值目标和知识技能的机构,学校的各种因素对学生道德观的影响是全方位的。[①] 对于大学生群体来说,高校的道德教育则至关重要。由图9-69 的数据可知,大学生中有多于五分之一的人认为对道德品质形成影响最大的环境是学校。由 2016 年全国公民道德状况调查数据可知,在回答"哪个环节对一个人道德品质形成影响最大"这一问题时, 20 岁以下的受访者中有 25%的人选择了学校,在各年龄段受访者中占比最高,反映了学校在青少年道德品质形成过程中的关键作用。大学是立德树人、培养人才的地方,习近平总书记在北京大学师生座谈会上指出,培养社会主义建设者和接班人,是我国各级各类学校的共同使命。长期以来,我国的学校道德教育取得了长足的进步,但仍然存在一些弊端,制约着大学生的道德发展水平。

首先,轻视道德教育的情形仍然存在。《公民道德建设实施纲要》指出,各级各类学校必须认真贯彻党的教育方针,全面推进素质教育,把教书与育人紧密结合起来。育人是人才培养之本,人无德不立,育人的根本在于立德。但现实中升学率与考分往往取代道德素质成为评价学校教育是否成功的重要因素,高校尽管没有升学压力,却也存在着将政治教育与道德教育混同的情形。学校对道德教育的忽视造成了学生道德认知水平高与道德践行水平低共存的矛盾现象。本次调查中,大学生知行脱节的现象就深刻反映了这一问题。除此以外,调查数据所表现出的不同学科大学生在某些道德认知上的显著差异也可印

---

① 李伟、王汝秀、杨芳:《承载与失落——高校道德建设研究》,中国社会科学出版社 2010 年版,第156 页。

证这一观点。表9—49的数据显示,不同学科学生在社会主义道德价值取向、社会公德以及诚信道德等方面的认知与践行上存在显著差异。文科学生对"爱国与爱社会主义、爱中国共产党是一致的"说法的认同程度和对见义勇为的崇尚与践行程度明显高于理科学生和工科学生。在诚信道德的认知与践行上,文科学生对考试作弊和论文抄袭的反对程度同样也明显高于理工科学生。从文理科学生在部分道德领域存在显著差别可以推测出,人文社科教育在一定程度上包含并有助于道德品质的养成,促成了文科学生在道德价值取向上更为良好的情形。因此,提高大学生的道德水平需要坚持立德树人之根本,高度重视道德教育。

表9—49 不同学科大学生对社会主义道德价值、社会公德和诚信道德的认知差异(2017)

学科	对"爱国与爱社会主义、爱共产党是一致的"的认同程度	对"某银行女职员与持刀抢劫银行的歹徒英勇搏斗致残"行为的认同程度	对考试作弊、论文抄袭等行为的反对程度
文科	2.65	2.46	1.89
理科	2.66	2.49	1.98
工科	2.76	2.57	2.05

其次,道德实践教育仍然较为薄弱。道德教育是提高道德认知、陶冶道德情感、锻炼道德意志、确立道德信念和养成道德习惯的系统过程,具有强烈的实践性,离开了实践性,道德教育必然成为空洞说教。[1] 但目前的学校道德教育仍然偏重以道德知识的传授为主要内容,以学生的道德认知程度作为评估依据,忽视道德的内化和践行,造成了学生道德责任感的缺失。调查数据显示,大学生中有13.1%的人认为"道德教育乏力"是导致道德问题的最大原因,这其中就包括了对道德实践教育的忽视。道德教育的目标应当是实现人的全面发展,然而学校道德教育中存在的道德认知主义倾向却使得德育成为单纯传授与灌输道德知识的课程,对道德情感、道德意志和道德习惯的忽视使德育与学生的实际生活相脱节,成为大学生道德知行一致的重要障碍。

最后,校园文化与师德状况的负面影响。校园文化是校园物质文化、制度文

---

① 罗国杰:《伦理学》,人民出版社2014年版,第453—455页。

化和精神文化的总和,对学生的道德起到潜移默化的作用。学校教职员工的精神面貌、道德状况等则是校园文化的重要组成部分。[①] 近年来,随着各级各类学校校园文化建设的开展,学生的学习生活环境得到了较大程度的改善,但仍然存在着一些制约学生道德发展的因素。例如,由以上调查中的大学生诚信道德状况可知,大部分大学生对考试作弊持理解态度,折射出目前校园文化中诚信制度的不健全和诚实守信氛围的缺失。《中国大学生思想政治教育发展报告 2017》的调查结果显示,大学生对"抄袭剽窃、实验凑数据等学术不端行为"在校园中存在程度的评判,"非常普遍""比较普遍"与"一般"分别占 6.2%、15.6% 和 26.4%,共计近 50%;大学生对"考试作弊行为"在校园中存在程度的评判,"非常普遍""比较普遍"和"一般"分别占 5.6%、12.9% 和 22%,共计近 40%,同样反映了令人担忧的校园诚信状况。人才培养的关键在于教师,教师的一言一行都给学生以极大影响。教师应有的道德和行为规范就是师德,习近平总书记曾指出:"我们的教师队伍师德师风总体是好的,绝大多数老师都敬重学问、关爱学生、严于律己、为人师表,受到学生尊敬和爱戴。同时,也要看到教师队伍中存在的一些问题。对出现的问题,我们要高度重视,认真解决。要引导教师把教书育人和自我修养结合起来,做到以德立身、以德立学、以德施教。"[②] 当前我国绝大多数教师具有良好的职业道德,但仍有部分教师存在道德失范现象,师德缺失的新闻报道时有出现。这些现象影响了学生对老师的尊敬与信任,同时也对大学生良好道德品质的养成造成了恶劣影响。

3. 某些不良社会环境的消极影响

当被问及导致道德问题的最大原因时,有 34.1% 的大学生选择"社会环境的影响",占比最高;其次是"市场经济的负面影响"。这反映了转型时期的社会环境存在着许多不尽如人意之处,对大学生的道德状况造成了冲击和挑战。

首先,转型时期的诸多社会问题影响了大学生道德品质的养成。当代中国正经历着我国历史上最为广泛而深刻的社会变革,中国特色社会主义进入了新时代,我国在取得社会主义现代化建设历史性成就的同时,也面临着一系列困难和挑战。发展的不平衡不充分,社会矛盾与问题的交织,意识形态领域斗争

---

① 李伟、王汝秀、杨芳:《承载与失落——高校道德建设研究》,中国社会科学出版社 2010 年版,第 163 页。

② 习近平:《在北京大学师生座谈会上的讲话》,《人民日报》2018 年 5 月 3 日。

的复杂性,国内外形势的深刻变化,都使得道德功利化的取向日益突出,道德是非感的消解时有发生,道德实践与道德认知的脱离广泛存在。调查数据显示,76.25%的大学生认为"社会公共生活领域"是我国社会道德问题最严重的领域;对于当前我国最突出的道德问题,大学生选择最多的三项依次是:"道德冷漠"占36%,"诚信缺失"占34%,"社会不公平"占12%,反映出大学生对社会道德问题的深度关切。大学生对见义勇为、诚实守信等道德的认知误区也表明了这些社会道德问题不可避免地给大学生造成了负面影响,有碍于大学生高尚品格的养成。

其次,社会观念变迁影响了大学生道德观念的形成。随着国际政治、经济、社会格局的变化,文化交流的日益频繁,多元价值观念的流入和冲击,国人的社会观念也在经历着旧与新、内与外的互动与变迁,关注社会发展、走在时代前列的大学生则更加容易受到社会观念变迁的影响,形成新的道德观念。以性观念的变迁为例,2016年全国公民道德状况调查数据显示,在回答对社会上婚前性行为的看法时,20—29岁年龄段的受访群体在各年龄段受访者中对婚前性行为的接受与理解程度最高,选择"属于个人隐私,不应评论"和"只要真心相爱,不应指责"的人分别占36.2%和33.3%,坚决反对这种行为的仅占7.5%;与之相对,60岁以上年龄段受访者选择"属于个人隐私,不应评论"和"只要真心相爱,不应指责"的人分别仅占14.6%和16.2%,而表示坚决反对的人占比高达49.7%。而且从数据变化趋势看,随着受访者年龄的降低,对婚前性行为的接受程度逐渐提高。可以看出,随着性解放、性自由等观念与思潮的传入,国人尤其是青年人的传统性观念发生了较大转变,大学生作为自主意识强、思维活跃的群体,对新思想的敏锐性和接受程度较高,从而也越来越趋向于接受婚前性行为。

再次,大众媒体影响了大学生的道德思想。图9-70的数据表明,大学生认为对道德思想影响最大的三种媒体依次是"新媒体"占35.2%,"电影电视"占31.6%,"书籍"占23.4%。新媒体包括互联网新媒体、手机新媒体和数字电视新媒体等基本类型,可见网络媒体与电影电视仍然是影响大学生道德思想的稳定因素。互联网和电影电视等大众媒体在传播积极道德观念和搭建意识形态宣传平台的同时,其纷繁复杂的内容与多元的传播方式也不断冲击、改变着人们的价值观念和行为方式。成长在信息爆炸时代的大学生,其道德思想观念的形成和道德行为与实践自然受到大众媒体的剧烈影响。大众媒体的泛娱乐化、低俗化，网络谣言与网络诈骗的兴起，网络暴力和色情信息的泛滥，新型媒体的去道德化等，都使主流道德观念的传播力度有所消解，减弱了大学生的道德判断力，对大学生的思想道德状况产生了不良影响。同时，网络世界的虚拟性、网络传播方式的去中心化模糊了虚拟世界与现实世界的边界，弱化了主流话语的权威性和影响力，增强了个体行为和话语的自由度，从而也降低了个体网络道德行为的责任感，导致了各种网络道德失范行为的产生。

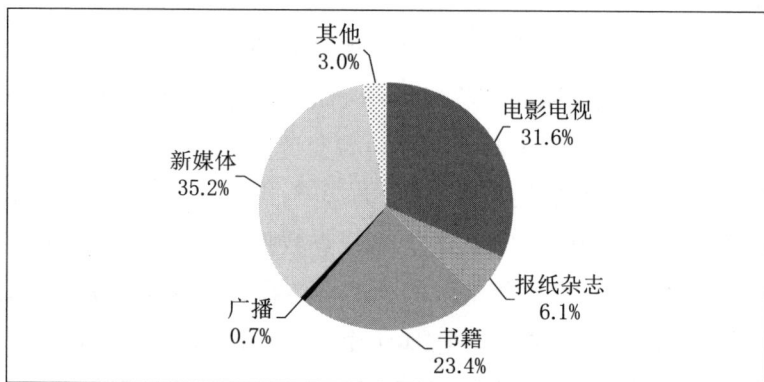

图 9—70　大学生认为对道德思想影响最大的媒体（2017）

　　最后，道德建设机制有待完善。道德建设是一项系统工程，需要形成长效机制使其发挥作用。大学生道德问题的产生除了受到社会文化方面的潜在影响，也与其所生活的道德制度环境密切相关。在回答产生道德问题的最大原因时，大学生中除了有较多人认为是"社会环境的影响"及"市场经济的负面影响"外，也有为数不少的人选择了"道德教育乏力"和"道德奖惩机制不完善"。2016年全国公民道德状况调查数据显示，当被问及导致社会上缺乏见义勇为现象最主要的三个原因时，受访者除了表示缺乏安全感或者事不关己之外，社会奖励和保障机制的不健全也是他们所认为的重要因素之一。图9—71的数据显示，大学生认为最能约束人的道德行为的因素依次是："法律政策"占38.5%，"家风家训"占19.7%，"良心谴责"占15.5%，"社会舆论"占11.5%，"风俗习惯"占11.0%，"媒体监督"占1.9%。由此可见，法律政策作为强制性外部因素对大学生道德行为的影响能力不容忽视。道德的建设和治理需要道德引导与道德制度的合力，当前的大学生道德建设仍然存在教育与宣传机制乏力、奖惩机制短缺及调控机制弱化等现象,极易导致整体道德建设机制的虚化,使道德失范行为得不到源头上的防治与后果上的制衡,削弱了道德原则与道德评价的权威性与号召力,最终造成大学生群体的道德缺失现象严重。

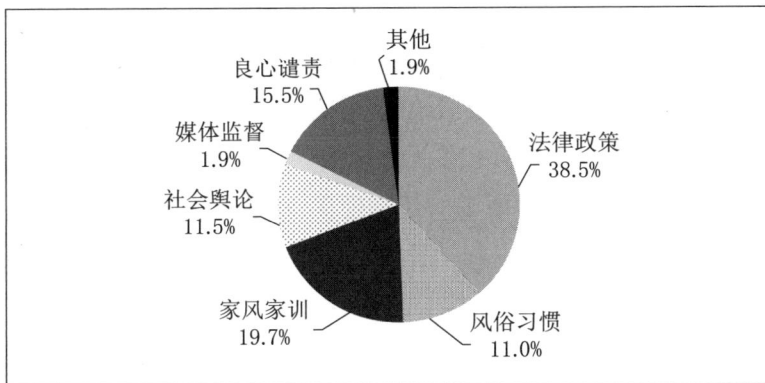

图9—71　大学生认为最能约束人的道德行为的因素(2017)

4.部分大学生自身的个体及社会道德价值取向存在偏差

2016年大学生道德状况调查中的受访大学生,大部分出生于1995年以后,他们成长在国家全面深化改革的新时期,面临着更多的机遇与挑战,在他们身上,大学生的一般心理特点和"95后"大学生的心理特点相互交织,共同构成影响大学生道德状况的原因。大学阶段是人生发展的重要时期,是世界观、人生观、价值观形成的关键时期,也是个人人生发展的转型期,大学生的心理发展在表现出认知发展程度较高、意志品质发展水平较高和自我意识日益强化等特征的同时,也存在自我中心主义以及对自我的评价、分析、控制能力都有待增强等问题。这种不稳定、不平衡的心理状态使大学生易于受到外界不利条件的影响,对培养与锻造大学生的道德素质提出了挑战。"95后"的大学生成长在特定的社会环境中,社会转型时期的变革激发了他们自我意识的觉醒,他们关注自身发展与自我价值的实现,具有更加务实的行为动机和较强的独立自主意识,勇于提出自己的疑问和观点,对多元的文化和价值观念也表现出接纳与包容的态度。而且"95后"成长的家庭与社会环境具有相对优越性,也使他们更加关心国家与社会的发展,具有较强的参与社会实践的意愿,具有追求卓越的远大理想,勇于面对和追寻挑战,更具主动性和创造性。

然而,有限的知识水平和实践经验使大学生缺乏对事物的全面认知,极易受到外界因素的动摇与影响,成长环境的孤独和对虚拟世界的沉溺,导致一部分大学生集体意识薄弱及对道德的认知存在片面性。这种片面性表现为部分大学生在个体和社会道德价值取向上的错误。市场经济的发展造成了拜金主义、利己主义和个人主义的产生甚至盛行,这对于大学生群体来说既有引导学生注重个体发展的积极影响,也具有诱发个人主义的消极影响。从部分大学生对集体主义原则的认知情况可以看出,个人本位在当代大学生人生价值取向中居于显著地位,社会与集体利益被置于可有可无的境地。结合有关社会公德、诚信道德等方面的调查结果可知,对道德原则的认知模糊、对道德失范行为的冷漠对待,在大学生群体中已不鲜见,需要引起社会各界的重视。

第三节　新时代加强大学生道德建设的若干思考

一、加强家庭道德教育

调查数据显示,近40%的大学生认为"家庭"对个人道德品质的影响最大,在诸选项中占比最高。因此,要提升大学生的道德素质,首先需加强家庭道德教育。

（一）加强独生子女的道德教育

调查数据显示,独生子女在集体主义、助人为乐等方面的意识相对薄弱。为此,独生子女家庭要有针对性地关注子女集体主义观念的培养和助人为乐品格的养成。一方面,家长要让子女积极参与家务、校务劳动。许多独生子女家庭的家长溺爱孩子,不仅家务活全包,就连学校的清洁卫生、公益劳动也为孩子代劳,完全不给孩子参与劳务的机会。这种做法不仅懒惰了孩子的身体,也钝化了孩子的心灵。家长应鼓励孩子积极参与家务、校务劳动,让孩子在劳动中体会创造的乐趣,体会相互协助的真义,养成尊重他人和爱惜劳动成果的意识,这对独生子女集体主义观念的培养、助人为乐品格的养成大有裨益。另一方面,家长要注重对子女的言传身教。调查数据显示,大学生认为"家庭"对个人道德品质的影响最大。换言之,家长对大学生的道德品质形成影响最大。家长对自身道德素养高要求、对长辈尊敬、时常检点自身的言行,是家庭道德教育首要和最基本的方法。如果作为教育者的家长自身的素质堪忧,那么任何对子女的教育都会徒劳无功。只有家长身心健康、举止文明、情操高尚,才能更好地帮助子女形成良好的道德认知、健康的道德情感、积极的道德行为,进而养成良好的道德品质。因此,家长要紧跟时代发展需要,适时调整已有的道德教育理念,不断吸收和学习最新的道德教育理论知识,掌握更新且更有效的道德教育方法,不断总结教育经验与教训。家长要以身作则,用积极向上的生活态度及助人为乐、甘于奉献的精神去感染子女,用自己的道德力量和人格魅力去教育和熏陶子女。

（二）缩小男女生的道德认知差距

调查数据显示,女大学生对"国家兴亡,匹夫有责"的认同程度显著高于男大学生;在遇到老人摔倒急需救助的情形时,女大学生的帮助意愿显著高于男大学生;女大学生对"网络虚拟社会生活中可以随心所欲"的反对程度也显著高于男大学生;男大学生对"诚实守信的人往往吃亏"这一说法的认同程度显著高于女大学生。不难看出,男女大学生在道德认知方面存有较大的差距,这既与男女生理性别的差异有关,更与男女社会性别的差异有关。尽管社会性别差异在许多方面是一种隐蔽性存在,但它的确在男女生成长过程中发挥着重要的影响,对男女生的学习、工作、家庭生活等各个方面产生持久、深刻的影响。这种影响不仅关系到学生的自我认知,更关系到学生对自我与国家、社会、家庭、他人关系的认知,关系到学生对责任、担当、诚信等道德问题的认知。为取得更好的教育效果,在家庭道德教育过程中,家长应当从培养有德公民的视角和目标出发,不要引起子女对本已存在的生理性差异的过分强调和关注,更不能因为男女有别而在道德教育上作区别对待;要通过合理有效的家庭道德教育缩小男女大学生在道德认知上的差距,让男女大学生都具备较强的社会责任感、助人为乐的精神和诚实守信的品质。

（三）营造良好家风

调查数据显示,大学生认为"家风家训"（19.7%）对个人道德行为的约束力仅次于法律政策（38.5%）。可见,营造良好家风对提升大学生道德认知、规约大学生道德行为、培养大学生良好道德品质具有重要作用。营造良好家风,一方面要矫正当前家庭教育中重智育而轻德育的偏差。古代偏重德性教育而缺乏自然科学知识教育的家庭教育具有一定的片面性,而现代社会过分注重自然科学知识教育的家庭教育同样也有失偏颇。当下中国的家教在一定范围、一定程度上异化成智识教育,德育尴尬地扮演了家庭教育辅助这一角色。不可否认,知识的教授是家庭教育的重要内容,但德性教育乃家庭教育之本,没有良好的德性,即便懂得再多的科学知识也难以"成人"。另一方面,要将营造良好的家风与培育大学生社会主义核心价值观结合起来。时代在变,制度在变,家与国、家与社会的密切联系不会变。当前,良好家风的营造始终应与国家和社会的前途紧密相连,与我国社会主流价值观一致。因此,要始终以社会主义核心价值观引领家风的营造,使家风内蕴的价值取向和精神追求与社会主义核心价值观相契合。良好家风的营造能促进大学生将社会主义核心价值观内化于心、外化于行,使家庭真正成为培育大学生社会主义核心价值观的重要场所。

二、加强学校道德教育

调查数据显示,13.1% 的大学生认为"道德教育乏力"是导致当前社会道德问题的主要原因之一。要想解决当前社会存在的道德问题,必须改变道德教育乏力的现状,而要改变道德教育乏力的现状,必须加强学校道德教育。

（一）继续加强高校思想政治工作

首先,继续发挥课堂教学这一主渠道的功能和作用,在改进中加强思想政治理论课,提升思想政治教育的亲和力和针对性,更好地满足大学生成长发展需求和期待。同时要更加注重以文育人,广泛开展文明校园创建活动,开展形式多样、健康向上、格调高雅的校园文化活动。运用新媒体技术使思想政治教育工作活起来,推动思想政治教育工作传统优势同信息技术高度融合,增强时代感和吸引力。其次,继续加强大学生马克思主义理论教育。深化学生对马克思主义历史必然性和科学真理性、理论意义和现实意义的认识,教育学生学会运用马克思主义立场观点方法观察世界、分析世界,真正搞懂时代课题,深刻把握世界发展走向,认清中国和世界发展大势,让学生深刻感悟马克思主义真理的力量。再次,继续加强大学生爱国主义教育。教育和引导学生正确认识世界和中国发展大势,从我们党探索中国特色社会主义的伟大实践中,认识和把握人类社会发展的历史必然性,认识和把握中国特色社会主义的历史必然性,不断树立为共产主义远大理想和中国特色社会主义共同理想奋斗的信念。引导大学生了解中华民族历史,秉承中华文化基因,培养民族自豪感和文化自信心。要时时想到国家,处处想到人民,做到"利于国者爱之,害于国者恶之"。最后,培育大学生的责任意识与担当精神。为实现中华民族伟大复兴的中国梦而奋斗是人生难得的际遇,大学生应该珍惜这个伟大时代,做新时代的奋斗者。教育和引导大学生正确认识历史使命,培育学生的责任意识,用中国梦激扬青春梦,为学生点亮理想的灯、照亮前行的路,激励学生自觉把个人的理想追求融入国家和民族的事业中,勇做走在时代前列的奋进者、开拓者。培养大学生的担当精神,做到理想坚定、信念执着、不怕困难、勇于开拓、顽强拼搏、永不气馁。教育和引导学生正确认识远大抱负和脚踏实地的关系,把远大抱负落实到实际行动中,让勤奋学习成为青春飞扬的动力,让增长本领成为青春搏击的能量。

（二）发挥大学生党员的榜样示范作用

调查数据显示,大学生党员对为人民服务的道德原则的认同程度显著高于共青团员和普通群众;在遇到老人摔倒急需救助的情形时,大学生党员的帮助意愿显著高于共青团员和普通群众;大学生党员对身边同学考试作弊、论文抄袭等行为的反对程度显著高于共青团员和普通群众;大学生党员对于银行女职员与持刀抢劫银行的歹徒英勇搏斗而致残行为的认同程度显著高于共青团员和普通群众;大学生党员对"国家兴亡,匹夫有责"的认同程度显著高于共青团员和普通群众。另外,大学生党员对"爱国与爱社会主义、爱中国共产党是一致的"提法的认同程度显著高于共青团员和普通群众。尽管认知与行为并不具有必然的一致性,但一般来说,大学生党员对很多问题的道德认知水平明显高于共青团员和普通群众,在现实生活中也更能关心同学、热心公益、热爱祖国、服务社会。朋辈间的影响力有时远超我们的想象和预期。为此,要充分发挥大学生党员的榜样带动作用,让他们在学习和生活中更好地发挥引领作用,引导其他大学生以大学生党员为学习对象,学习其关心他人和集体、诚实守信、热爱祖国、拥护中国共产党的情怀与立场,进而在帮助他人、服务国家和社会的过程中实现人生价值。

（三）加强对理工科大学生的道德教育

调查数据显示,文科学生对"爱国与爱社会主义、爱中国共产党是一致的"提法的认同程度显著高于理科学生和工科学生;在遇到老人摔倒急需救助的情形时,文科学生的帮助意愿显著高于理科学生和工科学生;文科学生对于银行女职员与持刀抢劫银行的歹徒英勇搏斗而致残行为的认同程度显著高于理科学生和工科学生;文科学生对身边同学考试作弊、论文抄袭等行为的反对程度显著高于理科学生和工科学生。不难看出,文科学生在道德认知方面的整体状况好于理科学生和工科学生。鉴于此,高校特别是以理工科为主的院校,要不断提高对理工科学生进行道德教育的重视程度,适度增加理工科学生修习人文社科类课程的学分学时要求,科学建构理工科大学生道德素质评估体系,不断提高授课教师的人文素质和师德水平,引导理工科大学生走出道德认知误区,提升道德认知水平,整体优化理工科大学生道德教育的实际效果。

（四）建立健全校园诚信机制

《中国大学生思想政治教育发展报告 2017》的调查结果显示,大学生认为"抄袭剽窃、实验凑数据等学术不端行为"在校园中存在程度"非常普遍"的占 6.2%,"比较普遍"的占 15.6%,"一般"的占 26.4%,占比接近 50%。大学生认为"考试作弊行为"在校园中存在程度"非常普遍"的占 5.6%,"比较普遍"的占 12.9%,"一般"的占 22%,占比超 40%。可见,建立校园诚信机制、加强大学生诚信教育已刻不容缓。一方面,学校应加大对学生作弊、抄袭、剽窃等学术不端和失信行为的约束和惩戒力度,构建信用约束机制,推进诚信档案建设,并通过宣传和表彰具有良好学术道德操守的优秀学生的事迹来感染和激励其他学生,引导他们遵守学术规范,坚守学术诚信;另一方面,应充分借助讨论、辩论、展演等方式对学生进行诚信教育,强化学生以诚信为荣、以失信为耻的道德认知,营造良好的校园诚信氛围,帮助大学生实现从"不敢失信"到"不愿失信"的转变。

（五）强化大学生的道德实践

调查数据显示,道德教育乏力是导致道德问题的主要原因之一,而道德教育乏力的一大原因是对道德实践的忽视。"纸上得来终觉浅,绝知此事要躬行。"习近平总书记曾告诫青年大学生,道不可坐论,德不能空谈。高尚道德品格的形成重在实践,因此学校要有效引导大学生积极进行道德实践,如引导大学生积极参加各类志愿服务活动,培养志愿服务精神。当前,志愿服务活动已经逐渐成为大学生参与社会实践、提升自我道德修养、实现成长成才的重要舞台,成为大学生关爱他人、传播青春能量的重要途径。大学生志愿服务活动遍及农村扶贫开发、城市社区建设、环境保护、大型活动、抢险救灾、社会公益等领域。大学生应积极投身志愿服务活动,到国家和社会最需要的地方去。无论是在国内外大型活动中提供优质高效的服务,还是在救灾一线不畏艰险、奋力救援,或者在贫穷落后地区帮扶、支教，抑或带头把志愿服务活动做进基层、做进社区、做进家庭，都是大学生关爱社会、奉献爱心的重要表现。无论是关注空巢老人、留守儿童，还是关注困难职工、农民工及其子女、残疾人等弱势群体，都是大学生向社会传递温暖和爱心的方式。大学生既要投身志愿服务活动，也要注重结合自身的能力、专业、特长，积极参与教育、科技、文化、卫生等帮扶行动，多参与城乡清洁、绿色出行、低碳环保、美化家园等活动，在实践中不断长知识、强本领、增才干，真正成为有理想、有道德、有本领、有担当的时代新人。

（六）加强师德师风建设

人才培养的关键在于教师，教师的言行品格会对学生产生极大的影响。教师队伍师德师风总体是好的，绝大多数教师敬重学问、关爱学生、严于律己、为人师表，受到学生的尊敬和爱戴。同时，也要看到教师队伍中存在的一些问题并有针对性地加强师德师风建设。首先，从讲政治的高度加强师德师风建设。提高政治站位，准确对标新时代新形势新要求，深刻认识师德师风建设的重要性，全面贯彻党的教育方针，牢记立德树人的崇高使命。深入学习领会习近平新时代中国特色社会主义思想，树立正确的历史观、民族观、国家观、文化观，坚定中国特色社会主义道路自信、理论自信、制度自信、文化自信，对我国教育事业所取得的成就要有深刻认识，热爱祖国、奉献祖国，热爱教育事业、奉献教育事业。其次，从强修养的维度加强师德师风建设。要坚持弘扬高尚师德，以榜样的精神感染人、鼓舞人、引导人，加强典型宣传引领。教师应自觉增强立德树人、教书育人的荣誉感和责任感，学为人师，行为世范，努力当好学生健康成长的指导者和引路人。最后，从重机制的角度加强师德师风建设。认真总结经验教训，建立和完善师德师风教育管理机制，不断探索改革创新师德师风建设的模式和方法，促进师德师风教育管理规范化，建立科学合理的师德师风评价体系，构建师德师风激励和惩治机制。学校可开展年度师德师风教育检查评估和评选师德标兵等表彰活动，以激励广大教师积极参加师德教育活动，也可以将师德师风列为教师年度工作考核、职务职称评聘和评选先进的重要依据，充分发挥机制的教育和管理作用，引导教师以德立身、以德立学、以德施教、以德育人。

三、营造良好的社会道德环境

当被问及导致道德问题的最大原因时，34.1%的大学生选择了"社会环境的影响",占比最高。可见,社会道德环境的好坏对大学生的道德状况具有重要影响。因此,全社会要通过建立健全社会道德奖惩机制、发挥道德榜样的引领作用、提升党员道德水平来营造良好的社会道德氛围。

(一)建立健全社会道德奖惩机制

调查数据显示,9.7%的大学生认为"道德奖惩机制不完善"是导致道德问题的重要原因。建立健全道德奖惩机制是优化社会道德风气、解决社会道德问题的重要突破口,是加强社会诚信建设、健全公民和组织守法信用记录、建立健全社会道德奖惩机制的重要着力点。一方面,加大诚信褒奖力度,以良好的政策导向和利益机制促进个人和各类组织崇德守德,丰富褒奖举措,如为诚信守德公民提供免费的旅游门票、为合法守德的各类组织提供贴息扶持等,真正把荣誉和奖励做实。另一方面,严明惩治的举措,让奖惩机制在食品药品安全、环境保护、产品质量、工程建设、投融资等社会诸多领域有效发挥作用。不断完善失信行为约束和惩戒机制,建立多部门、跨地区失信联合惩戒机制,对失信者形成社会联防和互联互动的协同监管网络,综合运用市场性、行政监管性、行业自律性、司法性等惩戒手段进行惩罚,使失信者步步难行,真正把惩治做严。另外,各级政府及其工作部门应定期组织开展专项治理工作,对制假售劣、环境污染、拖欠工资等人们深恶痛绝的诚信领域突出问题,加大惩戒力度,为营造守信光荣、失信可耻的社会环境提供机制保障。

(二)发挥道德榜样的引领作用

调查显示,0.8%的大学生认为"榜样影响力弱化"是导致社会道德问题的又一重要原因。改革开放以来,我国各个地区、各行各业、各类人群中涌现出了一批具有高尚品格的道德模范,包括助人为乐模范、见义勇为模范、诚实守信模范、敬业奉献模范、孝老爱亲模范等。他们大多是来自基层的普通人,他们的故事就发生在我们的身边,他们用自己的行动诠释着道德的内涵,彰显着中华民族代代相传的美德,展示着道德的力量。道德模范的事迹、精神和品质是取之不尽、用之不竭的力量源泉,全社会应大力弘扬道德榜样精神,营造学习道德榜样的氛围,掀起学习道德榜样的热潮。学习道德模范有助于全社会崇德守礼,无论是在公共场所还是在私人场所,无论是在国内生活还是出国旅游,都能遵规守法,养成良好的道德习惯。学习道德模范有助于全社会多办实事、多做好事,不断提升个人道德素质,做社会良知的守望者、传播者和践行者。只有通过道德榜样的示范和引领、全社会的认可和学习,才能不断提升人们的道德修养,传递向上向善的正能量,营造良好的社会道德氛围。

（三）提升党员的道德素质

党的领导干部既是党和国家众多政策、法令、规章制度的重要制定者和执行者,又是广大人民群众的组织者和领导者。领导干部的道德素质直接影响党和政府的形象,对社会道德风气具有重要的示范和导向作用。提升党员特别是党的领导干部的道德素质,将对形成良好的社会风尚产生积极的推动作用。因此,要教育引导党员、干部继承和发扬中华传统美德,遵守社会主义道德规范,大力倡导共产主义道德观,重品行、做表率,切实加强道德修养、陶冶道德情操、锤炼道德意志、提升道德境界,打牢道德防线、坚守道德底线,做社会主义道德的示范者、诚信风尚的引领者、公平正义的维护者,以共产党人的道德人格力量去赢得人心、凝聚人心,激励人民特别是新时代的大学生崇德向善、见贤思齐,鼓励全社会积善成德、明德惟馨,推动全社会形成并保持良好的道德风尚。

四、加强个人道德修养

调查显示,8.4%的大学生认为"不重视个人修养"是导致道德问题的一大因素。为此,大学生应主动学习借鉴中华优秀传统文化中的道德修养方法,真正将学与思、思与行结合起来。学思并重,即通过虚心学习、积极思索、辨别善恶、学善戒恶涵养良好的德性。在提升个人品德的过程中,首先要善于学习各种道德理论和知识。我国古代社会有丰富的家庭道德教育资源,如《孝经》《弟子规》《颜氏家训》等,它们作为古代家庭道德教育的经典教材,在一定程度上发挥了稳定家庭、促进社会发展、培育个人良好道德品格的作用。大学生应立足现实,赋予具有普遍意义的传统家庭道德教育资源以新的时代内涵,并对其进行再发展和再创造。其一,省察克制的方法,即通过反省检查以发现和找出自己思想与行为中的不良倾向,并及时对它们进行抑制和克服。在日常生活中,要经常在内心深处用道德标准反省,找出那些坏毛病、坏思想、坏念头并加以纠正。自我反省是自我认识错误、自我改正错误的前提。善于反省自己的言行,并对错误加以克制,才能使自己的德性不断完善。其二,慎独自律方法,即在无人知晓、没有外在监管的情况下,坚守自己的道德信念,自觉按道德要求行事,不因无人监督而恣意妄为。慎独自律的道德修养方法,既是对中国传统道德修养方法的批判性继承,也是在现代社会条件下仍需坚持的道德修养方法。慎独是自觉坚守道德情操的修炼功夫,自律是经慎独而达到的一种修养境界。其三,积善成德方法,即通过积累善行和美德,使之巩固强化,以逐渐凝结成优良的品德。积善成德强调道德修养的提高需要日积月累的坚持,成就理想的人格要靠积累。在个人品德修养方面要懂得坚持,唯有如此,才能够不断提高自己的精神境界和道德素质。其四,知行合一方法,即把提高道德认识与躬行道德实践统一起来,以促进道德要求内化为个人的道德品质,外化为实际的道德行为。强调知行合一是儒家修身思想的重要特征。在言与行的关系上,孔子曾告诫学生,衡量他人的品德不能只听其言论,更应看其实际行动。道德修养并不是脱离实际的闭门思索,而是人们在社会实践的基础上在道德上的自我反省和自我升华。

习近平总书记在北京大学师生座谈会上提到每一代青年都有自己的际遇和机缘。党的十九大报告中提出了我国发展的战略,即到 2035 年基本实现社会主义现代化,到本世纪中叶把我国建成富强民主文明和谐美丽的社会主义现代化强国。大学生生逢其时,也重任在肩。中华民族伟大复兴,绝不是轻轻松松就能实现的,必须付出更艰巨、更艰苦的努力才行。大学生肩负国家和民族的希望,是实现中华民族伟大复兴的生力军。当代青年只有经过个人亲身的体验、认真的思考、反复的斟酌、审慎的选择和反复的实践,才能树立积极科学的人生目标,找寻自我成长和发展的有效路径,进而实现人生价值。

第十章　新时代加强公民道德建设的基本路径

习近平总书记在党的十九大报告中指出："深入实施公民道德建设工程，推进社会公德、职业道德、家庭美德、个人品德建设，激励人们向上向善、孝老爱亲，忠于祖国、忠于人民。"深入实施公民道德建设工程，提升公民道德建设的实效性，离不开相应的体制机制安排。本章将着重从教育培养、宣传引导、规约调控、评价奖惩、专项治理和外部保障六个方面，探讨新时代加强我国公民道德建设的基本路径。

第一节　加强公民道德建设的教育与培养路径

一种道德能否被社会接受，取决于它能否正确反映人与人、人与社会、人与自然、人与网络等公共领域道德关系的本质，是否符合社会发展的规律和趋势；而一种道德究竟在何种范围和程度上为人们所接受，则取决于它传播的深度、广度以及公民道德教育实施的效果。当前我国加强公民道德建设的教育与培养路径主要包括公民道德的理论建设和教育实施。

一、加强公民道德理论建设

理论建设是公民道德教育与培养工程实施的前提和基础。党的十八大以来，公民道德之所以能保持向善向上的态势，公民道德建设之所以能取得历史性成就，一条根本经验就是以习近平同志为核心的党中央坚持理论创新和实践创新同步推进，提出关于社会道德建设和公民道德建设的一系列新理念新思想新战略,充分发挥社会主义公民道德建设体系最新成果的引领作用。当前,加强我国公民道德理论建设应着重从以下几个方面用力。

（一）公民道德理论建设必须坚持正确方向

"道路决定命运。"① 习近平总书记强调,道路问题是关系党的事业兴衰成败第一位的问题,道路就是党的生命。"一个政党执政,最怕的是在重大问题上态度不坚定,结果社会上对有关问题沸沸扬扬、莫衷一是,别有用心的人趁机煽风点火、蛊惑搅和,最终没有不出事的! 所以,道路问题不能含糊,必须向全社会释放正确而又明确的信号。"② 中国特色社会主义发展方向、马克思主义的指导、党的领导是当前我国公民道德理论建设必须坚持的正确方向,我们决不能在根本性问题上出现颠覆性错误。

一是必须坚持中国特色社会主义方向。中国特色社会主义是科学社会主义理论逻辑和中国社会发展历史逻辑的辩证统一,是根植于中国大地、反映中国人民意愿、适应中国和时代发展进步要求的科学社会主义,是"实现社会主义现代化的必由之路,是创造人民美好生活的必由之路"③。公民道德理论建设坚持中国特色社会主义方向,"核心就是坚持正确政治方向,站稳政治立场"④；遵循坚持团结稳定鼓劲的重要方针,"必须坚持巩固壮大主流思想舆论,弘扬主旋律,传播正能量,激发全社会团结奋进的强大力量"⑤。二是必须坚持以马克思主义为指导。习近平总书记指出："宣传思想工作就是要巩固马克思主义在意识形态领域的指导地位。"⑥ 公民道德建设是意识形态的重要组成部分,因此,必须坚持和巩固马克思主义的指导地位,防止其背离或放弃马克思主义,失去了灵魂,迷失了方向。以马克思主义指导公民道德建设最核心的立场是解决好"为什么人"的问题,公民道德理论建设只能是为广大人民服务,提高广大人民的公民道德素质,改善广大人民的道德生活。三是必须坚持党的领导。办好中国的事情,关键在党,"党的领导是党和人民事业成功的根本保

---

① 《习近平谈治国理政》第一卷,外文出版社 2018 年版,第 36 页。
② 《习近平谈治国理政》第二卷,外文出版社 2017 年版,第 113 页。
③ 习近平:《在庆祝中国共产党成立 95 周年大会上的讲话》,《人民日报》2016 年 7 月 2 日。
④ 《习近平谈治国理政》第一卷,外文出版社 2018 年版,第 154 页。
⑤ 同上书,第 155 页。
⑥ 同上书,第 153 页。

证"①；"中国共产党的领导，是中国革命、建设、改革不断取得胜利最根本的保证，是中国特色社会主义最本质的特征，也是中国特色社会主义的最大优势，必须毫不动摇坚持和完善。"② 在公民道德理论建设中坚持党的领导不是一句口号，必须"坚决同党中央保持高度一致，坚决维护中央权威"③，特别是我们党关于道德建设和公民道德建设的重大理论创新、重大实践创新、重大工作部署，要相应成为公民道德理论建设的重要研究内容，为公民道德实践凝神聚气、提供方案。

（二）公民道德理论建设必须坚持问题导向

恩格斯指出："社会一旦有技术上的需要，这种需要就会比十所大学更能把科学推向前进。"④ 其实理论建设也是如此，"理论创新往往是问题倒逼的，从理论的发展史来看，有重大影响的理论都是顺应社会实践发展的需求而产生的；关注问题更是中国理论创新的历史延续和一般规律。"⑤ 公民道德理论建设同样应该坚持问题导向。首先，加强公民道德建设的基础理论研究。公民道德理论建设不能坐而论道，必须在聆听时代声音和回应时代呼唤的基础上，通过求解时代提出的重大而紧迫的问题，推动公民道德实践的发展与理论的创新。应准确把握公民道德的科学内涵和主要特点，以推进社会主义公民道德建设理论创新和理论武装为主线，研究关涉公民道德的基础性、导向性和战略性问题。立足新的实践所提出的新课题、新任务、新要求，提出适应新时代特征的公民道德建设理论。其次，加强重点难点问题研究。聚焦公众所关心的理论热点、难点、焦点问题，找到真问题，甄别大问题，爬梳小问题，不断深化公民道德理论建设的研究阐释。比如，公民道德在社会公德领域要求"爱护公物"，根据传统理论，公物为国家或集体所有的物品，但是随着经济社会的发展，出现了共享单车等这样虽属企业所有但具公共服务特征的物品。对于这一问题，就应在理论上明确："'爱护公物'当中的'公物'不只是国家所有的物品，还应包括非国家所有却为公共生活参与者共享的物品和环境。"⑥ 从而引导公众划清是非界限、澄清模糊认识。最后，加强公民道德教育方法研究。当今社会思想意识多元多样多变，舆论环

---

① 习近平：《在纪念红军长征胜利 80 周年大会上的讲话》，《人民日报》2016 年 10 月 22 日。

② 同上。

③ 《习近平谈治国理政》第一卷，外文出版社 2018 年版，第 154 页。

④ 《马克思恩格斯选集》第 4 卷，人民出版社 1995 年版，第 732 页。

⑤ 韩喜平：《理论创新的"问题倒逼"的规律研究》，《广东社会科学》2015 年第 3 期。

⑥ 黄建跃：《公民道德建设的路径选择研究》，《伦理学研究》2015 年第 6 期。

境、媒体格局发展深刻变化,在这一背景下如何开展公民道德教育,我们的研究还不深入,说服力还不够强,应成为公民道德理论建设的重要课题。公民道德教育是一门科学,也是一门艺术。讲得准确是科学,讲出亲和力是艺术。要使公众愿意听并且相信我们讲的道理,必须钻研教育艺术,不断改革教学方法,将深刻的理论分析与生动鲜活的案例、新颖活泼的形式、形象直观的影像结合起来,逐步形成理论教学、实践教学、网络教学相互支撑,理念先进、方法多样、评价科学的教学方法体系,努力做到内容饱满、形式活泼、关照公众,把公民道德理念讲深讲透,使教育内容入耳入脑入心。

（三）公民道德理论建设必须坚持人民主体原则

党的十八大以来,从坚持和发展中国特色社会主义道路的全局出发,以习近平同志为核心的党中央更加重视继承和弘扬人民主体思想,更加强调落实和发展人民主体地位。坚持尊重人民主体地位的立场,清楚回答了公民道德建设"为了谁""依靠谁"和"我是谁"的难题。习近平总书记强调:"人民群众有着无尽的智慧和力量"[1],"人民是历史的创造者,群众是真正的英雄"[2],"我们的人民是伟大的人民。在漫长的历史进程中,中国人民依靠自己的勤劳、勇敢、智慧,开创了各民族和睦共处的美好家园,培育了历久弥新的优秀文化"[3]。公民道德建设是亿万人民自己的事业,必须坚持尊重人民首创精神,紧紧依靠人民推进公民道德理论建设。习近平总书记要求党员干部从思想和感情深处真正把人民群众当主人、当先生,眼睛要向下看,放下官架子,俯下身子,"在人民面前,我们永远是小学生,必须自觉拜人民为师,向能者求教,向智者问策"[4];"只有始终相信人民,紧紧依靠人民,充分调动广大人民的积极性、主动性、创造性,才能凝聚起众志成城的磅礴之力"[5]。

二、注重公民道德教育的实施

教育实施是公民道德教育与培养的关键环节。公民道德教育实施建设主要

---

① 习近平:《在纪念红军长征胜利 80 周年大会上的讲话》,《人民日报》2016 年 10 月 22 日。

② 《习近平谈治国理政》第一卷,外文出版社 2018 年版,第 5 页。

③ 同上书,第 4 页。

④ 习近平:《在纪念毛泽东同志诞辰 120 周年座谈会上的讲话》,《人民日报》2013 年 12 月 27 日。

⑤ 习近平:《在纪念红军长征胜利 80 周年大会上的讲话》,《人民日报》2016 年 10 月 22 日。

包括完善内容、创新方法和整合教育合力三个方面。

（一）丰富公民道德教育内容

公民道德教育内容十分丰富，从其涉及范围看，包括人与人、人与社会、人与自然、人与网络等公共领域的公民道德；从其表现形态看，包括公民道德伦理精神、基本原则和主要规范等。社会不同时期的发展目标不同，国家、社会对公民道德教育内容的需求侧重点也不同，这就要求公民道德教育的内容要因时因势进行适当调整。当前，我国公民道德教育内容的完善应重点做好如下几个方面的工作。

1. 完善社会主义公民道德规范

社会主义公民道德规范是社会主义生产资料公有制这一经济基础在公民道德领域的反映，是公民道德领域代表广大人民根本利益和长远利益的先进公民道德体系，是保证社会交往和公共生活顺利进行的有力手段。作为当代中国公民道德体系的重要组成部分，社会主义公民道德由不同层次、不同方面的原则和规范组成，是一个丰富的伦理体系。就其主要内容而言，社会主义公民道德体系由诸如集体主义、人道主义、合作意识、责任意识、权利意识、主体意识，以及人与人关系、人与社会关系、人与自然关系和人与网络关系等公共生活诸领域的公民道德观念、公民道德原则、公民道德规范构成。在社会主义市场经济条件下，我们应适应时代要求，不断丰富和完善社会主义公民道德的内涵。例如，为人民服务是社会主义公民道德的核心精神，它明确了一切社会交往和公共生活活动的出发点和归宿。集体主义作为公民道德的基本原则，并不排斥人们对合理利益的追求，反而为人们合理利益的追求提供了实现途径，从而协调了人们的利益关系。此外，还要遵循尊重原则、不伤害原则、自主原则、宽容原则、适度原则、诚信原则和互助原则等其他公共领域的交往原则。同时，我们应当树立起合作意识、责任意识、权利意识和主体意识等公民道德意识，大力弘扬人际关系道德、公共场所道德、环境道德、网络道德，推动人与人、人与社会、人与自然和人与网络等诸领域公民道德的向善向上发展。

2. 继承和弘扬中华民族优秀道德传统

中华优秀传统文化中蕴含的丰富的道德传统资源，为当前我国公民道德教育提供了丰富的思想素材和内容支撑。当代中国公民道德是在继承和弘扬中华优秀传统道德思想资源的基础上的创造性发展，既体现了时代特点，又具有鲜明的民族特色。虽然我们所处的时代与产生传统公民道德思想的古代中国有着质的不同,但当前公民道德建设的内容与中华传统道德思想资源中的积极因素一脉相承,具有极强的相容性。只要我们自觉发掘传统道德思想的优势,赋予其新的内涵,并不断促使其进行现代转换,就能使中华优秀传统道德重新成为实现社会善治的精神力量。正如习近平总书记所强调的:"对历史文化特别是先人传承下来的价值理念和道德规范,要坚持古为今用、推陈出新,有鉴别地加以对待,有扬弃地予以继承。"[1] 从载体上讲,中华传统道德思想资源主要包括以下几类:一是代表和蕴含着中华民族传统公民道德思想的物质文化资源,包括重要建筑物、历史遗迹等。比如,河北邯郸的回车巷反映了同僚间的谦让与顾全大局,开封市的开封府衙承载着宋代名臣包拯秉公断案的公正思想。二是彰显传统公民道德思想的著名历史人物。例如,三皇五帝体现了爱民、为民的思想,李世民与魏征体现了君臣之义,俞伯牙与钟子期体现了朋友之情,孔融让梨体现了兄弟之间的和谐,黄香温席彰显了父母与子女间的亲情,等等。三是体现公民道德内容的思想文化成就,包括文学艺术、学术流派、史章典籍等。如《论语》《礼记》《孝经》及《颜氏家训》等古代典籍中都蕴含着丰富的公民道德思想。四是传统的节庆、纪念日等。

3. 借鉴和吸收西方公民道德理论和实践的优秀成果

在继承传统德治思想的基础上,还应大胆吸收与借鉴当今世界一切优秀的公民道德理论和实践成果。这种借鉴和吸收包括两个方面,一是借鉴和吸收西方公民道德建设的相关理论成果。近年来,国外学术界对公民道德的研究,大都围绕着善治、正义、信任、宽容、合作、协商、公共性、多元、共融等问题展开。虽然没有提出"公民道德建设"等概念,但追求社会善治与社会和谐,维护公平正义,却一直是西方学者热衷研究的主题。二是借鉴和吸收西方公民道德实践中的可取部分。例如,西方在社会交往和公共生活中注重自立、自强,尊重个人价值,追求程序正义、公平民主、社会法治的理性精神。再如,在具体社会生活实践中,"英国人从不在公共场所大声谈话;德国人从不闯红灯;美国人纳税也排队;新加坡的街道上,根本看不到乱扔的果皮纸屑;日本人的礼貌周到更是世界闻名"[2]。

---

① 《习近平的历史观》,新华网,2015 年 8 月 29 日。
② 罗令姣:《社会公德建设应吸取人类一切优秀道德成就》,《安阳师范学院学报》2006 年第 4 期。

对于这些西方公民道德实践的精华部分,我们都可予以借鉴、吸收。

（二）创新公民道德教育方法

教育方法就是在公民道德教育实施过程中,教育主体为了达到特定教育目的对教育客体采用的手段和方式。它在公民道德教育中占有重要地位,是贯彻公民道德教育理念、完成公民道德教育内容、实现公民道德教育目标的中介、桥梁。实施公民道德教育,不能不考虑公民道德教育的规律,也不能忽视教育客体的实际情况,更不能忽视教育方法的改革与创新。

1. 理论教育法

理论教育法,是指教育者有目的、有计划地向公众进行公民道德理论教育,帮助公民逐步树立正确公民道德观的教育方法。它是公民道德教育最常用、最基本的方法,也称理论灌输法或理论学习法。为避免理论教育的片面性,增强理论教育的教育效果,在教育过程中我们应该正确处理好以下关系:一是正确处理公民道德认知能力与公民道德践行能力的关系。认知能力是践行能力的前提和基础,践行能力是认知能力的表现和升华,但认知能力并不等于践行能力。因此,公民道德教育不仅要给公众传递公民道德知识,更要提高其公民道德践行能力。二是正确处理公民道德教育过程与公民道德意识成熟的关系。公民道德教育的最终目的是使公众达到公民道德意识成熟,具有自觉、自律的公民道德行为能力。教是为了不教,公民道德意识成熟必须通过一系列的公民道德教育过程来完成。三是正确处理公民道德教育内容的教授与调动主体性的关系,既要强调公民道德教育内容的灌输,也要讲究公民道德知识传递的方式。

2. 实践锻炼法

实践锻炼法,是指公民道德教育施教者组织和引导公众积极参加各种公民道德活动,在实践中锻炼公民道德意志和公民道德行为能力,不断巩固和提高公民道德认识的方法。实践锻炼是公民道德内化与践行的过程,是由知向行转化的中介。个体作为公民道德实践活动的主体,只有自觉、主动地参与社会实践,才能通过自身感受提高对公民道德的认知,才能有力地推动公民道德建设的开展。一般来说,实践锻炼法主要包括以下两种类型:一是以公民道德教育为主题的参观考察。教育主体预先设定参观考察主题,有计划、有目的地组织受教育者走出机关、学校、企业,深入到现实生活中,从对公民道德危机的感性体悟中激发公民道德意志,从对人与人、人与社会、人与自然、人与网络的和谐相处中感受公民道德建设的现实价值。二是以公民道德教育为主题的志愿活动。通过参加形式多样、内容丰富的志愿活动，从自身做起、从小事做起，践行公民道德要求，扎实推动公民道德建设向着新境界有序发展。

3. 比较教育法

比较教育法，是指将两种不同现象或事物的属性、特点进行比较鉴别，引出正确结论，用以提高公民道德认识的方法。比较教育法可以分为"横比"和"纵比"。所谓"横比"，就是把同一时间内的公民道德情况加以比较。所谓"纵比"，就是把过去和现在的公民道德情况加以比较，从中找出公民道德情况的变化发展趋势，以得出正确结论，提高公众的公民道德水平。

4. 榜样示范法

榜样的力量是无穷的。榜样示范法，是指通过活生生的典型人物、典型集体的典型事迹来开展教育，促使人们学习、对照和效仿，以此提高公民道德认知的方法。其优点在于能将抽象的公民道德说教变成生动形象的示范教育，更直观、更富有感染力和可接受性，更能引起人们思想共鸣和观念认同，激励人们效仿榜样去做人做事，逐步筑牢自己的公民道德意志，提升自己的公民道德素养。榜样示范法往往以大众媒体为舆论宣传平台，利用各种传播媒介将榜样模范的先进事迹宣传出去。采用这种方法时，要注意以下两个问题。一是要及时发现和推广典型。榜样评选的范围、程序和结果，要具有广泛性、公正性和代表性、时代性，要能引起人们的共鸣。二是要把握典型宣传尺度，保证宣传事例的真实性。不宣传人们就不知晓，就不会形成榜样的力量，也不会形成对全社会的感召力。同时，对典型事迹的总结、提炼，要符合实际，不要过度拔高、言过其实，要让人们看到这种事迹、做法距离自己不远，能够学习、效仿。此外，还要对先进群体和个人持续进行培养和教育，使其不断进步并保持先进性，以发挥持久的榜样示范作用。

（三）整合公民道德教育合力

教育合力是公民道德教育与培养的保障环节。本次调查发现，40.1%的受访者认为家庭是影响公民道德品质形成的最重要的环节，占比最高；认为社会是最重要环节的受访者占37.7%，排在次位；选择学校、单位的受访者分别占15.9%和3.3%。2006年的调查中，受访者普遍认为对公民道德品质形成影响最大的环节依次为社会、家庭、学校、单位。10年来，家庭代替社会成为对个体公民道德品质形成影响最大的环节。因此,公民道德教育实施过程中,应充分发挥家庭、学校、社会的作用,按照整体性、系统性原则,形成以学校教育为核心、家庭教育为基础、社会教育为保障,三者紧密结合、相互支持的教育合力。

1. 家庭道德教育

家庭是公民道德教育的基础。一个人幼年时在家庭所接受的启蒙教育,常常会影响到其一生。由幼时对父母的爱,进而发展到对兄弟姐妹和周围人的爱,最后发展到对普通大众的爱,这是公民道德自我发展的重要原则。家庭教育因其所独具的特点,对公民道德教育产生着最深层的影响。家庭教育有以下几个突出特点:一是由于家庭的血缘、经济等关系,家庭教育(尤其是小学阶段)一般都有很大的亲和力和权威性;二是家庭教育的针对性强,家长与子女之间感情深厚,亲密无间,彼此最为了解;三是子女在家时间最长,与家长接触最多,彼此息息相关,影响最大;四是一般没有严格的计划性和系统性,带有较大的主观随意性,不但时断时续、时松时紧,而且可能出现以感性代替科学,家长的好恶直接影响着子女。由此可见,家长的言传身教对子女公民道德观念、公民道德品质的形成有着非常重要的影响,这种影响既有积极的一面,也有消极的一面。在民主、和谐、向上的家庭里,各家庭成员和睦相处、互相信任、互相支持,这样家庭里出来的个人就能够与人和谐相处,而溺爱、独断、紧张的家庭气氛容易导致个体以自我为中心,不懂得主动谦让他人、理解他人,进而影响社会的和谐。因此,我们要正确认识家庭的影响作用,高度重视父母及其他家庭成员的言行、家庭教育理念以及整个家庭健康向上、亲密和谐的氛围对公民道德潜移默化的影响,保证家庭公民道德教育沿着正确的轨道健康地向前发展。

2. 学校道德教育

学校是公民道德教育的核心。中共中央于 2001 年颁发的《公民道德建设实施纲要》中强调指出:"学校是进行系统道德教育的重要阵地。各级各类学校必须认真贯彻党的教育方针,全面推进素质教育,把教书与育人紧密结合起来。"在学校公民道德教育中,课堂是对学生进行公民道德教育的主要渠道,课堂教育要体现教书与育人的统一,培养学生优秀的公民道德品质。同时,教师的管理也会影响学生公民道德的形成。这就要求教师在日常管理中应做到办事民主、公道正派,同时坚持真诚、热情、友好、谦逊、宽容、互助、合作的态度,与人和睦相处。学校内的公民道德教育需要良好的校园人际环境与人文环境。因此,应理顺学校领导、教师、学生及校园周边社会各界的关系,使领导班子统一思想,团结协作,促进领导班子和谐;使教师之间精诚合作,热爱集体,促进教师间和谐;使师生平等,互相信任,促进师生间和谐;使同学之间相互学习、亲近友善,促进同学之间和谐。学校一直是公民道德教育的主渠道,在各级各类学校中,不仅开设了专门的道德理论教育课程,进行系统的公民道德教育,同时在专业课程教育中也不断渗透公民道德教育,培养学生的优良道德品质。可以说,在促进公民道德品质的形成方面,学校教育的确发挥了重要作用。据调查数据显示,学生的公民道德认知以及在各种情境下所作的公民道德选择,与其他就业状况的人相比,表现更加正面、积极,见表10-1所示。这与学校公民道德教育的扎实开展密不可分。

表10-1　就业状况与道德选择的相关性（2016）

选择内容　　　　　　　　　　　　　就业状况	在职（%）	离退休（%）	学生（%）	无业、失业（%）
同意当前我国的总体道德水平与10年前相比提高了很多	22.6	19.3	27.3	15.6
同意当个人利益与集体利益发生冲突时"先考虑集体利益,再考虑个人利益"	48.9	39.6	60.5	42.4
同意"己所不欲,勿施于人"为人处世原则	63.0	51.5	79.2	50.9
赞同过"低碳、绿色生活"	92.9	93.2	95.0	83.8
反对"在网络生活中可以随心所欲"	66.5	71.0	80.9	56.1

3. 社会道德教育

社会的影响无处不在,社会是进行公民道德教育的大课堂。社会教育通过向社会成员传递公民道德知识,帮助社会成员理解和掌握社会所倡导的公民道德原则和规范,从而不断提高人们的公民道德判断能力,指导人们的社会行为和实践。社会教育面向全社会,在教育对象上没有特定的指向,具有普遍性。其教育渠道极其广泛,报纸、杂志、广播、电视、文学、艺术、网络等都是开展社会教育的有效途径。因此,社会教育广泛地深入到人们社会生活的各个方面,人们的公民道德观念和行为都深受其影响。在社会上开展公民道德教育,主要有以下几种实现方式:一是典型示范。通过对正面典型的赞誉和鼓舞,来触发人们对高尚行为的崇敬之情,促使人们向楷模看齐。这比一般意义上的理论说教更直观、更生动、更富有说服力。因此,"要深入开展学习宣传道德模范活动,弘扬真善美,传播正能量,激励人民群众崇德向善、见贤思齐,鼓励全社会积善成德、明德惟馨"①。发挥道德模范的示范作用,关键是遵循"三贴近"原则,在不同领域、不同层次适时推出一批先进典型。既要有在全国范围内具有影响力的重大典型,也要有在地方、行业和社区具有影响力的学习榜样。同时,运用先进事迹报告会、展演展览、文学艺术、网络媒体等各种宣传手段,对先进典型进行推介,引导人们向其学习。二是社会舆论。社会舆论是人们在社会生活中对某些具体行为的评价性看法和态度。这种评价性看法和态度所形成的舆论,对人们的言行具有重要影响。一般来说,人们总是愿意实施社会舆论鼓励和赞扬的行为,而不愿意开展舆论排斥和否定的活动。社会舆论正是利用了人们的这一道德心理来对公众的行为进行调控。

总之,家庭、学校和社会在公民道德教育方面各有侧重、各有特点,是相互衔接、密不可分的统一整体。必须把家庭教育、学校教育和社会教育紧密结合起来,使其相互配合、相互促进,突出加强社会教育,巩固家庭教育、学校教育的成果,才能促进公民道德教育的深化。

第二节　加强公民道德建设的宣传引导路径

公民道德建设既要靠教育,也离不开广泛的宣传引导。2016年,习近平总书记在党的新闻舆论工作座谈会上强调:"做好党的新闻舆论工作,事关旗帜和道路,事关贯彻落实党的理论和路线方针政策,事关顺利推进党和国家各项事业,事关全党全国各族人民凝聚力和向心力,事关党和国家前途命运。必须从党的工作全局出发把握党的新闻舆论工作,做到思想上高度重视、工作上精准有力。"② 就公民道德建设而言,宣传引导工作同样重要且意义重大。宣传引导是一种有序而持续的行为,做好这项工作必须加强机制建设。宣传引导机制指

---

① 习近平:《在北京会见第四届全国道德模范及提名奖获得者时的讲话》,《人民日报》2013年9月27日。

② 《习近平谈治国理政》第二卷,外文出版社2017年版,第331—332页。

的是宣传所涉及的各相关因素的协同作用机理,反映出各要素的相互关系运转方式。至于何种宣传媒体对公民道德的影响最大,调研结果如表10—2所示,2016年,36.0%的受访者认为电影电视是对公民道德影响最大的媒体,占比最高;认为网络是影响最大媒体的受访者占34.5%,排在次位;选择书籍和报纸杂志的受访者分别占18.4%和7.8%;仅有3.3%的受访者认为广播影响力最大。这个发展趋向需要引起注意,它表明今后在加强公民道德建设宣传引导工作的重点领域和选用的媒体类型方面,需要进一步深入探索。

表10—2 受访者认为对思想道德影响最大的媒体

媒体	调研年份	频数(人)	占比(%)
电影电视	2016	2386	36.0
	2006	3717	62.48
广播	2016	221	3.3
	2006	158	2.66
报纸杂志	2016	517	7.8
	2006	603	10.14
书籍	2016	1220	18.4
	2006	210	3.53
网络	2016	2288	34.5
	2006	1371	23.05

一、加强新闻媒体引导

新闻媒体是社会舆论的代表,反映着全体公民的共同希望、理念和利益,具有现实性强、影响力大、制约力迅速等特点。新闻媒体对公民道德的引导作用主要通过舆论的倾向性来实现,肯定、褒扬先进的公民道德观念和高尚的公民道德行为是舆论的主要倾向。通过舆论宣传,营造善恶分明的社会氛围,形成独特的社会力量和道德机制,从而引导公民道德水平的提高和风尚习俗的醇化。利用新闻媒体开展舆论引导时需注意以下几点。

(一)坚持舆论宣传党性与人民性的统一

2013年,习近平总书记在全国宣传思想工作会议上指出:"坚持党性,核心就是坚持正确政治方向,站稳政治立场,坚定宣传党的理论和路线方针政策,坚定宣传中央重大工作部署,坚定宣传中央关于形势的重大分析判断,坚决同党中央保持高度一致,坚决维护中央权威。所有宣传思想部门和单位,所有宣传思想战线上的党员、干部都要旗帜鲜明坚持党性原则。"① 2016 年,习近平总书记在党的新闻舆论工作座谈会上再次指出:"党的新闻舆论工作是党的一项重要工作,是治国理政、定国安邦的大事,要适应国内外形势发展,从党的工作全局出发把握定位,坚持党的领导,坚持正确政治方向,坚持以人民为中心的工作导向,尊重新闻传播规律,创新方法手段,切实提高党的新闻舆论传播力、引导力、影响力、公信力。"② 对公民道德建设的舆论引导来说,坚持党性就是要旗帜鲜明地表明自己的倾向性,公开声明我们所宣传的社会主义公民道德规范,坚持全心全意为人民服务,坚持爱国主义、社会主义、集体主义,倡导大公无私。宣传公共领域进步的、光明的、先进的、积极的思想和事迹,揭露和批评黑暗的、落后的、消极的东西。同时,习近平总书记强调,党性和人民性从来都是一致的、统一的。"坚持人民性,就是要把实现好、维护好、发展好最广大人民根本利益作为出发点和落脚点,坚持以民为本、以人为本。要树立以人民为中心的工作导向,把服务群众同教育引导群众结合起来,把满足需求同提高素养结合起来⋯⋯"③

（二）坚持正面宣传为主的方针

习近平总书记在全国宣传思想工作会议上指出:"坚持团结稳定鼓劲、正面宣传为主,是宣传思想工作必须遵循的重要方针。我们正在进行具有许多新的历史特点的伟大斗争,面临的挑战和困难前所未有,必须坚持巩固壮大主流思想舆论,弘扬主旋律,传播正能量,激发全社会团结奋进的强大力量。"④ 我们所说的"正面为主",就是要"多宣传报道人民群众的伟大奋斗和火热生活,多宣传报道人民群众中涌现出来的先进典型和感人事迹,丰富人民精神世界,增强人民精神力量,满足人民精神需求"⑤。总之,一切鼓舞和启迪人们为国家富强、人民幸福和社会进步而奋斗的新闻舆论,都是我们所说的正面,都应当大力宣传报道。

---

① 《习近平谈治国理政》第一卷,外文出版社 2018 年版,第 154 页。

② 习近平:《坚持正确方向创新方法手段　提高新闻舆论传播力引导力》,《人民日报》2016 年 2 月 20 日。

③ 《习近平谈治国理政》第一卷,外文出版社 2018 年版,第 154 页。

④ 同上书,第 155 页。

⑤ 同上书,第 154 页。

比如,公益广告作为面向基层、面向群众开展公民道德教育的有效载体,在唱响主旋律、传播正能量等方面,发挥着不可替代的重要作用。"近年来,各地和各类媒体牢牢把握宣传主题,进一步突出公益广告的思想道德内涵,把创新的理念体现在公益广告的策划制作之中,把思想性、艺术性和观赏性有机结合起来,做到吸引人打动人感染人。中宣部、中央文明办等部门组织专业力量集中创作,广泛征集评选优秀作品,发布通稿6200余幅,向各地征集作品8500多件,已经建立了内容比较丰富的公益广告作品库,引导人们在欣赏公益广告中传承文明新风。"①《人民日报》、中央广播电视总台等中央主要新闻媒体也发挥示范带头作用,持续划出重要版面和时段刊播公益广告,声势强大,影响广泛。地方报刊、电台电视台、网站和手机平台以及楼宇电视、公交电视持续跟进,形成联动效应,对公民道德建设有很大推动作用。同时,加强公民道德建设的舆论引导,还要正确开展舆论监督。通过对公民道德领域败德现象进行讨伐和批判,营造一种败德言行一出现就"人人喊打"的社会氛围,从而促使大家进一步牢固树立正确的公民道德观念,防止和遏制各种腐朽思想和丑恶现象的滋长蔓延。

（三）精心组织重大主题宣传

重大主题宣传是新闻媒体做大做强正面宣传的重要形式,也是新闻媒体以正确舆论引导人,充分发挥正面宣传鼓舞人、激励人的作用,促进公民道德建设的有效方式。其关键是提高质量和水平,把握好时、度、效,增强吸引力和感染力,让群众爱听爱看、产生共鸣。党的十八大以来,各级各类新闻媒体紧紧围绕国家重大决策和工作部署、重要会议、重大节庆活动、重大成就、社会道德建设的重要经验等主题,进行了一系列集中、持续、突出的主题宣传,形成主流媒体的舆论强势。比如,在公民道德建设领域,组织了感动中国人物评选、我的家风等重大主题宣传。重大主题宣传从治国理政全局出发,从群众关注点、兴奋点入手,通过精心策划和统一组织实施,使新闻媒体形成合力,使正面宣传系列化、栏目化、规模化,使宣传内容在集中时间内最大限度地覆盖社会各群体,使正面宣传的层次更加丰富,主旋律更加响亮,从而最大限度挤压了负面信息的传播空间,增强了新闻舆论对公民道德建设的影响力、感染力和引导力。②

---

① 孙铁翔:《公益广告宣传推进工作 传播文明理念引领时代新风》,人民网,2016年7月28日。
② 李泽泉:《中国特色社会主义道德建设思想》,人民出版社2010年版,第203—204页。

（四）做好公民道德热点问题的引导工作

热点往往是诸多矛盾的结合点，是时代面临的挑战。公民道德建设过程中遇到的一些具有争议的道德突发事件，如果得不到明确结论和权威表态，就会影响公民道德发展的整体进程。因此，新闻媒体应及时、敏锐地发现这些问题，从思想上、理论上明辨道德是非，引导人们清除各种错误的道德观念，澄清各种道德歧解。如中央电视台的"道德观察"栏目，针对诸如"拾金不昧要不要回报""远亲不如近邻"等话题，通过广泛、公开的讨论，使人们形成统一认识，明确什么正确、什么不正确，营造了一种积极向上的舆论氛围。新闻媒体在引领社会舆论时，应充分考虑公众的需求。陈力丹先生认为，考虑到公众容易接受的心理，以下五类信息尤其需要新闻媒体引导时注意：一是满足人们"渴望高尚，追求高尚"的求善性需要的；二是有助于人们走出困境，获得道德上解脱的；三是有助于人们坚定某一信念而获得道德认同感的；四是满足人们社会活动中的道德需要的；五是满足个人道德慰藉的。① 总之，人人都有向"善"之心，新闻媒体应多通过对公民道德热点问题的解读和引导，唤起公众向善的道德情感，培育公民道德意识。

（五）积极占领网络舆论宣传新阵地

互联网是人类发展史上的一项重大发明，无论是政治、经济、文化领域，还是生存方式和思维方式，都因为互联网的发展而发生了翻天覆地的变化。同时，网络空间也正在成为公民道德建设的新阵地。任何事物都是对立统一的，互联网技术在促进公民道德进步的同时，也产生了某些负面消极的影响。如道德冷漠现象的产生和人际情感的疏远，道德相对主义的盛行和无政府主义的泛滥，特别是网络色情信息传播、网络文化侵略、国家安全破坏等网络道德失范现象，对传统道德规范带来了极大的冲击。因此，我们要研究其特点，并采取有力措施，应对其挑战。2016 年 4 月 19 日，习近平总书记在网络安全和信息化工作座谈会上指出："网络空间是亿万民众共同的精神家园。网络空间天朗气清、生态良好，符合人民利益。网络空间乌烟瘴气、生态恶化，不符合人民利益。"我们要本着对社会负责、对人民负责的态度，依法加强网络空间治理，加强网络内容建设，"创新改进网上宣传，运用网络传播规律，弘扬主旋律，激发正能量，大力培

---

① 陈力丹：《舆论学——舆论导向研究》，中国广播电视出版社 1999 年版，第 291—292 页。

育和践行社会主义核心价值观,把握好网上舆论引导的时、度、效,使网络空间清朗起来"①。经过多年努力,我国的新闻媒体舆论宣传逐步形成了传统媒体与新兴媒体优势互补、深度融合的局面,一大批网络化、移动化新型媒体开办,立体多样的传播矩阵已成规模。比如,"学习强国""学习小组""侠客岛""新华视点""央视新闻"等一批中央媒体打造的微博、微信公众号正能量充盈、影响力广泛。《人民日报》的微博粉丝已突破9300万,新华社客户端下载量高达2亿多次,央视新闻海外社交媒体账号粉丝数达5700多万。同时,一批现象级融媒体产品产生"刷屏之效"。《人民日报》推出的《最牵挂的人》、新华社打造的《红色气质》等,生动讲述中国故事,赢得了网友纷纷转发、点赞。可以说,网络新媒体已成为公民道德建设的新阵地、新渠道。

二、注重先进典型示范

《新闻学大辞典》指出:"典型,是指在同类中具有代表性的人物和事物,它从一般人物和事物中概括出来,具有自己的个性,同时它又是同类人物和事物中的突出代表者。"榜样的力量是无穷的,先进典型具有强大的说服力,"好典型、好榜样对广大群众来说,是非常现实、十分直观的教育和引导,是激励鞭策人们努力进取的直接动力"②。因此,重视先进典型的舆论宣传,充分发挥先进典型在公民道德建设中的示范带动作用,是我们党加强和推进公民道德建设的优良传统。早在20世纪30年代末,毛泽东曾亲自起草电报发给八路军、新四军各政治机关,要求收集和宣传抗日民族英雄事迹,"表扬这些英雄及其英勇行为,对外宣传对内教育均有重大意义"③。习近平总书记也指出:"道德模范是社会道德建设的重要旗帜,要深入开展学习宣传道德模范活动,弘扬真善美,传播正能量,激励人民群众崇德向善、见贤思齐,鼓励全社会积善成德、明德惟馨。"④在新形势下,如何加强和改进典型宣传工作,不断扩大先进典型示范作用影响的深度和广度,使其更好地体现时代要求、反映社会主义核心价值观,更好地贴近实际贴近生活贴近群众、增强亲和力说服力感染力,是亟待研究解决的重

---

① 《习近平谈治国理政》第一卷,外文出版社2018年版,第198页。
② 郑永廷主编:《思想政治教育方法论》,高等教育出版社1999年版,第142页。
③ 姜思毅主编:《中国人民解放军政治工作史》,解放军政治学院出版社1984年版,第329页。
④ 《习近平谈治国理政》第一卷,外文出版社2018年版,第158页。

要课题。

（一）坚持导向引领和写真写实相结合

导向是先进典型自身蕴含的特质，也是典型宣传工作必须把握的首要问题。真实是先进典型立得住、传得开、叫得响的"生命之本"，也是典型宣传工作能够吸引人、打动人、感染人、教育人的基本要求。要把握典型宣传"紧扣中心、服务大局"的根本导向，善于培养和发现源自生活、来自群众，有血有肉、生动鲜活的先进典型，挖掘和提炼先进典型身上所体现的崇高精神和优秀品质，用真人实事、真情实感树立体现导向、引领导向的先进典型。一是要以社会主义核心价值观为指导，选择和确定先进典型。先进典型应该"是遵守社会主义道德和社会主义核心价值观的模范，是在遵守社会主义核心价值观中宁可自己遭受不义也不去行不义，而且是在自己力所能及的范围内积极行义举的人，是社会主义核心价值观的培育和践行的标杆和代表，是社会主义核心价值观的典型承载者、积极弘扬者、强力实践者"①。二是善于发挥先进典型的政治导向、思想导向、价值导向、文化导向作用，通过树立道德楷模，加强示范引导，让人民群众学有榜样、赶有目标、见贤思齐。三是始终遵循客观真实的原则，按照先进人物的本来面目塑造典型形象，从具体环境条件中把握典型事迹，做到内容真实准确，事迹合情合理，评价适度适当，不人为拔高、不脱离实际。"道德模范的说服力、感染力取决于道德模范本身平凡而伟大的真实事迹和先进思想，不是靠说大话、讲空话吹捧得来的。宣传道德模范要尊重客观事实，切忌揠苗助长，不能添枝叶拼道德模范，更不能打着紧随时代潮流的大旗编道德模范。道德模范一旦脱离实际，非但起不到示范、激励和导向作用，反而使人们产生逆反心理，不可避免地从内心生成一种排斥感。"②四是深入基层，深入群众。先进典型植根于人民群众中，是在实践中生成的，是具有代表性的人物、单位、地方或者事件及经验，存在于基层一线，不是领导机关主观随意地指定任命的。必须深入到先进典型工作生活的第一线，从不同视角对先进典型事迹既进行调研核实，又进行深度挖掘，确保先进典型经得起群众和时间的考验。

---

① 张志丹：《道德模范与培育和践行社会主义核心价值观》，《中共南京市委党校学报》2015 年第6 期。

② 宗晶：《大众传播载体的思想政治教育功能实现——基于对道德模范典型宣传的理性思考》，《兰州交通大学学报》2011 年第 5 期。

（二）注重组织推动与群众互动相结合

新闻媒体要完善典型宣传的工作程序和机制，把基层的呼声、群众的意愿、社会的反响作为典型宣传的重要依据，把组织推动与群众互动结合起来，不断增强典型宣传的公信力。一是进一步健全调查研究、宣传推广、情况反馈的典型宣传办事程序，完善发现典型、确定典型、宣传典型、学习典型的工作机制，确保典型宣传工作的严肃性、权威性。二是广泛听取各方面特别是基层群众的意见。要坚持逐级推荐、逐级宣传的原则，听取基层干部职工和有关方面的评价。要建立先进典型学习宣传评价反馈机制，通过座谈交流、社会调查、网上测评等途径，对宣传推广后的情况，广泛听取各种意见，以检验典型宣传效果、不断改进典型宣传工作。三是注重宣传身边的先进典型。"近年来，新闻媒体对道德模范人物的宣传报道一改往日的高大全而趋于平民化，从单一性走向多元化，草根阶层日益成为媒体发掘、报道的重要对象。"[1]我们应继续按照习近平总书记"多宣传报道人民群众的伟大奋斗和火热生活，多宣传报道人民群众中涌现出来的先进典型和感人事迹"的要求，把目光投向基层，聚焦群众，善于从普通群众中发现典型、树立典型，让人们从身边凡人小事上看到不平凡的精神，近距离地感受榜样的力量。无论是组织推动，还是群众互动，在推选典型时应该注意以下几个原则：首先，推选的典型应有鲜明个性。典型有了个性，群众才会觉得可爱、可佩、可学，才可亲、可信、可敬。其次，所推选的典型要有群众性。当前，最美乡村教师、最美司机、最美警察、最美军嫂、最美孝子等"最美"现象，就切合了先进典型群众性的特征。"由于他们原本就是平凡世界中的普通一员，报道者又把这类典型人物还原到具体的生活情境之中，尤其能产生引人向上、催人奋进的感染力和感召力。"[2]最后，树立典型要体现当代风貌和精神，着眼于时代特点，这是典型的生命力所在。一些成功的先进典型宣传"之所以能够引起热烈反响，就是因为他的事迹体现了鲜明的时代特征和时代精神，涉及当下人们尤为关注的社会问题，表达了人们的心声与期盼，准确把握时代脉搏，给予社会公众有力的精神指引"[3]。

---

① 宗晶：《大众传播载体的思想政治教育功能实现——基于对道德模范典型宣传的理性思考》，《兰州交通大学学报》2011年第5期。

② 陈信凌、李志：《论典型人物的宣传报道》，《新闻战线》2015年第3期。

③ 宗晶：《大众传播载体的思想政治教育功能实现——基于对道德模范典型宣传的理性思考》，《兰州交通大学学报》2011年第5期。

（三）注重时机选择和节奏把握相结合

典型宣传需要有一定的数量、规模和声势，必须有一定的密度、热度和力度，但只有把握好时机和节奏，做到适时、适度，才能产生更好的影响和效果。一是选择恰当的宣传时机，根据不同时期党和政府的中心工作，确定典型宣传的主题和重点，有计划有步骤地在不同时间推出不同典型，主动配合中心工作和重大部署的实施。二是把握典型宣传工作节奏。"从造势到跟踪再到落实，要有铺垫，有过程，有高潮，有结局。要围绕重点把握报道走势，集零为整形成舆论强势，不失时机地推出具有影响力的先进典型。"① 同时，处理好数量与质量、重大典型与一般典型的关系，坚持数量服从质量，密度服从效果，做到一般典型"长流水、不断线"，重大典型在一段时期内既不过于集中、又不拉得过长，使二者相得益彰，共同发挥多层次示范引导作用。三是合理制定典型宣传的计划措施，加强对典型宣传的调控和指导，整合资源、凝聚力量、形成合力，确保典型宣传工作取得良好的效果。

（四）注重遵循规律与改进创新相结合

把握规律，改进创新，是典型宣传与时俱进的必然要求，也是提高典型宣传生命力的有效手段。一是加强典型宣传工作研究。对典型从全局、入本质、依事实进行深入总结，深刻提炼出典型身上体现的成功经验、客观规律、良好精神等宝贵价值，供宣传、推广和学习应用。同时，努力探索把握典型宣传的工作规律，提高宣传工作实效。二是改进典型宣传的方式方法。现代社会人们接收信息的渠道呈现多样化，典型宣传方式必须契合这种变化。要结合实际，用座谈会、研讨会、报告会、巡回宣讲、网络宣传、实地观摩、宣传橱窗等手段和形式，全面展示典型的思想内涵和精神风采，更好地发挥典型的教育激励和示范引导作用。三是积极推进制度创新，健全完善有关制度，从领导机制、运作体系、策划组织、申报程序、宣传渠道等方面进行规范和完善，建立起一整套从典型选拔、总结到宣传推广全过程的工作制度，使典型宣传工作更加科学、更加规范、更具公信力。②

---

① 廖望劭：《改进和创新新时期典型宣传》，《声屏视点》2004 年第 9 期。
② 刘斌：《典型宣传要注重"四结合"》，《紫光阁》2008 年第 3 期。

三、增强文学艺术启迪

文学艺术以其特有的思想性、艺术性、观赏性,强烈地感染、影响和启迪着人们的心灵,陶冶着人们的情操。我们党有着重视和发挥文化建设教育人、影响人、塑造人作用的传统。早在 1942 年,毛泽东就发表了著名的《在延安文艺座谈会上的讲话》,提出了"无产阶级的文学艺术是无产阶级整个革命事业的一部分"的观点。党的十八大以来,我们党面对世界范围内各种文化相互激荡、相互交锋、相互交融的新形势,更加重视发挥文化在公民道德建设中的启迪作用,提出了不少新思想新观点,并在实践中积极探索,取得丰硕成果。当前,我们发挥文艺对公民道德建设的启迪作用,主要是做到以下几点。

(一)繁荣文艺作品,以优秀作品鼓舞人

"文艺是时代前进的号角,最能代表一个时代的风貌,最能引领一个时代的风气。"①质言之,文艺作为人民群众喜闻乐见的形式,不仅蕴含着深刻的公民道德内涵,而且承载着深厚的公民道德意义。因此,习近平总书记明确要求:"一部好的作品,应该是经得起人民评价、专家评价、市场检验的作品,应该是把社会效益放在首位,同时也应该是社会效益和经济效益相统一的作品。……文艺不能当市场的奴隶,不要沾满了铜臭气。优秀的文艺作品,最好是既能在思想上、艺术上取得成功,又能在市场上受到欢迎。"②近年来,以优秀文艺作品的创作为中心环节,把党的文艺方针政策落实到创作、表演、研究、传播等各个环节,日益成为广大文艺工作者的自觉行动。电影《百团大战》《战狼》,电视剧《平凡的世界》《海棠依旧》《太行山上》《北平无战事》,现代京剧《西安事变》,豫剧《焦裕禄》,评剧《母亲》《红高粱》,湘剧《月亮粑粑》,话剧《麻醉师》……广大文艺工作者灵感迸发,创作出一批优秀作品,引导人们求真、崇善、向美,让主旋律更响亮,正能量更强劲。

就公民道德建设而言,文艺功能集中表现在对公众的公民道德情感、公民道德认知、公民道德意志以及公民道德行为的启迪作用上。习近平总书记指出:"文艺深深融入人民生活,事业和生活、顺境和逆境、梦想和期望、爱和恨、存在

---

① 习近平:《在文艺工作座谈会上的讲话》,人民出版社 2015 年版,第 5 页。
② 同上书,第 20 页。

和死亡,人类生活的一切方面,都可以在文艺作品中找到启迪。"① 这段话深刻地揭示了文艺反映人民生活的广泛性和对于公众影响的深刻性。作为社会意识形态之一,文艺反映现实的首要特征,就是用典型形象来反映现实生活,形象性堪为文艺的第一特性。文艺的形象性能够还原现场、引人入胜,具有很强的感染力。比如,《白毛女》通过对喜儿、黄世仁等典型形象的塑造与刻画,在直观与感性上激起劳苦大众的真实感受,发挥的正是文艺培养公民道德情感的作用。文艺作为社会表达形式,与许多其他社会表达形式一样,都是思想认识的载体。在这一意义上,可以说,思想性是文艺的本质属性。一部优秀的文艺作品,一定是以具体的形式来表现文艺家思想,进而提高受众的道德认识。"优秀的文艺作品,总是能够以优美的、可普遍化的形式,把文艺工作者对人性、人民性的道德体悟,以人们喜闻乐见的方式表现出来,潜移默化地让人们在休闲娱乐的过程中,接受道德的宣传和教育,进而无形中提高人的道德认识。"② 同时,文艺作品往往以外在的艺术形式,引导和启迪着人们自觉地坚定自我的公民道德意志。

(二)推进公共文化服务体系建设,以丰富健康的群众文化活动陶冶人

公共文化服务体系建设是满足人民群众基本精神文化需求的主要途径,是建设社会主义文化强国的基础工程。实现以文化人,发挥文化建设在公民道德建设中的感染、影响和启迪作用,必须有基本的公共文化设施,为人民群众开展丰富健康的文化活动提供条件。党的十八大以来,我们党坚持把公共文化设施作为国家公益事业来办,不断加大财政投入,使公共文化设施的种类不断丰富,数量不断扩大,文化服务能力不断增强。随着公共文化服务能力的增强,"通过开展丰富健康的群众性文化活动来丰富人们的精神生活,并实现寓教于乐、寓教于文,在文化活动中引导人、教育人、提高人,越来越成为推进社会主义道德建设的一个有益抓手"③。

当前,进一步推进公共文化服务体系建设,以丰富健康的群众文化活动陶冶人,需要做到以下几点:一是进一步完善公共文化体育设施网络。统筹规划,合

---

① 习近平:《在文艺工作座谈会上的讲话》,人民出版社 2015 年版,第 8 页。
② 王乐:《文艺的道德治理功能》,《理论视野》2016 年第 10 期。
③ 李泽泉:《中国特色社会主义道德建设思想》,人民出版社 2010 年版,第 216 页。

理布局,努力完善以公共图书馆、文化馆、广播电视播出机构、广播电视发射(监测)台、乡镇综合文化站、村(社区)文化综合服务中心为重点,以流动文化设施和数字文化设施为补充的基层设施网络。二是加快推进基本公共文化服务标准化、均等化。各地应结合当地群众需求、财政能力和文化特色,尽快制定地方具体实施标准,促进城乡文化发展一体化。三是加大公共文化产品和服务供给力度。全面深入了解不同群体文化需求的特点,实现精准服务。四是创新公共文化服务管理运行机制。推进公共文化服务体系协调机制建设,统筹规划,整合资源,共建共享,融合发展。①

（三）加强文化市场管理,以良好的文化环境影响人

"一手抓繁荣、一手抓管理",是我们党发挥文化建设在公民道德建设中重要作用所遵循的一条重要方针。其中,繁荣是目的,管理是保障。离开了管理,腐朽、庸俗、没落、反动的思想文化就可能乘虚而入,势必会对公民道德建设造成负面影响。为此,《公民道德建设实施纲要》就加强文化市场健康发展,为公民道德建设营造良好的文化环境提出了明确要求:"要坚决制止出版、播映、演出格调低下的作品和节目,依法打击反动、淫秽及各种非法出版物,让健康的文化产品占领思想文化阵地。要切实加强对娱乐服务场所的监督管理,严厉打击卖淫嫖娼、赌博、吸毒等社会丑恶现象。"当前,中国文化市场以"一手抓繁荣,一手抓管理"的方针为指引,基本形成了由娱乐市场、演出市场、音像市场、电影市场、网络文化市场、艺术品市场等组成的统一、开放、竞争、有序的文化市场体系,初步建立起以综合行政执法、社会监督、行业自律、技术监控为主要内容的文化市场监管体系。但同时,"文化市场法律不健全、管理不科学、监管不规范、经营者素质低等问题逐渐浮出水面,是我国文化市场蓬勃发展的巨大阻碍"②。

在新形势下,净化社会文化环境,维护文化市场的繁荣稳定应该从以下几方面入手:一是建立健全文化市场监管体系。及时更新管理观念和管理手段,真正做到依法管理、科学管理、有效管理,充分发挥社会团体、个人以及新闻媒体的作用,建立起全方位、多层次的监管体系。二是加大违法违规行为打击力

---

① 雒树刚:《国务院关于公共文化服务体系建设工作情况的报告》,中国人大网,2015年4月23日。
② 邹瑛:《对我国文化市场管理的思考与讨论》,《中国市场》2014年第16期。

度。做到有法必依、执法必严和违法必究。三是创新文化市场管理模式。充分发挥各部门职能作用和资源优势,推动文化领域跨部门、跨行业综合执法。四是深化文化市场管理体制机制改革。以机制创新为基础,尽快建立和完善文化市场的行业自律机制,努力形成有利于企业公平竞争、资源优化配置的市场运行机制。①

第三节　加强公民道德建设的规约调控路径

公民道德调控,是指一定社会、阶级或群体,采取各种措施,使特定的公民道德原则和公民道德规范在大众层面上被接受并转化为人们的公民道德认识、情感、意志和信念的活动和过程。根据公民道德调控的方式手段不同,可以将此调控体系分为两个组成部分:以制度强制力为保证的调控部分和以软手段为保证的调控部分。前者借助带有一定强制性的"硬"手段来强化公众的公民道德认知、公民道德情感和公民道德行为习惯的养成,后者主要通过"软"手段来达到规范公民行为的目的。两类调控手段取长补短、相辅相成,共同促成公民道德调控体系的建立完善。我们的调查结果如表10-3所示:受访者认为最能约束人道德行为的三个因素分别是法律政策(41.3%)、家风家训(乡规民约)(19.5%)、良心谴责(12.8%);认为媒体监督和风俗习惯是最能约束人道德行为的受访者分别占12.4%和8.0%。此外,还有3.6%的受访者选择邻居朋友的议论。由于上文已对媒体监督作过论述,法律政策也将在下文予以专门讨论,因此,本节主要讨论家风家训、风俗习惯、乡规民约、公众舆论(即邻居朋友的议论)、内在良心等非强制性调控手段对公民道德建设的作用。

表10-3　受访者认为最能约束人的道德行为的因素(2016)

因素	频数(人)	占比(%)
法律政策	2740	41.3
家风家训(乡规民约)	1294	19.5

---

① 于欢、宁双艳:《切实加强文化市场管理》,《河北日报》2016年12月21日。

续表

因素	频数（人）	占比（%）
媒体监督	821	12.4
邻居朋友的议论	240	3.6
良心谴责	850	12.8
风俗习惯	528	8.0
其他	164	2.5

一、家风家训规约

家风是中华传统文化的重要载体。所谓"家风"，"指的是一个家庭在代代繁衍过程中，逐步形成的较为稳定的生活方式、生活作风、传统习惯、道德规范，以及待人接物、为人处世之道，等等，其核心内容指一个家庭的思想意识方面的传统"[①]。在长期的流传过程中，家风形成了以下特点：一是榜样性。无论是老百姓间约定俗成的行为规范，还是文人墨客治家育人的文字典籍，家风作为一个家庭或家族共同认可的价值观，它的提出必须具有权威性和典范作用，亦可将其理解为"榜样性"。二是社会性。家庭是社会的细胞，家风必须与社会风潮相适应。自汉武帝起，"罢黜百家、独尊儒术"，儒家格外推崇孝、悌、忠、信、礼、义、廉、耻，是为"八德"。"八德"作为封建社会人们的行为规范，普遍存在于家风之中。在宋代，程朱理学的兴起、社会的变革动荡以及北方少数民族文化的入侵并未动摇百姓对封建思想的信仰，反而受程朱理学的影响，在"八德"的基础上延伸出"烈"这一品格。由此可见，家风具有很强的社会性，在社会主流思潮的影响下，家风可能被重新厘定。三是传承性。"世代相传"和"生活作风"是家风的两个重要标签，家风的传承性很大程度体现在生活作风上。生活作风可以分为价值认同与生活方式两个方面。当然，许多家风家训并不会将价值观与生活方式区分得非常清楚。四是简洁性。简单明确的表达更利于流传，这种简单明确主要体现在对家风的高度概括上，往往几个字就浓缩了一种思想或一个道理；同时，又必须是接地气的表达，因为家族中的人们文化程度不同，若写得艰深拗口，

---

① 阎旭蕾、杨萍：《家庭教育新论》，北京大学出版社 2012 年版，第 57 页。

则不易流传。① 家风作为一种精神力量，既能在思想道德上约束其成员，又能促使家庭成员在一种文明、和谐、健康、向上的氛围中不断发展。因此，党的十八大以后，习近平总书记曾多次在不同场合强调家风的作用。在人民大会堂举行的 2015 年春节团拜会上，习近平总书记强调："不论时代发生多大变化，不论生活格局发生多大变化，我们都要重视家庭建设，注重家庭、注重家教、注重家风"，"使千千万万个家庭成为国家发展、民族进步、社会和谐的重要基点"。② 2016 年 1 月 12 日，习近平总书记在十八届中央纪委六次全会上的讲话中指出："在加强党性修养的同时，弘扬中华优秀传统文化。领导干部要把家风建设摆在重要位置，廉洁修身、廉洁齐家。"

良好的家风建设，是公民道德建设的重要内容。"家风正，可以丰润思想道德、提高个人素质涵养、陶冶个人情操，教育和引导严格遵守个人私德和公民道德，共同维护社会秩序。"③ 家风相连成民风，民风相融聚国风。从历史唯物主义的角度来看，家风是一种社会意识，作为一种社会意识的家风对社会存在也即社会风气具有能动的反作用，优良的家风必然能培育出优良的社会风气。正如罗国杰先生说过的那样："家风同社会风气有着相互渗透、相互制约的关系。家风一方面要受社会风气的影响，同时，它又能反过来对社会风气的形成、变化，发挥强有力的作用。良好的社会风气有助于良好家风的形成。在社会风气不好的情况下，如果能重视家风的建设，那么，良好的家风也能有利于整个社会风气的改善。"④ 具体而言，家风对公民道德建设具有以下作用：在为人处世层面，家风既包含家庭内部关系，也包含社会关系。以《谢氏家训》为例，其中强调"举止要安和，毋急遽怠缓；言语要诚实，毋欺妄躁率"，"交友，所以辅德也。须亲直谅、多闻者，远便僻、柔佞者"。⑤ 在待人处事层面，传统家风十分注重对家庭成员"德行"的教育，认为一个人品德有亏是一件辱身败家的事，可谓"不辱其身，不羞其亲，可谓孝矣"。在励志树人层面，《左传·襄公二十四年》中有："太上有立德，其次有立功，其次有立言，虽久不废，此之谓不朽。"⑥《管子·权修》中有："一年

① 郑好：《家风流变小考》，《广西社会主义学院学报》2016 年第 5 期。
② 习近平：《不论时代发生多大变化都要重视家庭建设》，新华网，2015 年 2 月 17 日。
③ 徐友才：《好家风是文明道德的"涵养池"》，中国文明网，2015 年 3 月 11 日。
④ 罗国杰：《论家风》，《光明日报》1999 年 5 月 21 日。
⑤ 戴楠、廖春敏：《传世家训》，西苑出版社 2011 年版。
⑥ 杨伯峻：《春秋左传注》三，中华书局 2009 年版，第 1088 页。

之计,莫如树谷;十年之计,莫如树木;终身之计,莫如树人。"①当前,我们的公民道德建设取得了较好成绩,讲文明、树新风已成为一种时代风尚。但是,在充分肯定我国公民道德建设累累硕果的同时,我们也必须清醒地认识到公民道德建设不是一蹴而就的,特别是当前某些领域道德滑坡现象的出现,更是为我们敲响了警钟。如"小悦悦事件"以及关于"老人摔倒到底是扶还是不扶"的争论,这些均成为我们建设公民道德、涵养优良社会风气的绊脚石,给社会道德蒙上了尘埃。"不良社会风气的出现在原因上固然呈现出多样化的特征,但某些不良社会风气的形成终究是一些单个社会个体在交流与互动及社会实践中所推动的,而这些单个社会个体的价值观则在很大程度上来源于家风与家教。"②正如习近平总书记所多次强调的那样,"家庭是人生的第一所学校",人生的第一粒扣子从一开始就要扣好。因此,必须把家风建设作为公民道德建设的一个切入点。家风形诸文字便是家训,加强公民道德建设也离不开家训的作用。"家训的形式多种多样,可以是成文的家训文字,也可以是写给家人、子女的书信,甚至家庭楼房、祠堂的楹联等。在一些家谱中也记录了许多治家教子的名言警句,有不少详记家训、家规等以资子孙遵行的,成为人们倾心企慕的治家良策,是修身、齐家的典范。"③其中一些涉及处理人与人、人与社会、人与自然关系的规范也成为当前加强公民道德建设的重要思想资源。

二、风俗习惯调节

风俗习惯,是指"人民群众在日常生产、居住、饮食、衣着、婚丧、节庆、典仪等物质生活和精神生活方面共同的或广为流传的喜好、风气、崇尚与禁忌"④。风俗习惯既反映了公众的生存、生活状态与精神面貌,又维系着社会秩序与人际关系,对社会稳定与经济发展具有十分重要的影响。"风俗习惯起源于人类社会群体生活的需要,在特定的民族、时代和地域中不断形成、扩布和演变为民众的日常生活服务。风俗习惯一旦形成,就成为规范人们的行为、语言和心理的一种基

---

① 黎凤翔:《管子校注》,中华书局 2004 年版,第 55 页。
② 朱文武:《习近平家风建设思想探析》,《天津市社会主义学院学报》2017 年第 1 期。
③ 郭丹:《家风建设是社会道德建设重要内容》,《福建日报》2016 年 10 月 25 日。
④ 杜江涌:《浅析民俗在制定法中的贯彻》,《重庆社会科学》2004 年第 1 期。

本力量"①,从而也成为加强公民道德建设的重要抓手。

风俗习惯对公民道德建设的作用主要体现在以下三个方面:一是风俗习惯具有一定凝聚力。风俗习惯是一种把公众结合起来的无形力量,它使公众彼此产生认同感、亲近感、归属感,更易于公众间的沟通与交流,从而有利于产生一致的行为,起到良好的社会整合、凝聚作用。春节、端午节、中秋节等传统节日至今对增强社会凝聚力具有不可小觑的作用就是一个证明。二是风俗习惯可以协调社会各个群体、各个层面、各个领域的社会关系。风俗习惯将生活中处理各种事务的做法通过约定俗成的方式固定下来,使广大公众在日常交往中有了一定的模式可以遵循,使交往双方的行为可以相互期待、预先知道,从而协调了公众间的社会关系,维护了社会的秩序与稳定。三是风俗习惯对广大公众的行为具有一定的约束力。风俗习惯通过社会舆论、社会氛围等方式潜移默化地影响公众,自发调节他们的社会行为,使人们自觉按照风俗习惯行事。

一般而言,风俗习惯可以分为好的风俗习惯(我们称之为"良俗")、中性的风俗习惯(我们称之为"中俗")以及坏的风俗习惯(我们称之为"恶俗")。不同性质的风俗习惯对公民道德建设有着不同的作用,我们应予以区别对待:一是大力提倡"良俗"。良俗体现着和谐、公平、正义、诚信、互助、协商等公民道德理念,符合社会交往和公共生活的道德要求。它有利于引导公众行为、涵养文明风尚、促进社会和谐。因此,对于它们,我们应该大力提倡、不断普及。二是积极引导"中俗"。中俗无明显益处,也没特别的坏处。对于它们,应注意向积极的方面引导。三是坚决杜绝"恶俗"。重男轻女、早婚早育、红白喜事大操大办等恶俗与社会的道德规范相矛盾,对社会交往和公共生活产生严重的消极影响。对于它们,应该加强批判,逐步改造,而对其中的严重者,即那些严重阻碍社会交往、公共生活、残酷扼杀人性的恶习陋俗,应予以坚决革除。

三、乡规民约规范

乡规民约是广大农村调控公众社会交往和公共生活的重要规范。村民的公共生活必须严格遵守国家的法律法规与行政政策,这是其制度保障。同时,今天的农村在某种程度上仍具有费孝通先生所描绘的"乡土社会"的性质,而

---

① 钟敬文:《民俗学概论》,上海文艺出版社1998年版,第2页。

乡规民约浓郁的伦理意蕴与农村"乡土社会"的性质相契合,从而使得依据国家相关法律法规与政策制定的、具有鲜明自治特色的乡规民约成为农村地区独特、有效的治理手段。从内容上说,乡规民约涉及生产和生活的各个方面,对伦理道德的规范、成员的权利和义务、公共资源的使用和管理,以及严格遵循之后的奖励和违背之后的惩罚都有明确的规定。从其作用形式上看,乡规民约虽然是由乡民自行制定或自愿接受、共同遵守,但在执行上已经组织化、制度化。由于历代的推崇,传统形态的乡规民约不断发展完善,已经成为国家正式法律制度以外民间法的重要组成部分。从功能上看,乡规民约已经和乡村的价值观念、组织制度体系、资源分配和身份认同等交织在一起,具有极强的奖惩和互助功能,对维护和保持乡村社会的和谐稳定起到重要的作用。可以说,"作为一种地方性知识的乡规民约,适应了农村乡土社会的特征,显示出旺盛的生命力"①。同时,乡规民约注重道德和人伦的礼法秩序,这与公民道德建设的目标存在一定的契合。

在我国,把乡规民约作为公民道德建设的重要内容,依据乡规民约调控公众社会交往和公共生活的历史非常悠久。它的起源可以追溯到异姓杂居村落形成之时,异姓家族同居一村,客观上要求有一个超越家规族约的规范来协调各家族的冲突与矛盾,实现乡村各族群间的和谐。我国最早见于文献记载的乡规民约是《吕氏乡约》:"北宋著名学者吕大钧为了教化乡民,于公元11世纪中叶在其家乡蓝田制定的乡约、乡仪,史称《吕氏乡约》,是我国历史上第一部成文的乡规民约。"② 在当时,《吕氏乡约》对加强乡村治理、实现乡村秩序和谐起到了积极作用。此后,历朝历代都十分注重乡规民约在调控公众社会交往和公共生活中的运用。中华人民共和国成立以后,乡规民约经历了从自发到法定的过程。1980年1月8日,为了有效解决邻里纠纷、偷盗赌博、乱砍滥伐等农村治理问题,广西宜州合寨村果地屯在村委会成立大会上通过了14条乡规民约,这是中华人民共和国制定的第一部现代意义上的村民公约。据此可以概括出,现代乡规民约是"村民依据有关法律、法规、政策,结合本村实际制定的涉及村风民俗、社会公共道德、公共秩序、治安管理等方面的综合规定,是村民进行自我管理、自我

---

① 刘新武:《〈功德录〉激活农家——河北省藁城市岗上村》,《光明日报》2011年3月2日。
② 安广禄:《我国最早的乡规民约》,《今日农村》1998年第4期。

教育、自我约束的行为规范"①。现代乡规民约具有浓厚的伦理意蕴,它注重汲取淳朴善良、勤劳坚韧、尊老爱幼、热情本分、崇尚礼仪、邻里和睦等中华民族传统美德和优良风俗习惯,反映了广大村民的伦理愿望,成为规约村民日常生活的行为准则、评判社会善恶的道德标准和农村公民道德建设的重要资源。

就当前农村公民道德建设现状来看,乡规民约已经发挥着具体的作用。以河北省石家庄市藁城区岗上村为例,"在社会主义新农村建设中,乡规民约已成为每一个村民的自觉行为,在岗上村,自行车不加锁、门市不安卷闸门、楼房不安防盗网,好人好事层出不穷,连续20多年没发生过刑事案件"②。岗上村乡规民约对公民道德建设的作用是通过以下途径实现的:一是利用乡规民约对农村公共事业进行治理。主要包括公共事业建设、公共设施保护、文物保护、水利利用等。如岗上村乡规民约第五条规定:"公益事业要出力,众人拾柴火焰高,莫为私利降人格,积德感恩公民好。"二是利用乡规民约对农村社会风气进行治理。主要包括邻里和睦、孝敬老人、尊重妇女、关心子女、文明张贴、红白事处理等。如岗上村乡规民约第六条规定:"夫妻平等敬如宾,少生优生育好苗,创建和谐新家园,十星门户不远遥。"三是利用乡规民约对农村社会治安进行治理。主要包括防范偷盗行为、打架斗殴行为,禁止黄、赌、毒,流动人口治理等。如岗上村乡规民约第九条规定:"勤俭持家讲节约,红白喜事莫攀比,积少成多垒富裕,迷信赌博要远离。"四是利用乡规民约对农村民间纠纷进行治理。主要包括债务纠纷、家禽家畜保护、田土保护、宅基地使用等。如岗上村乡规民约第六条规定:"公共卫生大家管,畜禽治理要圈养,损毁邻居庄稼苗,定要论价给赔偿。"五是利用乡规民约对农村生产秩序进行治理。主要体现为科技致富、产业调整等。如岗上村乡规民约第二条规定:"产业培植是根本,生产发展靠勤劳,粮、烟、林、畜靠科技,增收致富最重要。"六是利用乡规民约对农村村容村貌、环境卫生进行治理。主要包括生产生活垃圾处理、家禽家畜垃圾处理、家庭卫生等。如岗上村乡规民约第六条规定:"绿化庭院美家园,空气清新质量高,物质精神两文明,常驻寻常百姓家。"七是利用乡规民约对政府要求的其他事务进行治理。主要包括遵纪守法、计划生育、机动车使用、上访行为、和谐拆迁等内容。如岗上村乡

---

① 本书编写组:《村民委员会组织法讲话》,中国法制出版社1999年版,第10页。

② 刘新武:《〈功德录〉激活农家——河北省藁城市岗上村》,《光明日报》2011年3月2日。

规民约第一条规定："党的方针要牢记，遵纪守法很必要，跟党走、莫动摇，公民道德莫忘掉。"

总之，乡规民约因其符合农村生产生活实际需要、贴近乡村生活和价值观念的特点而在乡村中具有很强的适应性和亲和性。农民对农村的各种成文和不成文的乡规民约的强烈认同感，乡规民约在农村所发挥的作用，以及乡规民约与公民道德建设目标的契合性，提醒我们应积极倡导乡规民约中合乎社会主义公民道德要求、有利于社会稳定和发展的内容，进而更有效、更直接地推动农村公民道德建设。

四、公众舆论调控

我国历史上很早就出现了"舆论"一词。"舆"的本义是车中装载东西的部分，即轿子或者车厢。后来出现"舆台"一词，它属于我国古代奴隶社会中的一个等级，指地位低微的人。所以，"舆"就被特指抬轿赶车的下层人民。"论"的古代意思和其现代意义基本一致，都指进行议论和发表意见。"舆"和"论"合并起来是指社会公众的意见。在各种舆论中，道德舆论处于主导性的地位，对其他舆论起着引导和支配的作用。道德舆论作用于公共生活，就是公众对公共生活中各种活动或现象提出道德建议，发表道德意见。道德舆论作为一种社会意识，对社会交往、公共生活的开展有着极其重要的作用和影响。那些积极的、进步的、正面而强大的道德舆论，能够凝聚道德的正能量，引导人们树立高尚的公民道德观念，对公共生活行为进行正确选择，也可以让不符合公民道德规范的行为受到社会舆论的道德谴责。一般而言，道德舆论从其作用方向上看，可以分为两种实现方式，即"自上而下"的道德舆论与"自下而上"的道德舆论。"自上而下"的道德舆论主要由国家机关通过党报党刊、电视广播、新闻发布会、公报等权威途径予以发布，这种舆论具有普遍性、权威性的特点，是在公众中广泛传播并发挥作用的一种道德舆论方式；"自下而上"的道德舆论则是以公众或社会团体为主导所发出的，这种舆论具有草根性、直观性的特点，容易获得普通公众的支持。无论是国家部门实施的具有权威性的自上而下的道德舆论，还是以公众或社会团体为主导所发出的具有草根性的自下而上的道德舆论，其最终都需要通过和依靠社会公众对符合公民道德要求的行为表示高度赞扬，对违背公民道德规范的行为进行严厉谴责，来促使人们遵循公民道德原则与规范。可以说，公众道德舆论是道德舆论的基础。

公众道德舆论对社会交往和公共生活的作用主要表现为以下两方面：一方面，道德舆论具有软约束的作用。由于个体知识水平的差异、知识结构的差异、公民道德境界的差异，使得个体在具体公共生活实践中，其动机可能会与道德舆论的要求有所出入，甚至是背道而驰。个体在强大的道德舆论谴责与压力下，往往会忍受不了社会将他视为异己来看待，也忍受不了自己被置于孤立无援的境地，从而不得不屈从于这种道德舆论的软强制。这种软约束作用是相对于法律法规的硬强制而言的，主要是通过道德舆论的压力迫使行为主体提高道德水平，在良心深处产生选择并践行符合公民道德要求行为的精神动力，并使这种道德良心在活动实施之前发挥引导和指挥性作用，在活动中发挥监督和控制作用，在活动完成后发挥反思和道德评价的作用。另一方面，道德舆论具有引导模仿作用。由于人们具备较强的模仿能力，从而使得社会交往和公共生活的具体方法、方式和手段往往具有很强的传承性、借鉴性、相似性和延续性。一般而言，道德舆论常常被作为一种人们相互交流的工具，但其也可以通过具体而又直观的物质形态表现出来。我们常见的图书、画册、小说、影视和戏剧等都会被刻上道德舆论的痕迹。公众生活在这样的道德环境中，必然会有意识或无意识地对他人合德的行为进行模仿，并不断趋向于这种合德的行为。

公众舆论反映了社会发展对人们道德品质的客观要求，是公共领域的公审法庭，显示出一种不可抵御的震撼力量。当然，公众舆论作用的发挥离不开大众传播和组织舆论的支持。一方面，要重视大众传播的道德舆论。公众的社会交往和公共生活涉及面广、群众参与度高、牵涉利益主体多，这导致它所面临的环境十分复杂。基于此，为给公众的公共生活提供良好外部环境，大众传播有必要也有责任在揭示事实的同时，从道德角度来评判具体行为的是与非、美与丑、善与恶以及得与失。大众传播的公正评判有利于群众在获取新闻事实的同时，接受传媒的价值引领，作出自己的道德评判，并监督公众活动。另一方面，要重视组织对公共领域的道德舆论。在组织内部，组织成员相对稳定，职责比较明确，活动空间相对固定，隶属关系较为明晰，组织的利益与组织成员的行为也休戚相关，这使得组织中的每位成员都十分注重监督自己和组织内部其他成员的行为，重视组织和组织内其他成员对自己行为方式及行为结果的道德评价。相较于社会公众的道德舆论和新闻媒体的道德舆论，组织道德舆论往往更直接，更具有约束力。因此,组织对其成员的道德舆论对于公共领域中的社会交往和公共生活具有特殊的意义与作用。

五、内在良心约束

良心是行为主体对自己行为应负道德责任的正确认识和评价,它是隐藏在主体内心深处的一种意识活动。良心是真正意义上的道德自律,它一经形成,便会时刻规约着人们的行为。良心在公共领域中扮演着多重角色,它既是行为选择的指导者,又是具体行为的仲裁者;既是行为的推动者,又是这种行为能否促进社会和谐的评审者。因此,作为个体道德的重要内控机制,个体的良心通过对正确行为的自我激励和不良行为的自我修正来促进良好公共秩序和和谐社会的实现。费尔巴哈曾经把良心区分为"行为之前的良心、伴随行为的良心和行为之后的良心"[1]。良心在社会交往和公共生活中的作用亦可从这三方面进行考察:一是在具体活动实施前良心对其动机进行制约。公众在公共领域的具体活动总是要从某种动机出发,来选择活动的方案、手段等,这时良心便能根据公民道德的要求,对其动机进行自我检查。二是在具体活动进行中对其进行监督。对于符合公民道德要求的情感、意志、信念以及行动方式和手段,良心给予鼓励与强化,否则,便给予纠正。三是在具体活动实施后对其后果进行道德评价。当具体活动符合公民道德要求并产生良好影响与结果时,它会使行为实施主体感到满意与欣慰。反之,就会引起主体的羞耻感。

羞耻心及在其基础上形成的荣辱观是道德良心的重要体现,对于调控公众在社会交往和公共生活中的活动具有重要意义。荣辱观是个体在一定社会条件下,基于一定的道德标准,对荣誉和耻辱所持的根本道德观点和态度。它是社会交往和公共生活的底线伦理,是做人的基本要求。荣辱观一经形成,便以心理意识的形式对个体道德起着内控作用,制约和引导着人们的行为选择与价值追求。"荣是对善的一种积极情感反应,表现为高兴、满足、舒适等;辱是对恶的一种消极情感反应,表现为焦虑、恐惧、不适等。"[2] 这种或积极、或消极的情感反应,驱

---

① [德]路德维希·安德列斯·费尔巴哈:《费尔巴哈哲学著作选集》上卷,荣震华、李金山译,商务印书馆1984年版,第585页。

② 曾建平:《耻恶荣善——道德心理学视野中的荣辱观》,《江西师范大学学报》(哲学社会科学版)2007年第4期。

使着个人努力在社会交往、为人处世中求荣避辱。正确的荣辱观念一旦形成并深入人心,就能够在思维方式和行为习惯的层面发挥其广泛、稳定而持久的影响,从而为公共生活提供思想保证、精神动力和文化支撑。在社会转型期,一些人的荣辱观发生错位:有的把忠厚老实、诚实守信看作傻瓜,把勤劳节俭、艰苦奋斗看作傻干,把投机取巧、唯利是图看作精明能干,这给社会生活带来了消极影响。因此,只有树立正确的荣辱观,形成崇尚先进、团结务实、为他人尽义务、作贡献的良好公民道德,才有助于社会和谐与秩序稳定。"我国公民道德建设应承接历史的传统,遵循道德教育的规律,重视耻感教育,增强公民道德教育的民族性、实效性、吸引力和影响力。"[①]

第四节　加强公民道德建设的评价奖惩路径

扎实开展公民道德建设,科学合理的评价奖惩机制发挥着重要作用。因此,一方面应建设导向明确、系统完善的道德评价机制,着力解决道德评价宽容化问题;另一方面,要坚持管理与激励并重,形成正面引导与道德惩罚相结合的公民道德建设奖惩机制。

一、改进道德评价方法

道德评价是人们"根据一定社会或阶级的道德规范准则体系,对社会中的个体或群体的道德活动作出善或恶、正或邪、道德或不道德的价值判断,以达到'褒善贬恶''扬善抑恶'的目的"[②]。它可以对公众在公共领域的某种行为进行善与恶、正价值与负价值的评价,使其产生强烈的道德感受,进而依照社会道德的指向对自身行为作出适当调整。调研中,我们常常遇到这样的情况:公民在具体情境进行选择时,经常处于犹豫状态,有的甚至询问调查员的看法。如表10—4所示,只要题目设置了"说不清"选项,就有受访者进行选择,有的占比还较高。这体现了部分公众在道德评价上的模糊认识,有可能造成在现实生活中

---

① 吴潜涛、杨峻岭:《社会公德建设与公民耻感涵育》,《道德与文明》2008年第1期。
② 罗国杰:《伦理学》,人民出版社1989年版,第403页。

该弘扬倡导的得不到弘扬倡导,该批评谴责的得不到批评谴责,从而使人们失去道德评判的标准和行为的方向。因此,需要对公民道德建设中的评价进行研究。

表 10-4　受访者对涉及道德评价问题选择"说不清"的情况（2016）

说不清的问题	频数（人）	占比（%）
您认为当前我国的总体道德水平和 10 年前相比如何？	708	10.6
对于"己所不欲，勿施于人"这种为人处世原则的看法	387	5.8
对"各人自扫门前雪，休管他人瓦上霜"为人处世原则的看法	264	4.0
当个人利益与集体利益发生冲突时你如何作选择	1250	18.8
对"某银行女职员与持刀抢劫银行的歹徒英勇搏斗而受伤"这一行为的看法	354	5.3
对"把失物还给失主是否应该得到报酬"这一情况的看法	284	4.3
您愿意过低碳、绿色生活吗？	253	3.8
对"在网络生活中可以随心所欲"这一观点的看法	1323	19.9
身边的好人是否多	223	3.4
哪些人应该坚持为人民服务	499	7.5
对"国家兴亡、匹夫有责"的看法	344	5.2
对"先公后私，先人后己"这种为人处世原则的看法	229	3.9
当今中国爱国与爱社会主义、爱中国共产党是一致的	587	8.8
对"诚实守信的人往往吃亏"这种说法的看法	2020	30.5

　　构建客观、科学、合理的公民道德评价,首先要运用好社会评价和自我评价两种评价方式。道德评价主要通过社会评价和自我评价两种途径达到调控社会交往和公共生活,促进社会和谐的目的。社会评价,是指社会、集体或他人对当事人行为进行善恶判断和表明倾向性态度。在这种评价过程中,评价主体和行为主体处于不同的两极,具有不同的意义。也就是说,行为主体是作为被评价的客体出现的,而评价主体是作为"旁观者"来确定行为的善恶价值,表示对这一行为的倾向性态度的。社会道德评价利用社会舆论对个体行为进行规范和指导,使个体行为按照社会的道德评价作出调整。自我评价,是指行为当事人自身

依据公民道德原则和规范对自己的行为及其后果进行自我认识、反思和评价。同社会评价不同,在这种评价过程中,行为当事人既是行为的主体,又是评价的主体,或者说,既是评价的主体,又是被评价的客体。与此相联系,这种道德评价是直接为评价者本人自己认识和调节自己行为服务的。社会评价和自我评价虽然是两种各具特色的道德评价,但在实际道德生活里二者往往是相互补充、相互促进、相辅相成的。首先,就同一行为评价本身来看,社会和他人特别是公众行为直接所及的社会、集体或他人,往往对这一行为效果的有益或有害,感受得更直接、更真切。同时,行为主体也对这一行为动机的善或恶了解得更明白、更深刻。因此,在动机与效果不一致的情况下,对于"事与愿违"或"歪打正着"的行为,兼顾社会评价和自我评价,可以彼此取长补短、相得益彰、纠正偏颇。其次,从评价主体方面来看,自我评价的主体即行为当事人,可以从社会或他人对自己的行为评价中得到善恶的价值信息,产生或增强责任心和荣辱感,还可以从社会或他人对第三者行为的评价中提高识别和判断善恶的能力,从而达到"见贤思齐""见不贤而内自省"的目的。

构建客观、科学、合理的公民道德评价,还需要综合考虑道德评价的动机依据和效果依据。动机论者强调评价行为善恶的根据,只能是或主要是行为的动机。效果论者强调只有行为后果才是评价行为善恶的唯一根据。动机论和效果论的观点看起来尖锐对立,实际上在认识论上犯的是同样的错误。这就是把复杂的善恶根据简单化,把道德行为过程的某一因素绝对化。正是这种形而上的错误,使动机论和效果论都从本来包含着有限的合理因素的前提,陷入荒唐的困境。马克思主义认为,道德评价的科学依据应该是动机和效果的统一。动机和效果的辩证统一要求我们在考察评价时做到以下三点:一是统一考察和判断行为的动机和效果。考察和判断某一行为,必须既看动机,又看效果,联系动机看效果,透过效果查动机,这应是道德评价中对待善恶问题的总原则。二是考察行为善恶应当注重效果。在总体上坚持统一考察动机和效果的善恶,并不排斥在道德评价各个环节上有所侧重。相对来说,应当把对效果善恶的考察放在整个考察的首位。这是因为效果上的善恶,相对于动机的善恶,表现得更直接,也更明显。同时,只有弄清楚了效果好坏,才能进一步去考察动机的善恶,这是人们考察行为善恶的实际过程。三是在行为动机和效果的善恶都已明确的情况下,对某一行为的判断,应注意其动机。

二、完善道德赏罚机制

"所谓道德赏罚是从社会政治、经济、法律以及文化舆论等方面对于体现了一定道德价值、道德原则或道德规范的行为，或违背了一定道德价值、道德原则或道德规范的行为进行褒奖或谴责。"[①] 道德赏罚在公共领域发挥着重要作用。一方面，道德赏罚是提高个体公民道德认知和实践能力的外部动力。另一方面，道德赏罚是公民道德规范发挥其应有作用的重要保证，加强社会公德建设，必须把道德赏罚机制作为重要的建设内容。

（一）明确道德赏罚的边界

公民道德的赏与罚都有其特定范围，所谓"赏"，是指社会通过给予实施道德行为个体更多的利益来肯定其行为的合理性，由此对个体产生巨大的吸引力，使其把对外在公民道德规范的遵从内化成为自觉自愿的道德行为。道德奖赏主要适用于以下情形：一是一贯坚守公民道德的人。正如毛泽东所指出的："一个人做点好事并不难，难的是一辈子做好事。"[②] 在社会交往和公共生活中，总有这样一些人，他们尽管没有见义勇为的壮举，但一路走来，始终如一，以自己的行动正确处理人与人、人与社会、人与自然、人与网络等公共领域的关系，以自己平凡却真实的事迹感动着身边的人，对他们的奖赏体现了社会对公民道德的推崇。二是见义勇为等体现较高层次公民道德要求的行为。这类行为之所以崇高、伟大，是因为行为者明知会损害自身利益，甚至会带来危险，但是，为了他人利益，仍然义无反顾地去做。而此时的道德奖赏就显得尤为可贵和意义重大，它在一定程度上可以弥补行为人所遭受的损失，同时彰显了行为人的高尚人格。由于道德奖赏在一定程度上减缓了见义勇为者的后顾之忧，因而会对他人产生更大的激励作用。所谓"罚"，是指社会通过剥夺实施不道德行为者的既得利益来否定其行为的合理性，以禁止不道德行为的再发生。道德惩罚主要适用于以下范围：一是违反公民道德的行为。遵守公民道德是与人交往的起码准则，如果公众连遵守公民道德都无法做到，何谈更高层次的道德规范。不遵守公民道德，不仅损害当事人的利益，而且会损害公众的利益，公共场所的开放性使这种

---

① 龚群：《论道德赏罚》，《云南社会科学》2009 年第 5 期。
② 《毛泽东文集》第二卷，人民出版社 1993 年版，第 261 页。

影响更加广泛。公共生活领域基本上是陌生人间的交往,人们扮演的社会角色具有暂时性,个体处于无人监督的状态中,这时只有借助道德惩罚的力量,才能切实维护公民道德。二是见义不为的行为。见义不为,虽可以暂时保全自己,但却造成了他人利益的受损。另外,见义不为的行为表现了自己灵魂的卑微与道德上的自私,如果人人见义不为,则势必造成全社会的冷漠。三是损人利己的行为。在市场经济条件下,社会交往出现经济化、金钱化的趋势,一些人把金钱作为交往的唯一目的,为了一己之利,可以在公共生活中损人利己、损公肥私,对于这些行为单单进行公民道德教育、公民道德评价已经远远不够,必须诉诸道德惩罚。

（二）形成道德赏罚的作用合力

道德赏罚对公共领域各种行为所进行的奖赏和惩罚必须由特定的主体去实行,依据实施道德赏罚的主体不同,可以将道德赏罚分为家庭道德赏罚、公众道德赏罚和组织道德赏罚三种,道德赏罚也通过这三种形式来实现其对公民道德建设的促进作用。一是家庭道德赏罚。一般来说,家庭道德赏罚主要是长辈对晚辈的赏罚。由于家庭关系与社会关系有血缘和亲情之间的本质区别,这就造成了在家庭里进行的道德惩罚与社会上的道德惩罚有很大不同,在赏罚目的与实施方式上呈现出独有的特点。家庭中的道德赏罚具有浓厚的矫正意味,往往与家庭教育结合在一起,在实施方式上也常常受到亲情的制约。二是公众道德赏罚。公众道德赏罚的形式很多。首先,公众可以通过对某一行为近似一致的处理倾向来进行道德赏罚。对具有良好公民道德素养的个体,大家都表现出认同、褒扬;对做出不道德行为的人,大家都会排斥、疏远。其次,道德赏罚也可以通过非正式组织来进行。对于一些影响较大的行为,公众可以自发组织起来,依据一定的标准进行物质性或精神性的赏罚。最后,公众道德赏罚也可以一种个体行为的形式出现在行为利害关系双方之间。比如,对于拾金不昧者,失主可以说声谢谢,或者以写感谢信、送锦旗甚至以重奖的形式进行道德奖赏。而在公共领域如果一方对另一方恶意中伤,那么另一方也可以口头或者行动的方式表达道德惩戒。三是组织道德赏罚。组织道德赏罚可以将公民道德要求与行政措施相连接,在职务变动、社会荣誉等方面加入公民道德的考核标准。例如,对在见义勇为等遵守公民道德方面有突出表现的,在职务升迁等方面应给予优先考虑;而某些官员由于不遵守公民道德,造成了恶劣社会影响,组织部门应采取行政降级、党内警告等方式给予惩罚。另外,组织道德赏罚还可以把道德赏罚与物质赏罚联系起来,对于促进公民道德的行为给予一定数目的奖金以示鼓励、褒扬,反之则予以物质惩罚。

第五节　加强公民道德建设的专项治理路径

公民道德缺失的问题存在于当前我国社会生活各个领域。但其重要性、严重性和危害程度存在较大差异。习近平总书记在十八届中央政治局第二十次集体学习时指出:"我们既要注重总体谋划,又要注重牵住'牛鼻子'。在任何工作中,我们既要讲两点论,又要讲重点论,没有主次,不加区别,眉毛胡子一把抓,是做不好工作的。"[①] 公民道德建设也必须坚持唯物辩证法,面对由多种矛盾构成的统一体,一方面要坚持"两点论",看问题一分为二,既要看到形势中有利的一面,也要看到不利的一面;另一方面,要坚持"重点论",区分主次,以重大问题为导向,善于发现和捕捉复杂事物的主要矛盾和矛盾的主要方面,善于抓重点内容、重点群体和重点领域,走出"胡子眉毛一把抓"的误区。具体而言,在内容方面,重点治理公心、诚心和爱心缺失的问题;在群体方面,重点治理领导干部、青少年和公众人物公民道德缺失的问题;在领域方面,重点治理人与人关系领域人际关系失谐、人与社会领域公民意识缺失和人与网络关系领域网络公民道德空场等问题;在个体方面,重点治理知行不一问题。总之,以重点内容、重点群体和重点领域突出公民道德问题的专项教育和治理为突破口,引领全局的公民道德建设,带动公民道德水平的整体提升。

一、加强重点内容专项治理

公民道德的内容体系十分丰富,公众对其认知和践行的程度也不同。调查数据显示,受访者都认为现代人缺德主要缺的是诚心、公心和爱心。因此,从内容的角度看,公民道德突出问题的专项教育和治理重点应该是对诚心、公心和爱心缺失的治理。

---

① 习近平:《在十八届中央政治局第二十次集体学习时的讲话》,《人民日报》2015 年 1 月 25 日。

（一）开展诚心缺失的专项教育和治理

人无信而不立，业无信而不达，国无信而不安。一个国家、一个民族、一个社会的信任度直接关系到社会的运行效率、社会风气的好坏乃至社会的和谐与稳定。因此，任何社会都高度重视社会信任问题。改革开放以来，我国的社会各领域都不同程度地出现了信任危机问题，"信任危机是表示社会人际关系产生了大量虚伪和不诚实，人与人的关系发生了严重危机的用语，指一定社会或群体的伦理原则和规范不被人们所遵守，人与人之间缺乏一种伦理的联系和约束，彼此都无法相信对方的真诚和忠诚，因此不敢委以对方以重任的现象"①。2016年的调查数据显示，高达52.8%（2006年为50.37%）的受访者认为现代人缺乏诚心。因此，党的十八大报告强调："深入开展道德领域突出问题专项教育和治理，加强政务诚信、商务诚信和社会诚信、司法公信建设。"②开展诚心缺失的专项教育和治理主要从以下三个方面入手。

首先，对个人而言，开展诚心缺失的专项教育和治理体现为加强个人诚信建设。个人诚信，是"指个人在社会交往中表里一致、言行一致，并得到社会认可"③。建立在市场经济基础之上的、科学技术和生产力高速发展的现代社会，其整体性、系统性和有机性更高，每个人的生存发展都依赖着他人，每一个人的所作所为又都或多或少影响着其他人。如果一个社会成员因为一己之利而不讲个人诚信，将对他人和社会造成直接或间接的危害，有时这种危害是十分巨大的。正因如此，现代社会对个人诚信提出了更高的，甚至是强制性的要求。具体而言，个人诚信要求每个人无论从事何种职业，都必须使诚信成为自己的基本公民道德品格。待人处事要超越年龄、性别、地位、身份的差别，做到以诚相待、相互信任、相互理解。一方面自己要"守信"，言行一致，说到做到，另一方面在社会交往中要敢于相信别人。

其次，对企业而言，开展诚心缺失的专项教育和治理体现为加强商务诚信建设。商务诚信，是指企业所提供的产品、服务与企业通过各种渠道对该产品、服务进行宣传的信息一致，并得到社会的认可。商务诚信对于企业治理具有特殊

---

① 金炳华：《马克思主义哲学大辞典》，上海辞书出版社2003年版，第127页。

② 胡锦涛：《坚定不移沿着中国特色社会主义道路前进　为全面建成小康社会而奋斗——在中国共产党第十八次全国代表大会上的报告》，人民出版社2012年版，第32页。

③ 陈建中：《社会信用管理体系建设构想》，中国经济出版社2009年版，第305页。

意义,甚至可以说是企业得以生存与发展的生命线。温家宝曾说:"一个企业家身上应该流着道德的血液。只有把看得见的企业技术、产品和管理,以及背后引导他们并受他们影响的理念、道德和责任,两者加在一起才能构成经济和企业的DNA。"[1] 商务诚信要求无论企业规模大小,都要货真价实、讲究信誉、恪守信用,同时要主动、热情、耐心、周到地为消费者服务。另外,做到商务诚信还要遵守公平竞争、公平交易的经济伦理原则。企业应依靠自己的实力和合法手段进行公平竞争,以经营、管理上的优势赢得竞争,而不能通过行业垄断、欺行霸市与地方保护等不正当手段进行恶性竞争。

最后,对政府而言,开展诚心缺失的专项教育和治理体现为加强政务诚信建设。政务诚信,是指各级政府机构出台的各项政策、措施能一一兑现,受到民众的认可。取信于民是现代政府的本质特征,而坚守信用是政府取信于民的底线。政务诚信不仅对于取信于民具有重要作用,而且对整个社会的诚信体系建设具有重要作用。"政务诚信是社会诚信的核心,构建和谐社会,建设诚信社会,就要发挥政府的主导作用,努力建设政府诚信。"[2] 因此,我们必须高度重视政务诚信。提高政务诚信需要确立以下三个方面的"官德"。第一,确立"以人为本"的官德是实现政务诚信的前提。"由人是目的、人是中心的思想,必然引申出经济发展的目的是促进人的全面发展的结论。人民群众不仅需要物质生活的满足,还要求在体能、智能、文化素质、思想品位、人格境界等方面达到一个前所未有的水平。"[3] 因此,党政机关须承担起应有的伦理责任,密切联系群众,代表群众的利益,做到全心全意为公众服务。第二,确立"崇尚廉洁"的官德是实现政务诚信的保障。汉代马融讲道:"在官惟明,莅事惟平,立身惟清。清则无欲,平则不曲,明能正俗。"[4] 廉洁可以塑造党政机关的良好形象,切实提升其公信力。与此相反,腐败现象的蔓延不仅影响党政机关的形象,而且可能激化干部与群众之间的矛盾,最终导致政府公信力降低。第三,确立"公平正义"的官德是实现政务诚信的路径。公平正义要求"公共管理排除私念和特殊利益考虑,通过制度化的利益安排推动公正公共管理,以维护政府的公正

---

① 襄尔:《企业家身上应该流着道德的血液》,新华网,2008 年 9 月 25 日。

② 伍洪杏:《基于和谐社会构建的政府诚信建设研究》,《辽宁行政学院学报》2009 年第 4 期。

③ 王莹、景枫:《科学发展观的伦理学解读》,《道德与文明》2005 年第 1 期。

④ (汉)马融、(春秋)孔子著,吴茹芝编译:《忠经·孝经》,三秦出版社 2009 年版。

形象"①。党政机关开展活动的目的就是通过公正的治理来维护广大人民的公共利益,对人民负责,唯有如此才能赢得人民的信任。

（二）开展公心缺失的专项教育和治理

公心,主要是指为公之心。当前人们的自我观念和主体意识大大增强,更注重对个人利益的追求。但是,当追求个人利益出现偏私,发展到极端的个人主义、拜金主义时,就会导致公民忽视集体利益,造成"公心"淡薄。2016年的调查数据显示,64.0%(2006年为48.71%)的受访者认为现代人缺乏公心。进一步考察"当个人利益与集体利益发生冲突时你如何做选择"这一问题,有17.7%的受访者选择"先考虑个人利益,再考虑集体利益",把"考虑个人利益"作为"考虑集体利益"的前提条件,表明这部分受访者"公心"的缺乏。公众"公心"之所以不足,除了经济、政治、社会、文化等外部原因外,公众的公民意识不强是重要的道德因素。因此,我们"必须发挥道德建设在公民意识培养中的主渠道作用,强化社会成员对社会政治、经济、文化和社会管理的认同,通过培养公民意识,使公民能够明确自身的主体地位,积极行使自身权利"②。

具体而言,开展公心缺失的专项教育和治理,提升公众的公民意识需要从以下几个方面入手:一是提升公众的主体意识。公民是社会的主人,是社会交往和公共生活的参与者,主体意识是维持公民身份、参与社会活动的前提。肯定公民在公共领域的主体地位,激发他们的主体意识,强调其主体能力的发掘,公民道德的作用必不可少。公民道德可以引导公民认识自己的主体地位、历史使命和社会责任,做到不迷信权威、不安于现状,从而发挥自身的积极性,主动参与到公共生活中,实现自我管理、自我服务、自我激励和自我完善。二是提升公众的权利意识。个人权利是公民身份的重要标志,是公民参与社会生活的根本保障。权利的大小和享有程度直接决定着公民参与公共生活能力的强弱。现代公民道德注重人的权利意识的培养,同时要求在捍卫、维护自我权利的同时尊重、保护他人的权利与公共利益。三是提升公众的责任意识。公民道德能够引导公民正确处理个人与他人、个人与集体、个人与社会、个人与自然、个人与网络的关系,正确处理权利与义务的关系、正确处理索取与奉献的关系,从而不断提高公民的

---

① 肖金明:《公共管理、平衡行政》,《中国行政管理》2000年第12期。
② 赵宏瑞:《社会管理创新背景下的思想道德建设》,苏州大学硕士学位论文,2013年,第33页。

社会责任意识,自觉参与到公共生活中。四是提升公众的参与意识。参与意识,是指公民依据法律法规、行政规章的制度性规定,通过一定程序与方式参与社会事务、表达利益诉求、维护公平正义的民主意识。当前进一步提高公民的参与意识,就是促使公众通过建言献策、监督政府、参与公共事务治理等途径,积极主动地参与到公共生活的各个领域。

(三)开展爱心缺失的专项教育和治理

爱心,是指社会成员团结友爱、友善互助等美德。2016年的调查数据显示,52.0%(2006年为47.93%)的受访者认为现代人缺爱心,爱心也是公民道德领域专项教育和治理的一大重要内容。《中华人民共和国宪法》第二十四条第二款规定:"国家倡导社会主义核心价值观,提倡爱祖国、爱人民、爱劳动、爱科学、爱社会主义的公德……"因此,开展爱心缺失的专项教育和治理,除了要提升公众对他人的关爱心、对社会的责任心、对环境的爱护心和对自身的自爱心外,更重要的是加强爱祖国、爱人民、爱劳动、爱科学、爱社会主义的"五爱"公民道德教育。"五爱"最早见于中华人民共和国成立初期的《中国人民政治协商会议共同纲领》第四十二条规定:"提倡爱祖国、爱人民、爱劳动、爱科学、爱护公共财物维护中华人民共和国全体国民的公德。"中华人民共和国成立以来,"五爱"的提倡对于发展新道德、移风易俗、改造国家曾起过巨大的作用。1982年,中华人民共和国第五届全国人民代表大会第五次会议通过的《中华人民共和国宪法》第二十四条规定"国家提倡爱祖国、爱人民、爱劳动、爱科学、爱社会主义的公德",把《中国人民政治协商会议共同纲领》所规定的"爱护公共财物"改为"爱社会主义"。2001年,《公民道德建设纲要》又对"五爱"加以重申。将"五爱"作为公民道德建设的重要内容和基本要求,体现了当代中国公民道德建设的社会主义性质和优越性。作为公民道德建设的重要内容和基本要求,"五爱"是每个公民应该做到的,而且经过努力,也是可以做到的。当然,对于不同道德境界的人的要求,在程度上会有所区别。

1. 爱祖国

"爱国主义是反映个人对祖国依赖关系的感情系统,是调整个人与祖国之间关系的行为准则体系,也是支撑民族繁荣发展的民族精神的核心。"[①] 任何民

---

① 吴潜涛、杨峻岭:《全面理解爱国主义的科学内涵》,《高校理论战线》2011年第10期。

族的繁荣、任何国家的富强,都离不开爱国主义的巨大力量,它是一个民族、一个国家凝聚人民的重要精神纽带和鼓舞人们团结奋斗的光辉旗帜。因此,爱国主义教育决不仅是哪一个国家所特有的,世界各国尽管形式不同但最终目的都是增强国民的爱国主义情感,培养公民形成爱国、忠国、报国、爱民、奉献的民族精神和高尚品质。我们的祖国拥有 5000 多年的文明史,拥有大好的河山和丰富的资源,这些都为我们的发展提供了充分的物质基础和发展空间。随着改革开放和社会主义现代化建设的不断深入,社会主义中国更加繁荣富强,我们的生活水平不断提高。因此,我们要感恩我们的祖国,了解我们的国情,不断增强民族自豪感和自信心,激发感恩祖国、报效祖国的热情。那么,当前公众对"爱祖国"的认知情况如何? 如表 10-5 所示,对于"国家兴亡、匹夫有责"的看法,61.3% 的受访者认为"很有意义,国家兴亡关乎我们每个人",占比最多;表示"比较认同,但没有切身行动"的受访者占比 26.3%;对这句话不太认同或完全不认同的受访者合计占比 7.2%;还有 5.2% 的受访者表示说不清。可以看出,公众在爱国主义大方向上是正确积极的,但是也存在"对国家的发展和中国特色社会主义道路的未来表现出怀疑甚至是漠不关心的态度、对党和政府的路线方针政策表现出逆反和不遵守、出现了对外来文化的过度追捧和对中国传统文化的盲目丢弃现象,部分同学则在爱国主义认识上出现茫然和困惑,表现出偏激、冲动的言语和行动等问题"[1]。因此,开展爱国主义教育,激发公众的爱国热情任重而道远。

表 10-5　受访者对"国家兴亡、匹夫有责"的看法(2016)

观点	频数(人)	占比(%)
很有意义,国家兴亡关乎我们每个人	4083	61.3
比较认同,但没有切身行动	1750	26.3
不大认同,感觉离自己的现实生活很远	401	6.0
完全不认同,只要自己过得好就行了	80	1.2
说不清	344	5.2

---

① 李文莉:《当代大学生爱国主义教育研究》,苏州大学硕士学位论文,2014 年,第 30 页。

　　爱国主义是一个历史范畴，具有鲜明的时代性。毛泽东认为："爱国主义的具体内容，看在什么样的历史条件之下来决定。"[①] 江泽民指出："爱国主义是一个历史范畴，在社会发展的不同阶段、不同时期有不同的具体内容。"[②] 中国革命、建设和改革开放的历史经验证明爱国总是同爱党、爱社会主义紧密相连的。爱国与爱党、爱社会主义相统一是历史地形成的。中国共产党成立后，团结带领各族人民群众前仆后继、顽强奋斗，取得了人民革命的胜利，建立了人民当家作主的中华人民共和国，为中华民族的伟大复兴奠定了坚实基础。中华人民共和国成立后，党领导人民进行了社会主义改造，开展了社会主义建设，开辟和推进了社会主义改革，把贫穷落后的旧中国变成日益繁荣富强的新中国，中华民族伟大复兴展现出前所未有的光明前景。"在这个历史过程中，党、国家和社会主义紧密结合在一起，形成一个命运的共同体，并在中国特色社会主义事业中得到集中体现。"[③] 这也正是习近平总书记所强调的，祖国的命运和党的命运、社会主义的命运是密不可分的。只有坚持爱国和爱党、爱社会主义相统一，爱国主义才是鲜活的、真实的，这是当代中国爱国主义精神最重要的体现。这个道理要经常讲、反复讲。那么公众对"当今中国爱国与爱社会主义、爱中国共产党是一致的"这一说法的认知情况又是如何呢？如表10—6所示，虽然合计有51.1%的受访者表示"非常赞同"或"赞同"，有22.0%的受访者表示"比较赞同"，但仍有18.1%的受访者不认同这一观点。因此，当前爱国主义教育的核心内容就是继续加强"爱国和爱党、爱社会主义相统一"的宣传教育，引导公众自觉地接受中国共产党的领导，自觉维护社会主义制度，不断增强对伟大祖国、中华民族、中华文化、中国共产党、中国特色社会主义的认同。

表10—6　受访者对"当今中国爱国与爱社会主义、爱中国共产党是一致的"的态度（2016）

态度	频数（人）	占比（%）
非常赞同	1249	18.8
赞同	2149	32.3

---

①　《毛泽东选集》第二卷，人民出版社1991年版，第520页。
②　中共中央文献研究室编：《十三大以来重要文献选编》中，人民出版社1991年版，第1047页。
③　刘建军：《主题·本质·特征——学习习近平总书记关于爱国主义的重要论述》，《光明日报》2016年5月19日。

续表

态度	频数（人）	占比（％）
比较赞同	1459	22.0
不赞同	1202	18.1
不清楚	587	8.8

2.爱人民

毛泽东曾经指出："人民，只有人民，才是创造世界历史的动力。"[1] 习近平总书记在第十八届新任政治局常委与记者见面会上的讲话中指出："人民是历史的创造者，群众是真正的英雄。人民群众是我们力量的源泉。"[2] 在党的十九大报告中，"人民"二字一共出现了 203 次，直抵人心，激发共鸣。习近平总书记指出，"中国共产党人的初心和使命，就是为中国人民谋幸福，为中华民族谋复兴"，并将"坚持以人民为中心"作为新时代中国特色社会主义的 14 个基本方略之一，进一步强调："人民是历史的创造者，是决定党和国家前途命运的根本力量。必须坚持人民主体地位，坚持立党为公、执政为民，践行全心全意为人民服务的根本宗旨，把党的群众路线贯彻到治国理政全部活动之中，把人民对美好生活的向往作为奋斗目标，依靠人民创造历史伟业。"[3] 因此，在社会主义国家，热爱人民，为人民服务，是做人的起码要求，也是公民道德的重要内容。爱人民就要为人民服务，为人民服务是我们党的宗旨，是共产党人和一切先进分子的人生观，也是我们党所提倡的一种高尚道德。"为人民服务"这个命题是毛泽东在著名的《为人民服务》一文中提出的。毛泽东在《为人民服务》一文中从三个方面对为人民服务作了论述。概述如下：第一，为人民服务是中国工人阶级的先锋队组织——中国共产党的宗旨。第二，为人民服务是一种科学的人生观、价值观。第三，为人民服务是一种根本的道德要求，是处理革命队伍内部人际关系的基本道德准则。"一切革命队伍的人都要互相关心，互相爱护，互相帮助。"[4] 所以，为人民服

---

① 《毛泽东选集》第三卷，人民出版社 1991 年版，第 1031 页。

② 习近平：《在新任政治局常委与记者见面会上的讲话》，《人民日报》2012 年 11 月 15 日。

③ 习近平：《决胜全面建成小康社会　夺取新时代中国特色社会主义伟大胜利——在中国共产党第十九次全国代表大会上的报告》，人民出版社 2017 年版。

④ 《毛泽东选集》第三卷，人民出版社 1991 年版，第 1005 页。

务不仅是我党的政治宗旨,也是公共生活和社会交往必须坚守的道德核心。

习近平总书记在文艺工作座谈会上的讲话中强调指出:"热爱人民不是一句口号,要有深刻的理性认识和具体的实践行动。"[1]新时期做到爱人民,为人民服务:一是树立为人民服务的价值取向。这是公共领域社会交往和公共生活首要的、根本的问题。公共生活的真正意义在于奉献,在于为社会、为他人多作贡献,这是大前提,也是做人的根本问题,这个问题解决了,做人的其他问题才有可能正确解决。比如,在公共领域对待利益、荣誉、金钱、地位、苦乐、幸福等,只要首先不是从个人利益出发,而是从人民利益出发,就会找到正确的答案,就容易正确对待。二是具备为人民服务的本领。为人民服务水平的高低、贡献的大小,不仅与自身的人生价值观相联系,也与自身的以知识、素质为基础的能力相联系。我们只有努力学习科学文化知识,才有可能更好地为人民服务。三是在不同领域实践为人民服务。《公民道德建设实施纲要》指出:为人民服务"不仅是对共产党员和领导干部的要求,也是对广大群众的要求。每个公民不论社会分工如何、能力大小,都能在公共领域中,通过不同形式做到为人民服务。"这就把为人民服务从对共产党员和领导干部的要求扩大到所有公民,使这个要求适用于不同层次、不同群体上。在公共领域的社会交往和公共生活中,人人都是服务的对象,人人又都为他人服务。不同的人在不同的职业和岗位上,用不同的形式为人民服务,通过彼此之间的互相服务,努力把"我为人人、人人为我"变成公共领域社会交往和公共生活的常规。

3. 爱劳动

恩格斯认为:"劳动把材料转变为财富。但是劳动的作用还远不止于此。它是一切人类生活的第一个基本条件,而且达到这样的程度,以致我们在某种意义上不得不说:劳动创造了人本身。"[2]习近平总书记也强调:"劳动是人类的本质活动,劳动光荣、创造伟大是对人类文明进步规律的重要诠释。"[3]中华民族是世界上最勤劳的民族之一,我们几千年来虽然历经艰难曲折,但是始终屹立在世界的东方,首先靠的就是热爱劳动这个传家宝。当前,全国各族人民正满怀信心

---

① 习近平:《在文艺工作座谈会上的讲话》,人民出版社 2015 年版,第 18 页。

② 《马克思恩格斯选集》第 4 卷,人民出版社 1995 年版,第 373—374 页。

③ 习近平:《在庆祝"五一"国际劳动节暨表彰全国劳动模范和先进工作者大会上的讲话》,人民出版社 2015 年版,第 3—4 页。

为实现第二个百年奋斗目标而努力。实现我们确立的奋斗目标,归根到底还要靠辛勤劳动、诚实劳动、科学劳动。劳动不仅是人生存发展的基本条件,而且具有鲜明的道德意义。劳动改变着人和自然的关系,并且在这一进程中形成了人们之间的道德关系,它是人们道德生活的基础。"劳动创造了人,更创造了道德,锻造了有道德的好人。作为人类实践主体的劳动,不但促进着人类的道德认识、道德感情、道德意志的形成和发展,而且指导和支配着人的道德行为和道德实践。"① 可以说,对待劳动的态度是衡量一个人道德水平的重要标准,爱劳动的人大多志向远大、意志坚强、忠于职守。爱劳动,也必然爱劳动人民,在生活中能够诚信待人、团结友爱、相互帮助,再进而热爱集体、忠于祖国。当前,爱劳动对我们提出了以下要求:一是树立热爱劳动的观念。正如习近平总书记所言:"必须牢固树立劳动最光荣、劳动最崇高、劳动最伟大、劳动最美丽的观念,让全体人民进一步焕发劳动热情、释放创造潜能,通过劳动创造更加美好的生活。"二是正确看待职业分工。劳动面前没有高低贵贱之分,无论任何职业都是用不同的方式去建设社会主义国家、推进社会进步。"在我们社会主义国家,一切劳动,无论是体力劳动还是脑力劳动,都值得尊重和鼓励;一切创造,无论是个人创造还是集体创造,也都值得尊重和鼓励。全社会都要贯彻尊重劳动、尊重知识、尊重人才、尊重创造的重大方针,全社会都要以辛勤劳动为荣、以好逸恶劳为耻,任何时候任何人都不能看不起普通劳动者,都不能贪图不劳而获的生活。"② 三是自觉遵守劳动纪律。遵守劳动纪律是人们进行共同工作、从事正常生产劳动的必要条件。因此,自觉遵守和维护劳动纪律就成为一个人热爱劳动、有道德的重要表现。四是爱护公共财产。一切公共财产都是劳动者的劳动结晶,是建设社会主义的物质基础,也是提高人民物质文化生活的基本保证。

4. 爱科学

科学是关于自然、社会、思维的知识体系,是人类认识世界、改造世界的强大武器,也是推进经济社会发展的力量之源,它极大地拓展了人类活动的时空,提高了人类生活的质量和健康水平。正如毛泽东在《人的正确思想是从哪里来的?》一文中所指出的,推动历史前进、社会进步有三大革命运动,那就是"生产

---

① 陈瑛:《爱劳动是第一美德》,《光明日报》2014 年 4 月 30 日。

② 习近平:《在庆祝"五一"国际劳动节暨表彰全国劳动模范和先进工作者大会上的讲话》,人民出版社 2015 年版,第 5 页。

斗争、阶级斗争和科学实验"①。邓小平在1978年3月召开的全国科学大会上指出："科学技术是生产力,这是马克思主义历来的观点。"1988年9月,他又进一步指出："马克思说过,科学技术是生产力,事实证明这话讲得对。依我看,科学技术是第一生产力。"党的十八大以来,在治国理政的实践中,习近平总书记也从未停止过对科学技术的思考。2013年,习近平总书记在中国科学院考察工作时指出："现代以来,西方国家之所以能称雄世界,一个重要原因就是掌握了高端科技。真正的核心技术是买不来的。正所谓'国之利器,不可以示人'。只有拥有强大的科技创新能力,才能提高我国国际竞争力。"②他强调："科技创新作为提高社会生产力、提升国际竞争力、增强综合国力、保障国家安全的战略支撑,必须摆在国家发展全局的核心位置。"③2016年,习近平总书记在全国科技创新大会、两院院士大会、中国科协第九次全国代表大会上指出："科技是国之利器,国家赖之以强,企业赖之以赢,人民生活赖之以好。中国要强,中国人民生活要好,必须有强大科技。"④科学不仅为人们认识自然规律、控制和使用自然力量、创造物质财富提供了重要手段,而且是人们认识社会、改造社会、进行社会改革的重要武器,具有道德上的意义,对社会发展和人类进步负有道德上的责任。历史上一切起过积极作用的道德,都不同程度表现出对科学的尊重,包含了热爱科学、追求知识和真理的内容和要求。显然,二者的高度契合,必将人类社会推进到一个美好的物质境界和精神境界。因此,热爱科学既是每个公民应尽的义务,也是社会主义道德规范的基本内容。当前,爱科学要做到以下几点:一要培养学习科学知识、掌握科学技术的强烈愿望和兴趣。二要刻苦钻研,学以致用。三要实事求是、坚持真理。四要崇尚科学、反对封建愚昧。总之,要用科学精神指导工作、学习、生活,努力在全社会形成讲科学、爱科学、学科学、信科学、用科学和按科学规律办事的社会风尚。

5. 爱社会主义

"道路问题是关系党的事业兴衰成败第一位的问题,道路就是党的生命。"⑤

---

① 《毛泽东文集》第八卷,人民出版社1999年版,第320页。
② 中共中央文献研究室编:《习近平关于科技创新论述摘编》,中央文献出版社2016年版。
③ 同上。
④ 同上。
⑤ 《习近平谈治国理政》第一卷,外文出版社2018年版,第21页。

革命时期,中国共产党把马克思主义普遍真理同中国革命的实践相结合,找到了中国革命的正确道路,通过艰苦卓绝的斗争,终于推翻了帝国主义、封建主义、官僚资本主义三座大山,使中国革命取得了伟大胜利,引导中国人民走上了社会主义道路。正如毛泽东所说:"当人民推翻了帝国主义、封建主义和官僚资本主义的统治之后,中国要向哪里去?向资本主义,还是向社会主义?有许多人在这个问题上的思想是不清楚的。事实已经回答了这个问题:只有社会主义能够救中国。社会主义制度促进了我国生产力的突飞猛进的发展,这一点,甚至连国外的敌人也不能不承认了。"[1]只有社会主义才能救中国,只有社会主义才能发展中国,这也是中华人民共和国建立以来的历史进一步证明了的真理。正如习近平总书记强调的:"中国特色社会主义是社会主义而不是其他什么主义,科学社会主义基本原则不能丢,丢了就不是社会主义。……历史和现实都告诉我们,只有社会主义才能救中国,只有中国特色社会主义才能发展中国。"[2]事实证明,坚持中国特色社会主义制度是全国人民的根本利益所在,中国特色社会主义的命运和前途同我们个人的命运和前途息息相关。正因为如此,热爱社会主义不仅是社会主义道德的要求,而且是每个公民应尽的义务。当前,爱社会主义的核心要求就是树立中国特色社会主义的道路自信、理论自信、制度自信、文化自信。习近平总书记在党的十九大报告中提出:"实现伟大梦想,必须推进伟大事业……全党要更加自觉地增强道路自信、理论自信、制度自信、文化自信,既不走封闭僵化的老路,也不走改旗易帜的邪路,保持政治定力,坚持实干兴邦,始终坚持和发展中国特色社会主义。"[3]坚定"四个自信"对进一步推进中国特色社会主义伟大事业、实现第二个百年奋斗目标和中华民族伟大复兴的中国梦具有重要意义。当前,坚定"四个自信"要求我们要正确认识社会主义制度具有资本主义制度所不能比拟的优越性,要正确对待社会主义发展过程中出现的曲折,坚定不移走中国特色社会主义道路,为建设富强民主文明和谐美丽的社会主义现代化强国而奋斗。

二、重视重点群体专项治理

2014年5月,习近平总书记在上海考察时指出:"要注意把社会主义核心价

---

① 《毛泽东文集》第七卷,人民出版社1999年版,第214页。
② 《习近平谈治国理政》第一卷,外文出版社2018年版,第22页。
③ 陈锡喜:《实现民族复兴的道路自信、理论自信、制度自信》,《思想理论教育》2012年第23期。

值观日常化、具体化、形象化、生活化,使每个人都能感知它、领悟它,内化为精神追求,外化为实际行动,做到明大德、守公德、严私德。要面向全社会做好这项工作,特别要抓好领导干部、公众人物、青少年、先进模范等重点人群。"① 在讲话中,习近平总书记强调了培育践行社会主义核心价值观的重点群体。就公民道德领域突出问题专项教育和治理而言,领导干部、青少年和公众人物同样是重点群体。之所以将其作为重点群体,固然是因为这些群体存在这样或那样的公民道德问题,更重要的是因为他们在社会诸群体中的重要地位,他们或者是社会的中坚力量,或者有着重要的社会影响力,或者代表着社会的未来。如果这些群体的公民道德状况向善向上,将会在全社会起到良好的示范效应,从而带动公民道德的整体发展。我们的调研也印证了这样的观点。如表10-7所示,受访者认为最应该接受道德教育的三个群体分别是青少年(30.1%)、党政干部(25.9%)和公众人物(23.4%)。

表10-7 受访者认为最应该接受道德教育的群体(2016)

群体	频数(人)	占比(%)
青少年	2000	30.1
农村村民	565	8.5
党政干部	1721	25.9
公众人物	1529	23.4
生意人	545	8.2
不知道	86	1.3
其他	174	2.7

（一）领导干部公民道德突出问题专项教育和治理

加强公民道德建设,各级领导干部的模范带头作用至关重要。官员的公民道德水平往往影响着整个社会的公民道德高度。正如孔子所言:"君子之德风,小人之德草,草上之风必偃。"②"其身正,不令而行;其身不正,虽令不从。"③ 孟

---

① 冯俊:《核心价值观建设须抓好重点人群》,《人民日报》2015年12月25日。
② 《论语·颜渊》。
③ 《论语·子路》。

子也提出："不仁而在高位,是播其恶于众也。"① 领导干部不仅是公民道德建设的组织者、领导者,更是首要实践者。他们的"工作作风好不好,服务效率高不高,是否遵纪守法,能否知荣明耻、扬荣抑耻,严重影响着行业作风、社会风俗的形成和公民道德建设的状况"②。因此,要使守道德成为大多数人的自觉行动,领导干部就要带头做表率。加强公民道德建设,首先应抓好领导干部这一重点群体。"由于角色使然,人民群众对领导干部有较高的要求和期待,不但要求他们具有较高的组织管理能力,更要求他们具有良好的道德品质和职业操守。"③因为只有这样才能"修己以安人",给人民带好头。2006 年的调查数据显示,对于"共产党员的道德水平应该比一般群众高"这一说法,合计 69.9%(2016 年为66.5%)的受访者表示非常赞同或比较赞同。2014 年春节前夕,习近平总书记在内蒙古调研时强调指出:"全党同志特别是领导干部一定要讲修养、讲道德、讲廉耻,追求积极向上的生活情趣,养成共产党人的高风亮节,做到富贵不能淫、贫贱不能移、威武不能屈。"领导干部应该是公民道德的模范执行者,但近年来,领导干部公民道德失范的情况屡见不鲜,不仅一再损坏公民道德建设,更重要的是严重伤害人民群众的感情,给政府和公务员形象抹黑。

当前共产党员,特别是党员领导干部守道德的状况到底是怎么样呢? 为考察党员带头遵守、努力履行公民道德的实际状况,我们设计了"身边共产党员模范带头作用发挥效果如何"这一问题。调查数据显示,对于身边共产党员模范带头作用的发挥效果,认为"混同于一般群众"的受访者占比最多,为 45.3%;更有 18.8% 的受访者表示比一般群众差和很差。可见,党员,特别是党员领导干部的道德素养与公众的期待还有一定的差距,不能很好地起到模范带头作用。加强领导干部公民道德建设,当前可以从以下三个方面入手:一是把加强领导干部世界观、人生观、价值观教育与公民道德建设结合起来。正确的世界观、人生观和价值观能为公民道德建设提供理论基础和价值指引。因此,要引导干部不断加强自我教育,努力形成正确的世界观、人生观和价值观,形成正确的地位观、权力观和利益观。二是把道德教化与制度约束相结合。一般来说,在无人监督时,容易产生侥幸心理,道德的防线容易崩溃。因此,对于领导干部,除了要加强

<hr>

① 《孟子·离娄上》。
② 吴潜涛:《社会主义荣辱观研究》,中国人民大学出版社 2014 年版,第 229 页。
③ 周立德:《发挥公众人物特殊的道德引领作用》,《辽宁日报》2012 年 2 月 20 日。

思想认识和党性觉悟外,更需要硬约束力去规范。三是把公民道德认知与公民道德践行结合起来。一方面,在认知上下功夫,让领导干部带头学习公民道德规范,自觉反省自我,增强对公民道德的认同。另一方面,着力于"笃行"和实效,把公民道德的要求落实到党员干部社会交往和公共生活的各方面、各领域,形成良好的公民道德行为习惯。

(二)青少年公民道德突出问题专项教育和治理

在公民道德建设领域,青少年一直都是社会关注的重点群体。原因有二:其一,就国家而言,青少年是国家和民族未来的建设者和开创者,关系着中华民族的繁荣和长盛。1957年11月17日,毛泽东在对留苏学生的演讲中说:"世界是你们的,也是我们的,但是归根结底是你们的。你们青年人朝气蓬勃,正在兴旺时期,好像早晨八九点钟的太阳。希望寄托在你们身上。"① 党的十八大后,习近平总书记更是对广大青年寄予厚望,他指出:"国家的前途,民族的命运,人民的幸福,是当代中国青年必须和必将承担的重任。当代中国青年要有所作为,就必须投身人民的伟大奋斗。前进要奋力,干事要努力。"② 就公民道德建设而言,广大青少年公民道德素养如何,关系到公民道德的整体水平,关系到社会整体的道德风尚,关系到中国特色社会主义现代化建设事业的成败。其二,就个体而言,青少年时期是人一生中的加速发展期,是希望和梦想放飞的时期,也是人一生最宝贵、最美好、最有价值的黄金时期。李大钊曾盛赞:"青年者,人生之王,人生之春,人生之华也。"③ 可以说,一个人如果能够抓住青少年时期培养自己的公民道德认知、公民道德情感、公民道德意识、公民道德行为,就会为成为一个"明大德、守公德、严私德"的人打下坚实基础。同时,青少年正处于由童年向青年、由未成年人向成年人的过渡时期,更处于心理、思想意识由不成熟向成熟转变的关键阶段。在这一时期,青少年易受外界影响,如果把握不好,很可能会形成一些不守公民道德的行为习惯,并给其一生带来消极影响。

由于当代中国青少年多为独生子女,加之社会转型所带来的复杂社会环境,因此加强青少年公民道德专项教育和治理并不轻松。在这一过程中,关键是要

---

① 中共中央文献研究室编撰:《毛泽东年谱(1949—1976)》第三卷,中央文献出版社2013年版,第248页。

② 习近平:《向全国青联学联大会发贺信》,《中国青年报》2015年7月24日。

③ 中国李大钊研究会编注:《李大钊全集》第一卷,人民出版社2013年版,第330页。

把握青少年的发展特点,在增强教育实效性上下功夫,做到三个结合。一是公民道德专项教育和治理与学校教育有效结合。校园作为青少年接受良好教育的主阵地,除了教好他们学好科学文化知识之外,更要培养他们的思想道德素质。公民道德作为道德内容的一个重要方面,与青少年的学习、生活密切相关,也是青少年在日常行为规范中最容易忽视的行为。因此,学校教育要时刻关注青少年公民道德的教育和培养。其主要做法是公民道德教育与德育教育相结合,与校园实践活动相结合,与规章制度建设相结合。二是公民道德专项教育和治理与家庭教育有效结合。家庭教育担负着青少年培养道德品质、指导行为规范等责任,父母的世界观、人生观以及他们待人接物的态度,往往给子女留下深刻的印象。家庭的长期影响、教育,从某种意义上说,将决定一个人的性格、品行。因此,青少年公民道德的形成离不开家庭教育以及家庭环境的影响。父母要以身作则,为子女树立遵守公民道德的榜样;要理性爱护子女,正确对待孩子的不文明行为。同时,为子女创造温暖、和谐、愉快的家庭氛围。三是公民道德专项教育和治理与社会影响有效结合。如同学校和家庭对青少年的影响,社会风气也对其公民道德的形成具有巨大的影响。文明和谐的社会风气可以使青少年受到良好的道德熏陶,激发践行公民道德的积极性;反之,则可能使青少年的思想发生扭曲,影响其公民道德的形成。应充分发挥网络、广播、电视台等媒体作用,传播文明礼貌、助人为乐、爱护公物、保护环境、遵纪守法的好事迹、好典型;通过实践活动的平台,锻炼培养青少年礼貌谦逊、待人和气、爱护资源环境、诚实守信等优秀公民道德品质,从而最终通过家庭、学校和社会的合力教育,提升青少年的公民道德素养。

（三）公众人物公民道德突出问题专项教育和治理

"公众人物,是指一定范围内为人们所广泛知晓和关注,并与社会公众利益密切相关的人物,其以社会知名度和社会公共利益相关性为构成要件,二者缺一不可,共同体现公众人物的特性。"[1] 在我国,可以将公众人物分为两类:一是政治公众人物,主要指政府公职人员等国家官员;二是社会公众人物,主要包括公益组织领导人,文艺界、体育界的明星,文学家、科学家、知名学者、劳动模范等知名人士。这种分类的意义在于:前者更多地涉及国家利益、公共利益和舆论监

---

① 任静伟:《部分公众人物道德缺失的现状、原因及应对》,《探索》2014 年第 6 期。

督的问题,后者则是因为其具有一定的知名度而在社会生活中引人注目。就本文论及而言,主要指后者,即社会公众人物,涵盖文艺界、体育界的明星、网络大V、著名学者等知名人士。"社会风气是社会文明程度的重要标志,是社会价值导向的集中体现。公序良俗的形成关键在于公众人物的垂范和引导作用。"[1] 公众人物作为社会公共空间的特殊主体,总是频繁、深入地介入公共领域,时刻处于大众视线和社会聚光灯之下,具有鲜明的公众性。随着新闻媒体特别是网络、微博、微信的迅速普及,公众人物的公众性愈加明显。他们的价值取向、言论举止和行为做派等时刻受到大众的密切关注,能在短时间内对大众施加无意识的正面或负面的示范效应。[2] 这也意味着公众人物要在遵守公民道德上作出表率,在公民道德建设中发挥更大的示范作用。但是,令人遗憾的是,当前公众人物的公民道德失范成为我国公民道德建设领域内的一个突出问题。比如,一些公众人物为追名逐利、博得关注,"在电视节目里、博客微博中,或'曝光'他人私下言论,以他人的'阴暗'反衬自己的高大;或以自己的社会声望撑腰,蛮横地给他人扣上异类的帽子;甚至'脱下西装',与网友爆粗对骂"[3]。同时,接二连三的明星打人、吸毒、酒驾事件被频频曝出。这些失德行为伴随媒体的深入挖掘和滚雪球式曝光,在社会上产生了广泛的负面示范效应,亟待予以重点治理。

治理公众人物公民道德缺失,发挥其本身应具备的对公民道德建设的示范效应,需要做好以下几方面的工作。一是提高自身的公民道德素养。不断强化自我约束、自我控制的意识和能力,自觉砥砺公民道德品质,经得起各种诱惑考验,有效提高自身的公民道德素养。二是建立健全社会法律规范。没有规矩不成方圆。良好公民道德习惯不仅需要内心养成,也需要制度的规范。通过制度规范来引导公众人物的日常行为,进而达到自律的目的,这是一种现实需要。三是树立正确的媒体宣传导向。新闻媒体如果放弃道德责任,无效或者为利益歪曲地传达公众人物信息,长此以往,就必然会引起人们思想的混乱、公民道德的滑坡。所以,必须高度重视媒体宣传导向在公众人物道德示范方面的重要作用。四是建立监督体系。法律不可能穷尽各种义务和责任,尤其对于道德方面的责

---

① 任静伟:《部分公众人物道德缺失的现状、原因及应对》,《探索》2014 年第 6 期。

② 刘艳:《公众人物道德失范现象分析及其治理》,《理论月刊》2015 年第 9 期。

③ 范以锦:《公众人物如何用好话语权》,《人民日报》2010 年 12 月 10 日。

任,法律有它的短板。这就需要通过社会舆论的监督来弥补法律规定的不足。监督可以使公众人物更加注重自己的行为,以身作则,发挥示范效应。五是健全奖惩体系。对道德失范、行为不端的公众人物及时予以纠正,对道德败坏、造成严重后果的依法严肃查处、追究责任,形成震慑失德的强大力量。[①] 通过上述措施,切实提升公众人物的公民道德素养,用其人格魅力和实际行动对社会大众起到示范、激励和引导的作用。

三、增强重点领域专项治理

调查数据显示,与职业道德(17.4%)、家庭美德(6.0%)和个人道德(20.6%)相比,认为公民道德存在问题最为严重的受访者占比最多,达到53.6%。公民道德缺失问题体现在人与人之间的关系、人与社会之间的关系(包括人与集体、社会、国家等)、人与自然环境之间的关系、人与网络之间的关系等各个领域。在每一领域又有一个最集中的问题:在人与人关系领域,集中体现为人际关系失谐;在人与社会关系领域,集中体现为公共意识淡漠;在人与自然关系领域,集中体现为"公地悲剧"频发;在人与网络关系领域,集中体现为网络道德空场;在个体公民道德素养方面,集中体现为知行不一。因此,开展公民道德突出问题专项教育和治理,就要抓好每个领域的集中问题,并以此为突破口,推进公民道德的整体建设。

(一)专项治理人与人关系领域的人际关系失谐问题

人与人关系领域的突出问题集中体现为人际关系不和谐。人际关系是伴随着人类社会的出现而产生的,它是人们在社会生活中,通过物质交往和精神交往而建立起来的人与人之间的关系。人际关系是人类生存与发展的首要条件,人际关系是否和谐是反映一个社会文明程度的重要标志。因此,在任何社会、任何时代,人际关系和谐都是人们追求的目标。当代中国的人际关系发生着巨大变化,人们的社会交往更加密切,交往领域、交往范围不断拓展,人际关系更加和谐融洽。据有关学者对当代中国人际关系总体和谐程度的满意度的调查数据显示,有近一半的居民表示满意或基本满意,有近四成居民表示认可,即认为一般,满意率或认可率共计86.5%,只有13.5%表示不满意。所以,从总体上看,当代中

---

① 闫铭:《发挥好公众人物的道德示范作用》,《中文信息》2015年第9期。

国的人际关系是和谐的。① 然而，市场经济这把"双刃剑"为当代中国人际关系的和谐发展带来了消极影响，市场经济使人际关系出现物质化的倾向，导致一些人"唯财是交""唯钱是交"，人与人之间情感疏远，人际关系面临严重的信任危机。面对市场经济给当前人际关系带来的新变化、新问题，采取有效措施对人际关系领域进行专项教育和治理，促进人际关系和谐已成为适应时代要求而作出的正确选择。当对人际关系领域进行专项教育和治理，应重点治理人际关系货币化、人际关系利己化、人际关系冷漠化、人际关系失信化、人际关系冲突化等问题。

（二）专项治理人与社会关系领域的公共意识淡漠问题

公民道德调节人与集体、社会、国家等的关系，需要公民形成一种公共意识。几千年的封建专制统治形成了根深蒂固的集权文化与臣民意识，集权文化与臣民意识强调服从与义务，它不可能为公共参与提供伦理基础和行动支持。"人们对清官越是向往和依赖，人的政治自主意识和独立人格就越发萎缩，其权威人格也就愈益牢固，最终做了君主政治的驯服良民。"② 与之相反，公共意识是一种现代性的意识，它是公民个体对自己在政治生活、社会生活中的主体地位及其作为国家主人的责任感、使命感和权利义务观融为一体的认识。公民的公共意识对公民道德的铸造和社会秩序的建构具有积极作用，它是培育公民美德的基础，是公民道德建设的切入点。受市场化的冲击，一部分人公共意识淡薄，他们只想索取不愿奉献，权利主张有余，责任担当不足，必须予以专项教育和治理。具体而言，开展公共意识淡漠问题的专项教育和治理，应主要解决公共规则意识淡漠、公共财产意识淡漠、公共安全意识淡薄、公共文明意识淡漠、助人为乐意识淡漠、公共参与意识淡漠等问题。

（三）专项治理人与自然关系领域的"公地悲剧"问题

人与自然关系的融洽、协调必然会对人与人、人与社会关系产生良性的互动效应，从而促进人与人、人与社会关系的和谐；反之，人与自然的冲突就会造成人际冲突和人与社会关系的不和谐。当前，在利益主体多元化、生态价值被忽视的情况下，极易导致对生态资源的粗放性，甚至掠夺性开发，造成"公地悲剧"。

---

① 王莹等：《人际关系和谐的社会视阈》，人民出版社 2014 年版。

② 葛荃：《权威崇拜与政治参与意识》，《学术研究》1989 年第 2 期。

环境问题实质上是道德问题,环境问题的产生实际上是通过人与自然的矛盾冲突表现出来的人与人利益的冲突。因此,要解决人类面临的环境危机,改变生态恶化的趋势,解决"公地悲剧",就必须扩展道德发挥作用的领域,把传统道德仅调整人与人之间、人与社会之间的关系扩展到调整人与自然之间的关系,重视道德的环境保护功能,提倡以可持续发展为标志的环境道德,开展环境道德领域的突出问题专项教育和治理,用道德手段调节人与自然的关系和人与自然关系背后的人与人的关系,解决漠视公共卫生、污染公共环境,环境污染加剧、环境质量恶化,人与自然矛盾尖锐、生态危机严重等突出问题。

（四）专项治理人与网络关系领域的网络道德空场问题

随着社会的不断发展,人们在公共领域中的交往越来越频繁,交往内容和交往形式也日益多样化,尤其是互联网的发展给人们的生产、生活带来了巨大改变,提供了快捷与便利。因此,在公共生活中,除了注重文明礼貌、助人为乐、平等待人、诚实守信等公民道德规范外,我们还需要加强对网络空间的道德约束。但是,当前公众对网络公民道德的遵守不尽如人意:"由于现代社会科技等领域的发展出现了传统伦理学视野以外的具有全新意义的活动领域和利益关系,而如何来调整和规范这些活动与关系,传统伦理学理论和道德规范是一种空白,正是这种空白会引起人们道德上的困境。"[1]可以说,当前网络空间治理一个突出问题是,网络发展的迅速和道德发展的历史惯性造成网络道德本身不系统、不健全,使得在网络空间的某些领域、某些层面出现道德空场的问题,造成网络行为失范。对于当前网络道德生活中最突出的问题,2016年的调查数据显示,26.4%的受访者认为是网络诈骗,占比最多;认为网络语言、内容低俗化（26.0%）、网络谣言（20.6%）是最突出问题的受访者占比同样超过20%;还有18.9%的受访者选择了网络语言暴力。开展网络领域公民道德突出问题专项教育和治理,应把以上几个方面作为治理重点,加强网络社会管理,依法治理网络空间,共建清朗网络空间。

（五）专项治理个体公民道德素养领域的知行不一问题

从整体上看,公众的公民道德素养主流是好的,多数公众具有正确的公民道

---

[1]　国家社科基金重大项目课题组:《当代中国公民道德发展》下册,江苏人民出版社2015年版,第1012页。

德认知、强烈的公民道德情感、坚定的公民道德意识和良好的公民道德行为。但是,也存在个体公民道德结构不完善的问题:在公民道德认知方面,善恶不辨、荣辱不分,主要表现为:认知空白、认知模糊、认知颠倒。在道德情感方面,情感冷漠、麻木不仁,主要表现为:道德感冷漠、义务感匮乏、信任感消失、关爱感不足、耻辱感匮乏等。在公民道德意志方面,意志薄弱、立场动摇,主要表现为:公民道德意志自觉性薄弱,具有易受暗示性和独断性倾向;公民道德意志自制性薄弱,具有冲动性和懦弱性倾向;公民道德意志坚韧性薄弱,具有动摇性和执拗性倾向;公民道德意志果断性薄弱,具有优柔寡断和草率决定倾向。这还不是最突出的问题,当前最突出的问题是知行不一,即虽有一定的公民道德认知能力,却没有意志和信念去践履道德行为。调查数据显示,对于"当前中国社会个体道德素质存在的主要问题是什么"这一问题,80.7%的受访者认为是"有道德知识,但不见诸行动",占据首位。因此,就个体而言,开展公民道德突出问题专项教育和治理,重点就是要解决高知低行、知而不行、知而不完全行、行而不知、知行相悖等知行不一问题。

第六节　加强公民道德建设的外部保障路径

新时代推进公民道德建设,整体提升公民道德水平,应着力加强公民道德建设的外部保障。当前,我国公民道德建设的外部保障建设应着重从民生保障、制度规约和风习熏陶三个方面下功夫。

一、重视民生保障

物质生活的改善是公民道德建设的重要前提。毛泽东提出:"一切空话都是无用的,必须给人民以看得见的物质福利。"[①]邓小平则在新的时代条件下,主张多劳多得,重视物质利益,认为"不讲多劳多得,不重视物质利益,对少数先进分子可以,对广大群众不行,一段时间可以,长期不行。革命精神是非常宝贵的,没有革命精神就没有革命行动。但是,革命是在物质利益的基础上产生的,如果

---

① 《毛泽东文集》第二卷,人民出版社1993年版,第467页。

只讲牺牲精神,不讲物质利益,那就是唯心论"。① 因此,重视公民道德建设的物质基础,是马克思主义道德建设理论的重要内容。改善民生就成为公民道德建设的重要原则。

(一)发展经济、普惠民生是公民道德建设的根本保障

经济发展的成果由谁共享,这是新时代中国特色社会主义伟大实践必须牢牢把握的一个根本性问题。习近平总书记深刻地把握了道德与物质利益之间的关系,他不止一次地强调要改善民生,"使改革发展成果更多更公平惠及全体人民,朝着实现全体人民共同富裕的目标稳步迈进"②。"我们将更加注重公平公正,在做大发展蛋糕的同时分好蛋糕,从人民最关心最直接最现实的利益问题出发,让百姓有更多成就感和获得感。"③ 他告诫全党,"面对人民过上更好生活的新期待,我们不能有丝毫自满和懈怠,必须再接再厉"④。这是党的十八大以来全面建成小康社会的逻辑起点。为此,党的十八届五中全会提出了共享发展新理念,强调人人参与、人人尽力、人人享有,使全体人民在共建共享发展中有更多获得感,增强发展动力,增进人民团结,朝着共同富裕方向稳步前进。共享发展理念充分体现了新时代中国特色社会主义的本质要求和发展目的。可以说,在建设社会主义现代化国家的道路上,从当年强调允许和鼓励一部分地区、一部分人先富起来到今天强调"全面""共享",是我们党随着实践的不断发展对如何建设社会主义现代化国家、如何实现共同富裕认识的进一步深化,具有十分重大而深远的意义。

党的十八大以来,我们党始终坚持立党为公、执政为民的理念,在推进共享发展成果、保障与改善民生方面作出了巨大努力,社会建设更加向民生领域倾斜,财政资金更多地投向与群众利益直接相关的基础设施、教育文化、医疗卫生、社会保障和环境保护等民生领域。随着党和国家对民生领域投入的不断增加,我国的民生事业得到极大发展,改革开放的经济成果逐渐为全体人民所共享。在经济增速持续下降的情况下,"2013—2016 年,全国城镇新增就业每年均超过1300 万人,城镇登记失业率控制在 4.5% 以内;全国居民人均可支配收入四年来

---

① 《邓小平文选》第二卷,人民出版社 1994 年版,第 146 页。

② 习近平:《在庆祝中国共产党成立 95 周年大会上的讲话》,《人民日报》2016 年 7 月 2 日。

③ 习近平:《坚定不移推进公平共享　增进更多民众福祉》,新华网,2016 年 9 月 3 日。

④ 习近平:《在纪念毛泽东同志诞辰 120 周年座谈会上的讲话》,《人民日报》2013 年 12 月 27 日。

实际年均增速超过7.4%,快于同期经济增速"①。党中央把扶贫开发工作提升至治国理政新高度,广泛凝聚社会各界力量,推进实施精准扶贫战略,终于在2020年全面建成小康社会。"从2013年至2016年四年间,我国累计脱贫5564万人,每年农村贫困人口减少都超过1000万人;贫困发生率从2012年底的10.2%下降到2016年底的4.5%,贫困群众生活水平明显提高,贫困地区面貌明显改善。"② 成为举世公认的减贫效果最显著的国家,为世界消除贫困化作出了巨大贡献。同时,随着各项民生措施的推出,我国的就业规模持续扩大,居民收入大幅提高,生活条件明显改善,消费结构不断优化,公共服务切实提升,文化生活更加丰富。党的十八大报告提出的"学有所教、劳有所得、病有所医、老有所养、住有所居"的民生蓝图正在逐步成为现实,这为公民道德建设奠定了坚实的物质基础。

（二）物质利益上的公平正义是公民道德建设的重要保障

公平正义就是社会各方面的关系得到妥善协调。就经济领域而言,最主要的就是经济利益分配公平,收入差距、贫富差距缩小,利益格局合理,经济矛盾和纠纷减少,为公民道德建设营造良好的经济环境。

1.不断完善利益分配制度

要创新分配制度设计,完善利益分配制度,建立与社会主义市场经济体制相适应,以按劳分配为主体的多种分配方式并存,激励性、效率性和保障性收入分配有机结合的利益分配机制,保证利益合理分配、公平分配。一是创新初次分配的制度设计。用"看不见的手"的市场调控促使经济主体谋取正当利益,有效遏制不正当利益的获取。二是创新再分配的制度设计。用"看得见的手"的政府调控来调控收入分配关系,促进社会公平,缩小利益差异。三是创新第三次分配的制度设计。用"温柔之手"——慈善捐赠、社会救济等充满人道关怀的慈善公益事业来调控利益关系。慈善公益事业是社会财富再分配的一种形式,也是维持社会和谐的纽带,切实推进慈善公益事业的发展,可以让人们相互走近、接触、关爱,从而缓解社会矛盾,促进社会公平,改善社会关系。

---

① 本刊记者:《十八大以来经济体制改革成效显著》,《紫光阁》2017年第6期。

② 王宇、林晖:《为了让所有群众一道迈入全面小康社会——党的十八大以来扶贫开发工作成就启示》,《人民日报》2016年2月15日。

2. 切实平衡利益格局

当前我国社会利益群体正在发生分化重组,出现了利益主体多元化、利益集团多样化、利益差距明朗化、利益格局不平衡化的局面。因此,要创新制度设计,强化政策调控,有效平衡利益格局,缩小贫富差距,避免利益两极分化扩大,实现利益格局从相对失衡走向大体均衡。这就需要大力扶持弱势群体,培育扩大中等收入群体,提高他们的影响力、增强他们的话语权、重视他们的利益诉求,理顺利益诉求渠道,使之在争取利益时能与强势集团抗衡。

3. 促使企业主动承担社会责任

企业既是营利的主体,也是社会生活特别是经济生活的主体。企业行为的好与坏、善与恶直接影响经济秩序,进而影响社会秩序。企业若能够采取道德手段实现营利之目的,即义利并重、义利统一,通过正当途径合德合法赚钱,本身就是对经济社会的重要管理和经济利益的有效调控。企业若能够遵纪守法,对员工、消费者、政府、环境、社区等各利益相关者承担社会责任,合法经营,依法纳税,尊重员工,关心消费者,保护环境,服务社区,捐赠社会,那么就是在发展有道德的经济。因此,化解经济利益矛盾,调控经济利益关系,迫切需要促使企业切实承担起自身的社会责任。

（三）健全社会奖励及保障机制是公民道德建设的现实需求

2016 年的调查数据显示,受访者认为导致社会上缺乏见义勇为现象的最主要的三个原因分别是"缺乏安全感,怕遭到报复"（34.1%）、"事不关己,多一事不如少一事"（23.9%）、"社会奖励及保障机制不健全"（21.8%）。其中的第一项和第三项都与经济保障有关。因此,从微观上讲,加强公民道德建设,应健全公民道德建设的投入机制,完善社会奖励及保障机制。

表 10—8　受访者认为导致社会上缺乏见义勇为现象的最主要原因

原因	调研年份	频数（人）	占比（%）
事不关己，多一事不如少一事	2016	1586	23.9
	2006	882	14.95
缺乏安全感，怕遭到报复	2016	2263	34.1
	2006	2109	35.75
社会奖励及保障机制不健全	2016	1451	21.8
	2006	2123	35.98

原因	调研年份	频数（人）	占比（%）
怕被误解，带来不必要的麻烦	2016	1103	16.6
	2006	613	10.39
其他	2016	238	3.6
	2006	173	2.93

一方面，由于目前公民道德建设面临的一个主要难题就是经费严重不足，因此健全投入机制已成为公民道德建设的一项紧迫任务。投入机制包括财政投入、社会投入等。在财政投入方面，要根据各地发展的实际情况，采取有效措施不断拓宽财政投入的主渠道。各地党政领导要提高认识，按照文化事业经费要随着经济的发展逐年增加且增加幅度不低于财政收入的增长幅度的要求，加大对公民道德建设的投入。要用好、用足文化经济政策，大力发展文化产业。在增加社会投入方面，主要是建立融资机制。比如，增加对公民道德建设的捐赠，加强实践活动的宣传，鼓励社会各界人士捐资投入公民道德建设事业；建立公民道德建设基金会；制定相关的投融资政策，大力吸引外资、私人资金、东部的帮扶资金投向公民道德建设事业；等等。按照市场运作方式筹集资金，完善有关公益基金的运作，落实对市民高尚公民道德行为或道德典型的奖励，从制度上引导和规范市民的公民道德观念和行为实践。

另一方面，建立完善社会奖励及保障机制。应建立经济奖惩机制，重视物质奖励的作用，使遵守公民道德的人不仅在精神上受到鼓励，获得荣誉感、光荣感和自豪感，而且在物质上得到实惠，无后顾之忧。对败坏社会风气的不良行为，要加大惩处的力度，提高"缺德"的成本，使之在经济上受损失，从而实现对公民道德建设的有效引导。建立经济奖惩机制，首先必须奖惩分明。对善恶取舍的奖惩分明，必然有利于弘扬正气、促进良好社会风气的形成和发展。其次，奖惩要及时。奖惩的时效性很强，奖惩行为只有及时，才能充分起到表彰、激励、警戒、劝善的作用。最后，奖惩要坚持公开、公正、透明的原则，做到赏罚得当，这样受奖者才能在群众中起到榜样的作用。另外，要建立起弘扬公民道德的综合保障机制，特别是对于体现高层次公民道德要求的行为要予以重点保障。

二、完善制度规约

人类社会是一个由不同领域、不同层次、不同形式制度构成的复杂系统。在现实社会中,制度是人们社会关系和行为方式的规范体系,"制度是为人类设计的、构造着政治、经济和社会相互关系的一系列约束,是人类设计出来的形塑人们互动行为的一系列约束"①。同时,制度也是人们社会活动能够有序进行的基本保证。因此,与其说人们是社会的存在,是在社会中求生存、谋发展,不如说是在"制度之网"中求生存、谋发展。"在现代社会,制度安排已经深入到了人们生活的一切空间,成为调整和维系社会秩序的最基本形式和力量。"②就公民道德建设而言,各种制度相互制约、相互作用,共同引导、规范、协调、整合人们的社会行为,保障着公共秩序的维护、公众利益的实现和社会稳定的保持。可以说,制度在公民道德建设中具有重要的地位,发挥着不可或缺的作用。

（一）发挥法治对公民道德建设的重要作用

公民道德建设是一个复杂的社会系统工程,要靠教育,也要靠法治,公民道德水平的发展和个体公民道德素养的提升离不开法治的支持与保障。因此,习近平总书记在第十八届中共中央政治局第三十七次集体学习时强调:"要运用法治手段解决道德领域突出问题。法律是底线的道德,也是道德的保障。要加强相关立法工作,明确对失德行为的惩戒措施。要依法加强对群众反映强烈的失德行为的整治。对突出的诚信缺失问题,既要抓紧建立覆盖全社会的征信系统,又要完善守法诚信褒奖机制和违法失信惩戒机制,使人不敢失信、不能失信。对见利忘义、制假售假的违法行为,要加大执法力度,让败德违法者受到惩治、付出代价。"应该说,发挥法治的重要作用,应当也必须成为公民道德建设的题中应有之义。

1. 通过立法确认公民道德要求

公民道德具有层次性。就其道德要求而言,可分为两类:第一类是公共领域有序化要求的公民道德规范,即社会要维系下去所必不可少的"最低限度的道德",如不得暴力伤害他人、不得用欺诈手段谋取利益、不得危害公共安全等;

---

① ［美］道格拉斯·C. 诺斯:《制度、制度变迁与经济绩效》,刘守英译,生活·读书·新知三联书店 1994 年版,第 64 页。

② 盛秀英:《制度伦理与官德建设》,《理论探讨》2004 年第 6 期。

第二类包括那些具有较高道德要求的规范,如见义勇为等。其中,第一类道德规范在法律中通常以禁止性的条文体现,而第二类道德规范一般以引导鼓励性条文体现。"其一,法律是道德的底线,是道德的最低标准,是道德的下线,也就是说,当一种行为侵犯特定的社会关系或社会秩序,仅靠道德约束和谴责已不足以制止时,就需要将该道德规范确认为法律规范,运用国家强制力来予以实施。其二,法律还有另外一个重要功能:激励,这就涉及法律的上线问题,即当对一种行为的赞赏或奖励,仅靠道德评价或社会评价已不足以支持时,就需要将其上升为国家意志,以国家为后盾保障支持。"① 例如,在危急时刻,我们在见义勇为者身上看到的是良知、正气和正义,是崇高的道德力量和模范榜样作用。真正的英雄在见义勇为时,不会过多考虑代价和成本。见义勇为之所以令人感动和尊敬,正是因为英雄在出手的一瞬间只是想着如何助人,不会是经过一番利益算计后才去见义勇为。一个见义勇为者不会言利,但社会不能不为他们考虑利益问题,不能不站在他们的角度充分考虑他们的困境。正是由于见义勇为者面临较大危险,使得其自身往往容易受到人身伤害,如致残,甚至献出生命等。因此,当英雄们牺牲自己的健康乃至生命来维护社会正义与良知的时候,社会应该为他们更多、更长远地负责,需要通过立法的形式形成有效且持久的保障机制。

2. 通过法治实践维护公民道德风尚

法治实践的过程是由立法、执法、司法、守法、法律监督等环节组成,通过这些环节最终实现维护公民道德风尚。在法治过程中,我们要贯彻社会主义法治的基本要求:坚持有法可依、有法必依、执法必严、违法必究的理念。我们要坚持完善立法、严格执法、公正司法、自觉守法。一个良好的法治实施过程其实也是实施良好道德风尚的过程。通过实现法治来维护公民道德风尚,主要表现在以下几个方面:首先,司法机关要严格执法,通过依法制裁各种违法犯罪行为,维护公共领域社会交往和公共生活的正常秩序,为公民道德建设提供良好的社会环境。同时,制裁违法、打击犯罪的过程也体现了惩恶扬善、扶正祛邪。不仅打击刑事犯罪活动是如此,司法机关制裁公共领域行政活动、民商活动中的违法行为,维护当事人的合法权益,也都对公民道德建设产生着各种直接和间接的影响。其次,要重视依法行政,严格行政执法。不仅要通过依法行政、严格行政执

---

① 刘正浩、胡克培:《法律伦理学》,北京大学出版社 2010 年版,第 83 页。

法教育和引导广大人民群众恪守公民道德,更重要的是,各级行政机关和行政执法人员要在依法行政、严格行政执法中充分体现为人民服务的宗旨,树立清正廉洁、勤政为民的良好形象,以自己模范遵纪守法的行为为公民道德建设做表率。最后,道德的法律强制能为人们提供和保障行使道德权利的空间。这里的道德权利不但包括道德行使的权利、道德追求的权利,而且还包括对道德监督和批判的权利。每一个社会成员都拥有对国家、社会、集体、他人的道德监督和道德批评的权利,而道德监督和道德批评的权利的实现要依靠法律对公民权利的设置与保障。

3. 通过法律实施培育公民道德意识

法律的实施本身就是一个惩恶扬善的过程,不但有助于人们法律意识的形成,而且有助于人们公民道德意识的培育。因此,我国宪法和法律都对公民道德的一些重要原则和要求作了确认。例如,宪法在总则中对爱国主义、集体主义、为人民服务、"五爱"等公民道德的一些重要原则、核心内容和基本要求,都作了明确规定;民法典将诚实信用、禁止欺诈、公序良俗的道德要求作为民事法律行为的原则之一。法律作为一种国家评价,对于提倡什么、反对什么,有一个统一的标准;法律作为制度化和规范化的社会意识,具有客观性和权威性,是传播、培养公民道德意识的重要工具。法律是以国家意志的形式来确认社会主义的公共道德准则,通过法律将国家意识形态渗透到每个百姓的精神世界中,使每个人树立起是非善恶的价值观念。它所包含的评价标准与大多数公民最基本的道德信念是一致或接近的。通过对公民道德的法律确认,对合法行为的鼓励和违背公民道德行为的法律制裁,可以把公民道德的核心价值灌输给每个人,使每一位公民都具有崇高的公民道德品质。①

(二)发挥政策和规章制度对公民道德建设的行政导向作用

行政导向是通过政策、行政的规章制度等刚性措施对公民道德建设发挥导向作用。在发挥政策调控作用时,必须制定好和用好各种政策,要防止具体政策和基本政策相背离,确保政策更加富有道德意蕴,使政策的公民道德导向贯彻到底。社会大众有普遍的安全感、秩序感、尊严感、公平感。规章制度是以书面形式表达并以一定方式公示的非针对个别事务的处理的规范总称,是关于权利和

---

① 王桐林:《当代中国道德与法律相互作用研究》,《河北经贸大学学报》2013 年第 3 期。

义务的具体规定。比如，车站有乘车规则、商店有购物规则、医院有就医规则、公园有游览规则、道路有交通规则等。遵守这些规范是维护秩序的需要，也是保障社会交往和公共生活正常开展的需要。因此，应发挥规章制度的激励约束作用，将社会秩序和道德秩序要求通过规章制度加以推行，从而推动公民道德建设。与政策相比，规章制度更具体、更具有可操作性。政策指导规章制度的设立，同时规章制度反映和体现相关政策的要求，二者作为强制性的措施，互相补充，共同对公民道德建设发挥导向作用。

行政导向在公共领域具有以下优势：一是能维持公共领域的统一。各级行政机关，通过各种命令、指示、规定、决定和严格的组织纪律，以及计划、组织、指挥、协调、监督、控制等活动，可以保证整个公共领域的社会交往和公共生活朝着一个共同的目标前进，并逐步达到既定目的。二是具有权威性。政策和规章制度从起草制定到具体实施需要经过一系列严格的程序，并由强力予以保障。因此，在公共领域，政策和规章制度具有很高的权威性，任何违反其要求的行为都要受到惩罚，而没有例外。因此，政策和规章制度的实施可以对公众进行有效规范与约束，把人们的利益矛盾和冲突控制在一定范围内。同时，可以有效整合因利益分化而出现的各种社会力量，提高人们相互合作的信任度和安全感，防止和减少各种社会内耗，使社会处于一种有序的良性状态，从而为公民道德建设提供一个相对稳定、有序的外部环境，形成推动社会前进的强大合力。三是政策和规章制度可操作性为公共生活提供了具体的准则。它明确告诉人们该做什么、该怎么做和不该做什么、不该怎么做，政策和规章制度的这些特征使其具有了可操作性，从而消除了管理上的混乱与困惑，为公众行为选择提供了具体标准，极大地降低了随意性、盲目性和不确定性。政策和规章制度的可操作性还体现为它的反复适用性，在相同的条件下，可以适用不同的主体与对象。同时，政策和规章制度还具有一定的弹性，能比较灵活地处理各种特殊问题。行政部门可以根据公共领域中出现的特殊情况与问题，灵活、有针对性地发布指示、命令等，及时处理问题。在这一点上，相较于法律，它具有灵活性；相较于道德，它具有及时性。

三、注重风习熏陶

教育贵于熏习，风气赖于浸染。扎实推进公民道德建设，需要让公众浸润其中、耳濡目染,在潜移默化中得到教育,在良好的道德氛围中提升公民道德认知、培养公民道德情感、磨炼公民道德意志,最终养成尊道德、守道德的良好行为习惯。

（一）广泛开展道德实践活动

以诚信建设为重点,加强公民道德教育,形成修身律己、崇德向善、礼让宽容的道德风尚。大力宣传先进典型,评选表彰道德模范,形成学习先进、争当先进的浓厚风气。深化公民道德宣传日活动,组织道德论坛、道德讲堂、道德修身等活动。加强政务诚信、商务诚信、社会诚信和司法公信建设,开展道德领域突出问题专项教育和治理,完善企业和个人信用记录,健全覆盖全社会的征信系统,加大对失信行为的约束和惩戒力度,在全社会广泛形成守信光荣、失信可耻的氛围。把开展道德实践活动与培育廉洁价值理念相结合,营造崇尚廉洁、鄙弃贪腐的良好社会风尚。

（二）深化学雷锋志愿服务活动

大力弘扬雷锋精神,广泛开展形式多样的学雷锋实践活动,采取措施推动学雷锋活动常态化。以城乡社区为重点,以相互关爱、服务社会为主题,围绕扶贫济困、应急救援、大型活动、环境保护等方面,围绕"空巢"老人、留守妇女儿童、困难职工、残疾人等群体,组织开展各种形式的志愿服务活动,形成我为人人、人人为我的社会风气。把学雷锋和志愿服务结合起来,建立健全志愿服务制度,完善激励机制和政策法规保障机制,把学雷锋志愿服务活动做到基层、做到社区、做进家庭。

（三）深化群众性精神文明创建活动

各类精神文明创建活动应在突出社会主义核心价值观的思想内涵上求实效。推进文明城市、文明村镇、文明单位、文明家庭等创建活动,开展全民阅读活动,不断提升公民文明素质和社会文明程度。开展礼节礼仪教育,在重要场所和重要活动中升挂国旗、奏唱国歌,在学校开学、学生毕业时举行庄重简朴的典礼,完善重大灾难哀悼纪念活动,使礼节礼仪成为培育社会主流价值的重要方式。加强对公民文明旅游的宣传教育、规范约束和社会监督,增强公民旅游的文明意识。

（四）发挥优秀传统文化怡情养志、涵育文明的重要作用

中华优秀传统文化积淀着中华民族最深沉的精神追求,包含着中华民族最根本的精神基因,代表着中华民族独特的精神标志,是中华民族生生不息、发展

壮大的丰厚滋养。加强对优秀传统文化思想价值的挖掘,梳理和萃取中华文化中的思想精华,作出通俗易懂的当代表达,赋予新的时代内涵,使之与新时代中国特色社会主义相适应,让优秀传统文化在新的时代条件下不断发扬光大;重视民族传统节日的思想熏陶和文化教育功能,丰富民族传统节日的文化内涵,开展优秀传统文化教育普及活动,培育特色鲜明、气氛浓郁的节日文化;增加国民教育中优秀传统文化课程内容,分阶段有序推进学校优秀传统文化教育;开展移风易俗,创新民俗文化样式,形成与历史文化传统相承接、与时代发展相一致的新民俗。

(五)发挥重要节庆日传播社会主流价值的独特优势

开展革命传统教育,加强对革命传统文化时代价值的阐发,发扬党领导人民在革命、建设、改革中形成的优良传统,弘扬民族精神和时代精神。挖掘各种重要节庆日、纪念日蕴藏的丰富教育资源,利用"五四青年节""七一建党日""八一建军节""十一国庆节"等政治性节日,"三八妇女节""五一劳动节""六一儿童节"等国际性节日,党史国史上重大事件、重要人物纪念日等,举办庄严庄重、内涵丰富的群众性庆祝和纪念活动;利用党和国家成功举办大事、妥善应对难事的时机,因势利导地开展各类教育活动;加强爱国主义教育基地建设,形成实体展馆与网上展馆相结合、涵盖各个历史时期的爱国主义教育基地体系;推进公共博物馆、纪念馆、爱国主义教育基地和文化馆、图书馆、美术馆、科技馆等免费开放,积极发展红色旅游。

(六)运用公益广告传播社会主流价值、引领文明风尚

围绕社会主义核心价值观,加强公益广告的选题规划和内容创意,形成公益广告传播先进文化、传扬新风正气的强大声势。加大公益广告刊播力度,广播电视、报纸期刊应拿出黄金时段、重要版面和显著位置,持续刊播公益广告。互联网和手机媒体要发挥传输快捷、覆盖广泛的优势,运用多种方式扩大公益广告的影响力;社会公共场所、公共交通工具要在适当位置悬挂张贴公益广告;各类公益广告要注重导向鲜明、富有内涵、引人向上,注重形式多样、品位高雅、创意新颖,体现时代感厚重感,增强传播力感染力。①

---

① 中共中央办公厅印发《关于培育和践行社会主义核心价值观的意见》,《人民日报》2013 年 12 月 24 日。

后　　记

　　本书是由清华大学吴潜涛教授作为首席专家的国家社科基金重点项目"当代中国公民道德状况跟踪调查和突出问题治理对策研究"（项目编号：13AZD004）的最终成果。

　　项目获批立项后，课题组于 2016 年 7—8 月，赴北京、昆明、兰州、上海、哈尔滨、大连、郑州、重庆、海口、南昌等全国 10 个城市进行调研。吴潜涛教授负责调研问卷的设计、调研活动的组织工作。参加调研的有：中国地质大学（北京）马克思主义学院杨峻岭教授，河北大学马克思主义学院王雅丽副教授，河北师范大学马克思主义学院张新桥副教授，中国社会科学院大学马克思主义学院王维国副教授，吉林大学马克思主义学院博士后周杰，清华大学马克思主义学院博士生张龙飞、刘函池、姜苏容，中国地质大学（北京）马克思主义学院研究生曹亚冰、杨东丽、靳志俊，兰州大学学生臧子叶等。

　　在调研结束后的课题研究阶段，课题组先后在哈尔滨师范大学（2017 年 8 月）、北京香山饭店（2018 年 1 月和 11 月）、燕山大学（2018 年 8 月）、吉林省吉林市（2019 年 8 月）召开课题推进会和统稿会。2020—2021 年，课题组克服新冠肺炎疫情影响，采取线上＋线下的方式，又多次对课题结项成果进行了认真核对、补充与完善。本书是在课题结项成果的基础上修订而成的。

　　本书由吴潜涛负责框架设计、内容安排和统稿工作，杨峻岭、郑小九（河南理工大学马克思主义学院教授）、王维国协助吴潜涛统稿。各章撰写分工如下：第一章，吴潜涛、李瑞奇（上海交通大学马克思主义学院助理教授）；第二章，郭灏、张磊、陈越（均为清华大学马克思主义学院博士生）；第三章，王维国；第四章，郑小九；第五章，刘函池；第六章，牟世晶（《社会主义核心价值观研究》编辑部责任编辑）；第七章，王雅丽；第八章，张新桥；第九章，杨峻岭、姜苏容；第十章,王维国。

在课题调研和结项成果的完成过程中,海南省教育工委原专职副书记兼纪工委书记麦浪、东北林业大学原党委副书记陈文斌教授、燕山大学原党委副书记陈春利教授、新疆工程学院党委书记李玉鸿教授、陕西师范大学党委书记李忠军教授、哈尔滨师范大学校长孙立军教授、哈尔滨师范大学马克思主义学院院长段虹教授、东北林业大学马克思主义学院党委书记刘经纬教授、燕山大学马克思主义学院党委书记王新华教授、新疆农业职业技术学院马克思主义学院王学利教授等提供了很多支持和帮助。人民出版社的刘智宏等编辑同志为本书的出版贡献了许多智慧,付出了辛勤的劳动。北方工业大学马克思主义学院王洁敏博士、清华大学博士生张俊华多次参加课题组会议,为调研数据的分析整理做了许多工作。值本书付梓之际,向大家致以真挚的谢意!

由于研究视野和理论思维能力的局限,舛误难免,望学术同人予以海涵和指正。

吴潜涛

2022 年 5 月 3 日

于清华大学善斋

责任编辑：刘智宏　张　芬　苏向平　曹　利
　　　　　毕伶丽　王　欣　赵　静
封面设计：石笑梦
版式设计：胡欣欣

图书在版编目（CIP）数据

当代中国公民道德状况跟踪调查研究 / 吴潜涛等著 . —北京：人民出版社，
　2022.5
ISBN 978－7－01－024118－0

Ⅰ.①当… Ⅱ.①吴… Ⅲ.①公民教育—社会公德教育—调查研究—
　中国 Ⅳ.① D648.3

中国版本图书馆 CIP 数据核字（2022）第 067333 号

当代中国公民道德状况跟踪调查研究

DANGDAI ZHONGGUO GONGMIN DAODE
ZHUANGKUANG GENZONG DIAOCHA YANJIU

吴潜涛 等著

人民出版社 出版发行
（100706　北京市东城区隆福寺街 99 号）

北京汇林印务有限公司印刷　新华书店经销

2022 年 5 月第 1 版　2022 年 5 月北京第 1 次印刷
开本：710 毫米 × 1000 毫米 1/16　印张：44
字数：716 千字

ISBN 978－7－01－024118－0　定价：138.00 元

邮购地址 100706　北京市东城区隆福寺街 99 号
人民东方图书销售中心　电话（010）65250042　65289539